제Ⅳ권

하루에 3장씩 말씀 따라가기

[성경66권 개관]

하루에 3장씩 말씀 따라가기(제 4권)

2023년 12월 20일 초판 1쇄 인쇄
2023년 12월 30일 초판 1쇄 발행

저 자 • 박 형 대
발행인 • 조 경 혜
발행처 • 도서출판 그리심
07030 서울시 동작구 사당로2길 72 (B01)

등록번호 • 제 7-258호(1998. 4. 23)
출 판 사 • 전화 523-7589 팩스 523-7590
전자우편 • grisimcho@hanmail.net
홈페이지 • grisim.net
• grisim.biz

ISBN 89-5799-498-6 (94230)
ISBN 89-5799-494-8 (세트)

성경은 하나님의 말씀입니다.

하나님의 말씀을 먹어야 인간은 생명을 얻고

생명 열매를 맺습니다.

그런데 성경이 쉽지 않습니다.

에디오피아 여왕 간다게의 엘리트 관리가 정직하게 말합니다.

"지도해 주는 사람이 없으니 어찌 깨달을 수 있느냐"(행 8:31).

아멘.

들어가는 말

성경은 하나님의 말씀입니다. 하나님의 말씀을 먹어야 인간은 생명을 얻고 생명 열매를 맺습니다. 그런데 성경이 쉽지 않습니다. 에디오피아 여왕 간다게의 엘리트 관리가 정직하게 말합니다. "지도해 주는 사람이 없으니 어찌 깨달을 수 있느냐"(행 8:31). 성령의 조명, 선배들의 지도, 동료들과의 논의 등을 통해 하나님의 말씀을 깨달은 인생은 지혜를 얻고 변화를 경험합니다. 인간이 개조되고 변화되는 유일한 길을 발견합니다. 생명 근원과 건강한 삶의 원천을 얻습니다. 하나님을 배우고 그분을 알아가면서 그분을 기뻐하기 시작합니다. 그분 기뻐함의 가치를 어렴풋이나마 느끼며 그분만을 영원토록 기뻐하고 싶은 마음이 생깁니다. 하나님을 영원토록 기뻐함이 인생 최고의 목적이라고 고백합니다. "사람의 제일되는 목적은 하나님을 영화롭게 하는 것과 영원토록 그를 즐거워하는 것이다." 이렇게 고백합니다(『성경 소요리문답』 제1문의 답).

꾸준히 성경을 읽으면서 열매가 하나 열려 수확했습니다. 2012년 9월에 '청소년을 위한 성경해석학' 책으로 『10대와 함께 성경을 어떻게 읽을 것인가』(서울: 한국성서유니온선교회, 2012)를 출판했는데, 이제는 성경 자체에 대한 설명을 담은 글을 썼습니다. 섬기던 교회 일대일 양육자를 위한 성경 통독을 목적으로 2020년 10월 7일에 시작해서 2022년 8월 26일에 마쳤습니다. 일주일에 스물한 장씩 하루에 세 장 분량을 읽는 통독이었습니다. 어쩌다 보니 시로 시작하게 되어, 스물한 장의 내용을 시로 표현해 보았습니다. 무르익는 작업은 '대학생성경읽기선교회(UBF)' 의 목자님들이 2022년 2월 1일부터 2023년 9월 2일까지, 일 년 반의 시간 동안 매우 성실하게 참여하며 질문을 해주셨습니다. 더구나 강의 이후에 진행된 질의응답 시간의 내용은 이여호수아 목자님이 매우 꼼꼼하게 정리하여 파일까지 보내주셨습니다. 감사의 말씀을 드립니다. 그리고 총신대학교 신학대학원 신약학회 스터디 동아리 회원들과 신약성경을 통독하는 시간을 통해서도 큰 유익이 있었습니다.

본서는 모두 네 권으로 구성되어 있습니다. 제1권은 요한계시록에서 출발하여 창세기로 가서 모세오경을 지나 사사기 19장까지입니다. 제2권은 사사기 20장에서 시작하여 역사서를 지나 시편 88편까지입니다. 제3권은 시편 89편부터 시가서를 마무리하고 선지서로 들어가서 나훔서 2장까지입니다. 제4권은 나훔 3장부터 신약성경 유다서까지입니다. 하나의 책으로 끝나지 못한 것은 '하루에 3장씩' 이라고 하는 원칙을 지키다 보니 그리되었습니다.

제4권은 구약성경으로서는 마지막 부분에서 시작합니다. 소선지서 다섯 권에 '니느웨 멸망, 바벨론을 통한 유다의 심판과 바벨론 심판, 어려운 시기에도 존재할 경건한 자, 성전 재건과 메시야' 주제가 담겨 있기에 "건너뛰기"(45과)라는 제목을 붙여 보았습니다. 이어 "구약에서 신약으로"(46과) 넘어가기에, "JUMP SEE GOD(점프해서, 하나님을 보라)"의 철자를 따라 글을 지어 보았습니다. 신약성경 복음시로 넘이오니 "널리 구석구석"(47과) 다니시는 여호와의 종 예수님을 만납니다. 제자들에게 마음 두었던 마가의 복음서에서 데오빌로라는 이방인 제자에게 마음을 둔 누가의 복음서로 오니 "제자"(48과)를, 예수님의 영원하심과 크심과 깊음을 소개하는 요한복음에 들어서니 "영원"(49과)을 생각합니다.

"빛과 생명이신 예수님"(50과)을 만나니, "경계선을 넘어서"(51과) 나아갈 수 있습니다. 교회가 든든히 서가며 영역이 확대됩니다. 기독교의 경계표지(警戒標識)는 '주 예수 그리스도를 믿는 믿음' 입니다. 누구라도 예수께서 주와 그리스도이심을 믿고 고백하면 '교회' 의 일원이 됩니다. 교회를 핍박하던 자가 복음 전도자가 되어 정치, 경제, 사회, 문화, 사상의 경계를 넘어 "로마"(52과)로, "고린도"(53과)로 갑니다. "묶인 전도자가 되어"(54과) 갑니다. "일대일"(55과) "양육"(56과) "성경통독"(57과)이 이뤄집니다.

일대일(一對一)은 만남의 방식입니다. 일대일 너머 일대다(一對多) 다대다(多對多)로 만납니다. 예수님의 사람들로 만납니다. 여기도 예수님 저기도 예수님, 여기도 예수님 만난 사람 저기도 예수님 만난 사람, 내 마음 드렸으니 찐이고 그분 생명 주셨으니 찐입니다. 그분 죽음이 내 죽음이고 그분 부활이 내 부활이니 찐입니다. 예수님을 어떻게 만났나요? 마음으로 사랑으로 만났나요? 그렇다면 그분이 나를 형성[formation] 하시도록, 빚으시도록 나를 내놓을 것입니다. 나도 그분의 양이 되고 내가 만나는 사람도 그분의 양이 되도록, 마음과 자리도 곁과 앞뒤도 내어드릴 것입니다.

이상이 제4권의 내용입니다. 필자의 글을 책으로 펴주시기 위해 늘 수고해주시는 그리심 출판사의 조경혜 사장님, 편집을 맡아주시는 장종길 장로님, 행정을 맡아주시는 서모은 자매님께 감사드립니다. 성경통독을 제안해주신 이영애 권사님, UBF 목자님들과 나눌 수 있도록 기회를 주신 송노원 목사님께 감사드립니다. 격려와 도움을 아낌없이 주며 이번에는 교정까지 봐준 아내, 조선녀 사모와 아빠를 기다려 주는 아이들에게 고마움을 전합니다. 무엇보다도 은혜와 깨달음, 영감(靈感)을 주신 하나님께 감사와 찬송을 올립니다. 이 책을 통해 독자와 의미 있는 만남이 이뤄지기를 바라는 마음 간절합니다.

2023년 여름에 양지 본관 연구실에서

저자 박형대

이 책의 특징

하나. 이 책의 통독은 요한계시록에서 시작해서 창세기로 가서 구약성경을 모두 읽은 다음에 다시 신약성경으로 넘어와서 유다서에서 끝납니다.

둘. 과마다 21장씩 다뤄집니다. 가끔 다룰 내용이 너무 많아 다룰 범위 가운데 일부에 집중하기도 했지만, 대체로 정해진 내용에 집중하여 집필했습니다.

셋. 해석하기 어려운 부분을 중점적으로 다뤄서 전체를 볼 수 있도록 돕기도 했습니다. 가끔 필자만의 독특한 입장이 개진되기도 하는데, 부담 갖지 마시고 동의가 되는 만큼만 수용하시면 됩니다.

넷. 다뤄지는 부분의 내용이 이어지지만, 통독이 지루하지 않도록 매번 새롭게 시작했습니다.

다섯. 처음 집필될 때의 사회 상황이 반영되기도 했습니다. 2020년 10월부터 2022년 8월까지는 코로나19가 한창일 때였지요.

여섯. 하나의 교회 일대일 양육팀이라는 1차 독자가 집필에 영향을 주기도 했습니다. 이런 부분은 UBF 목자님들과 함께 읽고 대화하면서 많이 줄어들었고 이번 편집을 통해 더 많이 줄였지만, 그래도 남아 있는 부분에 대해서는 양해 부탁드립니다.

일곱. 성경 본문은 대한성서공회에서 발행한 『개역개정』을 사용했습니다. 인용된 성경 말씀 안에 몇 가지 표시가 있는데, 꺾쇠묶음([ ])은 본문의 직역(直譯)을, 중괄호({ })는 이해를 돕기 위해 추가된 표현을, 꺾쇠묶음과 함께 사용된 빗금([/])은 대체역(代替譯)을 의미합니다.

Contents 제 IV 권

들어가는 말 · 이책의 특징 ---- 4

45 **"건너뛰기"** (나훔 3장 – 스가랴 12장) ---- 10

46 **"구약에서 신약으로"** (스가랴 13장 – 마태복음 15장) ---- 38

47 **"널리 구석구석"** (마태복음 16장 – 마가복음 8장) ---- 65

48 **"제자"** (마가복음 9장 – 누가복음 13장) ---- 90

49 **"영원"** (누가복음 14장 – 요한복음 10장) ---- 115

50 **"빛과 생명이신 예수님"** (요한복음 11장 – 사도행전 10장) ---- 152

51 **"경계선을 넘어서"** (사도행전 11장 – 로마서 3장) ---- 185

52 **"로마"** (로마서 4장 – 고린도전서 8장) ---- 208

53 **"고린도"** (고린도전서 9장 – 고린도후서 13장) ---- 240

54 **"묶인 전도자가 되어"** (갈라디아서 1장 – 데살로니가전서 1장) ---- 269

55 **"일대 일"** (데살로니가전서 2장 – 빌레몬서) ---- 301

56 **"양육"** (히브리서 1장 – 베드로전서 3장) ---- 334

57 **"성경통독"** (베드로전서 4장 – 유다서) ---- 365

제 I 권

01 요한계시록 1-21장
02 요한계시록 22장-창세기 20장
03 창세기 21-41장
04 창세기 42장 -출애굽기 12장
05 출애굽기 13-33장
06 출애굽기 34장-레위기 14장
07 레위기 15장-민수기 8장
08 민수기 9장-29장
09 민수기 30장-신명기 14장
10 신명기 15장-여호수아 1장
11 여호수아 2-22장
12 여호수아 23장-사사기 19장

제 II 권

13 사사기 20장-사무엘상 15장
14 사무엘상 16장-사무엘하 5장
15 사무엘하 6장-열왕기상 2장
16 열왕기상 3장-열왕기하 1장
17 열왕기하 2-22장
18 열왕기하 23장-역대상 18장
19 역대상 19장-역대하 10장
20 역대하 11-31장
21 역대하 32장-느헤미아 6장
22 느헤미아 7장-욥기 4장
23 욥기 5-25장
24 욥기 26장-시편 4장
25 시편 5-25편
26 시편 26-46편
27 시편 47-67편
28 시편 68-88편

제 III 권

29 시편 89-109편
30 시편 110-130편
31 시편 131편-잠언 1장
32 잠언 2-22장
33 잠언 23장-전도서 12장
34 아가 1장-이사야 13장
35 이사야 14-34장
36 이사야 35-55장
37 이사야 56장-예레미야 10장
38 예레미야 11-31장
39 예레미야 32-52장
40 예레미야애가 1장-에스겔 16장
41 에스겔 17-37장
42 에스겔 38장-다니엘 10장
43 다니엘 11장-아모스 2장
44 아모스 3장-나훔 2장

Weekly Reading

45

나훔 3장 - 스가랴 12장

"건너뛰기"

나 3장-합 2장	합 3장 -습2장	습3장-학2장	슥 1- 3장	슥 4-6장	슥 7-9장	슥 10-12장

check

이번 통독도 소선지서 다섯 권에 걸쳐 있습니다. 니느웨 멸망(나훔), 바벨론을 통한 유다의 심판과 바벨론 심판(하박국), 어려운 시기에도 존재할 경건한 자(스바냐), 성전 재건(학개), 성전 재건과 메시야(스가랴)에 대한 말씀입니다.

건너뛰기

I.
징검다리는 물길을 막지 않는다.
하나둘 건너뛰다 보면 시냇물 건넌다.
튼튼하고 둥그런 징검다리와 같은
나훔 하박국 스바냐 학개 스가랴 건넌다.

II.
앗수르 제국 북국 이스라엘 무너뜨리고 유다 괴롭힌다.
니느웨 수도 삼은 산헤립, 니느웨에서 죽는다.
앗술바니팔 노아몬 무너뜨리고 최후발악하나 역부족이다.
요시야 개혁 있고 니느웨 무너진다.

역사의 변곡점에 하박국 서 있다.
“하나님 왜 그러세요?” 질문하지만 뜻밖의 대답에 당황스럽다.
악은 악으로 징벌하신단다.
의인은 믿음으로 산단다.

믿음으로 사는 의인들 무더기로 있다.
히스기야의 현손 스바냐의 눈에 보인다.
주님께서 보시며 기쁨을 이기지 못해 하시는 그들!
천하 만민 가운데서 명성과 칭찬을 얻으리라(습 3:20).

학개 선지자 성전 지대 위에 선다.
건물을 안 지을 터인가?
십육 년 멈춘 공사, 복을 막는 걸림돌이란다.
삼 개월 지속되니 회복이 잡힌다.

제사장 집안 스가랴, 학개와 같이 섰다.
보잘것없지 않단다.
반드시 이루실 하나님의 역사로
나귀 타고 메시아 오신다.

III.
징검다리 사이 두 보폭은 격하니
힘껏 뛰어야 건널 수 있다.
착지 잘 못하면 미끄러진다.
심판과 약속 번갈아 주시니 건너기 성공이다.

러시아의 우크라이나 침공, 러시아의 무능, 푸틴의 위기, 소련 붕괴 이후 러시아의 위기를 목도하는 시점에서 앗수르의 니느웨가 망한다는 말씀을 듣습니다. 티그리스 강 동편에 위치한, 신앗수르 제국의 수도 니느웨는 요나 때에 위기를 넘겼으나 결국 망하게 됩니다. 주전 663년 앗수르의 왕 앗술바니팔이 애굽의 수도 테베를 무너뜨렸습니다. 나훔 3장 8절에 나오는 노아몬이 ‘아몬 신의 성읍’ 인 ‘테베’ 를 가리킨다고들 생각합니다. 니느웨가 노아몬을 무너뜨림으로써 앗술바니팔의 강성함을 보여주었습니다. 그러나 이로부터 41년이 지난 612년에 니느웨가 멸망합니다. 3장 8-11절입니다. "네가 어찌 노아몬보다 낫겠느냐 그는 강들 사이에 있으므로 물이 둘렸으니 바다가 성루가 되었고 바다가 방어벽이 되었으며 구스와 애굽은 그의 힘이 강하여 끝이 없었고 붓과 루빔이 그를 돕는 자가 되었으나 그가 포로가 되어 사로잡혀 갔고 그의 어린 아이들은 길 모퉁이 모퉁이에 메어침을 당하여 부서졌으며 그의 존귀한 자들은 제비 뽑혀 나뉘었고 그의 모든 권세자들은 사슬에 결박되었나니 너도 술에 취하여 숨으리라 너도 원수들 때문에 피난처를 찾으리라" 아멘. '너도, 너도' 라는 표현이 눈에 띕니다. '노아몬을 멸망시켰다고 자만하지 말아라. 너도 망한다.' 하는 표현에서 '교만이 멸망의 선봉' (잠 16:18)이라는 말씀이 생각납니다.

니느웨의 죄에 대해 나훔 3장 1, 4, 19절이 말합니다. "화 있을진저 피의 성이여 그 안에는 거짓이 가득하고 포악이 가득하며 탈취가 떠나지 아니하는도다 … 이는 마술에 능숙한 미모의 음녀가 많은 음행을 함이라 그가 그의 음행으로 여러 나라를 미혹하고 그의 마술로 여러 족속을 미혹하느니라 … 네 상처는 고칠 수 없고 네 부상은 중하도다 네 소식을 듣는 자가 다 너를 보고 손뼉을 치나니 이는 그들이 항상 네게 행패를 당하였음이 아니더냐 하시니라" 아멘. '거짓, 포악, 탈취, 마술, 음행, 미혹, 그리고 행패' 라는 단어들이 눈에 띕니다. 이런 것들을 가지면 망하나 봅니다. '진실, 온유, 구제, 성실[주문의 반대로], 거룩, 배려, 돌봄' 이 있으면 오히려 강성해지겠지요. 북국 이스라엘을 망하게 하고 남국 유다를 괴롭히고 결국 애굽까지 점령했으나 망하게 된 니느웨의 죄악을 보면서, 제국의 흥망성쇠를 생각합니다. 무엇을 추구해야 하는지를 생각합니다. 기독교 정신에 입각하여 외국인과 나그네를 대접했던 나라들이 부강해졌던 것을 생각합니다. 동시에 현재 부유해진 우리나라가 외국인 근로자들에게 의료보험 혜택마저 베풀지 않는 것을 생각합니다. 우리나라의 부국강병이 성경에서 제시하는 덕목을 실천하는 방향으로 진행될 때 망하지 않을 것이라는 깨달음을 나훔을 통해 얻습니다.

이어지는 하박국은 나훔 이후 시기와 관계되어 보입니다. 악인이 죽고 요시야의 개혁이 가능해졌습니다. 니느웨는 망했습니다. 그런데 요시야 왕이 죽은 것입니다. 주전

609년입니다. 개혁이 실패로 돌아간 것처럼 보입니다. 하박국의 첫째 고민은 '하나님의 무응답' 이었습니다. 1장 2절입니다. "여호와여 내가 부르짖어도 주께서 듣지 아니하시니 어느 때까지리이까 내가 강포로 말미암아 외쳐도 주께서 구원하지 아니하시나이다" 아멘. 하나님이 응답하시지 않는 것이 왜 그에게 고민이었을까요? 아마도 그동안 하나님께서는 하박국의 기도에 응답을 잘해 주셨던 것 같습니다. 평상시에 기도 응답을 받지 않았거나, 더디 받았다면, 하나님의 더딘 응답에 당황하지 않았을 것입니다.

하박국은 '안다, 품다' 라는 단어에서 나왔습니다. 그래서 '하박국' 은 '안긴 자' 라고 부를 수 있습니다. 하나님께서 품에 안으신 선지자가 하박국입니다. 사랑을 많이 받은 선지자라고 할 수 있습니다. 그러니 평상시에 질문도 많았지만, 대답을 바로바로 들을 수 있었습니다. 응답을 어렵지 않게 받았습니다. 그런데 포악, 불법, 근심이 가득하고, 파괴와 포악이 눈앞에서 벌어지며, 다툼과 쟁투가 일어나기에, 포악을 해결해 달라고 기도한 지 꽤 되었지만, 응답이 없습니다. 부정적인 일이 일어날 뿐 아니라, 좋은 것들마저 사라지고 있습니다. 1장 4절입니다. "이러므로 율법이 해이하고 정의가 전혀 시행되지 못하오니 이는 악인이 의인을 에워쌌으므로 정의가 굽게 행하여짐이니이다" 아멘.

기준이 흔들립니다. 율법은 이제 의미 없게 되었습니다. 법을 기준 삼아 시행되어야 할 공의도 의미 없게 되었습니다. 의인들이 악인들에게 둘러싸입니다. 다시 말해, 의인들의 수는 감소하고 악인들의 수는 증가합니다. 악인들이 의인들을 에워쌀 만큼 악인들의 수가 많아졌습니다. 본래는 죄인들을 감옥에 가두는데, 죄인들이 대세가 되면 의인들을 감옥에 가두게 되는 것과 같습니다. 정직하게 사는 것은 바보 같은 짓이 되고, 사기를 쳐서라도 부자가 되는 것이 부러움의 대상이 됩니다.

그런데, '하나님의 무응답' 에 힘들었던 하박국에게 하나님께서 응답을 주셨습니다. 5-11절에 있지요. 한 마디로 더 큰 강포함으로 지금의 강포함을 해결하겠다고 대답하십니다. 하나님의 '무응답' 도 힘들었지만, 하나님의 '응답' 으로 인해 더 힘들게 되었습니다. 6절에 보면, 갈대아 사람이 등장합니다. 바벨론을 가리키겠습니다. 그들은 사납고 성급한 백성입니다. 자기의 소유가 아닌 거처들을 점령하는 이들입니다. 두렵고 무섭습니다. 당당하고 위엄이 있습니다. 8절입니다. "그들의 군마는 표범보다 빠르며 저녁 이리보다 사나우며 그들의 마병은 먼 곳에서부터 빨리 달려오는 마병이라 마치 먹이를 움키려 하는 독수리의 날음과 같으니라" 아멘. 지금의 강포함이 표범이라면, 갈대아인들의 강포함은 표범보다 빠른 군마입니다. 지금의 파괴가 저녁 이리라면, 갈대아인들의 파괴는 저녁 이리보다 사나운 마병입니다. 그들은 독수리입니다. 독수리가 표범보다 빠르고 이리보다 매섭기에, 지금 강포한 자들을 물리칠 수 있습니다. 그들은 모래처럼 많은 사람을 포로로 끌고 갈 것입니다.

1장 10절입니다. "왕들을 멸시하며 방백을 조소하며 모든 견고한 성들을 비웃고 흉벽을 쌓아 그것을 점령할 것이라" 아멘. 왕들도 그들 앞에서는 아무것도 아닙니다. 평상시라면 왕들은 백성들 위에 군림하며 자기 뜻대로 모든 일을 진행할 것입니다. 그런 왕들이 갈대아인들 앞에서는 한낱 노예에 불과할 것입니다. 방백들은 백성들을 수탈하며 사리사욕을 취할 터인데, 그들 앞에서는 한낱 포로일 뿐입니다. 견고한 성도 아무것도 아닙니다. 평상시 같으면, 허락 없이 나가지도 들어가지도 못할 견고한 건물입니다. 그러나 이제는 그저 무너지기 위해 세워진 성과 같습니다. 11절이 그들의 특성을 잘 설명합니다. "그들은 자기들의 힘을 자기들의 신으로 삼는 자들이라 이에 바람 같이 급히 몰아 지나치게 행하여 범죄하리라" 아멘. '자기들의 힘을 자기들의 신으로 삼는 자들' 입니다. 여기서 '신' 은 '하나님' 이라고 표현될 수 있습니다. 그들은 그들의 힘을 하나님 삼습니다.

하나님의 대답이 당황스러운 이유가 여기에 있습니다. 선으로 악을 정리하시는 게 아니고, 더 큰 악[바벨론]으로 더 작은 악[유다]을 정리하십니다. 하나님을 경외하는 이들로 하나님을 경외하지 않는 이들을 정리하시는 게 아니고, 자기 힘을 하나님 삼는 이들을 사용해서 하나님 떠난 백성을 징벌하십니다. 마치 '이에는[이 대신] 이, 눈에는[눈 대신] 눈' 과 같은 '동해보복법' 을 사용하신다는 대답입니다. 시편 18편 25-26절과 같습니다. "자비로운 자에게는 주의 자비로우심을 나타내시며 완전한 자에게는 주의 완전하심을 보이시며 깨끗한 자에게는 주의 깨끗하심을 보이시며 사악한 자에게는 주의 거스르심을 보이시리니" 입니다. '사악한 자에게 거스르심을 보이신다.' 하는 말씀은 '어그러진 자를 뒤트신다.' 이런 말씀입니다. 왜곡되었으니 바르게 펴려면 뒤틀어야 합니다.

하나님의 응답대로 갈대아인들이 와서 왕들과 방백들을 포로로 끌고 갑니다. 주전

605년입니다. 다니엘과 세 친구가 포로로 끌려간 때입니다. 성은 무너지고 백성들이 모든 것을 잃습니다. 이제는 부자도 없고 가난한 이도 없습니다. 채권자도 노예가 되고 채무자도 똑같은 노예가 됩니다. 사람 사이에 높낮이가 없어집니다. 전쟁에서 패하니 왕이든 종이든 모두 포로가 됩니다. 모든 소유를 빼앗겼으니 물질로 죄지을 일이 없습니다. 모든 기득권이 사라집니다. 주인과 종의 구별이 없어집니다.

그런데 이때 하박국의 고민은 더 커갑니다. 그는 이해할 수 없는 '하나님의 일하심'을 보면서, 하나님이 어떤 분이신지 먼저 고백합니다. 12절의 앞부분입니다. "여호와 나의 하나님, 나의 거룩하신 이시여 주께서는 만세 전부터 계시지 아니하시니이까" 아멘. 그분은 하나님이십니다. 거룩하신 분입니다. 오래전부터 거룩하신 하나님이신 분입니다. 이 고백에는 창조주 하나님, 역사를 주관하시는 하나님에 대한 고백이 있습니다. 하박국 선지자는 하나님이 이런 분이시기에 "우리가 사망에 이르지 아니하리이다" 하는 고백을 덧붙입니다. 하나님의 백성인 우리는 죽지 않습니다. 하나님의 거룩함을 따르는 우리는 사망과 관계없습니다.

그런데 하나님, 거룩하신 하나님께서 어찌하여 공의와 바로잡음을 위해 갈대아인들을 세우셨습니까? 선한 이들을 세우시면 그들이 충분히 바로잡지 않을까 싶어서 그러셨습니까? '한번 당해 봐라, 맛 좀 봐라' 하시는 것입니까? 그래도 우리가 그들보다는 낫지 않습니까? 13절입니다. "주께서는 눈이 정결하시므로 악을 차마 보지 못하시며 패역을 차마 보지 못하시거늘 어찌하여 거짓된 자들을 방관하시며 악인이 자기보다 의로운 사람을 삼키는데도 잠잠하시나이까" 아멘. 갈대아인들을 경험해보니 이전의 강포함은 아무것도 아니었습니다. 정말로 그들은 표범보다 빠르고 저녁 이리보다 사나운 독수리들입니다.

그들 앞에서 우리는 물고기와 기어 다니는 것들입니다. 우리는 그들에게 사람 취급도 못 받습니다. 14절입니다. "주께서 어찌하여 사람을 바다의 고기 같게 하시며 다스리는 자 없는 벌레 같게 하시나이까" 아멘. '물고기는 우리의 먹잇감이었고, 기어 다니는 것들은 하찮습니다. 다스리는 자 없는 곤충들, 뱀들, 파충류들이 그것들입니다. 그런데 하나님의 율법이 있고 다윗의 자손 왕들이 있는 우리가 물고기와 파충류, 곤충과 같이 되었습니다. 이러면 안 되는 것 아닙니까? 갈대아인들을 보십시오. 그들은 자신들로 힘 나게 하는 것들을 예배합니다.' 15-16절입니다. "그가 낚시로 모두 낚으며 그물로 잡으며 투망으로 모으고 그리고는 기뻐하고 즐거워하며 그물에 제사하며 투망 앞에 분향하오니 이는 그것을 힘입어 소득이 풍부하고 먹을 것이 풍성하게 됨이니이다" 아멘. 지금으로 하면, 미사일과 탱크, 전자기계와 경제적인 풍요로움을 경배하는 이들입니다. 세상적인 것, 땅에 속한 것을 경배하는 이들이 하나님 백성을 그물과 투망으로 잡습니다. 여기 '그물' (1:15)이 '헤렘' 입니다. 그들 나름대로는 자신들의 신에게 하나님 백성을 바칩니다.

더구나 이런 상황이 멈춰질 것 같지 않습니다. 17절입니다. "그가 그물[헤렘]을 떨고는 계속하여 여러 나라를 무자비하게 멸망시키는 것이 옳으니이까" 아멘. 구구절절 하박국의 질문은 타당해 보입니다. 갈대아인들을 택하여 하나님 백성을 심판하시는 하나님의 결정이 적절해 보이지 않습니다. 마치 북한 정권이 예수 믿는 자들을 계속해서 정치범 수용소에 가두고 부적절하게 대하는 것 같습니다. 무슬림들이 자신들의 공동체 안에 있는 기독인들을 잔인하게 대하는 것 같습니다. 이런 걸 생각하면 우리나라에서 교회가 당하는 것은 아무것도 아닙니다. 우리가 믿기 때문에 당하는 불이익도 아무것도 아닙니다.

하나님으로부터 '뜻밖의 응답' 을 받는 이유가 무엇일까요? 우리와 그분이 다르기 때문입니다. 그분은 백 퍼센트의 순결, 완전함을 원하셨습니다. 또한, 온 땅이 하나님과 그분의 율법 알기를 원하셨습니다. 자기들만의 리그(league)로 우물 안 개구리 신세를 면하지 못하는 하나님의 백성들이 온 세계로 퍼져서, 세상 사람들로 그들의 신과 다른 하나님, 그들의 법과 다른 '하나님의 법' 이 있다는 것을 알게 하고 싶으셨습니다. 하나님의 백성들에게 '하나님이 자신들만의 하나님이 아니라, 모든 민족의 하나님이시라는 것' 을 가르쳐주고 싶으셨습니다. 그들만 사랑하시고 구원하시는 하나님이 아니라, 모든 인류를 사랑하시기에 그들 모두를 구원하고 싶어 하신다는 것을 알게 하고 싶으셨습니다.

우리는 부당함, 불의, 부적절함, 불공평함을 보며, 하나님께서 왜 그러시나? 궁금해 할 때가 있습니다. 하나님은 우리의 온전함을 원하시고, 하나님의 법을 온 땅에 알리고 싶어 하십니다. 드라마를 보면, '신부님, 스님' 이라는 단어는 등장하지만, '목사님' 이라는 단어는 잘 등장하지 않습니다. '목사' 가 우리 사회에서는 더 이상 '거룩한 직업' 이 아니기 때문입니다. 사회 기피어(忌避語)가 되어 버렸습니다. '교회' 역시 '성당이나 사찰' 과 달리 기피어가 되었습니다. 이유는 우리의 거룩은 백 퍼센트이어야 하기 때문입니다. 하나님께서 '교회' 를 통해 세상 정화를 원하시기 때문입니다. 그러므로 교회가 거룩하지 않고, 성도가 거룩하지 않으면, 다른 종교단체나 다른 종교인들보다 더 당하게 되어있습니다.

'아니 세상에, 거룩하신 하나님이 어찌 그러실 수가 있대요? 어찌 자기 힘을 하나님 삼고, 사람들 못살게 구는 도구를 경배하는 그런 놈들에게 하나님 백성을 맡기실 수가 있대요?' 하던 하박국이 2장을 지나면서 바뀝니다. 2장 2절부터 20절까지는 하나님의 대답입니다. 1절에는 대답을 기다리는 하박국의 태도가 나옵니다. 하나님의 대답을 기다리는 하박국의 마음 자세를 알기 위해 1절을 봅니다. "내가 내 파수하는 곳에 서며 성루에 서리라 그가 내게 무엇이라 말씀하실는지 기다리고 바라보며 나의 질문에 대하여 어떻게 대답하실는지 보리라 하였더니" 아멘.

하박국은 자신만만합니다. 그가 한 '질문', 달리 번역하면, 그의 '논리와 책망' 에 대해 하나님께서 대답하기 어려우시리라 생각합니다. 왜요? 하나님께서 잘못하셨기 때문입니다. 하나님께서 거짓된 자들을 방관하시고 악인이 자기보다 의로운 사람을 삼키는데도 잠잠하셨을 뿐 아니라, 악인에게 의인의 심판을 맡기셨기 때문입니다. 아브라함이 소돔과 고모라를 멸하시겠다는 하나님을 가로막고 어떻게 의인을 악인과 함께 멸하실 수 있느냐? 따졌던 것과 유사합니다.

하박국 선지자는 자기가 포함된 상황이기에 조카 롯 문제로 기도하던 아브라함보다 더 자신 있게 따질 수 있었습니다. 그런데 그가, 하나님과 그와의 차이를 인식하고, 믿음으로 사는 삶을 배우고서는, 하나님 한 분만으로 즐거워하고 기뻐하는 마음은 갖게 됩니다. 그분에 대한 전적인 신뢰로 '환경' 과 관련된 요소를 모두 넘어섭니다.

하나님께서는 '침묵' 을 명하시기 전에 2장 2절부터 19절까지 '긴 설명' 을 주십니다. 하나님의 '긴 설명' 이 2절과 3절에는 '묵시(默示)' 라고 불립니다. '묵시' 란 '본 것' 입니다. 하박국은 뭔가를 봤습니다. 하나님께서 그에게 보여주셨습니다. 뭘 봤습니까? 갈대아인의 멸망을 봤습니다. 그리고 그 멸망을 주도하시는 하나님을 보았습니다. 그분의 영광을 보았습니다. 그분의 스케일(scale)을 보았습니다. 그분의 계획을 봤습니다.

그분의 계획이 중요했습니다. 2절입니다. “여호와께서 내게 대답하여 이르시되 너는 이 묵시를 기록하여 판에 명백히 새기되 달려가면서도 읽을 수 있게 하라” 아멘. ‘달려가면서도 읽을 수 있게’ 는 ‘읽은 자가 달릴 수 있게’ 로 번역되기도 합니다. ‘달려가면서도 읽을 수 있게’ 라는 번역은 기록 이유를 ‘가독성’ 즉, ‘잘 읽을 수 있도록’ 에 두었습니다. ‘읽는 자가 달릴 수 있게’ 라는 번역은 기록 이유를 ‘내용’ 에 두었습니다. 하나님을 경외하는 자들이 이 글을 읽으면, 좌절하거나 포기하지 않고 믿음으로 살 수 있는 용기를 얻게 될 거라는 기대가 담겨 있습니다.

이 묵시는 정해진 때에 반드시 이뤄질 것입니다. 비록 더디 이뤄지는 것처럼 보인다고 하여도 반드시 오되, 미적대지 않고 올 것입니다. 무엇이 미적대지 않고 올까요? ‘바벨론의 멸망’ 입니다. 이사야, 예레미야, 예레미야애가, 에스겔, 다니엘로 분류되는 다섯 개의 대선지서에서 모두 중요하게 다룬 주제입니다. 바벨론의 멸망이 왜 그리 중요합니까? 바벨론의 승리가 ‘악의 승리’ 로, ‘여호와 하나님의 패배’ 로 보였기 때문입니다. 예루살렘 성전을 파괴하고 왕을 포함한 하나님 백성을 포로로 끌고 가 노예로 삼은 바벨론으로 인해, 하나님의 전능하심, 성실하심, 선하심, 사랑 많으심 등 하나님의 성품에 대한 의문이 생겼기 때문입니다. 하박국이 질문한 그대로입니다. ‘하나님은 어떻게 이러실 수가 있지요. 하나님은 제가 아는 그 하나님 맞아요? 제가 잘못 알았나요? 대답을 좀 해보세요.’

하박국의 계속되는 질문에 대해 하나님께서는 반드시 이뤄질 참된 묵시라면서, ‘의인은 믿음으로 산다.’ 하는 신약성경 신학의 기본이 되는 말씀을 주십니다. 신약성경에 세 번이나 인용된 말씀입니다(갈 3:11; 롬 1:17; 히 10:38). 4절입니다. “보라 그의 마음은 교만하며 그 속에서 정직하지 못하나 의인은 그의 믿음으로 말미암아 살리라” 아멘. 교만하고 정직하지 않은 마음은 바벨론의 마음입니다. 악하면서도 의인들을 무자비하게 다루는 바벨론입니다. 그 바벨론과 의인이 대조됩니다. 이유는 하박국이 ‘악인들이 의인들을 둘러쌉니다. 의인들은 줄어들고 악인들은 늘어납니다. 하나님이 악인들의 손을 들어주고 의인들이 악인들에게 삼키도록 내버려 두십니다.' 이렇게 호소했기 때문입니다.

악인으로 둘러싸인 의인, 과연 살 수 있을까요? 하나님의 대답은 그가 산다입니다. '그가 믿음이 있으면 산다.' 답하십니다. '산다' 라는 단어에는 '생명이 있다' 라는 의미도 있지만, '살아간다' 하는 의미도 있습니다. 그러니까, '의인은 믿음이 있으니 생명이 있다.' 하는 의미도 되지만, '의인은 믿음으로 살아간다.' 하는 의미도 될 수 있습니다. 하나님께서는 죽고 사는 문제를 말씀하셨을까요, 아니면 일상의 문제를 말씀하셨을까요?

상황이 급할수록 '삶' 은 '죽음' 과 대비됩니다. 상황이 급하지 않으면 '삶' 은 '생활' 이 됩니다. 3년 전[2020년] 미국 경찰이 흑인의 목을 눌러 살해한 사건이 발생했습니다. 시위대가 'Black lives matter.' 라는 피켓을 들었습니다. 흑인의 목숨도 중요하다는 말입니다. 흑인도 이 나라 백성이니 살아갈 권리가 있다는 말입니다. 생명이 존중받지 못한다면 삶도 없다는 것입니다. Poor lives matter. 가난한 사람들의 생명도 중요합니다. 가난한 사람들도 살아갈 권리가 있습니다. 코로나로 소득분위 하위 십 퍼센트의 소득비율은 더 낮아지고, 소득분위 상위 십 퍼센트의 소득비율은 더 높아졌습니다. 정책은 힘 있는 사, 더 큰 기업을 살리는 쪽으로 기울었습니다. '삶' 은 '생활' 이고, '생활' 은 '생명' 입니다.

Then, do righteous lives matter? 그럼, 의로운 이들의 생명도 중요합니까? 의인들의 삶도 존중받을 수 있을까요? 힘없는 이들, 소수자, 소수 민족을 차별하면 안 된다며 인권이 주장되는데, 의인들의 인권이 존중받아야 한다고 주장해도 되나요? 세상은 Rich lives matter. 부자들의 생명이 중요하다고 말합니다. 그러니 이에 대한 반작용으로 Black lives matter, Poor lives matter라고 외칩니다. 그러나 세상은 의인들의 생명, Righteous lives에 대해서 외치는 것은 부담스럽게 생각합니다. 죄인인 인생에게 '의' 란 부담스럽고, 때론 거추장스럽고, 거의 항상 거북한 존재이기 때문입니다. '의로운가?' 하는 질문에, '예' 라고 대답하기 어렵기 때문입니다. '가난한가? 부유한가?' 하는 질문에는 어떻게든 답할 수 있고, 자신의 처지를 변호할 구호는 만들어 낼 수 있는데, '의로운가?' 하는 질문에는 누구도 '네' 라고 답할 수 없기 때문입니다.

누구도 의롭지 않지만, 그래도 더 의로운 자와 덜 의로운 자가 있기에, 하박국은 '의인이 불합리하게 당하는 고통'에 대해 질문합니다. 이에 대해 하나님의 응답은 '의인은 산다. 의인은 믿음으로 산다. 의인은 견딘다. 하나님을 믿으니 견딘다. 믿음으로 견디는 의인에게 생명이 있다. 생명의 하나님이 의인에게는 생명을 부여할 것이기 때문이다. 의인이 견디는 이유는 생명의 하나님이 의인을 책임지실 것을 믿기 때문이다.' 이런 것이었습니다.

한편, 의인과 다른 족속이 있습니다. 5절을 보면, 교만하고 정직하지 않은 자의 '끝없는 욕심'을 읽을 수 있습니다. "그는 술을 즐기며 거짓되고 교만하여 가만히 있지 아니하고 스올처럼 자기의 욕심을 넓히며 또 그는 사망 같아서 족한 줄을 모르고 자기에게로 여러 나라를 모으며 여러 백성을 모으나니" 아멘. 천억 재산가이면, 조 단위 재산가가 되고 싶어 하고, 조 단위 재산가들은 부자들의 랭킹(ranking)에서 자신들의 순위를 올리고 싶어 합니다. 만 명 교회는 십만 명 교회가 되고 싶어 하고, 십만 명 교회는 백만 명 교회가 되고 싶어 합니다. 그런 이들에게는 '속담과 조롱하는 시'가 낭독될 것입니다. '너를 억누를 자, 너를 괴롭힐 자, 너를 노략할 자'가 일어난다는 조소 섞인 노래입니다. 그의 이름은 '피와 강포로 세워진 성읍'입니다.

8절의 마지막 "이는 네가 사람의 피를 흘렸음이요 또 땅과 성읍과 그 안의 모든 주민에게 강포를 행하였음이니라" 부분을 직역하면, '사람의 피, 땅의 포악으로, 성과 그 안의 거민들이'입니다. 노략의 대상이 5절에서 '나라'와 '백성'으로 표현되었기에, 8절의 '성과 거민'은 엄청난 약탈로 거대한 성을 건축한 '큰 성 바벨론'을 가리킬 가능성이 큽니다. 여기서 질문이 생깁니다. '노략했던 자가 노략을 당한다. 그럼, 의인은 어떻게 되지? 그들은 조롱하지 않았고, 억누르거나 괴롭히지 않았고, 노략하지도, 피와 강포로 성읍을 세우지도 않은 의인은 어떻게 되지?' 하는 질문입니다. 하나님이 대답하셨습니다. '의인은 그의 믿음으로 산다.'

2장 9-11절입니다. "재앙을 피하기 위하여 높은 데 깃들이려 하며 자기 집을 위하여 부당한 이익을 취하는 자에게 화 있을진저 네가 많은 민족을 멸한 것이 네 집에 욕을 부르며 네 영혼에게 죄를 범하게 하는 것이 되었도다 담에서 돌이 부르짖고 집에서 들보가 응답하리라" 아멘. 안전을 위해 집을 높은 데 짓고 그곳에 부당한 이익을 쌓는 이도 결국 망합니다. 그의 안전을 위해 사용된 '돌과 들보(서까래)' 가 그를 배신합니다. 자신들이 개발한 핵무기와 생화학무기로 자신들이 위협을 당할 것입니다. 잔인과 포악은 늘 부메랑이 되어 잔인하고 포악한 자에게 돌아갑니다.

'그럼, 의인은?' 이란 질문을 해봅니다. 의인, 그는 안전을 위해 집을 높게 짓는가? 부당한 이익을 축적하는가? 아닙니다. 의인은 자신의 안전을 위해 높은 곳에 집을 짓지 않습니다. 부당한 이익을 축적하지 않습니다. 노동하고 노동의 대가를 받습니다. 농사짓고 소출을 누립니다. 남의 것을 빼앗지 않고 자기 손으로 수고하고 얼굴에 땀을 흘립니다. 불로소득을 미워하고 내 손의 힘으로 벌어들인 것이라 해도 어려운 사람을 돕기 위해 사용합니다. 자기 시간의 노동 값을 높이기 위해 힘쓰지 않고, 자기 노동의 가치를 높이기 위해 힘씁니다. 그러니 의인은 망하지 않습니다. 의인은 자신에게 속한 '돌과 들보' 로부터 배신당하지 않습니다.

12-14절도 봅니다. "피로 성읍을 건설하며 불의로 성을 건축하는 자에게 화 있을진저 민족들이 불탈 것으로 수고하는 것과 나라들이 헛된 일로 피곤하게 되는 것이 만군의 여호와께로 말미암음이 아니냐 이는 물이 바다를 덮음 같이 여호와의 영광을 인정하는 것이 세상에 가득함이니라" 아멘. '악인들이 강포를 행하고 그들이 또한 망하는' 이 모든 역사 뒤에 하나님이 계십니다. 그러니 땅이 결국 하나님의 영광을 알게 될 것입니다. 마치 바다에 물이 가득 찬 것처럼, 땅에는 하나님의 영광을 아는 지식이 꽉 들어찰 것입니다. 여호와의 영광을 인정하는 자는 의인입니다. 하박국은 의인들의 수가 줄어든다고, 악인들의 수가 늘어나 의인들을 에워싸고 있다고 부르짖었습니다. 그런데, 하나님의 응답은 산 자가 늘어난다는 것이었습니다. 의인이 늘어날 것이라고, 놋뱀을 올려다보는 자, 십자가를 바라보고 감사하는 자, 하나님의 구원을 기뻐하는 자, 재물보다 하나님을 사랑하는 자, 금과 돈보다 아침 햇살을 더 사랑하는 자, 아침햇살의 따스함과 가치를 알고 하나님을 아침마다 찬송하는 자가 많아질 것이라고 말씀하십니다.

15-17절도 봅니다. "이웃에게 술을 마시게 하되 자기의 분노를 더하여 그에게 취하게 하고 그 하체를 드러내려 하는 자에게 화 있을진저 네게 영광이 아니요 수치가 가득한즉 너도 마시고 너의 할례 받지 아니한 것을 드러내라 여호와의 오른손의 잔이 네게로 돌아올 것이라 더러운 욕이 네 영광을 가리리라 이는 네가 레바논에 강포를 행한

것과 짐승을 죽인 것 곧 사람의 피를 흘리며 땅과 성읍과 그 안의 모든 주민에게 강포를 행한 것이 네게로 돌아오리라" 아멘. 이웃에게 수치를 안겨주는 자가 수치를 당하게 되는 것도 여호와로부터 말미암습니다. 17절의 뒷부분 즉, "곧 사람의 피를 흘리며 땅과 성읍과 그 안의 모든 주민에게 강포를 행한 것이 네게로 돌아오리라"는 8절 뒷부분과 똑같습니다. '피의 성읍과 그 성읍의 거민들' 을 부르십니다. 이들이 함부로 대한 대상은 '이웃' 입니다. 이웃을 함부로 대한 이들의 이름은 '큰 성 바벨론' 입니다. 역시 여기서도 의인과 관련하여 질문이 가능합니다. '이웃을 자기 몸처럼 사랑한 의인들은 어떻게 될 것인가?' 하는 질문입니다. 이웃을 소중하게 생각한 의인들은 수치를 당하지 않을 것입니다. 그들의 영광은 가려지지 않을 것입니다.

마지막으로 18-20절입니다. "새긴 우상은 그 새겨 만든 자에게 무엇이 유익하겠느냐 부어 만든 우상은 거짓 스승이라 만든 자가 이 말하지 못하는 우상을 의지하니 무엇이 유익하겠느냐 나무에게 깨라 하며 말하지 못하는 돌에게 일어나라 하는 자에게 화 있을진저 그것이 교훈을 베풀겠느냐 보라 이는 금과 은으로 입힌 것인즉 그 속에는 생기가 도무지 없느니라 오직 여호와는 성전에 계시니 온 땅은 그 앞에서 잠잠할지니라 하시니라" 아멘. 우상을 만든 자가 우상을 의지하니, 그 우상이 무슨 유익이 있겠습니까? 자기가 만든 것을 의지하기 때문입니다. 더구나 말을 하지 못하게 만들었으니, 아무 도움이 안 됩니다. 인공지능 로봇이 아닙니다. 요즘은 핸드폰, 노트북 등 디지털 기기에 '시리' 가 있습니다. '시리' 는 여러 업무를 수행합니다. 날씨도 알려주고 검색도 해줍니다. 그런데, 가장 가까운 교회 검색을 요청하니, 교회 하나를 알려줍니다. 검색한 곳 바로 옆에 교회가 있고, 검색된 교회보다 더 가까운 교회가 많은데도, 어디서 검색하든 '그' 교회가 가장 가까운 교회라고 알려줍니다. 결국, 사실이 아니라, 입력된 정보를 알려줍니다. 아무 말도 못 하는 우상이나, 정해진 정보만 주는 '시리' 나 근본적인 문제에는 크게 도움이 안 되기는 마찬가지입니다. 윤리 판단도 입력된 대로 답할 것입니다.

그래도 재미 삼아 시리에게 물었습니다. 의인은 어떻게 되지? What would happen to the righteous? 그랬더니 성경 구절 두 구절을 찾아 주었습니다. 잠언 12장 21절과 베드로전서 4장 18절입니다. "의인에게는 어떤 재앙도 임하지 아니하려니와 악인에게는 앙화가 가득하리라"와 "또 의인이 겨우 구원을 받으면 경건하지 아니한 자와 죄인은 어디에 서리요"입니다. 두 가지를 깨닫습니다. '의인'에 대한 관심은 '성경'에서 발견할 수 있다는 것과, 의인이 어떻게 될지에 대해 집중해서 말씀하시는 하박국 2장은 검색 대상에서 제외되었다는 것입니다.

악인들이 득세하는 시기에 '의인들이 어떻게 되나요?' 하는 하박국의 질문에 대한 하나님의 대답을 한마디로 정리하면 '쉿!' 입니다. 20절입니다. "오직 여호와는 그 성전에 계시니 온 땅은 그 앞에서 잠잠할지니라 하시니라" 아멘. 조용히 하라고 하시네요. 이 성전은 '하늘 성전' 이겠습니다. 예레미야 선지자를 통해 "너희는 이것이 여호와의 성전이라, 여호와의 성전이라, 여호와의 성전이라 하는 거짓말을 믿지 말라"(렘 7:4) 하는 말씀을 주시던 시기이니, 예루살렘 성전이기 어렵습니다. 또한, 온 땅이 그 성전 앞에 서려면, '하늘 성전' 이어야 가능합니다. 그러므로 '여호와는 그분의 거룩하신 하늘 성전에, 모든 땅은 그분 얼굴 앞에서 쉿!' 으로 20절을 표현할 수 있습니다. 모든 땅, 모든 인류, 모든 피조물은 하늘 성전에 계신 하나님 앞에서 침묵하라는 지시사항입니다.

의인들이 살 것이기 때문입니다. 의인들은 살아 있기 때문입니다. 의인들의 의인 됨의 증거는 그들의 삶 속에 녹아있습니다. 그들은 교만하지도 거짓되지도 않습니다. 다른 사람을 짓밟지 않습니다. 담을 쌓거나 집을 키우지 않습니다. 다른 사람들의 것으로 내 창고를 채우지 않습니다. 이웃에게 술과 마약을 먹이지 않습니다. 우상에게 절하지 않습니다. 의인들은 천지를 지으신 하나님을 신뢰합니다. 그분의 말씀을 마음에 간직할 뿐 아니라 삶에서 구현해 냅니다. 아침부터 밤까지 그들의 마음에 있는 것은 하나님과 그분의 영광입니다. 그들이 비록 포로수용소에 있어도, 차디찬 감옥 바닥에 앉아 이미 충분히 식고 굳어서 먹거리라고 부르기도 어려운 것을 먹는다고 해도, 그들 코에 호흡을 주신 하나님을 찬양하는 이들입니다. 아침햇살에 배부르고 새소리에 감동하고 꽃잎을 보고 기뻐합니다. 자신을 짓밟는 사람들 속에서 십자가에 달리신 예수님을 떠올립니다. 그분의 아픔이 이런 것이었을까? 생각합니다. '나를 짓밟는 이들이라 해도 회개하면 구원해 주실 거야.' 하는 착한 마음으로 이 땅을 살아갑니다.

의인은 없나니 하나도 없고, 예수님이 의인이십니다. 그분은 하나님의 경륜을 따라 신실하게 사셨고, 예수님의 주님과 그리스도이심을 믿는 자들도 그 길을 따라올 수 있도록 구원의 문을 열어주셨습니다. 다른 것이 필요하지 않습니다. 하얀 피부색도, 은행 통장 잔고(殘高)도, 크고 넓은 집도, 학력과 이력, 명함도 필요하지 않습니다. 쉿! 아무것도 필요하지 않습니다. 예수님 그분만 마음에 모시고 입술로 고백하면 됩니다. '주 예수님! 예수님은 나의 주님과 구원자이십니다.' 교회는 이 고백을 하는 성도들의 모임입니다.

하박국의 질문은 2장을 지나면서 우리가 잘 아는 3장 17절 이하의 내용으로 끝이 납니다. "비록 무화과나무가 무성하지 못하며 포도나무에 열매가 없으며 감람나무에 소출이 없으며 밭에 먹을 것이 없으며 우리에 양이 없으며 외양간에 소가 없을지라도 나는 여호와로 말미암아 즐거워하며 나의 구원의 하나님으로 말미암아 기뻐하리로다 주 여호와는 나의 힘이시라 나의 발을 사슴과 같게 하사 나를 나의 높은 곳으로 다니게 하시리로다"(3:17-19상반) 아멘. 이 고백은 이런 것입니다. '나는 부도가 나도 괜찮소. 나는 길바닥에 나 앉아도 괜찮소. 하나님 그분이 계시니 기쁘고 즐겁소. 시험에 떨어져도 좋고, 건강이 나빠져도 좋고, 나라가 망해도 좋소. 하나님 그분이 계시니 기쁘고 즐겁소. 내가 그분을 믿거든.'

바울 사도는 비시디아 안디옥의 회당에서 복음을 전하면서 하박국 1장 5절을 인용합니다. 사도행전 13장 41절입니다. "일렀으되 보라 멸시하는 사람들아 너희는 놀라고 멸망하라 내가 너희 때를 당하여 한 일을 행할 것이니 사람이 너희에게 일러줄지라도 도무지 믿지 못할 일이라 하였느니라 하니라" 아멘. 악인에 의해 어려움을 당하지 말고 '믿는 자'가 되라고 초청합니다. 이로 볼 때, 믿는 자로의 초청에 응답하지 않으면, 어느 시대 어느 곳에서든 하박국의 역사가 있을 것이라고 예상할 수 있습니다.

이어지는 스바냐는 나훔과 하박국 사이의 시기에 활동했습니다. 하나님을 경외하는 자들을 격려하고 위로합니다. 요시야 때입니다(1:1, 주전 640-609년 통치). 나훔에서 말씀하신 것처럼 니느웨의 멸망이 예상됩니다. 2장 13-15절입니다. "여호와가 북쪽을 향하여 손을 펴서 앗수르를 멸하며 니느웨를 황폐하게 하여 사막 같이 메마르게 하리니 각종 짐승이 그 가운데에 떼로 누울 것이며 당아와 고슴도치가 그 기둥 꼭대기에 깃들이고 그것들이 창에서 울 것이며 문턱이 적막하리니 백향목으로 지은 것이 벗겨졌음이라 이는 기쁜 성이라 염려 없이 거주하며 마음속에 이르기를 오직 나만 있고 나 외에는 다른 이가 없다 하더니 어찌 이와 같이 황폐하여 들짐승이 엎드릴 곳이 되었는고 지나가는 자마다 비웃으며 손을 흔들리로다" 아멘.

유다의 부패함도 소개됩니다. 1장 12절입니다. "그 때에 내가 예루살렘에서 찌꺼기 같이 가라앉아서 마음속에 스스로 이르기를 여호와께서는 복도 내리지 아니하시며 화도 내리지 아니하시리라 하는 자를 등불로 두루 찾아 벌하리니" 아멘. 하나님에 대한 기대가 전혀 없습니다. '복'에 대한 기대도, '화'에 대한 기대도 없습니다. 3장 1-4절입니다. "패역하고 더러운 곳, 포학한 그 성읍이 화 있을진저 그가 명령을 듣지 아니하며 교훈을 받지 아니하며 여호와를 의뢰하지 아니하며 자기 하나님에게 가까이 나아가지 아니하였도다 그 가운데 방백들은 부르짖는 사자요 그의 재판장들은 이튿날까지 남겨 두는 것이 없는 저녁 이리요 그의 선지자들은 경솔하고 간사한 사람들이요 그의 제사장들은 성소를 더럽히고 율법을 범하였도다" 아멘. 예루살렘 성이 패역하고 더럽고 포학한 성읍이 되었습니다. 하나님의 명령을 듣지도, 교훈을 받지도 않습니다. 하나님을 의지하지도, 그분께 다가가지도 않습니다. 방백들, 재판장들, 선지자들, 제사장들 모두 타락했습니다.

이런 시기에 하나님을 경외하는 이들이 있습니다. "여호와의 규례를 지키는 세상의 모든 겸손한 자들"입니다. 2장 3절입니다. "여호와의 규례를 지키는 세상의 모든 겸손한 자들아 너희는 여호와를 찾으며 공의와 겸손을 구하라 너희가 혹시 여호와의 분노의 날에 숨김을 얻으리라" 아멘. 3장 10절을 보니, '하나님을 구하는 백성들' 입니다. 3장 12절을 보니, "곤고하고 가난한 백성"입니다. 3장 13절입니다. "이스라엘의 남은 자는 악을 행하지 아니하며 거짓을 말하지 아니하며 입에 거짓된 혀가 없으며 먹고 누울지라도 그들을 두렵게 할 자가 없으리라" 아멘. "악을 행하지 아니하며 거짓을 말하지 아니하며 입에 거짓된 혀가 없"는 이들입니다. 이들에게 주신 말씀이 그 유명한 3장 17절입니다. "너의 하나님 여호와가 너의 가운데에 계시니 그는 구원을 베푸실 전능자이시라 그가 너로 말미암아 기쁨을 이기지 못하시며 너를 잠잠히 사랑하시며 너로 말미암아 즐거이 부르며 기뻐하시리라 하리라" 아멘.

스바냐는 '여호와께서 숨기신다, 쌓으신다' 하는 의미를 갖습니다. 니느웨가 망하고 요시야의 개혁이 충분히 성공하지 못하고 유다가 패역하여 바벨론에 의해 망할 수밖에 없을 때이지만, 하나님을 경외하는 이들이 있습니다. 이들은 하나님께서 숨겨 놓으신 보물과 같은 이들입니다. 스바냐가 히스기야 왕의 현손이라는(1:1) 것을 생각할 때, 이들이야말로 '왕' 과 같은 이들입니다.

이제 이야기는 학개와 스가랴로 이어집니다. 바벨론으로부터의 귀환이 있었습니다. 성전 기초가 세워졌습니다. 그러나 마무리되지 못했습니다. 그때 하나님께서는 학개와 스가랴 선지자를 통해 하나님 백성을 도전하십니다. 성전 재건을 마치도록 도우십니다. 두 선지자는 그 일에 쓰임을 받았습니다. 학개에게는 주전 520년, 다리오 왕 제이 년 여섯째 달 곧 그달 초하루(1:1), 일곱째 달 곧 그달 이십일 일(2:1), 아홉째 달 이십사 일(2:10, 20)에 말씀이 임합니다. 특별히 유다 총독 스룹바벨과 대제사장 여호수아에게 임합니다. 백성의 두 지도자에게 성전 건축의 책임이 크기 때문입니다.

여섯째 달 초하루에 주신 말씀은 책망입니다. 학개 1장 9절입니다. "너희가 많은 것을 바랐으나 도리어 적었고 너희가 그것을 집으로 가져갔으나 내가 불어 버렸느니라 나 만군의 여호와가 말하노라 이것이 무슨 까닭이냐 내 집은 황폐하였으되 너희는 각각 자기의 집을 짓기 위하여 빨랐음이라" 아멘. 하나님의 일을 팽개치고 자기 일만 열심히 하니 일이 잘 풀리지 않습니다. 책망을 들은 백성이 성전 공사를 재개합니다. 1장 14-15절입니다. "여호와께서 스알디엘의 아들 유다 총독 스룹바벨의 마음과 여호사닥의 아들 대제사장 여호수아의 마음과 남은 모든 백성의 마음을 감동시키시매 그들이 와서 만군의 여호와 그들의 하나님의 전 공사를 하였으니 그 때는 다리오 왕 제이년 여섯째 달 이십사일이었더라" 아멘. 23일 만에 순종했습니다.

한 달 정도 열심히 일을 할 때 말씀을 주십니다. 하나는 눈에 보이는 것이 '보잘것없어 보인다' 는 것입니다. 2장 3절입니다. "너희 가운데에 남아 있는 자 중에서 이 성전의 이전 영광을 본 자가 누구냐 이제 이것이 너희에게 어떻게 보이느냐 이것이 너희 눈에 보잘것없지 아니하냐" 아멘. 한 달간 열심히 일했는데, 별로 좋아 보이지 않습니다. 그런 그들에게 주신 약속입니다. 2장 8-9절입니다. "은도 내 것이요 금도 내 것이니라 만군의 여호와의 말이니라 이 성전의 나중 영광이 이전 영광보다 크리라 만군의 여호와의 말이니라 내가 이 곳에 평강을 주리라 만군의 여호와의 말이니라" 아멘.

이어 두 달이 더 지났습니다. 비록 '보잘것없어' 보여도 공사를 멈추지 않았습니다. 순종한 지 세 달이 지났습니다. 그때 주신 약속입니다. 2장 19절입니다. "곡식 종자가 아직도 창고에 있느냐 포도나무, 무화과나무, 석류나무, 감람나무에 열매가 맺지 못하였으니라 그러나 오늘부터는 내가 너희에게 복을 주리라" 아멘. 복을 주시겠다고 하십니다. 더 큰 약속도 주십니다. 스룹바벨에게 주시는 약속입니다. 2장 21-23절입니다. "너는 유다 총독 스룹바벨에게 말하여 이르라 내가 하늘과 땅을 진동시킬 것이요 여러 왕국들의 보좌를 엎을 것이요 여러 나라의 세력을 멸할 것이요 그 병거들과 그 탄 자를 엎드러뜨리리니 말과 그 탄 자가 각각 그의 동료의 칼에 엎드러지리라 만군의 여호와가 말하노라 스알디엘의 아들 내 종 스룹바벨아 여호와가 말하노라 그 날에 내가 너를 세우고 너를 인장으로 삼으리니 이는 내가 너를 택하였음이니라 만군의 여호와의 말이니라 하시니라" 아멘. 세워진 직분자들은 낙심하지 말고 멈추지 않고 전진할 필요가 있습니다.

스가랴 선지자에게 주신 말씀은 학개 선지자에게 주신 말씀과 겹칩니다. 시간대도 약간 겹칩니다. 다리오 왕 제이 년[주전 520-519년] 여덟째 달에(1:1) 말씀이 주어지기 시작하기 때문입니다. 학개 선지자에게 마지막 말씀을 주시기 전에 스가랴 선지자를 통해 말씀을 주시기 시작합니다. 두 달이 지난 열한째 달에(1:7) 주신 말씀은 학개 선지자에게 주신 마지막 말씀이 주어진 다음에 주셨습니다. 여덟 개의 환상이 있습니다.

첫째는 붉은 말을 탄 사람입니다(1:8). "여호와께서 땅에 두루 다니라고 보내신 자들"입니다. 하나님의 약속이 있습니다. "내가 불쌍히 여기므로 예루살렘에 돌아왔은즉 내 집이 그 가운데 건축되리니 예루살렘 위에 먹줄이 쳐지리라"(1:16) 아멘. 둘째는 '네 개의 뿔' 입니다(1:18). "유다와 이스라엘과 예루살렘을 흩뜨린 뿔"(1:19)을 하나님께서 '떨어뜨리' 실 것입니다(1:21). 셋째는 '측량줄을 손에 잡은 사람' 입니다(2:1). '예루살렘을 측량하여 그 너비와 길이를 볼' 사람입니다(2:2). "예루살렘은 그 가운데 사람과 가축이 많으므로 성곽 없는 성읍이 될 것"입니다(2:4). "여호와께서 그의 거룩한 처소에서 일어나"십니다(2:13).

넷째로, 대제사장 여호수아가 입고 있는 더러운 옷을 '아름다운 옷'으로 갈아입히시고 정결한 관을 씌우십니다(3:3-5). 다섯째로 순금 등잔대와 등잔 일곱, 그리고 두 감람나무가 있습니다(4:2-3). 순금 등잔대와 일곱 등잔은 "온 세상을 두루 다니는 여호와의 눈"을 가리킵니다(4:10). 두 감람나무는 "온 세상의 주 앞에 서 있는 자"(4:14)입니다. 스룹바벨에게 약속을 주십니다. 4장 6-7절입니다. "그가 내게 대답하여 이르되 여호와께서 스룹바벨에게 하신 말씀이 이러하니라 만군의 여호와께서 말씀하시되 이는 힘으로 되지 아니하며 능력으로 되지 아니하고 오직 나의 영으로 되느니라 큰 산아 네가 무엇이냐 네가 스룹바벨 앞에서 평지가 되리라 그가 머릿돌을 내놓을 때에 무리가 외치기를 은총, 은총이 그에게 있을지어다 하리라 하셨고" 아멘.

여섯째는 '날아가는 두루마리'입니다(5:1). 5미터 곱하기 10미터나(5:2) 되는 큰 두루마리입니다. "온 땅 위에 내리는 저주"를 가리킵니다(5:3). 일곱째는 에바[40리터]와 여인입니다(5:6-7). "악"을 가리킵니다(5:8). 여덟째는 '네 병거'입니다(6:1). "하늘의 네 바람"을 가리킵니다(6:5). 여덟 환상은 여호수아가 면류관을 쓰는 것으로 마무리됩니다(6:11).

성전 재건이 다리오 왕 제육 년[주전 516-515년] 아달월 삼 일에 끝납니다(스 6:15). 양력으로는 주전 515년 3월 12일입니다. 학개 선지자 통해 말씀을 주신지 4년 반이 지난 시점입니다. 성전 재건이 끝나기 이 년 삼 개월 전인, 다리오 왕 제사 년[주전 518-517년] 아홉째 달 곧 기슬래월 사 일에 스가랴에게 여호와의 말씀이 임합니다(7:1). 양력으로 주전 518년 12월 7일입니다. 성전 재건이 거의 끝나가는 시점입니다. 이때 하나님께서는 진정한 삶의 변화를 요구하시고 예수 그리스도에 대한 약속을 주십니다.

우선, 삶의 변화 요구가 8장 16-19절에 있습니다. "너희가 행할 일은 이러하니라 너희는 이웃과 더불어 진리를 말하며 너희 성문에서 진실하고 화평한 재판을 베풀고 마음에 서로 해하기를 도모하지 말며 거짓 맹세를 좋아하지 말라 이 모든 일은 내가 미워하는 것이니라 여호와의 말이니라 만군의 여호와의 말씀이 내게 임하여 이르시되 만군의 여호와가 이같이 말하노라 넷째 달의 금식과 다섯째 달의 금식과 일곱째 달의 금식과 열째 달의 금식이 변하여 유다 족속에게 기쁨과 즐거움과 희락의 절기들이 되리니 오직 너희는 진리와 화평을 사랑할지니라" 아멘. 금식이 변하여 기쁨과 즐거움과 희락의 절기들이 될 것입니다.

이어 예수 그리스도에 대한 약속입니다. 구원자께서 겸손한 모습으로 오십니다. 9장 9절입니다. "시온의 딸아 크게 기뻐할지어다 예루살렘의 딸아 즐거이 부를지어다 보라 네 왕이 네게 임하시나니 그는 공의로우시며 구원을 베푸시며 겸손하여서 나귀를 타시나니 나귀의 작은 것 곧 나귀 새끼니라" 아멘. 이 구절은 마태복음 21장 5절과 요한복음 12장 15절에 인용됩니다. 나귀 타고 오신 예수님은 사복음서 모두에 소개된 중요한 내용입니다. 그럼, 하나님께서는 나귀 타고 입성하시는 예수님을 통해 무엇을 기대하셨을까요?

우선, 하나님께서는 예수님을 '너의 왕'이라고 부르십니다. 시온의 왕, 예루살렘의 왕입니다. 분위기가 고조되어 있습니다. 크게 기뻐하라, 즐거이 부르라는 표현에서 정말 좋아할 일이구나 하는 것을 알 수 있습니다. 즐거우십니까? 예수님이 예루살렘 성에 입성하셔서 좋습니까? 특별히 그분이 겸손하셔서 나귀를 타고 입성하시는 좋으십니까? 혹시 예수님이 불쌍해 보이시는 것 아닙니까? 탱크와 같은 병거를 타고 진입하셔도 부족한 판에, 말도 아니고, 나귀, 그것도 나귀 새끼를 타고 예루살렘 성에 입성하시니 불쌍해 보이시는 것 아닙니까?

올림픽 때 '선수 입장'을 보면 화려합니다. 화려함에서 힘을 봅니다. 그런데 나귀 타고 입장하십니다. 그런데 하나님은 시온의 딸들에게, 예루살렘의 딸들에게, 우리에게 기뻐하라고 하십니다. 우리의 대장이신 예수님이 어쭙잖게, 시시하고 보잘것없게 등장하시는 것을 기뻐하라고 하십니다. 그분이 가져다주실 평화 때문입니다. 9장 10절입니다. "내가 에브라임의 병거와 예루살렘의 말을 끊겠고 전쟁하는 활도 끊으리니 그가 이방 사람에게 화평을 전할 것이요 그의 통치는 바다에서 바다까지 이르고 유브라데 강에서 땅 끝까지 이르리라" 아멘. 예수님을 통한 온 땅의 평화입니다. 거룩에 기초한 평화입니다.

시온의 왕, 예루살렘의 왕에 대해 "공의로우시며 구원을 베푸"신다고 소개합니다. 9

장 9절을 다시 봅니다. "시온의 딸아 크게 기뻐할지어다 예루살렘의 딸아 즐거이 부를지어다 보라 네 왕이 네게 임하시나니 그는 공의로우시며 구원을 베푸시며 겸손하여서 나귀를 타시나니 나귀의 작은 것 곧 나귀 새끼니라" 아멘. '구원을 베푸신다' 는 번역은 사실 '구원을 받으셨다' 로 표현되어야 맞습니다. 그런데 메시아가 구원을 받는다는 내용이 무엇일까 싶어 '구원을 베푸신다' 로 번역했습니다. 그러면, 시온의 왕이 의롭고 구원을 받는다는 내용이 무엇을 의미할까요? '의롭고' 는 알 것 같습니다. 하나님의 성품을 닮아 의로운 분이지요. 죄가 없는 분이지요. 그럼, 구원받는다는 무엇일까요? 히브리서 5장 7절 이하의 말씀이 도움이 됩니다. "그는 육체에 계실 때에 자기를 죽음에서 능히 구원하실 이에게 심한 통곡과 눈물로 간구와 소원을 올렸고 그의 경건하심으로 말미암아 들으심을 얻었느니라 그가 아들이시면서도 받으신 고난으로 순종함을 배워서 온전하게 되셨은즉 자기에게 순종하는 모든 자에게 영원한 구원의 근원이 되시고 하나님께 멜기세덱의 반차를 따른 대제사장이라 칭하심을 받으셨느니라" 아멘.

"자기를 죽음에서 능히 구원하실 이에게"라는 표현에서 예수님의 구원을 생각할 수 있습니다. 예수님 승리의 성격을 보여주는 구원입니다. 그분의 구원은 사망 권세로부터의 구원입니다. 그분의 구원은 그분을 순종하는 모든 자에게 '영원한 구원의 근원, 이유' 이십니다. 예수님이 부활하셨으니, 그분처럼 사는 자들은 모두 그분처럼 부활 됩니다. 생명 부활의 근거가 마련된 것입니다. 생명 부활의 근거이신 예수님을 통해, 겸손의 왕 예수님을 통해 하나님께서는 병거, 말, 활을 끊겠다고 하십니다. 그런데 이어지는 표현에서 우리는 활과 화살, 칼, 나팔을 발견합니다. 병거, 말, 활을 끊으신 다음에 등장하는 전쟁 무기들은 무엇을 가리킬까요? 실은 다른 류의 무기들이라고 보시면 됩니다. 큐피드의 화살과 같다고 할까요?

9장 11-13절입니다. "또 너로 말할진대 네 언약의 피로 말미암아 내가 네 갇힌 자들을 물 없는 구덩이에서 놓았나니 갇혀 있으나 소망을 품은 자들아 너희는 요새로 돌아올지니라 내가 오늘도 이르노라 내가 네게 갑절이나 갚을 것이라 내가 유다를 당긴 활로 삼고 에브라임을 끼운 화살로 삼았으니 시온아 내가 네 자식들을 일으켜 헬라 자식들을 치게 하며 너를 용사의 칼과 같게 하리라" 아멘. 11절의 '너' 는 '시온과 예루살렘의 왕' 이신 예수님을 가리킵니다. '네 언약의 피' 가 이 점을 분명하게 보여줍니다.

언약의 피를 흘리신 왕은 예수님 한 분뿐이시지요. 예수님 언약의 피로 인해 하나님께서 하시는 일이 있습니다. "네 갇힌 자들을 물 없는 구덩이에서" 놓으십니다(9:11). '네 갇힌 자'는 '예수님께 속한 갇힌 자들'입니다. '물 없는 구덩이'는 요셉과 예레미야를 떠오르게 합니다. "요셉이 형들에게 이르매 그의 형들이 요셉의 옷 곧 그가 입은 채색옷을 벗기고 그를 잡아 구덩이에 던지니 그 구덩이는 빈 것이라 그 속에 물이 없었더라"(창 37:23-24) 아멘. "그들이 예레미야를 끌어다가 감옥 뜰에 있는 왕의 아들 말기야의 구덩이에 던져 넣을 때에 예레미야를 줄로 달아 내렸는데 그 구덩이에는 물이 없고 진창뿐이므로 예레미야가 진창 속에 빠졌더라"(렘 38:6) 아멘.

물이 없으니 익사는 면하겠지만, 구덩이에서 나오지 못하니 예레미야는 굶어 죽을 것입니다. 그래서 예레미야가 구덩이에 던져진 다음에 왕궁 내시 구스인 에벳멜렉이 시드기야 왕에서 말합니다. "내 주 왕이여 저 사람들이 선지자 예레미야에게 행한 모든 일은 악하니이다 성 중에 떡이 떨어졌거늘 그들이 그를 구덩이에 던져 넣었으니 그가 거기서 굶어 죽으리이다"(렘 38:9) 아멘. 예수님께 속한 자들이 '물 없는 구덩이에 갇힌 자'로 소개됩니다. 요셉과 예레미야와 같은 이들입니다. 사실 하나님 뜻대로 살면서 외관상으로는 당하고 사는 이들입니다.

요셉과 예레미야와 같은 이들을 9장 12절에서는 "갇혀 있으나 소망을 품은 자들"이라고 부르십니다. 직역하면 '소망의 갇힌 자들'입니다. 갇혀 있는데, 소망으로 특징지을 수 있는 자들입니다. 고린도후서 4장에서 이들에 대한 풀이를 듣습니다. "우리가 이 보배를 질그릇에 가졌으니 이는 심히 큰 능력은 하나님께 있고 우리에게 있지 아니함을 알게 하려 함이라 우리가 사방으로 욱여쌈을 당하여도 싸이지 아니하며 답답한 일을 당하여도 낙심하지 아니하며 박해를 받아도 버린 바 되지 아니하며 거꾸러뜨림을 당하여도 망하지 아니하고 우리가 항상 예수의 죽음을 몸에 짊어짐은 예수의 생명이 또한 우리 몸에 나타나게 하려 함이라 우리 살아 있는 자가 항상 예수를 위하여 죽음에 넘겨짐은 예수의 생명이 또한 우리 죽을 육체에 나타나게 하려 함이라"(4:7-11) 아멘.

예수님 언약 백성으로, 이 땅에서 세상의 법이 아니라, 믿음의 법, 하늘 법도를 따라 사는 자들에 대한 말씀입니다. 그들이 놓입니다. 근거는 예수님 언약의 피입니다. 그들의 특징은 소망입니다. 이제 예수님을 통해 이들이 요새로 돌아옵니다. 12절입니다.

"갇혀 있으나 소망을 품은 자들아 너희는 요새로 돌아올지니라 내가 오늘도 이르노라 내가 네게 갑절이나 갚을 것이라" 아멘. 갑절은 두 배입니다. '두 배'가 의미하는 바는 '장자 됨, 상속자 됨'입니다. 구약에서 '두 배'를 받는 자는 장자이기 때문이지요(신 21:17). 그럼, 12절에서는 무엇의 두 배를 말하나요? 연단 과정에서 받은 고난과 수치의 갑절입니다. '갚음'은 '보상' 개념이니, 당한 것을 그대로가 아니라, 두 배로 돌려주시겠다는 말씀이지요.

갚아 주시면 어떻게 되는지 13절이 설명합니다. "내가 유다를 당긴 활로 삼고 에브라임을 끼운 화살로 삼았으니 시온아 내가 네 자식들을 일으켜 헬라 자식들을 치게 하며 너를 용사의 칼과 같게 하리라" 아멘. 유다는 활이 되고 에브라임은 화살이 됩니다. '너' 다시 말해, 예수님은 '용사의 칼'이 됩니다. "내가 네 자식들을 일으켜 헬라 자식들을 치게 하며"는 설명이 필요합니다. 헬라가 '네 자식'이라고 불리기 때문입니다. 헬라도 예수님의 자식들입니다. 모든 인류가 그분을 통해 지음을 받았으니까요. 그리고 여기의 '헬라'는 창세기 10장에 나오는 '야완'입니다. 노아의 아들들 가운데 야벳의 아들들이 소개됩니다. "야벳의 아들은 고멜과 마곡과 마대와 야완과 두발과 메섹과 디라스요 고멜의 아들은 아스그나스와 리밧과 도갈마요 야완의 아들은 엘리사와 달시스와 깃딤과 도다님이라" 아멘. 유럽 사람들과 관계됩니다. 야벳의 넷째 아들 야완에게서 로마를 지칭하는 깃딤도 나왔습니다.

유다와 에브라임을 통해 깃딤을 공격하십니다. 전혀 다른 형태의 무기겠지요. 복음이라는 무기입니다. 나귀 타신 예수님, 나귀 타고 출전하시는 예수님에게 구원을 주시는, 승리를 주시는 하나님에게서 복음을 듣습니다. 선으로 악을 갚는 윤리를 발견합니다. 사도행전에서 발견되는 마게도냐, 아가야 전도, 로마 전도에 대한 예언을 스가랴 9장 말씀에서 듣습니다.

9장 14-17절은 9-13절의 하나님의 말씀에 대한 선지자의 반응과 기대입니다. 14절입니다. "여호와께서 그들 위에 나타나서 그들의[그분의] 화살을 번개 같이 쏘아내실 것이며 주 여호와께서 나팔을 불게 하시며 남방 회오리바람을 타고 가실 것이라" 아멘. 전쟁을 시작하시는 하나님의 모습입니다. '그들의 화살'은 '그분의 화살'입니다. 그분의 화살은 '그들'입니다. 유다와 에브라임, 이스라엘이 하나님의 화살입니다. 하나님이 나팔을 부십니다. 바람을 타고 가십니다. 직접 싸우십니다. 용사 다윗이 경험한 하나님입니다. "내가 환난 중에서 여호와께 아뢰며 나의 하나님께 아뢰었더니 그가 그의 성전에서 내 소리를 들으심이여 나의 부르짖음이 그의 귀에 들렸도다 이에 땅이 진동하고 떨며 하늘의 기초가 요동하고 흔들렸으니 그의 진노로 말미암음이로다 그의 코에서 연기가 오르고 입에서 불이 나와 사름이여 그 불에 숯이 피었도다 그가 또 하늘을 드리우고 강림하시니 그의 발 아래는 어두캄캄하였도다 그룹을 타고 날으심이여 바람 날개 위에 나타나셨도다 그가 흑암 곧 모인 물과 공중의 빽빽한 구름으로 둘린 장막을 삼으심이여 그 앞에 있는 광채로 말미암아 숯불이 피었도다 여호와께서 하늘에서 우렛소리를 내시며 지존하신 자가 음성을 내심이여 화살을 날려 그들을 흩으시며 번개로 무찌르셨도다"(삼하 22:7-15) 아멘.

직접 싸우시는 하나님의 모습을 공생애 기간 예수님의 사역에서 읽습니다. 모든 권세를 가지셨으나 구원을 위해서만 힘을 쓰시는 예수님입니다. 15절입니다. "만군의 여호와께서 그들을 호위하시리니 그들이 원수를 삼키며 물맷돌을 밟을 것이며 그들이 피를 마시고 즐거이 부르기를 술취한 것 같이 할 것인즉 피가 가득한 동이와도 같고 피 묻은 제단 모퉁이와도 같을 것이라" 아멘. 15절에는 '피를, 피가, 피 묻은' 이라는 표현이 추가되었습니다. 그래서 작은 글씨로 되어있습니다. 대체로 작은 글씨로 되어있지 않으실 것입니다. 마지막 표현인 '제단 모퉁이' 로 인해, 마시는 것도 피, 동이에 가득한 것도 피, 제단 모퉁이에 묻은 것도 피라고 기술하여 이해를 돕고 있습니다.

직접 전쟁을 지휘하시는 하나님께서 유다와 에브라임을 호위하십니다. 그러니 그들이 먹습니다. 그들이 적군의 물맷돌을 밟습니다. 그들이 마십니다. 술에 취한 자같이 즐거이 부릅니다. 뭘 먹고 뭘 마실까요? 성찬입니다. 11절의 '언약의 피' 가 이를 보증합니다. 이들 승리의 비결이 무엇입니까? 예수님을 먹고 마심입니다. 예수님을 먹으니 적군의 물맷돌을 밟을 수 있습니다. 예수님을 마시니 고난 가운데에서도 즐거울 수 있습니다. 그들은 제단과 같습니다. 제단 모퉁이와 같습니다. 제물의 피를 부어 피가 흥건히 적셔진 제단 모퉁이와 같습니다. 예수님의 보혈로 적셔진 제자들입니다.

9장 9-13절이 예수님에 대한 하나님의 말씀이고, 14-15절이 우리에 대한 선지자의 예언이라면, 16-17절은 예수님과 제자들 사역의 결과에 대한 선지자의 예언입니다.

16-17절입니다. "이 날에 그들의 하나님 여호와께서 그들을 자기 백성의 양 떼 같이 구원하시리니 그들이 왕관의 보석 같이 여호와의 땅에 빛나리로다 그의 형통함과 그의 아름다움이 어찌 그리 큰지 곡식은 청년을, 새 포도주는 처녀를 강건하게 하리라" 아멘. 그날에, 다시 말해, 예수님의 제자들이 예수님처럼 사역하는 날에, 하나님께서는 자기 백성을 양 떼 같이 구원하십니다. 모든 민족을 구원하십니다. 제자들은 왕관의 보석 같을 것입니다. 사람들이 그들을 보며 하나님을 보겠지요. 좀 부끄러워지네요. 왕관의 보석이어야 하는데, 그러지 못해서요. 그래도 다행인 것은 기도하면 비슷해진다는 것입니다.

17절 '그의 형통함과 그의 아름다움' 에서 '그' 는 '예수님' 을 가리키겠습니다. 예수님이 잘 되십니다. 예수님께서 아름다우십니다. 그 결과 곡식은 청년으로 열매 맺게 하고, 새 포도주는 처녀로 열매 맺게 합니다. 새벽이슬 같은 청년들이 일어나 예수님의 복음을 들고 나갑니다. 곡식은 성찬의 떡을, 새 포도주는 성찬의 잔을 가리킵니다. 열매를 맺는, 강건한 청년과 처녀들이 어떻게 하여 강건하고 열매를 맺는지 알려주십니다. 예수님의 살과 피입니다.

이들은 겸손한 왕을 그들의 왕으로 모신 이들입니다. 무릎을 꿇어 그분을 환영한 이들입니다. 예수님의 형통과 아름다움을 드러내는 이들입니다. 이런 삶을 살고 싶으시다면 예수님을 먹고 마시십시오. 그분을 먹는다는 말은 그분으로부터 영향을 받는다는 말이지요. 뭘 먹으면 먹은 것으로 인해 영향을 받습니다. 예수님을 먹으면 예수님으로부터 영향을 받습니다. 그분이 겸손하시니 겸손해집니다. 그분이 의로우니 우리가 의로워집니다. 그분이 구원받으니, 나도 구원받습니다. 그분의 승리가 나의 승리입니다. 때려서 얻는 승리가 아니라 맞아서 얻는 승리입니다. 다른 사람을 내게 무릎 꿇게 하여 얻는 승리가 아니라, 내가 하나님 앞에 무릎을 꿇어 얻는 승리입니다. 그분이 싸우셔서 내가 맺는 열매입니다.

종려주일에 고집스런 예루살렘 성에 입성하신 그리스도께서 은 삼십에 팔리십니다(마 27:9-10). 11장 12-13절입니다. "내가 그들에게 이르되 너희가 좋게 여기거든 내 품삯을 내게 주고 그렇지 아니하거든 그만두라 그들이 곧 은 삼십 개를 달아서 내 품삯을 삼은지라 여호와께서 내게 이르시되 그들이 나를 헤아린 바 그 삯을 토기장이에게 던지라 하시기로 내가 곧 그 은 삼십 개를 여호와의 전에서 토기장이에게 던지고" 아멘. 그리스도의 십자가 죽음으로 인한 통곡이 있습니다(요 19:37). 12장 10절입니다. "내가 다윗의 집과 예루살렘 주민에게 은총과 간구하는 심령을 부어 주리니 그들이 그 찌른 바 그를 바라보고 그를 위하여 애통하기를 독자를 위하여 애통하듯 하며 그를 위하여 통곡하기를 장자를 위하여 통곡하듯 하리로다" 아멘.

질의와 응답

하나. "제목인 '건너뛰기'가 무엇을 의미할까요?"

소선지서에 오니 구약도 무르익습니다. '말세지말'이라고 할까요? 다양한 시기와 배경, 성경 기자를 통해 말씀하시니, 꼭 징검다리를 건너는 것 같습니다. 약속과 심판이 있는 징검다리입니다. 징검다리는 잘 건너뛰어야 물에 빠지지 않지요.

둘. "'사도행전에서 발견되는 마게도냐, 아가야 전도, 로마 전도에 대한 예언을 스가랴 9장 말씀에서 듣습니다.' 이렇게 말씀하셨는데, 무슨 의미인가요?"

스가랴 9장은 종려주일과 관련됩니다. 나귀 타고 출전하시는 예수님입니다. 나귀 타고 출전하셔서 승리를 얻으신 예수님에게서 바울 일행이 보였습니다. 마게도냐 지역의 빌립보에서는 매를 맞았고 데살로니가에서는 쫓겼습니다. 아가야 지역인 아덴에서는 조롱당했고 고린도에서는 고소당했습니다. 로마에서는 쇠사슬에 매여 사역했지요.

셋. "바울서신으로 인해, 신약성경에서 고린도, 에베소, 로마가 중요해졌습니다. 너무 집중하는 것은 아닐까요?"

일단, 로마가 중요해 보입니다. 로마는 사도행전에서 '하나의 땅끝'입니다. 특별히 네로 박해를 생각할 때, 로마는 중요합니다. 요한계시록에서 로마는 '바벨론, 음녀'로 그려집니다. 로마가 중요하니, 로마와 연결되는 고린도와 에베소도 중요하겠습니다. 중요한 길목들입니다. 구약의 중심에 예루살렘이 있습니다. 예루살렘이 신약에서도 중요하지요. 그러나 로마는 신약의 새로운 축입니다.

넷. "말씀이 자란다는 것이 어떤 의미일까요?"

말씀이신 예수 그리스도께서 '자리를 잡고 열매를 맺고 확장되는 것'이라고 할 수 있습니다. 씨뿌리는 비유에 소개된 '좋은 땅'처럼, 예수님에게 자리를 내어드리고 예수님이 맺게 하시는 열매를 맺고 예수님의 자리가 넓어지게 하는 것입니다. 하나님의 개입에 우리의 의지를 담아서 가는 것입니다.

다섯. "스가랴서에 나오는 여덟 환상은 무엇을 의미할까요?"
하나님께서 오셔서 언약을 새롭게 하신다는 것을 의미합니다.

Weekly Reading

46

스가랴 13장 – 마태복음 15장

"구약에서 신약으로"

슥 13-14장/말1장	말 2-4장	마 1-3장	마 4-6장	마 7-9장	마 10-12장	마 13-15장

check

이번 통독은 '성전 재건과 메시아' 에 대해 다루는 스가랴서 13-14장에서 시작해서, 구약성경의 마지막 책인 말라기를 지나, 신약성경의 첫 번째 책인 마태복음 '베드로의 신앙고백' (16:16) 직전인 15장까지입니다. 히브리어 성경 순서로는 역대하가 마지막 책이지만, 신약성경과의 연결이 고려된 칠십인 역의 순서를 따라 말라기가 현재 번역 성경의 마지막 책이 되었습니다.

JUMP SEE GOD 점프해서, 하나님을 보라.

I. JUMP 점프하라.
Justice flows. 의가 흐른다.
Unity grows. 하나 됨이 자란다.
Maturity comes. 성숙이 온다.
Peace works. 평강이 일한다.

II. SEE 보아라.
Sincerity is fulfilled. 신실하심이 성취된다.

Eternity is connected. 무한 시간이 만난다.
Equality is completed. 공평이 이뤄진다.

III. GOD 하나님은.
Goodness is extended. 선이 확장된다.
Opportunity is provided. 기회가 제공된다.
Divinity is shared. 신성이 공유된다.

스가랴 13-14장은 장차 오실 메시아를 통해 이뤄질 모습을 그려줍니다. "죄와 더러움을 씻는 샘이 다윗의 족속과 예루살렘 주민을 위하여 열"립니다(13:1). 거짓 선지자들은 떠나갑니다(13:2-6). 진짜가 분명해질 것이기 때문입니다. 그럼에도, 우리의 목자가 어려움을 당하면 양이 흩어집니다. 13장 7절입니다. "만군의 여호와가 말하노라 칼아 깨어서 내 목자, 내 짝 된 자를 치라 목자를 치면 양이 흩어지려니와 작은 자들 위에는 내가 내 손을 드리우리라" 아멘. 마태복음 26장 56절입니다. "그러나 이렇게 된 것은 다 선지자들의 글을 이루려 함이니라 하시더라 이에 제자들이 다 예수를 버리고 도망하니라"(막 14:50, 요 16:32 참조).

이때 예루살렘 중심성이 이뤄집니다. 14장 7-9절입니다. "여호와께서 아시는 한 날이 있으리니 낮도 아니요 밤도 아니라 어두워 갈 때에 빛이 있으리로다 그 날에 생수가 예루살렘에서 솟아나서 절반은 동해로, 절반은 서해로 흐를 것이라 여름에도 겨울에도 그러하리라 여호와께서 천하의 왕이 되시리니 그 날에는 여호와께서 홀로 한 분이실 것이요 그의 이름이 홀로 하나이실 것이라" 아멘. 예루살렘 중심성은 성전 거룩함의 확대로 이어집니다. "말 방울에까지 여호와께 성결이라 기록될 것"입니다(14:20). 출애굽기 28장 36절과 39장 30절을 보면, 아론의 이마에 둘 패에 '여호와께 성결'이라고 씁니다. "그들이 또 순금으로 거룩한 패를 만들고 도장을 새김 같이 그 위에 '여호와께 성결'이라 새기고 그 패를 청색 끈으로 관 전면에 달았으니 여호와께서 모세에게 명령하신 대로 하였더라"(출 39:30-31) 아멘. 대제사장의 성결이 '말 방울'에까지 적용됩니다.

스가랴서 14장 11절과 21절은 예수님의 성전 청결 사건과 연결됩니다. 11절과 21

절입니다. "사람이 그 가운데에 살며 다시는 저주가 있지 아니하리니 예루살렘이 평안히 서리로다 … 예루살렘과 유다의 모든 솥이 만군의 여호와의 성물이 될 것인즉 제사 드리는 자가 와서 이 솥을 가져다가 그것으로 고기를 삶으리라 그 날에는 만군의 여호와의 전에 가나안 사람이 다시 있지 아니하리라" 아멘. 두 구절은 잘 연결됩니다. 11절의 '저주'는 '헤렘'입니다. 그래서 '헤렘이 없다'와 '가나안 사람이 없다'가 연결됩니다. 가나안 일곱 족속은 당위적 헤렘의 대상이었지요. 더불어 가나안 사람은 '장사하는 사람'과 연결됩니다. 그러므로 장사하는 사람을 내치신 예수님의 성전 청결 혹은 시위 사건은 교회의 거룩 주제와 잘 연결됩니다.

성전이 재건되고 메시아의 사역을 통해 예루살렘의 거룩함이 온 세상으로 확산될 것이 기대됩니다. 그런데 이게 웬일입니까? 말라기서를 보니 성전뿐 아니라 제사장들에게까지 문제가 발생합니다.

말라기서는 스룹바벨 성전이 재건된 이후에 주어진 말씀입니다. 에스라 및 느헤미야 시기 혹은 그 이후 시기에 주어진 말씀으로 보입니다. 말라기서는 일곱 부분으로 구분될 수 있습니다.[1]

이스라엘을 향한 하나님의 언약적 사랑(1:2-5)
신실하지 않은 제사장들(1:6-2:9)
신실하지 않은 백성들(2:10-16)
심판과 정화(2:17-3:5)
회개 촉구(3:6-12)
심판 확증(3:13-4:3)
모세와 엘리야 호출(4:4-6)

이스라엘을 향한 하나님의 언약적 사랑을 믿지 않는 이스라엘 백성의 말입니다. "주

---

1) Andrew E. Hill, *Malachi: A New Translation with Introduction and Commentary*, AB (New Haven: Yale University Press, 1998), viii.

께서 어떻게 우리를 사랑하셨나이까"(1:2). 하나님의 대답입니다. "에서는 야곱의 형이 아니냐 그러나 내가 야곱을 사랑하였고 에서는 미워하였으며 그의 산들을 황폐하게 하였고 그의 산업을 광야의 이리들에게 넘겼느니라"(1:2b-3) 아멘. 이스라엘은 포로 상태에서 귀환하였고 성전까지 재건했지만, 느부갓네살에 의해 망하지 않은 것으로 보이는 에돔은 결국 망했습니다. 여기서 하나님의 신실한 사랑이 확인됩니다.

신실하지 않은 제사장들이 말합니다. "우리가 어떻게 주의 이름을 멸시하였나이까"(1:6). "우리가 어떻게 주를 더럽게 하였나이까"(1:7상반). "여호와의 식탁은 경멸히 여길 것이라"(1:7하반). 1장 7-8절입니다. "너희가 더러운 떡을 나의 제단에 드리고도 말하기를 우리가 어떻게 주를 더럽게 하였나이까 하는도다 이는 너희가 여호와의 식탁은 경멸히 여길 것이라 말하기 때문이라 만군의 여호와가 이르노라 너희가 눈 먼 희생제물을 바치는 것이 어찌 악하지 아니하며 저는 것, 병든 것을 드리는 것이 어찌 악하지 아니하냐 이제 그것을 너희 총독에게 드려 보라 그가 너를 기뻐하겠으며 너를 받아주겠느냐" 아멘. 신실하지 않은 백성들의 모습은 혼인 언약을 멸시하는 부분에서 명확히 드러납니다. 2장 14-15절입니다. "너희는 이르기를 어찌 됨이니이까 하는도다 이는 너와 네가 어려서 맞이한 아내 사이에 여호와께서 증인이 되시기 때문이라 그는 네 짝이요 너와 서약한 아내로되 네가 그에게 거짓을 행하였도다 그에게는 영이 충만하였으나 오직 하나를 만들지 아니하셨느냐 어찌하여 하나만 만드셨느냐 이는 경건한 자손을 얻고자 하심이라 그러므로 네 심령을 삼가 지켜 어려서 맞이한 아내에게 거짓을 행하지 말지니라" 아멘.

백성들이 또 말합니다. "우리가 어떻게 여호와를 괴롭혀 드렸나이까", "모든 악을 행하는 자는 여호와의 눈에 좋게 보이며 그에게 기쁨이 된다", "정의의 하나님이 어디 계시냐"(2:17). 그러나 하나님께서 사자를 보내실 것입니다. 3장 1절입니다. "만군의 여호와가 이르노라 보라 내가 내 사자를 보내리니 그가 내 앞에서 길을 준비할 것이요 또 너희가 구하는 바 주가 갑자기 그의 성전에 임하시리니 곧 너희가 사모하는 바 언약의 사자가 임하실 것이라" 아멘. 세례 요한에 대한 말씀입니다. 회개하라는 하나님의 말씀에 대해서도 백성은 말합니다. "우리가 어떻게 하여야 돌아가리이까"(3:7). 여기에 대한 하나님의 말씀이 '하나님의 것을 도둑질하지 말 것' 이었습니다(3:8-12).

신실하지 않은 백성들이 말합니다. "우리가 무슨 말로 주를 대적하였나이까"(3:13), "하나님을 섬기는 것이 헛되니 만군의 여호와 앞에서 그 명령을 지키며 슬프게 행하는 것이 무엇이 유익하리요 지금 우리는 교만한 자가 복되다 하며 악을 행하는 자가 번성하며 하나님을 시험하는 자가 화를 면한다 하노라"(3:14-15). 이때 하나님을 경외하는 이들이 다른 말을 합니다. 믿음의 고백을 합니다. 인내를 제안하고 기쁨을 선포합니다. 이들의 고백을 하나님께서는 귀 기울여 들으시고 기뻐하십니다. '기억의 책'에 기록하십니다. 3장 16절입니다. "그 때에 여호와를 경외하는 자들이 피차에 말하매 여호와께서 그것을 분명히 들으시고 여호와를 경외하는 자와 그 이름을 존중히 여기는 자를 위하여 여호와 앞에 있는 기념책에 기록하셨느니라" 아멘.

하나님께서 교만한 자를 내버려 두시는 이유는 그들의 교만을 분명히 드러나게 하시는 것에 있습니다. 때가 이르면 교만한 자, 악을 행하는 자가 쭉정이라는 것이 분명해질 것입니다. 하나님께서 태우시면 교만한 자와 악한 자의 뿌리 하나, 가지 하나 남지 않고 모두 타버릴 것입니다. 그러나 하나님을 경외하는 이들에게는, 그분의 이름을 중시하는 자들에게는 의의 태양이 떠오르고 태양 날개 안에 있는 치료가 떠오를 것입니다. 그러면, 하나님을 경외하는 자는 외양간의 송아지가 밖에 나와 뛰듯 할 것입니다. 4장 1-2절입니다. "만군의 여호와가 이르노라 보라 용광로 불 같은 날이 이르리니 교만한 자와 악을 행하는 자는 다 지푸라기 같을 것이라 그 이르는 날에 그들을 살라 그 뿌리와 가지를 남기지 아니할 것이로되 내 이름을 경외하는 너희에게는 공의로운 해가 떠올라서 치료하는 광선을 비추리니 너희가 나가서 외양간에서 나온 송아지 같이 뛰리라" 아멘.

말라기서의 마지막 단어는 '헤렘'입니다. 4장 6절의 '저주'라는 단어입니다. 당위적 헤렘이지요. 선지 엘리야인 세례 요한을 보내시는 이유가 예언됩니다. 4장 6절입니다. "그가 아버지의 마음을 자녀에게로 돌이키게 하고 자녀들의 마음을 그들의 아버지에게로 돌이키게 하리라 돌이키지 아니하면 두렵건대 내가 와서 저주로 그 땅을 칠까 하노라 하시니라" 아멘. 이 부분이 누가복음 1장 17절과 이어집니다. "그가 또 엘리야의 심령과 능력으로 주 앞에 먼저 와서 아버지의 마음을 자식에게, 거스르는 자를 의인의 슬기에 돌아오게 하고 주를 위하여 세운 백성을 준비하리라" 아멘.

이렇게 구약성경이 마무리되고 신약성경으로 넘어옵니다.

가장 먼저 만나는 책이 복음서입니다. 예수님이 신앙의 초보자를 위한 말씀과 성숙한 이들을 위한 말씀을 동시에 하셨을 수 있습니다. 마태복음과 누가복음을 보면 무리에게 주시는 말씀과 제자들에게 주시는 말씀이 함께 등장합니다. 그러나 마가복음에는 이 구별이 적습니다. 마가복음에는 제자들에게 하시는 말씀이라도 신앙의 초보자들이 받을 말씀을 소개하여 제자들의 기초에 대해 다시 말씀하십니다. 누가복음은 '근원부터' 살폈다는 표현에서 '이유'에 대한 설명이 곁들여집니다. 마태복음이 '나열'하여 전체를 보여준다면, 마가복음은 '제자들의 기본 점검'을, 누가복음은 '이유제시'를, 요한복음은 '신자의 새 출발'을 제시합니다.

제자들을 위한 책으로서의 사복음서를 요약해보면, 마태복음에는 제자들을 위한 보편적인 가르침이 일반적인 원칙을 따라 나열되어 있습니다. 마가복음에는 제자들의 첫 출발에 대한 가르침이 처음 모습으로 설명됩니다. 누가복음에는 예수님의 길동무인 제자도 및 제자들이 살아가야 할 모습이 소개됩니다. 요한복음에는 제자들의 새 출발 혹은 신자의 새 출발을 다루고 있습니다. 제자들이 타락하거나 방황하게 되었을 때 어떻게 회복될 것인가에 대한 질문에 대답합니다.

마태복음과 마가복음과 요한복음은 1차 독자를 상정하지 않고 기술하고, 누가복음에는 '데오빌로'라는 독자가 구체적으로 상정됩니다. 요한복음의 1차 독자는 기록목적이 소개된 20장 31절에 암시되어 있습니다. '믿는나고는 하지만 아직 예수께서 하나님의 아들 그리스도이심을 믿는 데에까지는 도달하지 못한 이들'입니다. 마태복음과 마가복음의 1차 독자에 대해서, 일반적으로 마태복음은 유대인을 위해, 마가복음은 이방인을 위해 쓰였다고 간주합니다.

한편, 성경 기자에게서 마태복음과 마가복음 특징의 이유를 찾아봅니다. 마태는 세리였기에 꼼꼼했을 가능성이 큽니다. 마가는 사도행전에 소개된 그의 모습을 고려할 때(행 13:13; 15:37-39), 물론 홑이불을 뒤집어쓰고 도망갔다는 청년(막 14:51-52)과 마가를 연결해 보아도, 즉흥성이 강한 사람임을 알 수 있습니다. 그럼에도, 예루살렘에 사는 유복한 집안의 상속자인 마가의 묘사는 정교하여, 독자가 상황을 구체적으로 이해할 수 있도록 합니다. 즉흥적이던 마가의 정교한 기술에서 뭔가 변화가 느껴집니다.

복음서는 ‘언약의 증언’ 입니다. 말뿐 아니라 행동도 증언이 됩니다. 구약성경이 ‘언약’ 이라면, ‘예수님과 말씀(가르침)과 삶’ 은 ‘증거’ 입니다. 이 점에서 ‘사복음서’ 를 ‘그리스도 언약 성취의 증거에 대한 네 가지 증언’ 으로 표현할 수 있습니다. 이는 ‘신약성경’ 을 ‘세속화와 편애 신학을 제거한 개혁문서’ 라고 부르는 것과 비교될 수 있습니다.[2] 복음서는 우리에게 ‘새 언약’ 에 대해 말씀하십니다. 마태복음의 산상수훈과 지상명령(至上命令)은 갈릴리의 아르벨 산에서 주신 약속입니다. 누가복음에서는 예수님의 ‘길동무’ 들에게 약속을 주십니다.[3] 공관복음서의 ‘성만찬’ 과 요한복음의 ‘세족식과 새 계명’ 도 ‘새 언약’ 과 깊은 관계가 있습니다. 이제 교회는 예수님의 ‘새 언약’ 에 기초한 ‘증인’ 의 삶을 살아가면서 ‘증거’ 들을 쌓아갑니다.

마태복음은 족보로 시작됩니다. 마태복음의 족보는 첫째 이스라엘 중심의 족보입니다. 아브라함, 다윗, 바벨론 이거(移居)가 강조된 족보이고, 특히 다윗이 강조되었습니다. 다윗의 이름이 5회 나옵니다. 다윗의 이름값이 4+6+4=14입니다. 또한 다윗부터 여고냐까지가 중요하게 다뤄지는 왕가의 족보입니다. 둘째, 여인이 포함된 족보입니다. 다말, 라합, 룻, 우리아의 아내(밧세바), 마리아가 나옵니다. 이 가운데 세 명은 이방인이고, 한 명은 이방인의 아내입니다. 또한 14 즉 7*2가 강조된 족보입니다. 아브라함부터 다윗까지 14대, 다윗부터 요시야까지 14대, 여고냐부터 예수님까지 14대입니다. 다윗부터 요시야까지의 왕들을 구약성경과 비교해보면, 여섯 명 혹은 일곱 명의 왕이 생략되었습니다. 요람과 웃시아 사이의 ‘아하시야, [아달랴], 요아스, 아마샤’ 와 요시야와 여고냐 사이의 ‘여호아하스, 여호야김’, 여고냐 다음이 ‘시드기야’ 입니다.

여호람이라고도 불리는 요람(주전 853년 출생, 주전 848-841년 통치)은 아합의 딸 아달랴와 결혼하였습니다. 여호아하스, 아사랴라고도 불리는 아하시야는 주전 841년에 잠깐 왕이 되고 북국 왕 예후에 의해 살해되는데, 아달랴의 아들인 아하시야는 아합 집의 사위도 됩니다(왕하 8:27). 이 점에서 족보에 언급되기 곤란한 사람으로 보입니다. 이어 왕이 된 아달랴(주전 841-836년 통치)는 너무도 당연히 족보에 언급되기 곤란합니

---

2) ‘세속화’ 와 ‘편애’ 에 대해서는 『헤렘을 찾아서?』 제4장의 ‘결론’ 부분을 참조하세요.

3) 예수님의 ‘길동무’ 에 대해서는 『헤렘 제자도』 199-220쪽을 참조하세요.

다. 이세벨의 딸로 다윗 혈통의 왕으로 보기 어렵기 때문입니다. 아달랴에 이어 왕이 된 요아스(주전 835-796년 통치)는 요람의 아들이지만 어머니는 브엘세바 사람 시비아입니다(왕하 12:1). 뭔가 다윗 왕조가 회복될 기미가 보입니다. 그러나 요아스가 족보에 오르지 못한 것은 그의 형 아하시야가 왕이었기 때문으로 보입니다. 요아스를 이어 그의 아들 아마샤(주전 798년 출생, 주전 795-767년 통치)가 왕이 되는데, 그의 어머니는 예루살렘 사람 여호앗단입니다(왕하 14:2). 요람의 자손은 여기까지 족보에서 삭제됩니다. 한편, 하나님께서는 모세에게 "인자를 천대까지 베풀며 악과 과실과 죄를 용서하리라 그러나 벌을 면제하지는 아니하고 아버지의 악행을 자손 삼사 대까지 보응하리라"(출 34:7) 말씀하셨는데, 우상을 숭배하는 아합 집안과 통혼한 여호사밧의 죄를 아들(요람), 손자(아하시야, 요아스), 증손자(아마샤) 삼대까지 적용하여 그리스도의 족보에서 삭제하신 것이 아닌가 싶습니다. 요람은 아버지 여호사밧 덕에 들어가고요.

또한, 요시야(주전 640-609년 통치)의 아들 여호아하스(주전 609년 통치), 여호야김(주전 608년 출생, 주전 607-597년 통치), 시드기야(주전 596-586년 통치)가 족보에서 생략됩니다. 요시야의 아들 여호아하스의 어머니는 립나 예레미야의 딸 하무달입니다. 애굽에서 죽습니다. 엘리야김이라고도 불리는 여호야김은 요시야의 아들로 어머니는 루마 브다야의 딸 스비다입니다. 맛다디야라 불리는 시드기야는 요시야의 아들이고, 직전 왕인 여호야긴의 숙부입니다. 그의 어머니는 립나인 예레미야의 딸 하무달입니다. 여호아하스와 어머니가 같습니다. 결국 요시야의 손자이면서 여호야김의 아들인 여호야긴(여고냐라고도 불리며 주전 597년 통치)만이 족보에 언급됩니다. 그의 어머니는 예루살렘 엘라단의 아들 느후스다입니다. 여호야긴은 바벨론으로 끌려가지만 죽기 전에 그의 지위가 회복됩니다.

정리하면, 두 그룹이 족보에서 삭제됩니다. 첫째는 요람 자손과 아내입니다. 아들에게서 어머니로 다시 배다른 아들로 이어지기에 그리스도의 족보에 이름이 올라갈 자격이 상실된 듯합니다. 한 대 걸러 적통이 회복됩니다. 둘째로 요시야의 세 아들 모두 삭제되는데, 아들 셋이 왕이 되었으니 이들 역시 모두 자격이 상실된 듯합니다.

아브라함과 다윗의 자손으로 예수님이 태어나신 지 백 일쯤 되었을 때 동방에서 박사들이 왔습니다. 동방이란 '근원지'를 의미합니다. 그래서 구약성경에서 '옛적에' 라 표현된 히브리어를 보면, '동쪽에서' 라고 되어있습니다. 노아 홍수 이후 사람들이 바벨에 성을 쌓았다가 흩어졌기에 동쪽에서 온 사람들이 많았습니다. 그래서 '동쪽에서 비롯되었다.' 하는 말은 '고대로부터 그랬다.' 하는 뜻을 갖게 되었습니다. 근원지의 사람들입니다. 바벨론 포로로 끌려간 다니엘에게 약속하신 "지혜 있는 자는 궁창의 빛과 같이 빛날 것이요 많은 사람을 옳은 데로 돌아오게 한 자는 별과 같이 영원토록 비취리라"(12:3) 하신 말씀을 생각하면, 다니엘의 신앙을 이어받은 이들이 온 것이 아닐까 하는 생각도 듭니다.

이들이 다른 목적이 아니라 '경배' 하러 왔기 때문에 그렇습니다. 그들은 연구하러 방문한 것이 아니었습니다. 예배드리러 왔습니다. 아기 예수께 경배하러 왔습니다. 이들에게는 전혀 두려움이 없습니다. 이들은 당시 로마 제국의 경쟁 국가인 메대와 바사 지역에서 온 이들입니다. 오순절 성령 강림을 기록한 사도행전 2장을 보면 여러 나라들의 이름이 나열됩니다. '바대인과 메대인과 엘람인과 또 메소보다미아' 에서 시작하여 '로마로부터 온 나그네' 로 이어집니다. 당시 두 개의 큰 축을 소개한 것입니다. 동방과 서방입니다. 동방 박사들은 동방에 사는 이들입니다. 그들은 로마에 속한 지역에 왔습니다. 적진에 온 것입니다. 그러나 그들이 두려워하지 않습니다. 자신들의 목적을 분명하게 밝힙니다. 유대인의 왕으로 등극하여 삼십 년 이상 통치한 헤롯이 누구인지 분명히 알았을 텐데도 그 앞에서 '유대인의 왕으로 새로 태어나신 아기에게 경배하러 왔다.' 이렇게 말합니다(2:2).

헤롯 왕과 예루살렘 전체가 소동할 말을 스스럼없이 알립니다. 예수님의 제자들보다 훨씬 더 용감합니다. 헤롯은 절대 권력을 누렸던 사람입니다. 자기가 죽으면 유대인 지도자들을 모두 죽이라 유언할 만큼 강자였습니다. 이런 유언을 한 이유는 자기가 죽어도 아무도 울 것 같지 않았기 때문입니다. 그러나 이 유언은 실행되지 않습니다. 헤롯의 여동생이 헤롯이 죽을 때 죽임을 당할 것으로 예상된 유대인 지도자들을 모두 풀어주었기 때문입니다. 그래서 헤롯이 죽은 날 동네마다 기쁨이 가득했을 것입니다. 죽을 사람이 살아 돌아왔기 때문입니다.

헤롯뿐 아니라, 예루살렘 사람들도 동방 박사들의 말에 소동했습니다. 헤롯을 유대인의 왕으로 모시는 데 만족했기 때문입니다. 전쟁에 능한 헤롯, 건축을 통해 경기를 부양한 헤롯, 강자 헤롯이 왕인 것에 만족했기 때문입니다. 헤롯이 에돔 족속이기에 "반드시 네 하나님 여호와의 택하신 자를 네 위에 왕으로 세울 것이며 네 위에 왕을 세우려면 네 형제 중에서 한 사람으로 할 것이요 네 형제 아닌 타국인을 네 위에 세우지 말 것이며"라는 신명기 17장 15절에 따라 유대인의 왕이 될 수 없었습니다. 그러나 그는 로마의 원로원에 의해 유대인의 왕으로 임명되어 왕 노릇을 하였습니다. 그는 베들레헴에서 태어나지 않았습니다. 예루살렘에서 태어났습니다. 유대의 하스모니안 왕가의 용병으로 온 아버지 안티파테르의 둘째 아들로 태어났기 때문입니다.

반면 예수님은 유다 족속으로 태어나셨습니다. 유다는 야곱에게서 "홀이 유다를 떠나지 아니하며 치리자의 지팡이가 그 발 사이에서 떠나지 아니하시기를 실로가 오시기까지 미치리니 그에게 모든 백성이 복종하리로다"(창 49:10) 하는 축복을 받은 지파입니다. 더구나 성령으로 잉태되신 분입니다. "처녀가 잉태하여 아들을 낳으리라"(1:23)를 따라, 하나님만이 주실 수 있는 표적으로 태어나신 분입니다.

인류는 네 종류의 사람이 있습니다. 아버지와 어머니 없이 태어난 사람, 아버지 없이 태어난 사람, 어머니 없이 태어난 사람, 아버지와 어머니 사이에서 태어난 사람입니다. 아버지와 어머니 없이 태어난 사람이 있습니다. 아담입니다. 어머니 없이 태어난 사람이 있습니다. 하와입니다. 이후 모든 인류는 아버지와 어머니 사이에서 태어났습니다. 이 모든 것이 하나님의 작품입니다. 그러니 하나님만이 주실 수 있는 출생의 옵션이 딱 하나 남아 있습니다. 바로 아버지 없이 태어난 사람입니다. 그래서 이사야 선지자를 통해 '처녀가 잉태하여 아들을 낳는 것'으로 표적을 삼으셨습니다. 그러니 예수님은 하나님께서 정하신 우리의 왕이십니다.

헤롯은 주인을 여러 번 바꿨습니다. 처음에는 하스모니안 왕가를 주인으로 삼았습니다. 그러다 로마를 주인으로 삼습니다. 시저가 암살된 다음에는 시저를 암살한 브루투스 팀에 소속됩니다. 그러나 브루투스 팀이 망하자 클레오파트라의 연인 안토니를 섬깁니다. 그러나 안토니가 후에 가이사 아구스도가 된 옥타비아누스에게 패하자 옥타비아누스를 찾아가 무릎을 꿇습니다. 자신의 이익을 위해 주인을 계속 바꾸었습니다.

그러나 예수님은 주인을 바꾸신 적이 없습니다. 일편단심입니다. 오직 성부의 뜻을 따라 성육신하셨고 사역하셨으며 십자가에 달려 죽기까지 복종하셨습니다. 마귀가 세상 권세 주겠다 유혹해도 넘어가지 않으셨습니다. 무엇보다 잔인한 헤롯과 달리 예수님은 목자로 사셨습니다. 2장 6절입니다. "또 유대 땅 베들레헴아 너는 유대 고을 중에 가장 작지 아니하도다 네게서 한 다스리는 자가 나와서 내 백성 이스라엘의 목자가 되리라 하였음이니이다"(미 5:2) 아멘. 예수님은 목자입니다. 돌보는 분입니다. 먹이는 분입니다. 오병이어로 오천 명 넘는 사람들을 먹이셨습니다. 지금도 자신의 살과 피로 성도들을 성찬 때마다 먹이십니다.

누구를 왕으로 섬기시겠습니까? 헤롯입니까? 아기 예수님입니까? 동방에서 온 박사들은 아기 예수님을 왕으로 선택했습니다. 이러한 그들을 하나님께서는 별을 통해 인도하셨습니다. 2장 9-10절입니다. "박사들이 왕의 말을 듣고 갈새 동방에서 보던 그 별이 문득 앞서 인도하여 가다가 아기 있는 곳 위에 머물러 섰는지라 저희가 별을 보고 가장 크게 기뻐하고 기뻐하더라" 아멘. 이 별은 박사들을 인도하였습니다. 하늘에 붙어있는 별이 아닙니다. 움직이는 별입니다. 인도하여 가다가 머물러 서기도 하는 별입니다. 천사와 같은 별입니다.

동방에서 온 박사들은 별의 인도에 순종했고 집에 들어가 아기 예수님께 경배했습니다. 그리고 그 땅의 절대 강자 헤롯 왕의 명을 어기고 헤롯에게 돌아가지 않았습니다. '다른 길'(2:12)로 갔다고 되어있습니다. 아마도 남쪽으로 내려왔다가 왕의 대로라 불리는 동쪽 길로 가지 않았을까 싶습니다.

오늘도 헤롯은 속삭입니다. "가서 아기에 대하여 자세히 알아보고 찾거든 내게 고하여 나도 가서 그에게 경배하게 하라"(2:8). 거짓말입니다. 이 말이 진심이었다면 왜 같이 가지 않았습니까? 그리고 왜 두 살 아래로 다 죽였습니까? 정신 차려야 합니다. 오늘도 헤롯은 성도들을 미혹하기 때문입니다. 자신도 예수님을 믿는다고, 자신도 예수님께 경배한다고 말합니다. 그러나 기회를 얻으면 예수님을 죽이려는 이들입니다. 성도들을 미혹하고 죽이려는 이들입니다. 깨어있어야 합니다. 동방 박사들이 별의 인도를 받고, 꿈에 지시하심을 받았던 것처럼, 하나님의 인도를 받아야 합니다.

말라기서에 예언된 선지 엘리야로 세례 요한이 옵니다. 요한은 시대를 거슬러 말해야 했습니다. 헤롯이 죽고 헤롯의 아들들이 정권을 잡았지만, 결국 유대와 사마리아 지역은 로마 황제가 파견한 총독이 다스리고 있었습니다. 로마 황제가 다스리는 시대입니다. 그런데 요한은 '천국' 즉, 하나님의 나라, 하나님께서 통치하시는 나라에 대해 말해야 했습니다. '천국' 이라는 나라, 하나님께서 통치하시는 나라에 대해서는 그동안 말하는 사람이 별로 없었습니다. 이사야 선지자를 통해 '하나님께서 오셔서 직접 통치하시는 것' 에 대해 예언을 주셨지만(예. 사 35:4), 이사야 선지자는 700년 전 사람입니다. 칠백 년 동안 이뤄지지 않던 하나님의 나라를 갑자기 말한다는 것은, 그것도 로마라고 하는 나라의 식민지로 사는데 갑자기 '하나님의 나라가 가까이 왔다.' 하고 외치는 것은 정말 예상하기 힘든 말이었습니다.

그것도 유대 광야에서 외쳤습니다. 광야는 사람들이 살지 않는 곳입니다. 가끔 목동들이 양들과 지나가는 곳입니다. 사람들이 없는 곳에서 사람들 들으라고 외치다니, 그것도 예상하기 어려운 말을 외치다니, 모두가 '저 사람 미친 사람일 거야.' 할 만한 상황입니다. 더구나 그의 복장이 예사롭지 않습니다. 낙타털 옷을 입었습니다. 허리에는 가죽 띠를 했습니다. 음식은 메뚜기와 석청 즉, 야생 꿀이었습니다. 누가 봐도 요한은 미친 사람이었습니다.

그런데 놀라운 일이 있습니다. 사람들이 없는 광야에서 '천국' 이라는 주제를, '회개' 라고 하는 주제를, 이상한 복장을 하고 말하는데도 사람들이 몰려옵니다. 마태복음 3장 5-6절입니다. "이 때에 예루살렘과 온 유대와 요단 강 사방에서 다 그에게 나아와 자기들의 죄를 자복하고 요단 강에서 그에게 세례를 받더니" 아멘. 예루살렘 사람들은 나름 자존감이 높은 사람들입니다. 예수님이 태어나셨을 때 헤롯과 함께 소동했던 사람들입니다. 그나마 부족한 것이 적은 사람들입니다. 그런데 그들이 광야에 있는 요한을 찾아옵니다. 차 타고 온 게 아닙니다. 걸어서 왔습니다. 온 유대 지역에 사는 사람들이 소문을 듣고 광야로 옵니다. 성전으로 오는 발걸음이 아닙니다. 물도 없고 길도 험한, 무슨 볼거리가 있는 것도 아닙니다. 웬 미친 것 같은 사람 하나가 광야에서 회개하라고, 천국이 가까이 왔다고 외치는 소문만을 듣고 유대 전역에서 하룻길이 넘는 길을 걸어서 옵니다. 왕복 삼사일 길을 걸어서 사람들이 모여듭니다. 요단강 주변 지역이라 했으니 더 먼 곳에서도 옵니다. 왕복 일주일 거리에서도 모여듭니다. 그냥 무시할 수도 있는데, 뭔가 모르는 힘이 사람들의 마음을 움직입니다. 하나님께서 사람들을 모이게 하셨다고밖에는 볼 수 없는 움직임입니다.

요한의 부모님은 오래전에 돌아가셨을 수 있습니다. 요한을 낳을 때 이미 나이가 많은 분들이었습니다. 요한이 사역을 시작할 때 나이가 삼십 세쯤은 되었을 터이니, 돌아가신 지 꽤 오래되었을 것 같습니다. 요한은 고아입니다. 그를 돌봐 줄 이가 없습니다. 부모는 지위 높은 제사장도 아니었습니다. 가만 보니 요한이 어느 날 갑자기 광야에 나타난 것이 아니었습니다. 그는 본래 광야에서 살고 있었습니다. 어쩌면 광야를 아는 사람이었습니다. 광야에서 살아남기 위해 그는 메뚜기와 석청을 주식 삼았습니다(3:4). 농사를 지을 수도, 목축을 할 수도 없었기에, 메뚜기와 석청만을 먹으며 살았습니다. 경제생활이 필요하지 않았습니다. 집도 필요 없었습니다. 야생 곤충과 꿀만을 먹고 살았기에 절대로 기름진 얼굴이 아니었을 것입니다. 삐쩍 마른 몰골이었을 것입니다. 낙타 털옷(3:4)은 어디서 구했을까요? 돈 주고 사지는 않았을 것 같습니다. 어디 죽은 낙타를 발견해서 털을 잘라 스스로 장만한 단벌옷이었을 수 있습니다. 재산도 없고 지위도 없고 가족도 없는, 사실 아무것도 없는 사람입니다. 집도 세 끼 식사도 없습니다. 그는 광야의 걸인입니다.

그러나 그는 심령이 강했습니다. 광야의 야생동물을 두려워하지 않았습니다. 뱀과 전갈, 하이에나와 이리도 두려워하지 않았습니다. 물론 그들을 위협하지도 않았습니다. 고기를 먹지 않았기에 사냥할 필요가 없었습니다. 메뚜기를 잡는 일은 그리 어려운 일이 아니었고 메뚜기를 요리해서 먹는 일도 그리 어렵지 않았습니다. 석청을 발견하는 게 쉽지는 않았지만, 홀로 먹기에 꽤 오래 먹을 수 있었습니다. 그는 광야 어디에 꿀이 있는지 알았습니다. 벌에 쏘이기도 여러 번 했겠지만, 이제는 석청 따먹는 것도 많이 익숙해졌습니다.

예수님께서 나사렛 목수의 아들로 자라고 계실 때, 요한은 광야의 하이에나처럼 성장했습니다. 그를 가르치신 분은 성령이셨습니다. 모태로부터 임하셨던 성령께서 요한의 선생님이셨습니다. 요한은 사람들 틈에 살지 않았고 먹거리나 볼거리 그 어떤 것에도 마음 빼앗길 일이 없었기에, 성령님의 인도를 따라 살면 되었습니다. 어렸을 때 아버지께 들었던 율법의 말씀이 그가 받은 교육의 전부였을 것입니다. 그러나 새겨진 말씀으로 어린 시절에 배웠던 말씀이 되새김질 되어, 성령의 감동과 인도만으로도 청년의 때를 의미 있게 보내기에 충분했을 것입니다. 그에게는 출세도 인생의 목표가 아니었고, 가정을 꾸리거나 건강과 장수도 고려 대상이 아니었습니다.

때가 되어 예수님이 오시는 길을 준비해야 하면, 사람들을 광야로 불러 자신의 죄를 회개하고 예수님을 받아들일 준비가 되도록 도우면 되었습니다. 광야에서 기다리면 되었습니다. 죽지 않고 살아있는 것만으로 충분했습니다. 예수님이 나사렛 목수 일을 떠나 공생애를 시작하실 때쯤 성령께서는 그로 하여금 말하기 시작하라고 하실 것입니다. 그때가 언제인지 모르기에 요한의 인생은 기다림의 연속이었습니다. 그는 점점 더 매서운 사람이, 자유로운 사람이, 단단한 사람이, 강인한 사람이 되어갔습니다. 광야의 걸인이, 하이에나가 되고 마침내 광야의 사자가 됩니다. 많은 바리새인과 사두개인들도 두렵지 않는 용사가 됩니다.

당시 어느 누가 바리새인과 사두개인들을 보며 '독사의 자식들'(3:7)이라고 할 수 있었겠습니까? 당시 권력의 실세가 사두개인이고 당시 윤리와 교육의 핵심 세력이 바리새인이었습니다. 힘 있고 똑똑한 지도자들을 향해 누가 '독사의 자식들'이라고 '마귀 새끼들'이라고 외칠 수 있었겠습니까? 그리고 요한이 누구길래 지도자들은 자신들을 '마귀 새끼들'이라 부르는 청년 하나를 어찌하지 못하고 당합니다. 예수님도 잡아 죽인 이들입니다. 그런데 요한에게는 꼼삭 못합니다.

예수님의 공생애가 시작됩니다. 요한에게 세례를 받으셨습니다. 죄가 없는 분이지만, 하나님의 의를 이루기 위해 받으셨습니다. 이제 시험을 받으십니다. 아무것도 드시지 않습니다. 절대로 불합격하면 안 되는 시험이 기다리고 있기 때문입니다. 온 인류 구원을 위한 아버지의 뜻을 이루시기 위해 치러야 하는 시험이 기다리고 있기 때문입니다. 시험문제 출제자는 마귀입니다. 마귀는 어떻게 해서든지 예수님이 하나님만을 의지하는 태도를 버리기를 바라고 있습니다. 어떻게 해서든 예수님을 하나님에게서 떨어뜨려 놓고 싶어 합니다. 아담과 하와를 꼬드겨서 에덴동산에서 쫓겨나게 했던 것처럼, 예수님을 하나님에게서 떨어뜨려 놓고 싶어 합니다. 예수님만 하나님에게서 떨어뜨려 놓을 수만 있다면, 마귀는 자기 뜻대로 뭐든지 할 수 있을 것만 같았습니다. 자기가 상속자가 될 수 있을 것만 같았습니다. 중차대한 시험이 기다렸기에 예수님은 주리셨습니다.

육신적이지 않으시려고 육신으로부터 자유로우시기 위해 주리셨습니다.

시험하는 자는 매우 교묘했습니다. 하나님 품 안의 독생자이신 예수님을 향해 "네가 만일 하나님의 아들이어든"(4:3상반) 하고 말했습니다. 하나님 앞에는 관사를 붙이고 아들 앞에는 관사를 붙이지 않음으로 하여 왠지 하나님께 속한 많은 아들 가운데 하나라는 인상을 분명히 하려 했습니다. 예수님이 별것 아니라는 뉘앙스를 풍겼습니다. 자존심을 건드렸습니다. 자존심을 건드려 화나게 한다면 자신에게 유리할 것입니다. 배고픔도 자극했습니다. 양식 얘기를 꺼냈습니다. '돌로 양식을 만들어보라.' 하는 요청을 했습니다(4:3하반). 놀리는 것 같아요. '할 수 있잖아? 해봐! 해봐!' 하는 것 같습니다. 하나님의 창조 질서를 깨뜨리라고 말합니다. 연금술사들처럼, 마술사들처럼, 물질을 변화시켜보라고 말합니다. 돌로 아브라함의 자손을 만들어보라고 하지 않았습니다. 자신의 필요를 위해 신적 능력을 써보라고 말합니다.

가능한 대답이 여러 개입니다. '야! 너 나를 우습게 보는데 나는 하나님의 보통 아들이 아니야. 나는 독생자라고. 서열 1위야. 어디서 까불어.' 또 있습니다. '돌로 떡을 만들라고? 그거야 쉽지. 무에서 유를 창조하는 능력이 있는데, 그걸 못하겠어? 자 봐라. 돌로 진수성찬을 차려주마.' 그러나 예수님은 '자신의 어떠함'에 대한 문제 제기에 대해서도, '자기 능력'에 대한 문제 제기에 대해서도 아무 답을 하지 않으셨습니다. 다만 생명이 하나님의 말씀에 있다는 것을 기록된 말씀인 신명기 8장 3절로 대답하셨습니다. "사람이 떡으로만 살 것이 아니요 하나님의 입으로부터 나오는 모든 말씀으로 살 것이라"(4:4) 아멘. 자신이 말씀이라고 하지도 않으셨습니다. 하나님의 입에서 나오는 말씀이 사람을 살리는 양식이라고 답하셨습니다. '떡을 먹어야 산다.' 하는 마귀의 전제를 '말씀을 먹어야 산다.' 하는 명제로 답하셨습니다. 나의 어떠함은 중요하지 않습니다. 진리가 중요합니다. 진리는 '사람은 말씀을 먹어야 산다.' 하는 것입니다. 기록된 진리입니다. 이미 충분히 표현되고 확인된 진리입니다. 이스라엘 백성들의 사십 년 광야 생활을 통해 확인된 진리입니다.

첫 번째 시험에서 밑천이 드러난 마귀는 예수님을 예루살렘에 있는 성전 꼭대기 즉, 매우 높은 곳에 세웠습니다(4:5). 이번에는 시편 91편 11-12절을 인용하면서 뛰어내리라고 말합니다. "그가 너를 위하여 그의 사자들을 명하시리니 그들이 손으로 너를 받들어 발이 돌에 부딪치지 않게 하리로다"(4:6) 아멘. '말씀이 중요하다고? 그럼, 말씀에 적힌 것이 사실인지 확인해 봐.' 이렇게 말하는 것 같습니다. 그런데 마귀는 인용할 때 가운데를 뺐습니다. 본래 "그가 너를 위하여 그의 사자들을 명하시리니" 다음에는 이런 표현이 있습니다. "네 모든 길에서 너를 지키게 하심이라"입니다. 하나님을 의지하는 자를 하나님께서 천사를 통해 어디로 가든지 지켜주신다는 말씀입니다. '모든 길에서 너를 지키신다.' 하셨기에 말씀을 믿는다면 평안한 심령으로 어디든지 순종하고 가면 됩니다. 굳이 성전 꼭대기 같은 곳에 올라가서 하나님께서 정말 지켜주시는지 시험해보지 않아도 됩니다.

마귀의 시험에 대한 예수님의 반응은 자신은 하나님을 시험하는 자가 아니라는 점을 분명히 하는 것이었습니다. 하나님을 '주'라 불렀습니다. 또한 '하나님'이라 불렀습니다. 그분의 말씀은 신뢰로 대답해야 마땅하지, 말씀이 신뢰할 만한지 확인하는 것으로 답해서는 안 된다고 알려주셨습니다. 신명기 6장 16절을 인용하시면서 "주 너의 하나님을 시험하지 말라" 하는 말씀으로 응대하셨습니다(4:7). 이스라엘 백성들은 하나님을 시험했습니다. 출애굽기 17장 7절을 보면, "그들이 여호와를 시험하여 이르기를 여호와께서 우리 중에 계신가 안 계신가 하였음이더라" 했습니다. 하나님께서 불기둥과 구름기둥으로 함께 하심에도 불구하고 하나님이 함께하시는지 시험하였다는 말입니다.

하나님은 시험할 필요가 없습니다. 어디를 가든지 지켜주신다고 하셨기에 어디든지 안심하고 가면 되는 것이었습니다. 굳이 갈 필요도 없는 위험한 밤거리를 쏘다니면서 말씀이 과연 그러한지 확인할 필요가 없었습니다. 살아가다 보면 확인될 것입니다. 살아보니 확인되었습니다. 의심할 필요도 없습니다. 하나님 자신이 신실하시기에 그분의 말씀은 믿으면 됩니다. 은행이 믿을 만한지 확인하기 위해 매일 돈을 인출(引出)하지 않는 것처럼, 자동차에 기름이 없으면 차가 멈춘다는 것을 알아보기 위해 정말 멈출 때까지 자동차를 운행하지 않는 것처럼, 하나님의 말씀이 정말 그런지 확인하기 위해 노력할 필요는 없습니다. 믿고 가다 보면 그냥 확인됩니다.

두 번째 시험을 통해서도 목적한 바를 이루지 못한 마귀는 자신의 전 재산을 걸고 말합니다. 지극히 높은 산[헤르몬산/헐몬산]으로 가서 천하만국과 그 영광을 보여주며

흥정합니다. '엎드려 경배하면 눈에 보이는 모든 나라와 영광을 주겠다.' 하고 말합니다(4:9). 인간이 죄를 지어 죄 아래 놓이게 된 세상입니다. 그러나 육신을 가진 인간이라면 대부분 그 가운데에서 힘을 가지고 누리고 싶어 하는 세상입니다. 『반지의 제왕』에 나오는 절대 반지와 같은 것을 주면서 손에 끼라고 말하는 것과 같습니다. '하나님과의 관계를 잘 유지하는 것, 오케이다. 그럼, 나와의 관계를 설정하자. 내게 절해라. 그럼, 다 주마.'

"세상은 그로 말미암아 지은 바 되었으되 세상이 그를 알지 못하였고 자기 땅에 오매 자기 백성이 영접하지 아니하였으나"(요 1:10-11)라고 말씀하셨습니다. 죄로 인해 마귀 아래 놓이게 되었지만 본래 하나님의 상속자이신 예수님께 속했던 세상입니다. 그러나 예수님은 세상과 자신과의 관계로 대답하지 않으십니다. '네가 뭔데 내게 절하라 하는가?' 하지 않으셨습니다. 하나님께만 초점을 두셨습니다. "주 너의 하나님께 경배하고 다만 그를 섬기라 하였느니라" 하고 대꾸하십니다(4:10). 신명기 6장 13절을 인용하십니다.

누가복음 4장에도 시험 기사가 소개되는데, '순서가 다르다' 고들 합니다. 누가복음에는 예수님이 '40일 내내 시험받으셨음'(4:1-2)이 강조됩니다. 그리고 세 번째 시험이 접속사 '데' 로 시작합니다. '전환' 을 의미하는 계합 접속사로 시간 순서를 보장하지 않는 접속사입니다.[4] 그러므로 세 가지 시험의 순서는 마태복음의 것이 맞겠습니다. 그럼, 왜 누가복음에는 두 번째와 세 번째 시험의 순서가 바뀌어 소개될까요? '예루살렘' 에 대한 강조 때문으로 보입니다.

말씀을 먹는다는 것, 말씀에 집중한다는 것은 내게 집중하지 않는다는 것을 포함합니다. 나의 어떠함은 그리 중요하지 않게 됩니다. 그분의 어떠하심, 그분의 뜻과 말씀이 중요하게 됩니다. 광야는 결정하는 곳입니다. 나를 중시할지, 하나님을 중시할지 결

---

4) 예로, 마태복음 21장 18절에 쓰인 것과 27장 54절에 쓰인 것을 들 수 있습니다. 전자는 '무화과나무 저주 사건' 이 성전 청결 이전임을 생각하게 하는 예이고, 후자는 백부장의 말이 '무덤에서 일어난 사람들이 무덤에서 나와서 사람들에게 보인 것' 이전에 있었음을 생각하게 하는 예입니다. 누가복음 23장 56절의 '멘 데' 가 뒤집어진 구문 즉, '데 멘 구문' 을 통해서는 여인들이 향품과 향유를 준비한 시간이 '안식일 다음 날' 이라는 것을 알 수 있습니다.

정하는 곳입니다. 내가 중요하다면 무슨 수를 써서라도, 돌로 떡을 만들어서라도 굶주림을 면하려 할 것입니다. 내가 중요하다면 하나님 입장은 별로 고려하지 않고 하나님을 시험하는 짓거리를 반복적으로 해댈 것입니다. 내가 중요하다면 하나님이 어떤 분이지 별로 고려하지 않고, 하나님과 마귀와의 관계도 마음에 두지 않고, 마귀에게 엎드려 절해서라도 세상에서 좋은 것을 받으려 할 것입니다.

그러나 하나님을 중시한다면, 내가 굶주려 죽는다고 해도 하나님께서 정하신 창조질서를 깨뜨리지 않을 것입니다. 돌로 떡을 만드는 것과 같은 일은 하지 않을 것입니다. 과자와 사탕으로 집을 만들고 헨젤과 그레텔을 꼬드겼던 마녀가 되지는 않을 것입니다. 하나님의 사랑과 진실을 시험하지도, 원하는 것을 얻으려고 하나님을 업신여기는 마귀에게 절하는 어리석은 짓도 하지 않을 것입니다.

광야는 나를 중시할지 하나님을 중시할지 결정하는 곳입니다. 고난이나 어려움이 오면 사람들은 결정합니다. 나를 중시할지, 하나님을 중시할지를요. 예수님은 광야에서 그것도 사십 주야를 금식하신 다음에도 자신을 중요하게 여기지 않으셨습니다. 자기연민에 빠지지 않으셨습니다. 자신을 업신여긴다고 분노하지 않으셨습니다. 하나님의 하나님 되심, 하나님 뜻의 성취 오직 그것에 마음을 두셨습니다. 그랬기에 갈릴리로 가셨습니다. 고향 나사렛이 아니라 가버나움으로 가셨습니다. 말씀이 성취될 수 있도록 스불론과 납달리 지경, 이방의 갈릴리, 흑암과 사망에 앉아있던 백성에게 빛으로 가셨습니다. 갈릴리는 또 다른 형태의 광야였습니다. 주전 104년에 아리스토불루스 1세에 의해 강제로 할례자가 된 이들이 사는 곳이었습니다. 유대인이라면 모두가 천시하는 곳이었습니다. 지금이야 관광지로 이름 높은 곳이 되었지만 예수님 당시에는 이방의 갈릴리이고, 흑암, 사망, 그늘의 동네였습니다. 선한 것이 날 수 없는 곳이라고, 니고데모에게 "너도 갈릴리에서 왔느냐 찾아 보라 갈릴리에서는 선지자가 나지 못하느니라" (요 7:52) 했던 곳이 갈릴리였습니다. 그러나 예수님은 갈릴리를 선택하셨습니다. 이유는 하나, 하나님께서 뜻하셨기 때문입니다. 그리고 외치셨습니다. "회개하라 천국이 가까이 왔느니라"(4:17). 이렇게 말했던 세례 요한이 잡혀갔습니다. 이렇게 말하면 잡혀갈 수 있습니다. 그런데 세례 요한의 길을 선택하셨습니다.

예수님의 제자들이 생깁니다. 예수님은 제자들을 가르치십니다. 마태복음에는 예수님의 가르침이 다섯 군데에 집중해서 나옵니다. 5-7장은 우리가 잘 아는 대로 '산상수훈'이 있습니다. 그다음에 10장에는 '제자 파송에 대한 가르침'이 있고, 13장에는 '천국이 무엇인지' 가르쳐주시는 '천국 비유'가 있습니다. 그리고 18장에는 교회가 어떤 곳인지 보여주시는 '제자 공동체에 대한 가르침'이 있고, 마지막으로 24-25장에는 '성전 파괴와 마지막 때에 대한 가르침'이 있습니다. 분량이나 위치를 생각할 때, 마태복음은 가르침이 중심이라는 것을 알 수 있습니다. 가르침이 다섯이니 모세오경을 염두에 두었을 것이라는 짐작도 하게 됩니다. 더구나 산상수훈에서 '옛 사람이 말한 바'와 '예수님의 말씀'이 비교되기에, '모세오경' 대신에 '예수오경'이 주어진다고 볼 수도 있습니다. 그런데, 산상수훈은 '시편 다섯 권'과도 잘 연결됩니다. 다윗 왕국의 형성, 발전, 위기(쇠퇴), 회복, 완성입니다.

마태복음 5-7장을 산상수훈이라고 부릅니다. '율법이 필요 없다.' 하는 주장뿐 아니라, '율법만으로 충분하다.' 하는 주장도 맞지 않다는 것을 보여주십니다. 팔복으로 가르침의 기본을 삼으십니다. 그럼, 마태복음의 팔복의 기초는 무엇일까요? 시편 제1권에 있는 복 있는 사람의 반영입니다. 시편 제1권에는 복이 있다는 표현이 여덟 번 나옵니다. 1편 1절, 2편 12절, 32편 1-2절, 33편 13절, 34편 8절[9절], 40편 4절[5절], 41편 1절[2절] 입니다. 1편 1절은 우리가 잘 아는 말씀입니다. "복 있는 사람은 악인들의 꾀를 따르지 아니하며 죄인들의 길에 서지 아니하며 오만한 자들의 자리에 앉지 아니하고 오직 여호와의 율법을 즐거워하여 그의 율법을 주야로 묵상하는도다"입니다. '하나님의 가르침을 기뻐하는 자, 말씀을 묵상하는 자'가 복이 있다고 노래합니다.

시편 2편 12절은 '하나님을 신뢰하는 자'가 복이 있다고 말합니다. "그의 아들에게 입맞추라 그렇지 아니하면 진노하심으로 너희가 길에서 망하리니 그의 진노가 급하심이라 여호와께 피하는 모든 사람은 다 복이 있도다" 아멘. 34편 8절도 같은 내용을 담고 있습니다. "너희는 여호와의 선하심을 맛보아 알지어다 그에게 피하는 자는 복이 있도다" 아멘. 40편 4절도 마찬가지입니다. "여호와를 의지하고 교만한 자와 거짓에 치우치는 자를 돌아보지 아니하는 자는 복이 있도다"입니다.

시편 32편 1-2절은 로마서 4장에서 "일한 것이 없이 하나님께 의로 여기심을 받는 사람의 복에 대하여 다윗이 말한 바"라고 인용되는 부분입니다. "허물의 사함을 받고 자신의 죄가 가려진 자는 복이 있도다 마음에 간사함이 없고 여호와께 정죄를 당하지 아니하는 자는 복이 있도다"입니다. '하나님으로부터 죄 사함을 받은 자'가 복이 있다고 노래합니다. 시편 33편 12절은 '하나님께서 자기 백성으로 삼으신 자'가 복이 있다고 노래합니다. "여호와를 자기 하나님으로 삼은 나라 곧 하나님의 기업으로 선택된 백성은 복이 있도다" 아멘. 마지막으로 41편 1절은 '가난한 자를 보살피는 자'에 대해 말합니다. "가난한 자를 보살피는 자에게 복이 있음이여 재앙의 날에 여호와께서 그를 건지시리로다"입니다.

정리하면, '말씀을 묵상하고 하나님을 신뢰하며 죄 사함을 받고 하나님의 백성으로 살면서 가난한 자를 보살피는 자가 복이 있다.' 하고 이런 사람이 복 있는 사람이라고 노래합니다. 말씀을 묵상하기 때문에 하나님을 신뢰합니다. 하나님을 신뢰하여 피하는 이들의 죄를 하나님께서 동이 서에서 먼 것처럼 처리하십니다. 이들은 하나님의 백성으로 살다가 하나님께서 주시는 기업을 누립니다. 이들은 하나님께서 주시는 공급과 은혜로 가난한 자를 보살피며 삽니다. 다시 말해, 시편의 팔복은 말씀을 묵상하는 자의 행복입니다. 말씀을 묵상하는 자는 악인이나 오만한 자를 따라가지 않습니다. 하나님의 말씀을 따라갑니다. 하나님을 신뢰하여 하나님께 피합니다. 죄를 떠나고 하나님이 주시는 기업(基業)을 누립니다. 그러다 보니 가난하고 어려운 사람을 긍휼히 여깁니다.

예수님의 사역이 시작되자 사람들은 예수님께 몰려왔습니다. 예루살렘 성전에 몰려들듯 예수님께 몰려왔습니다. 예수님께 오면 치유와 죄 사함, 권세 있는 가르침이 있었기 때문입니다. 자신에게 몰려오는 사람들에게 예수님은 산상수훈을 주셨습니다. 말씀이 체화된 제자들은 어떤 상태에 있으며 일상에서 어떻게 하나님을 섬기며 사는지 가르쳐주셨습니다. 팔복(5:3-10)이 서론이고 '반석 위에 지은 집'(7:24-27)이 결론입니다.

이러한 가르침이 주어진 뒤에 소개된 8-9장의 핵심은 제자들의 수직적이고도 근본적인 변화에 대한 요구입니다. 자기를 벗어나는 변화를 제자들에게 요구하십니다. 그리고 이어지는 가르침이 10장의 '제자 파송 강화'입니다.

제자 가운데에서도 특별히 열둘을 불러 권능을 주시고 베풀어주신 가르침입니다.

'열둘' 이라는 표현에서 뭔가 새로운 시작을 읽을 수 있습니다. 야곱의 아들이 열둘이었는데, 열두 제자를 부르셨습니다. 그리고 권능을 주셨습니다. 그들의 능력으로 사역을 하는 것이 아니었기에 권능을 주셨습니다. '더러운 귀신을 쫓아내며 모든 병과 모든 약한 것을 고치는 권능' 을 주셨습니다(10:1). 거저 주셨습니다. 거저 주신 것은 8절 후반부에 있는 사역 원칙과 연결됩니다. '거저 받았으니 거저 주라' 입니다. 이는 매우 중요한 사역원칙입니다.

권능을 거저 받은 사람의 명단이 이어집니다. 권능을 거저 받았다고 하더라고 권능을 받았다는 것은 이름이 거명될 만큼 중요하기 때문입니다. 두 명씩 한 쌍으로 명단이 소개됩니다. 형제가 한 팀인 사람으로, 베드로와 안드레, 야고보와 요한이 있습니다. 형제가 동역자가 될 수 있음을 볼 수 있습니다. 모세와 아론도 형제였는데 동역자가 되었습니다. 물론 미리암까지 삼남매가 출애굽한 이스라엘의 최고 지도자 그룹이 되었습니다. 베드로와 야고보와 요한, 세 사람이 중요하여, 야이로의 딸이 살아날 때도, 변화산 기사에서도 따로 다뤄지지만, 이곳 명단에는 형제가 한 팀으로 소개됩니다.

남은 여덟 명은 형제는 아니지만 팀으로 소개됩니다. 빌립과 바돌로매가 한 팀, 도마와 마태가 한 팀, 다른 야고보와 다대오가 한 팀, 열심당원이었던 시몬과 그리욧 사람으로 볼 수 있는 유다가 한 팀입니다. 대부분 갈릴리 지역 사람들이었습니다. 물론 형제로 한 팀이었던 베드로와 안드레, 형제팀에 속하지 않은 그룹에서 가장 먼저 언급된 빌립은 갈릴리 동쪽에 속한 벳세다 출신이었습니다. 가룟 유다의 가룟을 그리욧 사람으로 이해하면 유다는 유대 남쪽 혹은 모압지역 출신이었습니다. 예수님은 혈통, 지역 등의 측면에서 고르게 사람을 뽑으셨습니다.

마태복음 13장에는 천국 비유가 나옵니다. 비유에서 일반적으로 발견되는 '이상함' 이 '씨 뿌리는 비유' 에 있습니다. 어떤 농부도 비유 속의 농부처럼 씨를 뿌리지 않습니다. 그러나 하나님이 보내신 메시아이신 예수님은 비유 안의 농부처럼 씨를 뿌리십니다. 모든 병자를 고치십니다. 회개하지 않을 것을 아시면서도 권능을 많이 행하셨습니다. "예수께서 권능을 가장 많이 행하신 고을들이 회개하지 아니하므로 그 때에 책망하시되"(11:20) 하였습니다. 대표적인 고을로, 갈릴리 물가에 있는 고라신, 벳새다,

가버나움이 거명됩니다. 그들은 길가요, 돌밭이요, 가시떨기밭이었습니다. 그러나 예수님은 천국 복음을 전하셨고 기회를 주셨습니다. 허비된다 해도, 비효율적이라 해도, 밟힌다 해도, 예수님은 모든 사람에게 복음 전도가 이뤄지게 하셨습니다.

하지만 이처럼 허비되는 씨앗이 많다고 해도 결국 하나님의 나라는 확장될 것입니다. 근거는 좋은 밭에 떨어진 씨앗에 있습니다. 산술적으로 계산해봅니다. 좋은 밭에 떨어진 씨앗은 어떤 것은 백 배, 어떤 것은 육십 배, 어떤 것은 삼십 배로 결실합니다. 평균이 63정도 됩니다. 4분의 1의 씨앗이 63배 정도 결실하면, 약 16배 정도가 됩니다. 하나님의 나라가 이런 식으로 증가하지는 않지만, 예수님은 비유를 통해, '허비되는 씨앗이 많아 보인다 해도, 하나님의 나라는 좋은 밭에 떨어진 씨앗으로 인해 적어도 15배 정도로는 확장된다.' 이렇게 말씀하시는 것 같습니다.

더불어 예수님은 씨 뿌리는 자의 비유를 통해 당신 자신을 객체화하고 계십니다. '천국 말씀'이라 표현되는 씨앗은 사실, '육신이 되신 말씀' 예수님을 가리킵니다. 그래서 16절을 보면, "너희 눈은 봄으로, 너희 귀는 들음으로 복이 있도다" 하셨습니다. 제자들의 눈이 보는 것은 예수님이요, 제자들이 귀로 듣는 것은 예수님의 말씀입니다. 이에 베드로 사도는 베드로전서 1장에서 이렇게 말합니다. "이 구원에 대하여는 너희에게 임할 은혜를 예언하던 선지자들이 연구하고 부지런히 살펴서 자기 속에 계신 그리스도의 영이 그 받으실 고난과 후에 받으실 영광을 미리 증언하여 누구를 또는 어떠한 때를 지시하시는지 상고하니라 이 섬긴 바가 자기를 위한 것이 아니요 너희를 위한 것임이 계시로 알게 되었으니 이것은 하늘로부터 보내신 성령을 힘입어 복음을 전하는 자들로 이제 너희에게 알린 것이요 천사들도 살펴보기를 원하는 것이니라"(1:10-12) 아멘. 선지자들은 예수님을 보고 싶었고 예수님의 말씀을 듣고 싶었습니다. 이제 예수님 당시 사람들은 예수님을 직접 보고 그분의 말씀을 직접 듣습니다.

그런데 길 가 밭 사람들은 예수님을 마음에 모셨지만, 예수님의 말씀에 동조하지 않았습니다. 동의하지도, 순종하지도 않습니다. 결국 예수님이 그들의 마음에 계실 수 없습니다. 돌밭 사람들은 예수님을 너무도 쉽게 받아들입니다. 간이라도 빼줄 것처럼 헤헤거리다가 환난이나 박해가 있으면 금방 돌아섭니다. 가시떨기 밭 사람들은 말씀을 듣기는 합니다만, 세상 염려 재물 유혹을 견디지 못합니다. 예수님이 밭에 의해 좌우되십니다. 허비되실 뿐 아니라, 자신을 맡기신 것입니다. 밭의 성질에 따라 예수님이 영향을 받으십니다.

이러한 상태를 이렇게 표현해 보았습니다. "객체화된 주체" 입니다. 본래 주체이신 예수님이 밭에 의해 좌우되시니 객체화되신 것입니다. 본래 주인이신 그분이 밭의 상태에 따라 버려지기도 말라죽기도 하시니 자신을 내놓으신 것입니다. 마치 십자가에 박혀 계셔서 전혀 움직이실 수 없게 되신 것처럼, 예수님이 밭에 의해 꼼작 못하시는 분으로 그려집니다.

길가 밭, 돌밭, 가시떨기 밭 사람들은 예수님이 꼼작 못하시는 것 같다고 여겨서 제멋대로입니다. 동조하지도, 순종하지도, 귀하게 모시지도 않습니다. 조금만 어려워도 예수님을 버립니다. 가치 없어 보이는 십 원짜리 버리듯 합니다. 내게 이익이 안 되면 돌아서고, 조금만 힘들어도 불평하고, 좀 더 좋아 보이는 것이 있으면 예수님 버리고 다른 것들을 금방 좇아갑니다.

그럼 좋은 밭의 특징이 무엇입니까? 자신을 예수님께 내어주는 특징이 있습니다. 자신의 가장 좋은 양분을 씨앗에게 공급하여, 씨앗이 싹이 트고 자라 나무가 되고 열매를 맺도록 합니다. 자기 것을 고집하지 않고 자기가 가진 것을 씨앗에게 공급합니다. 13장 23절입니다. "좋은 땅에 뿌려졌다는 것은 말씀을 듣고 깨닫는 자니 결실하여 어떤 것은 백 배, 어떤 것은 육십 배, 어떤 것은 삼십 배가 되느니라 하시더라" 아멘. 좋은 밭은 말씀에 동조합니다. 깨닫는다는 말은 동조한다는 말입니다. 말씀이 지시하는 방향으로 자기 몸을 돌립니다. 말씀이 지시하는 목표 지점을 자기 삶의 목표로 삼습니다. 이동합니다. 팔복의 사람이 됩니다. 반석 위에 집을 짓습니다. 예수님을 모신 자만이 맺는 열매를 맺습니다. 열매를 맺기까지 왜 어려움이 없었겠습니까? 환난도, 핍박도 있었습니다. 그러나 예수님 모시기를 포기하지 않았습니다. 말씀 먹는 것을 게을리하지 않았습니다. 세상 염려와 재물 유혹이 좋은 밭에는 없었을까요? 아닙니다. 더 많습니다. 그러나 세상 염려를 말씀 읽으며 기도하며 잊었습니다. 재물보다 하나님을 사랑하기로 결심했습니다. 그랬더니 말씀이 열매를 맺습니다. 백 배나 맺습니다. 최소한 삼십 배 맺습니다.

예수님은 말씀이신 자신을 '객체화된 주체' (objectised subject) 인 씨앗으로, 말씀을 듣는 사람들은 '주체화된 객체'(subjectised object)인 밭으로 비유하셨습니다. 주인이신 예수님은 아무 힘이 없이 밭의 결정에 따라 영향을 받는 씨앗으로, 백성인 청자들은 자기 뜻대로 무엇이든 할 수 있는 것처럼 '밭'이라 칭하셨습니다. 이러한 외관적인 설정만을 생각하고 예수님을 무시하고 제멋대로 처리하고 처분하는 밭에는 열매가 없다고 하십니다. 그러나 아무 힘이 없는 분 같아 보이지만 예수님이 어떤 분인 줄 분명히 알고 자신을 내어준 이들에게는 놀라운 축복이, 결실의 축복이, 풍년이 온다고 하십니다.

길가 밭은 자신의 양분을 예수님께 드리지 않습니다. 지나다니는 사람들에게 온통 마음이 빼앗겼기 때문입니다. 돌밭은 흙이 거의 없습니다. 자신의 것을 남에게 줄 마음이 없습니다. 자기중심적이기 때문입니다. 가시떨기 밭 역시, 말씀 씨앗에게는 양분을 줄 마음도 시간도 없습니다. 가시떨기에게 마음과 시간과 힘의 대부분을 쏟기 때문입니다. 하나님 말씀의 의미를 생각하기보다 이런저런 궁리로 시간을 보내기 때문입니다.

마태복음 14-15장에는 오천 명을 먹이신 사건과 사천 명을 먹이신 사건이 등장합니다. 오병이어의 기적과 칠병수어의 기적의 차이가 무엇일까요? 두 기적 사이에는 빵의 수(다섯 개와 일곱 개), 물고기의 수(두 마리, 몇 마리), 먹은 장정의 수(오천과 사천), 남은 광주리의 수(작은 열두 바구니, 큰 일곱 광주리)가 다른 것 외에도, 참여한 사람(유대인과 이방인)이 다르다는 중요한 차이점이 있습니다.

우선, 오병이어의 기적은 디베랴 북쪽에 있는 아르벨 산기슭에서 이뤄진 것 같습니다. 누가복음 9장에는 열두 제자를 보내신 예수님 이야기(9:1-6) 및 헤롯이 세례 요한을 죽인 이야기(9:7-9)가 간단하게 소개된 뒤에 사도들과 예수님이 벳새다로 가신 것을 소개합니다(9:10). 예수님은 따라 온 무리들을 영접하시고 하나님 나라의 일을 이야기하시며 고칠 자들을 고치셨습니다(9:11). 10절과 11절이 접속사 '데'로 연결되면서, 벳세다에서 디베랴로의 이동은 언급되지 않습니다.

마가복음 6장은 예수님과 제자들의 상황을 보다 자세히 기술합니다. 예수님은 제자들에게 '한적한 곳'에 가서 쉬라고 하셨는데(6:31), 배를 타고 '따로 한적한 곳'으로 이동하셨습니다(6:32). 앞에 나오는 '한적한 곳'은 벳새다일 수 있습니다. 그런데 이어

나오는 곳, 다시 말해, 배를 타고 이동한 곳은 디베랴일 가능성이 큽니다. 이는 마태복음 14장과 요한복음 6장을 보면, 오병이어 기사 다음에 배를 타고 건너가 도착하신 곳이 벳새다 서쪽에 있는 게네사렛 땅(마 14:34) 혹은 가버나움(요 6:17; 혹은 21절의 '가려던 땅')이기 때문입니다. 요한복음은 예수님과 제자들이 만난 곳을 디베랴 북쪽 산기슭에서 '25 혹은 30 스다디온'(6:19) 즉, 5-6킬로미터 정도 떨어진 곳이라 말합니다. 마태복음은 '많은 스다디온'(14:24)이라고 표현했습니다. 디베랴 북쪽 아르벨 산기슭에서 가버나움까지가 11킬로미터 정도 떨어진 것을 생각하면 예수님과 제자들이 만난 곳은 출발 지점과 도착 지점 중간 부분이 됩니다. 오병이어 기사와 관련하여 벳새다라는 지명을 언급한 누가복음은 배를 타고 이동하신 부분에 대해 침묵하고 곧바로 베드로 신앙고백으로 넘어갑니다. 이는 이미 알려진 부분을 고려하는 누가복음 기술의 특징이기도 합니다.

한편, 칠병수어의 기적도 동일한 장소에서 일어난 것 같습니다. 두로와 시돈 지방을 다녀오신 예수님이 두로 남쪽 길로 내려오셨다면, 디베랴로 오시게 되고 호숫가 산기슭은 아르벨 산을 가리킬 가능성이 매우 큽니다. 어떤 면에서 장소까지 동일하고 대상만 다른 데도 많이 다르다는 것이 중요한 것 같습니다.

마태복음을 보면, 칠병수어를 누린 무리는 '큰 무리'(15:30)라고 하여, '게네사렛 땅 사람들과 그 근방 사람들'(14:35)로 표현되는 오병이어 기적의 대상과 다릅니다. 또한 오병이어의 기적을 누린 이들이 혈루병으로 고생하다 예수님의 옷 가를 만져 나은 여인처럼(9:21) 예수님의 '옷자락에라도 손을 대게 하시기를 간구'한 반면(14:35), 칠병수어의 기적을 누린 이들은 병인들을 '예수님 발 앞에 던지듯이' 두었습니다. 이 모습은 가나안 여인의 모습과 유사합니다(15:25). 무엇보다도 이들은 '이스라엘의 하나님'께 영광을 돌립니다. 이들은 예수님과 사흘을 같이 지냈습니다(15:32). 그리고 제자들이 아니라 예수님에 의해 먹을 것이 주어지도록 요청됩니다(15:32). 멀리 두로와 시돈 지방에서 왔기 때문에, 집으로 다시 돌아가려면 90에서 120킬로미터를 걸어가야 합니다. 그러기에 '길에서 기진할까' 염려하셨습니다(15:32). 오병이어 기사 때에는 한나절밖에 지나지 않았는데도 무리를 보내 동네에서 먹을 것을 사먹게 해야 한다고 말했던 제자들이(14:15), 칠병수어 때에는 사흘 동안이나 잠잠했을 뿐 아니라

'구하기 어렵다.' 하는 식의 대꾸를 한 것도 대상의 차이 때문에 발생한 것 같습니다. 그러나 제자들과 달리 예수님은 멀리에서 온 이방인들에게도 동일한 기적으로 먹이셨습니다. 장차 '자신의 살과 피를 모든 족속 가운데 믿은 이들을 먹이실 것' 을 미리 보이신 것입니다.

오병이어와 칠병수어의 기적 사이에 있는 대상의 차이로 인해, 무엇보다도 가나안 여인으로부터 비롯된 이방인들의 반응을 통해 하나님 나라 복음이 모든 민족에게로 향할 근거가 확보되는 듯합니다.

질의와 응답

하나. "스가랴 14장 7-9절과 관련하여, '예루살렘 중심성이 이뤄진다.' 하셨는데, 무엇을 의미합니까?"

예루살렘에 성전이 있으면 그곳이 중심지가 됩니다. 성전 재건으로 예루살렘이 중심성을 회복합니다. 스가랴 14장은 예수님 십자가 죽음과 죽음 이후의 복음 전파를 예언합니다. "낮도 아니요 밤도 아니라 어두워 갈 때에 빛이 있"습니다. "생수가 예루살렘에서 솟아나서 절반은 동해로, 절반은 서해로 흐"릅니다. 여름에도 겨울에도 흐릅니다. 온 세상을 살리는 생수입니다.

둘. "성전산, 헤르몬산, 아르벨산 등 산이 중요한 이유가 무엇입니까?"

마태복음에는 헤르몬산으로 보이는 '지극히 높은 산'이 네 번(마 4:8; 17:1, 9, 20), 갈릴리의 아르벨산으로 보이는 곳이 다섯 번 나옵니다(마 5:1; 8:1; 14:23; 15:29; 28:16). 아르벨산이 마태복음 마지막 지상명령의 장소인 것은 오병이어와 칠병수어의 기적이 베풀어진 장소가 아르벨산 기슭이라는 점과 무관하지 않을 것입니다. 그리고 성전산에는 성전이 있고 예수님이 십자가에 달리신 골고다가 있습니다. 중요한 일들이 이뤄졌으니 세 산이 중요하겠네요.

셋. "사복음서 가운데 마태복음을 앞세우는 이유가 무엇일까요?"

우선, 요한복음은 네로 박해 이후에 기록되었습니다. 마가복음은 네로 박해 상황과 관련되어 보입니다. 마태복음과 누가복음은 네로 박해 전으로 보이고요. 마태복음이 기록 시기 면에서 앞서기도 하고, 족보를 고려할 때 마태복음이 구약성경과 잘 연결됩니다.

Weekly Reading

47

마태복음 16장 – 마가복음 8장

"널리 구석구석"

마 16-18장	마 19-21장	마 22-24장	마 25-27장	마 28장-막 2장	막 3-5장	막 6-8장

check

이번 통독은 마태복음의 뒷부분과 마가복음의 앞부분입니다. 마태복음 16장에는 베드로의 신앙고백이 있습니다. 마가복음 8장에는 사천 명을 먹이신 사건과 베드로의 신앙고백이 소개됩니다. 마태복음 15장에 사천 명 먹이신 사건이 있었으니, 한 바퀴를 돌아 제자리에 오는 느낌이 들 수 있습니다. 그러나 두 복음서의 강조점이 다르니, 한 바퀴는 도나 제자리로 돌아오지는 않습니다. 마태복음은 예수님에게 집중하도록 돕고, 마가복음은 제자들에게 집중하도록 돕습니다. 예수님을 바로 알아야, 바른 제자가 되겠지요.

널리 구석구석

I.
이방의 갈릴리에서 시작하신답니다.
두로와 시돈까지 방문하십니다.
갈릴리 동편 데가볼리에도 넘어가셨습니다.
애굽까지 다녀오시더니,
가실 수 있는 곳은 모두 다 가십니다.
헤르몬 산도 오르셨네요.

II.
낮에도 일하시고
아침에도 일하시고
밤새워 일하시고
새벽에도 일하시고
명절에도 일하시고
안식일에도 일하시네요.

III.
바리새인도 만나주시고
사두개인도 만나주시고
아이들도 만나주시고
남녀노소 불문하여 만나주시니
이방인 포함 모든 민족이 즐겁습니다.
하나님께서 보내주신 메시아, 짱입니다.

IV.
아픈 자도 오라.
슬픈 자도 오라.
죽은 자도 오라.
오기만 하면 살아나고 치료되고 평강이 임한다.
빈부귀천 차별하지 않으시니
모든 이들의 얼굴에 미소 가득.

V.
처음부터 잘하는 사람 어디 있을까?
처음부터 미더운 사람 어디 있을까?
끝까지 잘할 사람 찾기 어렵고
끝까지 신실한 사람 적으니 귀하다.
주님 사랑 받고 감격하는 이 많고
주님 사랑하여 헌신하는 이도 많다.

VI.
엘리 엘리 라마 사박다니
우리 주님 마음 심으시니
너도 나도 함께 따라가고
우리 모두 주님 바라본다.
마태 마가 주님 생각하니
과한 은혜 주심 고백하네.

베드로의 신앙고백 특별하고, 수난 예고 시작됩니다(16장). 이어 변화산 사건입니다. 예수님이 변화되신 곳은 어디일까요? 우선 17장 1절에 나오는 '높은 산'이 어디냐 하는 것이 정해져야 합니다. 일반적으로 빌립의 가이사랴에서 다볼산까지가 '6일 거리'라 생각하고 '높은 산'이 다볼산을 가리킨다고 생각하지만, 본문에는 '엿새' 동안 이동했다는 언급이 없습니다. 또한 직선거리 70킬로밖에 되지 않는 거리를 육 일씩이나 걸려 가지는 않습니다.

그래서 '빌립의 가이사랴에서 육 일간 머무시다가 산에 오르셨을 수 있다.' 하는 생각을 합니다. 더구나 여기에 사용된 '높은 산'이라는 표현은 마태복음에 두 번 나오는데, 4장 8절과 이곳입니다. 4장 8절에서는 마귀가 예수님에게 "천하 만국과 그 영광"을 보여준 장소를 "지극히 높은 산"이라 표현했고, 이 구절에 "높은 산"이라 되어 있지만 사실은 같은 표현입니다. 다볼 산은 588미터이니 '지극히 높다.' 말하기 어렵습니다. 천하만국을 보기에 적절하지 않습니다. 예수님의 변화 사건이 일어나기에도 적절하지 않구요. 헤르몬산은 약속의 땅에서 가장 높고 큰 산으로, 가장 높은 곳이 2,813미터입니다. 천하만국을 보기에 적절한 곳입니다. 남서쪽으로는 애굽이, 동쪽으로는 바벨론과 메데, 바사가, 서쪽으로는 헬라와 로마가, 북쪽으로는 수리아가 있습니다. 더구나 '헤르몬'이 '헤렘'을 의미하기에 예수님의 십자가 죽음이 언급되기에 적절한 곳입니다. 그래서 배경은 헤르몬 산기슭으로 보면 되겠습니다.

그러면 아들을 위해 간구하는 아버지는 이방인일 가능성이 높습니다. 우선 이 아버지는 15장 21절 이하에 등장하는 가나안 여인과 비교됩니다. 귀신 들린 딸을 위해 기도하러 나온 여인입니다. 자신을 '개'라고 부르며 스스로 이방인임을 인정하면서 '부스러기 사랑' 을 간구하여 '믿음이 크다.' 하는 평가를 받은 어머니입니다. '주님' 이라 부르는 것과 '불쌍히 여겨 달라.' 하는 표현이 같습니다. 제자들이 대하는 태도가 다르기는 합니다. 이는 이미 15장 21절 이하에서 경험한 것에 기초하여 태도가 달라졌을 수 있습니다. 다시 말해 가나안 여인이 소리치며 도와 달라고 할 때는, "그 여자가 우리 뒤에서 소리를 지르오니 그를 보내소서"(15:23) 말했지만, 이 여자의 딸이 치유를 받고, 이어지는 갈릴리 사역에서 많은 이방인이 치유 받고 '이스라엘의 하나님을 찬양' 하는(15:31) 것을 보면서 그들의 태도가 달라졌을 수 있습니다.

그럼에도, 제자들은 이 아버지의 요청 즉, "간질로 심히 고생하여 자주 불에도 넘어지며 물에도 넘어지는"(17:15) 아이를 고치지 못합니다. 이들은 파송될 때 이미 "더러운 귀신을 쫓아내며 모든 병과 모든 약한 것을 고치는 권능"을 받았습니다(10:1). 그리고 병행 본문을 보면 제자들은 주님 주신 권능으로 사역을 성공적으로 수행했습니다. 그런데 왜 이 아버지의 아들이 가진 문제는 해결하지 못했을까요?

이것은 제자들에게도 의문이었습니다. 17장 19절입니다. "이 때에 제자들이 조용히 예수께 나아와 이르되 우리는 어찌하여 쫓아내지 못하였나이까" 아멘. 이에 대해 병행 본문인 마가복음 9장 29절의 표현 즉, "기도 외에 다른 것으로는 이런 종류가 나갈 수 없느니라"를 가지고 '기도 부족' 으로 대답할 수 있습니다. 그러나 마태복음 17장에서 예수님은 '믿음이 작은 까닭이다.' 하는 답을 주십니다. 20절입니다. "이르시되 너희 믿음이 작은 까닭이니라 진실로 너희에게 이르노니 만일 너희에게 믿음이 겨자씨 한 알 만큼만 있어도 이 산을 명하여 여기서 저기로 옮겨지라 하면 옮겨질 것이요 또 너희가 못할 것이 없으리라" 아멘. 예수님은 여기서 '권능' 을 문제 삼지 않으셨습니다. 천국 비유에 사용된 '겨자씨 한 알 만큼의 믿음' 을 언급하십니다. 더불어 방금 내려오신 산을 얘기하십니다. 이 산은 헤르몬산입니다. '이 산이 여기서 저기로' 말씀하실 때, 예수님이 염두에 두신 '저쪽 산' 은 어느 산이었을까요?

저는 헤르몬산에서 남쪽으로 200킬로미터 떨어진 성전산을 생각하셨다고 보고 싶습니다. 이 산 즉, 헤르몬산은 마귀가 천하만국의 영광을 가지고 예수님을 시험했던 산입니다. 동시에 이 헤르몬산은 예수님이 하나님의 말씀대로 별세하실 것을 결심하신 산입니다. 이제 예수님은 헤르몬산을 떠나 성전산으로 가십니다. 그 산 즉, 성전산에서 십자가에 달려 돌아가실 것입니다. 제자들에게 천국에 대한 이해가 있고 천국에 대한 기대가 있고 그들이 천국이 이뤄질 것을 믿는다면, 예수님이 본문의 '이 산' 즉 헤르몬산을 떠나 '저곳' 즉, 예루살렘이 있는 성전산으로 이동하시는 것에 대한 방향 제시를 할 수 있을 것입니다. 베드로는 신앙고백 직후 예수님의 십자가 죽음에 대해 '그러면 안 된다.' 하는 방향 제시를 했습니다. 그러나 천국에 대한 믿음이 겨자씨만큼만 있더라도 예수님이 예루살렘으로 가셔서 대표적인 대속 죽음을 죽으셔야 한다고 여길 것입니다.

이러한 생각을 뒷받침해주는 문맥이 바로 17장 22-23절입니다. "갈릴리에 모일 때에 예수께서 제자들에게 이르시되 인자가 장차 사람들의 손에 넘겨져 죽임을 당하고 제삼일에 살아나리라 하시니 제자들이 매우 근심하더라" 아멘. 예수님과 제자들이 갈릴리로 다시 오셨습니다. 빌립의 가이사랴에서 내려오셨습니다. 그리고 수난 예고를 하십니다. 두 번째 수난 예고입니다. 첫 번째 수난 예고를 베드로의 신앙고백 뒤에 주셨을 때는 베드로의 반대에 부딪히셨습니다. 그런데 이제는 제자들이 근심합니다. 반대하지는 않습니다. 그러나 기대하지도, 동의하지도 못합니다.

예수님의 첫 번째 수난 예고(16:21)가 주어졌을 때, 베드로는 예수님을 말렸습니다. 그러나 두 번째 수난 예고(17:22-23상반)가 주어지자 제자들이 근심합니다. 이제 제자들은 자기 자리를 지키시는 예수님, 본래 성육신하신 목적을 이루시려는 예수님에 대해 인정하기 시작합니다. 직전 사건이 무엇입니까? 변화산 사건과 간질병에 걸린 아이의 치유사건입니다. 변화산 사건은 예수님이 누구신지 분명하게 보여주는 사건입니다. 간질병에 걸린 아이의 치유사건은 제자들이 누구인지 보여주는 사건입니다. 제자들의 자리는 예수님의 자리입니다. 주님은 제자들에게 주님 자신의 자리를 그들의 자리로 소개하셨습니다.

이것을 잘 보여주는 것이 이어지는 17장 24-27절입니다. 24-26절만 봅니다. "가버나움에 이르니 반 세겔 받는 자들이 베드로에게 나아와 이르되 너의 선생은 반 세겔을 내지 아니하느냐 이르되 내신다 하고 집에 들어가니 예수께서 먼저 이르시되 시몬아 네 생각은 어떠하냐 세상 임금들이 누구에게 관세와 국세를 받느냐 자기 아들에게냐 타인에게냐 베드로가 이르되 타인에게니이다 예수께서 이르시되 그렇다면 아들들은 세를 면하리라" 아멘.

자신과 제자들이 하나님에 대해 '아들'의 자리를 가지고 있기에 성전세를 내지 않아도 된다는 예수님의 말씀이 바로 이어집니다. 여기서 예수님은 제자들이 예수님의 가르침을 받아들이고 천국을 이해하고 천국이 이뤄지는 방향으로 마음을 모으는 것을 '믿음'으로 표현하셨다고 여기게 됩니다. 왜 제자들은 간질하는 아이의 문제를 해결하지 못했을까요? '권능'만 생각했지, 하나님의 큰 계획과 뜻으로부터는 멀어져 있었기 때문입니다. 하나님의 권능은 하나님과 무관한, 하나님으로부터 떨어져 있는 객체가 아닙니다. 하나님으로부터 임하는 능력입니다. 이 능력이 하나님의 뜻과 계획에서 멀어져 있는 제자들을 통해서도 역사 될까요? 살아계신 하나님의 능력이라면 그럴 수가 없지요.

예수님의 자리는 고난과 영광이 함께하는 자리입니다. 예수님의 영광을 사모하는 자는 예수님의 자리도 사모합니다. 우리는 예수님과 같은 자리를 받았습니다. 고난을 두려워하지 말고 영광을 기대합시다.

이어지는 18장은 '관계'에 대한 예수님의 가르침입니다. 우리는 예수께서 주와 그리스도이심을 믿어야 천국 백성이 된다고 알고 있습니다. 그런데 예수님은 1-10절에서 겸손의 문제를 천국과 연결 지으십니다. 3절에 보니 "돌이켜 어린 아이들과 같이 되지 아니하면 결단코 천국에 들어가지 못하리라" 하셨는데, 4절을 보니 '어린이들과 같이 된다.' 하는 것은 '자기를 낮추는 것'을 의미합니다. 어린이들과 같이 자기를 낮춰야, 겸손해야 천국에 들어갑니다.

왜 그렇습니까? 예수님이 겸손하시기 때문입니다. 예수님을 믿는다는 것, 예수님을 신뢰한다는 것, 그분을 주인으로 모시고 구주로 믿는다는 것은 '그분의 어떠하심과 같이 나도 그러하다.' 하는 것과 연결되기 때문입니다. 결국 그분이 겸손하시니 겸손해야 천국에 들어가는 것입니다.

예수님은 자신이 온유하고 겸손하다고 말씀하셨습니다. 온유는 수평적으로 대하는 강도(剛度)와 관련됩니다. 부드럽게 대하느냐, 거칠게 대하느냐에 따라 '온유하다.' 혹은 '온유하지 않다.' 하고 말할 수 있습니다. 반면, 겸손은 수직적인 자리매김을 가리킵니다. 우리말로 겸손(謙遜/謙巽)은 "남을 존중하고 자기를 내세우지 않는 태도가 있음"으로 정의합니다. 존중하고 무시하지 않습니다. '존중'은 높은 위치와, '무시'는 낮은 위치와 관계됩니다. '내세우다'는 높은 위치와, '드러내지 않다'는 낮은 위치와 연결됩니다.

다시 말해, 겸손은 위치 문제입니다. 1-2절입니다. "그 때에 제자들이 예수께 나아와 이르되 천국에서는 누가 크니이까 예수께서 한 어린 아이를 불러 그들 가운데 세우시고" 아멘. 제자들이 '누가 큰지'를 여쭈었습니다. 예수님이 그리스도시요 살아계신 하나님의 아들이라고 고백하게 된 제자들입니다. 하나님 나라가 가까이 왔고 예수님은 왕이 되실 것입니다. 그런데 사도가 열두 명입니다. 그래서 궁금해졌습니다. 누가 수석 사도가 될까? 이때 예수님이 어린 아이 하나를 제자들 가운데 세우셨습니다. 제자들은 모두 어른들입니다. 어른들 가운데 어린 아이 하나를 세웠습니다. 모두가 어린 아이를 내려다보았을 것입니다. 제자들은 크고 아이는 작습니다. 제자들은 높고 아이는 낮습니다.

아이를 내려다보는 제자들에게 예수님께서 말씀하셨습니다. "낮아져야 한다. 천국에서 큰 것은 둘째 치고 들어가기 위해서라도 낮아져야 한다. 낮아져야 들어가는 천국이니, 천국에서 크려면 당연히 낮아져야겠지." 예수님은 낮아지신 분입니다. 하늘 아버지 품 안에서 성육신하셨습니다. 혈육이 되셨습니다. 하늘에서 땅으로 내려오셨습니다. 더 이상 낮아질 수는 없습니다. 땅으로 내려오신 것 자체가 죽음이었습니다. 혈육을 입으셨으니 죽으실 수밖에 없게 되었습니다.

그렇다고 하여 그분이 하나님의 아들이 아니신 것은 아니었습니다. 스스로 그 사실을 부인하지도 않으셨습니다. 이전 문맥인 17장 24-27절을 보면, 앞서 살펴본 것처럼, 성전세에 관한 얘기가 나옵니다. 베드로는 예수님이 살아계신 하나님의 아들이라고 고백은 했지만, 사람들이 예수님이 성전세를 내느냐 물으니 '내신다.' 그렇게 대답했습니다. 이에 대해 예수님은 '아들들은 세를 면한다.' 하시며, '사람들이 실족하지 않도록 "바다에 가서 낚시를 던져 먼저 오르는 고기를 가져 입을 열면 돈 한 세겔을 얻을 것이니 가져다가" 베드로와 예수님을 위하여 주라.' 하셨습니다. 예수님은 위치를 바꾸셨습니다. 낮아지셨습니다. 그분의 겸손이 위치 이동으로 드러났습니다. 그러나 그분은 여전히 하나님의 아들이셨습니다.

여기서 우리는 겸손에는 거짓이나 비굴이 없어야 한다는 것을 깨닫게 됩니다. 자신을 낮춘다고 하여 자신의 존재를 부정하지는 않습니다. 예수님을 영접하심으로 하나님의 자녀가 되셨습니까? 그러면, 자신이 하나님의 자녀라는 것을 당당하게 인정하십시오. 사실과 어긋나는 거짓된 내용으로 자신을 낮추는 것은 겸손이 아닙니다. 용기와 줏대 없이 비굴(卑屈)한 태도를 가지는 것도 겸손이 아닙니다. 실수를 좀 했다고 자기 머리를 치면서 '바보, 멍청이' 하면 되겠습니까? 하나님 자녀가 바보, 멍청이입니까? 자기 존재를 부정하는 비굴한 태도는 겸손이 아닙니다. 겸손한 사람은 거짓되지도, 비굴하지도 않습니다. 겸손할 뿐입니다. 자신의 위치를 낮출 뿐입니다.

그런데 사람들 대부분은 자신의 위치가 낮아지는 것을 별로 좋아하지 않습니다. 크고 높아지는 것을 좋아합니다. 20장을 보면, 포도원 품꾼의 비유가 나옵니다. 집주인이 이른 아침에 나가 품꾼들과 한 데나리온씩 주기로 약속하고 포도원에 들여보냅니다. 오전 아홉 시에도 들여보내고 정오와 오후 세 시에도 들여보냅니다. 마지막으로 오후 다섯 시에도 품꾼들을 들여보냅니다. 그런데 오후 다섯 시부터 한 시간만 일한 품꾼들에게 한 데나리온을 줍니다. 그것도 먼저 줍니다. 그래서 먼저 온 이들이 더 받을 줄 알았는데, 다른 이들과 똑같이 한 데나리온 씩 받습니다. 그러자 집주인을 원망합니다. "나중 온 이 사람들은 한 시간밖에 일하지 아니하였거늘 그들을 종일 수고하며 더위를 견딘 우리와 같게 하였나이다"(20:12). 여기서 중요한 단어는 '같다' 입니다. 다시 말해 우리는 그들과 '다르다' 는 것입니다. 어떻게 다릅니까? 우리는 그들보다 수고를 더 많이 했으니 더 크다는 것입니다.

일 년 더 일한 게 아닙니다. 기껏 두 시간, 다섯 시간, 여덟 시간, 열한 시간 더 일한 것뿐인데도 그들의 마음이 높아진 것입니다. 자신을 낮추지 않습니다. 자신을 너무나 쉽게 높입니다. 겸손하지 않습니다. 겸손하지 않으니 적절하지 않은 원망이 나옵니다. 본래 한 데나리온 받기로 하고 일했는데 한 데나리온 받았으니 감사할 일이고, 열두 시간 채우지 못하고 아홉 시간, 여섯 시간, 세 시간 일했는데도 한 데나리온 주니 기뻐할 일인데도, 한 시간 일한 사람들을 제외한 모든 사람이 행복하지 않습니다.

겸손하지 않으면 자신을 낮추지도 않지만, 다른 사람을 높이지도 않습니다. 대표적인 예로 2장에 나오는 헤롯 왕을 들 수 있습니다. 헤롯은 에돔 족속이므로 이스라엘 족속의 왕이 될 수 없었습니다. 그러나 로마를 등에 업고 왕이 되었습니다. 실제적인 왕 노릇을 34년이나 했습니다. 그러면 만족해야지요. 자격 없는 왕 노릇을 34년이나 했으면, '유대인의 왕으로 나신 이가 어디 있느냐?' 하는 동방박사들의 말을 들었을 때, 진심으로 환영해야지요. 그러나 헤롯의 마음에는 진짜 왕을 환영하는 마음이 없습니다. 왜요? 겸손하지 않아서요. 겸손하지 않으니 예수님 죽이려다 두 살 아래인 애들만 죽인 것이 아니었습니다. 죽기 닷새 전에는 자신의 장자인 안티파테르도 죽였습니다. 죽기 3년 전에는 아리스토불루스와 알렉산더라는 두 아들을 고소하여 죽게 하였습니다. 아내의 할아버지도, 아내의 남동생도 죽였습니다. 자신의 자리를 위협할 것 같은 사람은 누구라도 죽였습니다. 자신을 낮추기는커녕 자기 자리를 유지하기 위해 친족과 자식들까지 죽인 것입니다.

반면, 겸손하신 예수님은 자신을 낮추셨을 뿐 아니라 우리가 하나님의 자녀가 될 수 있도록 십자가에 달려 죽으시기까지 하셨습니다. 우리를 높이시려고 더 많이 낮아지셨습니다. 자신을 낮춘다는 것, 겸손하다는 것은 다른 사람을 높이기 위해 자신이 더 낮아진다는 것을 내포합니다. 21장 5절을 보면, 예수님이 나귀를 타신 것과 관련하여, "시온 딸에게 이르기를 네 왕이 네게 임하나니 그는 겸손하여 나귀, 곧 멍에 메는 짐승의 새끼를 탔도다 하라 하였느니라" 하였습니다. 그런데 여기서 '겸손' 이라는 단어는 '온유' 라는 단어를 번역한 것입니다. 예수님은 부드러우셔서 나귀를 타셨습니다. 부드럽지 않으셨으면 무엇을 타셨을까요? 말을 타셨겠죠. 무장을 하고 군대의 장군으로서 말을 타셨을 것입니다. 그리고 전쟁을 치르셨겠죠. 그러나 예수님은 사람들에게 부드럽게 다가가시기 위해 말이 아니라 나귀를, 그것도 새끼를 타셨습니다. 그런데 나귀를 타고 예루살렘에 입성하신 예수님이 성전에 들어가셔서 처음 하신 일이 "성전 안에서 매매하는 모든 사람들을 내쫓으시며 돈 바꾸는 사람들의 상과 비둘기 파는 사람들의 의자를 둘러 엎으"신 것이었습니다(21:12). 온유하신 모습은 아니지요. 그럼 겸손하신 모습인가요?

어린아이의 중요한 특징 가운데 하나가 진실하다는 것이고 또 다른 하나는 의존적이라는 것입니다. '애들은 거짓말 안 한다.' 하는 말이 있습니다. 애들은 이것저것 계산하지 않고 곧이곧대로 이해하고 말합니다. 그래서 애랍니다. 척과 체를 하지 않습니다. 자신이 어떻게 보이는지 신경 쓰지 않습니다. 애들은 콧물을 들이마시기도 하지만 입으로 먹기도 하고 심지어 코딱지도 먹습니다. '먹지 마!' 해도 웃으면서 얼른 먹습니다. 감정에 충실하고 정직합니다. 잘 울고 잘 웃습니다. 화도 잘 냅니다. 어른들은 화가 나도 잘 참습니다. 웃음도 곧잘 참습니다. 울음도 참아냅니다. 그러나 애들은 솔직합니다. 금방 울었다 금방 웃고, 방금 전에 싸워놓고도 금세 헤헤거리며 잘 놉니다.

이런 애들은 어른들에게 의존합니다. 먹는 것, 입는 것, 자는 장소, 학교 가는 것, 방과 후 활동을 할 것인가의 여부 등등 모든 것을 여쭈어 행하고 시키는 대로 합니다. 시키는 대로 잘 하지 않으면 이미 어린애가 아닙니다. 머리가 커졌고 자아가 생긴 것입니다.

천국에서 어린아이로, 작은 자로, 겸손한 이로 지내는 이들은 하나님 의존적입니다. 하나님 말씀대로 삽니다. 모든 것을 하나님 뜻대로 합니다. 이제 예수님의 성전 청결이 그분의 겸손과 연결될 수 있겠습니다. 겸손은 '가난' 과 통합니다. 그래서 히브리어 '아니' 는 '가난한 자, 환란을 당한 자' 라는 의미와 함께 '겸손한 자' 라는 의미를 갖습니다. 시편에서 '가난한 자' 는 '겸손한 자' 와 동일시됩니다. 가난한 자는 하나님을 피난처 삼습니다. 겸손한 자는 자기 뜻을 주장하거나 관철하지 않습니다. 하나님 말씀에 순종합니다. 만민이 기도하는 집이 강도의 소굴로 변했으니, 예수님이 행동하는 개혁자가 되셨습니다. 눈치 보지 않고 행동하십니다. 그 행동이 얼마나 위험한 행동인지 아시지만, 하나님 말씀처럼 만민이 기도하는 집이 되도록 힘쓰십니다.

주님은 제자들로 구성된 공동체에 큰 권한을 주셨습니다. 18장 18절입니다. "진실로 너희에게 이르노니 무엇이든지 너희가 땅에서 매면 하늘에서도 매일 것이요 무엇이든지 땅에서 풀면 하늘에서도 풀리리라" 아멘. 매고 푸는 대상은 사람이 아니고 문제입니다. '중성' 을 사용했기 때문입니다. 교회의 결정을 존중하시겠다는 주님의 선포입니다. '묶는다' 는 '당위' 를, '푼다' 는 '자유' 를 지칭합니다. 해야 할 것과 하지 않아도 될 것을 교회가 결정할 수 있다는 말씀입니다.

여기서 '교회' 라 부를 수 있는 공동체 구성원의 성격을 명확히 할 필요가 있습니다.

앞서 설명한 것처럼, 천국에 들어갈 수 있는 사람의 자격요건에 '겸손'이 있습니다. 이 '겸손'은 시편에서 '가난한 자, 환난 당한 자, 겸손한 자'를 의미하는 히브리어 '아니' 라는 단어와 연결됩니다. 이 땅의 기준으로는 '아닌' 사람이죠. 천국의 기준으로는 '예'인 사람입니다. 이 사람의 중요한 특징이 '하나님만 의지하는 것'입니다. 하나님만 의지하고, 하나님 말씀을 기준 삼기에, 아닌 것은 아니라고 말하는 사람입니다. 진실하고 정직하게 사람을 대하고 현상을 맞닥뜨리고 문제를 처리합니다.

이 가난하고 겸손한 사람을 예수님은 '작다'고 표현하셨습니다. '작다'는 표현은 '겸손'을 반영합니다. 이 '작은 자들'이 세상 사람들 보기에는 우습게 보일 수 있지만, 하나님 앞에서는 그렇지 않습니다. 10절입니다. "삼가 이 작은 자 중의 하나도 업신여기지 말라 너희에게 말하노니 그들의 천사들이 하늘에서 하늘에 계신 내 아버지의 얼굴을 항상 뵈옵느니라" 아멘. 여기서 천사는 작은 자 개개인의 '수호천사' 개념은 아닌 것 같습니다. '그들 각각의 천사'가 아니라, '그들의 천사들'이라고 하셨기 때문입니다. 이들은 업신여길 만해 보이는 이들입니다. 그러나 이들을 업신여기면 안 됩니다. 이유는 '그들의 천사들', '그들에게 속한 천사들', 히브리서 1장 14절의 "모든 천사들은 섬기는 영으로서 구원 받을 상속자들을 섬기라고 보내심이 아니냐" 하신 말씀을 고려하면, '그들을 위해 섬기는 천사들'이 하나님 앞에서 그들에 대해 늘 보고하고 있기 때문입니다. 누군가 그들을 보고 있고, 누군가 그들을 돕고 있습니다. 하나님께 보고가 올라갑니다. 하나님께서는 이들에게 관심을 가지고 계십니다. 그래서인지 이들이 기도하면 금방 응답이 옵니다.

이들에 관한 관심이 '잃은 양의 비유'로 설명됩니다. 12-14절입니다. "너희 생각에는 어떠하냐 만일 어떤 사람이 양 백 마리가 있는데 그 중의 하나가 길을 잃었으면 그 아흔아홉 마리를 산에 두고 가서 길 잃은 양을 찾지 않겠느냐 진실로 너희에게 이르노니 만일 찾으면 길을 잃지 아니한 아흔아홉 마리보다 이것을 더 기뻐하리라 이와 같이 이 작은 자 중의 하나라도 잃는 것은 하늘에 계신 너희 아버지의 뜻이 아니니라" 아멘. 길을 잃었다는 말은 15절을 통해서 볼 때, '죄'와 연관됩니다. 양과 목자와의 관계가 어그러졌음을 '잃었다'는 단어로 표현합니다. 작은 자가 길을 잃듯 죄에 빠질 수 있습니다. 이때에라도 하나님께서는 그가 돌이키기를 바라십니다. 이 말은 이 양이 가장 중요한 양이라는 의미는 아닙니다.

신약위경 『도마복음』 107절입니다. Jesus said, "The (Father's) kingdom is like a shepherd who had a hundred sheep. One of them, the largest, went astray. He left the ninety-nine and looked for the one until he found it. After he had toiled, he said to the sheep, 'I love you more than the ninety-nine.'" 『도마복음』에서는 이 양이 가장 큰 양이고 가장 사랑받는 양이라고 상정하고 얘기를 풀어갑니다. '왜 목자가 아흔아홉 마리를 놔두고 찾으러 갔겠느냐? 가장 사랑하니까 그리한 것 아니냐?' 이런 식의 논리입니다. 다들 자기 같은 줄 알고 성경을 해석할 때가 많습니다. 그러나 진실하게 읽으면 그게 아니라는 걸 알 수 있습니다. "이와 같이 이 작은 자 중의 하나라도 잃는 것은 하늘에 계신 너희 아버지의 뜻이 아니"다는 것(18:14)을 말씀하신 것입니다. 이는 '작은 자'의 중요성을 '잃은 양의 비유'로 소개한 것입니다.

작은 자는 천사의 섬김을 받습니다. 그가 죄에 빠져 있을 때라도 하나님께서는 그가 돌아오기를 원하시고 돌아오면 기뻐하십니다. 그런데 '죄에 빠진 작은 자', 비유 안의 표현대로라면, '길을 잃은 양 한 마리'에 대해 어떻게 대할 것인가를 말씀하시는 부분이 15-17절입니다. 하나님의 마음이야 그가 돌아오기를 바라시지만, 직접 문제를 처리해야 하는 교회는 어찌 대할 것인가의 문제입니다. 15-17절입니다. "네 형제가 죄를 범하거든 가서 너와 그 사람과만 상대하여 권고하라 만일 들으면 네가 네 형제를 얻은 것이요 만일 듣지 않거든 한두 사람을 데리고 가서 두세 증인의 입으로 말마다 확증하게 하라 만일 그들의 말도 듣지 않거든 교회에 말하고 교회의 말도 듣지 않거든 이방인과 세리와 같이 여기라" 아멘. 형제가 죄에 빠진 것을 알았을 경우, 개인적으로 권면하고, 개인적인 권면도 듣지 않으면, 두세 명이 함께 권하고, 그래도 듣지 않으면 교회가 공동체적으로 그 문제를 다루되, 교회의 결정도 무시하면 형제가 아닌 것으로 여기라 하십니다.

우리는 여기서 죄에 빠졌다 하더라도 '작은 자'를 존중하라는 말씀을 듣습니다. 작은 자는 그만큼 중요합니다. 어긋났다 하더라도 함부로 대하면 안 됩니다. 그러나 내버려 두어서도 안 됩니다. 그는 빠지지 말아야 할 곳에 빠졌기 때문입니다. 그리고 중요한 것은 처벌 부분입니다. '이방인과 세리와 같이'라는 내용을 어떻게 적용할 수 있을까요? 일반적으로 교회 권징으로는 '권계, 견책, 정직, 면직, 수찬 정지, 제명, 출교'가 있습니다. 교회 헌법에서는 "교회 회원이나 직원이 당연히 벌을 받을 만한 범과가 있으면 본 치리회는 자비한 마음으로 그 일을 판단하고 온유 겸손한 뜻으로 그 사람을 경계하도록 하되 또 자성하여 자기도 유혹됨이 없도록 주의하여야 한다." 하였습니다. 교회는 벌을 주는 것과 벌에서 놓이는 것에 대해 자세히 규정하면서 근거 구절로 18장 15-18절을 제시합니다. '이방인과 세리와 같이'의 가장 엄격한 형태로 '출교'가 제시됩니다.

자 이제 18절을 이해할 수 있습니다. "진실로 너희에게 이르노니 무엇이든지 너희가 땅에서 매면 하늘에서도 매일 것이요 무엇이든지 땅에서 풀면 하늘에서도 풀리리라" 아멘. 여기서 '너희'는 교회입니다. 제자 공동체, 작은 자 공동체, 하나님만 의지하는 신자 공동체입니다. 이들은 귀한 자들입니다. 천사들의 섬김을 받고, 하나님께서 귀하게 보시며, 죄를 짓더라도 돌이킬 기회를 여러 단계에 걸쳐 받는 이들입니다. 그런데 이들에 대한 교회의 판단을 하나님께서 존중하십니다. 19절에서는 이 교회 구성원의 최소 숫자가 '둘'이라고 말씀하십니다. 19절입니다. "진실로 다시 너희에게 이르노니 너희 중의 두 사람이 땅에서 합심하여 무엇이든지 구하면 하늘에 계신 내 아버지께서 그들을 위하여 이루게 하시리라" 아멘. 묶고 푸는 문제의 결정에 대해 하나님께서는 숫자와 관계없이 존중하신다는 말씀입니다. '두 사람'이면 족하다는 말씀입니다.

마지막 20절은 임마누엘의 약속이 '교회'에 있음을 말씀하십니다. "두세 사람이 내 이름으로 모인 곳에는 나도 그들 중에 있느니라" 아멘. 여기서 '내 이름으로'는 '내게 속한 이름을 목적으로'라고 표현할 수 있습니다. 단순히 '내 이름' 하시지 않고, '내게 속한 이름'이라 하셨습니다. 수단을 표현하는 '~으로'가 아니라, 목적이나 목표를 의미하는 전치사를 사용하셨습니다. 그러니 예수님께 속한 이름을 이유로, 예수님이 원하시는 것을 위하여 모인 두세 사람이라고 하신 것입니다.

'작은 자'라고 부를 수 있는 사람의 자격도 중요하지만, '교회'라고 부를 수 있는 공동체의 자격도 중요합니다. '작은 자'는 말 그대로 하나님만 의지하는 '겸손한 자'입니다. 교회는 예수님이 원하시는 것을 위해 모인 공동체입니다. 예수님이 원하시는 것을 위해 모인 공동체와 주님은 함께 계십니다. 그러한 교회의 결정이 하나님 아버지에 의해 존중받습니다. 말을 뒤집으면, 죄를 짓는다고 해서 모두 다 '잃은 양'이 아닙니다. 겸비한 신자가 방황하는 것을 두고 '잃은 양'이라고 칭할 수 있습니다. 사람들이 모여 결정했다고 해서 그게 모두 다 하나님의 인정을 받는, '하늘에서도 매이고 하늘에서도 풀리는' 결정이 아닙니다. 반드시 예수님의 이름을 목적으로 모인 공동체의 결정이어야 합니다. 인간적인 이유, 돈과 명예와 같은 세상적인 것을 목적 삼아 모인 공동체의 결정을 교회의 결정이라고 부를 수는 없습니다.

교회는 당회, 제직회, 공동의회와 같은 공식 의결기관을 통해 다양한 결정을 합니다. 이때 구성원들은 자신들의 목적이 어디에 있는지 따져봐야 합니다. 우리는 예수님의 이름으로 모였는가? 예수님을 위해 모였는가? 우리는 무엇을 기준 삼아 결정하는가? 생각해야 합니다. 우리가 주님의 말씀에 기초하여 바른 결정을 할 때 하늘에서도 결정되는 축복이 있습니다.

또한 구성원 한 사람, 한 사람이 죄로부터 떠나있어야 합니다. 작은 자들의 모임이 교회인 것입니다. 언제부터인가 많은 게 좋다는 식으로, 사람 수를 중요하게 여기기 시작했습니다. 믿음보다 세상적인 부와 권세를 가진 사람이 교회에서 중시되기 시작했습니다. 그러면서 '작은 자' 개념도 무너지고, '거룩한 교회'의 자격조건도 완화되었습니다. 교회 간판만 내걸면 교회인 것처럼 여기게 되었습니다. 얼마 전 자율 방범대 분들이 밤 열 시쯤 교회 주차장에서 사진을 찍으시기에, '무슨 일이시냐'고 여쭈었습니다. 대장이라는 분이 '이렇게 캄캄하니 교회 같지 않다'고 하셨습니다. 교회는 밤에 환해야 교회입니까? '교회답다' 하는 조건으로 사람들은 여러 가지를 내세웁니다. 그러나 교회다움을 표현하는 것이 20절의 '내 이름으로'입니다. '신자답다' 하는 것도 마찬가지입니다. 겸손하게 하나님만을 의지하며 사는 자가 '신자'입니다. 죄를 멀리하고 죄를 지은 자에 대해 경계하는 자가 '신자'입니다.

모일 때마다 우리는 우리가 왜 모였는지 생각해야 합니다. 우리는 사회 복지를 위해 모이지 않았습니다. 예수님이 원하시는 것을 위해 모였습니다. 예수님이 원하시지 않는 것을 한다면 교회 되지 못합니다. 우리는 우리 자신이 길을 잃은 양은 아닌지 생각해 봐야 맞습니다. 죄와 상관없는지 따져봐야 합니다. 다른 모든 것이 갖춰졌다 하더라도 죄를 지었으면 교회 구성원이 될 수 없습니다. 이 조건은 목사이든, 주일학교 어린

아이든 차별이 없습니다. 오히려 목사와 같이 중요한 직임을 받았다면 더욱 기준이 높습니다.

이제 예수님의 다섯 번째 가르침인 '종말 강화'(24-25장)를 조금 살펴 보겠습니다. 종말 강화를 이해하려면 '두 그림의 중첩'을 이해할 필요가 있습니다. 성경은 '최후의 심판과 관련된 두 번째 그림'을 가까이에 있을 미래와 더 멀리 있을 미래를 중첩하여 하나의 그림으로 그려낼 때가 많습니다. 구약성경에서 '여호와의 날'이라 불리는 날은 예수님의 초림과 재림을 중첩하여 그려냅니다. 예수님이 오셔서 이루실 구원의 시작부터 끝까지를 하나로 다룹니다. 그러다 보니 '구원'과 '심판'이 동시에 소개됩니다. 이러한 방식은 신약성경에서도 사용됩니다. 특별히 주후 66년부터 70년 사이에 예루살렘에서 있었던 사건과 예수님 재림 시에 있을 사건을 중첩하여 최후의 심판을 표현합니다.

예수님의 종말 강화에서 이러한 '두 그림의 중첩'을 발견할 수 있습니다. 주후 67-68년에 열심당원들이 성전을 장악한 다음, 내부 갈등으로 성전 안뜰을 장악한 그룹과 바깥뜰을 장악한 그룹 사이에 전투가 벌어집니다. 이제 그들에게 성전은 성전이 아닙니다. 자신들의 욕심을 채우기 위한 수단일 뿐입니다. 성전이 인간 욕심의 수단이 되어버릴 것이라는 것을 예수님은 "멸망의 가증한 것"(24:15)으로 표현하셨습니다. 이 표현은 다니엘서의 표현이라고 가르쳐주십니다.

이 표현은 다니엘서에서 주전 167(혹은 168)년 기슬레브(11월에서 12월) 월에 셀류쿠스 왕조의 안티오쿠스 에피파네스 4세가 제우스를 위한 제단을 예루살렘 성전에 세우고 돼지로 제사를 지내고 여호와 하나님께 제사를 지내지 못하게 한 사건과 관련된 예언과 관련하여 사용됩니다. 연관된 다니엘서의 구절입니다. 8장 13절 "내가 들은즉 한 거룩한 이가 말하더니 다른 거룩한 이가 그 말하는 이에게 묻되 환상에 나타난 바 매일 드리는 제사와 망하게 하는 죄악에 대한 일과 성소와 백성이 내준 바 되며 짓밟힐 일이 어느 때까지 이를꼬 하매" 아멘. 9장 27절 "그가 장차 많은 사람들과 더불어 한 이레 동안의 언약을 굳게 맺고 그가 그 이레의 절반에 제사와 예물을 금지할 것이며 또 포악하여 가증한 것이 날개를 의지하여 설 것이며 또 이미 정한 종말까지 진노가 황폐하게 하는 자에게 쏟아지리라 하였느니라 하니라" 아멘. 11장 31절 "군대는 그의 편에 서서 성소 곧 견고한 곳을 더럽히며 매일 드리는 제사를 폐하며 멸망하게 하는 가증한 것을 세울 것이며" 아멘. 12장 11절 "매일 드리는 제사를 폐하며 멸망하게 할 가증한 것을 세울 때부터 천이백구십 일을 지낼 것이요" 아멘. 네 구절 모두 '비천한 사람'이라 표현되는 안티오쿠스 에피파네스 4세가 예루살렘 성전을 더럽히는 것에 대한 예언입니다. 삼 년이 지난 주전 164(혹은 165)년 기슬레브월 25일에 성전제사가 재개되는데, 이와 관련된 것이 요한복음 10장 22절의 '수전절'입니다.

포로 귀환이 이뤄지던 다니엘 당시, 하나님께서는 다시 세워질 성전이 더럽혀지고 회복될 것에 관한 내용을 알려주셨습니다. 약 사백 년 뒤에 일어날 일이지만 중요한 일이기에 다른 어느 것보다도 더욱 자세하고도 반복적으로 알려주셨습니다. 이 일로 인해 생겨난 왕조가 하스모니안 왕조입니다. 하스모니안 왕조의 끝자락에 헤롯 집안이 있습니다. 하스모니안 왕조도 결국 타락했고 성전을 자신들의 욕심을 채우는 용도로 사용하기 시작했습니다. 그 결과 성전은 파괴됩니다. 성전 파괴는 로마군에 의해서라기보다는 유대인들에 의해서라는 것이 요세푸스의 증언입니다. 예수님은 성전 파괴 직전에 있을 사건을, 역사적으로 직전에 있었던, 그러면서도 가장 유사했던 '멸망의 가증한 것이 거룩한 곳에 섰던' 과거 사건으로 묘사하십니다. 한 걸음 더 나아가면 이 사건은 예레미야 선지자 당시에 있었습니다. 솔로몬 성전이 우상 숭배를 위한 장소로 사용되었을 때입니다.

예레미야와 에스겔 선지자는 성전이 인간 욕심을 채우는 장소가 되었을 때, 그것의 멸망과 함께 새로운 성전의 환상을 보았습니다. 다니엘 선지자는 성전이 재건되려 할 때 이 성전이 인간 욕심을 채우는 장소가 되었다가 회복될 것을 예언했습니다. 이제 예수님은 다시 한 번 성전이 인간 욕심을 위한 수단으로 전락하게 될 것을 예언하시며, 이 사건이 세상 마지막의 모습과 연관된다고 하십니다. 다시 말해, 하나님의 성전이 인간 욕심을 위한 수단으로 사용될 때 종말은 옵니다. 지금은 교회가 성전입니다. 그러니 교회가 인간 욕심을 위한 수단으로 사용될 때 종말은 옵니다. 종말이 가까이 왔다고 여겨지지 않으십니까? 저는 요즘 교회의 예배당이 인간 욕심을 위한 수단으로 사용되는 현장을 자주 봅니다.

예수님은 가까이에 있을 사건과 세상 마지막에 있을 '인자의 다시 오심' (24:27)을 연결 지으십니다. 이유는 성전 파괴가 종말 시작의 중요한 기점이기 때문입니다. 스룹바벨이 재건하고 헤롯이 증축한 성전이 무너지고, 성전 되신 예수 그리스도와 그분의 교회만이 성전으로 남게 되는 시점이기 때문입니다. 예수님은 '성전이 에피파네스 당시처럼 사람들에 의해 더러워지면, 유대에 있는 자들은 산으로 도망하라.' 말씀하셨습니다(24:16). 안전을 위해 성을 버려야 한다고 말씀하신 것입니다. 롯이 살기 위해서 소돔과 고모라를 떠나 산으로 도망해야 했듯이, 유대에 있는 자들도 산으로 도망가라 하셨습니다. 롯을 생각하면, 이 산은 요단강 동쪽에 있는 산을 가리킬 것 같습니다. 실제로 로마군은 요단강 서쪽 지역을 모두 점령했습니다. 마지막 장소가 마사다였습니다. 요단 서쪽에 있는 요새입니다.

24장 17-18절은 급히 도망가라는 말씀입니다. 지붕에 있는 자는 집 안에 있는 물건을 챙기지도 말고 도망가라 하였고, 밭에 있는 자는 겉옷을 챙기지도 말고 도망가라 하였습니다. 요세푸스의 글을 보면 내분이 심하여 상황이 매우 급박했음을 잘 소개합니다. 성안에서는 동족인 열심당원들에 의해 죽어가고, 성 밖에서는 로마군에 의해 죽어갔습니다. 그러니 도망가는 길 외에는 살길이 없었습니다. 재빨리 도망가야 하는 상황에 도망가기 어려운 형편에 처해있다면 불행한 것입니다. 19절은 그 점을 말씀하신 것입니다. 임신 중이거나 젖먹이 어린이를 돌보고 있다면 도망가기가 어렵다는 말씀입니다. 도망가지 않아도 먹을 것이 부족하게 되니 산모는 더욱 힘이 듭니다. 내분으로 인해 곡식 창고에 불을 지르는 어리석은 일이 발생한 것입니다.

이러한 환란의 때를 위해서도 기도하라고 주님은 말씀하십니다. 기도는 늘 필요합니다. '시기에 대해 기도하라.' 하셨습니다. '피신이 쉽도록 기도하라.' 하셨습니다. 또한 하나님께서는 택하신 자들을 위해 환난의 날을 감하신다고 하십니다. 택하신 자들이라 해도 재난 가운데 있을 수 있습니다. 그러므로 우리의 기도에는 '어려움을 잘 피하는 것' 과 '어려움이 줄어드는 것' 이 포함됩니다. 재난이 닥칠 때 '잘 피할 수 있도록', 또한 '어려움이 줄어들도록' 기도합시다.

23절은 예루살렘 멸망 당시의 상황입니다. 서로 자기가 하나님이 보내신 지도자라고 주장하는 이들의 소리가 있습니다. 24절은 예루살렘 멸망 당시와 유사한 종말의 때를 그립니다. 비슷합니다. 거짓 그리스도들과 거짓 선지자들이 일어나 사람들로 하여금 예수님이 아니라 자신들을 따르게 합니다. 26절은 거짓 그리스도들과 거짓 선지자들의 주장을 소개합니다. 그들은 '그리스도가 광야에 있다.' 하거나 '골방에 있다.' 말합니다. 광야와 골방은 외진 곳입니다. 광야는 바깥 외진 곳이고, 골방은 안으로 외진 곳입니다. 특별한 장소에 가야 그리스도를 만난다는 주장입니다. 그러나 예수님은 두세 사람이 그 이름을 목적으로 모여 부르기만 해도 만나주시는 그리스도이십니다. 그러니 외진 곳으로 갈 필요 없습니다.

27절은 주님의 임하심의 성격을 '번개'로 표현합니다. 외지고 후미진 곳으로 가야 주님을 만나는 것이 아닙니다. 어디서나 만날 수 있습니다. 마지막 날 주님의 재림도 마찬가지입니다. 모두가 알 수 있게 볼 수 있게 임하십니다. 복음은 드러났고 예수님은 숨어 계시지 않습니다. 보좌 우편에 계시나 믿음으로 올라가 뵐 수 있습니다. 보좌 우편에 계시지만 사도 바울을 만나주신 것처럼 지금도 만나주시고 영접하면 함께 하십니다.

28절입니다. "주검이 있는 곳에는 독수리들이 모일 것이니라" 아멘. 병행 구절인 누가복음 17장 37절이 궁금해서 논문을 쓴 제자가 있습니다. 이 구절이 나오는 욥기 39장 30절 문맥에서 해석하도록 지도했습니다. 욥기 39장 26-30절을 봅니다. "매가 떠올라서 날개를 펼쳐 남쪽으로 향하는 것이 어찌 네 지혜로 말미암음이냐 독수리가 공중에 떠서 높은 곳에 보금자리를 만드는 것이 어찌 네 명령을 따름이냐 그것이 낭떠러지에 집을 지으며 뾰족한 바위 끝이나 험준한 데 살며 거기서 먹이를 살피나니 그 눈이 멀리 봄이며 그 새끼들도 피를 빠나니 시체가 있는 곳에는 독수리가 있느니라" 아멘. '시체가 있는 곳에는 독수리가 있느니라'가 '주검이 있는 곳에는 독수리들이 모일 것이니라'로 표현되었습니다.

욥기 문맥에서 이 표현은 무엇을 의미합니까? 욥기 38장부터 41장은 여호와 하나님께서 욥에게 하신 말씀입니다. 하나님께서는 욥에게 그가 인생임을 환기(喚起)하십니다. 시체가 있는 곳에 독수리가 모이는 것, 이것을 인생이 주장하지 않습니다. 그것은 독수리의 일입니다. 동시에 하나님께서 정하신 일입니다. 무슨 말입니까? 종말의 때는 하나님께서 정하신 때입니다. 주검이 있는 곳에 독수리가 모이듯, 예루살렘에 독수리로 상징되는 로마가 모입니다. 하나님이 정하신 것입니다. 이 시기에 네로를 마지막으로 율리우스 집안이 망합니다. 기독교를 박해했던 황제 집안이 망합니다. 하나님이 정하신 것입니다. 이 시기에 예수님을 영접하지 않았던 유대인들이 망합니다. 역시 하나님께서 정하신 것입니다. 화로다 고라신아, 벳새다야, 가버나움아 하셨던 예수님의 말씀이 성취됩니다. 하나님께서 정하신 대로입니다. 성전에서 하나님을 예배하기보다 성전에서 나오는 수입으로 배불리려 했던 모든 사람들이 죽고 망합니다. 하나님께서 정하신 것입니다.

주님의 임하심과 세상 끝은 하나님께서 정하신 대로 임합니다. 그래서 시간마저도 아버지만 아십니다. 24장 36절입니다. "그러나 그 날과 그 때는 아무도 모르나니 하늘의 천사들도, 아들도 모르고 오직 아버지만 아시느니라" 아멘. '주검이 있는 곳에는 독수리들이 모일 것이니라' 하는 말은 '하나님께서 정하신 대로 일이 진행됩니다.' 하는 것을 뜻합니다. 세상 끝과 예수님의 재림은 하나님께서 정하신 대로 진행됩니다. 그럼, 우리에게는 무엇이 중요할까요? '피신' 과 '기도' 와 '깨어있는 것' 입니다. 정신을 차리고 예수님만 모셔야 합니다. 그때그때 필요한 대로 기도해야 합니다. 포기하지 않고 모두가 죽기 일보 직전이라 해도 한 명이라도 더 구원되도록 기도해야 맞습니다. 마치 세월호 사건과 같습니다. 영혼 구원을 위해 기도합시다. 또한 성곽 안에서 안정을 찾으려 말고 주님이 옮기실 때면 속히 이동해야 합니다. 쌍둥이 빌딩이 무너집니다. 곧 무너집니다. 주님이 나가라 하시면 빨리 나가야 합니다. 모든 것을 놔두고 나가야 합니다.

깨어있어 민첩하게 행동하고 기도하는 것, 그것이 우리의 할 일입니다. 나머지는 주님께서 하실 것입니다. 그런 이들은 이 땅 위에서 어떤 형편에 처하든지 구원받습니다. 24장 29-31절입니다. "그 날 환난 후에 즉시 해가 어두워지며 달이 빛을 내지 아니하며 별들이 하늘에서 떨어지며 하늘의 권능들이 흔들리리라 그 때에 인자의 징조가 하늘에서 보이겠고 그 때에 땅의 모든 족속들이 통곡하며 그들이 인자가 구름을 타고 능력과 큰 영광으로 오는 것을 보리라 그가 큰 나팔소리와 함께 천사들을 보내리니 그들이 그의 택하신 자들을 하늘 이 끝에서 저 끝까지 사방에서 모으리라" 아멘. '하늘 이 끝에서 저 끝까지 사방에서' 모입니다.

하나님께서는 늘 가까운 미래와 먼 미래를 동시에 보게 도와주십니다. 예수님도 예루살렘 멸망과 세상 끝을 함께 보도록 도와주십니다. 멸망은 하나님의 성전을 인간의 욕심을 채우는 수단으로 사용할 때 옵니다. 그러나 그럴 때라도 구원이 하나님에게서 옵니다. 깨어있어 민첩하게 행동하고 기도하는 이들에게 임합니다.

마음이 복잡하면 눈을 감으십시오. 눈을 감았는데 잡생각이 많으면 성경을 읽으세요. 주님을 바라볼 수 있으면 성도들을 위해 기도하십시오. 피할 수 있도록, 어려움을 감해주시도록, 어떤 어려움이 와도 미혹되지 않고 예수님만 의지하도록 기도하세요. 지금은 교회에 '멸망의 가증한 것' 이 세워지는 시대입니다. 교회가 인간의 욕심을 채우는 수단이 되지 않도록 기도합시다. 교회가 사람들이 도망쳐 올 수 있는 '산들' 이 되도록 기도합시다. 누구라도 와서 예배드리고 마음이 회복되어 민첩해지고 깨어 기도하는 데 도움이 되는 곳이 되도록 기도합시다. 인간의 욕심을 채우는데 하나님께 속한 것들을 사용하는 어리석음을 벗도록, 교회가 인생의 유한한 것을 가지고도 영원하신 하나님을 영화롭게 할 수 있는 믿음을 견고히 세우는 곳이 되도록 기도합시다.

이제 마가복음으로 넘어갑니다. 비슷한 부분이 많아서 마태복음에서 다루지 않은 내용에 집중해 보겠습니다. 먼저 6장입니다.

예수님이 고향으로 오셨습니다. 예수님을 어렸을 때부터 알고 지냈던 사람들로 가득한 곳입니다. 그들은 예수님의 형제들 이름도 외웁니다. 네 명을 언급합니다. '야고보, 요셉, 유다, 시몬' 입니다. 예수님의 여자 형제들과 결혼한 사람들도 있습니다. 그럼, 예수님과 매형, 처남 관계입니다. 가까운 친척들입니다. 그들은 예수님이 받은 지혜와 권능에 대해 알아차렸습니다. 2절입니다. "안식일이 되어 회당에서 가르치시니 많은 사람이 듣고 놀라 이르되 이 사람이 어디서 이런 것을 얻었느냐 이 사람이 받은 지혜와 그 손으로 이루어지는 이런 권능이 어찌됨이냐" 아멘.

그러나 그들이 볼 때 예수님은 여전히 목수였습니다. 기술자였습니다. 가까운 친척일 뿐이었습니다. 결국, 그들이 알고 있는 바가, 예수님을 잘 알고 있다는 그들의 생각이 그들로 넘어지게 했습니다. 믿지 않습니다. 그러므로 예수님을 잘 안다는 사람들 안에서 예수님은 "아무 권능도 행하실 수 없어 다만 소수의 병자에게 안수하여 고치실 뿐" 이었습니다. 5-6절입니다. "거기서는 아무 권능도 행하실 수 없어 다만 소수의 병자에게 안수하여 고치실 뿐이었고 그들이 믿지 않음을 이상히 여기셨더라" 아멘.

예수님은 고향 사람들의 반응에 놀라셨습니다. 그러면서도 이러한 현상은 보편적인 거라고 지적하셨습니다. 선지자들을 잘 알던 이들은 선지자들을 존중하지 않는다는 내용입니다. 4절입니다. "예수께서 그들에게 이르시되 선지자가 자기 고향과 자기 친척과 자기 집 외에서는 존경을 받지 못함이 없느니라 하시며" 아멘. 교회가 사회에 깊게 자리 잡은 나라일수록 코로나가 발생하자 교회 문을 쉽게 닫았습니다. 교회가 익숙한 거죠. 교회에 대해 모두가 알 만큼 안다고 생각하는 겁니다. 그런데 정말 교회를 압니까? 성경을 압니까? 예수님을 압니까? 하나님을 압니까?

예수님의 고향 사람들은 예수님을 안다고 생각했습니다. 그들에게 예수님은 어떤 지혜와 권능이 주어져도 '목수' 였습니다. 기술자입니다. 기능공입니다. 사회적 신분이 낮습니다. 이에 대한 예수님의 반응은 '자유' 입니다. 굳이 믿지 않는데, 믿음을 강요하시지 않습니다. 당황스럽긴 하지만, 그렇다고 믿음을 강요할 수는 없는 일이지요. 믿을 수 있는 여건을 충분히 형성해 주셨습니다. 야이로의 딸은 살아났고 혈루증으로 12년이나 고생하던 여인은 예수님의 옷 가를 만진 것만으로도 나았습니다. 귀신들이 떠나갔습니다. 하실 만큼 하셨습니다. 이제는 그들의 몫입니다. 안 믿으면 어쩔 수 없습니다. 불신으로 인해 받을 결과의 책임은 그들에게 있습니다.

'자유' 와 함께 예수님이 취하신 태도는 'my way' 입니다. 가셔야 할 길을 계속 가시는 것입니다. 6절 하반절을 보면 "이에 모든 촌에 두루 다니시며 가르치시더라" 했습니다. 예수님은 믿음을 강요하지 않으시지만, 그렇다고 가만히 주저앉아 계시지도 않습니다. 천국 복음을 전하십니다. 그리고 열두 제자도 보내십니다. 둘씩 보내십니다. 더러운 영들에 대한 권세를 주십니다. 오직 주님이 주신 권세만 사용하라고 명하십니다. 다른 것들, 일반적으로 생각되는 준비물은 준비하지 말라고 하십니다. 그런 건 별로 중요하지 않기 때문에 그렇습니다. 더불어, 받아들이는 이들에게 전하라고 지시하십니다.

고향 사람들만 예수님을 무시한 것이 아닙니다. 갈릴리에서 가장 힘이 센 정치인인 헤롯도 무시합니다. 6장 14절부터 29절까지에는 헤롯이 하나님의 종 세례 요한을 어떻게 대했는지 자세하게 소개합니다. 한 마디로 가축 대하듯 한 것입니다. 아니, 딸이 춤춘 다음, 살아 있는 사람 머리를 잘라서 쟁반에 담아서 달란다고 그걸 줍니까? 한두 살 먹은 앱니까? '얘야, 내가 너를 잘못 키웠구나. 하나님의 선지자를 그렇게 대하는 게 아니란다. 하나님의 종은 하나님의 다루신단다. 내가 옥에 가둔 것만 해도 마음이 부담스러운데, 그를 죽이라고? 그것도 내 생일에, 춤춘 대가로 하나님 종의 머리를 자르라고? 내 머리를 자른다 해도 그런 일을 없을 것이다. 내가 기분이 너무 좋아 실언했구나. 여러분, 내가 애를 데리고 실언했습니다. 그리고 맹세로 인해 내가 벌을 받는다 해도, 선지자의 머리를 벨 수는 없습니다.' 이렇게 얘기했어야죠.

14절입니다. "이에 예수의 이름이 드러난지라 헤롯 왕이 듣고 이르되 이는 세례 요한이 죽은 자 가운데서 살아났도다 그러므로 이런 능력이 그 속에서 일어나느니라 하고" 아멘. 16절입니다. "헤롯은 듣고 이르되 내가 목 벤 요한 그가 살아났다 하더라" 아멘. 헤롯은 자기 입으로 자기가 요한의 목을 벴다고 말합니다. 그리고 예수님을 세례 요한으로 봤으니 그 또한 기회가 되면 목을 베려 하겠죠. 권력자들이 이렇습니다.

그러나 다른 그룹이 있습니다. 오병이어 잔치를 맛본 이들입니다. 본래 예수님은 돌아온 사도들을 한적한 곳에 데려가 쉬게 하실 계획이셨습니다. 그런데 사람들이 따라온 것입니다. 예수님은 긍휼한 마음으로 그들을 보셨습니다. 제자들이 먹거리를 구해 먹도록 해산시키자고 하는 데도, 친히 먹이셨습니다. 200데나리온의 떡이 필요하다는 제자들의 말에 가진 떡이 몇 개인지 물으시고, 떡 다섯 개와 물고기 두 마리가 있는 것을 아신 다음에, 잔치 대형으로 헤쳐 모이게 하셨습니다. 사람들은 교제 대형으로 100명씩, 50명씩 모였습니다. 이에 예수님은 보잘것없는 오병이어를 축복하셨습니다. 그리고 이어 쪼개어 제자들로 하여금 무리 별로 전달토록 하셨습니다. 제자들은 쿠팡 직원들처럼 당일배송으로 날랐습니다. 모두가 먹고 배불렀습니다. 남은 조각이 열두 바구니에 가득 담겼습니다. 장정만 오천 명이었습니다.

예수님을 모신 사람들이 누리는 축복입니다. 나사렛 사람들은 누리지 못한 복입니다. 헤롯도 누리지 못한 복입니다. 예수님을 따르는 사람들은 이런 복을 누립니다. 돈 주고 사 먹는 거야 누가 못합니까? 그러나 오병이어로 장정만 오천 명이 먹는 구경은 돈 주고도 못하는 구경입니다. 주님을 경외하는 자들만이 경험할 수 있는 체험입니다.

예수님의 구원이 널리 구석구석 적용됩니다. 성부께서는 겸손한 제자 공동체의 기도를 들으십니다. 성령께서는 기도하면 실력이 향상되도록 도우십니다. 지금도 마찬가지입니다. 하나님의 일꾼들이 하나님을 찾는 이들이 있는 구석구석으로 파송됩니다.

질의와 응답

하나. "마태복음은 예수님께 집중하도록 돕고 마가복음은 제자들에게 집중하도록 돕는다는 말이 무슨 뜻입니까?"

마태복음에는 예수님의 족보가 있고 다섯 강화가 있습니다. 마가복음에는 족보가 없고 강화가 길지 않습니다. 제자들의 '상태'에 관심을 기울입니다. 마가복음의 마지막 표현인 "아무에게 아무 말도 하지 못하더라"(16:8)을 통해 제자들의 연약함을 읽습니다. 어려움의 시기 가운데 있는 제자들에게 자신을 돌아보도록 돕습니다.

둘. "사복음서의 헬라어 문체가 어떻게 다른가요?"

마태복음을 특징 지워줄 단어로 '그때'를 의미하는 '토테'가 있습니다. 신약 전체 용례 160회 가운데 90회가 마태복음에 쓰입니다. '예수님의 다섯 강화'와 함께 마태복음의 특징을 잘 보여줍니다. '나열'의 느낌을 줍니다. 잘 차려진 밥상과 같습니다.

마태복음의 '토테'와 같이 마가복음을 특징 지워줄 단어는 '즉시'를 의미하는 '유쎄오스, 유쒸스'입니다. '유쎄오스'는 신약 전체 용례 36회 가운데 1회가 마가복음에, '유쒸스'는 전체 51회 가운데 41회가 마가복음에 나옵니다. '연속적인 장면 전환'의 느낌을 주어, 드라마를 보는 듯합니다. 그래서인지 한 사건의 분량이 깁니다. 바꿔 말하면, 다른 공관복음서와 비교할 때 빠지는 내용이 많습니다. 동사 시제 측면에서 볼 때, 마가복음에는 '미완료과거'가 많이 쓰였습니다. '과거 사건 진행'을 표현합니다. 신약 전체 용례 1,684회 가운데 293회 나옵니다. 마태복음에는 142회, 누가복음에는

363회, 요한복음에는 287회 나옵니다. 또한 '에로타오' 가 있습니다. 제자들은 예수님께 질문을 많이 합니다. 마가복음 25회, 마태복음 8회, 누가복음 17회, 요한복음 2회입니다. 이 외에 사도행전에 2회, 로마서 1회, 고린도전서 1회가 신약 용례의 전부입니다.

누가복음을 특징 지워주는 접속사로는 '상관을 표현하는 계합 접속사' '테' 가 있습니다. 신약 전체 용례 215회 가운데, 누가복음에 9회, 사도행전에 151회 쓰입니다. 다른 복음서 용례를 보면, 마태복음 3회, 마가복음 0회, 요한복음 3회입니다. '원인-결과' 의 구도를 가질 수 있습니다.

요한복음을 특징 지워주는 표현으로는 '이 일 뒤에' 라는 뜻을 가지는 '메타 타우타' 가 있습니다. 신약 전체에서 25회 나오는데, 요한복음에 7회 나옵니다. 마태복음과 마가복음에는 나오지 않고, 누가복음에는 3회 등장합니다. '타우타' 의 다른 변화형까지 고려하면, 신약성경에 31회, 요한복음에 11회('메타 투토' 4회 추가) 나옵니다. '진전' 을 표현합니다. 요한복음에 '신자의 새 출발' 이라는 제목을 붙일 수 있습니다. 요한복음의 특징으로 직설법 현재의 사용을 들 수 있습니다. 신약 전체 용례 5,533회 가운데 1,027회가 요한복음에 쓰입니다. 비교해보면, 마태복음에는 753회, 마가복음에는 515회, 누가복음에는 623회 쓰입니다. 특별히, 동사 가운데 현재시제의 사용이 두드러지지 않기 때문에 '직설법 현재' 의 사용이 매우 두드러진다고 말할 수 있습니다. 동사의 현재 사용만 고려해보면, 신약 전체 용례 11,545회 가운데 1,509회가 요한복음에 쓰였습니다. 마태복음에는 1,419회, 마가복음에는 977회, 누가복음에는 1,499회 나옵니다. 또한, '직설법 현재완료' 의 사용도 두드러집니다. '상태와 조건' 을 표현하는 시제입니다. 신약 전체 용례 835회 가운데 205회가 요한복음에 나옵니다.

마태복음에는 52회, 마가복음에는 46회, 누가복음에는 60회 나옵니다. 동사의 현재완료 시제 전체 사용도 두드러지지만 '직설법 현재완료' 만 못하므로, '요한복음에 직설법 현재완료 사용이 매우 두드러진다.' 이렇게 말할 수 있다. 현재완료는 신약 전체 용례 1,571회 가운데, 283회가 요한복음에 나옵니다. 마태복음에는 113회, 마가복음에는 92회, 누가복음에는 171회 나옵니다. '직설법 현재' 와 '직설법 현재완료' 사용을 종합하면, '상태와 조건의 진전' 이라고 하는 것을 요한복음의 특징으로 제시할 수 있습니다.

셋. "사복음서의 기록순서를 어떻게 보는 것이 좋을까요?"

마가복음이 가장 먼저 기록되었다는 '마가우선설' 이 널리 받아들여집니다. 그러나 김상복 목사님이 논증하셨듯,[1] '마가우선설' 은 안정적이지 않은 '가설(假說)' 입니다. 마가복음이 전체 길이는 짧지만, 기사(記事) 당 길이는 깁니다. 그러므로 마태복음이나 누가복음에서 이미 소개된 것을 더 자세하게 소개했을 가능성이 큽니다. 더구나, 기록자 마가는 복음서 기자들 가운데 가장 어리고, 사도행전 13장 13절을 통해 볼 때 매우 부족했습니다. 그러므로 아무도 복음서를 기록하지 않았는데, 마가가 가장 먼저 기록하기는 어렵겠습니다. 더구나 마가복음에 '제자들의 부족' 이 제시되기에 더욱 그렇습니다. 이렇게 보면, 마태복음과 누가복음이 마가복음보다 앞섭니다. 요한복음이 가장 늦게 기록되었다는 것은 모두 인정합니다. 마태복음과 누가복음 가운데에서는 마태복음이 조금 앞설 것 같습니다. 누가복음 기록을 바울 사도의 로마 1차 투옥 이후에서 네로 박해 이전인 주후 63-64년 정도로 잡고 싶습니다. 마태복음은 그보다 조금 앞선다고 봅니다.

---

1) Sang-Bok Kim, *The Sources of the Synoptic Gospels: The Priority of Mark, Fact or Myth?* (Seoul: Torch, 1993).

Weekly Reading

48

마가복음 9장 – 누가복음 13장

"제자"

막 9-11장	막 12-14장	막 15-눅 1장	눅 2-4장	눅 5-7장	눅 8-10장	눅 11-13장

check

이번 통독은 마가복음 후반부와 누가복음 전반부입니다. 제자들에게 마음 두었던 마가의 복음서에서, 데오빌로라는 제자, 다시 말해 이방인 제자에게 마음을 둔 누가의 복음서를 읽습니다.

제자

I.
스승이 사라지고 제자가 지어지지 않는 세상에서
예수님의 제자 사랑을 듣는다.
언제나 깨달을까?
무화과나무가 죽어야 깨닫는다.

제자는 배우는 자다.
예수님의 제자는 예수님으로부터 배우는 자이다.
무얼 배울까?
예수님을 배운다.

가치를 배운다.
창조의 가치, 생명의 가치, 대속의 가치를 배운다.

누구에게서 배우나?
예수님에게서, 예수의 사람들에게서 배운다.

II.

물동이 인 남자!
영문도 모른 채 여자처럼 물동이 이고 가지만
베드로와 요한 길잡이 되었으니
기쁘다.

향유를 예수님의 머리에 부은 여인!
감히 예수님의 머리에?
믿어서 그랬단다.
배워서 그랬단다.

데오빌로!
그대는 무얼 배웠나?
강남 스타일인가,
아니면 예수 스타일인가?

III.

엘리사벳에게서 앳됨을 배운다.
마리아에게서 무모한 헌신을 배운다.
사가랴에게서 우직함을 배운다.
시므온과 안나 노인들에게서 순발력을 배운다.

세례 요한 나타나고
마귀가 기승부리나
하나님 경외 예수님!
여유롭게 출발하신다.

고향 사람 반대하고
바리새인, 헤롯 집안 방해하나
대가 없이 주기로 하신 예수님
예루살렘으로의 여행을 시작하신다.

마태복음의 '다섯 강화' 없고, 누가복음의 '예루살렘으로의 여행에서의 가르침' 없지만, 마가복음에도 가르침이 있습니다. 베드로가 신앙을 고백한 다음에, 예수님은 하나님 나라의 새로운 가치관을 가르쳐주셨습니다. 예수님을 따르는 삶에 대해 말씀하셨습니다. 자기를 부인하고 십자가를 지고 예수님을 따르는 삶입니다. 고난이 있는 삶입니다. '고난 받는 그리스도이신 예수님의 제자' 라는 자부심을 가지고, 고난이 오는 것을 두려워하지도 않을뿐더러, 주님과 복음을 인하여 고난을 받을 때 기뻐하는 삶입니다. 하나님의 창조질서를 따르는 삶이고, 심판기준을 충족시키는 삶입니다. 그러나 이러한 예수님의 가르침은 사람들의 반대에 부딪힙니다.

예수님을 반대하는 사람들이 예수님이 강조하지 않으신 전혀 다른 주제를 가지고 예수님을 찾아왔습니다. 10장 2절입니다. "바리새인들이 예수께 나아와 그를 시험하여 묻되 사람이 아내를 버리는 것이 옳으니이까" 아멘. 여기서 '버리다' 는 '떠나보내다' 를 뜻합니다. '놓아 주다, 풀어서 가게 하다.' 입니다. 여자에게 자유를 준다는 뉘앙스가 있습니다. 남편이 부인에게 자유를 줘도 됩니까? 질문합니다. 예수님을 시험하기 위한 질문이었다고 합니다. 어떻게 이 질문이 예수님을 올무에 넣을 수 있는 질문이 될 수 있을까요? 갈릴리 분봉왕 헤롯 때문입니다. 헤롯은 동생 빌립의 아내 헤로디아를 데려다가 아내로 삼았습니다. 빌립이 아직 살아있는데 동생의 아내를 데려다가 아내를 삼은 것입니다. 더구나 자신도 아내가 있었습니다. 나바티안 왕국의 아레다 왕의 딸과 결혼했는데 이혼한 것입니다. 사실 엄밀하게 말하면 이혼을 한 게 아니고, 남편의 의도를 미리 알아차린 아레다 왕의 딸이 아버지 나라로 떠나 버린 다음에 헤롯이 헤로디아와 결혼한 것입니다.

헤롯이 아내를 보낸 것입니다. 자유를 준 것이죠. 물론 그가 헤로디아를 데려오려 한다는 것을 알아차린 아내가 자발적으로 떠난 것이지만, 헤롯이 본처를 다시 데려오려 하지 않았으니 자유를 준 것이기도 합니다. 당시 율법으로는 남편이 살아있는 동안에 여자가 다른 남자의 아내가 될 수는 없었습니다. 이에 세례 요한은 헤롯을 비판했습니다. 헤롯의 결혼에 대한 비판으로 인해 세례 요한은 옥에 갇혔고 목 베임까지 당했습니다. 이 일은 3년이 채 지나지 않은 최근 일이었습니다. 헤롯은 예수님의 소문을 듣고 세례 요한이 다시 살아난 것이라고 여겼습니다. 바리새인들이 예수님으로부터

'남편이 아내를 떠나보내면 안 된다.' 하는 답변을 받아낸다면, 헤롯을 통해 예수님을 제거할 수 있는 기회를 얻을 수 있습니다.

매우 절묘한 질문입니다. 이혼이 불법이라고 하면 헤롯에게 가서 '예수의 의견이 세례 요한과 같다.' 얘기할 것입니다. 이혼이 합법이라고 하면, '헤롯의 부정을 지지하는 예수는 틀렸다.' 이렇게 백성들에게 말할 것입니다. 예수님은 대답 대신 질문을 하십니다. "모세가 어떻게 너희에게 명하였느냐?" 콘라드 겜프(Conrad Gempf)라는 유대인 신약학자가 있습니다. 그분이 쓴 책에 『예수께서 물으셨다(*Jesus Asked*)』라는 책이 있습니다. 예수님은 질문을 질문으로 답하실 때가 많다는 것입니다. 그러면서 10장 17절과 18절을 매우 특별하게 해석했습니다. 17-18절입니다. "예수께서 길에 나가실새 한 사람이 달려와서 꿇어 앉아 묻자오되 선한 선생님이여 내가 무엇을 하여야 영생을 얻으리이까 예수께서 이르시되 네가 어찌하여 나를 선하다 일컫느냐 하나님 한 분 외에는 선한 이가 없느니라" 아멘.

여기서 "네가 어찌하여 나를 선하다 일컫느냐"는 질문입니다. '왜 나를 선하다고 말하느냐?' 이런 질문입니다. 이런 질문에 대해 사람들은 '아, 예수님은 자신이 선하지 않다고 생각하는구나.' 생각할 것입니다. 그런데 예수님의 '질문 형식의 대답'을 집중적으로 연구한 그분 견해는 다릅니다. 부자가 와서 예수님을 '선한 선생님이여' 이렇게 불렀습니다. 그러나 예수님이 보시기에 그 부자는 '선하다'는 말을 너무 쉽게 사용했습니다. '선하다'는 말과 '선생님'이라는 단어의 조합을 너무 쉽게 한다고 보셨습니다. '선함'이라는 것이 가볍지 않은 개념임에도 너무 쉽게 사용한다고 보셨습니다. 그래서 "네가 어찌하여 나를 선하다 일컫느냐 하나님 한 분 외에는 선한 이가 없느니라" 말씀하신 것입니다. 사실 예수님은 하나님이십니다. 여기서 '하나님'이란 '성부'를 가리키는 표현이 아니라 '신성'을 표현합니다. 하나님이라 불릴 수 있는 삼위가 있다고 삼위일체 교리는 설명합니다. 성부 하나님, 성자 하나님, 성령 하나님입니다. 그러므로 예수님도 하나님이라 불릴 수 있으며, '선하다' 불릴 수 있습니다.

그럼, 왜 예수님은 마치 자신이 선하지 않은 것처럼 질문하셨을까요? 이 부자의 본질을 아셨기 때문입니다. 어떤 본질일까요? 계명의 표면적인 부분만을 지키고도 모든 것을 지켰다고 간주하는 본질입니다. 10장 19절부터 22절까지 봅니다. "네가 계명을 아나니 살인하지 말라, 간음하지 말라, 도둑질하지 말라, 거짓 증언 하지 말라, 속여 빼앗지 말라, 네 부모를 공경하라 하였느니라 그가 여짜오되 선생님이여 이것은 내가 어려서부터 다 지켰나이다 예수께서 그를 보시고 사랑하사 이르시되 네게 아직도 한 가지 부족한 것이 있으니 가서 네게 있는 것을 다 팔아 가난한 자들에게 주라 그리하면 하늘에서 보화가 네게 있으리라 그리고 와서 나를 따르라 하시니 그 사람은 재물이 많은 고로 이 말씀으로 인하여 슬픈 기색을 띠고 근심하며 가니라" 아멘.

십계명의 근본이 '하나님을 사랑하고 이웃을 사랑하는 것' 입니다. 많은 이웃이 굶고 지내는데, 이 사람은 부자입니다. 그리고 더 중요한 것은 하나님께서 약속하신 구원자로 예수님이 오셨고 자신 앞에 있습니다. 부자의 관심이 영생에 있습니다. 영생을 얻는 길은 생명 되신 예수님을 따르는 것입니다. 예수님은 그가 원한다고 말하는 것을 얻을 수 있는 길을 제시해 주셨습니다. 그가 생각하기에는 다 되었겠지만 부족한 것이 있다는 것을 알려주셨습니다. 그는 모양이 되었으면 다 되었다고 생각했습니다. 살인하지 않으면 되었고, 간음하지 않으면 되었고, 도둑질하지 않으면 되었고, 거짓 증언하지 않으면 되었고, 속여 빼앗지 않으면 되었고, 자신의 부모를 공경하면 계명을 충분히 지킨 것이라 여겼습니다. 그러나 많은 사람이 굶어 죽어가고 있었고, 먹을 것이 없어서 도둑질하거나 속여 빼앗는 사람이 늘어갔고, 간음과 거짓 증언이 분배의 어그러짐과 무관하지 않았습니다.

근본적인 개혁, 본질적인 가르침을 주실 작정이었기에, 예수님은 처음부터 '선함' 이라는 개념 사용의 부적절을 지적하셨다는 것입니다. '너는 개념을 아전인수 격으로 사용하는구나. 너 편한 방식으로 계명도, 계명 준수도 이해하는구나. 그러나 엄밀하게 따지면, 선하다는 말을 사람에게 붙일 수 있느냐? 선한 사람이 있느냐? 너는 날 선생이라고 부르는데, 과연 내 존재를 어느 정도로 생각하느냐? 네가 선하다고 말하는 그 선함의 정도라는 것이 과연 선하다고 부를 수 있는 정도냐? 개념의 자기중심성을 벗지 않는 한 너는 나를 따를 수도, 하나님 주시는 영생을 얻을 수도 없다.' 이런 생각을 예수님이 가지셨다는 것이 갬프(Gempf) 교수님의 생각입니다.

그분 책을 오래전에 읽었지만, 감명 깊게 읽었고 설득이 되었습니다. 그러면서 저 자신도 용어 사용을 너무 헤프게 하지는 않은지 돌아보았습니다. '착하다, 용감하다,

사랑이 많다, 지적(知的)이다' 등 쉽게 사용되는 용어들에 진정(眞正)성이 얼마나 배어있는지 고민했습니다. 정말 나는 하나님께 합당한 용어를 사용하는지도 고민했습니다. 그러면서 예수님은 정말로 거품이 없는 분이라 생각했습니다. 용어의 거품도, 마음의 거품도 없는 분이라고 말입니다. 그분이 사랑이라고 말씀하시면, 그건 정말 사랑이었고, 그분이 용서라고 말씀하시면, 그건 정말 용서였습니다. 동이 서에서 먼 것처럼 기억하지 않으시는 용서였습니다.

이혼 문제에 대해서도 예수님은 근본을 따지셨습니다. 모세의 명령을 인간 마음의 완악함으로 인해 주어진 '상황 명령'이라고 부르셨습니다. 왜냐하면, 모세를 통해 기록된 창세기 초반부인 1장 27절과 2장 24절에 하나님의 창조원리가 소개되고 있기 때문입니다. 창세기와 출애굽기 내에서 지음 받은 인간과 부름 받은 인간들의 한계로 인한 하나님의 양보가 충분히 소개되어있기 때문입니다. 10장 5-9절입니다. "예수께서 그들에게 이르시되 너희 마음이 완악함으로 말미암아 이 명령을 기록하였거니와 창조 때로부터 사람을 남자와 여자로 지으셨으니 이러므로 사람이 그 부모를 떠나서 그 둘이 한 몸이 될지니라 이러한즉 이제 둘이 아니요 한 몸이니 그러므로 하나님이 짝지어 주신 것을 사람이 나누지 못할지니라 하시더라" 아멘.

창조의 시작부터 하나님께서는 그들을 수컷과 암컷으로 만드셨습니다. '남자와 여자'는 '수컷과 암컷'으로 표현하는 것이 더 정확할 수 있습니다. 둘은 동등합니다. '이러한 창조 질서를 위해서 사람이 그의 아버지와 어머니를 남겨두고 그의 부인에게로 결합된다. 그러니, 그 둘이 한 몸이다. 한 몸이니, 하나님이 지우신 멍에를 제거하지 않도록 하라.' 이것이 예수님의 가르침입니다. 남녀가 기본단위이니, 남녀라는 기본단위에는 부모도 끼어들 수가 없다는 말씀입니다. 예수님은 남편이 주도하는 가정환경에서 남편이 원하면 아내를 내보내는 사회 현상에 대해 근본원칙을 들이대셨습니다. '남편이 주도하는 가정환경이 문제이다. 남편이 아내에게 자유를 준다는 개념 자체가 하나님의 뜻을 저버린 것이다. 둘은 멍에를 맨 소가 책임도 같이 지고 권한도 같이 누리는 것처럼, "하나 더하기 하나" 하여 둘이다. 하나가 다른 하나에 예속되어있는 것이 아니다. 그러니 하나가 다른 하나를 떠나보낸다는 개념 자체가 부적절하다. 그런 개념 때문에 자꾸만 부작용이 생기고, 이혼증서라는 제도도 등장하는 것이다.' 이렇게 설명하신 것입니다.

이어지는 말씀에서 이러한 예수님의 의도를 분명하게 읽을 수 있습니다. 10-12절입니다. "집에서 제자들이 다시 이 일을 물으니 이르시되 누구든지 그 아내를 버리고 다른 데에 장가 드는 자는 본처에게 간음을 행함이요 또 아내가 남편을 버리고 다른 데로 시집 가면 간음을 행함이니라" 아멘. 예수님은 '아내가 남편을 버린다. 즉, 떠나보낸다.' 하는 표현을 사용하십니다. 당시 사람들에게는 생각할 수도 없는 표현입니다. '어이, 남편! 이혼증서 써 줄 게 나가.' 이런 일은 있을 수가 없던 시절입니다. 그런데 예수님은 '남편이 아내를 떠나보내는 것' 과 동등하게 '아내가 남편을 떠나보내는 경우' 를 언급하십니다.

하나님께서 본래 의도하셨던 가치 부여가 마가복음 10장의 핵심입니다. 아내를 '버릴 수 있는 여자' 라고 생각하는 남자들에게 '아내는 나뉠 수 없는 반쪽' 이라고 가르쳐 주신 것입니다. 헌신짝이 아니고 오래될수록 값나가는 골동품입니다. 13절부터 16절에 소개된 어린이에 대한 부분의 강조점도 같습니다. '이룬 것이 없는 애' 가 아니라 '가능성이 많은 어린이' 입니다. 그들은 축복받아야 할 존재입니다. 아이들은 '풋과일' 이 아니라 '새싹' 입니다. 예수님의 강조점을 부자에게 적용하면, 그는 '버릴 것이 많은 남자' 입니다.

'모든 사람을 소중하게 여기는 것' 이 원칙으로는 단순하나 적용이 쉽지는 않습니다. 나의 필요와 남의 필요를 똑같이 중시하기가 어렵다는 말입니다. 내 배가 고픈 것이 배고픈 내게는 배고픔으로, 고통으로 다가오지만, 다른 사람의 배가 고픈 것은 이해하려고 노력하지 않으면 와닿지 않습니다. 그의 배고픔을 이해하려 하고 그의 배고픔의 고통에 감정을 이입해야 합니다. 아이가 배가 고파서 울 때 아이가 가진 배고픔의 크기를 가늠할 수 있어야, 내가 먹을 것을 아이에게 줄 수 있는 것입니다.

이 점에서 사르밧 과부에 대한 하나님과 엘리야의 요구는 조금 잔인하다고도 말할 수 있습니다(왕상 17:8 이하). 내 아들에게 마지막으로 먹이고 죽을 작정인 순간에 하나님의 사람이라고 와서는 미래를 약속하면서 당장의 떡을 내놓으라고 하는데, 여러분 같으면 내놓으실 수 있겠습니까? 그럼, 왜 하나님께서는 굳이 이렇게 어려운 순간에 두 모자가 아니라 엘리야를 먼저 먹이게 하셨을까요? 엘리아가 머문 그릿 시냇가를 갈릴리 남동쪽에 있는 야르뭇 강으로 보면, 엘리야는 직선거리 100킬로미터, 실제 거리 200킬로미터 이상을 걸어서 시돈에 도착했습니다. 배가 고픈 정도가 아니라 기진했을 것입니다. 동네에 머물면서 잘 먹지 못하다가 이제 마지막 남은 걸 먹으려는 모자보다도 더 기진한 상태에 있습니다. 하나님께서는 자신들보다 더 기진한 엘리야의 고통을 자신들의 고통보다 더 고려한 모자를 축복하셨습니다. "그가 가서 엘리야의 말대로 하였더니 그와 엘리야와 그의 식구가 여러 날 먹었으나 여호와께서 엘리야를 통하여 하신 말씀같이 통의 가루가 떨어지지 아니하고 병의 기름이 없어지지 아니하니라"(왕하17:16) 아멘.

이와 유사한 상황에 대한 언급이 누가복음 11장에 나옵니다. "또 이르시되 너희 중에 누가 벗이 있는데 밤중에 그에게 가서 말하기를 벗이여 떡 세 덩이를 내게 꾸어 달라 내 벗이 여행 중에 내게 왔으나 내가 먹일 것이 없노라 하면 그가 안에서 대답하여 이르되 나를 괴롭게 하지 말라 문이 이미 닫혔고 아이들이 나와 함께 침실에 누웠으니 일어나 네게 줄 수가 없노라 하겠느냐 내가 너희에게 말하노니 비록 벗 됨으로 인하여서는 일어나서 주지 아니할지라도 그 간청함을 인하여 일어나 그 요구대로 주리라"(11:5-8) 아멘. 지금 누가 간청합니까? 배고픈 친구입니까, 아니면, 배고픈 친구의 친구입니까? 배가 고프지 않은 친구가 배가 고픈 친구를 위해, 배가 고프지 않은 친구에게 간청하는 것입니다. 이어지는 말씀이 무엇입니까? "내가 또 너희에게 이르노니 구하라 그러면 너희에게 주실 것이요 찾으라 그러면 찾아낼 것이요 문을 두드리라 그러면 너희에게 열릴 것이니 구하는 이마다 받을 것이요 찾는 이는 찾아낼 것이요 두드리는 이에게는 열릴 것이니라"(11:9) 아멘. 구합니다. 누구를 위해서요. 나의 필요가 아니라 다른 사람의 필요를 위해서요. 찾습니다. 누구를 위해서요. 정말 급한 사람을 위해서요. 문을 두드립니다. 누구를 위해서요. 남을 위해서입니다.

남편과 더불어 아내를, 어른과 더불어 어린이를, 부자와 더불어 가난한 사람을 소중하게 여기라 말씀하신 예수님, 부자가 하나님 나라에 들어가기가 불가능에 가깝다고 말씀하신 예수님이 예루살렘으로 향하십니다. 제자들보다 앞서서 가십니다. 그런데 제자들은 놀라고 따르는 자들은 두려워합니다. 왜 놀라고 두려웠을까요? 우선 8장 31절과 9장 31절에 있는 수난 예고와 관련이 있을 것 같습니다. 8장 31절입니다. "인자가 많은 고난을 받고 장로들과 대제사장들과 서기관들에게 버린 바 되어 죽임을 당하고 사흘 만에 살아나야 할 것을 비로소 그들에게 가르치시되" 아멘. 9장 31절입니다. "이는 제자들을 가르치시며 또 인자가 사람들의 손에 넘겨져 죽임을 당하고 죽은 지 삼일만에 살아나리라는 것을 말씀하셨기 때문이더라" 아멘. 그리고는, 10장 33-34절입니다. "보라 우리가 예루살렘에 올라가노니 인자가 대제사장들과 서기관들에게 넘겨지매 그들이 죽이기로 결의하고 이방인들에게 넘겨 주겠고 그들은 능욕하며 침 뱉으며 채찍질하고 죽일 것이나 그는 삼 일 만에 살아나리라 하시니라" 아멘.

인자의 수난 예고가 이미 두 번 주어졌습니다. 첫 번째 수난 예고에 대한 베드로의 반응은 '안 됩니다!' 였습니다. 주님으로부터 '사탄아 내 뒤에서 떠나가라.' 하시는 책망을 들었습니다. 두 번째 수난 예고에 대한 제자들의 반응은 '묻기도 두려워함' 이었습니다. 뭔가 중요한 내용인데, 잘못 얘기했다가는 '사탄' 취급을 받을 수 있습니다. 여쭐 수도 없습니다. 그러다가 이혼에 대한 가르침이 있었고, 어린애들 못 오게 했다고 또 혼났고, 부자가 하나님 나라 들어가기가 불가능에 가깝다는 말씀을 들었고, 마지막으로는 "먼저 된 자로서 나중 되고 나중된 자로서 먼저 될 자가 많으니라"(10:31) 하시는 말씀을 들었습니다. 분명 사도들은 '먼저 된 자들' 이었습니다. 서열이 높으니 그만큼 존중받고 있었고, 앞으로도 존중받을 거라는 기대가 있었습니다. 그런데, 예수님의 말씀을 듣고 보니 뭔가 기대가 무너졌습니다. 부자가 못 가는 나라라면, 부자 되기는 틀렸습니다. 박해도 겸하여 받는다고 하십니다. 가치체계에 혼란이 옵니다. 이분을 계속 따라도 될지 의심스럽습니다. 계속 따르다가는 무슨 일이 일어날 것만 같습니다.

그런데, 그런 제자와 따르는 자들에게 예수님은 세 번째 수난 예고를 주십니다(10:33-34). 여덟 가지입니다. 넘겨짐, 정죄됨, 넘겨짐, 조롱당함, 침 뱉음 당함, 채찍질당함, 죽임당함, 부활 됨입니다. 처음과 마지막만 수동태이고 나머지는 능동태입니다. 처음이 무엇입니까? '대제사장들과 서기관들에게 넘겨짐' 입니다. 누가 넘겨주시는 것입니까? 하나님입니다. 두 번째와 세 번째의 주어는 '대제사장들과 서기관들' 입니다. 그들이 예수님께 사형 선고를 내립니다. 대제사장들과 서기관들이 이방인에게 예수님을 넘깁니다. 네 번째와 일곱 번째까지의 주어는 '이방인들' 입니다. 이방인들이 예수님을 조롱하고 침뱉고 채찍질하고 죽입니다. 마지막 여덟 번째인 '살아나리라'는 수동태로 보는 것이 좋겠습니다. 형태상으로는 중간태 혹은 수동태입니다. 이유는 사도행전에서 예수님은 하나님께서 일으키신 것으로 표현되기 때문입니다. 예수님 스스로 살아나신 것이 아닙니다. 히브리서 5장 7절에서도 "그는 육체에 계실 때에 자기를 죽음에서 능히 구원하실 이에게 심한 통곡과 눈물로 간구와 소원을 올렸고 그의 경건하심으로 말미암아 들으심을 얻었느니라" 말씀합니다. 예수님은 스스로 일어나신 것이 아니라 하나님께서 일어나게 하셔서 살아나셨습니다.

세 번에 걸친 수난 예고에도 불구하고 야고보와 요한은 자신들의 기대를 드러냅니다. 그들은 예수님이 뭔가 주목받는 시기를 예상합니다. 10장 37절입니다. "여짜오되 주의 영광중에서 우리를 하나는 주의 우편에, 하나는 좌편에 앉게 하여 주옵소서" 아멘. '영광 중에'는 '주목받을 때'를 의미합니다. 야고보와 요한에 대한 예수님의 평가는 '무엇을 구하는지 모른다.' 였습니다. 예수님은 지금 높아지시는 게 아니고, 낮아지시고, 고난을 받으십니다. '잔'과 '세례'가 주님 앞에 있습니다. '잔을 마시고 잠길 수 있느냐?' 물으십니다. 십자가 좌우편은 예비 된 이들에게 주어질 것입니다.

인자는 크게 되려고도, 으뜸이 되려고도 하지 않으십니다. 섬김을 받으려 하지 않으십니다. 섬기려 하시고, 자기 목숨을 대속물로 주려고 하십니다(10:45). 나중 된 자로 오신 것입니다. 나중 된 자로 오신 예수님의 자리가 '여리고'입니다. 여리고에 오십니다. 해발고도 마이너스 250미터입니다. 그런데 거기에 정말 낮은 자가 있습니다. 바디매오입니다. 사람들의 멸시를 받는 자입니다. 그런데 그의 이름은 '존귀한 자'입니다. 아버지 '디매오'는 '존귀'에서 나온 단어로 '매우 가치가 있다'는 뜻입니다. '바'는 아들이니, '바디매오'는 '매우 존귀한 자의 아들'입니다. 그런데 그는 맹인이고 거지입니다.

그러나 그에게는 예수님에 대한 믿음이 있습니다. '다윗의 자손 예수님, 저를 불쌍히 여겨주십시오.' 외칩니다. 사람들이 '잠잠하라!' 하니, '다윗의 자손님, 저를 불쌍히 여겨주십시오.' 하고 더 크게 외칩니다. 주님이 부르시니, 그는 겉옷까지 내던지고 벌떡 일어납니다. 50절의 '내버리고'는 '내던지고'에 가깝고, '뛰어 일어나'는 '벌떡 일어나'에 더 가깝습니다. 이 사람은 정직한 사람입니다. 묻는 말에 대답합니다. 요한복음 5장에 나오는 38년 된 병자와 비교됩니다. 이 사람은 예수님을 따릅니다. 누가 정말 예수님을 따를 수 있습니까? 낮아진 사람입니다.

마가복음 11장으로 들어가면 예수님의 예루살렘 입성이 있습니다. 그리고 성전 청결이 있습니다. 11장 11절을 보면, 예수님의 성전 청결은 즉흥적인 사건이 아니었습니다. 요한복음 2장의 성전 청결과 달리 계획된 사역이셨습니다.

마태복음과 마가복음의 차이와 관련하여 가장 설명하기 어려운 부분은 '무화과나무 저주 사건' 의 위치 문제입니다. 마태복음에 따르면, 무화과나무 저주 사건이 성전 청결 이후에 일어난 것처럼 보이고, 마가복음의 순서대로라면, 무화과나무 저주 사건이 성전 청결 이전에 일어난 것처럼 보이기 때문입니다. 이 부분은 접속사의 차이를 통해 설명할 수 있습니다. 마태복음의 경우 '성전 청결 사건' 및 '예수님의 동반 사역 가운데 치유 사역' 을 자세하게 먼저 소개한 다음에, 그날 아침에 있었던 '무화과나무 저주 사건' 을 덧붙인 것으로 보이기 때문입니다. 마태복음 21장 18절에 사용된 접속사 '데' 가 이러한 설명을 가능케 합니다. '데' 는 주로 '전환' 을 표현하기 위해 사용되는 '계합 접속사' 입니다.

한편, 마가복음을 보면, 11장 12절이 접속사 '카이' 로 시작합니다. 그러므로 본래 사건의 순서는 '무화과나무 저주 사건' 다음에 '성전 청결 사건' 이 있었지만, 마태복음에서는 더 중요해 보이는 '예수님의 치유 사건' 과 '대제사장들 및 서기관들과의 대화' 가 먼저 소개된 것입니다. 한편, 마태복음은 무화과나무가 '즉시' 말랐음을 알림으로 '무화과나무 저주 기사' 를 마무리합니다. 마가복음에는 이 부분에 관한 확인이 다음 날 이뤄졌음을, 11장 20절 이하에서 기술됩니다.

마가복음에 소개된 무화과나무 저주 사건에서, 우리는 위치뿐 아니라 무화과나무에게 하신 예수님의 말씀에서 한 가지 중요한 특징을 발견할 수 있습니다. "이제 영원토록 너로부터 아무도 열매를 먹지 못하기를!"(11:14) 이렇게 예수님은 말씀하시고, 그분의 제자들은 듣습니다. 여기서 '먹지 못하기를' 에는 희구법이 사용되었습니다. 희구법은 '바람' 을 표현합니다. 무화과나무를 향한 예수님의 '바람' 은 제자들을 향한 예수님의 '바람' 의 성취로 이어집니다. 자주 실패하는 제자들이 예수님이 무화과나무에게 하신 말씀은 듣고 기억합니다. 마가복음 11장 20절 이하를 보면, 베드로가 무화과나무가 마른 것을 보고 예수님의 말씀을 떠올립니다. 이 부분은 마가복음 전체에서 매우 중요한 전환에 속합니다. 늘 책망을 듣던 제자들이었는데, 뭔가 긍정적인 변화가 시작된 것입니다. '기억하다' 를 의미하는 이 단어('아나미므네스코')는 신약성경에 6회 쓰이는데(고전 4:17; 고후 7:15; 딤후 1:6; 히 10:32), 마가복음에 두 번 나옵니다. 주어는 두 번 모두 베드로입니다. 베드로가 무화과나무에게 하신 예수님의 말씀을 기억했고(11:21), "닭이 두 번 울기 전에 네가 세 번 나를 부인하리라" 말씀하신 예수님의 말씀을 기억했습니다(14:72). 마태복음과 달리, 마가복음은 성전 청결과 관련해서도 제자들의 변화에 초점을 두고 있습니다.

예수님의 가르침이 주어진 다음, 최후의 만찬이 준비됩니다. '물동이 인 남자' 와 '집주인' 이 나옵니다. 물동이는 여자들이 이고 다녔습니다. 그런데 이 남자는 물동이를 이고 다닙니다. 이유는 뭔가 집주인이 하나님으로부터 받은 명령을 수행하기 위해서입니다. 유월절 전날 본인 집을 주님께서 쓰실 것입니다. 그러나 어느 해 유월절인지는 모릅니다. 그러니 집주인은 유월절이 다가오면 자기 집에 있는 다락에 자리를 펴고 식탁을 벌여 놓습니다. 그리고 집안 남자 가운데 한 사람을 정하여 물동이를 이어 물을 나르게 합니다.

여자들이 물동이를 이고 남자들은 가죽 부대를 이용하여 물을 나르는데, 물동이를 이고 남자가 물을 나르면 모두가 쳐다볼 것입니다. 사실 창피한 노릇이죠. 마치 남자가 치마를 입고 서울 시내를 걸어 다니는 것과 같습니다. 그러나 이 남자는 물동이를 이고 다닙니다. 자신을 알아보고 따라올 사람을 언제 만날지 모르니 계속 다닙니다. 설사 이런 일이 처음이라 해도 물동이를 이고 다니는 것은 무척 부담스러운 일이었을 것입니다. 그러나 그의 수고는 헛되지 않았습니다. 예수님의 제자 베드로와 요한이 그 사람을 알아보았고 유월절 잔치를 준비하였습니다.

마가복음의 기자 마가는 이 집 아들입니다. 그러니 아버지가 다락을 준비하는 것도 보았을 것입니다. 아마 같이 준비했을 수도 있습니다. 이 집은 가난한 집이 아닙니다. 넓은 다락이 있고, 그 다락에는 칼도 두 자루나 있는 집입니다. 이 집에 있던 여자아이

종 이름이 사도행전 12장에 나오지요. 로데입니다. 종도 여럿 둔 집입니다.

14장 51-52절에 보면, 벗은 몸에 베 홑이불을 두르고 예수님을 따라가다가 무리에게 잡히자 베 홑이불을 버리고 벗은 몸으로 도망한 청년이 나옵니다. 다들 이 청년이 마가라고 생각합니다. 마가가 언제부터 예수님과 제자들을 따라나섰는지는 잘 모릅니다. 예수님이 만찬을 마치고 밖으로 나와 겟세마네 동산으로 가실 때부터 따랐는지, 아니면 예수님을 잡으러 군병들이 가룟 유다와 함께 집에 들이닥쳤을 때 그들 몰래 따라나섰는지, 아니면 시끌벅적한 소리를 듣고 예수님을 따르다가 봉변당했는지 잘 모릅니다. 그러나 마가는 분명 예수님께 관심이 있었고 이날의 상황에 대해 매우 잘 알고 있었을 것입니다.

이날은 목요일이었습니다. 아버지가 다락을 준비하시더니 한 사람을 불러 물동이를 이고 물을 길으라 명하셨습니다. 무척 창피한 일인데 그 사람은 순종했습니다. 그런데 그 사람을 따라 두 사람이 왔습니다. 베드로와 요한입니다. 그 사람들은 아버지에게 와서 "선생님의 말씀이 내가 내 제자들과 함께 유월절 음식을 먹을 나의 객실이 어디 있느냐"(14:14) 말씀하셨다고 전했습니다. 아버지는 윗 다락을 보여주셨고 그 사람들은 유월절 잔치를 준비했습니다. 나중에 예수님과 열두 제자가 왔고 그들은 다락에서 본인들만의 시간을 보냈습니다.

저는 물동이를 인 남자가 귀하게 보였고, 집주인도 귀하게 여겨졌습니다. 이들의 순종과 도움으로 가룟 유다가 알아차릴 수 없는 상태에서 하나님 나라 유월절 잔치가 준비될 수 있었기 때문입니다. 하여 저는 자신이 가진 튼튼한 다리로 주님을 섬긴 '물동이 인 남자'와 자신의 다락을 제공한 '집주인'을 통해, 내가 가진 것으로 주님을 섬기는 것에 대해 생각했습니다.

제자들에 대해 생각하기도 했습니다. 물동이 인 남자와 집주인은 주님 명령에 순종하여 하나님의 뜻이 이뤄지는 데 이바지하는데, 제자들은 어떤가 하는 것입니다. 마가복음을 통해 우리는 이 당시 제자들의 상황을 어느 정도 알고 있습니다. 예수님이 그리스도이신 것은 알지만, '고난받는 그리스도'라는 것은 생각하지 못합니다. 세베대의 두 아들 야고보와 요한이 예수님의 좌우편을 기대할 때 제자들도 부들부들, 부글부글

하면서 그들의 기대도 사실은 예수님의 좌우편이라는 것을 드러냅니다. 모든 사람을 소중하게 생각하는 예수님의 가치관이 그들에게는 생소합니다. 그러다가 나사로의 누이 마리아의 향유 부음에 이어, 한 번 더 향유 부음이 이어지자, 가룟 유다처럼 들고일어나 여자를 책망합니다.

가룟 유다는 예수님을 넘겨주기로 대제사장들에게 약속하고 넘겨주면 받을 돈 액수까지 정합니다. 다른 제자들이야 가룟 유다 마음까지야 아니었겠지만, 마음이 예수님에게서 많이 떠난 것이 사실입니다. 불안한 마음도 있습니다. 수난 예고를 세 번이나 들었습니다. 성전 청결 등으로 여론이 어떻게 돌아가는지 알고 있습니다. 불안 불안합니다. 이제는 예수님의 제자라는 것이 자랑스럽기보다는 부담스러운 상태입니다. 왠지 오래갈 것 같지 않습니다. 예수님의 제자라는 자리도, 능력을 받은 사도라는 자리도, 이제는 부담스러운, 때로는 거추장스러울 뿐입니다. 예수님은 예루살렘 성전에서 날마다 일거리를 만들어내는 분 같습니다. 권세자들이 보낸 이들과 논쟁을 하십니다. 과부의 두 렙돈을 칭찬하십니다. 성전이 무너진다고 하십니다. 종말에 대해 매우 구체적으로 말씀하십니다. 종말이 가깝게 느껴지도록 말씀하십니다. 아직 개인 종말에 대해서도 생각하기 어려운 나이인데, 세상 종말을 마음에 두는 것은 많이 어렵습니다.

그런 제자들의 관심이 그들의 말에 표현됩니다. 14장 12절입니다. "무교절의 첫날 곧 유월절 양 잡는 날에 제자들이 예수께 여짜오되 우리가 어디로 가서 선생님께서 유월절 음식을 잡수시게 준비하기를 원하시나이까 하매" 아멘. 이들의 말만 보면 이들은 예수님에게 많이 집중되어있습니다. '선생님께서 유월절 음식을 잡수시게 준비하기' 를 말합니다. 왠지 유월절 음식은 예수님 혼자 드시는 것 같습니다. 그러나 우리가 아는 대로, 그리고 예수님께서도 아시는 대로, 예수님은 유월절 어린 양이십니다. 드시는 분이 아니고 먹히는 분이십니다. 제자들은 이점을 전혀 모릅니다. 그래서 마치 예수님이 홀로 유월절 양을 드시는 양 질문합니다. '예수님! 유월절 양 드셔야 하잖아요? 어디에 차릴까요? 전통이니까 먹긴 해야죠?' 이런 식입니다.

그런데 막상 먹는 데 열심인 건 예수님이 아니고 제자들입니다. 18절입니다. "다 앉아 먹을 때에 예수께서 이르시되 내가 진실로 너희에게 이르노니 너희 중의 한 사람 곧 나와 함께 먹는 자가 나를 팔리라 하신대" 아멘. 여기 '다 앉아 먹을 때에' 는 '그들이 편히 앉아 먹을 때에'로 직역될 수 있습니다. 그들은 편히 앉아 먹는데, 예수님이 말씀을 시작하십니다. 예수님은 마음이 편치 않으십니다. 예수님이 드셨다고 표현되지 않습니다. 사실 예수님은 예수님의 살과 피를 양식과 음료로 주실 계획입니다. 살아계시지만, 잡혀 죽어 뜯겨 먹히는 양의 모습에서 자신을 발견하십니다. 드시기는 하셨겠지만, 즐겨 드실 상황과 마음이 아닙니다.

제자들은 예수님의 그 마음을 아는지 모르는지, 예수님이 드셔야 한다고 말할 때는 언제고, 열심히 먹습니다. 그러다가 예수님과 함께 먹는 자 가운데 한 사람, 그들 가운데 한 사람이 예수님을 넘겨준다는 말씀을 듣자 근심에 싸입니다. 다들 '나는 아니지요?' 하며 자신을 추스르기에 바쁩니다. 넘기는 자가 자기만 아니면 됩니까? 예수님이 넘겨지시는 것이 문제 아닙니까? '어떻게 사도인 우리들 가운데 하나가 예수님을 판다는 말인가?' 하면서 가슴 아파하는 제자가 하나도 없습니다. 자기가 문제일까 봐 '저는 아니지요?' 하면서 면죄부를 받습니다. 자기 살길을 찾아갑니다. 예수님이야 넘겨지셔서, 세 번이나 예고된 것처럼, 사형 선고받으시고 이방인들에게 넘겨지시고 조롱당하시고 침 뱉음 당하시고 채찍질 받으시고 죽임당하신다 해도, 나만 넘기는 자가 아니면 됩니다.

가룟 유다가 가장 심합니다. 14장 20절입니다. "그들에게 이르시되 열둘 중의 하나 곧 나와 함께 그릇에 손을 넣는 자니라" 아멘. 열둘 가운데 하나가 예수님을 넘겨줄 것입니다. 그런데, '물동이 인 남자' 처럼 표적이 있습니다. 예수님과 함께 그릇에 손을 넣는 자입니다. 아마도 이 그릇에는 음식이 담겨 있었겠죠. 그런데 예수님의 이 말씀에도 불구하고 가룟 유다가 예수님과 함께 손을 그릇에 넣으려면 두 가지 조건은 충족되어야 합니다. 가룟 유다가 예수님을 존중하는 마음이 없어야 합니다. 우리가 음식을 먹을 때를 생각해보십시오. 어른이 반찬을 집으면 기다렸다가 반찬을 집어가지요. 어른이 집고 있는데, 젓가락을 같이 넣으면 어른 대접을 안 하는 것입니다. 사실 애라 하더라도 반찬 집어가고 있으면 기다려주는 게 당연합니다. 그게 기본적인 예절이죠. 그런데 가룟 유다는 예수님이 그릇에서 음식을 집어 가시는데 그런 건 아랑곳하지 않고 그릇에 함께 손을 넣었습니다. 경쟁 관계에 있는 것처럼요. 그의 마음이 행동으로 드러난 것입니다.

유다가 예수님을 존중하지 않고 경쟁 상대로 생각하는 것이 아니라면, 가룟 유다가 예수님의 말씀에 주의를 기울이지 않아야, 예수님과 함께 손을 그릇에 넣는 일이 가능해집니다. '누구입니까?' 하는 질문에 예수님이 대답하셨잖아요. '함께 그릇에 손을 넣는 자' 라고요. 그럼 일부러라도 노력을 해서 자신을 감추었어야 했는데, 무슨 이유인지 유다가 손을 예수님과 함께 그릇에 넣었을 것이 분명합니다. 유다는 '나와 함께 먹는 자' 라 말씀하셔도 그 내용을 알아차리지 못했거나 다른 생각에 빠져있었나 봅니다. 그게 아니라면 이것조차 배은의 제자임을 보여주는 증거입니다.

어쩌면, 유다는 너희 열둘 가운데 하나가 나를 넘겨줄 거라는 예수님의 말씀을 듣고 정신이 번쩍 들었을 것입니다. 자신의 비밀행적이 들통난 것이니까요. 그래서 어떻게든 그곳을 빠져나가고 싶었을 것입니다. 물론 예수님이 자신이 그 사람이라는 것을 아셨다고 생각하지는 않았을 것 같습니다. 그리고 언제, 어떻게 빠져나갈지 궁리하다 보니 자기도 모르게 손이 예수님의 손과 함께 그릇 안에 들어가는 것도 몰랐을 수 있습니다.

"차라리 그 사람은 나지 아니하였더라면 자기에게 좋을 뻔하였느니라"(21절) 하시는 말씀까지 들었으니, 뭔가 변화가 있어야 할 것 같은데, 그런 일은 일어나지 않습니다. 은 삼십이 그렇게나 컸나 봅니다. 뭔가에 붙들리면 헤어나오기 어렵듯, 가룟 유다는 이미 뭔가에 붙들렸습니다. 더구나 은 삼십을 약속한 건 권력자들입니다. 잘하면 이번 기회에 그들에게 붙어 한자리 얻을 수도 있습니다. 엘리사의 사환 게하시가 돈에 눈이 멀어 나병에 걸렸으면서도 왕의 곁에서 한자리 잡은 것과 비교됩니다(왕하 8:4 이하 참조).

하나님께서는 철저히 준비하셔서 예수님을 보내시고, 예수님께서도 치밀하게 준비하셔서 자신을 내어주시는 잔치를 베푸시는데, 제자들의 마음은 딴 곳에 있습니다. 말은 예수님 드시라면서도, 실제로는 자기들 먹기 바쁩니다. 자신들만 책임을 면하면 되었습니다. 예수님이 넘겨지시는 것이 그들 마음에는 그리 크게 다가오지 않습니다. 그러나 이러한 제자들을 위해 예수님은 죽으셨습니다.

이제 누가복음으로 넘어갑니다. 누가복음서의 기자인 의사 누가는 바울의 동역자가 됩니다. 사도행전 16장 6-10절이 당시 상황을 알려줍니다. 복음 전도의 길이 막혀 있을 때였습니다. 마침내 드로아 항구에 도달했는데, 바울 사도가 환상을 보았고, '우리'는 바울의 환상이 하나님의 부르심이라 여기고 마게도냐로 건너가기를 힘씁니다. 여기에 '우리'가 등장하고, 이 '우리'에 누가가 포함되어 있습니다. 누가는 빌립보에서 오래도록 사역했고, 바울이 예루살렘으로 갈 때 동행했습니다. 이후 로마로 갈 때에도 누가는 동행했습니다. 그림자 같은 사람입니다. 보이지 않으나 함께하는 사람입니다.

그 누가가 아마도 로마에 가서 데오빌로를 만났고 친분이 생겼겠지요. 아니면 빌립보 사역 당시 알게 된 사람일 수도 있습니다. 아무튼 그를 위해 누가복음과 사도행전을 계시받아 집필합니다. 데오빌로는 '각하'라 불립니다. 로마인 귀족일 가능성이 큽니다. 사도행전 25장에서 말을 가장 많이하는 베스도와 가장 유사한 인물입니다. 로마 명문 가문의 귀족으로 자존심이 강한 사람이었을 것 같습니다. 데오빌로로 인해, 누가복음과 사도행전에는 로마 황제가 기본적인 정치인으로 등장합니다. 아구스도, 디베료, 글라우디오, 그리고 네로가 등장합니다. 처음 두 사람은 누가복음에, 다음 두 사람은 사도행전에 등장합니다.

신분이 높은 이들과는 다른 사람들도 많이 등장합니다. 가난한 제사장 부부 사가랴와 엘리사벳, 가난한 요셉과 마리아, 역시 가난했을 시므온과 안나가 예수님 탄생과 연관하여 중요하게 등장합니다. 예수님의 족보는 하나님께 이르는 족보입니다. 6장의 평지설교를 통해 '대가를 바라지 않고 주시는 하나님과 예수님'을 발견합니다. 예수님에 대한 제자들의 신앙고백이 있자, 예수님은 예루살렘으로 향하십니다. 이제 승천하실 때가 된 것입니다. 9장 51절입니다. "예수께서 승천하실 기약이 차가매 예루살렘을 향하여 올라가기로 굳게 결심하시고" 아멘. 우리는 '예루살렘으로의 여행'의 종착지가 '성전'이라는 점에 주목할 필요가 있습니다. 19장 45절을 보면, 예수님의 예루살렘으로의 여행은 '예루살렘 입성'이 아니라 '성전 청결'로 이어집니다. 이로 볼 때 성도들의 인생 여정뿐 아니라, 마음 여행의 목적지도 '하늘 성전'이어야 할 것입니다. 예수님의 '예루살렘으로의 여행 기사' 부분인 9장 51절부터 19장 44절에는 매우 다양한 비유와 가르침이 등장합니다. 탕자의 비유도 여기에 있지요. 불의한 청지기의 비유도요. 다음 과에서 이 부분에 대해 좀 더 살펴보겠습니다.

이번 과에서는 누가복음 3장만 살펴봅니다. 우선 1-2절을 보면, 세상의 틀에는 지분이 좀 더 작용하고 하나님의 틀에는 분깃이 좀 더 작용한다는 것을 알 수 있습니다. 지분(持分, 가질 지, 나눌 분)은 "공유물이나 공유 재산 따위에서, 공유자 각자가 소유하는 몫. 또는 그런 비율."로 권리가 있어서 가지고 있는 것을 뜻합니다. 분깃은 '깃'이라는 의미를 알아야 이해가 됩니다. 깃은 순수 우리말입니다. 크지는 않지만 소중한 부분을 깃이라고 합니다. '털' 하면 있어도 없어도 그만인 것같이 작은 것이지만, '깃털' 하면 무시할 수 없는 털이 됩니다. 머리털을 한 움큼 뽑는 것과 깃털을 한 움큼 뽑는 것은 차이가 큽니다. 깃털을 한 움큼 뽑으면 새가 날 수 없습니다. '새가 날지 못한다!' 그러면 살기 어렵습니다.

'깃'은 다양한 의미로 사용됩니다. 말씀드린 "조류의 몸 표면을 덮고 있는 털. =깃털"을 깃이라고 부르기도 하고, 부초나 부싯깃, 고깃깃의 의미로 쓰이기도 합니다. '옷깃'의 의미로 쓰이기도 합니다. 용례를 보면, 깃이란 작지만 자기만의 기능이 있기에 무시할 수 없는 부분의 의미로 주로 쓰입니다. 깃털이 그렇고 옷깃이 그렇습니다. 양복의 옷깃이 없으면 얼마나 이상해 보이겠습니까? 양복의 옷깃이 옷매무새만 잡아주는 것이 아니라, 안정감도 주고 옷이 오래가도록 보호도 해 줍니다. 추울 때는 옷깃을 세워 체온을 높여주기도 합니다. 마음이 울적할 때는 옷깃을 세워, 마음에 생긴 새로운 벽을 보호하기도 합니다.

외양간이나 마구간, 닭둥우리에 깔아 주는 짚이나 마른풀이 없으면 따뜻하게 잘 수 없습니다. 습기가 올라오고 동물이 병에 걸립니다. 닭이 알을 낳으면 또르르 굴러가서 깨지기도 하고요. 깃들이 모여 알도 잡아주고 품게도 하고 잠자리도 되지요. 그래서 '깃들다'가 되면 "아늑하게 서려 들다. 감정, 생각, 노력 따위가 어리거나 스미다."의 의미로 쓰입니다. 그냥 '들다'라는 표현보다 '깃들다'를 사용하면, 따스함이나 깊이를 표현할 수 있습니다.

이런 단어가 '깃'입니다. 이 '깃'에 '분'을 더한 단어가 '분깃'입니다. 사전 정의는 "유산을 한 몫 나누어 줌. 또는 그 몫."입니다. 그러나 이 단어는 성경에서 '하나님께서 나누어주신 몫'의 의미로 많이 쓰였습니다. 민수기 18장 20절입니다. "여호와께서 또 아론에게 이르시되 너는 이스라엘 자손의 땅에 기업도 없겠고 그들 중에 아무 분깃도 없을 것이나 내가 이스라엘 자손 중에 네 분깃이요 네 기업이니라" 아멘. 여기서 '분깃'은 '지분'의 의미도 가집니다. 그러나 이스라엘 자손들이 약속의 땅을 하나님으로부터 거저 받았기에 지분으로 표현하지 않습니다. 레위 지파와 아론 제사장 집안도 이스라엘 자손이기 때문에 약속의 땅에 분깃을 가질 수 있지만, 그들은 하나님께서 허락하신 특별한 것을 받았습니다. 제물 가운데 일부, 십일조와 같은 것입니다. 더구나 여기서 하나님께서는 '내가 너의 분깃이다.' 이런 표현을 사용하십니다. 매우 특별한 표현이지요. '내가 너의 몫이다.' 하는 표현이면서, 동시에 '내가 너를 책임진다.' 하는 의미도 내포되어 있습니다. 이처럼 성경에서는 분깃이 단순히 유산을 넘어서서 하나님께서 나누어주신 몫의 의미로 사용됩니다.

누가복음 3장 1절입니다. "디베료 황제가 통치한 지 열다섯 해 곧 본디오 빌라도가 유대의 총독으로, 헤롯이 갈릴리의 분봉 왕으로, 그 동생 빌립이 이두래와 드라고닛 지방의 분봉 왕으로, 루사니아가 아빌레네의 분봉 왕으로, 안나스와 가야바가 대제사장으로 있을 때에 하나님의 말씀이 빈 들에서 사가랴의 아들 요한에게 임한지라" 아멘. 디베료는 아구스도 황제의 친아들이 아닙니다. 아구스도 황제 부인이 전남편과 낳고 결혼할 때 데리고 온 아들이죠. 아구스도의 딸과 결혼했습니다. 아구스도의 양아들이면서 사위입니다. 황제가 죽으면서 후계자를 지명하지 않았습니다. 결국 아구스도가 14년 8월 19일에 죽었는데, 로마 원로원이 14년 9월 17일에 투표하여 디베료가 황제가 됩니다. 한 달 정도 황제가 공석이었습니다. 황제권 이양에는 지분이 매우 중요한 기준입니다.

본디오 빌라도가 유대의 총독이 된 데에는 황제의 근위대장 세자누스의 후원을 힘입은 것이 컸습니다. 헤롯, 빌립, 루사니아가 분봉 왕이 된 것도 지분의 성격이 큽니다. '분봉왕'이라는 말 자체가 '4분의 1영역의 통치자'입니다. 예수님을 죽이려 했던 헤롯 왕의 자녀들이 '분깃'이라기보다는 '지분'을 받았습니다.

안나스와 가야바는 어떻습니까? 대제사장직은 분명 분깃 성격이 강합니다. 그런데 이들은 임명된 이들입니다. 안나스는 2장 2절에 나오는 수리아 총독 구레뇨가 대제사장으로 임명했습니다. 주후 6-15년에 대제사장이었습니다. 가야바는 안나스의 사위로 유대총독 발레리우스 그라투스가 임명했습니다. 주후 18-36년에 대제사장이었습니다.

그 사이 16-17년에는 안나스의 아들 엘레아자르가 대제사장이었지요. 세례 요한이 사역을 시작할 때 대제사장은 가야바였습니다. 그러나 안나스와 가야바를 대제사장으로 소개합니다. 이유는 안나스가 여전히 실세였기 때문입니다. 그래서 예수님을 체포한 군인들은 안나스 집에 먼저 갔습니다.

우리가 구약성경을 읽으면 하나님의 말씀은 성막이나 성전에 있는 대제사장에게 임하는 것이 적절해 보입니다. 그런데 아닙니다. 성전이 아닌 빈들에 하나님의 말씀이 임합니다. 이상한 일이지요. 대제사장이 아닌 사가랴의 아들 요한에게 임합니다. 지분이라기보다는 분깃입니다. 요한은 어떤 사람입니까?

첫째, '세례 요한' 이라고 알려진 요한의 아버지는 제사장 사가랴요 어머니는 엘리사벳입니다(1:5). 흠이 없는 의인을 부모로 둔 요한은 나이 많은 부모에게서 태어납니다. 할아버지와 할머니 같은 부모를 둔 것입니다. 둘째, 그에 대한 평가가 다양합니다. '주 앞에 큰 자' 가 되리라는 천사의 말처럼 요한은 예수님으로부터 "선지자보다도 나은 자"(7:26)라는 평가와 더불어 "여자가 낳은 자 중에 요한보다 큰 이가 없도다"(7:28)라는 극찬을 받습니다. 하지만 어떤 사람들은 "세례 요한이 와서 떡도 먹지 아니하며 포도주도 마시지 아니하매 … 귀신이 들렸다"(7:33)고 말합니다. 셋째, 요한이 떡도 먹지 않고 포도주도 마시지 않고 "메뚜기와 석청[야생꿀]"(마 3:4)을 먹고 산 것은 그가 특별히 구별된 사람이기 때문입니다. 천사 가브리엘의 "포도주나 독한 술을 마시지 아니하며"(눅 1:15)라는 표현을 통해, 세례 요한이 앞으로 먹는 음식 면에서도 구별된 인생을 살 것이 예견됩니다. 이러한 구별된 인생과 깊이 관련된 구약의 율법으로 나실인 법이 있습니다(민 6:2-8). 나실인 법의 측면에서 볼 때 요한은 일정 기간이 아니라 그의 평생이 구별된 사람입니다. 자신이 원해서가 아니라 태어나기 전에 이미 구별되어 살 것이 정해진 사람입니다. 요한처럼 나기 전부터 평생이 나실인으로 살 것이 기대된 사람으로 삼손이 있습니다(삿 13:7). 그런데 요한의 경우 삼손과도 다른 점이 있는데 그가 모태로부터 성령의 충만함을 입은 것입니다(눅 1:15). 이는 매우 특별한 점으로 요한은 6개월 된 태아일 때 예수님의 어머니 마리아가 가까이 오자 기쁨으로 뛰놀기까지 합니다(1:44). 넷째, 이처럼 구별된 인생을 살 것이 작정된 요한을 통해 어떤 일이 일어날까요? 사람들의 마음이 바뀌는 일이 일어날 것입니다. 하나님을 떠난 사람들을 하나님께로, 마음이 자식을 떠난 부모를 자식에게로, 지혜 없이 사는 사람들을 지혜에게로 돌이키게 할 것입니다(1:16-17).

세례 요한의 출생으로부터 장년에 이르기까지의 시간을 성경은 한 줄로 기록합니다. "아이가 자라며 심령이 강하여지며 이스라엘에게 나타나는 날까지 빈들에 있으니라"(1:80) 아멘. 먹는 것뿐만 아니라 생활하는 장소까지 구별된 삶을 산 것입니다. 태어난 후 부모의 사랑을 충분히 받기도 전에 빈들로 보내져 빈들에서 지낸 요한은, 출애굽 후 광야 생활하던 이스라엘 백성 중 어느 가정에서 태어난 아이와 같이 자란 것입니다. 만나를 먹고 자란 그 아이들처럼 요한은 메뚜기와 석청을 먹고 자랍니다.

요한이 무엇을 전파했습니까? 3장 3절입니다. "요한이 요단 강 부근 각처에 와서 죄 사함을 받게 하는 회개의 세례를 전파하니" 아멘. 회개의 세례입니다. 지분보다는 분깃입니다. 구약성경에 따르면 요단강에 잠겼던 사람들은 이스라엘 백성들이 요단강을 건널 때 언약궤를 메었던 제사장들이었습니다(수 3:1-5:1 참고). 요단강은 이스라엘 백성들이 가나안 땅에 들어갈 때 건너간 강입니다. 출애굽 직후에 갈라져 마른 홍해를 건넌 것과는 달리, 요단강을 건널 때는 흐르는 강물 속으로 제사장들이 법궤[길이 두 규빗 반, 약 1.25m]를 메고 들어가야 했습니다. 약속으로 주어진 땅의 경계이자 관문인 요단강의 흐르는 물에 제사장들의 몸이 잠긴 후에야 "위에서부터 흐르던 물이 그쳐서" 이스라엘 백성들이 건널 수 있었습니다(수 3:16상반).

이스라엘 백성들이 요단강을 건너던 때는 겨울이 지나고 봄이 오는 시기로 "모맥 거두는 시기"였고(수 3:15) 정월 십 일(수 4:19, 양력으로 3-4월)이었습니다. 겨우내 쌓인 눈이 녹아 요단강 물은 창일하고 강둑이 가까스로 제 역할을 할 때, 몇 제사장들이 무거운 법궤를 매고 무섭게 흐르는 요단강의 차가운 물에 발을 담근 것입니다. 앞쪽에서 법궤를 멘 사람은 더 많이 물에 잠겨 아마도 허리 이상 물에 잠겼을 것입니다. "궤를 멘 자들이 요단에 이르며 궤를 멘 제사장들의 발이 물가에 잠기자 곧 위에서부터 흘러내리던 물이 그쳐서 심히 멀리 사르단에 가까운 아담 읍(도하[渡河] 지점에서 강 위쪽으로 약 24km 정도 떨어진 소읍) 변방에 일어나 쌓이고 아라바의 바다 염해로 향하여 흘러가는 물은 온전히 끊어지매 백성이 여리고 앞으로 바로 건널새"(수 3:16하) 아멘.

물이 사람 보통 걷는 속도로 흘렀다고 하면 6시간을, 물이 표준중력가속도(초 당 약

9.8m)의 속도로 흘렀다고 해도 40분 이상(24,000[m] ÷ 10[m/second] = 2,400[초]) 찬물에 발을 담그고 있어야 했습니다. 발을 찬물에 담그고 물 흐르는 것이 멈추기를 한참 기다린 후에야 제사장들은 찬물에서 벗어날 수 있었을 것입니다. 더군다나 백성이 요단강을 다 건널 때까지 법궤를 멘 제사장들은 요단 가운데에서 젖은 옷을 입고 계속 서 있어야 했습니다. "여호와의 언약궤를 멘 제사장들은 요단 가운데 마른 땅에 굳게 섰고 온 이스라엘 백성은 마른 땅으로 행하여 요단을 건너니라"(수 3:17) 아멘.

이미 약속의 땅에서 살고 있지만, 그 옛날 약속의 땅에 들어가기 전 제사장들의 몸이 잠긴 요단강물에 몸을 담그고 세례를 받습니다. 약속의 땅에서 살지만, 하나님과의 약속을 지키지 못한 죄인임을 인정하며 '회개의 세례'를 받는 것입니다. 예수님도 백성들과 함께 세례를 받으십니다(3:21). 그 백성의 왕으로 오셨기 때문에 백성과 함께 요단강물에 몸을 담그십니다. 이 일이 하나님께 큰 기쁨을 안겨 드렸습니다. "성령[거룩한 영]이 형체로 비둘기같이 그의 위에 강림하시더니 하늘로서 소리가 나기를 너는 내 사랑하는 아들이라 내가 너를 기뻐하노라 하시니라"(3:22) 아멘.

예수님은 하나님의 백성을 구원하러 오셨습니다. 그들과 함께 요단강에 잠기셨고, 그들을 위해 일하시고 십자가에서 죽으셨습니다. 겸손히 사명을 감당하셨습니다. 내가 누구인가를 주장하지 않으셨습니다. 자기 정체성에 맞게 사셨고, 하나님은 정체성에 맞게 사시는 예수님을 여러 모양으로 보증하시고 지원하셨습니다. 십자가 사역도 마찬가지였습니다. 십자가에 달려 계실 때 여러 말 하지 않으셨습니다. 십자가를 지셔야 함을 알고 십자가를 지셨고, 하나님은 예수님의 십자가로 백성을 구원하십니다. 효력을 인정하십니다.

하나님이 인정하시는 정체성과 사람들이 아는 바 대로의 정체성에 차이가 있을 수 있습니다. 하나님 앞에서는 세상이 감당할 수 없는 주의 종이지만, 세상 사람들이 볼 때는 가난한 신학생일 수 있습니다. 이 두 정체성 사이에서 고민할 수 있습니다. 하지만 한없이 고민만 해서는 안 됩니다. 하나님이 인정하시는 정체성 위에 서서 그에 걸맞게 움직여야 합니다. 이러한 삶이 분깃에 맞춰 사는 삶입니다. 분깃에 맞춰 사시길 바랍니다.

사람들은 우리를 지분으로 봅니다. 그러나 하나님께서는 지분과 더불어 분깃을 고려하십니다. 우리에게 값없이 나눠주신 것입니다. 사람들이 보는 정체성인 지분과 하나님께서 인정하시는 정체성인 분깃 위에 균형 있게 서 있되, 하나님께서 인정하시는 분깃에 무게중심을 좀 더 두시기를 바랍니다.

예수님은 열두 살 때 성전에 머무시지 않고 부모님을 따라 나사렛에 가셨습니다. 그러나 세례 요한에게 하나님의 말씀이 임하고 요한을 통해 회개의 세례가 주어지기 시작하자 더는 집에 머무시지 않았습니다. 하나님이 일을 시작하셨기 때문입니다. 백성과 함께 세례를 받으십니다. 이때 성령이 임하고, 하나님의 선포가 있습니다. 하나님의 분명한 부르심 앞에 주저하지 않고 순종하는 자에게 복이 있습니다. 하나님께서 책임지시기 때문입니다. 고난이 없다는 말이 아닙니다.

누가복음 3장에 나오는 예수님의 족보도 지분과 분깃의 차원에서 이해될 수 있겠습니다. 예수님부터 하나님까지가 77대입니다. 예수님의 족보가 '속한 바'를 중심으로 기록되었습니다. 표현에 주의를 기울인다면, 관사 소유격으로 족보를 표현했습니다. '누구에게 속한' 이란 의미입니다. "예수님은 알려진 바로는 요셉의 아들입니다. 헬리에게 속한, 맛닷에게 속한, …, 아담에게 속한, 하나님에게 속한"과 같습니다.

중요한 것은 다윗 이후입니다. 솔로몬이 아니라 나단으로 이어집니다. 사무엘하 5장 13절 이하와 역대상 14장 3절 이하에 나옵니다. "다윗이 예루살렘에서 또 아내들을 맞아 다윗이 다시 아들들과 딸들을 낳았으니 예루살렘에서 낳은 아들들의 이름은 삼무아와 소밥과 나단과 솔로몬과 입할과 엘리수아와 엘벨렛과 노가와 네벡과 야비아와 엘리사마와 브엘랴다와 엘리벨렛이었더라"(대상 14:3-7) 아멘. 여기에 나단이 솔로몬의 형으로 나옵니다.

여기에는 법적상속인 개념이 중요한 것 같습니다. 마태복음에서는 이 문제가 개입될 때 설명을 덧붙입니다. "살몬은 라합에게서 보아스를 낳고 보아스는 룻에게서 오벳을 낳고 오벳은 이새를 낳고"(1:5) 아멘. 반면 누가복음에서는 설명 없이 다룹니다. "그 위는 이새요 그 위는 오벳이요 그 위는 보아스요 그 위는 살몬이요"(3:32) 아멘. 보아스는 기업을 무를 자로 오벳을 낳았습니다. 또한, 예수님의 아버지는 하나님이시지만, 사람들이 알기로 예수님은 요셉의 법적 상속자입니다.

그러므로 사람들이 누구에게 속했다고 생각하는지에 기초하여 이름이 나열되고 있다고 볼 수 있습니다. 요셉의 이름만 사람들의 생각에 기초한 것이고, 요셉부터는 양육자에 기초하여 기자의 관점에서 기록되었을 수 있습니다. 족보가 하나님에게까지 이르는 것을 볼 때 그렇습니다. 아담과 하나님의 관계는 일반 족보에서 말하는 그런 친생관계나 법적 관계가 아니기 때문입니다. 하나님은 아담이 있게 하신 분이고 그를 돌보신 분입니다. 이런 관점에서 오늘날 '신앙 멘토'의 개념으로 누가복음 3장의 족보를 이해할 수도 있다고 봅니다.

이 점에서 마태복음의 족보는 지분이 더 강해 보이고, 누가복음의 족보는 분깃의 측면이 더 강해 보입니다. 세례 요한과 예수님 모두 분깃에 충성했습니다. 우리에게도 분깃이 있습니다. 지분과도 같은, 그러나 잘 따져보면 지분이 아니고 분깃인 사명이 있습니다. 그 분깃에 충실한 인생이 되기를 바랍니다.

질의와 응답

하나. "마가복음과 관련해서는 '제자의 자리'를 말씀하셨는데, 누가복음과 관련해서는 '분깃'을 말씀하시네요. 좀 더 설명해주실 수 있을까요?"

마가복음에서도 예수님의 제자를, 누가복음에서도 예수님의 제자를 말합니다. 다만, 이방인 데오빌로가 제자가 된 것은 '지분'보다는 '분깃'에 가깝겠지요. 마가복음은 지분을 생각하는 이들에게 '본질'을 생각하게 돕습니다. 누가복음은 지분이 일상인 이들에게 '분깃'을 생각하게 돕습니다.

족보 면에서 마태복음과 누가복음을 비교했는데요. 마태복음의 족보에는 지분 없는 왕이 빠집니다. 누가복음의 족보에는 혈통이나 명분보다 분깃이 강조된 것 같습니다. 시므온과 안나와 같은 노인들이 순수하고 순발력이 있습니다. 가지기 어려운 것을 가졌으니, 지분보다는 분깃입니다.

둘. "예루살렘 중심성을 스가랴서 관련해서 얘기하셨는데, 예루살렘 중심성이 누가복음에도 있나요?"

누가복음은 예루살렘 성전에서 시작해서 예루살렘 성전에서 끝납니다. '예루살렘으로의 여행 기사'가 중요합니다. 사도행전도 예루살렘에서 시작합니다. 물론 로마로 끝나지요. 그러나 '예루살렘'은 사도행전을 구분하는 중요한 기준입니다. 1장 4절, 6장 7절, 12장 25절, 19장 21절에 나오는 '예루살렘'이 그렇습니다.

셋. "그런데 예루살렘이 버림받은 것 아닌가요?"

하나님께서 촛대를 옮기시면 중심지가 바뀝니다. 시내산에서 시온산으로 무게중심이 옮겨지듯, 이 땅의 예루살렘에서 하늘의 예루살렘으로 무게중심이 바뀝니다. 갈라디아서 4장과 히브리서 12장을 보면, 시내산과 시온산이 비교됩니다. 요한계시록에서는 이 땅의 예루살렘과 새 예루살렘이 비교됩니다.

넷. "사도행전에서 예루살렘 교회가 변질되었다고 글을 쓰셨는데, 예루살렘 훼파가 하늘 성전으로 가는 것을 돕나요?"

『사도행전과 우리』 35-48쪽에서 '예루살렘 교회의 변질'에 대해 기술했지요. '예루살렘 교회의 변질에도 불구하고 하나님의 말씀이 흥왕한 이유'가 사도행전의 중요 메시지라고 생각합니다. 물론, 하늘 성전으로 가기 위해 예루살렘과 같은 곳이 꼭 변질될 필요는 없습니다. 변질되지 않는 것이 좋지요. '예루살렘 중심성'이 '그리스도[말씀] 중심성'으로 바뀌었다고 생각하시면 되겠습니다.

다섯. "누가복음은 어디에서 기록되었을까요?"

로마일 수도 있지만, 빌립보 쪽에 더 마음이 갑니다. 누가가 목회한 곳이 빌립보이기 때문입니다.

Weekly Reading

49

누가복음 14장 – 요한복음 10장

"영원"

눅 14-16장	눅 17-19장	눅 20-22장	눅 23장-요1장	요 2-4장	요 5-7장	요 8-10장

check

이번 통독은 누가복음 여행 기사 부분에서 '메시아 논쟁'이 일단락되는 요한복음 10장까지입니다. 공관복음(마태, 마가, 누가복음)이라고 하는 부분에서 공관복음에 속하지 않는 요한복음으로 넘어가는 부분이기도 합니다. 예수님에 대해 새롭게 접근하는 시기이기도 합니다. 크신 주님, 늘 봐도 새로우신 주님에 대해 사람들은 잘 안다고 생각하지요. 실은 잘 모르면서요. 요한복음에는 세 개의 복음서를 통해 예수님을 잘 안다는 교회를 위한 '예수님의 영원하심과 크심과 깊음'에 대한 소개가 담겨있습니다. 요한계시록에서 '하늘 자체'를 소개하듯 말입니다.

영원

I.
토이 스토리(Toy Story)에 등장하는 대표 대사로
'무한한 공간 저 너머로(To Infinity and Beyond)'가 있다.
날개는 있지만 날지 못하는 장난감 로봇의 대사이다.

장난감들의 세계, 우스워 보이나 우습지 않다.

장난감의 우수성과 인간의 우둔함이 대조된다.
신의 우둔함과 인간의 우수성을 그리려는 걸까?
버즈 라이트이어(Buzz Lightyear),
곤충들이 내는 소리를 뜻하는 '버즈'가 이름이다.
그의 성은 '밝은 해(年)'를 뜻하는 '라이트이어'이다.

II.
예수님, 자기 백성에게 오셨다.
버즈가 꿈꾸는 무한한 공간 저 너머에서 오셨다.
신성을 가지신 크신 분이 '버즈' 소리 내는 분으로 오셨다.

"외치지 아니하며
목소리를 높이지 아니하며
그 소리를 거리에 들리게 하지 아니하며" 사셨다(사 42:2).

'버즈' 소리 내시니
사람들 보기에는
장난감 로봇 버즈 같았었나 보다.

III.
예수님, 빛으로 오셨다.
어두운 세상을 밝히러 오셨다.
그분이 오시니 어둠이 물러난다.

"참 빛
곧 세상에 와서
각 사람에게 비추는 빛이 있었나니"(요 1:9) 예수님이시다.

그런데 "악을 행하는 자마다 빛을 미워하여
빛으로 오지 아니하나니
이는 그 행위가 드러날까 함이요"(요 3:20)가 실현되었다.

IV.
예수님 선한 목자로 오셨다.
정죄를 대신 받고 십자가에서 죽으러 오셨다.
하나님의 어린양으로 오셨다.

예수님의 선함이 낯설어
사람들 웅성거린다.
'미친 것 아냐? 백성을 미혹하는 자야.'

그러나 "영접하는 자
곧 그 이름을 믿는 자들에게는
하나님의 자녀가 되는 권세를 주셨으니"(요 1:12) 할렐루야!

V.
예수님의 제자로 산다.
영원을 사모하며
무한한 공간 저 너머 하늘 보좌로 나아간다.

주님께서 맡기신 영혼을 위해
빛으로 살고 선한 목자로 살려고
은혜의 보좌 앞에 담대히 나아간다.

사람들이 보기에는 이해되지 않고
때로는 미친 미혹자 같아 보일지라도
영원에 잇대어 오늘을 간다.

예수님께 예루살렘은 어떤 곳이었을까요? 한 마디로 죽기로 작정된 곳이었습니다. 그분이 고난받고 죽임당하시고 묻히시고 부활하실 곳입니다. 누가복음 13장 33-34절입니다. "그러나 오늘과 내일과 모레는 내가 갈 길을 가야 하리니 선지자가 예루살렘 밖에서는 죽는 법이 없느니라 예루살렘아 예루살렘아 선지자들을 죽이고 네게 파송된 자들을 돌로 치는 자여 암탉이 제 새끼를 날개 아래에 모음같이 내가 너희의 자녀를 모으려 한 일이 몇 번이냐 그러나 너희가 원하지 아니하였도다" 아멘. 구약의 모든 제사가 예수님의 제사를 예표 했기에, 양이 드려지고 소가 드려지고 염소와 비둘기가 드려질 때마다 예수님은 '저곳이 내가 죽을 곳이다.' 하는 점을 분명히 하셨을 것입니다.

이 점에서 누가복음 9장 51절의 결심은 매우 오래된 결심입니다. "예수께서 승천하실 기약이 차가매 예루살렘을 향하여 올라가기로 굳게 결심하시고" 아멘. 직역하면, '승천의 날들이 꽉 찼을 때, 예루살렘으로 가시려고 그분 스스로도 얼굴을 고정하셨습니다.' 이렇게 됩니다. 승천이란 '들림' 이란 단어의 번역입니다. '올라제' 라 불렀던 '번제' 가 떠오릅니다. 예수님의 들림은 두 가지를 가리킵니다. 십자가의 달림과 하늘 성전으로의 승천, 두 가지입니다. 돌아가실 때가, 아버지께로 돌아가실 때가 꽉 찼습니다. 모든 상황과 하나님의 섭리가 그때를 향해 갑니다. 이때 예수님께서도 얼굴을 고정하셨습니다. 방향을 정하셨습니다. 어디로요. 예루살렘입니다. 남쪽이죠. 예수님은 헤르몬산에서 남쪽 예루살렘으로 얼굴을 고정하셨습니다. 죽기로 작정 되신 장소로 얼굴을 고정하셨지요. 이것을 '결심' 이라고 표현했습니다.

예수님의 얼굴이 고정되었습니다. 그러니 9장 57절처럼 말하는 것은 뭘 모르고 하는 말입니다. "길 가실 때에 어떤 사람이 여짜오되 어디로 가시든지 나는 따르리이다". '당신이 떠나가시는 곳이라면 어디든지 따르겠다.' 말합니다. 이 말에는 예수님의 목적지가 여러 개일 수 있다는 전제가 있습니다. 그러나 예수님에게 다른 목적지는 없습니다. 방향은 남쪽, 도시는 예루살렘입니다. 예수님께 굴이나 집, 머리 기댈 곳은 없습니다. 목적지는 단 하나, 죽임당하실 곳입니다.

지금 예수님은 죽으러 가십니다. 누구 문상을 하러 가시는 게 아닙니다. 현재 이슈는 장례를 치르는 것이 아니고 죽는 것입니다. 그러기에 9장 59절처럼 말하는 것은 상황을 모르고 하는 말입니다. "또 다른 사람에게 나를 따르라 하시니 그가 이르되 나로 먼저 가서 내 아버지를 장사하게 허락하옵소서". 달리 번역하면, '주님, 떠나가서 먼저 제 부친 장례 치르는 것을 제게 허락해 주십시오.' 입니다. 예수님은 부친보다 먼저 돌아가실 것입니다. 그리고 지금 예수님이 '나를 따르라.' 말씀하신 것은 '죽으러 가자.' 말씀하신 것입니다. 자기가 죽는데 어떻게 상주(喪主)가 되겠습니까? 내가 죽는데, 부친 장례가 다 무엇입니까?

'죽은 자들을 내버려 두어라, 자신들의 죽은 자들을 장례 치르도록. 한편 너는 떠나가서 하나님의 나라를 전파하라.' 말씀하십니다. 장례는 매우 중요한 인류 예식입니다. 오죽하면 출애굽 이듬해 유월절에 장례 때문에 유월절을 지키지 못한 이들이 생겼겠습니까? 그런데, 그것보다 더 급한 일이 하나님 나라의 일입니다. 복음 전파가 장례 예식보다 우선시 됩니다. 이유는 영혼 구원이 가장 시급한 문제이기 때문입니다. 이번이 복음 전파의 마지막 기회일 수 있습니다. 이유는 그 사람이 오늘 죽을 수 있기 때문입니다.

예수님께서는 예수님을 따르는 이들이 '복음을 위한 자신들의 죽음'을 염두에 두기를 원하십니다. 남의 죽음이 아니고 내 죽음입니다. 본인의 죽음이 준비되지 않았으면 예수님을 따르고 있는 것이 아닙니다. 지금 예수님은 예루살렘에 전쟁하러 가십니다. 죽음으로 전쟁을 승리로 이끄실 것입니다. 사령관이신 예수님이 죽으러 가시는데, 병졸이 죽을 마음이 없으면 따르는 게 아니지요. 우편, 좌편 생각하고 있으면 어긋나 있는 것입니다. 죽음을 생각하라고 말씀드리니 너무 강한 제안 같으신가요? 그러나 그 제안은 제가 만들어낸 제안이 아닙니다. 우리의 주님이 말씀하신 제안이지요.

9장 61-62절을 보면, 세 번째 사람에게 예수님은 쟁기 잡은 사람을 예로 드십니다. 쟁기에 손을 잆고 밭을 가는 사람이 뒤에 있는 것들을 바라보면 어떻게 될까요? 밭이랑이 비뚤비뚤하지 않겠습니까? 쟁기를 잡았으면 시선을 한곳에 고정하고 끝까지 가야 합니다. 현재 예수님은 시선을 남쪽 예루살렘에 고정하시고 똑바로 가고 계십니다. 주변 상황에 마음 두면 안 됩니다. 잠시라도 한눈을 팔면, 고랑이 제대로 파지지 않습니다. 그러니 가족 작별은 분에 넘치는 생각이지요. 독립운동하는 이들도 가족 작별을 포기하고 사는데, 하나님 나라 일꾼이 가족 작별을 우선시하면 안 되겠지요.

여기 '가족'이라는 단어는 '집안의 이들 혹은 것들'의 번역입니다. 집안에 들어오는 이들을 가족으로 규정하고 번역했습니다. 그러나 집안에 들어오는 이들이나 물건들은 매우 다양합니다. '집안의 것들' 하면 롯의 아내가 떠오릅니다. "롯의 아내는 뒤를 돌아보았으므로 소금 기둥이 되었더라"(창 19:26) 했습니다. 물건에 대한 미련을 버리지 못했습니다. 불이 나면 나가야지요. 그래야 삽니다. 뭔가를 가지러 들어가면 위험합니다. 뭔가에 미련을 두는 것은 미련한 것이라고 말씀하십니다. 미련을 버리지 못하는 자는 쟁기에 손을 얹고 뒤에 있는 것들을 바라보겠지요. 그런 자는 하나님 나라에 적합하지 않습니다. 생명과 하나님 나라 앞에서 모든 것은 상대화됩니다. 집도, 건물도, 가구도, 살림도, 패물도, 아끼는 물건도 아무것도 아닌 것이 됩니다.

10장 1-24절에는 칠십 명, 혹은 칠십이 명에 대한 말씀이 소개됩니다. 70명 정도를 세우셨습니다. 공식 파송입니다. 이인 일조로 조를 편성하시고 35조 혹은 36조를 "친히 가시려는 각 동네와 각 지역으로"(10:1) 보내셨습니다. 일종의 선발대입니다. 예수님 앞서 모든 성과 지역으로 둘씩 보내셨습니다. 예수님 자신이 다다를 것으로 예정하신 곳입니다.

보내시면서 '수확물은 많은데 일꾼이 적으니, 추수의 주인에게 일꾼들을 그분의 수확물로 내보내 주시도록 간구하라.' 그렇게 말씀하셨습니다(10:2). 돈주머니, 먹거리 가방, 신발들을 지니지 말라 명하신 이유가 여기에 있었습니다. 추수할 것은 많은데 일꾼이 적기 때문입니다. 추수기는 정해져 있고 길지 않습니다. 그 시기가 지나면 추수가 어렵습니다. 이스라엘 날씨로 하면, 우기가 옵니다. 우리나라 날씨로 하면, 겨울이 옵니다. 과일을 제때 따지 않으면 나무에서 떨어지고 썩습니다. 벼나 밀도 그렇습니다. 익었을 바로 그때 추수를 해야 합니다. 그래서 '농번기'가 있습니다. "농사일이 매우 바쁜 시기"로, "모낼 때, 논맬 때, 추수할 때 따위가 이에 속"합니다. 모낼 때 모를 심지 못하면 계절에 맞춰 자라지 못합니다. 논맬 때 풀을 뽑아주지 않으면 땅의 양분을 풀이 가져가고 열매가 실하지 못합니다. 모도 제때 심고 풀도 잘 뽑아주어 열매가 실하게 맺었다고 해도, 추수하지 못하면 그간의 수고가 전혀 쓸모없게 됩니다.

돈주머니, 먹거리 가방, 신발들을 지니지 말라는 말씀은 이동(移動)이 손쉽도록 몸을 가볍게 하라는 말씀입니다. 옛날은 지금과 달리 금속화폐를 썼기 때문에 돈을 많이 가지고 다니면 다닐수록 무거웠습니다. 또한 자기 먹거리는 가지고 다니는 것이 예사였습니다. 신발도 쉬 떨어져서 긴 여행을 위해서는 여러 켤레의 신을 준비해야 했습니다. 그러나 돈과 먹거리와 신발을 넉넉하게 챙기다 보면, 자연스레 움직임이 늦어질 수밖에 없습니다. 10장 4절입니다. "전대나 배낭이나 신발을 가지지 말며 길에서 아무에게도 문안하지 말며" 아멘. 단순히 무소유가 목적이었다면, 길에서 아무에게도 문안하지 않는 것은 말씀하지 않으셨을 것입니다. 길에서 아무에게도 문안하지 않는 목적은 시간을 벌기 위함입니다. 지체하지 않기 위함입니다. 아는 사람 만났다고 안부 묻고, 부모님은 잘 계시는지, 형제들과 친척들은 잘 지내는지 대화하다 보면, 한나절은 족히 지날 것입니다. 그러면 본인이 왜 나왔는지, 무슨 일을 위해 파송을 받았는지 잊을 것입니다.

엘리사가 수넴 여인의 아들이 죽었을 때 게하시에게 명합니다. "네 허리를 묶고 내 지팡이를 손에 들고 가라 사람을 만나거든 인사하지 말며 사람이 네게 인사할지라도 대답하지 말고 내 지팡이를 그 아이 얼굴에 놓으라"(왕하 4:29) 아멘. 게하시가 무엇을 기대했는지는 그가 한 말을 통해 알 수 있습니다. "게하시가 그들보다 앞서 가서 지팡이를 그 아이의 얼굴에 놓았으나 소리도 없고 듣지도 아니하는지라 돌아와서 엘리사를 맞아 그에게 말하여 아이가 깨지 아니하였나이다 하니라"(4:31). 게하시는 지팡이를 아이 얼굴에 갖다 놓으면 아이가 깨어날 것으로 생각했습니다. 엘리사가 무엇을 기대했는지는 모릅니다. 그러나 사람들에게 문안하지 말라는 명령은 다른 일로 방해받지 않는 것에 초점이 있습니다.

예수님이 칠십 명에게 아무에게도 문안하지 말라 명하신 것도 같은 맥락입니다. 지금 예수님은 승천하실 기약이 차서 예루살렘으로 가고 계십니다. 시간이 많이 없습니다. 예수님을 통한 하나님의 구속이 이뤄지기 전에 한 명이라도 더 많은 이들에게 복음 전하기를 원하셨습니다. 예수님 승천 전에 한 명이라도 더 예수님을 믿게 되기를 원하셨습니다. '전대, 배낭, 신발'을 가지지 말라 말씀하신 이유도, 제자들이 가난하게 살기를 원하시거나 무소유가 제자도에 있었기 때문이 아니었습니다. 아브라함이 거부였고, 이삭과 야곱도 거부였습니다. 다윗은 역사상 가장 많은 헌금을 드린 사람입니다. 하나님께서는 당신의 사람들에게 무소유를 요구하신 적이 없습니다. 무소유가 기준이라면 욥을 회복시키실 때 갑절의 재물을 주지 않으셨겠지요(욥 42:12).

부자 청년에게 예수님께서 하신 말씀입니다. "네게 아직도 한 가지 부족한 것이 있으니 네게 있는 것을 다 팔아 가난한 자들에게 나눠 주라 그리하면 하늘에서 네게 보화가 있으리라 그리고 와서 나를 따르라"(눅 18:22) 아멘. 이때 부자가 보인 반응입니다. "그 사람이 큰 부자이므로 이 말씀을 듣고 심히 근심하더라"(18:23) 아멘. 예수님은 이 부자의 요청에 대해 답을 주셨습니다. 그 부자가 “선한 선생님이여 내가 무엇을 하여야 영생을 얻으리이까”(18:18) 물었기 때문입니다. 그는 예수님이 어떤 분인지 몰랐습니다. 그는 예수님이 ‘선한 선생님’ 정도인 줄 알았습니다. 수강료 내고 배울 것 배우고 나면 남이 되는 선생님 정도로 생각했습니다. 그래서 말씀하셨지요. “네가 어찌하여 나를 선하다 일컫느냐 하나님 한 분 외에는 선한 이가 없느니라”(18:19) 아멘. 사실 그는 예수님이 하나님의 아들이시오, 근본 본체 하나님이신 것을 알아야 했습니다. ‘선하다’는 개념을 좀 더 엄격하게 알아야 했습니다. 그는 지극히 인간적인 기준을 가지고 ‘영생’이라는 개념에 접근하려 했습니다.

그래서 예수님이 “네가 계명을 아나니 간음하지 말라, 살인하지 말라, 도둑질하지 말라, 거짓 증언하지 말라, 네 부모를 공경하라 하였느니라”(18:20) 말씀하시니, “이것은 내가 어려서부터 다 지키었나이다”(18:21) 대답한 것입니다. 계명의 근본이 무엇인지 잘 몰랐습니다. 물질이 그에게는 하나님과의 만남을 가로막는 장애물이었습니다. 결국 물질이 예수님의 명령을 따르지 못하게 하는 장애물이 되었습니다. 그는 큰 부자이므로 물질을 포기할 수가 없었습니다. 백만 원 버는 사람이 십만 원 십일조 내기는 쉬워도, 백억 버는 사람이 십억 십일조 내기는 어려운 것과 같습니다. 사람들이 10분의 1을 생각하기보다는, 하나님으로부터 받은 것을 생각하고 감사하기보다는, 드리는 액수에 붙들리기 때문입니다. 드리는 액수가 클수록 많이 받은 것을 기뻐하고 감사하면 되는데, 돈으로부터 자유롭지 않기 때문에 그리 못하는 것입니다. 시간도 마찬가지입니다. 일에 쫓기는 사람은 시간을 못 냅니다. 남편들 대부분이 쇼핑을 즐기지 못하는 이유가 거기에 있습니다. 일에 쫓기기 때문입니다. 시간으로부터 자유로워지면 쇼핑도 즐길 수 있습니다.

인생의 목표, 돈, 시간, 명예, 자존심 이런 것들이 우리를 묶으면 “전대나 배낭이나 신발을 가지지 말며 길에서 아무에게도 문안하지 말”라는 예수님의 명령에 순종하기가 어렵습니다. 예수님을 주인으로 모신 자의 삶에는 ‘인생 목표, 돈, 시간, 명예, 자존심’이 들어있지 않습니다. 안전도 들어있지 않습니다. 10장 3절입니다. “갈지어다 내가 너희를 보냄이 어린 양을 이리 가운데로 보냄과 같도다” 아멘. 늑대들 사이에 어린양이 있습니다. 안전할까요? 순식간에 잡아먹힐 것입니다. 그런데도 예수님은 이들을 보내십니다. 돈이라도 좀 있고, 자기 먹거리라도 챙겼으면 좀 나을 것 같은데, 그런 건 가지지도 말라 하십니다. 넉넉하지도 않고, 안전하지도 않습니다.

영원을 사모하는 사람의 내면에는 무엇이 있어야 할까요? 하나님을 두려워하는 마음이 있어야 합니다. 하나님 경외입니다. 사람들이 몰려오면 사람들에게 마음을 빼앗길 수 있습니다. 사람들에게 잘 보이려고, 사람들에게 내가 얼마나 가치 있는 사람인가를 증명하기 위해 노력하고 포장하면 안 되는 것입니다. 재물이 몰려오면 재물을 지키려고 불의를 정당화할 수 있습니다. 그러나 그러면 안 되는 것입니다. 사람이 몰려오든, 재물이 몰려오든, 내면에 하나님을 두려워하는 마음이 있어야 하는 것입니다. 그래야 사람들이 떠난다고 하나님을 떠나지 않고, 재물이 떠난다고 하나님을 버리지 않습니다.

모든 상황으로부터 자유로운 '하나님 경외'가 내면에 있으면 됩니다. 그러한 하나님 경외가 있으시기를 바랍니다. 솔로몬이 지혜는 있었는데, 하나님 경외가 없어서 국가 분단의 원인 제공자가 되었습니다. 지식과 지혜가 없어도 하나님 경외가 있으면 지혜와 지식이 있는 것입니다. 잠언 1장 7절입니다. "여호와를 경외하는 것이 지식의 근본이거늘 미련한 자는 지혜와 훈계를 멸시하느니라" 아멘. '근본'은 '시작'의 번역입니다. 그러므로 여호와를 경외하지 않으면 '지식'이나 '앎'이라는 것이 시작되지 않습니다. '앎'이라는 것은 하나님을 경외하면서 시작됩니다.

왜 모르는가? 하나님을 경외하지 않기 때문입니다. 하나님을 경외하면 압니다. 내 마음 내가 잘 모르시겠으면, 하나님을 경외하십시오. 그러면 알게 됩니다. 갈 길을 모르시겠으면 하나님을 경외하십시오. 그러면 알게 됩니다. 무엇이든지 모르겠으면, 알고 싶으면, 하나님을 경외하십시오. 그래야 알 가능성이 열립니다. "여호와를 경외하는 것이 지식의 근본"이라는 표현이 그것을 의미합니다. 여호와를 경외해야 '아는 것'이 시작된다는 말씀이지요. 다시 말해, 여호와를 경외하지 않으면, 아는 것 같으나 모르는 것이고, 아직 미련한 상태에 있는 것입니다.

히브리어 헬라어 몰라도 됩니다. 그러나 하나님을 경외하는 마음이 없으면 안 됩니다. 하나님을 경외하면 하나님께서 보내신 분 예수님을 인정하겠지요. 예수님과 같은 것을 말하겠지요. 예수님이 옳다고 말하겠지요. 12장 8절에서 예수님을 '시인'한다는 말은, 예수님과 같은 소리를 낸다는 말입니다. 예수님이 의견을 내시면 동의합니다. 예수님이 동의하시면 재청합니다. 예수님을 인정하다가도 가진 것이 많아지면, 가진 것을 지키기 위해 예수님을 부인하는 일이 생기는 것입니다. 예수님과 다른 의견을 내기 시작하는 것입니다.

어리석은 부자가 그랬지요. 밭에 소출이 풍성한 것과 수만 명의 사람들이 예수님을 따르는 것은 연결되는 지점이 있습니다. 12장 16절입니다. "또 비유로 그들에게 말하여 이르시되 한 부자가 그 밭에 소출이 풍성하매" 아멘. 소출이란 불로소득이 아닙니다. 부정한 소득도 아닙니다. 풍년입니다. 하나님 주신 열매입니다. 그런데 이 부자의 문제는 그 소출에 마음이 빼앗긴 것입니다. 수만 명이 예수님을 따릅니다. 하나님 주신 은혜입니다. 그러나 예수님은 사람들에게 마음이 빼앗기시지 않습니다. 어떤 사람이 예수님을 재판장과 재물 나누시는 분으로 여기고 와서, "내 형을 명하여 유산을 나와 나누게 하소서" 말씀드렸습니다(12:13). 그러나 예수님은 예수님의 위치를 혼동하지 않으십니다. 아무리 사람들이 많이 따르고 예수님을 인정해도 하나님께서 주신 그 직분을 넘어가시지 않습니다.

12장 14절입니다. "이르시되 이 사람아 누가 나를 너희의 재판장이나 물건 나누는 자로 세웠느냐 하시고" 아멘. 예수님이 재판장도 아니시고 물건 나누는 자도 아니시면, 어떤 분인가요? 모세에 대한 스데반 집사님의 표현에도 힌트가 있습니다. "그들이 말이 누가 너를 관리와 재판장으로 세웠느냐 하며 거절하던 그 모세를 하나님은 가시나무 떨기 가운데서 보이던 천사의 손으로 관리와 속량하는 자로서 보내셨으니" 아멘. '속량하는 자, 구원자' 입니다. 구주 예수님이시죠. 예수님은 죄인을 구원하러 오셨습니다. 다른 것들이 보태져도 예수님 본연의 자리를 지키십니다.

예수님은 제자들도 그러기를 바라셨습니다. 결국 부자가 어떻게 합니까? 많아진 소출로 인해 기존의 창고를 헙니다. 본래 있던 것을 헙니다. 이유는 초과 생산 때문입니다. 기대보다 소출이 많아서 기존의 창고를 헙니다. 본래 신학교로 진학하려고 했습니다. 그런데 수능 점수가 너무 잘 나온 것입니다. 신학교 가기가 아깝습니다. 이런 거죠. 그 점수로 신학교 수석으로 들어가면 되잖아요. 그런데 인생은 그게 아까운 것입니다. 하나님께서 많이 주시는 이유는 사명을 바꾸기 위함이 아닙니다. 사명을 더 잘 감당하라고 주십니다. 그런데 사람들은 많이 생기면 딴생각하기 시작합니다. 다른 집을 지으려고 합니다.

하나님을 위하던 삶이 나를 위한 삶으로 바뀝니다. 소출이 그렇게 많지 않았더라면 그런 생각을 안 했을 것입니다. 교회가 조금만 부흥했다면 그런 생각을 안 했을 것입니다. 천 명 정도만 되었어도 그런 생각을 안 했을 것입니다. 그런데, 오천 명, 만 명, 십만 명 되니 생각이 달라집니다. 장관 직책을 맡은 분 정도까지만 교회에 나오셨으면 다른 생각을 안 했을 것입니다. 그런데 대통령이 교회에 나오니 생각이 달라진 것입니다. 대통령은 영혼이 두 개입니까? 대통령도 영혼이 하나입니다. 우리 모두 다 영혼이 하나입니다. 복음 앞에서는 모두 똑같습니다. 뭔가 사회적으로 지위가 있는 분이 교회에 다니시면 좋은 부분이 있겠지요. 그러나 그것 때문에 다른 목표가 생기고, 그것 때문에 기존의 집을 부수고 다른 집을 짓는다면 잘못하는 것입니다. 하나님을 경외하지 않는 것이고, 바리새인의 누룩 외식으로 치장하기 시작한 것입니다.

하나님을 경외하는 자는 하나님께 대하여 부요한 자가 되려고 힘씁니다. 12장 21절입니다. "자기를 위하여 재물을 쌓아 두고 하나님께 대하여 부요하지 못한 자가 이와 같으니라" 아멘. 하나님을 경외하는 자는 하나님의 평가를 가장 중요하게 생각합니다. 누가 점수를 주느냐에 따라 점수가 달라집니다. 결국 내가 추구하는 것에 무게중심을 두게 되어있습니다. 천국에 관심이 있는 사람은 천국에 보화를 쌓게 됩니다. 하나님을 사랑하고 그분을 중시하는 사람은 하나님이 중요하게 생각하는 부분에 힘을 쓰기 마련입니다.

그럼, 하나님께 부요하지 못하고 자기에게 쌓는 자는 어떻게 될까요? 12장 20절입니다. "하나님은 이르시되 어리석은 자여 오늘 밤에 네 영혼을 도로 찾으리니 그러면 네 준비한 것이 누구의 것이 되겠느냐 하셨으니" 아멘. 여기서 이 부자의 영혼을 도로 찾는 주체가 누구일까요? 하나님 같지요? 그런데 주어가 '그들'로 되어있습니다. 3인칭 복수입니다. 헬라어로 하나님은 단수입니다. 더구나 하나님께서 직접 말씀하시면서 '그들이 네게 네 목숨을 내놓으라 할 것이다.' 말씀하셨으니, '그들'은 하나님이 아닙니다. 하나님의 말씀을 직역해 보았습니다. '바보[횡경막이 없는 놈, 미친 놈, 몰상식한 놈], 이 밤에 네 목숨을 그들이 네게 내놓으라 할 것이다[너로부터 네 목숨을 돌려달라 할 것이

다]. 하면 네가 준비한 것들이 누구에게 있을까?'

이 비유에서 3인칭 복수로 표현된 요소들은 소출들입니다. 17절에 '곡식' 은 '열매들' 로 복수형입니다. 18절에서 '물건' 은 '좋은 것들' 로 복수형입니다. 19절의 '물건' 도 '많은 좋은 것들' 로 복수형입니다. 왜 소출들이 부자의 생명을 자신들에게 되돌려 달라고 하나님께 요청할까요? 이유는 부자의 생명 연장이 이 소출들로 이뤄졌기 때문입니다. 이 소출들은 자신들의 생명 값으로 유지된 부자의 생명에 불만을 품게 됩니다. 하나님을 경외하지도 않는 부자를 위해 자신들의 생명이 허비되었기 때문이지요. 그가 하나님을 경외했다면, 자신들의 생명 값으로 부자의 생명이 연장된다고 해도 하나님을 경외하는 자를 위해 사용되었으니 감내할 수 있습니다. 그러나 자신에게 쌓는 자를 위해 생명을 사용하는 것은 용납하기 어려운 것입니다.

12장 49-53절을 보면, 불을 붙이러 오신 예수님, 불을 붙이기 위해 받을 세례를 받으려고 예루살렘으로 가시는 주님, 그 세례를 반드시 받으셔야 한다며 그 길을 가시는 예수님은 '땅에 불을 붙이러 온 것이니 땅에 평화를 주려고 오신 것이 아니다.' 라고 말씀하십니다. 평화를 주러 오신 것이 아니라면 무얼 주려고 오신 것일까요? 분리를 땅에 주려고 다가오셨습니다.

51절은 유명하나 해석이 어렵고 적용은 더 어려운 구절입니다. "내가 세상에 화평을 주려고 온 줄로 아느냐 내가 너희에게 이르노니 아니라 도리어 분쟁하게 하려 함이로라" 아멘. 병행구절이 마태복음 10장 35절에 있습니다. "내가 온 것은 사람이 그 아버지와, 딸이 어머니와, 며느리가 시어머니와 불화하게 하려 함이니" 아멘. 마태복음의 '불화' 는 '둘로 쪼개짐' 을 의미하는 단어의 번역입니다. 사람이 그 아버지를 대항하여 둘로 쪼개집니다. 이처럼 대항하여 둘로 쪼개지는 일을 딸이 어머니를 향해, 며느리가 시어머니를 향해 진행합니다. 잘 보시면, 아들이 아버지를 향해, 딸이 어머니를 향해, 며느리가 시어머니를 향해 대항하여 쪼개진다고 말씀했습니다. 그럼, 대항하여 쪼개는 사람은 예수님의 제자입니까, 아니면 제자가 아닌 사람입니까?

'불화하게 하려고 오셨다, 분쟁하게 하려고 오셨다.' 하신 말씀의 구약 배경에 미가서 7장 6절이 있습니다. "아들이 아버지를 멸시하며 딸이 어머니를 대적하며 며느리가 시어머니를 대적하리니 사람의 원수가 곧 자기의 집안 사람이리로다" 입니다. 여기서 "멸시하며"는 '바보 취급하며' 의 번역입니다. 아들이 아버지를 바보 취급합니다. 이 아들은 경건한 아들입니까, 불경건한 아들입니까? 하나님을 경외하는 아들입니까, 하나님을 경외하지 않는 아들입니까? 예수 믿는 아들이 아버지를 바보 취급합니까, 아니면 예수님을 안 믿는 아들이 예수님 믿는 아버지를 바보 취급합니까?

"딸이 어머니를 대적하며"는 '딸이 어머니 안에서 일어선다.' 하는 표현의 번역입니다. 어머니 안에 있다가 딸이 일어납니다. 어머니 뜻을 따를 수 없다는 강한 의사 표현입니다. 마찬가지로, 며느리가 자기 시어머니 안에서 일어섭니다. 시어머니를 따를 수 없다는 말입니다. 피차 그럴 수 있습니다. 종교가 다르면, 가치관이 다르면 서로 바보 취급할 수 있습니다. 그러나 미가서의 문맥은 경건하지 않은 자가, 선하지 않고 정직하지 않은 자가, 아버지를 바보 취급하고 어머니와 시어머니 안에 있지 않고 일어선다고 말합니다.

미가서에서는 '바보 취급한다' 가 중요한 개념으로, 마태복음에서는 '대항하여 둘로 쪼개진다' 가 중요한 개념입니다. 그럼, 누가복음 12장 53절의 '분쟁' 은 어떤 개념일까요? 기본 뜻은 '분리, 분배' 입니다. '분쟁' 은 아닙니다. '분쟁' 은 병행 본문인 마태복음에서 번역자가 가져온 것 같습니다. 이 단어가 싸움을 의미하지는 않으니까요. '한 집에 다섯이 분배될 것이다. 셋이 둘 위에서, 둘이 셋 위에서 분배될 것이다.' 이것이 직역입니다. 셋이 둘 위에서 분배된다는 표현을 이해하기 어렵습니다. 그래서 마태복음에 있는 병행 본문과 유사하게 번역한 듯합니다.

예수님이 '분리' 에 대한 부분을 자세히 설명하십니다. 53절입니다. "아버지가 아들과, 아들이 아버지와, 어머니가 딸과, 딸이 어머니와, 시어머니가 며느리와, 며느리가 시어머니와 분쟁하리라 하시니라" 아멘. 잘 보시면 마태복음이나 미가서와 분명하게 다른 점이 있습니다. 쌍방향입니다. 미가서는 '아들이 아버지에 대해, 딸이 어머니에 대해, 며느리가 시어머니에 대해 어찌어찌한다.' 이렇게 표현하여 권위에 순종해야 할 대상이 그 권위를 가진 이를 어떻게 대할지 말씀하셨지요. 마태복음도 미가서와 같습니다. '아들이 아버지에 대해, 딸이 어머니에 대해, 며느리가 시어머니에 대해 어찌어찌한다.' 이렇게 되어있습니다. 그러나 누가복음 본문은 쌍방향입니다. 그리고 동사도

다릅니다.

12장 53절을 직역해 보면 이렇습니다. '아버지가 아들 위에서 분배될 것이다. 아들이 아버지 위에서, 어머니가 딸 위에서, 딸이 어머니 위에서, 시어머니가 며느리 위에서, 며느리가 시어머니 위에서.' 여기서 중요한 표현이 '위에서' 입니다. 아버지가 아들 위에서 분배된다는 말이 무엇을 의미할까요? 토막이 난다는 말입니까? 잘 보니 미가서나 마태복음과 달리, 시작이 다릅니다. 미가서와 마태복음은 아들부터 시작됩니다. 그런데 누가복음은 아버지부터 시작됩니다. '바보 취급하다, 대항하여 둘로 쪼개지다' 가 경건하지 않은 자가 경건한 자를 대하는 태도이기에, 여기 '분쟁' 다시 말해, '분배' 나 '분리' 를 경건하지 않은 자가 경건한 자를 대하는 태도라고 보면, '아버지가 아들 위에서 분배된다.' 하는 말은 '아버지가 아들로 인해 고통당하는 모습' 을 표현한 것으로 볼 수 있습니다.

'아버지가 아들 위에서 나누어진다.' 하는 말이 '아들이 아버지를 나눈다.' 하는 말과 이어지기 때문입니다. 미가서에서는 '아들이 아버지를 바보 취급한다.' 했고, 마태복음에서는 '아들이 아버지를 대항하여 둘로 쪼개진다.' 했는데, 누가복음에는 '아들이 아버지를 나눈다는 말' 이 '아버지가 아들 위에서 나뉜다.' 이렇게 표현된 것입니다. 아버지가 아들에 의해 쪼개집니다. 고난의 방향이 아버지를 향합니다. 주님은 불이 붙는 것과 관련하여 받을 세례인 십자가를 말씀하셨습니다. 그리고 그 불이 붙는 과정에서 집안에 일어날 일을 51-53절에서 말씀하시기에, 단순한 분쟁을 표현하신 것이 아닙니다. 예수 믿는 아버지가 예수 안 믿는 아들에 의해 쪼개지는 일이, 그리고 그 반대 즉, 예수 믿는 아들이 예수 안 믿는 아버지에 의해 쪼개지는 일이 쌍방으로 일어날 것을 말씀하신 것이지요.

여기서 중요한 것은 누가 쪼개고, 누가 쪼갬을 당하느냐입니다. 문맥을 고려해도 쪼개는 쪽은 예수님을 십자가에 다는 쪽이고, 쪼갬을 당하는 쪽은 예수님과 동행하는 제자들입니다. 겉 불이 붙은 제자는 쪼개기도 합니다. 그러나 속 불까지 붙은 제자는 쪼개지는 쪽이지요. 내가 죽었으니 인간적인 이유로 쪼개지 않습니다.

예루살렘으로 가시는 예수님께 어떤 사람이 질문을 했습니다. 13장 23절입니다.

"어떤 사람이 여짜오되 주여 구원을 받는 자가 적으니이까 그들에게 이르시되" 아멘. "주여 구원을 받는 자가 적으니이까" 이렇게 질문했습니다. 좀 더 정확하게 번역하면, "주님, 구원받는 이들이 적다면?"입니다. 자각(自覺)이 중요하고 선한 영향력이 분명히 있겠지만, 구원받는 이들이 적다면 어떻게 되는 것이지요? 이렇게 물은 것입니다. '우리가 다수가 아니라 소수가 되면 어떡하지요? 그럼, 힘이 없잖아요. 투표에서 지겠네요? 밀리겠어요.' 이런 말입니다. 이에 대한 예수님의 대답은 "나중 된 자로서 먼저 될 자도 있고 먼저 된 자로서 나중 될 자도 있느니라"였습니다(13:30).

13장 23절의 질문이 왜 생겼을까요? 22절의 상황에서 생겼습니다. "예수께서 각 성 각 마을로 다니사 가르치시며 예루살렘으로 여행하시더니" 아멘. 예루살렘으로의 여행이 벌써 시작되었습니다. 그런데 예수님은 거북이입니다. 이유는 모든 성과 촌락을 빠짐없이 다니시기 때문입니다. 예수님은 거북이이고 비둘기호[모든 역에 정차하는 완행열차로 지금은 없음]입니다. 그러니 나중 된 자가 먼저 되는 방법이 분명 속도와 관계되지는 않을 것 같습니다. 속도가 아니라 뭔가 다른 요소가 순위를 바꿉니다. 위치를 바꿉니다. 숫자가 중요한 것도 아닌 것 같습니다. 구원받는 이들의 숫자에 대해, 그들이 다수인지, 소수인지 여쭈었는데, 달리 대답하시기 때문입니다. 24절입니다. "좁은 문으로 들어가기를 힘쓰라 내가 너희에게 이르노니 들어가기를 구하여도 못하는 자가 많으리라" 아멘. 힘써야 구원이 있습니다. 원하나 성공하지 못하는 경우가 많을 것입니다. '들어가기를 구하는' 사람이 많다고 본래 표현되었습니다. '많은 이들이 들어가려고 찾을 것이다. 그런데도 성공하지 못할 것이다.' 이렇게 말입니다.

구원받은 사람이 다수인지, 소수인지 여쭈었더니, 예수님이 대답하십니다. '많은 사람이, 다수가 구원받기를 바라고 문을 찾으려 할 것이다. 그런데 문을 찾지 못할 것이다. 문을 찾기도 할 것이다. 그러나 힘쓰지 않으면 그 문으로 들어가지 못한다. 결국 원함도 있고 기회도 주어지지만, 구원이 도달하지 못하는 이들이 많을 것이다.' 쉽게 떠오르는 예로 부자 청년이 있지요. "재물이 많은 고로"(막 10:22) 좁은 문으로 들어가지 못합니다.

퍼센티지를 여쭈었는데, 예수님은 성공률을 말씀하십니다. 투표 결과를 여쭈었는데, 지지율을 말씀하십니다. 합격 여부를 여쭈었는데, 점수를 물으십니다. 양이 어느 정도인지 질문했는데, 질이 어느 정도인지 대답하십니다. 교인 숫자에 관심을 두었는데, 너희 교회에 '구원받을 믿음이 있는 자'가 몇 명이냐? 물으십니다. 민수기 1장을 보면, 출애굽한 이스라엘 백성 가운데 20세 이상이 육십만 삼천오백오십 명입니다. 그런데 이 가운데 두 명만 가나안 땅에 들어갑니다. 0.00033퍼센트입니다. 삼십만 명 가운데 한 명꼴이니까요. 이 퍼센트대로라면 '천만 명 교인' 가운데 서른세 명이 구원받습니다.

갑자기 정신이 나지 않습니까? 왜 예수님은 구원받기를 원해도 받지 못하는 자가 많다고 말씀하십니까? 기회가 늘 있는 것이 아니기 때문입니다. 결국 신자 그룹이 사회에서 다수가 되느냐, 소수가 되느냐는 그리 중요한 문제가 아니기 때문입니다. 우리 각자가 시간과 기회를 어떻게 활용할 것이냐가 중요하기 때문입니다. 13장 25-27절입니다. "집 주인이 일어나 문을 한 번 닫은 후에 너희가 밖에 서서 문을 두드리며 주여 열어 주소서 하면 그가 대답하여 이르되 나는 너희가 어디에서 온 자인지 알지 못하노라 하리니 그 때에 너희가 말하되 우리는 주 앞에서 먹고 마셨으며 주는 또한 우리의 길거리에서 가르치셨나이다 하나 그가 너희에게 말하여 이르되 나는 너희가 어디에서 왔는지 알지 못하노라 행악하는 모든 자들아 나를 떠나 가라 하리라" 아멘.

여기 보면, '집주인이 일어나 문을 닫기 때문에' 구원의 문으로 들어오지 못하는 일이 생깁니다. 어떤 상황인가요? 집주인은 예수님이고, 집주인이 일어나는 때는 예수님 부활의 때입니다. 예수님이 부활하시고 나면 유대인 구원의 기회가 심각하게 줄어듭니다. 물론 초대 예루살렘 교회에서 삼천 명, 오천 명이 회개하고 돌아오는 일이 있었습니다. 그러나 그들은 박해로 흩어집니다. 더 이상 커지지 않습니다. 복음이 약속의 땅에 해당하는 '유대와 사마리아'로 퍼집니다. 그러나 구원 기회의 상당 부분은 이방인들에게로 넘어갑니다. 바울 사도가 3차 전도 여행을 마무리하고 예루살렘으로 왔을 때, 믿는 자 수만 명이 있지만, 모두 다 율법에 열심 있는 사람들입니다.

하나님의 말씀을 잘 아는 유대인들이 예수님 부활을 더 잘 믿을 것 같은데, 아닙니다. 그 흐름은 지금까지 이어집니다. '메시아닉 쥬'라고 불리는 믿는 기독교인 유대인이 늘어나고 있지만 아직 미미(微微)합니다. 2012년 통계로, 미국에 사는 메시아닉 쥬의 수는 17만에서 25만 명입니다. 이스라엘에는 만 명에서 2만 명 정도 있습니다. 전

세계적으로는 35만 명 정도입니다. 많이 증가한 게 그 정도입니다. 예수님은 '예수님이 부활하시고 나면 유대인 복음화율은 심각하게 낮아질 것' 을 이미 알고 말씀하셨습니다.

그들이 밖에 서서 문을 두드립니다. '주님, 우리에게 열어 주세요.' 말합니다. 그러나 주님이 대답하십니다. '나는 너희를 모른다. 너희가 어디로부터인지 모른다.' 이때 유대인들이 대답합니다. '우리는 주님 앞에서 먹고 마셨습니다. 그리고 우리의 거리마다에서 당신이 가르치셨습니다.' 그런데도 주님이 유대인들에게 말씀하실 것입니다. '나는 너희를 모른다. 너희가 어디로부터인지 모른다. 내게서 물러나거라. 불의를 행하는 모든 자들아.'

예수님께서는 약속의 땅에 있는 성(城)뿐 아니라 촌락들까지 빠짐없이 방문하십니다. 문전박대를 당하시더라도 완행열차처럼, 비둘기호처럼, 거북이처럼 한 동네 한 동네 방문하십니다. 하나님 나라를 전파하십니다. 이 기회가 다시 올 것 같지만 오지 않습니다. 예수님은 승천하실 것입니다. 제자들을 통해 이런 전도가 있을 것입니다. 베드로도 순회 사역을 했습니다. 그러나 그리 오래가지 못합니다. 촛대가 옮겨집니다. 기회가 사라집니다. 문이 닫힙니다. 문이 열려있을 때 들어가야 합니다. 겨울철 이스라엘 국립공원 닫는 시간은 오후 세 시입니다. 세 시가 되면 문이 닫힙니다. 안에 있던 사람은 나가야 합니다.

문을 닫은 집주인이 말합니다. "행악하는 모든 자들아 나를 떠나 가라"(13:27) 아멘. 이 외침에서 '좁은 문' 의 성격이 드러납니다. 행악하면 들어가지 못하는 문입니다. 혈통으로나 육정으로나 사람의 뜻이 아니라 하나님에게서 태어나야(요 1:13) 들어가는 문입니다. 근본적인 변화가 일어나야 들어갈 수 있습니다. 세포 마디마디마다 거룩해져야 들어갑니다. 모든 형태의 중독에서 벗어나야 합니다. 찬양의 단물이 세포마다 가득하여 찬양이 좋아야 들어갑니다. 예수님이 좋아야 들어갑니다. 성경 읽는 게 좋고 기도하는 게 좋고 하나님 앞에 앉아 있는 게 좋아야 들어갑니다.

예수님의 결론입니다. 13장 28-30절입니다. "너희가 아브라함과 이삭과 야곱과 모든 선지자는 하나님 나라에 있고 오직 너희는 밖에 쫓겨난 것을 볼 때에 거기서 슬피 울며 이를 갈리라 사람들이 동서남북으로부터 와서 하나님의 나라 잔치에 참여하리니 보라 나중 된 자로서 먼저 될 자도 있고 먼저 된 자로서 나중 될 자도 있느니라 하시더라" 아멘. 통곡과 이를 악무는 일이 있을 것입니다. 유대인들이 구원에서 배제되고 이방인 구원이 확산되는 것을 볼 때입니다. 할례도 받지 않은 이방인들은 성령을 받고 하나님의 말씀대로 살며 기쁘게 찬송하는데, 정작 유대인들은 종교적 틀에 갇혀 기쁨도 없고 더러운 신앙생활을 할 때입니다.

아브라함과 이삭과 야곱이 그리고 모든 선지자가 하나님의 나라에 있는 것을 그들이 보며 슬피 울고 이를 갈 것입니다. 자신들은 바깥에 내쫓겨 있습니다. 그런데 사람들이 옵니다. 동쪽과 서쪽으로부터 옵니다. 북쪽과 남쪽으로부터 옵니다. 그들이 오더니, 하나님의 나라에서 기대어 눕습니다. 하나님의 통치를 받으며 기대어 쉽니다. 이때 깨닫습니다. 끄트머리에 있던 이들이 선두 그룹을 형성하고 있다는 것을요. 선두 그룹을 형성하던 유대인들이 구원 측면에서는 끄트머리에 있는 것을요.

하나님과의 관계에서 끄트머리에 있던 이방인들이 선두 그룹이 되고, 하나님과의 관계에서 독보적으로 앞장서던 유대인들이 끄트머리로 밀린 것은 속도의 문제가 아니었습니다. 마음의 문제였습니다. 사랑의 문제였습니다. 원함의 문제가 아니었습니다. 힘씀의 문제였습니다. 반드시 얻어야겠다는 마음에서 우러나오는 애씀의 문제였습니다.

이제 요한복음으로 넘어갑니다. 사도 요한은 예수님의 정체성을 이렇게 표현합니다. '그분은 처음부터 계셨다. 그런데도 그분은 하나님을 향해 계셨다. 사실 그분은 신성도 있으셨다. 그럼에도, 그분은 처음부터 하나님을 향해 계셨다. "하나님바라기" 셨다. 하나님께서 말씀하시는 대로 말씀하셨고, 하나님께서 행하시는 것을 본 대로 행하셨다.' 이어 물으십니다. '그런데 그분의 백성이라는 당신은 어떠한가? 그분은 생명이시다. 그런데 당신은 생명이 있는가? 그분은 빛이시다. 그런데 당신은 빛 가운데 있는가?'

사도 요한에게 예수님은 '말씀, 생명, 빛' 이십니다. '육신이 되신 말씀, 하나님 품안의 독생자' 입니다. 그분이 결혼식에 가시니 어떤 일이 발생하나요? 가나에 혼례가 있습니다. 이 집은 가난한 집이 아닙니다. 요한복음 2장 6절을 보면 "유대인의 정결 예식을 따라 두세 통 드는 돌항아리 여섯"이 있기 때문입니다. '통' 으로 번역된 단위는

'메트레테스' 로 34.11리터입니다. 그러니 두세 통이면 70에서 105리터나 되는 큰 돌 항아리입니다. 그런 돌 항아리가 여섯 개나 있습니다. 목적은 정결례를 위한 것입니다. 부엌 집기가 아닙니다. 부정해졌을 수 있는 상태를 정결하게 바꾸기 위해 사용되는 종교용의 집기입니다.

왜 돌 항아리로 정결례를 위한 그릇을 만들었을까요? 혹 부정해지더라도 깨뜨릴 필요가 없기 때문입니다. 질그릇의 경우 부정한 것에 닿으면 깨뜨리도록 율법이 규정합니다. 레위기 11장 33절입니다. "그것[기어다니는 것들 가운데 부정한 것들의 주검] 중 어떤 것이 어느 질그릇에 떨어지면 그 속에 있는 것이 다 부정하여지나니 너는 그 그릇을 깨뜨리라" 아멘. 부정한 것이 닿으면 질그릇은 깨뜨려야 하지만, 돌그릇은 씻으면 됩니다. 그래서 정결례를 위한 그릇으로 돌 항아리를 썼습니다.

부잣집에서 혼례가 있습니다. 그런데 포도주가 떨어졌습니다. 준비 부족입니다. 아니면, 손님을 너무 많이 초대한 거겠지요. 예수님과 제자들도 초대되었습니다. 가나는 나사렛에서 직선거리로 13킬로미터, 갈릴리 호수에서 직선거리 21킬로미터 떨어져 있습니다. 조금은 과하게 손님이 초대된 것 같습니다. 예수님과 제자들이 너무 많이 드셨을까요? 예수님의 어머니 마리아가 예수님에게 포도주 부족을 알립니다.

예수님은 포도주 부족 상태를 해결하셨습니다. 어떻게 해결하셨습니까? 첫째, 본래 준비된 포도주보다 더 맛있는 것으로 준비하셨습니다. 2장 10절입니다. "말하되 사람마다 먼저 좋은 포도주를 내고 취한 후에 낮은 것을 내거늘 그대는 지금까지 좋은 포도주를 두었도다 하니라" 아멘. 물이 변하여 포도주가 되었습니다. 그런데, 더 중요한 점이 있습니다. 최상의 포도주가 되었습니다. 둘째, 넉넉히 준비하셨습니다. 두세 통 드는 돌 항아리를 평균 잡아 90리터짜리라고 하면, 여섯 개이니, 포도주 540리터가 준비되었습니다. 리터 당 만 원만 잡아도 540만 원어치입니다. 최고급 포도주이니, 리터 당 10만원만 생각해도 5,400만 원어치입니다.

저는 연회장의 말에서 일반적이지 않으신 예수님의 모습을 봅니다. 예수님은 일반적인 사람들의 성향을 따르지 않으셨습니다. 맛 측면에서도, 양에 있어서도 충분히 최상으로 준비하셨습니다. 먹는 사람의 상태와 관계없이 최상으로 준비하셨습니다. 부족분이 얼마인가와 관계없이 그 집에 있던 돌항아리 여섯 개에 가득 채워주셨습니다. 가

나의 혼인 잔치에 가셔서 포도주를 만드신 예수님에게서 형편이 아니라 '충분'과 '최상'을 추구하시는 예수님을 만납니다. 먹는 사람이 취한 상태이든, 취하지 않은 상태이든 가장 좋은 포도주를 마실 수 있도록, 물이 최상급 포도주가 되게 하셨습니다.

충분과 최상을 추구하신 예수님, 하나님의 공급하시는 힘으로 하는 것 같이 공급하신 예수님에게서 사람들은 '영광'을 봤습니다. 그 영광을 보고 제자들이 믿습니다. 2장 11절입니다. "예수께서 이 첫 표적을 갈릴리 가나에서 행하여 그의 영광을 나타내시매 제자들이 그를 믿으니라" 아멘. 표적들 가운데 '첫 것'과 같은 이 표적의 핵심을 대부분 '변화'로 봤습니다. 그래서 복음성가에서 노래하지요. "예수님이 말씀하시니 물이 변하여 포도주 됐네. 예수님이 말씀하시니 물이 변하여 포도주 됐네. 예수님, 예수님 나에게도 말씀하셔서 새롭게 새롭게 변화시켜 주소서." 그런데 연회장의 말을 생각하니 단순히 변화가 중요한 것이 아닙니다. 일반적인 사람들의 태도와 다른 태도, 일반적인 사람들의 공급과 다른 공급, 일반적인 사람들의 마음과 다른 마음에서 영광스러움이 보입니다. 충분함과 넉넉함입니다.

이어지는 이야기에서도 같은 모습의 예수님을 발견합니다. 2장 13-16절입니다. "유대인의 유월절이 가까운지라 예수께서 예루살렘으로 올라가셨더니 성전 안에서 소와 양과 비둘기를 파는 사람들과 돈 바꾸는 사람들이 앉아 있는 것을 보시고 노끈으로 채찍을 만드사 양이나 소를 다 성전에서 내쫓으시고 돈 바꾸는 사람들의 돈을 쏟으시며 상을 엎으시고 비둘기 파는 사람들에게 이르시되 이것을 여기서 가져가라 내 아버지의 집으로 장사하는 집을 만들지 말라 하시니" 아멘. 성전이 장터가 되는 것, 성전이 사고파는 집이 되는 것을 반대하셨습니다.

예수님은 성전의 절대가치가 지켜지기를 바라셨습니다. 거룩함입니다. 하나님입니다. 17절입니다. "제자들이 성경 말씀에 주의 전을 사모하는 열심이 나를 삼키리라 한 것을 기억하더라" 아멘. 시편 69편 9절 말씀이 인용됩니다. 다윗이 노래합니다. "주의 집을 위하는 열성이 나를 삼키고 주를 비방하는 비방이 내게 미쳤나이다" 아멘. 다윗은 능한 자입니다. 싸움에도 능하고 노래에도 능했습니다. 그러나 그는 약속의 땅 너머로 원정을 떠나지 않았습니다. 애굽을 칠 만큼 강했지만, 애굽을 치지 않았습니다. 노래를 잘했지만, 네로처럼 배우가 되려고 하지 않았습니다. 그의 관심은 온통 하나님이었습니다. 하나님의 집이었습니다. 그래서 설계도도 준비하고 성전 지을 재료도 준비하고 성전 지을 사람도 준비했습니다. 압살롬처럼 백성의 마음을 얻으려고도 하지 않았습니다. 그래서 마음이 괴로울 때가 많습니다. 시편 69편 9절에 이어지는 가사가 이렇습니다. "내가 곡하고 금식하였더니 그것이 도리어 나의 욕이 되었으며 내가 굵은 베로 내 옷을 삼았더니 내가 그들의 말거리가 되었나이다" 아멘.

예수님의 마음은 한 마디로 '열심' 이었습니다. '질투' 입니다. 헬라어로 '젤로스' 입니다. 영어의 jealousy와 발음이 비슷하지요? 성전이 변질되는 것을 용납하지 않으시는 마음입니다. 하나님의 집에 대한 사랑입니다. 성전이 자기 가치를 유지하기를 바라시는 예수님을 향해 사람들이 말합니다. 18절입니다. "이에 유대인들이 대답하여 예수께 말하기를 네가 이런 일을 행하니 무슨 표적을 우리에게 보이겠느냐" 아멘. 유대인들은 예수님의 '질투' 를 '상표화' 합니다. 표적을 보이라 합니다.

이때 예수님은 자신의 드려짐에 대해 말씀하십니다. 성전이신 예수님의 죽음과 부활에 대해 말씀하십니다. 2장 19-22절입니다. "예수께서 대답하여 이르시되 너희가 이 성전을 헐라 내가 사흘 동안에 일으키리라 유대인들이 이르되 이 성전은 사십육 년 동안에 지었거늘 네가 삼 일 동안에 일으키겠느냐 하더라 그러나 예수는 성전된 자기 육체를 가리켜 말씀하신 것이라 죽은 자 가운데서 살아나신 후에야 제자들이 이 말씀하신 것을 기억하고 성경과 예수께서 하신 말씀을 믿었더라" 아멘. 질투의 상표를 구하는 이들에게, 예수님은 질투의 실상을 보이십니다. 죽음입니다. 나를 해체해라. 그러면 하나님께서 사흘 만에 다시 살리실 것이다. 인간의 노력은 사십육 년입니다. 그러나 하나님의 역사는 사흘입니다. 인간의 노력은 외관에 있습니다. 그러나 하나님의 노력은 본질을 향합니다. 사람들이 사십육 년을 말할 때 예수님은 사흘을 말씀하셨습니다. 사람들이 웅장하고 아름다운 건물을 말할 때, 예수님은 성육신하신, 육신이 되신 말씀을 얘기하셨습니다. 사람들이 포장을 말할 때, 예수님은 본질을 말씀하셨습니다. 사람들이 상대가치를 말할 때, 예수님은 절대가치를 말씀하셨습니다.

이제 2장 23-25절을 봅니다. "유월절에 예수께서 예루살렘에 계시니 많은 사람이 그의 행하시는 표적을 보고 그의 이름을 믿었으나 예수는 그의 몸을 그들에게 의탁하지 아니하셨으니 이는 친히 모든 사람을 아심이요 또 사람에 대하여 누구의 증언도 받으실 필요가 없었으니 이는 그가 친히 사람의 속에 있는 것을 아셨음이니라" 아멘. 예수님은 표적을 보고 믿는 이들에게 자신을 의탁하지 않으셨습니다. 그들 속에 있는 것을 아셨기 때문입니다. 표적을 보고 믿는 이들 안에 무엇이 있을까요? 질문을 바꿔봅니다. 표적을 보고서야 믿는 이들의 마음에는 무엇이 없을까요? '질투'가 없습니다. 표적을 보고 믿는 이들 안에는 무엇이 있을까요? 포장이 있습니다. 질투하는 마음이 최상을 추구합니다. 모든 사람은 좋아하는 것이 있습니다. 게임이 빠진 사람은 밥 먹는 것도 뒤로하고 게임을 합니다. 게임을 위해 밥을 먹습니다. 돈벌이에 빠진 사람도 마찬가지입니다. 노래에 빠져도 그렇습니다. 하나님께 빠진 사람도 그렇습니다. 예수님은 하나님의 전에 대한 열심, 질투가 있으셨습니다. 그래서 하나님이 받으시는 비방을 예수님이 받으시고 십자가에서 죽으셨습니다. 최상을 추구하시는 하나님, 좋은 것을 지으시고 좋은 것이 유지되기를 원하시는 하나님, 죄로 물든 인생을 정결케 하기를 원하시는 하나님, 백성과 영원토록 함께 계시고자 하시는 하나님의 열심을 예수님에게서 발견합니다.

빛과 생명이신 예수님은 3장에서 '놋뱀'으로 소개됩니다. 3장 13-15절입니다. "하늘에서 내려온 자 인자 외에는 하늘에 올라간 자가 없느니라 모세가 광야에서 뱀을 든 것 같이 인자도 들려야 하리니 이는 그를 믿는 자마다 영생을 얻게 하려 하심이니라" 아멘. 니고데모는 성경을 잘 알았습니다. 민수기 21장의 놋뱀 사건을 잘 알았지요. 뱀에게 물렸는데, 놋으로 만든 뱀을 보면 사나요? 해독해야 살지요. 많은 사람이 한꺼번에 물렸습니다. 해독이 가능하지 않습니다. 그래서 하나님께서는 독특한 방법으로 해독을 진행하셨습니다. '놋으로 만든 불뱀을 보아라. 그러면 해독이 되게 해주마.' 말씀하셨습니다. 보기만 해도 해독이 되는 것, 그것은 하나님께서 정하셨기에 가능했습니다. 그런데 놋뱀을 보기 위해서는 뱀에게 물린 자들이 장막 바깥으로 나와야 했습니다. 독이 퍼져 몸이 굳고 고통스럽습니다. 놋뱀에게서 멀리 떨어진 곳에 장막을 친 사람들은 한참을 이동해야 놋뱀이 보였을 것입니다. 믿음이 없으면 할 수 없는 행동이지요. 뱀에게 물린 사람의 가족이 온다고 해서 해독이 되는 것이 아니었습니다. 물린 사람 자신이 반드시 놋뱀을 봐야 했습니다.

이것이 믿음입니다. 인자가 들려야 하리니, 다시 말해 들린 인자를 보는 믿음입니다. 들린 인자는 십자가에 달리신 예수님입니다. 십자가에 달리신 예수님을 봐야 해독이 됩니다. 무엇으로부터 해독이 됩니까? 세상의 물질만능(物質萬能)에서 해독됩니다. 자존심에서 해독됩니다. 자기 자랑에서 해독이 됩니다. 교만으로부터 해독이 됩니다. 성육신하셨을 뿐 아니라 십자가를 지신 예수님을 생각하면, 해독되지 못할 게 없습니다. 불평할 게 없습니다.

잘 나가는 사람이 불평합니다. 이스라엘 백성이 어려울 때는 부르짖었습니다. 그런데 좀 잘 나간다 싶으니까 불평이 시작됩니다. 만나를 뭐라고 불렀습니까? '이 하찮은 음식' 이라고 불렀습니다(민 21:6). 배고픈 사람은 반찬 타령하지 않습니다. 시장이 반찬이라고 했지요. 뭐든 맛있습니다. 찬밥도 달콤합니다. 김치 한 쪼가리만 있어도 밥 한 그릇 먹습니다. 요새 입맛이 없으십니까? 잘 나가고 계시는 겁니다. 예수님이 말씀하십니다. '내려와라.'

내려와야 쳐다볼 수 있습니다. 내리깔면 쳐다볼 수 없습니다. 놋뱀을 쳐다보려면 올려다봐야 합니다. 십자가에 달리신 예수님을 바라보려면 올려다봐야 합니다. 마음이 교만하면 내려다봅니다. 만나도 '하찮은 음식' 이라고 부릅니다. 길 때문에 불평합니다. 차 막히면 속상하시죠? 저도 그렇습니다. 혹시 예수님을 생각하면 속상함이 풀릴까요? 불말과 불병거 타고 다닐 분이 걸어 다니셨잖아요? 승진이 안 되어 속상하신가요? 예수님을 생각해 볼까요? 성부의 품을 떠나 이 땅에 오셨지요. 배가 고프신가요? 40일을 금식하신 예수님을 생각하세요. 뭐든지 예수님만 생각하면 불평 끝, 찬송 시작입니다.

기준이 예수님이 되고, 올려다 뵙는 분이 예수님이 되면 해독이 됩니다. 교만에서 해독이 됩니다. 자랑에서 해독이 됩니다. 불평불만에서 해독이 됩니다. 니고데모, 해독이 필요했습니다. 바리새인의 독이 빠져야 했습니다. 산헤드린 공회원들이 가지고 있던 독이 빠져야 했습니다. 해독이 시작입니다. 혹시 돈독에 빠져 계시지는 않겠지요? 술독에 빠져 사시지도 않겠지요? 그러나 바리새독과 산헤드린 의원독이 있습니다. 똑독이 있습니다. 그것이 해결되어야 함께 지어집니다.

사마리아 여인도 예수님은 빛과 생명으로 만나주셨습니다. 빛과 생명이신 예수님을 믿기 위해서 중요한 것이 무엇입니까? 증언입니다. 4장 39절입니다. "여자의 말이 내가 행한 모든 것을 그가 내게 말하였다 증언하므로 그 동네 중에 많은 사마리아인이 예수를 믿는지라" 아멘. 증언을 믿었습니다. 수가 성 여인은 무엇을 증언했습니까? "내가 행한 모든 것을 그가 내게 말하였다." 하는 내용을 증언했습니다. 그게 그렇게 대단한 것입니까? 이런 상황에서 나올 수 있는 반응들을 생각해 보았습니다. '그게 뭐 대단해. 우리도 네가 뭘 했는지 다 안다.' '뭘 잘했다고 네가 한 일 알아맞힌 사람을 소개하냐?' 그런데 그들은 믿었고 몰려와서 예수님께 함께 유하시기를 청했습니다. 예수님의 말씀을 듣고 더 많은 사람이 믿게 됩니다(4:41-42).

물론 이들의 말에서 수가 성 여인의 슬픔, 헌신자의 슬픔을 읽습니다. 4장 42절입니다. "그 여자에게 말하되 이제 우리가 믿는 것은 네 말을 인함이 아니니 이는 우리가 친히 듣고 그가 참으로 세상의 구주신 줄 앎이니라 하였더라" 아멘. 여인의 말보다야 예수님의 말씀을 친히 듣고 믿게 되었으니 좋기는 하지요. 그런데 이 말속에서 저는 여인의 흥분과 기쁨과 만족이 사라지는 것을 느끼는데 여러분은 어떠시나요? 번뇌와 슬픔 속에서 살다가 예수님 만나서 감격했습니다. 감격에 겨워 물동이도 버려두고 전도했더니 동네 사람들이 믿었습니다. 자기가 그리스도라고 증언한 예수님을 동네 사람들이 좋아하니 자기도 덩달아 좋았습니다. 예수님의 인기가 높아질수록 예수님을 소개한 자기도 왠지 중요한 사람이 된 것만 같았습니다. 그런데 이 기쁨이 이틀을 못 갑니다. 왜냐하면 사람들이 여인과 여인의 증거를 헌신짝 버리듯이 버렸기 때문입니다.

그럼에도, 이 여인의 증거를 믿고 예수님께 달려가고 그분에게 함께 유하기를 청하고 그분의 말씀을 듣고 예수님이 세상의 구주이신 것을 믿게 된 이들이 귀합니다. 무엇을 믿었습니까? 이 여인의 증언을 믿었습니다. 증언이란, 보고 듣고 경험한 것에 대한 말입니다. 그가 어떤 사람이었든, 그는 예수님과 대화했고 대화 가운데 예수님을 경험했습니다. 예수님에 대해 알게 되었고, 그 예수님을 소개했습니다. 그분이 무슨 표적을 행했다느니, 하는 말을 한 것이 아닙니다. 자신이 직접 듣고 보고 경험한 것을 소개했습니다. '그랬다더라' 가 아니라, '그렇다.' 이렇게 말했습니다. 이것이 중요합니다. 증언의 합이 그리스도를 보여줍니다.

예수님도 증언하셨습니다. 4장 44절입니다. "친히 증언하시기를 선지자가 고향에서는 높임을 받지 못한다 하시고" 아멘. 잘 보십시오. 예수님은 증언하셨습니다. 직접 보고 듣고 경험하신 것을 말씀하고 계십니다. 사람들은 이어지는 45절을 보면서 예수님은 고향에서 높임을 받으신 것 아닌가? 생각합니다. 45절입니다. "갈릴리에 이르시매 갈릴리인들이 그를 영접하니 이는 자기들도 명절에 갔다가 예수께서 명절 중 예루살렘에서 하신 모든 일을 보았음이더라" 아멘. 갈릴리인들이 예수님을 영접했습니다. 그래서 어떤 이는 갈릴리인들이 상대적으로 사마리아 사람들보다 예수님을 덜 영접했다고 보기도 하고, 예수님의 고향인 베들레헴을 유대가 포함하기에 여기서 '고향'은 유대를 가리킨다고 보기도 합니다. 그러나 요한복음에는 예수님의 베들레헴 탄생도, 나사렛에서의 성장도 강조하지 않습니다. 오히려 하나님 품을 그분의 기원으로 소개합니다(1:18). 이 점에서 예수님의 증언은 수가 성 여인이 동네 사람들로부터 높임을 받지 못한 것을 보고 듣고 경험하신 것을 증언하셨을 가능성이 큽니다.

그리고 이 증언은 수가 성 여인에게 큰 위로가 되었을 것입니다. 예수님이 자신을 선지자로 불러주셨기 때문입니다. 그럼에도, 본문은 결과에 대해 열어두고 있습니다. 예수님의 증언을 믿는다면, 이 여인은 헌신자의 슬픔을 극복하고 증인의 삶을, 제자의 삶을 계속 살 수 있을 것입니다. 그러나 예수님의 이 증언을 믿지 않는다면, 그는 헌신자의 슬픔을 극복할 수 없을 것입니다. 자신을 인정하지 않는 동네 사람들에게서 배신당했다고 느끼고 분노 섞인 위축된 삶을 살게 되겠지요.

그래서 무엇이 중요합니까? 믿는 것이 중요합니다. 이제 수가 성 여인은 증언할 거리가 하나 더 늘었습니다. 처음에는 '내가 행한 모든 것을 그가 내게 말하였다.'(4:29) 하는 증언만을 할 수 있었습니다. 그러나 이제는 '그 말을 듣고 믿은 동네 사람들에 대해서, 예수님과 이틀을 머문 다음에 동네 사람들이 보인 반응에 대해서'도 증언할 수 있게 되었습니다. '야, 대단하지 않냐? 예수님 말이야. 아주 동네 사람들이 다 홀딱 넘어가더라. 그것들이 나는 무시하더니만, 언제 봤다고 예수님을 참으로 세상의 구주라고 부르더라. 사람들이 그러니까, 나도 예수님을 선지자, 그리스도, 세상의 진짜 구주라고 계속 부르고 전하고 싶다.' 이렇게 말할 수 있겠지요. 이런 자신의 증언에 사람들이 더 믿게 되면 증언할 말이 더 생기겠지요.

증언 그것은 보고 듣고 경험한 사람만이 할 수 있는 말입니다. 증인 자격은 아무에게나 주어지지 않습니다. 현장에 있었어야 합니다. 보고 듣고 경험한 것이 있어야 합니다. 그게 없으면 꽝입니다. 그런데 증언이 없다고 해서 사실이 사실이 아닌 것이 아닙니다. 누군가가 저에 대해 증언하지 않는다고 해서 제가 존재하지 않거나 제가 제가 아니지 않습니다. 예수님도 마찬가지입니다. 수가 성 여인이 예수님을 증언하지 않는다고 해서 예수님이 선지자, 그리스도가 아니신 것이 아닙니다. 그의 증언과 상관없이 예수님은 그리스도이시고 하나님의 아들이시며 온 땅의 구주이십니다.

그럼에도 불구하고, 유한한 인간, 단순히 보는 것만으로는 깨닫지 못하는 인생을 위해 증언이 필요한 것입니다. 믿는 사람이 수십억이 있어도, 나와 같이 사는, 매일 얼굴을 맞대고 밥을 같이 먹는 그 사람의 말이 중요한 것입니다. 하나님께서는 확성기를 통해 온 세상 사람들이 다 들을 수 있도록 말씀하시지 않고, 한 사람을 통해 그 주변 사람들에게 말씀하십니다. 증언을 통해 말입니다. 우리가 알 수 있고 확인할 수 있는 방식으로 증언되게 하십니다. 그 증언이 비록 보잘것없을지라도 증언이란 믿음과 만나기만 하면 은혜의 통로가 됩니다.

왕의 신하는 아들을 40킬로미터 떨어진, 도상 직선거리 27킬로미터 떨어진 가나에서 고치시는 예수님을 믿었습니다. 그냥 믿었습니다. 확인이 있었고 확실히 믿게 되었습니다(4:49-53). 저는 하나님을 그냥 믿기로 했습니다. 믿어지지 않으면 믿지 않으셔도 됩니다. 그러나 믿어지면 믿으십시오. 증언이 믿어지면 믿으십시오. 믿다 보면 그분을 알게 됩니다. 은혜는 믿는 곳으로 흐릅니다. 신뢰가 있어야 함께 지어집니다. 증언은 매개체입니다. 증언은 저작권이 있습니다. 증언은 나만의 경험이기 때문입니다. 경험을 공유하더라도 내 생각과 마음을 통해 나오는 나의 말은 내게 저작권이 있습니다. 하나님께서는 저작권이 있는 증언을 사용하십니다.

표적도 그 시점이 지나면 증언으로만 증거 됩니다. 홍해가 갈라져 이스라엘 백성이 마른 땅으로 건넌 것은 이제는 표적이 아니라 증언으로 전달됩니다. 경험될 수 없기 때문입니다. 그래서 예수님이 4장 48절과 같이 말씀하십니다. "예수께서 이르시되 너희는 표적과 기사를 보지 못하면 도무지 믿지 아니하리라" 아멘. 표적과 기사, 그것이 예수님이 어떤 분이신지를 보여줍니다. 그러나 예수님은 증언으로 믿어지기를 바라십니다. 왕의 신하의 아들로 인해 온 집안이 믿습니다. 이들은 증언에 기초하여 믿게 됩니다. 51-53절입니다. "내려가는 길에서 그 종들이 오다가 만나서 아이가 살아 있다 하거늘 그 낫기 시작한 때를 물은즉 어제 일곱 시에 열기가 떨어졌나이다 하는지라 그의 아버지가 예수께서 네 아들이 살아 있다 말씀하신 그 때인 줄 알고 자기와 그 온 집안이 다 믿으니라" 아멘.

사마리아 여인 및 왕의 신하와 비교되는 인물이 있습니다. 5장에 나오는 38년 된 병자입니다. 그가 믿음이 있어서, 예수님께 간구하여 병이 나은 것이 아닙니다. 병이 오랜 줄 아시고 예수님이 낫기를 원하는지 물으셨고, 도와주는 사람이 없다는 말만 했으나 고쳐주셨습니다(5:6-9). 그러나 그 사람은 자신의 안위를 위해 예수님을 팔았지요. 5장 15-16절입니다. "그 사람이 유대인들에게 가서 자기를 고친 이는 예수라 하니라 그러므로 안식일에 이러한 일을 행하신다 하여 유대인들이 예수를 박해하게 된지라" 아멘. 이 점에서 9장의 시각장애인은 복 있는 사람입니다.

요한복음 9장에 소개된 '맹인 되었던 사람'은 사회적 지위만 없는 것이 아닙니다. 그가 가진 것이라고는 수치뿐입니다. 그러나 저는 그를 '복 있는 사람'으로 꼽고 싶습니다. 여기서 '복'이란 시편에서 말하는 복이고 마태복음의 산상수훈과 누가복음의 평지설교에서 언급되는 복입니다. 여러 가지 문제 앞에서, 악인들의 꾀를 따라 다른 사람을 해치면서 문제를 해결하지 않고, 하나님의 말씀을 어기고 하나님의 선하신 뜻을 거스르며 문제를 외면하지 않고, 가진 바에 근거하여 다른 사람들을 무시하면서 문제를 덮어버리지 않는 복입니다. 심령이 가난하고 애통하며 온유하고 의에 주리고 목마르며 긍휼히 여기고 마음이 청결하며 화평하게 하고 의를 위하여 박해를 받는 자, 그래서 예수님으로 말미암아 욕을 먹는 복입니다. 대가를 바라지 않고 주는 복입니다.

이 사람은 예루살렘의 '넓은 거리'에 있었던 것 같습니다. 예수님이 성전에서 밖으로 나오셔서 길을 가고 있는데 이 사람이 있었습니다. 이 길은 성전 서쪽으로 난 대로로 보입니다. 예루살렘에서 '넓은 거리'라 불릴 수 있는 길은 북서쪽에 있는 북문('다메섹 문')에서 중앙 계곡이라 불리는 튀로포에온 계곡을 따라 윌슨 아치와 로빈슨 아치를 지나 실로암 못 옆의 남쪽 문('분문', Dung Gate)까지의 거리입니다. 그 '복 있는 사람'은 아무래도 사람들이 많이 지나다니는 대로에서 구걸하고 있었을 것입니다.

그를 보자 제자들은 그가 누구의 죄 때문에 시각장애인으로 태어났는지 질문합니다(9:2). 잔인한 질문입니다. 병자의 입장은 전혀 고려하지 않고 제기한 신학적 질문입니다. 이러한 질문에 대해 예수님은 '하나님의 일'에 대해 말씀하십니다. 하나님께 속한 사람들의 관심은 '나 자신과 내가 속한 공동체가 하나님께 집중하는지, 하나님께서 하시는 일에 중심을 두는지, 그분의 일에 우리가 동참하는지'에 있습니다.

오직 아버지 하나님의 일에만 관심을 두시는 예수님은 진흙을 이기십니다. 안식일이기 때문에 진흙을 이기면 바리새인들이 '일을 했다.' 비판하며 문제 삼을 것을 아시지만, 진흙을 이기십니다(9:6). 그리고 그 사람의 눈에 진흙을 바른 다음, 실로암에 가서 씻으라고 하십니다(9:7). 사실, 침으로 진흙을 이기실 때, 보이지 않기에 귀가 밝은 이 사람은 무슨 일인가 했을 것입니다. 그래도 그는 분명히 알고 있었습니다. 11절에서 "예수라 하는 그 사람이 진흙을 이겨 내 눈에 바르고 나더러 실로암에 가서 씻으라 하기에 가서 씻었더니 보게 되었노라" 그렇게 대답하는 걸 보면, 그는 분명히 자기 앞에서 일어나는 일들을 소상히 알고 있었습니다.

여기서 이 사람이 복 있는 귀한 사람인 것을 알게 됩니다. 사람들이 자기에 대해 잔인한 신학적 논쟁을 하고 있을 때, 이 사람은 잠잠했습니다. 그리고 침으로 진흙을 이겨 눈에 발라 주실 때도 잠잠했습니다. 그러다가 "실로암에 가서 씻으라" 하시는 명령을 받자 가서 씻었습니다. 그는 38년 된 병자처럼 '즉시' 낫지 않았습니다. 성전 서쪽 입구에서 실로암 못까지는 약 800미터쯤 됩니다. 더군다나 내리막길이고 계단이 있습니다. 눈에 진흙을 바른 채 700-800미터 정도를 걸어 내려간다는 것은 평생 무시당하고 산 사람으로서도 정말 하기 싫은 일에 들어갈 것입니다. 그러나 그는 '하나님의 하시는 일'을 하신다는 분의 말씀에 기초하여 순종했습니다.

건강한 사람이 아픈 걸 두려워하는 겁니다. 아픈 사람은 아픈 것이 두렵지 않습니다. 아픈 사람은 죽을까 봐 두려워합니다. 죽은 사람은 죽는 게 두렵지 않을 겁니다. 오십보백보 같지만, 도토리 키 재기지만, 사실 더 낮아지는 것은 누구나 싫어합니다. 9장의 주인공에게도 눈에 진흙 붙이고 실로암까지 걸어 내려가는 길은 자신을 더 낮추는 길이었을 것입니다. 그는 내려갈 데가 더 없는 사회적 지위를 가졌지만, 더 내려갔습니다. 매우 높은 위치에 있던 니고데모는 조금 내려오는 것도 두려워했는데, 더 이상 내려갈 데가 없어 보이는 이 사람은 과감하게 더 내려갑니다. 나 자신을 낮추면 내려가는 게 그리 두렵지 않습니다. 이미 내려가 있으니까요. 올라가 있으니 추락하는 게 두려운 겁니다.

더구나 '복 있는 귀한 사람'은 그의 부모마저도 두려워서 사실대로 말하지 못하는 상황에서 있는 그대로 말합니다. 10-12절에서 아는 대로 대답합니다. 15절에서도 경험한 대로 대답합니다. 17절에서는 자신이 믿는 대로 대답합니다. "이에 맹인되었던 자에게 다시 묻되 그 사람이 네 눈을 뜨게 하였으니 너는 그를 어떠한 사람이라 하느냐 대답하되 선지자니이다 하니" 아멘. 정직한 사람입니다. 비록 사회적으로는 낮고 힘없는 위치에 있지만, '아는 대로', '경험한 대로', '믿는 대로' 대답할 수 있기에 귀합니다.

9장 25-34절에서는 그리스도에 대한 두 가지 대답 중 하나를 들어 예수님에 대한 이해를 발전시켜 갑니다. '그리스도에 대한 두 가지 대답'은 7장 27절, "그리스도께서 오실 때에는 어디서 오시는지 아는 자가 없으리라"와 7장 41-42절, "그리스도가 어찌 갈릴리에서 나오겠느냐 성경에 이르기를 그리스도는 다윗의 씨로 또 다윗이 살던 마을 베들레헴에서 나오리라 하지 아니하였느냐"입니다. 복 있는 이 귀한 사람은 오만한 사람들을 두려워하지 않습니다. 자신의 안위보다 진실 드러내기를 기뻐하는 사람입니다.

코에 걸면 코걸이 귀에 걸면 귀걸이너라고, 사람들은 자신들의 이익에 손상이 가지 않는 방향으로 이런 상황이면 이 말을 하고 저런 상황이면 저 말을 하는 것이 일반적입니다. 그런데, 나면서부터 눈이 멀어서 본 게 없고 들은 것만 있을 텐데도, 눈으로 예수님이 하신 일을 보고도 예수님을 인정하지 않고 능력을 받고 따랐으면서도 배신하는 이들과는 전혀 다릅니다. 그저 '들은 말'과 '진흙을 눈에 붙이고 한참을 걸어 실로암에 가서 씻어 눈을 뜨게 된 한 가지 경험'만으로도, 그는 전 인생을 거는 고백을, 니고데모조차도 못하던 고백을 사적인 자리에서뿐 아니라 공중 앞에서도 하였습니다. 9장 35-38절을 보면, 예수님으로부터 예수님 자신이 '인자' 곧 하나님께서 세우신 구원자 메시아 그리스도시라는 말씀을 듣자, 바로 "내가 믿나이다." 하고 말하고 경배합니다. 하나님의 일과 하나님께서 보내신 예수님의 말씀대로 순종하기를 기뻐하여 치료를 경험하고 회복된 사람입니다.

진리를 진리로 선포하는 이가 귀합니다. 성경의 모든 예언이 이뤄지더라도 본인이 이해하지 못하는 한 가지로 인해 성경을 부정하는 사람들이 많은 시대 속에서, 성경에서 말씀하시는 한 가지가 본인에게 이뤄진 것만으로도 성경이 믿을 만하다고 얘기하는 사람이 귀합니다. 이런 사람은 성경의 말씀이 실제이며 그 말씀대로 살면 그 말씀이 약속하신 대로 이뤄진다는 것을 확인하게 됩니다. 그러니 성경이 진리임을 확인하며 사는 자는 점점 더 성경이 진리임을 확인하게 될 것입니다.

내려가기를 두려워하지 않고, 진리와 안위 가운데 진리를 취하는 이 사람은 귀한 사람입니다. 5장에 나오는 38년 약한 상태로 있다가 고침을 받았던 사람과는 질적으로 다릅니다. 믿음이 없으나 그저 불쌍해서 38년 된 그의 약함을 회복시켜 주셨는데, 그에게 비난의 가능성이 생기자 곧바로 예수님을 팔아버렸지요. 예수님을 통해 자신의 필요를 채우려 하다가 채워지면 예수님을 발로 차고 자신의 안위를 챙기는 일은 이미 오래전에 예견되었습니다. 신명기 31장 20절입니다. "내가 그들의 조상들에게 맹세한 바 젖과 꿀이 흐르는 땅으로 그들을 인도하여 들인 후에 그들이 먹어 배부르고 살찌면 돌이켜 다른 신들을 섬기며 나를 멸시하여 내 언약을 어기리니" 아멘. 신명기 32장 15절입니다. "그런데 여수룬이 기름지매 발로 찼도다 네가 살찌고 비대하고 윤택하매 자기를 지으신 하나님을 버리고 자신을 구원하신 반석을 업신여겼도다" 아멘.

기독교의 역사에는 '생명 구원'이라는 한 축과, 배부르고 살쪄 하나님을 발로 찬 '배교'라는 한 축이 계속 함께 있었습니다. 하나님께서 나를 지키신다는 다윗의 사상과 내가 하나님을 지켜 드린다는 솔로몬의 사상이 함께 존재했습니다. 성전에서 흘러나오는 물이 나를 살린다는 실로암 사상과, 성전과 관계없는 물이라도 나만 살리면 된다는 베데스다 집념이 존재했습니다. 나는 무슨 생각을 하고 사는가? 천지를 지으신 능력으로 나를 지키시는 하나님을 믿고 사는가, 나 아니면 하나님도 별 수 없다는 식의 어리석은 생각을 하고 사는가? 인간의 거짓과 오만을 발로 차고 사는가, 아니면 나를 구원하셨으면서도 나 스스로 거룩함을 지켜낼 수 있도록 자유를 주시는 하나님을 발로 차고 사는가?

인간의 거짓과 오만을 발로 차고 삽시다. 베데스다에 머물지 말고 실로암으로 내려갑시다. 하나님의 도우심과 인간 수고가 만나 이뤄진, 그럼에도 최후 승리가 십팔만 오천을 하룻밤 사이에 멸하신 하나님께 있었음을 생생하게 보여주는 실로암으로 내려갑시다. 교회의 시작과 역사 속에서 하나님의 도우심과 인간의 수고가 만나 열매를 맺었지만, 늘 최후의 승리는 하나님의 도우심만으로 가능했음을 기억합시다. 가진 것이 아니라 정직과 믿음으로 주님이 우리에게 원하시는 그것, 한 가지를 위해 기도하고 궁리하고 결단합시다.

이제 7장의 니고데모로 다시 돌아가 봅니다. 우리는 3-10장의 맥락을 잘 이해하기 위해 한 가지 본문을 삭제할 필요가 있습니다. 7장 53절부터 8장 11절에 소개된 '간음하다 현장에서 잡힌 여성'에 대한 기사입니다. 이 부분은 우선 초기 중요 사본에는 없는 본문입니다. 한 마디로 본래 원문에는 없었을 가능성이 큰 본문입니다. 그래서 우리말 번역 성경에도 꺾쇠묶음([ ])으로 본문을 처리했습니다. 내용상으로도 이상한 부분이 많지요. 우선 간음 현장에서 잡혀 왔는데, 여성 혼자만 잡혀 왔습니다. 예수님의 태도가 앞뒤 문맥에서 발견되는 것과 다릅니다. 예수님은 손가락으로 땅에 글을 쓰시는 '무책임한 방식'으로 일을 처리하시는 분이 아닙니다.

더구나 "너희 중에 죄 없는 자가 먼저 돌로 치라"(8:7) 하시는 말씀은 요한문헌 전체 측면에서도 문제가 있어 보이는 명제입니다. 요한은 분명 빛으로 나와서 죄를 해결하라고 합니다. 빛으로 나오지 않는 자는 빛을 미워하는 자입니다. 그런데 '죄 없는 자는 없고, 죄 없는 자만이 돌로 칠 수 있다.' 하는 식의 내용은 성경 전체적으로도 문제가 있어 보입니다. 구약 율법에서, 백성이 돌로 누군가를 칠 때 그들이 죄가 없어서 돌로 치라고 명하신 것이 아니었습니다. 죄에 물들었을 가능성이 클수록 돌을 들어야 하는 그룹에 들어갔습니다.

그리고 바리새인들과 유대인들의 태도가 이 부분에서만 이렇다는 것도 이상합니다. 바로 앞 문맥에서 대제사장들과 바리새인들은 예수님을 잡아 오지 않은 아랫사람들을 꾸짖었습니다(7:45-49). 니고데모의 말에 '갈릴리에서는 선지자가 날 수 없다.'(7:52) 하는 표현을 했습니다. 그런데 7장 53절로 8장 11절에 소개된 '서기관들과 바리새인들'의 태도는 매우 소극적이라고 할 수 있습니다. 8장 12절 이후에서 발견되는 유대인들과 바리새인들의 태도는 7장 53절 이전의 태도와 같지요. 유독 이 부분에서만 그들의 태도가 돌변했다고 보기는 어렵습니다. 더구나 '서기관'이라는 단어의 사용도 눈에 띕니다. 이 단어는 공관복음에서는 자주 쓰입니다(마태복음 22회, 마가복음 21회, 누가복음 14회). 그러나 요한복음에는 이곳에만 쓰였지요. 그러니 이 본문의 용례만 빠진다면, 요한복음에는 '서기관' 이라는 단어가 쓰이지 않았습니다. 이것 외에도, 이 본문은 헬라어 문체 측면에서 요한복음의 다른 부분과 다릅니다.[1)]

그래서 요한복음 7장 53절부터 8장 12절의 구절을 빼고 읽어야, 앞뒤 문맥이 분명히 이해됩니다. 이 구절을 빼고 나면, 7장 37절부터 8장 59절까지는 한 날에 대한 기록입니다. 초막절 명절 큰 날입니다(7:37). 이날 유대인들은 성전에서 돌로 예수님을 치려고 했습니다(8:59). 그리고 9장의 '복 있는 사람' 이 소개되지요. 분모가 작은데 분자가 큰 사람입니다. 받은 은혜가 작아 보이는데, 매우 긍정적으로 반응한 사람이지요. 초막절은 광야 생활을 떠올리는 날입니다. '반석에서 물을 내신 하나님, 만나와 메추라기로 먹이신 하나님' 을 떠올리는 날입니다. 그런데 그날, 그것도 마지막 가장 큰 날에 유대인들이 예수님을 돌로 치려 했지요. 이러한 유대인들과 반대되는 사람이 그 '시각장애인' 입니다.

요한복음 6장을 보면, 유대인들이 오병이어의 기적을 맛보고 예수님을 임금 삼으려 했습니다(6:15). 예수님의 살을 먹고 피를 마시는 말씀을 받지 못했습니다. 심지어 제자들 가운데 어떤 이들은 이 말씀 때문에 예수님을 떠났습니다. 6장 51-66절에 있습니다. 예수님으로부터 유익을 누리는 많은 이들이 빛 되신 예수님을 만나지 않았습니다. 만나려 하지 않았습니다. 니고데모도 아직 예수님과 자신과의 관계를 담대히 드러내지 못합니다. 그런데 9장의 그 '복 있는 사람' 은 드러냅니다. 바리새인들과 논쟁도 합니다.

이제 10장이 이해됩니다. 왜 예수님이 자신을 양의 문이라고 하시는지, 선한 목자라고 하시는지 알 것 같습니다. 사마리아의 수가성 여인 같은, 9장의 '복 있는 사람' 같은 이들의 목자이시기 때문입니다. 사람들이 볼 때는 구원에서 먼 사람 같은 이들, 그러나 예수님 앞에 나올 뿐 아니라, 예수님과의 만남을 기뻐하고 자랑스러워하는 이들, 예수님과의 만남 이후에 바뀌는 이들의 문과 목자가 예수님이십니다.

---

1) 헬라어 문체를 설명하려면 헬라어 얘기를 해야 하기에, 헬라어 문체 부분은 상술하지 않습니다.

빛과 생명이신 예수님은 '참된 양식'이고 '참된 음료'입니다. 그분처럼 하늘에서 내려온 먹거리가 있었습니다. 만나입니다. 그런데 만나를 먹은 이들은 죽었습니다. 이유는 믿지 않았기 때문입니다. 그러나 본래 만나도 먹고 죽지 않도록 설계되어 있었습니다. 6장 49-50절입니다. "너희 조상들은 광야에서 만나를 먹었어도 죽었거니와 이는 하늘에서 내려오는 떡이니 사람으로 하여금 먹고 죽지 아니하게 하는 것이니라" 아멘. 50절의 떡은 '만나'를 가리킬까요, 아니면 '예수님'을 가리킬까요? 50절의 첫 단어 '이는'이 '이것은'이기 때문에 바로 앞에 나오는 '만나'를 가리킨다고 봐야 옳습니다.

6장 48-51절을 보면, 48절은 예수님에 대한 말씀이고, 49-50절은 만나에 대한 말씀이고, 51절은 예수님에 대한 말씀입니다. 48절입니다. "내가 곧 생명의 떡이라" 아멘. 예수님은 생명의 떡입니다. 그냥 떡이 아니고 생명의 떡입니다. 51절입니다. "나는 하늘에서 내려온 살아 있는 떡이니 사람이 이 떡을 먹으면 영생하리라 내가 줄 떡은 곧 세상의 생명을 위한 내 살이니라 하시니라" 아멘. 예수님이 다시 일인칭을 사용하셔서 "나는 하늘에서 내려온 살아 있는 떡"이라고 하십니다. 단순히 하늘에서 내려왔을 뿐 아니라, '살아 있는 떡'이십니다.

예수님과 비교할 때 만나는 하늘에서 내려오기는 했으나 '살아 있는 떡'은 아니었습니다. 그 자체가 말씀은 아니었으니까요. 순종해야 할 말씀은 모세를 통해 전달되었으니까요. 50절을 보면, "하늘에서 내려온 떡"으로 만나를 부릅니다. 하나님께서 만나를 주셨습니다. 이유는 먹고 죽지 말라고 주셨습니다. 겉으로는 먹고살도록 주셨지만, 실제로는 사람이 떡으로만 사는 것이 아니라 하나님의 입에서 나오는 모든 말씀으로 사는 것을 알도록 주셨습니다. 다시 말해, 하나님께서는 만나를 먹음으로써 하나님의 말씀으로 산다는 것을 깨닫도록 의도하셨습니다. 그러니, 만나를 주신 목적이 "사람으로 하여금 먹고 죽지 아니하게 하는 것"이었던 것입니다.

그런데 만나를 주신 목적이 어떤 이들에게는 이뤄지지 않았습니다. 49절입니다. "너희 조상들은 광야에서 만나를 먹었어도 죽었거니와" 아멘. 만나를 먹었지만 죽었습니다. 만나를 먹고 하나님의 말씀을 먹어야 산다는 것을 알고 말씀을 믿었다면 죽지 않았을 것입니다. 만나를 먹고 죽지 않은 사람들이 있었습니다. 첫 번 인구조사 때 20세

이하였던 남자들은 죽지 않았습니다. 왜 죽지 않았습니까? 하나님께서 그들은 약속의 땅에 들어간다고 말씀하셨기 때문에 죽지 않았습니다(민 14:29-35 참조).

만나를 먹었는데 왜 죽었습니까? 하나님께서 죽으리라 하셨기 때문에 죽었습니다. 갈렙, 여호수아, 그리고 이십 세 이하는 어떻게 하여 살게 되었습니까? 하나님께서 살리라 하셨기 때문입니다. 요한복음 6장에서 이 부분이 여러 번 강조됩니다. 44-45절입니다. "나를 보내신 아버지께서 이끌지 아니하시면 아무도 내게 올 수 없으니 오는 그를 내가 마지막 날에 다시 살리리라 선지자의 글에 그들이 다 하나님의 가르치심을 받으리라 기록되었은즉 아버지께 듣고 배운 사람마다 내게로 오느니라" 아멘.

하나님 아버지께서 이끄셔야 삽니다. 하나님 아버지께 듣고 배워야 삽니다. 표현을 바꿔봅니다. 하나님 아버지께서 이끄셔야 예수님의 말씀을 먹습니다. 하나님 아버지께 듣고 배운 자만이 예수님의 말씀을 먹습니다. 인용된 선지자의 글 "그들이 다 하나님의 가르치심을 받으리라"는 이사야 54장 13절의 인용입니다. 구원이 은혜임을 알려주시는 구절입니다. 여호와의 종의 사역으로 구원이 임합니다. 잉태하지 못한 자, 출산하지 못한 자, 홀로 된 여인에게 은혜가 임합니다. 그 결과 가운데 하나가 하나님에게서 배우는 일입니다. 다시 말해, 예수님의 말씀을 먹게 되는 것은 은혜입니다.

6장 65절도 봅니다. "또 이르시되 그러므로 전에 너희에게 말하기를 내 아버지께서 오게 하여 주지 아니하시면 누구든지 내게 올 수 없다 하였노라 하시니라" 아멘. 예수님께로 오는 것이 주어지지 않으면 아무도 예수님께로 올 수 없습니다. 당연히 예수님의 말씀을 먹을 수도 없습니다. 예수님의 말씀을 먹으면 삽니다. 그분의 말씀은 '살' 이 아니고 '영' 이고 '생명' 이기 때문입니다. 그분은 하늘에서 오셨습니다. 만나와 달리 '살아 있는 떡' 입니다. 그래서 그분의 말씀을 먹으면 삽니다. 그런데, 하나님께서 주시지 않으면 예수님께로 올 수가 없습니다. 하나님께서 이끄셔야 예수님께로 와서 그분의 말씀을 먹습니다. 그분의 살과 그분의 피를 마십니다.

예수님이 일반적인 '살' 이 아니고, 광야에 내려주신 '만나' 와도 다른 '살아 있는' 떡임을, 사실은 '영이고 생명' 임을 예수님은 알려주려 하셨습니다. 그래서 이렇게 시작하십니다. 41절입니다. "자기가 하늘에서 내려온 떡이라 하시므로 유대인들이 예수에 대하여 수군거려" 아멘. 예수님이 말씀하셨습니다. "나는 떡입니다. 하늘로부터 내려온 것이죠." 여기서 중요한 표현은 '하늘로부터' 입니다. '하늘로부터' 가 중요한 이유가 있습니다. 예수님의 출처가 하늘입니다. 하나님께서 예수님을 보내셨습니다. 예수님을 먹는 사람도 하나님께서 이끄십니다.

그러니 투덜거릴 필요가 없습니다. 수군거리고 불평할 필요가 없습니다. 사실은 누구에게 달려있다고요? 하나님께 달려있습니다. 말씀은 어떻게 먹습니까? 하나님께서 이끌어주셔야 먹습니다. 하나님으로부터 듣고 배워야 먹습니다. 하나님께 이끌려 먹습니다. 하나님으로부터 듣고 배워 먹습니다. 은혜로 먹습니다. 아무리 좋은 음식도 소화를 시켜야 유익합니다. 소화되지 못할 음식이라면 먹지 않는 것이 더 유익할 것입니다. 괜히 몸만 축이 나겠지요. 하나님의 말씀이 아무리 좋아도 소화를 시켜야 먹은 것입니다. 소화는 은혜로 됩니다. 똑같은 말씀을 듣는데 갈립니다. 누구는 눈물을 흘리고 누구는 화를 냅니다. 이유는 은혜입니다.

6장 54-58절을 새로 번역해 보았습니다. "내 살을 아작아작 먹고 내 피를 마시는 자는 영원한 생명을 가집니다. 그리고 내가 그를 마지막 날에 다시 살립니다. 내 살이 참 양식이고, 내 피가 참 음료이기 때문입니다. 내 살을 아작아작 먹고 내 피를 마시는 자는 내 안에 머물고 나도 그 안에 머뭅니다. 살아계신 아버지께서 나를 보내시고 내가 그 아버지 때문에 살아있는 것처럼, 나를 아작아작 먹는 이도, 저이도 나 때문에 살 것입니다. 이는 하늘에서 내려온 떡입니다. 조상들이 먹고 죽은 것과 같지 않습니다. 이 떡을 아작아작 먹는 자는 영원토록 살 것입니다."

6장 53절부터 갑자기 등장한 단어가 있습니다. '피' 와 '마시다' 입니다. 고구마 드실 때 같이 드시는 것 있으시지요. 다양하게 드시겠지만, 옛날에는 김칫국, 물김치, 동치미와 같이 먹었습니다. 고구마는 겨울 양식이었지요. 고구마 한 번 베어 물고 동치미 국물 한 모금 마시면 잘 넘어갔습니다. 왜 그러지요? 고구마만 먹으면 잘 넘어가지 않기 때문입니다. 예수님은 '내 살을 먹으라.' 하시더니, 갑자기 '피를 마시는 문제' 를 곁들이시고, 그리고는 '아작아작 먹는 방식' 을 반복적으로 언급하십니다. 이유는 말씀을 소화시키려면 꼭꼭 씹어 먹어야 하기 때문이지요.

말씀은 은혜로 먹습니다. 말씀은 꼭꼭 씹어 먹습니다. 그리고 말씀은 믿음으로 먹습니다. 그래서 '먹고사는' 문제가 아니라 '믿고사는' 문제입니다. 믿지 않으면 어떻게 됩니까? 떠납니다. 뱉습니다. 토해냅니다. '달면 삼키고 쓰면 뱉는다.' 했지요. 먹기는 했는데 삼키지 않습니다. 삼키기는 했는데 다시 토해냅니다. 받아들이지 않습니다. 믿음으로 먹는다는 것은 '말씀을 신뢰한다.' 하는 것을 의미합니다. 이 말씀대로 살아도 괜찮다고 생각합니다. 이 말씀대로 살아야 가장 좋다고 생각합니다. 이 말씀이 입에서는 쓰더라도 배에서까지 쓰더라도 몸에 유익하다는 것을, 영혼에 유익하다는 것을, 영원한 생명으로 인도한다는 것을 믿습니다. 그 믿음으로 말씀을 먹습니다. 그래서 말씀에 순종하다가 괴로운 일이 생겨도 말씀의 효능을 의심하지 않습니다. 절대로 토해내지 않습니다. 언제까지요? 그 말씀이 진리임이 확인될 때까지요. 말씀이 진리임이 확인되면 기뻐할 것입니다. 찬양할 것입니다.

말씀을 은혜로 먹으면 감사가 나옵니다. 찬양이 나옵니다. 말씀을 꼭꼭 씹어먹으면 소화가 잘되어 건강합니다. 말씀을 믿음으로 먹으면 하나님의 사랑을 듬뿍 받습니다. 그분을 신뢰하니 그분이 즐거우십니다. 무슨 일이 있어도 말씀을 토해내지 않으니, 내가 그분을 진실로 믿는다는 것이 확실히 증명됩니다. 말씀에 순종하다가 가난해져도 좋습니다. 굶어도 좋습니다. 죽어도 좋습니다. 그러니 마귀가 틈을 탈 수가 없습니다.

빛과 생명이신 예수님을 믿음으로 먹으면 됩니다. 그런데 안다고 하는, 본다고 하는 바리새인들은 먹지 않는데, "날 때부터 맹인 된 사람"(9:1)은 먹습니다. 예수님의 양들은 그분의 음성을 듣고(10:3) 그분을 먹을 것입니다. 나사로는 예수님의 양입니다. 죽은 시체가 되었는데도, 예수님이 "나사로야 나오라 부르시니 죽은 자가 수족을 베로 동인 채로" 나옵니다(11:43-44). 변화가 있습니다. 마리아는 비싼 향유를 붓습니다(12:1-3). 그러나 가룟 유다는 예수님을 토해냅니다(12:4-6; 13:26-30).

질의와 응답

하나. "예수님이 예루살렘을 향해 머리를 고정하시고 이후 하늘 성전을 향한 것으로 볼 수 있을까요?"

네. 누가의 기록으로 보이는 누가복음, 사도행전, 히브리서에는 하늘이 성전으로 묘사됩니다. 이번 과에서는 누가복음과 요한복음을 묶으려고 노력했습니다. '하나님을 경외하는 마음' 과 '영원을 추구하는 마음' 이 핵심입니다.

둘. "누가복음 12장 53절의 '분쟁' 은 어떤 개념일까요? 기본 개념은 분니라고 하셨죠."

예수님은 불을 땅에 던지러 오셨다고 말씀하십니다. 성령을 부어주러 오셨죠. 받으실 세례는 십자가입니다. 불과 세례, 성령과 십자가로 혈연관계가 분리됩니다.

셋. "요한복음 6장의 오병이어 사건이 공관복음의 성찬식과 연결된다고 봐도 되나요?"

요한복음에는 성찬식이 13장 3절의 "저녁 먹는 중"에 압축적으로 표현되었습니다. 이어 성찬 대신 세족식이 소개됩니다. 성찬이 익숙해진 이들에게 성찬의 의미를 세족식을 통해 알려주시는 것으로 보입니다. 공관복음에서도 오병이어 사건은 성찬과 연결됩니다. 예수님은 우리를 살리는 분입니다. 요한복음에서는 오병이어와 성찬을 명시적으로 연결합니다.

넷. "욥기에는 욥의 친구들이 한 말이 길게 소개됩니다. 이들의 말도 주석해야 하나요?"

욥의 친구들이 하는 말에는 세상 사람들이 말하는 보편 진리가 포함되어 있습니다. 분석할 가치가 있습니다. 자신을 발견하는 데 유용합니다. 결국, 욥보다 그의 친구들의 말을 더 많이 하고 살 가능성이 큽니다. 성경은 가인의 말, 사울의 말, 심지어 사탄의 말까지 소개합니다. 그들의 말을 통해 그들을 보여줍니다.

Weekly Reading

50

요한복음 11장 – 사도행전 10장

"빛과 생명이신 예수님"

요 11-13장	요 14-16장	요 17-19장	요 20장- 행1장	행 2-4장	행 5-7장	행 8-10장

check

이번 통독은 요한복음 뒷부분과 사도행전의 앞부분입니다. 나사로가 살아난 사건부터 고넬료 회심 사건까지입니다.

빛과 생명이신 예수님

I.
빛이 여행을 떠난다.
하늘에서 땅으로,
하나님 품 안에서 죄인들의 가슴으로.

빛이 멀리서 오니 외면하고
가까이 다가오니 배척한다.
그 빛 누가 모실까?

II.
생명이 여행을 떠난다.
영원에서 유한으로,
존재 자체에서 사망으로.

생명이 멀리 보이니 낯설어하고
가까이 다가오니 못 먹겠단다.
그 생명 누가 먹고 마실까?

III.
사랑하는 자가 먹는다.
사랑하는 자가 받는다.
먹으니 살고 받으니 밝다.

간직하는 자가 살고
믿는 자가 들으며
증인도 되고 순교도 한다.

제자들은, 이미 믿는다고 스스로 말하는 제자들은 말과 실제 믿음이 일치하는지 점검할 필요가 있습니다. 요한복음 11장은 도마, 마르다, 마리아의 믿음을 소개합니다. 그들의 고백과 실제가 일치하는지, 일치하지 않는다면 무엇이 문제인지 알려줍니다. 제목을 '고백' 이라고 붙여 봅니다. 영어 Go back 아닙니다. "마음속에 생각하고 있는 것이나 감추어 둔 것을 사실대로 숨김없이 말함"을 뜻하는 고백입니다. 우리는 사랑을 고백합니다. 미움을 고백하지는 않습니다. 고백은 좋은 의미로 쓰이나 봅니다. 신앙도 고백합니다. 사도신경으로 신앙을 고백합니다.

그런데 사전에서 말하는 그런 고백을 하시는지요? '사실대로 숨김없이' 말씀하시는지요. '전능하사 천지를 만드신 하나님을 믿으시나요?' 천지를 지으신 창조주의 능력으로 우리를 도우시는 것을 믿으시나요? 그럼, 아무 걱정 없으시겠네요? '거룩한 공회' 를 믿으시나요? '공회' 에 대한 고백은 '이 세상에 있는 모든 거룩한 교회가 하나' 라는 고백입니다. 그런데 교단 벽은 왜 이리 높지요? 사랑 고백을 어떻게 하셨지요? 사실대로 숨김없이 하셨나요? 고백하신 대로 살고 계시죠?

평양대부흥 운동의 시작은 '죄의 고백' 에서 시작되었습니다. 자기 죄를 사실대로 숨김없이 알리는 것, 자신의 어떠함을 그대로 노출하는 것, 체면 고려하지 않고 앞날 염려하지 않고 지금 나 자신의 상태를 그대로 드러내어 용서를 구하고 중보를 부탁하는 것에서 시작되었습니다. 오늘날 간증이란 게 성공했음을, 잘 나가고 있음을 알리는 내용이 많다면, 부흥기의 간증이란 '나는 이렇게 형편없는데 하나님께서 제게 은혜 주셔서 회개하게 되었습니다.' 하는 것이었습니다.

지금 교회는 내가 죄인인 것을 드러내면 위험한 교회가 되었습니다. 내가 얼마나 훌륭한지를 자꾸 알려야 인정받고 직분도 맡는 교회가 되었습니다. 주님의 일을 우리 힘으로 합니까? 우리 능력으로 합니까? 우리 자신의 선함으로 주님 일을 하나요? 그렇다면 훌륭한 사람이 주님의 일꾼 되는 게 맞겠습니다. 그러나 예수님은 어부들을 뽑아 사도로 삼으셨습니다. 세리 마태도 사도로 뽑아주셨습니다. 요단 동편에 사는 가룟인 유다도 사도 삼아 주셨죠. 학력으로 뽑지 않으셨습니다. 나이순도, 재력 순도 아니었습니다. 그저 하나님께서 원하는 사람으로 사도를 삼으셨습니다. 밤새워 기도하셨습니다. 열두 명 뽑기가 힘들어서가 아니었을 것입니다. 자신을 팔 가룟인 유다를 사도로 뽑으셔야 했기 때문이었을 것입니다.

요한복음 11장에 등장하는 제자들이 예수님에 대해 사실대로 숨김없이 고백하는지 살펴보기 전에 먼저 알아야 할 게 있습니다. 나사로의 무덤은 베다니에 있는데 예수님은 요단 강 저편 요한이 처음으로 세례 베풀던 곳에 계십니다. 10장 40절입니다. "다시 요단 강 저편 요한이 처음으로 세례 베풀던 곳에 가사 거기 거하시니" 아멘. 요한이 처음 세례 베풀던 곳이 어디인가요? 1장 28절에 나옵니다. "이 일은 요한이 세례 베풀던 곳 요단 강 건너편 베다니에서 일어난 일이니라" 아멘. 나사로의 무덤이 있는 베다니와 이름이 같습니다. 나사로가 묻힌 베다니는 예루살렘에서 가까운 곳에 있었습니다. 11장 18절입니다. "베다니는 예루살렘에서 가깝기가 한 오 리쯤 되매" 아멘. 정확하게 말하면 15 스다디온이므로 3킬로미터 정도 됩니다. 그럼, 요한이 처음 세례 주었던, 예수님께서 유대인들을 피해 피신하셨던 베다니는 어디쯤 있었을까요? 갈릴리 동쪽 벳세다 북쪽에 있었을 것으로 보입니다. 예수님은 갈릴리 동쪽 베다니에 계시고, 나사로는 예루살렘 동쪽 베다니에 있었습니다. 130킬로미터 이상 떨어져 있습니다. 사흘 길은 족히 됩니다.

나사로가 약해졌습니다. 5장의 38년 된 병자의 상태를 기술할 때 사용한 단어와 같은 단어를 썼습니다. 큰 병 없어도 기력이 다하면 죽는 것입니다. 나사로가 많이 약해졌습니다. 그러자 누이들이 소식을 예수님께 전합니다. 11장 5절에 소개된 순서 즉, '마르다, 마리아, 나사로' 가 나이순이라면 나사로의 누나들입니다. 오빠든, 동생이든, 집안에서 기둥 같은 위치에 있는 사람이 기력이 쇠해 죽어갑니다. 예수님이라면 고쳐 주실 수 있다는 믿음이 있습니다. 38년 된 병자도 고치셨고, 나면서부터 눈멀었던 사람도 고쳐주셨기 때문입니다.

마르다와 마리아가 예수님께 전하는 소식은 11장 3절에 있습니다. "주여 보시옵소서 사랑하시는 자가 병들었나이다" 아멘. 두 자매가 나사로에 대한 예수님의 사랑을 '필레오' 라는 단어로 표현합니다. 헬라어 구약성경을 매개로 해서 보면 히브리어 나샤 즉, 입맞추다에 해당하는 단어입니다. 만나면 입맞춤으로 인사할 만큼 가까운 사이라는 말입니다. 36절을 보면, 사람들도 예수님의 눈에서 뚝뚝 떨어지는 눈물을 보며 '필레오' 라는 단어를 씁니다.

하지만 실상 예수님은 아가페의 사랑으로 나사로를 사랑하셨습니다. 11장 5절입니다. "예수께서 본래 마르다와 그 동생과 나사로를 사랑하시더니" 아멘. 우리말로는 3절과 같은 표현을 썼지만 헬라어로는 다릅니다. '아가파오' 동사를 썼습니다. 히브리어 등가어는 '아헤브' 입니다. '아하바(Ahava)' 라고 들어 보셨나요? 이스라엘 사해에서 채취한 재료로 화장품을 만들어 파는 회사 이름입니다. 명사 '아하바' 는 '사랑' 을, 명사 '아하브' 는 '사랑하는 사람, 연인' 을 뜻합니다. 예수님은 나사로와 가까운 사이 그 이상이셨습니다. 진심으로 사랑하기에 욕을 먹더라도 정말 좋은 것을 주고 싶으셨습니다. 예수님이 부활이고 생명이심을 확인시켜 주시길 원하셨습니다.

사랑에 차이가 있습니다. 가깝다고 여기는 사랑과 생명을 내주는 사랑이 있습니다. 반갑게 맞이하는 사랑과 허물을 벗겨주려는 사랑이 있습니다. 배부르고 등 따셔야 하는 사랑과 춥고 배고파도 되는 사랑이 있습니다. 보고 싶어 견디지 못하는 사랑도 있지만, 보고 싶어 견디는 사랑도 있습니다. 줘야 직성이 풀리는 사랑도 있지만, 주지 않아도 직성이 풀리는 사랑이 있습니다.

가깝다고 여기는 사랑에 익숙했던 마르다와 마리아는 예수님께 '그냥 지나칠 수 없는 사이, 가까운 사이, 친구 사이인 나사로가 약해졌습니다.' 이렇게만 전해도 예수님이 오실 줄 알았습니다. 그런데 소식을 너무 늦게 전했습니다. 소식 전하는 자가 도착하기도 전에 나사로가 죽은 것입니다. 11장 21절과 32절의 조건문이 이점을 잘 보여줍니다. 21절은 마르다가 한 말입니다. "주께서 여기 계셨더라면 내 오라버니가 죽지 아니하였겠나이다." 32절은 마리아가 한 말입니다. "주께서 여기 계셨더라면 내 오라버니가 죽지 아니하였겠나이다." 물론 오라버니가 아니라 남동생일 수도 있습니다. 두 문장은 한 가지만 빼면 똑같습니다. 마리아는 '내 오라버니' 에서 '내' 라는 단어를 앞으로 가져와 강조했습니다. 좀 더 감정 섞인 표현입니다. '주님 제게 속한 자가 죽은 것입니다.' 하고 말이죠.

마르다와 마리아는 '왜 늦게 오셨습니까?' 하지 않았습니다. '일찍 오셨더라면 남동생이 죽지 않았을 텐데' 라고 말하지 않았습니다. '주께서 여기 계셨더라면' 했습니다. 여기에 사용된 조건은 '비현실적 조건' 입니다. '오라버니가 죽기 전에 주님이 여기 도착하시는 것이 불가능했던 것은 저희도 알고 있습니다. 그건 비현실적인 일이었습니다. 주님이 너무 멀리 계셨죠. 소식 전하는 자가 도착하기 이틀 전에 남동생이 죽었으니까요. 물론, 주님은 가까운 사람을 대하듯 나사로를 대하지 않으신 것은 사실입니다. 정말 가까운 사이였다면 이렇게 늦게 오시지는 않으셨을 것입니다.' 사실대로 솔직하게 말한다면 마르다와 마리아는 이렇게 얘기해야 옳았습니다. 그러나 그들은 그렇게 말하지 않았습니다. 그럼, 뭐라 했습니까?

두 사람이 조금 다릅니다. 우선 마르다는 예수님을 만나러 동구 밖까지 나왔습니다. 이유는 예수님이 동네 안으로 들어가시지 않았기 때문입니다. 30절입니다. "예수는 아직 마을로 들어오지 아니하시고 마르다가 맞이했던 곳에 그대로 계시더라" 아멘. 20절도 봅니다. "마르다는 예수께서 오신다는 말을 듣고 곧 나가 맞이하되 마리아는 집에 앉았더라" 아멘. 베다니는 큰 동네가 아닙니다. 누군가 예수님이 오셨다고 알릴 만큼의 시간이면 예수님도 마르다와 마리아가 있는 곳에 도착하실 수 있으셨을 것입니다. 마리아는 이점을 알고 있었고, 그래서 마중 나가지 않았습니다. 예수님이 문상하러 오신 것으로 이해하고 기다린 것입니다. 물론, 예수님은 문상하러 오시는 길이 아니었습니다. 나사로를 살리고 사랑하는 이들에게 자신이 부활이요, 생명이라는 사실을 구체적으로 보여주러 오셨습니다.

마리아와 달리 마르다는 예수님을 마중 나왔습니다. 그리고 한 말이 21-22절입니다.

"주께서 여기 계셨더라면 내 오라버니가 죽지 아니하였겠나이다." 하고 상황을 스스로 설명했습니다. '어차피 나사로 임종 전에 오실 수 없는 상황이었습니다. 그래서 오라버니가 죽었죠.' 하고 말한 것입니다. 그런데 이어지는 말이 좀 생뚱맞습니다. "그러나 나는 이제라도 주께서 무엇이든지 하나님께 구하시는 것을 하나님이 주실 줄을 아나이다." 마르다가 예수님께서 나사로를 살려달라는 기도를 하나님께 하실 거라 기대하지 않은 것은 분명합니다. 무덤 앞 돌을 옮겨 놓으라 하셨을 때, 마르다가 39절에서 "주여 죽은 지가 나흘이 되었으매 벌써 냄새가 나나이다." 했기 때문입니다. 그럼, 22절은 무슨 말인가요? 예수님과 하나님 사이의 친밀함을 잘 알고 있다는 정도의 말로 들립니다. '예수님이 구하시는 것은 무엇이든 하나님께서는 주시죠. 그런데 저희랑 예수님 사이는 좀 아닌가 봐요. 어쩜 이렇게 늦게 오실 수가 있대요. 친한 줄 알았는데 아닌가 봐요. 그러니 이제야 오셨죠.' 하는 것 같습니다. 섭섭함을 돌려 표현한 것입니다. 어쩌면 너무 섭섭해서 문상을 기다리지 못하고 쫓아 나왔는지도 모릅니다. 혹, 예수님에 대한 신앙과 자신에게 맞닥뜨려진 현실 사이에서 괴리를 느꼈기에, 고뇌하며 흔들렸기에, 쫓아 나와 뭐라도 얘기하지 않고는 견딜 수 없었는지도 모릅니다. 아니면, 맏이 일반적으로 가지는 의무감, 실천력 등의 발로였을 수도 있습니다.

그런데, 상황을 설명하고 하나님과 예수님 사이의 친밀함에 대해 표현하는 마르다에게 예수님께서 하신 말씀은 23절, "네 오라비가 다시 살아나리라"였습니다. 하나님과 예수님과의 관계를 언급한 마르다의 말과 전혀 관계없어 보이는 표현을 하신 것입니다. 연관되는 것이 있다면 하나 있습니다. 동사의 시제입니다. 22절의 '주실 것이다'와 23절의 '살아나리라'의 시제가 미래로 같습니다. '주실 것입니다'에 대한 답으로, '그래 하나님과 나 사이의 친밀함을 안다고? 내가 구하는 것은 무엇이든지 하나님께서 주실 것을 안다고? 맞다. 나는 나사로를 일으켜 달라고 기도할 것이고 하나님께서는 나사로를 일으키실 것이다. 그러니 너의 남자 형제가 일어날 것이다.' 이 긴 내용 가운데 마지막 문장만 예수님이 표현하신 것입니다.

그러자 마르다는 자신이 하나님과 예수님의 친밀함에 대해 말한 것은 생각하지 않고 '부활', '일어남'이라는 일반적인 주제를 말씀하신다고 여깁니다. 24절입니다. "마지막 날 부활 때에는 [그가] 다시 살아날 줄을 내가 아나이다" 아멘. 솔직하게 사실대로 고백한 게 아니므로 마르다의 얘기는 겉돌 수밖에 없습니다. 차라리 섭섭함을 '왜 이리 늦게 오셨어요?' 하는 것과 같이 있는 그대로 표현했다면, 예수님께서도 이틀 머물다 오신 이유를 설명해 주실 기회를 얻으셨을 텐데, 생뚱맞게 성부와 성자 사이의 친밀함을 예수님의 기도와 하나님의 기도 응답을 소재로 언급하니, 기도 응답의 결과 나사로가 살아날 것을 말씀하실 수밖에 없으셨지요.

얘기가 겉돌자, 예수님은 본질을 알려주십니다. 11장 25-26절입니다. "예수께서 이르시되 나는 부활이요 생명이니 나를 믿는 자는 죽어도 살겠고 무릇 살아서 나를 믿는 자는 영원히 죽지 아니하리니 이것을 네가 믿느냐" 아멘. '내가 부활 자체이고, 내가 생명 자체이다. 나를 믿는 자는 비록 죽는다고 해도 생명이 있을 것이다. 또한 살고 믿는 자, 생명 가운데 있으면서 믿음으로 사는 자는 결코 죽을 수 없다. 영원토록. 영원히 죽지 않는다. 생명과 믿음은 연동되기 때문이다. 너는 계속해서 나를 고치는 자로만 생각하는데, 사실 나는 생명이다. 너의 남자 형제를 살릴 수 있는 자란 말이다. 이것을 믿느냐?' 이런 말씀입니다. 예수 생명이 있다는 말은, 예수님을 주와 그리스도로 믿고 있다는 말이고, 예수님을 주와 그리스도로 믿고 있으면 예수 생명이 흘러 생명 가운데 있으니 죽을 수 없다는 것입니다. 이처럼 믿음과 영생은 함께 움직입니다.

이에 대한 마르다의 반응은 형식적입니다. 27-28절입니다. "이르되 주여 그러하외다 주는 그리스도시오 세상에 오시는 하나님의 아들이신 줄 내가 믿나이다 이 말을 하고 돌아가서 가만히 그 자매 마리아를 불러 말하되 선생님이 오셔서 너를 부르신다 하니" 아멘. 예수님은 생명과 연동되는 믿음에 대해 말씀하셨는데, 마르다는 조건적 믿음으로 답합니다. 27절의 '내가 믿나이다' 는 '믿는다는 조건을 내가 충족한 상태에 있습니다' 를 뜻합니다. "주는 그리스도시요 세상에 오시는 하나님의 아들이신 줄 내가 믿나이다". 또 겉돕니다. 생명과 믿음의 연동을 말씀하시면서 나사로 부활의 근거를 제시하셨는데, 보편적인 내용으로 덮어버립니다. 예수님의 말씀을 이해했다면 이렇게 답했을 것입니다. '아, 그렇군요. 주님은 부활이시고 생명이셔서 죽은 자도 살리시겠군요. 그렇다면 주님, 주님이 일찍 오시거나 늦게 오시는 것은 별로 중요하지 않았군요. 죽은 지 나흘이 되어 냄새가 난다 한들 생명이신 주님이 살리실 수 있는 거네요. 그럼, 주님! 나사로를 살려 주세요.'

그러나 마르다는 익숙한 신앙고백만 뒤에 남기고 예수님을 떠납니다. '나사로를 살려 달라' 는 기도는 없습니다. 진전이 없습니다. go back 하고 있습니다. 입으로는 신앙을 고백하지만, 실상은 go back 하고 있는 것입니다. 동생에게 가서 '선생님이 오셔서 너를 부르신다' 고 전할 뿐입니다. 기가 찰 노릇입니다. 하는 말에는 건성으로 대답하더니 문상 기다리는 동생더러 예수님 만나러 가보랍니다. 언제 예수님이 마리아를 부르셨나요? 마르다에게 예수님 자신이 어떤 분인지, 좀 늦었다고 섭섭해할 일이 아니고 나사로를 살릴 수 있으니 살려 달라 요청하는 게 좋겠다고 말씀하신 거죠.

언니 말을 듣고 즉시 나온 마리아도 마르다와 비슷한 얘기를 합니다. 주님이 나사로가 죽기 전에 오시는 것은 불가능했었다는 거죠. 그리고 웁니다. 마르다처럼 섭섭함을 돌려 표현하지는 않습니다. 그러나 수준은 비슷합니다.

이때 예수님은 통분해하십니다. 자신을 믿지 않는 제자들에 대한 예수님의 반응은 안에서 뭔가가 울컥 솟아나는 것이었습니다. 33절에 '비통히 여기시고 불쌍히 여기사' 는 표현이 좀 그렇습니다. 38절의 '비통히 여기사' 도 마찬가지입니다. 개역에서 '통분' 이라 표현했는데 그게 더 좋습니다. '통분' 은 '원통하고 분함' 입니다. '비통' 은 '몹시 슬퍼서 마음이 아픔' 입니다. 도대체가 예수님이 하나님의 아들이라고 고백은 하면서도 죽은 사람 하나 살려내지 못할 위인으로 치부되는 게 예수님은 속상하신 것입니다. 사람들이 37절처럼, "맹인의 눈을 뜨게 한 이 사람이 그 사람은 죽지 않게 할 수 없었더냐?" 그렇게 말하는 것에 통분하신 것입니다. '나면서부터 맹인인 사람의 눈을 뜨게 했는데도 적용이 안 되느냐? 도대체가 설명해도 믿지 못하니 살려 보여주는 수밖에 없구나.'

나사로의 무덤 앞에 서신 예수님이 굴 앞에 있는 돌을 보니, 더더욱 사람들의 불신이 보입니다. 예수님이 오셔서 살리실 거란 기대는 전혀 없는 거죠. 섭섭함만 가득합니다. 마르다는 끼어들기까지 합니다. '냄새납니다. 상황 판단이 안 되세요. 죽은 지 나흘 됐어요.'

그러나 주님은 '믿기만 해라.' 말씀하십니다. 그러면 하나님의 영광을 볼 거라고 하십니다. 헬라어로 '영광' 이라는 단어는 '생각하다' 를 의미하는 단어에서 나왔습니다. 그래서 '하나님의 영광을 보리라' 는 '하나님을 생각하게 될 것이다. 하나님의 하나님

되심을 보게 될 것이다. 너희 수준에서 생각하는 고백의 하나님이 아니라 하나님 수준에서 하나님을 보여주실 것이다.' 하고 이해할 수 있습니다.

마르다와 마리아만 문제인가요? 제자들은 어떠했나요? 제자들은 예수님이 나사로에 대한 소식을 들으시고도 가시지 않을 때 아무 말도 하지 않습니다. 요한복음 4장에 보면 왕의 신하의 아들이 가버나움에 있는데 하루 길인 40킬로미터 떨어진 가나에서 예수님이 고쳐주신 일이 있었습니다. 그러니 비록 사흘 길이긴 하나, 예수님께 가시지 말고 고쳐 달라고 할 수도 있었을 텐데, 그렇게 요청하는 제자가 없습니다. 그리고 유대로 '짐 싸들고 가자' 하시니 다들 안전만 염려합니다. 8절입니다. "제자들이 말하되 랍비여 방금도 유대인들이 돌로 치려 하였는데 또 그리로 가시려 하나이까" 아멘.

그러다가 나사로가 죽었다고 말씀하시고 기쁘다고까지 말씀하시니 도마가 뭐라 하죠? 15-16절입니다. "내가 거기 있지 아니한 것을 너희를 위하여 기뻐하노니 이는 너희로 믿게 하려 함이라 그러나 그에게로 가자 하시니 디두모라고도 하는 도마가 다른 제자들에게 말하되 우리도 주와 함께 죽으러 가자 하니라" 아멘. '나사로가 죽었다'는 말씀과 '내가 거기 없었기에 기쁘다'는 말씀은 예수님이 부활이요 생명이시라는 것을 알고 믿을 때만 이해가 됩니다. 예수님은 그걸 알고 계셨습니다. 그런데 제자들도 알고 있었을까요? 알고 있었다면 이렇게 말해야 옳죠. '아, 나사로가 죽었구나. 얼마나 힘들었을까? 그래도 주님이 가셔서 살려주시면 더 큰 표적이 될 테니, 나사로가 고생한 게 헛되지는 않을 거야.' 하고 말입니다.

그런데 도마가 뭐라 합니까? '우리도 주와 함께 죽으러 가자.' 하죠. 그런데 여기서 '주'라고 번역된 단어는 3인칭 대명사입니다. 3인칭 대명사가 예수님을 가리킨다고 보고 '주'로 번역한 것입니다. 하지만 '주'보다는 그냥 '그'로 표현하는 게 좋겠습니다. '주'로 번역하기에 어색한 부분이 있기 때문입니다. 첫째, 이미 죽은 사람은 나사로이지 예수님이 아닙니다. 그러니 '나사로와 함께 죽자' 해야 맞지, '주님과 함께 죽자' 하면 맞지 않아요. '주님 죽음의 문제'는 대화 가운데에서 이미 지나간 주제입니다. 지금 대화는 '나사로의 죽음'이 주요 소재입니다. 또한 제자들은 지금 예수님과 함께 얘기하는 중입니다. 그러므로 도마가 사용한 '우리' 안에는 예수님이 포함됩니다. 그러니 도마가 말한 '그'는 나사로를 가리킨다고 보는 것이 좋을 것입니다.

예수님께서 '나사로가 죽었다' 고 하시더니 '기쁘다' 하십니다. 그런 예수님에 대해 도마가 열을 받은 것 같습니다. '우리도 짐 싸 들고 가자. 그러면 우리도 그와 함께 죽겠지.' 하는 식으로 말한 것입니다. 사람들이 제자들을 돌로 치려 한 것이 아닙니다. 예수님을 돌로 치려 했죠. 그런데 도마는 '우리의 죽음' 을 언급하고 있습니다. 예수님이야 유대인들이 돌로 쳐서 돌아가실 거고, 그런데 제자들은 왜 죽나요? 친밀하다는 나사로의 죽음에 대한 예수님의 무관심 때문에 죽는다는 말입니다. 예수님은 당신 죽는 것도 중시하지 않으시고, 제자들의 죽음에도 별 상관 하지 않으신다는 생각입니다.

도마의 말에도 섭섭함이 배어 있습니다. '나사로가 죽을 줄 알았으면 어떻게라도 하셨어야죠. 내버려 두시고는 이제 기쁘다고 하시면 어떡합니까? 그래 가시죠. 우리 모두 갑시다. 다 죽읍시다.' 한 거죠. 번역자들에게 주님이 부활이고 생명이라는 믿음이 있다 보니 번역에도 믿음이 전이되어 도마의 버릇없음이 표현되지 못한 것 같습니다.

마르다가 '주는 그리스도시요 살아계신 하나님의 아들이라' 고 고백하면서도 죽은 남자 형제 앞에서는 그 고백이 무슨 의미가 있는지 전혀 생각하지 못한 것처럼, 도마 역시 9-10절을 말씀을 이해하지 못한 것입니다. 9-10절입니다. "예수께서 대답하시되 낮이 열두 시간이 아니냐 사람이 낮에 다니면 이 세상의 빛을 보므로 실족하지 아니하고 밤에 다니면 빛이 그 사람 안에 없는 고로 실족하느니라" 아멘. 이 세상의 빛이 누구십니까? 예수님입니다. 어떻게 알 수 있습니까? 9장의 귀한 자로 보게 하시되, 사람들에게 욕먹을 것도 각오하시고 수치의 과정을 통해 치유해주신 것을 보면 알 수 있습니다. 나면서부터 맹인인 사람을 고쳐주신 분이 이제 '죽은 나사로가 잔다.' 하시고 '깨우러 가겠다.' 하시면 깨달아야죠. '빛인 그분이 생명이시구나.' 하고 말이죠.

고백이 go back할 때가 많습니다. 열 재앙 경험했으면 홍해 앞에서 불평하지 말아야죠. 불기둥과 구름 기둥 보면서도 익숙해져서 홍해 보고 불평합니다. 홍해가 갈라져서 기뻐 뛰었으면 목마르고 배고플 때 기도하면 되잖아요? 그런데 또 불평하죠. 하늘의 만나를 매일 먹으면 가나안 족속이 장대하고 성이 견고해도 믿고 가야죠? 그런데 그게 안 되는 겁니다. 현실의 문제는 늘 새롭고 고백은 진부하기 때문이죠. 연애할 때의 사랑 고백과 애기 날 때의 사랑 고백이 같으면 go back한 겁니다. 전혀 예기치 못한 고통 앞에 있는 아내에게는 다른 고백이 필요한 것입니다.

교회도 마찬가지입니다. 처음 시작할 때의 신앙고백과 장년기의 신앙고백이 같아도 안 됩니다. 같으면 퇴보한 것입니다. 새로운 고백이 필요합니다. '다 죽자.' 하는 것이 아니라, '여기서 살려 주십시오.' 하는 거죠. 겉도는 대화가 아니라, 마음을 있는 그대로 표현하여 문제로 문제 되게 하는 것이 필요합니다. 그저, 자기만의 방식으로 상황을 해석하고 울기만 한다고 신앙을 고백하는 게 아닙니다. 자기 수준에서 여쭈어야죠. '저는 예수님이 이틀 전에 도착하실 줄 알았어요. 그걸 제가 어떻게 이해해야죠?' 진부한 신앙고백에 머물지 마시고 매일 매일 맞닥뜨리는 현실 속에서 생명과 연동된 믿음으로 살아가시길 소원합니다.

이어 우리는 12장에서 옥합을 깨는 마리아를 발견합니다. 그에게서 어떤 변화를 발견합니다. 그것이 믿음이라고 말하는 것 같습니다. 12장 1-8절의 중요한 주제는 '명분' 입니다. "일을 꾀하는 데에 있어 내세우는 구실이나 이유 따위"인 명분입니다.

어떤 일이 진행될 때는 대개 명분이 제시됩니다. 그러나 실제적인 이유와 명분이 다를 때가 있습니다. '한국군 군사 교련을 담당한다.' 하는 명분으로 온 러시아 군인은 고종이 환궁한 뒤에는 궁궐 수호의 임무까지도 담당하기에 이르렀습니다. '평화' 라는 명분을 내세우며 독재를 정당화하기도 합니다. '개발' 이라는 명분 하에 귀중한 문화 유적들이 흔적 없이 뭉개지기도 합니다. 국가를 위한다, 세계평화를 위한다, 이웃을 위한다, 가난한 사람을 위한다, 장애 학우를 위한다는 등 명분을 내세우지만, 정작 이유는 '자기 자신을 위하는' 경우가 많습니다.

이러한 허울 좋은 명분 중 하나가 본문에서 발견됩니다. 바로 가룟 유다의 명분입니다. 12장 5절에 있습니다. "이 향유를 어찌하여 삼백 데나리온에 팔아 가난한 자들에게 주지 아니하였느냐 하니" 아멘. '데나리온' 은 약 3.64그램 정도 되는 은화입니다. 삼백 데나리온이면 1,092그램이죠. 1킬로 조금 넘으니 그리 무겁지 않습니다. 더구나 오늘날 시세로 하면 그리 큰돈이 아닐 수 있습니다. 코로나 때 은은 3.75그램에 3,543원으로 7년 전보다 약 40% 올랐었습니다. 그러므로 300데나리온을 코로나 당시 시세로 계산하면 1,031,940원입니다. 크다면 크지만, 적다면 적은 돈입니다.

다르게 계산해 봅니다. 요한복음 6장 7절에 소개된 빌립의 말에 따르면, 이백 데나리온의 떡으로 오천 명에게 떡을 조금씩 줄 수 있습니다. 담임하는 70명 한 반에 떡 한 덩이씩 돌리려면 7만원 정도 듭니다. 비싼 떡은 아니고 백설기입니다. 칠백 명에 70만원, 칠천 명에 700만원으로 계산하면, 오천 명분 떡이면 500만원 정도 되겠습니다. 이백 데나리온이 500만원이면, 떡값 삼백 데나리온은 750만원입니다.

삼백 데나리온을 달리 계산해 봅니다. 선한 사마리아인의 비유를 보면, 주막 주인에게 강도 만난 사람을 맡기고 두 데나리온을 맡깁니다. 물론 비용이 더 들 수 있다고 여기기는 했으나 일단 며칠 숙박비 겸 치료비로 두 데나리온을 맡겼습니다. 거반 죽게 된 사람을 돌보며 며칠 치료하는 데 얼마나 들까요? 하루에 십만 원을 잡아야 하지 않을까요? 그렇다면 두 데나리온은 30만원 이상이고, 삼백 데나리온이면 4,500만원은 되겠습니다.

이처럼 '삼백 데나리온'을 오늘날의 값으로 환산하면 100만원부터 4,500만원까지 다양한 값이 될 수 있습니다. 그런데 '삼백 데나리온'을 '연봉'으로 계산하면 의미가 전혀 달라집니다. '삼백 데나리온'은 노동자의 일 년 품삯이니까요. 안식일 빼고 나면 보통 일 년에 삼백일 정도 일하지요. 연봉은 사람마다 다릅니다. 미국 프로야구 LA다저스 '에이스' 투수인 클레이턴 커쇼는 연봉이 3,000만 달러가 넘기도 했습니다. 360억 원 정도입니다. 클레이턴 커쇼가 옥합을 깼다면 360억을 드린 것입니다.

유다는 돈이 필요했습니다. 그래서 삼백 데나리온 가치의 향유가 예수님께 부어지는 게 아까웠습니다. 그는 예수님을 넘겨주는 대신 은 삼십 개를 받았습니다(마 26:15). 여기서 은 삼십 개의 단위는 데나리온이 아니라 세겔입니다. 12그램입니다. 그러니 은 360그램 정도 받은 것입니다. 데나리온으로 하면 100데나리온 정도죠. 4개월 품삯입니다. '삼백 데나리온이 생기면 삼분의 일에 해당하는 100데나리온 정도는 챙길 수 있었을 텐데' 하고 유다가 생각했을지 모릅니다. 아무튼 그는 이 일 후에 예수님을 30세겔 즉, 100데나리온에 팝니다. 누구를 위해서요? 가난한 자들을 위해서요?

12장 6절을 보면, 가룟 유다의 명분은 거짓된 것이었다고 밝히고 있습니다. "이렇게 말함은 가난한 자들을 생각함이 아니요 그는 도둑이라 돈궤를 맡고 거기 넣는 것을 훔쳐 감이러라" 아멘. 유다의 명분은 '구제'에 있었습니다. 아니 어쩌면 '혁명'에 있었는지도 모릅니다. 그의 이름 가룟이 당시 암살단인 '시카리오스'를 가리킨다고 보기도

하기 때문입니다. 가룟을 '케리옷 사람' 으로 보든, '시카리오스' 로 보든, '잇사갈 사람' 으로 보든, 그는 잘사는 부류의 사람은 아니었던 것 같습니다. 케리옷은 요단 동편에 있었기에 아무래도 요단 서쪽 땅보다 살기가 어렵습니다. 시카리오스는 자객들의 모임입니다. 부유할 수 없습니다. 잇사갈 지파가 비옥한 이스르엘 평지를 기업으로 받긴 했지만, 예수님 당시 그 땅은 이방의 땅이라 불리던 스불론 땅 바로 옆에 있었습니다. 절반은 갈릴리에, 절반은 사마리아에 속했습니다. 어렵게 살다 보면 '가난한 사람' 을 명분으로 내세울 수 있습니다. 그러나 진심이 배어 있어야 하겠죠. 가룟 유다의 명분에는 진심이 배어 있지 않았습니다. 이것이 문제였습니다.

그런데 허울 좋은 명분이 아니라, 자기 자신을 깨뜨린 사람이 있습니다. 진짜 자기 명분을 깬 사람이 있습니다. 바로 마리아입니다. 왜 그랬을까요? 예수님이 누구이신지 알았기 때문입니다. 오라버니 나사로가 죽었을 때, 마리아는 예수님이 조문객으로 오신 줄 알았습니다. 그래서 상주로서 조문을 기다렸습니다. 그런데 예수님은 조문객으로 오신 게 아니었습니다. 조문객이 아니라면 예수님은 마지막 때에 대해 말씀하시는 선생님이신 줄 알았습니다. 그런데 예수님은 그런 선생님이 아니었습니다. 그분은 오라버니를 살리러 오신 것이었습니다. 그분은 마리아가 평상시 고백한 그대로 하나님의 아들이셨습니다. 그분은 생명의 조물주셨습니다. 그분이 부르시면 누구라도 나올 터였습니다. 죽은 지 나흘이 되었든, 40일이 되었던, 400년이 되었든 그분이 나오라면 무덤에서 나와야 한다는 것을 알았습니다.

그래서 마리아가 달라졌습니다. 가장 소중한 향유 옥합, 그것은 마리아의 전 재산이었고 자존심이었고 피난처였고 절대로 포기할 수 없는 명분이었습니다. 하지만 결심한 것입니다. 그분의 말씀이 사실이고 현실이고 실상이라는 것을 알았는데, 그분이 죽는다고 말씀하시기 때문입니다. 가장 좋은 걸로 감사를 표현하고 싶은데 향유 옥합이 바로 그것이었기 때문입니다.

옥합을 깨뜨려서 무슨 유익을 얻을 마음은 없었습니다. 하나님께서 하늘 문을 열고 복을 쌓을 곳이 없도록 부어주시길 기대하며 드린 십일조가 아니었습니다. 그냥 드린 것입니다. 깨뜨린 것입니다. 이유는 오직 그분께 있었습니다. 그분을 몰라본 게 죄송했고, 오빠를 살려 주신 게 감사했고, 서운해하며 무례하게 행동해서 민망했는데, 옥합이라도 깨뜨려 부어드리고 머리털로 닦아 드리면 왠지 마음이 풀릴 것 같았습니다.

저축해 놓은 게 없어도, 보험이 없어도, 사람들에게 은근히 보여주고 싶은 게 없어져도 좋았습니다. 그분이 나의 명분이 되시기 때문입니다. 그분이 나의 피난처요, 요새요, 방패요, 생명이 되셨기 때문입니다. 그분 한 분이면 족하게 되었기 때문입니다. 하나님 아버지의 뜻을 따라 그분이 마리아 자신을 위해, 온 민족을 위해, 모든 하나님의 백성들을 위해, 그분 자신을 옥합처럼 깨뜨리신 것을 또한 철저히 깨뜨리실 것을 어렴풋이나마 깨달았기 때문입니다.

그래서 깨뜨리지 않을 수 없었습니다. 깨뜨리니 기뻤습니다. 깨뜨릴 수 있어서 다행이었습니다. 유다가 뭐라 하든 중요하지 않았습니다. 사람들이 뭐라 하든 상관하지 않았습니다. 왜요? 나도 그분처럼 나를 위해 살지 않기로 작정했으니까요. 힘들고 어려워도 하나님의 영광을 위해, 이웃을 위해, 사랑해야 할 사람들을 위해 살기로 결심했으니까요. 자랑할 것이 없어도, 모아 둔 것이 없어도, 그분이 계시니까요.

이젠 사회적 관습이나 성경 말씀을 핑계 삼으며 나 자신을 위해 사는 삶을 감출 필요가 없어졌으니까요. 이젠 그분 앞에 모두 드러내 보일 수 있으니까요. 그분을 사랑하니까요. 그리고 이젠 아니까요. 내가 모아 둔 옥합이 아무것도 아니라는 것을요. 그분이 복의 근원이시고, 그분이 복이시고, 그분이 나의 진정한 옥합이요, 명분이라는 것을요.

예수님께서 십자가에 달리셨을 때 옥합을 깨뜨린 사람이 두 사람 있었습니다. 한 사람은 니고데모입니다. 그는 몰약과 침향 섞은 것 백 리트라를 가져왔습니다. 마리아는 순전한 나드 일 리트라를 가져왔습니다. 327.45그램입니다. 그런데 부자 관원인 니고데모는 그 양의 백배를 가져왔습니다. 약 33킬로그램을 가져온 것입니다. 향유로 치면, 노동자 연봉 백 년 치를 가져왔습니다.

아리마대 사람 요셉도 옥합을 깨뜨렸습니다. 아직 사람을 장사한 일이 없는 새 무덤을 내놓은 것입니다. 이스라엘은 우리와 장례 문화가 다릅니다. 무덤 하나면 집안 대대로 오래 쓸 수 있습니다. 예수님 당시 대제사장이었던 가야바의 묘실에는 64구의 뼈가 있었습니다. 적어도 64구를 묻을 수 있는 무덤을 내놓은 것입니다.

이보다 더 중요한 것이 있습니다. 백 년 치 연봉보다, 정말 귀한 무덤보다 더 귀한 것을 두 사람은 내놓았습니다. 바로 그들의 사회적 지위입니다. 두 사람이 예수님을 십자가에서 내리는 순간, 그들은 부정하게 되었습니다. 그리고 나무에 달린 저주받은 사람과 한통속이라는 평판을 피할 수 없게 되었습니다. 니고데모는 산헤드린 공회 의원직을 내려놓아야 했을 것입니다. 아리마대 사람 요셉도 비슷한 상황에 놓이게 되었을 것입니다. 두 사람 모두 출교당했을 수 있습니다. 두 사람 역시 옥합을 깨뜨린 것입니다.

우리는 모두 나름 명분을 가지고 살아갑니다. 그런데 그 명분이 정말 하나님의 영광을 위한 것인지 살펴봤으면 좋겠습니다. 명목상의 명분은 하나님의 영광이지만, 실제적으로는 내 영광을 위한 것은 아닌지요? 말은 가족들을 위한다지만 사실은 자기 성공을 위한 게 아닌지요? 교회를 위한 거라고 목소리를 높이지만 실상은 아니지 않은지요?

만일 그렇다면 가룟 유다와 별반 다르지 않을 수 있습니다. 깨뜨립시다. 허울 좋은 명분을 깨뜨립시다. 그리고 오직 하나님의 영광만을 우리의 명분 삼으십시다. 돈도 말고, 명예도 말고, 장수도 말고, 건강도 말고, 오직 하나님의 영광만을 우리의 명분 삼으십시다. 하나님의 영광을 위해서라면 설거지도 하고 결혼도 하고 자식을 낳읍시다. 그분의 영광을 위해, 때론 잠을 자고, 때론 잠을 자지 말고, 때론 아끼고, 때론 쓰고, 때론 겸손하고, 때론 당당한 태도를 가집시다.

이어 요한복음은 하반부로 들어갑니다. 예수님의 고난 부분으로 들어갑니다. 그런데 그 첫 부분에서 우리는 세족식을 만납니다. 한때 유행했었는데, 이제는 더 이상 시행하지 않는 것이 세족식입니다. 최후의 만찬이 있어야 할 자리에 세족식이 들어왔습니다. 요한복음 13장 1-11절은 선한 목자이신 예수님께 속한 자가 어떤 자인지 보여줍니다. 1절입니다. "유월절 전에 예수께서 자기가 세상을 떠나 아버지께로 돌아가실 때가 이른 줄 아시고 세상에 있는 자기 사람들을 사랑하시되 끝까지 사랑하시니라" 아멘. 여기 "자기 사람들"이라는 표현이 있습니다. '예수님 꺼'라고 부를 수 있는 사람들입니다. 예수님은 '자기 사람들'을 끝까지 사랑하셨습니다. 언제까지요? 끝까지요. 예수님은 주님께 속한 자들을 끝까지 사랑하십니다.

그래서 새 언약을 맺으셨습니다. 주님의 몸과 피를 양식으로 주셨습니다. 주님의 살과 피를 주시며 새 언약을 맺으신 성찬 본문이 이쯤 나와야 하는데, 요한복음은 공관복음서와 달리 성찬이 소개되지 않습니다. 성찬이 없지는 않습니다. 3절의 "저녁 먹는 중"에 압축되어 있습니다. 성찬이 매우 중요한데 왜 압축된 형태로만 소개할까요? 예상하기로는, 이미 성찬에 익숙해져 조금은 성찬의 의미를 잊어가는 성도들에게 성찬의 의미를 세족을 통해 다시 생각하도록 돕기 위함으로 보입니다.

성찬에 익숙해져 버린, 그래서 성찬을 통해 유익이 아니라 어려움을 겪게 된 예는 고린도전서 11장에 소개되어 있습니다. 11장 29-30절입니다. "주의 몸을 분별하지 못하고 먹고 마시는 자는 자기의 죄를 먹고 마시는 것이니라 그러므로 너희 중에 약한 자와 병든 자가 많고 잠자는 자도 적지 아니하니" 아멘. 바울이 고린도에 도착해서 지낸 기간은 49년 봄에서 52년 봄 사이로 보입니다. 고린도전서는 55년 봄에 기록되었을 것으로 보이고요. 그러니 사오 년 사이에, 성찬에 대해 귀히 여기지 않는 무리가 생긴 것입니다. 처음에는 귀하게 받다가 나중에는 다른 식사와 여상히 취급한 것입니다.

요한복음이 공관복음서보다 조금[30년 정도] 늦게 기록되었다고 볼 때 성찬에 대한 이러한 태도가 고려된 듯합니다. 성찬이 기록될 자리에 세족식이 기록된 것입니다. 주님의 떡과 잔을 받는다는 것, 그것이 의미하는 것이 무엇일까요? 그것은 그분처럼 산다는 것을 의미하고, 그분처럼 산다는 것은 섬기며 산다는 것을 의미한다는 거죠.

13장 3절입니다. "저녁 먹는 중 예수는 아버지께서 모든 것을 자기 손에 맡기신 것과 또 자기가 하나님께로부터 오셨다가 하나님께로 돌아가실 것을 아시고" 아멘. 예수님은 아셨습니다. 성부께서 자신에게 모든 것을 주셨다는 것을요. 자신이 어디에서 와서 이제 어디로 돌아가시는 지도요. 예수님은 자신의 결정만 남아 있다는 것을 아셨습니다. 아버지께서 주신 잔을 마시느냐, 마시지 않느냐는 이제 자신에게 달려있습니다. 성부께서는 뜻하신 바를 모두 알려주셨습니다. 시간도 되었습니다. 이제는 잔을 마셔야 합니다. 대표적대속 죽음을 죽으셔야 합니다. 죽을 것인가, 아니면 죽지 않을 것인가?

성찬을 통해 새 언약을 맺으신 주님은 일어나셨습니다. 성찬을 위해서는 일어나실 필요가 없었습니다. 식사 자리에서 식사하시다가 성찬을 주셨으니까요. 그런데 이제는 제자들의 발을 씻기 위해 일어나십니다. 4절입니다. "저녁 잡수시던 자리에서 일어나 겉옷을 벗고 수건을 가져다가 허리에 두르시고" 아멘. 식사하시다가 일어나신 주님은 겉옷을 옆에 두시고 긴 수건으로 자신을 두르셨습니다. 아마 제자들은 무슨 일인가 했을 것입니다. 성찬으로 인해 뭔가 숙연한 분위기였는데, 주님이 일어나시더니 겉옷을 벗고 하인들이 주인을 섬기는 복장을 취하신 것입니다. 그러시더니 제자들의 발을 씻기신 것입니다.

5절입니다. "이에 대야에 물을 떠서 제자들의 발을 씻으시고 그 두르신 수건으로 닦기를 시작하여" 아멘. 물을 대야에 담아 준비하시더니 제자들 곁에 가셔서 발을 대야의 물에 잠그고 수건으로 하나하나 닦으십니다. 매우 당황스러운 일이었을 것입니다. 성경에서 발을 닦아주는 얘기는 흔치 않습니다. 그 가운데 하나가 요한복음 12장 3절에 있습니다. "마리아는 지극히 비싼 향유 곧 순전한 나드 한 근을 가져다가 예수의 발에 붓고 자기 머리털로 그의 발을 닦으니" 아멘. 선생이 제자 발을 씻어주는 이런 일은 있을 수 없는 일이었습니다. 그러나 제자들은 가만히 있었습니다. 아마도 성찬 이후 아무 말씀 없이 세족을 행하시는 주님을 거부할 수 없었던가 봅니다.

그런데 베드로는 달랐습니다. 문제를 제기합니다. 6절입니다. "이건 아니잖아요. 주님, 어떻게 주님이 제 발을 닦으십니까? 어떻게 그런 천한 일을 하실 수 있습니까? 저하고 주님과의 관계가 있잖아요. 저는 죄인이고 주님은 하나님의 아들이시잖아요. 저는 제자이고 주님은 선생님이시잖아요? 그런데 어떻게 주님이 제 발을 씻으실 수 있습니까?" 베드로는 주님이 주님의 살과 피를 내 주실 때는 문제 삼지 않았습니다. 받아먹고 받아 마셨습니다. 그런데 세족 건에 대해서는 문제 삼았습니다.

13장 7절에서 주님이 "내가 하는 것을 네가 지금은 알지 못하나 이 후에는 알리라" 하셨지만, 8절을 보시면 베드로는 "내 발을 절대로 씻지 못하시리이다" 하면서 세족을 거부합니다. 여기서 '절대로'는 '영원히'라는 표현을 번역한 것입니다. 강조표현이죠. '영원토록 절대로'로 번역될 수 있습니다. 사랑이 많은 베드로는 늘 좀 셉니다. 사도행전 10장을 보시면, 주님은 베드로에게 환상을 보여주셨습니다. 하늘이 열리고 큰 보자기 같은 그릇이, 노아 방주를 연상케 하는 큰 그릇이 내려오는데, 그 안에 온갖 짐승과 기는 것과 새들이 있습니다. 주님 말씀하셨습니다. "베드로야 일어나 잡아 먹어라." 이때 베드로는 "주여 그럴 수 없나이다." 합니다.

베드로는 솔직한 사람입니다. 뒤로 호박씨 까지 않습니다. 할 말은 하고 삽니다. 성령 받고 사역도 오래 했지만 안 되는 건 안 됩니다. 주님 말씀이라 해도 아닌 건 아닌 것입니다. 이러한 베드로의 반응을 통해 우리는 베드로가 어떤 사람인지 알 수 있습니다. 불같은 사람, 뜨거운 사람입니다. 자기 것을 챙기는 사람이 아닙니다. 수동적이지 않습니다. 비록 주님을 세 번 부인하여 그의 연약함이 드러나기는 했지만, 그는 확실한 사람입니다. 그래서 세족을 거부합니다. 흘러가는 대로 내버려 두지 않습니다. 이해되지 않는 상황을 그냥 받아들일 수는 없습니다.

그런데 예수님은 더 세게 나오십니다. 8절입니다. "베드로가 이르되 내 발을 절대로 씻지 못하시리이다 예수께서 대답하시되 내가 너를 씻어 주지 아니하면 네가 나와 상관이 없느니라" 아멘. '네가 나와 상관이 없다.' 하는 표현을 직역하면 '네가 나와 함께 분깃을 가지지 않는다.' 입니다. '상관이 없다' 는 너무 일반화된 표현입니다. '분깃을 공유할 수 없다.' 하는 말은 '기업을 함께 누릴 수 없다.' 하는 말입니다. '동역하기 어렵다, 같이 가기 어렵다, 하늘나라 기업과 관계가 없다.' 이런 말입니다. '분깃' 에 해당하는 단어가 요한복음에 쓰인 용례를 보면 이 개념을 잘 이해할 수 있습니다. 이 단어는 요한복음 19장 23절에서 군병들이 예수님의 겉옷을 네 부분으로 나누는 얘기를 할 때 두 번 사용됩니다. "그의 옷을 취하여 네 깃에 나눠 각각 한 깃씩 얻고"에서 '깃' 에 해당됩니다. 네 부분으로 나뉜 겉옷의 한 부분입니다. 한 번 더 쓰인 곳이 있는데 21장 6절입니다. "그물을 배 오른편에 던지라 그리하면 잡으리라"에서 '편' 에 해당합니다. 오른편, 왼편에서 한쪽 편을 가리키는 단어로 쓰입니다.

예수님과 기업을 함께 누릴 수 없다는 말은 결국 '너랑 나랑 상관이 없다' 는 말이겠죠. 그래서 이렇게 번역된 줄 압니다. '예수님께서 너무 세게 나오시는 것 아닙니까? 주님을 존경하는 마음으로 주님께서 내 발 씻으시는 것을 거부했다고 하늘 기업마저 주지 않으시다니요. 어떻게 그럴 수가 있습니까? 횡포 아닙니까? 주님이면 뭐든지 주님 맘대로 하십니까? 내가 주님을 사랑하고 존경한다고요. 그래서 주님께서 내 발 씻는 것을 용납할 수가 없다고요.' 베드로가 이렇게 생각했을 수 있습니다.

'내가 너를 씻지 않으면 너는 나와 기업을 공유하지 못한다.' 하신 예수님의 말씀은 아홉 가지 헬라어 조건문 가운데 보편 조건에 들어갑니다. 예수님의 제자라면 누구에게라도 해당되는 조건입니다. 보편 조건이니, 주님은 제자들의 발만 씻어주신 것이 아니고 우리 모두의 발을 한 사람씩 씻으신 것입니다. 주님의 설명이 13장 12-20절에 있습니다. 주님은 성찬을 통해 살과 피를 우리에게 주시고 새 언약을 맺으셨습니다. 우리로 하나님 나라 백성이 되게 하셨습니다. 그런데 요한복음에는 다른 조건이 하나 추가됩니다. '주님이 발을 씻어준 자' 입니다. 다시 말해 '주님이 내 발을 씻도록 허락한 자' 입니다. 주님께서 내 발을 씻도록 허락했다는 말은 나도 '내게 속한 사람, 내가 가르치는 사람, 나보다 아래에 있는 사람' 의 발을 씻겨준다는 것과 연결됩니다. 결국 14절에 있는 '서로 발을 씻어주는 것' 과 연결됩니다.

주님은 성찬을 받은 하나님 나라 백성의 발을 씻어 주려 하십니다. 그런데 이를 거부하는 것은 주님의 방법을 거절하는 것입니다. 주님 방식의 삶을 거부하는 것입니다. 나오미가 자신을 참 어머니로, 자기 아들을 참 남편으로 여기는 며느리만 약속의 땅으로 데려갔던 것처럼, 예수님께서도 예수님 삶의 방식을 받아들이는 자에게만 기업을 주십니다. 그 방식을 거부하면, 세상 방식처럼 '약육강식(弱肉强食)' 으로 살아갈 것입니다. 힘 있는 자의 횡포가 교회에서도 통할 것입니다. 그러나 교회는 그런 곳이 아닙니다. 주님의 방식을 인정하고 받아들이며 그렇게 살아가는 자들이 있는 곳입니다.

사실, 살과 피를 주시는 것에 비해 발을 씻어주시는 것은 가벼운 거라 볼 수 있습니다. 발을 씻어준다고 살과 피를 주기는 어렵기 때문입니다. 반대로, 살과 피를 주는데 무언들 주지 못하겠습니까? 우리와 하나 되는 방식으로 우리의 양식이 되신 주님께서는 우리와 삶의 방식을 공유하기 위해 우리의 발을 씻으셨습니다. 이 방식을 삶으로 받으라는 말씀입니다. 그렇지 않으면 기업을 공유할 수 없다고 하십니다. 세족이 '제자의 조건' 입니다.

유교에 익숙한 우리는, 헌신적인 하나님의 사랑은 쉽게 받아들이지만, 위계질서를 무너뜨리는 듯한 '선생과 주(主)가 제자와 종의 발을 씻는 방식' 에는 익숙하지 않습니다. 부모님들은 자녀들을 사랑하나 자녀가 대드는 것은 용납하지 못합니다. 그러나 주님이 제자들에게 주신 말씀은 '선생과 주가 제자와 종의 발을 씻어주는 방식을 용납하는 것' 그것이 제자가 되는 절대적인 조건이라고, 그것이 늘 적용되는 '보편 조건' 이라고 말씀하신 것입니다.

이 말을 들은 베드로, 역시 화끈하게 바뀝니다. 9절입니다. "시몬 베드로가 이르되 주여 내 발뿐 아니라 손과 머리도 씻어 주옵소서" 아멘. '아, 그런 거였군요. 주님이 저를 씻으시는 것이 저와 주님과의 관계를 더 돈독하게 만들어 주시는 것이라면, 손과 머리도 씻어주세요.' 한 것입니다. 이때 주님의 반응은 10절에 있습니다. "예수께서 이르시되 이미 목욕한 자는 발밖에 씻을 필요가 없느니라 온 몸이 깨끗하니라 너희가 깨끗하나 다는 아니니라 하시니" 아멘. '발만 씻으면 된다.' 하십니다. 이 방식, 섬김의 방식을 받아들이기만 하면 된다는 말씀입니다. 이미 믿었고 성찬을 받았으니, 성찬을 베풀어주신 주님의 마음을, 태도를, 삶의 방식을 이해하고 받아들이며 그리 살면 된다는 말씀입니다.

예수님의 제자가 된다는 것은 '예수님이 제자 삼는 방식'을 받아들인다는 것을 포함합니다. 예수님 표현대로라면 반드시 그 방식을 받아들여야 합니다. 그 방식을 받아들이지 않으면 수고가 헛될 것입니다. 그 방식을 받아들이면 17절처럼 복이 있을 것입니다. "너희가 이것을 알고 행하면 복이 있으리라" 아멘.

가룟 유다는 결국 떠나갑니다(13:30). 예수님은 새 계명을 주시고(13:34), 길게 가르치십니다(14-16장). 그리고 기도하십니다(17장). 예수님께 나온 이들, 제자의 조건을 갖춘 이들에게 약속된 것이 있습니다. 성령이고 열매이고 평안이며, 아버지와 주님 예수님 안에, 그분들이 안에 계시는 것입니다.

빛과 생명이신 예수님을 믿음으로 먹는 이들은 예수님을 사랑하고 예수님께 속한 계명들을 간직합니다. 14장 15절입니다. "너희가 나를 사랑하면 나의 계명을 지키리라" 아멘. '사랑'과 '계명을 지키는 것, 간직하는 것'을 연결 지으십니다. 사랑하면 잘 해주고, 잘 먹이고 입히고 도와줄 것 같은데, 예수님은 '그분의 말씀을 기억할 것'이라고 하십니다. 그분의 관심은 사랑하는 이들로부터 뭔가 도움을 받는 것이 아닙니다. 씨 뿌리는 비유를 통해 확인되듯, 좋은 밭이 되는 것입니다. 양분을 씨에게 주는 것입니다. 자신의 기억력을 예수님의 말씀을 위해 쓰는 것입니다.

그러고 보니 사랑하면 기억합니다. 그가 한 말을 기억합니다. 그의 행동을 기억합니다. 그의 표정을 기억합니다. 그를 기억합니다. 예수님을 사랑한다면, 예수님을 기억할 것입니다. 그분의 말씀을 기억할 것입니다. 그분이 원하셨던 것을 기억할 것입니다. 그분의 입맛을 기억할 것입니다. 그래서 사람들은 자신에 관한 것을 기억하는 사람에게서 사랑을 느낍니다. 머리 스타일이 바뀌어도, 옷을 바꿔 입어도, 신발을 새로 샀어도 전혀 알아채지 못하는 사람에게서 사랑을 느끼지는 않습니다.

예수님은 예수님의 말씀을 기억하는 것에 집중하셨습니다. 그분의 말을 얼마나 정확하게 기억하느냐가 중요합니다. 대충 기억하면 엉뚱한 내용을 기억할 수도 있습니다. '서로 사랑하라. 내가 너희를 사랑한 것같이 너희도 나를 사랑하라.' 맞습니까? 아닙니다. '서로 사랑하라. 내가 너희를 사랑한 것같이 너희도 서로 사랑하라.' 입니다. '한 알의 밀이 땅에 떨어져 죽지 아니하면 한 알 그대로 있고 죽으면 많은 열매를 맺느니라 자기의 생명을 사랑하는 자는 영생하도록 보전하고 이 세상에서 자기의 생명을 미워하는 자는 잃어버리리라.' 맞습니까? 앞부분은 맞는데 뒷부분이 틀렸지요. "자기의 생명을 사랑하는 자는 잃어버릴 것이요 이 세상에서 자기의 생명을 미워하는 자는 영생하도록 보전하리라"(12:25)가 맞습니다.

아이들에게 얘기합니다. 그러나 말을 그대로 기억하고 따라 하는 경우는 드뭅니다. 왜 그럴까요? 관심이 다른 곳에 있기 때문입니다. 엄마 아빠의 말을 듣기는 했으나 명확하게 이해하지 못했습니다. 이해가 정확히 안 되었으면 질문을 해서 명확하게 해야 하는데, 적당히 알아듣고 적당히 순종합니다. 아담과 하와가 그랬습니다. 하나님께서 말씀하셨습니다. "동산 각종 나무의 열매는 네가 임의로 먹되 선악을 알게 하는 나무의 열매는 먹지 말라 네가 먹는 날에는 반드시 죽으리라"(창 2:16-17). 그런데 하와가 말합니다. "동산 [각종] 나무의 열매를 우리가 먹을 수 있으나[임의로 먹되] 동산 중앙에 있는[선악을 알게 하는] 나무의 열매는 하나님의 말씀에 너희는 먹지도 말고 만지지도 말라[먹지 말라] 너희가 죽을까 하노라[네가 먹는 날에는 반드시 죽으리라]"(창 3:2-3). 아담이 기억을 제대로 못했을까요? 기억은 제대로 했는데 하와에게 다르게 알려 주었을까요? 아담이 제대로 알려 주었는데, 하와가 다르게 기억했을까요? 어찌 되었든 하나님께서 많이 말씀하시지 않고 한 가지를 말씀하셨는데, 한 다리 건넜더니 전혀 다른 말씀이 되어 버렸습니다. '말을 기억한다. 간직한다. 지킨다.' 하는 것이 중요한 이유가 여기에 있습니다. 정확하지 않으면 명확하지 않으면 전혀 다른 말이 되어 버립니다.

예수님께 관심을 가집니다. 그분을 사랑합니다. 그러기에 그분이 뭐라고 말씀하시는지 정확하게 기억합니다. 성경 말씀은 굉장히 치밀합니다. 입체적입니다. 예수님을 사랑하는 자에게 예수님께서 약속하십니다. 이 약속은 예수님을 사랑하는 자에게 약속되었습니다. 예수님을 사랑하기에 그분의 말씀을 기억하고 간직하고 지키는 사람에게 약속되었습니다. 14장 15-21절만 살펴봅니다.

첫째는 '다른 보혜사'와 영원토록 함께 있는 것이 약속됩니다. 보혜사는 '옆에서 부른다.' 하는 단어에서 파생된 단어입니다. '옆에서'는 친밀감을 표현합니다. '부르다.'는 관심과 관여를 표현합니다. 관심을 기울이고 매우 가까이에서 관여하시는 분을 약속하십니다. 그분이 영원토록 함께 있도록 성부께 요청하시겠다고 하십니다. 16절입니다. "내가 아버지께 구하겠으니 그가 또 다른 보혜사를 너희에게 주사 영원토록 너희와 함께 있게 하리니" 아멘. 사랑하는 자에게 돕는 분을 약속합니다. 예수님을 사랑하는 자에게 돕는 분, 다른 보혜사가 약속됩니다. 그 보혜사의 이름은 '진리의 영'입니다. 이미 14장 6절에서 예수께서 '길과 진리와 생명'이심을 말씀하셨습니다. 그러니 '진리의 영'은 예수님과 성격이 같은 영입니다.

예수님을 사랑하는 자에게 예수님과 같은 성격의 영이 약속됩니다. 이것이 행복이고 축복입니다. 예수님이 좋은데, 예수님과 같은 성격의 영이 임하십니다. 좋아하는 것이 두 배가 됩니다. 깨끗해진 심령에 거룩한 영이 담깁니다. 그러니 더 좋습니다. 이 보혜사는 거룩하기 때문에, 진리이기 때문에, 세상이 볼 수도, 알 수도, 받을 수도 없습니다. 17절입니다. "그는 진리의 영이라 세상은 능히 그를 받지 못하나니 이는 그를 보지도 못하고 알지도 못함이라 그러나 너희는 그를 아나니 그는 너희와 함께 거하심이요 또 너희 속에 계시겠음이라" 아멘.

성령의 내주는 신자의 축복입니다. 성령과 함께 예수님이, 성부께서 함께 하십니다. 삼위 하나님의 신비한 관계 방식으로 인해, 성령의 내주는 삼위 하나님의 내주가 됩니다. 그러므로 예수님을 사랑하여 그분의 말씀을 간직하는 자는 고아가 아닙니다. 18절입니다. "내가 너희를 고아와 같이 버려두지 아니하고 너희에게로 오리라" 아멘. 예수 그리스도께서는 부활 승천하시고서 아직 다시 오시지 않으셨습니다. 그러나 성령께서 임하심으로 그리스도는 개개인과 교회에게 임하십니다.

사도행전 3장 19-21절을 보면, 이에 대해 베드로 사도가 말했습니다. "그러므로 너희가 회개하고 돌이켜 너희 죄 없이 함을 받으라 이같이 하면 새롭게 되는 날이 주 앞으로부터 이를 것이요 또 주께서 너희를 위하여 예정하신 그리스도 곧 예수를 보내시리니 하나님이 영원 전부터 거룩한 선지자들의 입을 통하여 말씀하신 바 만물을 회복하실 때까지는 하늘이 마땅히 그를 받아 두리라" 아멘. 예수님은 하늘에 계십니다. 그런데 어떻게 회개하고 돌이켜 죄 없이 함을 받은 이들에게 성부께서 예수님을 보내시나요? 바로 성령과 함께 보내십니다.

그러므로 다른 보혜사가 예수님을 사랑하는 자 곁에 머물고 안에 계시는 것으로 인해, 예수님도 그와 함께 계십니다. 다른 보혜사인 성령과 예수님이 함께하는 이는 살아 있습니다. 생명의 주님과 함께하기 때문입니다. 19절입니다. "조금 있으면 세상은 다시 나를 보지 못할 것이로되 너희는 나를 보리니 이는 내가 살아 있고 너희도 살아 있겠음이라" 아멘. 예수님의 승천으로 세상은 예수님을 더 이상 볼 수 없습니다. 그러나 예수님을 사랑하여 그분의 말씀을 간직하는 자는 보혜사 성령과 함께하니, 예수님을 보고 있는 것과 다를 바 없습니다. 이들은 살 것입니다. 생명이 있을 것입니다. 영생이 있을 것입니다.

영생이란 불로초를 먹고 생기는 것이 아닙니다. 예수님을 사랑하여 그분의 말씀을 간직하는 자에게 주어지는 것이 영생입니다. 생명입니다. 그러므로 그분의 말씀을 간직하고 기억하는 것이 그토록 중요한 것입니다. 예수님을 사랑하여 말씀을 간직하고 성령께서 함께하는 자는 성부와 예수님과 신자의 관계를 깨닫습니다. 분명히 나는 예수님을 사랑하는데, 다른 보혜사 성령께서 임하셔서 성령께서 함께하시고 예수님도 함께하시는 것을 통해 성자와 성부와 신자의 존재 방식을 깨닫습니다. 20절입니다. "그 날에는 내가 아버지 안에, 너희가 내 안에, 내가 너희 안에 있는 것을 너희가 알리라" 아멘. 성자께서 성부 안에, 우리가 성자 안에, 성자께서 우리 안에 있는 것을 알게 됩니다.

성부 안에 성자가 계십니다. 성자 안에 우리가 있습니다. 우리가 가장 작습니다. 그런데 가장 작은 우리 안에 성자께서 계십니다. 어떻게요? 성령으로요. 바람과 같은 성령, 불과 같은 성령이 임하면, 우리는 성자 및 성부와 함께 있게 됩니다. 그분들의 사랑을 받습니다. 21절입니다. "나의 계명을 지키는 자라야 나를 사랑하는 자니 나를 사랑하는 자는 내 아버지께 사랑을 받을 것이요 나도 그를 사랑하여 그에게 나를 나타내리라" 아멘.

14장 15-21절에서 '지킨다' 고 번역된 단어의 기본 뜻은 '지켜보다, 돌보다, 간직하다' 입니다. '준수(遵守)' 라기보다는 '보유(保有)' 입니다. 예수님의 말씀이 내 머리에, 마음에, 그리고 손과 발에 있습니다. 내 손이 예수님의 말씀을 기억합니다. 내 발이 예수님의 말씀을 기억합니다. 내 머리가, 내 마음이 예수님의 말씀을 기억합니다. 그분을 잊고 살지 않습니다. 그런 이들에게 약속된 것이 보혜사 성령이고 성령을 통한 성부 및 성자의 함께하심입니다.

영적인 작동방식을 정확하게 아는 것이 중요합니다. 성령을 받아서 말씀을 간직하는 것이 아닙니다. 성령을 받으면 말씀을 더 잘 간직하겠지요. 그러나 항상 출발은 말씀을 간직하는 데서 출발합니다. 그보다 먼저 예수님을 사랑하는 데서 출발합니다. 예수님을 모르고 어떻게 예수님을 사랑할 수 있겠습니까? 그러니 말씀을 읽다가 예수님을 알게 됩니다. 그 예수님이 좋습니다. 그래서 사랑하게 됩니다. 그러다 보니 그분의 말씀에 주목하고 그 말씀을 간직합니다. 그분의 말씀이 내 전 인격을 주장합니다. 내 삶 전체를 주장합니다. 그런 내게 예수님은 성령을 보내십니다. 내가 고아와 같이 홀로 있지 않도록 성령을 보내십니다. 그리고 성령과 더불어 성자 및 성부께서 나와 함께 하십니다. 나는 성부 안에, 성자 안에, 그리고 성령 안에 있습니다.

신비한 존재 방식으로 인해, 평강이 있습니다. 거룩함이 있습니다. 기쁨이 있습니다. 거룩하게 살 수 있습니다. 죄를 멀리할 수 있습니다. 죄를 밀어낼 수 있습니다. 악하고 더러운 것을 거부할 수 있습니다. 악하고 더러운 죄를 가지고 다가오는 사탄을 대적할 수 있습니다. 내가 아니고 내 힘이 아닙니다. 예수님을 사랑하고 그분의 말씀을 간직한 결과입니다.

그러므로 중요한 것은 그분의 말씀을 가까이하여 예수님을 알고 그분을 사랑하는 것입니다. 그분을 사랑하여 그분의 말씀을 기억하고 간직하려고 힘쓰는 것입니다. 그러기만 하면 나머지는 그분의 영역입니다. 나는 성령을 움직일 수 없습니다. 나는 예수님을 움직일 수 없습니다. 나는 성부를 움직일 수 없습니다. 그분들은 그분들의 선하신 뜻을 따라 움직이십니다. 내가 할 수 있는 영역은 말씀을 가까이하고 예수님을 알고 믿고 사랑하여 그분의 말씀을 간직하는 것입니다.

그러니 말씀 묵상의 핵심이 예수님입니다. 말씀 묵상의 핵심이 '예수님을 알고 사랑하는 것' 입니다. 예수님의 말씀을 기억하고 간직하고 사랑하는 것입니다. 지적 사랑이 아닙니다. 존재 사랑입니다. 앎으로 인한 기쁨이 아닙니다. 함께함으로 인한 기쁨입니다. 사랑하는 사람과 함께라면 초가삼간도 좋습니다. 광야도 좋습니다. 밥에 간장도 좋습니다. 그냥 좋습니다. 다른 것이 필요하지 않습니다. 사랑하는 사람만 있으면 됩니다. 마찬가지입니다. 예수님을 사랑하는 사람은 예수님만 있으면 됩니다. 다른 것은 모두 다 부차적입니다. 없어도 됩니다.

예수님께 관심을 기울이시길 바랍니다. 예수님께 관심이 있다 보니, 그분을 알고 싶어 성경을 읽고 묵상하게 되시길 바랍니다. 성경을 읽고 묵상하다 보니 그분을 알게 되고, 그분의 아름다움을 깨닫고 그분을 사랑하게 되시길 바랍니다. 결국 그분의 말씀으로 머리부터 발끝까지 채워지시길 바랍니다. 그것이 행복입니다. 그 행복이 있는 자는 자유롭습니다. 이웃도 사랑할 수 있습니다. 나 자신도 물론 사랑할 수 있습니다. 예수님의 말씀으로 채워져 있는 나는 살아 있는 존재입니다. 귀한 존재입니다.

사도 요한은 예수님의 사랑을 깨달았습니다. 그래서 자신을 '예수께서 사랑하시는 제자' 라고 불렀습니다. 자랑이기보다는 겸손한 표현으로 들립니다. '주님을 사랑한 제자' 가 아니라 '주님의 사랑을 받은 제자' 라는 어감을 줍니다. 베드로에게 '네가 나를 사랑하느냐?' 질문하신 예수님의 질문을 생각할 때 더욱 그런 느낌이 듭니다. 깨닫고 보니 '사랑' 이 중요했습니다. 태초부터 시작부터 '말씀' 은 계셨습니다. 빛으로 생명으로 계셨습니다. 하나님을 향해 계셨습니다. 이것이 '시작' 입니다. 이것이 믿음의 시작이고 제자의 시작입니다. 아직 그런 시간을 가지지 못했다면, 믿는 것을 시작하지도 못한 것입니다.

믿음에는 빈부귀천이 없습니다. 누구나 믿을 수 있습니다. 그러나 아무나 믿는 것도 아닙니다. 예수님을 만났던 여러 사람을 살펴보니 그렇습니다. 표적도 중요하지만, 정말 중요한 것은 '말씀' 이고, '말씀 순종' 입니다. 말씀을 순종하는 이들은 하나님께서 예수님과 함께 거하시는 '성전' 이 됩니다. 이들에게는 약속이 있습니다. 혹시 표적이나 치유를 통해 믿더라도, 궁극적이고 영원한 표적까지 믿어져야 '들린 인자, 십자가에 달려 우리를 구원하신 예수님' 을 믿는 것입니다. 이런 이들만이 의미 있는 열매를 맺으며 살아갑니다.

빛과 생명이신 예수님이 십자가에서 죽으시고 장사 되시고 부활하시고 승천하셨습니다. 이제는 그분을 믿음으로 먹는 제자들이 '복음' 이신 '예수님' 을 전합니다. 전하기 전에 반드시 받아야 할 것이 있습니다. '성령' 입니다. '다른 보혜사' 입니다. 성령을 받은 제자들은 달라졌습니다. 증인이 됩니다. 증언합니다. 교회가 섭니다. 이제 교회는 다양한 문제에 직면합니다. 외부 문제가 내부로 전이되기도 하고, 외부로부터의 박해도 있습니다. 새롭게 생긴 내부 문제도 있습니다. 아나니아와 삽비라 부부의 죽음이 있습니다.

두려움은 인간의 보편 감정입니다. 두려움은 우리를 긴장하게 만듭니다. 때로 불안을 느끼게 합니다. 성경은 우리에게 하나님을 두려워하라 하고, 사람이나 마귀를 두려워하지 말라 합니다. 하나님 앞에서는 긴장하라고, 혹 어긋난 부분이 있다면 마음이 불편해야 한다고 가르칩니다. 성경적이지 않은 생각이나 삶의 방식이 있는데도, 마음이 불편하지도 조마조마하지도 않는다면, 뭔가 조정이 필요합니다. 아나니아와 삽비라 사건은 초대교회로 긴장하게 했습니다. 예수님을 따르는 것이 마냥 즐거운 일만은 아니라는 것이 확인되었습니다.

그런데 사도행전 5장 11-12절을 보면, 아나니아와 삽비라 사건을 통해 임한 '큰 두려움' 이 표적과 기사의 이유가 됩니다. 두려움이 긍정적으로 작용합니다. 부패한 인간은 자동적으로 경건해지지 않습니다. 훈련이 필요하고, 때론 제약도 필요합니다. 두려움은 우리로 바른 자세를 유지하게 도와줍니다. 하나님의 자리와 우리의 자리를 구별짓게 돕습니다. 하나님의 자녀가 되고, 하나님의 거룩한 성품에 참여하더라도, 우리 거룩함의 원천이 우리 자신이 아니라는 것을 늘 기억할 수 있게 돕습니다.

이 점에서 하나님을 경외하는 마음이 중요합니다. 예수님이 우리를 '친구' 라 부르신다 하여 맞먹으려 한다면 이미 교만해진 것입니다. 그분은 우리를 위해 눈높이를 맞추셨습니다. 그렇다고 우리가 그분처럼 된 것은 아닙니다. 그분과 우리 사이에는 영원한 간격이 있습니다. 창조주와 피조물의 간격이 있습니다. 부모와 자식 사이에도 넘을 수 없는 간격이 있습니다. 부모는 낳았고, 자식은 태어났습니다.

하나님을 경외하는 자들은 동료들과 마음을 묶습니다. 일치된 마음을 갖습니다. 하나님 그분을 함께 높이기 때문입니다. 성도들이 솔로몬 행각에 모입니다. 행각이란 한쪽 벽이 트이고 바닥은 포장된 주랑을 가리킵니다. 하나님을 두려워하고 서로를 향해서는 마음을 같이하는 교회를 세상은 무시하지 못합니다(5:13). 하나님을 업신여기고 신자들끼리 나뉠 때 세상은 교회를 업신여깁니다. 우리가 하나님만을 바라볼 때 세상은 우리의 가치를 느낍니다. 예배시간에 아이들을 조용하게 만드는 방법이 있습니다. 부모님들이 예배에 집중하는 것입니다. 부모님이 예배에 집중하면, 애들이야 어찌 되었든 예배가 소중하다 여기고 하나님을 경외하는 마음으로 집중하면, 애들도 따라합니다. 당위를 따르기보다 본 대로 행하기가 쉽습니다. 교회가 서로 사랑할 때 세상은 사랑을 배웁니다. 교회가 돈을 사랑하지 않을 때, 세상은 다른 가치가 있다는 것을 생각합니다. 이렇게 교회는 성경 말씀을 따라서 가야 할 길을 갑니다. 세상에 대해서는 복음을 전합니다. 그러면 복음을 듣고 회개하여 하나님께로 돌아올 자들은 모두 돌아옵니다.

하나님을 경외하는 이들이 존재하는 한, 하나님 나라는 끊임없이 성장합니다. 5장 14-15절입니다. "믿고 주께로 나아오는 자가 더 많으니 남녀의 큰 무리더라 심지어 병든 사람을 메고 거리에 나가 침대와 요 위에 누이고 베드로가 지날 때에 혹 그의 그림자라도 누구에게 덮일까 바라고" 아멘. 겨자씨 하나가 새들이 깃들 만큼 자라듯, 우리가 하나님을 경외하고 서로 사랑하면 교회는 부흥합니다. 우리의 전투는 혈과 육에 속한 것이 아닙니다. 사랑의 전투입니다. 나 자신이 죽고 그리스도께서 우리 안에 살아 계시도록 싸우는 전투입니다. 주님이 우리 안에 살아 계시기만 하면 교회는 부흥합니다. 하룻저녁 비 맞고 나면 상추, 쑥갓 등이 눈에 띄게 자라듯, 우리가 하나님을 경외하고 서로 사랑하면 교회는 부흥합니다.

베드로는 기사와 표적을 위해 훈련받지 않았습니다. 그는 그저 주님의 말씀을 기억하고 그 말씀을 세상보다 더 두려워하며 순종했을 뿐입니다. 그런데 주님은 놀라운 표적과 기사를 주셨습니다. 그의 그림자를 통해서도 하나님께서 역사하셨습니다(5:15). 베드로는 태어나면서부터 걷지 못하는 이가 건강해졌을 때, '자신의 경건과 능력으로 표적과 기사가 일어나는 것이 아님'을 분명히 밝혔습니다(3:12). 우리 역시 표적과 기사의 원천이 우리가 아님을 반드시 기억해야 합니다. 은혜는 하늘로부터 임하고, 표적과 기사는 예수님의 이름으로 성부께서 주십니다.

교회가 부흥될 때 일어나는 현상이 있습니다. 5장 16절입니다. "예루살렘 부근의 수많은 사람들도 모여 병든 사람과 더러운 귀신에게 괴로움 받는 사람을 데리고 와서 다 나음을 얻으니라" 아멘. 약해진 자들과 더러운 영들에게 시달리는 자들이 교회에 온다는 것입니다. 주님은 약해진 이들과 더럽고 악한 영들로 인해 시달리는 자들의 회복을 원하십니다. 그래서 하나님을 경외하고 서로 사랑하는 교회에 그런 이들을 보내십니다. 우리 교회에 연약한 이들이 오면, 하나님께서 부흥을 주신다고 생각하면 옳습니다. 우리가 하나님을 경외하고 서로 사랑하나보다 생각하시면 됩니다.

또한 교회가 부흥될 때 반드시 뒤따르는 현상 가운데 하나가 핍박입니다. 17절입니다. "대제사장과 그와 함께 있는 사람 즉 사두개인의 당파가 다 마음에 시기가 가득하여 일어나서" 아멘. 부흥하지 않는 교회, 하나님을 경외하지 않는 교회, 서로 사랑하지 않는 교회는 세상으로부터 핍박당하지 않습니다. 그런 교회는 핍박할 필요가 없기 때문입니다. 세상이나 별반 다를 것이 없기 때문입니다. 핍박받지 않는 성도도 같은 형편에 처해 있다고 생각하면 옳습니다. 예루살렘 교회는 당시 지도자들로부터 시샘을 받았습니다. 시샘 받을 때 기뻐하십시오. 보통은 '나는 잘못한 게 없는데 왜들 그러시나?' 하는 생각이 들지요. 하나님을 경외하는 것 자체가 시샘 거리입니다. 믿는 것 자체가 시샘 거리입니다. 믿고 싶은데 안 되는 사람은 믿는 사람이 부러운 겁니다. 헌신하고 싶은데 안 되는 사람은 헌신을 쉽게 하는 사람이 부럽습니다. 세상 걱정에 눌린 사람은 천국 소망에 즐거워하는 사람을 시샘합니다.

시샘이 박해로 이어집니다(5:18). 사도들을 헤롯 궁에 있던 공공 구치소에 가둡니다. 험담합니다. 해를 끼칩니다. 그런다고 박해와 해악에 마음 뺏기면 지는 것입니다. 마귀에게 지는 겁니다. 그래서 이때도 기뻐합니다. 시샘에도 기뻐하고 박해에도 기뻐합니다. 시샘과 박해가 우리의 종착역이 아닙니다. 우리는 때를 얻든지 얻지 못하든지 전도합니다. 우리는 '생명의 이야기'를 전하는 자입니다. 예수님을 주와 그리스도로 소개하는 자들이 우리입니다. 19-21상반절입니다. "주의 사자가 밤에 옥문을 열고 끌어내어 이르되 가서 성전에 서서 이 생명의 말씀을 다 백성에게 말하라 하매 그들이 듣고 새벽에 성전에 들어가서 가르치더니" 아멘.

사도들은 천사가 전한 말을 따라 다시 전도했습니다. 도망가지 않았습니다. 주눅 들지 않았습니다. 세상일에도 어려움이 있습니다. 어찌 천국 일에 어려움이 없겠습니까? 시샘과 박해의 시간에 우리는 주님을 바라봅니다. 반대로, 우리 마음에 시샘이 일고 주님 뜻대로 사는 종들을 괴롭힐 마음이 생기면 어떡합니까? 얼른 주님 바라보고 회개합니다. 그는 주님의 일을 하고 있습니다. 그를 높이시는 분도 주님이시요, 낮추시는 분도 주님이십니다. 우리는 형제요, 자매입니다. 더불어 갑니다. 그러니 시샘과 박해가 우리 마음에 자리 잡지 않도록 긴장해야 합니다.

하나님을 경외하는 이들은 상황에 좌우되지 않습니다. 12년 동안이나 옥살이하면서도 전도하는 것을 포기하지 않았던 존 번연처럼, 우리도 전도를 포기하지 않습니다. 세상이 뭐라고 하든, 우리는 예수님이 하나님의 아들이라고, 우리의 구주라고, 주와 그리스도라고, 성육신하셨다고 전합니다. 예수님의 십자가를 통해 하나님의 사랑이 확증되었다고, 믿는 자에게 성령을 선물로 주신다고 전합니다.

결국 세상이 놀라고 두려워합니다(5:22-24). 대제사장 가야바와 장인 안나스, 그들과 함께 한 자들이 새벽부터 모입니다. 산헤드린 공회를 소집합니다. 예수님이 유죄라고 선고했던 이스라엘 자손들의 지도급 연장자들이 모입니다. 사람들을 옥으로 보내 사도들을 끌어내라 명합니다. 그런데 그들이 감옥에 없습니다. 감옥에 보내졌던 부하들이 돌아와 보고합니다. "옥은 아주 든든하게 닫혀 있고, 옥졸들이 문마다 배치되어 있는데, 옥 안에는 아무도 없습니다." 놀랄 일입니다. 천사들이 옥문을 열어 주었을 거라는 생각은 못 합니다. 자신들이 하나님을 거슬러 행하고 있다는 것도 생각하지 못합니다. 보고에 대해서만 미심쩍게 생각합니다. 혹 누가 내통했나 의심합니다. 그런데 아니었습니다. 어떤 사람이 와서 보고합니다. "감옥에 둔 남자들이 성전에 있습니다. 백성을 가르치고 있습니다."(5:25-26). 성전 치안 경찰이 부하들과 함께 성전에 가서 사도들을 공회로 데려옵니다. 그러나 억지로 하지 못합니다. 백성들이 두려웠기 때문이죠.

우리가 세상을 두려워하면 세상은 우리를 업신여깁니다. 우리가 죽음을 두려워하면, 사망은 우리로 종을 삼습니다. 그러나 우리가 하나님을 두려워하고 세상에서 망하는 것을 걱정하지 않으면 세상은 우리를 두려워합니다. 우리가 죽음을 두려워하지 않으면 사망은 우리를 어쩌지 못합니다. 기도를 통해 담대해지시길 바랍니다. 성경적 가치로 우리 삶의 기준 삼는 것을 두려워하지 마십시오. 주님의 말씀이 우리 마음에 심길 때, 우리의 기쁨이 될 때, 우리는 하나님을 두려워합니다. 세상이 보이지 않고, 시샘하지 않습니다.

사도들의 행진은 계속됩니다. 새롭게 세워진 일곱 집사의 행진도 계속됩니다. 스데반이 순교하지만(6-7장), 순교로 인해 복음은 더욱 퍼집니다. 사마리아로(8장), 박해자 사울에게로(9장), 고넬료 집으로 퍼집니다(10장).

질의와 응답

하나. "가나 혼인 잔치의 표적을 굳이 '첫 표적'이라고 한 이유가 무엇입니까?"

'표적'과 '믿음'은 관계가 있습니다. 요한복음에 표적이란 단어는 17회 나옵니다. 예수께서 그리스도시요, 하나님의 아들이시라는 표적입니다. 2[3회], 4[2회], 6[4회], 12[2회]장에 집중되어 나타납니다. 그리고 3, 7, 9, 10, 11, 20장에 각각 한 번씩 나옵니다.

첫째 표적을 언급한 후에 여러 표적이 더 있었지만, 왕의 신하의 아들이 낫게 된 사건을 두 번째 표적이라 부릅니다. "이것은 예수께서 유대에서 갈릴리로 오신 후에 행하신 두 번째 표적이니라"(4:54) 아멘. 왜 두 번째 표적이라고 부를까요? 갈릴리에서 하신 표적만 숫자로 헤아리는 것일까요? 그럼 이어지는 6장에 소개된 표적들에는 왜 숫자를 붙여 헤아리지 않았을까요? 병자들을 위한 표적, 오병이어의 표적은 둘째 종류의 표적이지 궁극적인 표적은 아닌 듯싶습니다.

요한복음 13장 이후에는 '표적' 이라는 단어가 딱 한 번밖에 나오지 않습니다. 바로 20장 30절의 것입니다. "예수께서 제자들 앞에서 이 책에 기록되지 아니한 다른 표적[들]도 많이 행하셨으나" 아멘. 원치 않으시나 사람들이 원해서 하시는 첫째 종류의 표적도, 사람들이 원하기도 하지만 주님께서도 기꺼이 주시는 둘째 종류의 표적도, 예수님 손과 옆구리의 표적에 비하면 그저 '다른' 표적들일 뿐입니다. 20장 19절 이하를 보면, 부활하신 주님은 부활하신 그날 저녁에 제자들에게 나타나셨습니다. 제자들은 유대인들을 두려워하여 문들을 닫고 있었습니다. 그들에게 오신 주님은 '평강' 을 선포하셨습니다. '평강이 있기를 바란다. 너희는 평안해도 된다.' 이 말씀을 하시고 손과 옆구리를 보이셨습니다.

십자가에 달리셨다는 표적입니다. 어찌 보면 흉측한 상처들입니다. 물이 포도주가 된 것도 아니고, 죽은 자가 살아난 것도 아닙니다. 그런데 이 표적은 '다른 표적들' 과 구별되는 '그 표적' 입니다. 말씀이요, 생명이요, 빛 되신 예수님의 영광이 담긴 표적입니다. 갈라디아서 6장 17절에서 사도 바울이 "이 후로는 누구든지 나를 괴롭게 하지 말라 내가 내 몸에 예수의 흔적을 지니고 있노라" 하며 언급했던 하늘 영광의 표적입니다. 이 표적을 본 이상 더 이상의 표적은 필요 없습니다. 병 고침이 없어도 좋습니다. 부활의 주님을 만났기 때문입니다. 주님을 믿는 나도 부활할 것을 믿기 때문입니다. 나사로처럼 죽었다가 살아나는 것을 경험할 필요는 없습니다. 생명의 주님을 모셨기 때문입니다. 영육 분리의 과정을 통해 죽음을 맛볼 것을 알지만, 영원히 죽지 않을 것을 또한 알기에 나사로가 경험한 것이 부럽지 않습니다. 아니 그 표적은 한 번으로 족합니다.

손과 발의 못 자국과 옆구리의 창 자국은 다릅니다. 새 일을 행하시겠다는 하나님의 약속대로 오셔서, 여호와의 종의 고난을 통해 저주를 해결하시고 참 자유와 평강을 주시고 거룩한 영을 부어주시는 그분을 만났으니 기쁩니다. 손에 못 자국이 있고 옆구리에 창 자국이 있는 그 주님을 보고 제자들은 기뻐했습니다. 두려움이 기쁨으로 변했습니다. 죽는 게 두려웠는데, 순간 죽는 것도 두렵지 않았습니다. 버림받는 것도 두렵지 않았습니다. 하나님 아버지의 뜻에 순종하면 어떻게 되는지 어렴풋이 알게 되었습니다.

물이 변하여 포도주가 되는 것, 그래서 잔치가 성황리에 끝나는 것, 그건 아무것도 아닙니다. 38년 된 병자가 낫고 맹인이 눈을 뜨고 죽은 자가 살아나는 것, 그런 것들도 아무것도 아닙니다. 하나님의 뜻을 따라 사는 자를 하나님께서 책임지신다는 못 자국과 창 자국의 표적 그것이 전부였습니다. 그 안에는 우주적 회복이 보였습니다. 그가 없이는 지어진 것이 없는데, 그분이 십자가를 지셨으니 회복 불가능한 영역은 없는 것입니다. 거짓과 정욕과 탐욕의 노예가 되어있기에 아직도 뭔가 특별한 표적을 통해 유익이 더해지길 바라지만, 그 거짓과 정욕과 탐욕이 십자가에 못 박히면 성령의 열매 외에 더 이상 바랄 것이 없습니다. "오직 성령의 열매는 사랑과 희락과 화평과 오래 참음과 자비와 양선과 충성과 온유와 절제니 이같은 법을 금지할 법이 없느니라 그리스도 예수의 사람들은 육체와 함께 그 정욕과 탐심을 십자가에 못 박았느니라"(갈 5:22-24) 아멘.

궁극적인 표적을 보여주신 예수님은, 기뻐하는 제자들에게 사명을 주십니다. "아버지께서 나를 보내신 것 같이 나도 너희를 보내노라"(20:21). 여기에 '보내다'는 단어가 두 번 나오는데 두 단어는 다릅니다. 처음 '보내다'는 '준비시켜서[스텔로] 보내다'는 의미이고, 두 번째 '보내다'는 '급히 보내다'라는 의미입니다. 물론 사도라는 직분 자체가 '준비시켜서 보내다'에서 비롯된 단어이므로 사도, 즉 '보냄을 받은 자'는 '사명을 위해 준비된 자'입니다. 그러나 못 자국과 창 자국의 십자가 표적을 본 제자들을 예수님은 '급히' 보내십니다. 이 표적은 영원한 표적이고 완전한 표적이기 때문입니다. 또한 누구도 부인할 수 없는 표적입니다. 많은 사람이 봤기 때문입니다. 예수님은 제자들이 도망간 다음에도 오랫동안 십자가에 달려 계셨습니다.

둘. "성전 청결 사건은 무엇을 말하나요? 성전 정화, 성전 대체, 성전 멸망으로 표현될 수 있나요?"

요한복음 2장의 성전 청결은 예수님의 사역 초기에 있었습니다. 예수님의 '질투'에 초점이 있습니다. 모형 대체도 말씀하십니다. 공관복음의 성전 청결은 예수님의 사역 마지막 주간에 있었습니다. 마태복음 본문은 예수님이 누구이신지를 생각하도록 돕습니다. 마가복음 본문은 예수님의 성전 청결이 의도적이었음을 강조합니다. 늦은 시간에 도착하셔서 다음 날로 미루시지요. 이 점에서 '시위(示威)' 의 성격도 있습니다. 누가복음 본문은 예수님의 성전 청결과 헤렘을 연결합니다. '장사하는 자' 를 쫓아내심이 스가랴 14장의 '가나안 사람이 예루살렘에 없음' 과 연결되기 때문입니다.

'성전 정화' 는 좋습니다. '성전 대체' 는 '모형 대체' 로 이해하면 되겠습니다. '성전 멸망' 은 하나님께서 원하시는 것이 아닙니다. '성전' 은 하나님께서 임재하시는 곳이거든요. '성전 업그레이드' 정도로 이해하면 어떨까 싶습니다.

셋. "요한복음 1장 14절의 '아버지의 독생자의 영광' 은 어떤 것입니까?"

우리말로 '영광' 은 '빛남' 을 표현합니다. 헬라어 영광인 '독사' 는 '생각하게 하는 것' 을 표현합니다. 히브리어 영광인 '카베드' 는 '무거움' 을 표현합니다. '아버지의 독생자의 영광' 이 헬라어이니, 헬라어로 설명하면 '아버지를 생각나게 하는 독생자' 입니다. 독생자를 보니 성부를 생각하게 됩니다.

넷. "성만찬에 문제가 있다면 세족식으로 대체해도 되나요?"

성만찬은 대체가 안 되는 독보적인 예식이지요. 세족식이 성만찬을 대체하기보다, 성만찬의 의미를 더 잘 이해하도록 돕습니다.

다섯. "하나님 경외를 학생들에게 어떻게 설명할 수 있을까요?"

'다른 것을 두려워하지 않을 만큼 하나님을 신뢰하는 것' 이라고 말하고 싶습니다.

Weekly Reading

51

사도행전 11장 - 로마서 3장

"경계선을 넘어서"

행 11-13장	행 14-16장	행 17-19장	행 20-22장	행 23-25장	행 26-28장	롬 1-3장

check

이번 통독은 사도행전 나머지와 로마서 앞부분입니다. 교회가 든든히 서가며 영역이 확대됩니다. 유대교와 달리 기독교의 경계표지(警戒標識)는 '주 예수 그리스도를 믿는 믿음' 입니다. '할례, 성전, 율법' 이 아니라, '믿음' 이 기준입니다. 누구라도 예수께서 주와 그리스도이심을 믿고 고백하면 '교회' 의 일원이 될 수 있습니다. 심지어 사울과 같이 교회를 박해한 사람도 구성원이 될 수 있습니다.

바울은 유대인일 뿐만 아니라 바리새인이었는데, 그것도 바리새인 가운데 최고 선생님이라 할 수 있는 가말리엘의 제자였는데, 예수님을 만난 다음에 '믿는 자' 가 됩니다. 다메섹 교회의 일원이었던 그는, 아라비아(갈 1:17), 예루살렘(갈 1:18-19; 행 9:26-29), 다소(행 9:30; 11:25)를 거쳐 수리아 안디옥의 사역자가 됩니다(11:26; 13:1). 이후 교회의 파송으로 세 차례에 걸쳐 전도 여행을 가진 바울은 예루살렘으로 갔다가 붙들려 네 번에 걸친 재판을 받고는 로마로 갑니다. 바울의 로마 구금 상태로 끝난 사도행전은 로마 교회에 보내진 바울 서신, 로마서로 이어집니다. 로마서는 바울이 3차 전도 여행을 마치고 '마게도냐, 일루리곤' 을 지나(행 20:1-2; 롬 15:19) 아가야 지방에서 석 달을 머물 때(행 20:2-3) 기록한 서신입니다.

경계선을 넘어서

I.
담은 낮아지고
울타리는 보이지 않으나
보이지 않는 경계 늘어간다.

유럽의 국경이 무의미해지고
화폐마저 공유하나
갈등과 경쟁 여전하다.

II.
아이디와 패스워드
보이지 않는 경계를 건너는
열쇠이다.

지문 인식, 얼굴 인식
경계를 넘는 수단도 다양하니
마음 인식도 생기려나?

III.
믿어야 들어간다니
천국 문에는 마음 인식
두뇌 인식 장치가 있나 보다.

발열 체크기, 손소독제 대신
믿음 인식기, 사랑 인식기
소망 인식기 만나겠지?

IV.
17세기 천로역정 여전히 유효하고
17세기 셰익스피어 여전히 연구대상이고
17세기 번역 성경, 킹제임스 역(KJV, 1611년) 기념된다.

17세기 웨스트민스터 신앙고백서 개혁교회의 기준이고
17세기 의회정치 여전히 유효하고
17세기 근대 사상 아직도 발견된다.

V.
전통과 첨단이 같이 가고
역사가 미래와 만나고
사회적 거리두기와 융합이 화두인 지금

교회의 경계는 무엇인가?
아시아를 넘어 유럽으로, 예루살렘에서 로마로 가는
바울에게서 배운다.

2018년 1-2월, 19일간의 이스라엘 연구답사를 갔을 때, 하나님께서 지으신 아름답고 기묘한 세계와 함께 분열과 반목으로 긴장하며 사는 사람들을 많이 보고 왔습니다. 유대인 지역과 팔레스타인 지역을 구분 짓는 콘크리트 장벽과 아름다운 하늘, 구름, 해와 달을 보면서, "하늘에는 영광, 땅에는 장벽"이라고 생각했습니다. 하늘에는 장벽이 없는데, 사람들의 마음마다에 서려 있는 장벽을 보았습니다. 어떻게 하면 저걸 부술 수 있을까? 인력으로는 할 수 없다고 생각했습니다.

오래된 도시를 발굴하면 무너지고 세워진 시기마다 층이 생기는데, 중요한 도시의 경우 열다섯 혹은 스무 개의 층이 발견됩니다. 식물의 나이테처럼 땅에도 테가 있는데, 문명이 지나간 곳의 지층에서는 반목과 갈등, 전쟁과 폐허의 나이테가 있습니다. 식물의 나이테와 지층의 테는 우리에게 아름다움을 느끼게 하지만, 전쟁으로 무너지고 자랑과 교만으로 쌓아 올려진 문명의 나이테에는 흉함이 느껴집니다. 무너지면 무너질수록 회복될 수 없는 상흔이 쌓이듯, 하나님의 일하심이 없는 인생과 사회에는 장벽이, 장애물이 늘어갑니다.

바울 사도가 복음을 전하려고 이곳저곳을 갑니다. 성령의 구별하심을 받아 바나바와 함께 출발한 1차 전도여행에서 구브로 섬, 비시디아 안디옥, 이고니온, 루스드라, 더베, 루스드라, 이고니온, 안디옥, 버가에서 사역한 바울은 낯선 이들에게도 예수님을 전했습니다. 그런데 갈등이 생깁니다. 그간 유대인과 이방인의 경계표지였던 할례 및 율법에 대한 입장 차이 때문입니다. 교회 구성원이 되기 위해서는 할례 및 율법 준수가 필요하지 않다는 것이 바나바와 바울의 입장이고, '유대에서 내려온 어떤 이들'은 "모세의 법대로 할례를 받지 아니하면 능히 구원을 받지 못하리라"는(15:1) 주장을 합니다. 이에 교회가 모여 논의했고, 이방인들이 유대인들의 종교 생활에 관해 기본 에티켓["사교상의 마음가짐이나 몸가짐"]만 지켜주면 된다는 결정을 내립니다.

교회의 중요한 결정을 전달하는 것은 매우 중요합니다. 예루살렘 공회의에 모였던 사도들과 장로들, 그리고 온 교회는 공회의 결정 사항을 문서와 증인으로 전달할 생각을 했습니다. 문서만으로 전달하면 위조될 수 있고, 증인만으로 전달하면 권위가 충분하지 않을 수 있습니다. 증인 편에 문서도 보내기로 했습니다.

증인으로 채택된 사람은, 형제들 가운데 주도적인 위치에 있는 남자들로 바사바라 불리는 유다와 실라였습니다. 2차 전도여행 때 바울과 동행했고 빌립보 감옥에서 찬송했던 실라의 이후 행적을 생각할 때, 바사바와 실라는 중요한 지도자였음에 분명합니다. 15장 32절에 보면, 바사바와 실라를 '선지자'로 명명합니다. 바나바와 바울 편에 편지를 보낼 수도 있지만, 두 사람이 갈등과 관련되었기에 갈등과 관계없는 지도자 두 사람을 선정하여 보낸 것입니다. 예루살렘에서 안디옥까지는 직선거리로 약 490킬로미터입니다. 이리저리 돌아가는 길을 생각하면 천 킬로미터가 넘는 거리입니다. 아무리 빨리 가도 한 달 너머 걸리는 길입니다. 가고 오는 길을 생각하면, 두세 달 여정을 교회를 위해 봉사한 것입니다.

비록 로마제국 통치 아래에 있다고는 하지만, 두세 달이란 긴 여정을 결심하는 것은 쉬운 일이 아닙니다. 그러나 교회 일꾼들은 교회를 위해 시간 내는 것을 마다하지 않았습니다. 이리저리 돌아다니는 것도 주저하지 않았습니다. 위험을 무릅쓰는 것도 거절하지 않았습니다. 교회를 위하는 것이 그들 삶의 목적이었기 때문입니다. 재물을 쌓거나 이력을 쌓는 것, 쉼을 얻거나 건강을 유지하고 장수하는 것이 그들 삶의 목표가 아니었습니다. 교회를 건강하게 세우는 것, 하나님 나라가 하나님 뜻대로 세워지는 것이 그들 삶의 이유였습니다.

우리 삶의 이유도 교회에 있습니다. 하나님의 교회를 위해서라면 불편도, 손해도,

어려움도 감수합니다. 우리를 구원하신, 우리를 사랑하시는 주님의 몸이기 때문입니다. 다른 이유는 없습니다. 내 몸이 내 몸이기 때문에 돌보듯, 교회가 주님의 몸이기 때문에 사랑합니다. 아낍니다. 교회의 기쁨이 나의 기쁨이고, 교회의 아픔이 나의 아픔입니다. 교회가 잘되면 기쁘고, 교회가 약해지면 슬퍼합니다. 성도들이 성장하면 기쁘고, 성도가 시험에 빠지면 함께 힘들어합니다.

사도와 나이 많은 형제들인 장로들의 편지는 한 마디로 위로였습니다. 15장 31절입니다. "읽고 그 위로한 말을 기뻐하더라" 아멘. 편지는 위로였고, 격려였고, 북돋워 주는 글이었습니다. 그래서 기뻐했습니다. 어떻게 썼기에 위로받고 기뻐했을까요? 첫째, 그들은 이방인 신자들을 형제라 불렀습니다. 23절입니다. "그 편에 편지를 부쳐 이르되 사도와 장로 된 형제들은 안디옥과 수리아와 길리기아에 있는 이방인 형제들에게 문안하노라" 아멘. 혈통은 다르지만 주님의 살과 피를 함께 나누었으니 형제입니다. 비록 출신은 다르지만 가족입니다. 그들을 형제로 부른 사도와 장로들은 그들 형편에 대한 그들의 이해를 기술했습니다. 24절입니다. "들은즉 우리 가운데서 어떤 사람들이 우리의 지시도 없이 나가서 말로 너희를 괴롭게 하고 마음을 혼란하게 한다 하기로" 아멘. 사도와 장로들은 이방인 신자들의 감정과 상태를 이해했습니다. 그들의 괴로움과 혼란스러움을 알았고 그것을 표현했습니다. 왜 그러느냐 핀잔주지 않았습니다. 그래서 위로받았습니다.

두 번째로, 그들은 결정 과정을 알려주었고 안디옥 교회 지도자인 바나바와 바울에 관한 자신들의 입장을 소개하였습니다. 25-26절입니다. "사람을 택하여 우리 주 예수 그리스도의 이름을 위하여 생명을 아끼지 아니하는 자인 우리가 사랑하는 바나바와 바울과 함께 너희에게 보내기를 만장일치로 결정하였노라" 아멘. 자신들의 장점이 아니라 상대방의 장점을 언급합니다. 실제로 바나바와 바울은 주 예수 그리스도의 이름을 위하여 목숨을 내놓은 사람들입니다. 그러나 이것을 표현하는 것과 표현하지 않는 것은 다릅니다. 사도와 장로들은 짧은 편지이지만 이 사실을 표현했습니다.

우리는 우리가 상대방에 대해 좋게 생각한다는 것을 굳이 말하지 않아도 된다고 생각할 때가 많습니다. 특히 저는 그런 편입니다. 그런데 그래서 생기는 오해가 많습니다. 학생들 논문을 지도할 때, 잘한 것을 별로 말하지 않고 고칠 것만 지적하니 학생들이 힘들어합니다. 해결책은 '잘한 것을 먼저 말해주고 고칠 것을 그다음에 말하는 것' 입니다. 시간이 훨씬 많이 걸립니다. 그래서 칭찬은 건너뛰고 발전을 위한 제언만 말할 때가 많습니다. 그런데, 칭찬해주고 수정사항을 지적하는 것이 시간 절약에 도움이 될 때가 많습니다. 고칠 것 먼저 말했다가 학생이 낙심하는 걸 보고 나중에 잘한 것도 말하다 보면 시간이 더 걸립니다. 어떤 경우에는 잘한 것만 말해주는 것이 필요할 때도 있습니다.

세 번째로 사도와 장로들은 증인들의 명단을 공개했습니다. 유다와 실라입니다. 편지에 권위를 부여할 증인들입니다. '같은 것들을 말로 전할 사람들' 입니다. 두 사람 또한 이방인 형제들에게 위로 거리가 되었을 것입니다. 주도적인 위치에 있는 두 사람이 특사로 선택되었기 때문입니다. 중요한 사람이 증인으로 채택되었다는 것은 그만큼 이방인 형제들이 중요하다는 것을 의미합니다.

네 번째로 사도와 장로들은 그들의 최종 결정을 소개했습니다. 그들의 결정을 성령께서 보증하신다는 표현도 곁들였습니다. 28절을 보면, '성령과 우리' 라는 표현을 썼습니다. 바나바와 바울의 사역, 베드로의 가이사랴 사역과 더불어, 야고보가 인용한 구약성경을 통해서 볼 때, 이들의 결정은 성령의 보증이 있는 결정이었습니다. 우리는 우리의 결정에 성령의 보증이 있는지 살펴보아야 합니다. 하나님의 말씀과 우리 삶 속에서 역사하시는 성령의 보증이 있는지 늘 조심스레 따져봐야 합니다. 말씀과 성령의 보증이 있다면 좀 껄끄러워도 따를 일이고, 말씀과 성령의 보증이 없다면 원하는 바라도 접는 것이 유익합니다.

성령의 보증을 받은 교회의 결정은 '긴요한 것들 외에 어떤 추가적인 짐도 이방인 형제들에게 지우는 않는 것' 이었습니다. '요긴한 것들 외에는 짐 지우지 않겠다. 짐을 최소화 하겠다.' 하는 그들 마음이 결정 가운데 실려 있습니다. 사람들은 불필요한 짐을 일부러 지우기도 합니다. 버릇을 고치겠다는 거죠. 훈련이 필요하다는 겁니다. 교회 집사님이 오래전 묵상 나눔 글에 "교회에서는 다른 것 몰라도 꼭 이건 해야 돼 성경공부 모임은 꼭 참석해야 돼 전도는 꼭 해야돼 뭐는 꼭 해야돼. 이런 거 너무 많습니다" 하고 올리셔서, 제가 "예수님 먹는 것 외엔 당위 없습니다^^" 하고 댓글을 달았습니다. 짐을 자꾸 내려줘야죠. 진리는 우리에게 자유를 줍니다. 자발적 헌신, 그것을 주님은 기대하십니다.

그리고 금지 목록을 보면 교회는 야고보 목록의 순서를 바꾸었습니다. 15장 20절을 보면, '우상의 더러운 것과 음행과 목매어 죽인 것과 피' 의 순서로 되어있습니다. 그런데, 29절을 보니, '우상의 제물과 피와 목매어 죽인 것과 음행' 으로 순서를 바꾸었고 '더러운 것' 이라는 표현을 삭제하고 '제물' 이라는 표현을 추가했습니다. 음식법 규례 중심의 목록을 예배와 언약 중심의 목록으로 수정한 것입니다. 교회가 뭔가를 결정할 때 우리가 뭔가를 하거나 하지 않는 것 중심으로 결정하기보다, 하나님께 더 가까이 나아가는 방향 설정, 예배와 언약 중심의 알맹이 설정이 중요합니다. 결국 우리가 드릴 것은 찬송이고 예배이기 때문입니다.

다른 사람을 인정하고 배려하며 하나님 중심의 결정을 친절하게 전달한 사도와 장로들 덕에 안디옥 교회는 건강해졌습니다. 유다와 실라도 평안히 전송할 수 있었습니다. 바울과 바나바도 수다한 다른 사람들과 함께 안디옥에 유하며 주님의 말씀을 가르치고 전파할 수 있었습니다. 유대인과 이방인 사이의 갈등 문제가 해결되었습니다. 그런데, 오히려 바나바와 바울이 날카롭게 갈등합니다. 마가에 대한 입장 차이 때문입니다. 하나님께서는 사람을 모으기도 하시고 흩기도 하십니다. 바나바와 바울이 흩어지게 하신 하나님께서는 바울이 실라와 묶이게 하셨습니다. 마가와 헤어지게 하시더니 디모데를 만나 함께 하게 하셨습니다. 그리고 16장 10절을 보니 누가복음과 사도행전의 기자인 누가가 합류했습니다. "바울이 그 환상을 보았을 때 우리가 곧 마게도냐로 떠나기를 힘쓰니 이는 하나님이 저 사람들에게 복음을 전하라고 우리를 부르신 줄로 인정함이러라" 아멘. 여기서 '우리' 라는 표현이 나옵니다. 성경 기자가 바울 일행과 어느 지점에서 만나 동행하게 되었는지 알 수 있습니다.

언제 바울이 누가를 만났는지를 정확히는 알 수 없습니다. 16장 6절에서 8절 사이에 만났습니다. "성령이 아시아에서 말씀을 전하지 못하게 하시거늘 그들이 브루기아와 갈라디아 땅으로 다녀가 무시아 앞에 이르러 비두니아로 가고자 애쓰되 예수의 영이 허락하지 아니하시는지라 무시아를 지나 드로아로 내려갔는데" 아멘. 여러 지명이 나옵니다. 브루기아와 갈라디아라는 지명을 통해 바울이 처음에는 서쪽으로 향했다가 북쪽으로 방향을 바꾼 것을 알 수 있습니다. 무시아라는 지명을 통해 북쪽으로 가던 그가 서쪽으로 다시 방향을 바꾼 것도 알 수 있습니다. 이어지는 지명인 비두니아를 통해 바울이 동쪽으로 방향을 바꾼 것을 알 수 있습니다. 이어지는 무시아와 드로아라는 지명을 통해 동쪽으로 가던 바울 일행이 방향을 서쪽으로 바꿔 더는 갈 수 없는 해변에 와 있는 것을 알 수 있습니다.

서쪽, 북쪽, 서쪽, 동쪽, 서쪽으로 방향을 바꿨습니다. 이고니온에서 드로아까지 직선거리만 약 580킬로미터인 것을 생각하면 천오백 킬로미터 정도는 방황한 듯합니다. 석 달은 방황한 듯합니다. 전도 열매도 없습니다. 이 정도 되면 디모데가 집에 가겠다고 말할 만도 한데, 디모데는 마가와 달리 집으로 돌아가지 않습니다. 전도여행을 처음 따라온 실라도 달리 불평이 없습니다. 그런데 석 달 정도 방황할 때 누가가 일행이 되었습니다. 목적도 없는 듯하고 이리저리 방황하는 바울 일행에 누가가 합류한 것입니다. 바울이 방황할 때, 성령께서 말씀을 전하지 못하게 막으실 때, 예수님께서 약속하셔서 임하게 된 '예수의 영'이 원하는 바를 허락하지 않으실 때, 더 이상 갈 곳 없는 드로아까지 밀려갈 때, 바울은 그의 평생 동역자 누가를 만났습니다. 아마도 '골로새'에서 만나지 않았을까 추측해봅니다. 골로새서 4장 14절의 "사랑을 받는 의사 누가"라는 표현을 고려한 추측입니다.

하나님께서 하시는 일이 그렇습니다. 우리가 생각할 때는 일을 많이 하고 열매를 많이 맺는 것이 더 먼저일 것 같은데, 주님은 함께 일할 사람을 먼저 붙이십니다. 열두 사도로 둘씩 가게 하신 주님, 칠십 인 전도대로 둘씩 가게 하신 주님은 헬라[그리스] 반도로 넘어가는 바울 일행이 네 명이 되게 해주셨습니다. 빌립보에 두 명 두고 떠나도 데살로니가에 두 명이 갈 수 있도록 네 명을 만들어 주셨습니다. 그들이 가고자 했던 소아시아 지역에는 다음 3차 전도여행 때 에베소 사람들에 의해 복음이 전달될 것입니다. 보다 효율적으로 복음을 전하기 위해 바울 일행은 바다 건너 헬라 반도로 가야 했습니다. 한 번도 가본 적이 없어서 가볼 생각조차 하지 못했던 헬라 반도로 바울을 몰아가십니다. 몰아가시되 위로를 주십니다. 의사 누가가 동행하게 됩니다. 방황하는 그를 돌봐줄 사람입니다. 주님이 뜻이 분명해질 때 힘써 줄 사람입니다.

트로이라고 불리는, '트로이의 목마'로 유명한 트로이 아니고, '알렉산드리아 트로이'에 전도 팀이 도착했습니다. 앞이 바다이니 더 갈 수는 없습니다. 밤이 왔습니다.

그런데 주님께서 바울을 재우지 않으십니다. 밤새 바울에게 환상이 나타났습니다. 어떤 마게도냐 남자가 서서 바울을 설득합니다. "마게도냐로 건너와서 우리를 도와주시오!" 환상에 나타난 사람이 마게도냐 사람인 것은 복장이나 말투로 알아보았을 것입니다. 바울이 밤새 본 환상에 대해 전해 들은 다른 세 사람의 태도가 10절에 있습니다. 한 번 더 봅니다. "바울이 그 환상을 보았을 때 우리가 곧 마게도냐로 떠나기를 힘쓰니 이는 하나님이 저 사람들에게 복음을 전하라고 우리를 부르신 줄로 인정함이러라" 아멘.

실라와 디모데와 누가는 1차 전도여행 때 하나님께서 어떤 역사를 이루셨는지 들었을 것입니다. 그런데 석 달이나 아무 일도 일어나지 않습니다. 사실 아무 일도 일어나지 않은 것이 아닙니다. 베테랑 전도자가 전도하지 못하는 일이 일어났습니다. 일급 요리사가 요리를 하지 못하는 것과 같은, 프로 운동선수가 운동을 전혀 하지 못하는 것과 같은 일이 일어났습니다. 성령께서 막으시는 것이 분명했습니다. 그런데 환상을 본 것입니다. '마게도냐로 건너오라.' 하는 말을 들었습니다. 이때 그들은 주저하지 않았습니다. 결단을 내렸습니다. 배를 타기로 결심했습니다. 풍랑을 감수하기로 결정했습니다.

그리고 그들의 결정은 빌립보 사역으로 이어졌습니다. 유대인 회당도 없기에, 유대인들을 멸시하는 로마 퇴역군인들로 구성된 사람들이 시민들의 주를 이루었기에, 바울 일행이 빌립보에 머무는 것은 쉽지 않았습니다. 안식일까지 버텨야만 했습니다. 주님 뜻인 줄 알고 왔지만 당장 열매가 보이지 않았고 할 일도 없었습니다. 그러나 기도처가 있으리라 여기고 안식일에 나간 강가에서 주님의 역사를 만납니다. 주님이 하나님을 경외하는 루디아의 마음을 열어 주셨습니다. 많은 사람이 아니라 한 사람이었습니다. 그러나 그와 그의 집안 식구들 모두 세례를 받는 일이 일어납니다. 기다리고 기다리던 열매가 맺혔고, 루디아는 그들을 강권합니다. "제가 주님께 신실하다고 판단하시면 저의 집에 들어와서 머무세요"(16:15). 거절했습니다. 그러나 그녀의 강권이 네 사람을 꺾었습니다.

하나님의 사람들이 앞일을 모두 내다보고 살지 않았습니다. 갈 바를 알지 못하고 헤맸습니다. 예상하지 못한 사람들과 동행이 되었습니다. 기대하지 않았던 배를 탔습니다. 낯선 고장 빌립보에서 여러 날을 힘들게 보냈습니다. 그러다 루디아를 만났고 그에게 뿌려진 복음의 씨앗이 열매를 맺었습니다. 하여 바울 사역을 지속적으로 후원했던 빌립보 교회가 세워집니다.

이어지는 만남도 당황스럽습니다. 점치는 영이 들린 여종과의 만남입니다. 실라, 디모데, 누가와의 만남과는 달리, 점치는 영이 들린 여종과의 만남은 매우 부정적인 것 같습니다. 여종으로 인해 매 맞고 감옥에 갇힙니다. 그러나 결국 그 과정을 통해 빌립보의 간수를 만나고 그와 그 집이 구원받는 역사가 일어납니다.

삼 개월의 방황, 낯선 곳에서의 힘든 시간, 매 맞고 옥에 갇히는 일, 이러한 일 가운데 어떤 것도 일반적으로는 환영받을 만한 사건이 아닙니다. 방황은 없을수록 좋고, 안전하지 않은 낯선 곳에는 가지 않는 것이 좋으며, 매 맞고 옥에 갇히는 것은 전혀 반갑지 않습니다. 그런데 이런 일들을 통해 주님은 일하셨습니다. 그냥 루디아도 만나고, 간수도 만나 복음 전하면 좋으련만, 주님의 일은 그리 이뤄지지 않습니다. 우리 공로는 없지만, 고생이 있습니다. 막힘이 있습니다. 방황과 힘듦이 있습니다.

주님께서 방황이라는 좁은 길, 낯선 곳에서 매 맞고 옥에 갇히는 좁은 문으로 인도하실 때 어떻게 하면 낙심하지 않고 찬송할 수 있을까요? 우선은 방황하는 것이나 매 맞는 것을 주님 따라가는 길에서 배제하지 않는 것이 필요합니다. 둘째는 시선을 주님께 고정하는 것이 중요합니다. 그분께 고정되어있으면 됩니다. 그러면 언제라도 어떤 형태로든 열매가 있습니다. 방황하나 누가를 만나고, 힘들지만 열매가 있으며, 매 맞고 옥에 갇히자 간수 가족이 구원받습니다.

교회가 이런저런 일로 방황하고 낯선 곳에 도달하고 갇힌 것 같을 수 있습니다. 그러나 주님은 우리에게 사람들을 붙여주십니다. 여러 모양의 보아스를 보내주십니다. 다양한 어려움 가운데에서도 열매 맺게 하십니다. 그럼 된 것입니다. 그러면 만족입니다. 주님께서 교회 가운데 간섭하고 계시면 됩니다. 우리는 겸손히 조심스레 주님 뜻을 더듬어가면 됩니다. 그럼, 주님이 루디아의 마음도 여시고, 점치는 영도 떠나가게 하시고, 간수도 믿게 하십니다.

헬라 반도에서의 전도에 진전이 있었습니다. 빌립보, 데살로니가, 베뢰아, 그리고 아덴까지에도 복음이 전해졌습니다. 아덴은 당시 최고의 교육도시였습니다. 이 과정을 통해 생각합니다. 우리의 생각과 주님의 생각이 다를 때가 많다는 것입니다. 이사야 선지자를 통해 주신 “이는 내 생각이 너희의 생각과 다르며 내 길은 너희의 길과 다름이니라 여호와의 말씀이니라 이는 하늘이 땅보다 높음 같이 내 길은 너희의 길보다 높으며 내 생각은 너희의 생각보다 높음이니라”(사 55:8-9) 하신 말씀처럼, 하나님의 생각과 우리의 생각이 다르고, 하나님의 생각은 우리 생각보다 높습니다.

데살로니가에서 세 안식일 동안 복음을 전하다 쫓겨난 바울과 실라는 베뢰아로 갔습니다. 이때 디모데가 빌립보에서 그들에게로 왔고 누가는 빌립보에 계속 남은 듯합니다. 바울은 베뢰아에서 아덴으로 이동한 다음, 자신을 아덴으로 데려온 이들에게 실라와 디모데를 자기에게로 속히 오게 하라고 명합니다(17:15). 이후 실라와 디모데가 아덴에 왔고 베뢰아의 형편을 들은 다음, 바울은 디모데를 데살로니가로 보냅니다(살전 3:1-2). 이때 실라는 베뢰아나 빌립보로 보낸 듯합니다. 데살로니가에서 ‘자발적 모임 제한법’을 어겨 쫓겨난 실라를 데살로니가로 보내는 것은 적절하지 않았을 것입니다.

데살로니가에서 있었던 야손과 몇 형제에 대한 고소 사건에 대해, 로마사람의 위엄을 떨어뜨리는 ‘모반죄’의 경우, 상위계층 시민에 해당하는 죄이고 읍장이 다룬 후 돈을 받고 보낼 만한 죄가 아니기에 적절하지 않고, ‘지도자의 변화에 대한 예언 금지법’도 황제의 명이 아니었을 뿐 아니라 이탈리아에서만 적용되었으므로 맞지 않기에, 시저와 아구스도 당시 시행되었고 글라우디오 때에 재개된 ‘자발적 모임 제한법’이 야손과 몇 형제가 고소된 죄목에 해당한다고 보는 하딘의 견해가[1] 적절해 보입니다.

아덴에서 복음을 전하고 종교재판까지 받은 바울은 실라와 디모데를 마게도냐 지방의 빌립보, 데살로니가, 베뢰아로 보내 그곳 형편을 알아보려 했습니다. 그리고 자신은 더 멀리 고린도로 향했습니다. 상업이 융성했던 고린도는 아덴 서쪽으로 88킬로미터 떨어져 있었습니다. 네 명이 건너와 시작했던 헬라 반도 사역 가운데 바울은 종종 혼

1) Justin K. Hardin, “Decrees and Drachmas at Thessalonica: An Illegal Assembly in Jason’s House (Acts 17.1-10a),” *NTS* 52 (2006): 29-49.

자가 되었습니다. 아덴에서도 한참 동안 혼자이더니, 고린도에서도 한참 동안 혼자였습니다.

이때 만난 사람이 브리스길라와 아굴라입니다. 이들은 가죽 세공 기술이 있던 사람들이었습니다. 가죽을 사용해서 이것저것 만드는 이들입니다. 바울은 계획하지 않았던 지역에서 복음을 전하다 고린도에 왔고, 이들 부부도 예상하지 못한 황제의 칙령 때문에 고린도에 왔습니다. 글라우디오는 49년 '모든 유대인은 로마를 떠나라.' 하는 칙령을 내렸습니다. 아마도 유대인들과 기독인들 사이의 갈등을 유대인 문제로 여겼기 때문으로 보입니다. 기독교를 믿지 않은 유대인들로 보이는 아굴라와 브리스길라 부부도 바울과 비슷한 시기에 고린도에 왔습니다. 두 부부는 황제의 칙령 때문에 터전을 잃고 고린도에 왔고, 바울은 주님의 인도와 사람들의 박해와 반대 등으로 고린도에 왔습니다. 의지할 데 없는 이들이 고린도라는 낯선 상업 도시에서 만나 함께 일을 했습니다.

실라와 디모데를 기다리던 바울은 회당에서 안식일마다 이야기를 나누며 유대인들과 헬라인들을 설득합니다. 무슨 얘기를 하고 무엇을 설득했을까요? 메시아에 관한 얘기를 했겠죠. 18장 5절에서 자신이 그간 얘기한 그리스도가 바로 예수님이라고 말했기 때문이죠. "실라와 디모데가 마게도냐로부터 내려 오매 바울이 하나님의 말씀에 붙잡혀 유대인들에게 예수는 그리스도라 밝히 증언하니" 아멘. 여기서 '예수는 그리스도라' 는 표현은 믿는 번역자의 일상 표현이 번역에 반영된 것입니다. '그리스도는 예수라' 가 적절합니다. 우선 문법적으로 '그리스도가 예수라' 가 더 적절하고, 이어지는 6절을 보면 이때로부터 바울에 대한 반대와 비방이 시작되기 때문입니다. 예수를 전하기 전에는 반대가 없고 논란만 있었는데, 구약에서 예언된 메시아가 예수님이라는 복음을 전하자 회당의 유대인들이 바울을 대적하고 비방한 것입니다.

이로 볼 때 바울은 고린도에서 실라와 디모데가 마게도냐 상황을 전달해 주기를 기다리면서, 브리스길라와 아굴라 부부와는 주중에 함께 일하고, 안식일에는 회당에 가서 당시 유대인들이 생각하던 메시아와는 달리 '고난받는 메시아' 가 구약성경에 예언되었다고 논증한 것으로 보입니다. 그러다가 실라와 디모데가 마게도냐 상황을 알려주었고, 특히 디모데가 세 안식일밖에 전하지 않은 데살로니가 교회가 얼마나 든든히 믿음 위에 서 가는지 알려주자, 바울이 '교회를 견고케 함이 자신에게 있지 않고 주님께 있음' 을 확신한 것으로 보입니다. 이 점은 데살로니가전서 3장을 통해 알 수 있습니다. 3장 4-8절입니다. "우리가 너희와 함께 있을 때에 장차 받을 환난을 너희에게 미리 말하였는데 과연 그렇게 된 것을 너희가 아느니라 이러므로 나도 참다 못하여 너희 믿음을 알기 위하여 그를 보내었노니 이는 혹 시험하는 자가 너희를 시험하여 우리 수고를 헛되게 할까 함이니 지금은 디모데가 너희에게로부터 와서 너희 믿음과 사랑의 기쁜 소식을 우리에게 전하고 또 너희가 항상 우리를 잘 생각하여 우리가 너희를 간절히 보고자 함과 같이 너희도 우리를 간절히 보고자 한다 하니 이러므로 형제들아 우리가 모든 궁핍과 환난 가운데서 너희 믿음으로 말미암아 너희에게 위로를 받았노라 그러므로 너희가 주 안에 굳게 선즉 우리가 이제는 살리라" 아멘.

예상하지 못한 지역에서 복음을 전하면서 예기치 못한 다양한 어려움을 겪고, 궁핍과 환난이 이어질 때 바울과 같이 헌신 되고 능력 있는 복음 전도자라 해도 복음 전도를 주저할 수 있습니다. 그러나 중요한 것은 깨닫게 하시는 주님의 은혜를 따라 마음을 바꾸는 것입니다. 마게도냐 교회 상황을 들은 바울은 말씀에 붙들려 자신이 그간 전한 '고난받는 메시아' 가 바로 '얼마 전 예루살렘에서 십자가에 달려 돌아가신 예수님' 이라고 전합니다. 그러자 강한 반대가 일어났고 바울은 회당을 떠나 디도 유스도라는 사람의 집으로 옮깁니다. 그런데 아이러니하게도 디도 유스도의 집은 회당 옆에 있었습니다. 회당 옆집이 그의 집이라는 사실에서 그가 부자였음을 알 수 있습니다. 지금이야 교회 옆에 사람들이 잘 살려 하지 않지만 몇십 년 전까지만 해도 교회 옆집을 사람들이 선호했습니다. 유대인들은 회당 옆집을 선호했고 그래서 회당 옆집에는 부자나 살 수 있었습니다.

바울이 회당 옆집으로 옮겼는데, 회당장 그리스보가 예수님을 그리스도로 믿었고 가족들과 함께 세례를 받습니다. 많은 고린도 사람 즉, 이방인들도 믿고 세례를 받습니다. 바울이 한 것은 하나님께서 하시리라 믿고 예수님을 전한 것뿐인데 놀라운 영혼구원 역사가 일어난 것입니다.

그런데 그날 밤 주님께서 밤에 환상을 통해 바울에게 말씀하셨습니다. "두려워하지 말아라. 오히려 얘기하고 침묵하지 말아라."(18:9). 바울은 안식일마다 회당에서 사람들과 변론했고 그들의 메시아 관을 바꾸려 노력했는데, 주님이 보실 때는 두려워한 것이었고 침묵한 것이었습니다. 알맹이를 뺀 복음이었기에 복음을 전한 것이 아니었습니다. 주님께서는 고린도에 주님께 속한 백성이 많다고 하셨습니다(18:10). 그러나 바울의 생각을 아셨기에 주님도 그간 침묵하셨습니다. 그러다 바울이 하나님께서 어떻게 일하시는지 깨닫고 예수님을 전하기 시작하고 박해와 열매가 동시에 생겼을 때, 말씀을 주신 것입니다. 이에 바울은 다른 데 가지 않고 고린도에서만 일 년 육 개월을 지내며 하나님의 말씀을 성도들에게 가르칩니다.

예수님은 바울이 마게도냐에서의 다양한 경험에도 불구하고 고린도에서도, 비록 홀로 남겨져 있었지만, 복음 전하기를 원하셨습니다. 바울은 하나님께서 일하신다는 확신이 들 때까지 주저하였습니다. 바울의 생각과 주님의 생각, 바울의 길과 주님의 길이 여기에서 차이가 있었습니다. 바울도 연약한 인생이기에 마게도냐에서의 경험으로부터 영향을 받지 않을 수 없었습니다. 그러나 주님은 이런저런 경험마저도 넘어서기를 원하셨습니다.

우리는 우리의 경험과 생각으로 인해 주저할 때가 많습니다. 고려해야 할 것도 많고 주변 사람들 마음이 내 마음 같지 않을 때가 많기 때문입니다. 때로는 내가 주변 사람들보다 주님께 더디 순종하기도 합니다. 그래서 때로는 너무 빨리 가기도, 너무 늦게 가기도 합니다. 그러나 주님은 그때마다 기다리시고 우리가 주님 뜻 깨닫기를 기다리시며 우리가 마음으로 주님 뜻 순종하기를 바라십니다.

고린도 사역이 마무리되면서 중요한 전환이 이뤄졌다고, 18장 12-23절은 소개합니다. 우선 49년 봄에 시작된 제2차 전도여행이 바울의 에베소 출항으로 마무리됩니다. 21절입니다. “작별하여 이르되 만일 하나님의 뜻이면 너희에게 돌아오리라 하고 배를 타고 에베소를 떠나” 아멘. 이때는 52년 봄으로 추정됩니다. 겨울에는 항해하지 않았기에 봄이 되자 에베소를 떠납니다. 이어 22절을 보면, 가이사랴에 상륙하여 올라가 교회의 안부를 묻습니다. 이 교회는 예루살렘 교회입니다. 가이사랴에서 예루살렘까지는 육로로 100킬로미터 정도 됩니다.

삼 년간의 전도여행 끝자락에, 바울은 천 킬로미터에 달하는 뱃길을 따라서 가이사랴로 간 다음, 육로로 예루살렘 교회에 올라가 인사하고 안디옥으로 내려갑니다. 에베소에서 안디옥으로 바로 가면 천 킬로미터도 되지 않습니다. 그러나 '예루살렘 공회의 결정을 이방인 교회에 잘 전달했다.' 하는 보고를 하려고 천육백 킬로미터에 달하는 귀환을 선택한 것으로 보입니다. 교회의 결정을 존중하여, 오래전 결정이지만 공회의 결정을 이방인 교회에 전달한 결과를 보고하려고 칠백 킬로미터 정도를 더 돌아갑니다. 시작부터 멀리 돌아가야 했던 빌립보, 데살로니가, 베뢰아, 아덴, 고린도 사역이 이처럼 돌아가는 것으로 마무리되고, 23절부터는 제3차 전도여행이 시작됩니다. 18장 23절입니다. "얼마 있다가 떠나 갈라디아와 브루기아 땅을 차례로 다니며 모든 제자를 굳건하게 하니라" 아멘. 육로를 통해 에베소로 갑니다.

둘째로, 하나님의 뜻을 더듬어 시작했던 사역에서 '하나님께서 원하시는 것을 확인하고 시작하는 사역'(21절)으로 전환됩니다. 2차 전도여행 때에는 하나님의 뜻을 잘 모른 채로 떠나다 보니 이러저리 방황하다 드로아에서 환상을 보고 헬라 반도로 건너가게 되었습니다. 우여곡절 많았고 동역자 교체(바나바가 실라로, 마가가 디모데로 교체되고, 누가와 브리스길라와 아굴라가 추가됨)도 다양하게 일어났습니다. 2차 전도여행을 경험 삼아 이제는 전략적인 전도가 이뤄집니다. 단기적인 전도에서 삼 년 넘는 장기 전도로의 전환도 일어납니다. 교회도 어느 시점이 지나면, 보다 전략적으로 전도하고 사명을 감당할 때가 됩니다. 문제를 미리 인식하고 준비할 때입니다.

셋째로, '교통 요충지 전도'에서 '해안가 전도'로의 전환입니다. 고린도는 교통의 요충지였습니다. 겐그레아 항구를 통해서는 (소)아시아로, 레카움 항구를 통해서는 이탈리아로 갈 수 있었습니다. 무역으로 부유했던 고린도는 '골드 러시(새 금광지로의 쇄도) 시대의 샌프란시스코'와 비교되기도 합니다. 이런 요충지 사역에서, 아시아와 유럽을 연결하는 에베소 사역으로 사역지가 바뀝니다. 에베소 사역은 더 넓은 지역으로 복음이 확산되는 초석이 됩니다. 에베소 사역을 통해 아시아 지역에 사는 모든 이들에게 복음이 전해집니다. 그만큼 힘이 축적된 것입니다. 교회도 어느 시점이 지나면, 축적된 인력과 경험, 물질로, 더욱 담대하고 효과적으로 전도할 시기에 도달합니다.

넷째로, 복음을 대하는 정치가들의 입장 전환입니다. 빌라도 총독과 헤롯 집안에 의한 '복음 반대'가 갈리오 총독의 '복음 무관심'으로 전환됩니다. 이후 복음은 벨릭스와 베스도 총독 치하에서 법정 제소 거리가 됩니다. 갈리오는 51년 7월 1일부터 52년

6월 30일까지 아가야 지방의 총독이었을 가능성이 큽니다. 복음을 대하는 정치가들의 입장 전환은 복음이 사회에 미쳤을 영향과 관계됩니다. 현재 우리나라 교회의 다양한 문제가 사회적 이슈가 되고 있습니다. 교회 문제를 법정으로 가져가는 경우도 많습니다. 보수 기독교는 기득권층이 되었습니다. 그러다 보니 진정한 개혁을 위해 필요한 것이 예전과 달라졌습니다. 교회 안에는 다양한 분야의 전문가들이 있습니다. 전문가들이 성령 충만하여 사회 향해 건강한 목소리를 낼 수 있어야 하겠습니다. 이를 위해 더욱 기도에 힘쓰고 말씀을 바로 알아야 합니다.

다섯째, 바울이 고린도에서 육로로 9킬로미터 떨어져 있는 겐그레아에서 머리를 깎았습니다(18:18). 바울이 겐그레아에서 머리 깎은 것은 서원 시작보다는 서원 마무리로 보입니다. '두려워하지 말고 오히려 얘기하고 침묵하지 말아라.' 하신(18:9) 주님의 명령에 긴장하고 순종했을 바울이 주님의 간섭과 도우심, 은혜 베푸심과 교회의 부흥을 기억하며 이전에 시작했던 서원을 고린도를 떠나면서 마무리한 것으로 보입니다. 고린도에서의 일 년 육 개월이 바울에게 근신 기간이었다는 말입니다. 이제 그의 근신이 끝납니다.

근신과 전환의 시간에 우리는 '상당한 기간'을 견디고(18절) '하나님의 뜻'을 기억하며(21절) '교회'를 존중합니다(22절). 18절을 보면 바울은 유대인들의 박해에도 불구하고 고린도에서 '더 여러 날' 머뭅니다. 반대가 있어도 견딘 것입니다. 21절을 보면 고린도에서의 사역 성공에도 불구하고 '하나님의 뜻'을 기억합니다. 22절을 보면, 모교회인 예루살렘 교회를 존중했습니다. 이로 볼 때, 근신과 전환의 시기에 우리가 기억할 것은 쉽게 자리를 바꾸지 않고, 내 뜻을 버리고 하나님의 뜻을 생각하며, 공동체를 생각하는 것입니다.

에베소 사역을 마치고 2차 전도여행지를 돌아본 바울은 예루살렘으로의 여행을 계획합니다. 여덟 명이 동행합니다. 그런데 바울을 죽이고자 하는 음모가 알려지면서 더디 가려 하다가, 오순절 전에 예루살렘에 도착하는 것으로 계획이 바뀝니다(20:16). 유두고가 죽고 살아나는 것을 경험하면서, 자신의 생명 역시 하나님께 달려있음을 한 번 더 확인하고 오순절 전에 예루살렘에 도착하는 것을 계획한 듯합니다. 자신을 죽이려 하는 디아스포라 유대인들이 아직 예루살렘에 머물러 있을 때 호랑이굴과도 같은 예루살렘에 가고자 한 것입니다.

한데, 이미 빌립보, 드로아에서 여러 날 지체했습니다. 빌립보에서는 무교절이 지날 때까지 머물렀고, 드로아에서도 칠 일을 그냥 머물렀습니다(20:6). 시간이 많지 않습니다. 그러나 바울은 밀레도에 들려서 삼 년간 동고동락했던 에베소 교회 장로님들을 청합니다. 그의 후임 사역자와 같은 이들입니다. 혹 에베소에 가면 데메드리오 일당이나 남아 있는 유대인들에게 붙들려 예루살렘에 아예 가지 못할까 싶어, 밀레도 항으로 가서 에베소 교회의 장로님들을 청합니다. 밀레도에서 에베소까지는 육로로 백 킬로미터 정도 됩니다. 왕복 닷새나 걸립니다. 그러니 그냥 지나칠 수 있지만, 다시 돌아오지 못할 수 있기에, 다시 만날 수 없을 수 있기에, 마지막까지 유익한 말을 아끼지 않습니다.

바울은 그들 가운데에서 지냈습니다. 20장 18절을 보면 "내가 항상 여러분 가운데서 어떻게 행하였는지를 여러분도 아는 바"라고 합니다. 바울은 그들과 함께 지냈습니다. 부지런히 일했고, 일하기 어려운 시간에는 두란노 서원을 빌려서 말씀 강론을 했습니다. 쉬어야 할 시간마저 교회를 위해 내놓았습니다. 바울은 그들과 동행했습니다. 시간을 함께 보냈습니다. 동행 목회를 한 것입니다. 성도들이 땀을 흘릴 때는 함께 땀을 흘렸고, 성도들이 눈물 흘릴 때는 같이 눈물 흘렸습니다.

마음을 같이 하면서도 원칙을 늘 제시했습니다. 20절입니다. "유익한 것은 무엇이든지 공중 앞에서나 각 집에서나 거리낌이 없이 여러분에게 전하여 가르치고" 아멘. 말씀을 기준 삼아 말하다 보면 껄끄러운 얘기를 할 수도 있습니다. 오해받을 수도 있습니다. 그러나 유익한 것은 감추지 않고 말했습니다. 에베소 사역의 이유가 자신에게 있지 않고 에베소 교회 성도들에게 있었기 때문입니다. 가벼운 얘기, 늘 하던 얘기, 해도 그만 안 해도 그만인 얘기, 날씨 얘기, 지나가는 얘기, 그런 얘기가 아니라, 마음에 담긴 얘기, 근본적인 얘기, 살아가면서 한 번쯤은 반드시 해야 할 얘기, 가까운 사이라면 건드려주어야 할 그런 얘기를 했습니다.

20장 25-27절은 에스겔 3장 16-21절을 생각나게 하는 표현입니다. 3장 17절 한 절만 봅니다. "인자야 내가 너를 이스라엘 족속의 파수꾼으로 세웠으니 너는 내 입의 말을 듣고 나를 대신하여 그들을 깨우치라" 아멘. 하나님의 뜻을 아는 자들에게는 책임이 있습니다. 내가 아는 것을 다른 사람들도 다 알 것 같지만 막상 살펴보면 그렇지 않습니다. 하나님을 향한 마음도 모두 같을 것 같지만, 받은 은혜 따라 다르고, 경험 따라, 상황 따라 다릅니다. 주제넘게 나설 필요는 없지만, 주님 뜻이면 얘기해야 하고, 자리를 지켜야 하고, 함께 고민하고, 함께 맞닥뜨려야 합니다.

바울은 소그룹 모임에서든, 전체 모임에서든, 체면 차리지 않았습니다. 하나님은 마음을 아시며, 심령 깊은 것까지 고려하여 판단하시기 때문입니다. 생명 시간이란 게 매우 소중하여, 해도 되고 안 해도 되는 그런 일이나 말을 하며 허비할 수는 없기 때문입니다. 시간이 화살같이 빠르게 지나갈 것이기 때문입니다. 기회가 늘 있는 것이 아니기 때문입니다.

지금까지 애 살리고, 학교 살리고, 학생 살리고, 교회 살리려 힘썼습니다. 주님께서 대부분 하실 것이기에 걱정할 건 없습니다. 목표는 하나입니다. 20장 21절에 있습니다. "유대인과 헬라인들에게 하나님께 대한 회개와 우리 주 예수 그리스도께 대한 믿음을 증언한 것이라" 아멘. '하나님께 대한 회개와 우리 주 예수 그리스도께 대한 믿음' 입니다. 인생이 하나님께로 돌아가면 됩니다. 예수님을 믿고 의지하며 따르면 됩니다. 그러면 나머지는 주님께서 모두 하십니다. 내 맘대로 해놓고 주님이 하셨다고 하면 틀린 것입니다. 하나님께로 돌아가 주님 의지하고서, 그때 주님께서 이루신 일을 보며 우리는 찬송하고 감사하면 됩니다.

저도 바울처럼 언제든 '동행 목회' 를 하려 합니다. 『동행』이라는 책에서 에드워드 웰치는 교회 내에서 서로 동행하려면,

> "우리에게 성령이 있다는 것을 잊지 말라
> 다가가서, 서로 인사하라
> 사려 깊게 대화하라
> 좋은 점을 보고, 서로 즐거워하라
> 함께 걸으며, 이야기를 나누라
> 고난 중에는 긍휼을 가지라
> 고난 중에는 기도하라

사단의 계략을 경계하라
죄에 대해 말할 준비를 하라" 등의 권면을 합니다.

우리는 동행할 때 친해지고, 친해지면서 알게 됩니다. 웰치는 "우리는 다른 사람들을 알기를 바라지만, 그들의 삶에서 일어나는 사건들을 단순히 수집하는 것으로는 그들을 알 수 없다. 개인적인 지식은 그것을 추구할 때 얻어진다." 이렇게 말합니다. 동행 목회는 '관심 목회' 입니다. 소소한 것에 대한 관심, 작은 것 하나하나가 성경적이고 주님 뜻에 부합되기를 원하는 관심, 그 관심 때문에 때로는 흥분하고, 때로는 좌절하고, 주님 십자가 앞으로 매일 매 순간 나갈 수밖에 없는 관심으로 점철되는 목회입니다.
관심을 가지고 가까워지다 보면, 체면이 안 설 수 있습니다. 그러나 망가져도 괜찮습니다. 주님 뜻 이뤄지면 됩니다. 예수님은 제자들과 함께 지내셨습니다. 세례요한의 제자였던 이들이 예수님께 관심을 보이자, '와 보라' 하셨습니다(요 1:39). 같이 지내자 하신 것입니다. 주님은 우리와 함께 지내시려 십자가에 매달리시는 것도 마다하지 않으셨습니다. 수치를 수치로 여기지 않으셨습니다. 예수님의 동행 목회, 관심 목회가 우리 가운데 실현되기를 바랍니다.

예루살렘에 도착한 바울은 성령께서 미리 말씀 주신대로 붙들렸고 죽을 뻔했습니다. 이어 네 번의 재판을 받습니다.[2] 사도행전과 관련하여 27장 12-26절을 마지막으로 보려 합니다. 이 부분에서 기회가 어려움이 되기도 하고, 위기가 기회로 바뀌기도 한다는 것을 배웁니다. 항해하지 말라는 바울의 조언은 알렉산드리아 배를 탄 사람들에게는 기회였습니다. 그러나 백부장이 선장과 선주의 조언을 채택함으로 어려움이 됩니다. 백부장, 선장, 선주는 가진 자들입니다. 오 개월 가까이 되는 겨울을 지내기에 미항이라는 정박소가 부적당한 면이 있었습니다. 죄수들이야 '이런들 어떠리, 저런들 어떠리' 였겠지만, 넉넉한 이들은 달랐습니다. 그들에게는 생존보다 복지가 우선입니다. 생존이 보장되었기 때문입니다. 생존이 없으면 복지는 의미 없습니다. 그래서 바울은 생존을

2) 바울 재판에 대해서는 『사도행전과 우리』 293, 346쪽을 참조하세요.

선택하라 권했습니다. 그러나 그들 보기에 생존은 보장되었고 복지가 문제였습니다.

다수가 미항을 떠나 뵈닉스로 가는 데 합의했습니다. 뵈닉스는 그레데 섬 남쪽 지역에서 가장 괜찮은 정박소였습니다. 뵈닉스는 미항에서 서북서 방향에 있었고 거리는 48킬로미터 정도 떨어져 있습니다. 반나절[하룻낮의 반]만 잘 가면 됩니다. 미항과 뵈닉스 모두 그레데 섬 아래쪽에 있었기에 아래쪽 즉, 남쪽에서 바람이 불면 넓은 바다로 갈 염려 없이 서북서쪽으로 이동할 수 있었습니다. 그런데 남쪽에서 바람이 붑니다. 원하는 대로 할 수 있는 기회가 찾아온 듯했습니다. 하여 닻을 올리고 그레데 섬을 바싹 끼고 돌기 시작했습니다. 미항에서 뵈닉스로 가려면 남쪽으로 튀어나온 가파른 육지를 돌아 서쪽으로 가야 했기 때문입니다. 바울의 지적도 있고 하니 더 조심합니다. 이 정도 조심하면 큰일은 없겠죠? 바람 방향이 바뀌면 얼른 뭍으로 가면 되죠.

그런데 이게 웬일입니까? 배를 띄운 지 얼마 되지 않아 거센 동북동 풍[유라굴로]이 섬 쪽에서 불어 닥쳤습니다. 본래 서북서쪽으로 가면 되기에 동남동풍이 불면 뵈닉스로 잘 갈 수 있습니다. 동북동 풍이면 45도 차이밖에 나지 않습니다. 그런데 45도 차이로 큰 차이가 납니다. 이 각도로 가면 리비아 북쪽 해안에 있는 스르디스 모래톱에 도달합니다. 그레데에서 스르디스까지는 700킬로나 떨어져 있습니다. 그러나 선원들은 압니다. 이 바람 방향대로라면 스르디스에 도착할 것을요. 17절입니다. "끌어 올리고 줄을 가지고 선체를 둘러 감고 스르디스에 걸릴까 두려워 연장을 내리고 그냥 쫓겨가더니" 아멘. 리비아 북쪽 해안에 있는 스르디스는 '큰 스르디스'로 둘레가 925킬로미터나 되었습니다. 이곳에 걸리면 해안까지 헤엄쳐 가는 것은 무리입니다. 돛이 없는 거룻배에 타지 못하는 사람은 굶거나 얼어 죽게 되어있습니다. 당시 곡물선은 가장 작은 게 68톤, 큰 것은 1,000톤 이상의 곡물을 운반했습니다. 보통 250톤급 이상 되었습니다. 그래서 힘든 중에도 거룻배를 끌어 올립니다. 15-16절입니다. "배가 밀려 바람을 맞추어 갈 수 없어 가는 대로 두고 쫓겨가다가 가우다라는 작은 섬 아래로 지나 간신히 거루를 잡아" 아멘. '거루'는 거룻배로 돛이 없는 작은 배입니다. 그러나 이 작은 배에 276명이 탈 수는 없습니다. 나중에 사공들은 자기들만이라도 살기 위해 이 배를 이용하려 했습니다.

거루를 끌어올린 것은 다행이었습니다. 그러나 폭풍이 붑니다. 매로 엉덩이를 맞듯

배가 폭풍에 맞아 앞으로 갑니다. 정신이 번쩍 났을 것입니다. 복지가 아니라 생존이 문제였는데, 그걸 모르고 좀 더 잘 지내보려다가 쫄딱 망하게 생겼습니다. 그래서 짐을 버리기 시작합니다. 18절입니다. "우리가 풍랑으로 심히 애쓰다가 이튿날 사공들이 짐을 바다에 풀어 버리고" 아멘. 곡물은 버릴 수가 없습니다. 글라우디오 황제 때 있었던 흉년으로 로마가 어려워지자 글라우디오는 애굽에서 오는 곡물선의 손해를 보충해주는 조건으로 로마에서 소비하는 곡물의 3분의 1에 해당하는 15만 톤의 곡물을 애굽으로부터 들여왔습니다. 250톤급 배 600대에 해당하는 곡물입니다. 로마 백부장이 보고 있는데 곡물을 버릴 수는 없습니다. 그래서 다른 짐을 버리고, 아마도 5절에 있는 무라에서 사들인 포도주를 버렸을 것입니다. 이어 19절을 보면 "배의 기구를 그들의 손으로 내버"립니다. 침대와 같은 가구들과 설비들을 버립니다. 이제는 뵈닉스에서 누리려 했던 복지는 생각조차 할 수 없습니다. 배 안에 있는 복지시설마저 내버리게 되었습니다. 생존 시설까지 버리게 되었습니다.

이렇게 여러 날이 지나자, 배 밑바닥 같은 소망 제로 상태에 도달합니다. 20절입니다. "여러 날 동안 해도 별도 보이지 아니하고 큰 풍랑이 그대로 있으매 구원의 여망마저 없어졌더라" 아멘. 그런데 결과적으로 보면 이 시기에 하나님께서는 바람 방향을 25도 정도 북쪽으로 조정하셨습니다. 배가 리비아 북쪽 해안에 있는 스르디스에 도착하지 않고, 그레데 섬 미항에서 서쪽 방향으로 1,000킬로미터 떨어진 멜리데 섬에 도착했기 때문입니다. 25도 차이가 삶과 죽음의 차이입니다. 소득이 두 배로 늘어 숨통이 트이는 게 아니라 소득이 25퍼센트만 늘어도 숨통이 트입니다. 알코올 농도 100퍼센트 술을 먹어야 취하는 게 아니라 25도 술만 먹어도 취합니다. 교회 출석이 두 배 되어야 부흥한 것이 아니고 25퍼센트만 늘어도 부흥입니다.

이제는 아무것도 할 수 없을 때, 그들에게는 식욕부진도 심해졌습니다. 21절의 "여러 사람이 오래 먹지 못하였으매"는 수정이 필요합니다. 누구는 먹고 누구는 먹지 못한 게 아닙니다. 모두 먹지 못했습니다. '심한 식욕부진 상태일 때, 결국 식욕부진이 심해지자' 이렇게 번역됩니다. 소망도 없고 먹을 수도 없을 때, 이때는 위기입니다. 모든 것을 포기할 만한 시점에, 바울 사도가 배에 탄 이들에게 말합니다. 힘내라 조언합니다. 생존 문제가 해결되었다고 말합니다. 자신이 속해 있으며 섬기기도 하는 하나님의 천사가 전한 말을 소개합니다. 바울은 로마에 가서 가이사 네로 황제 옆에 서야 합니다. 배에 탄 사람들은 하나님께서 바울에게 맡기셨습니다. 그리고 바울은 누구도 생존자 명단에서 배제할 마음이 없습니다.

기회가 어려움이 되었지만, 이제 위기가 기회가 되었습니다. 하나님의 개입입니다. 하나님의 사람의 헌신입니다. 긍휼입니다. 축복입니다. 아그립바 재판에서 모든 청중을 축복했던 바울은 두 쇠사슬에 묶인 채로 함께 항해하는 이들을 축복합니다. 자신의 조언을 받지 않았던 백부장, 선주, 선장을 축복합니다. 후에 자신을 죽이려 했던 군인들도, 자기들만 살겠다고 거루를 내렸던 사공들도 축복합니다. 여러 죄수들, 미항을 떠나 뵈닉스로 가는 것을 찬성했던 다수의 사람들을 축복합니다. 하나님께서 자신에게 맡기셨기 때문입니다. 심판하라 맡기신 게 아니고 살리라고 맡기셨기 때문입니다.

우리는 하나님께서 맡기신 영혼들을 축복합니다. 자녀들을 축복하고 성도들을 축복합니다. 이웃을 축복하고 원수를 축복합니다. 그들이 살도록 축복합니다. 함께 지내다 보면 속상한 일도 있고 마음에 들지 않을 때도 많습니다. 그러나 축복합니다. 하나님께서 우리에게 맡기셨기 때문입니다. 부모 자리 지키는 것 어렵습니다. 축복하는 자리 지키는 것 어렵습니다. 그러나 십자가 위에서마저 우리를 축복하신 주님 따라 오늘도 우리는 축복합니다. 어렵지만 축복하고 힘들지만 축복합니다. 그러면 위기는 기회가 됩니다. 우리가 서로 축복하면 교회의 위기도 기회가 됩니다. 소망 제로 상태가 소망 충만 상태가 됩니다. 문제는 서로를 향한 마음입니다. 형편과 처지, 받은 은사와 특기, 성품과 배경이 다르지만, 사실 다르기에 축복합니다. 내가 가지지 않은 은사가 있기에 축복하고, 내가 겪지 않은 고생을 했기에 더 축복합니다. 축복의 마음을 가질 수 있기를, 복음 전도에 힘쓸 수 있기를 기도합니다.

로마서는 다음 과에서 함께 다루겠습니다. 이번 과에서는 바울이 넘은 경계선을 생각해 보았습니다. 로마서와도 잘 연결되는 주제입니다. 바울은 민족과 국가와 같은 이익집단이라는 경계선을 넘었습니다. 절망과 소망이라는 경계선도 넘어섰습니다. 그리스도로 인해 넘기 어려운 경계선도 넘을 수 있기를 바랍니다.

질의와 응답

하나. "사도 바울은 유대인이요 바리새인으로서 가장 경계선이 많은 사람입니다. 그런데 어떻게 경계선을 넘나들 수 있었을까요?"

하나님 중심으로 겸비했기에 가능했겠습니다. 중요해질수록 경계를 넘기가 어렵습니다. 그런데 바울은 밀레도 설교에서 표현했듯, 자기 생명도 고려하지 않았습니다. 고린도전서 15장 31절에서 고백했듯, 날마다 죽었나 봅니다.

둘. "바울의 네 개 재판을 비교해주실 수 있을까요?"

바울의 재판은 공식 재판이 두 개, 비공식 재판이 두 개입니다. 사도행전 23장에 있는 산헤드린 재판은 비공식 재판입니다. 24장에 있는 벨릭스 총독 재판과 25장에 있는 베스도 총독 재판은 공식 재판입니다. 바울이 로마 천부장에 의해 체포되었기에 그렇습니다. 26장에 나오는 아그립바 2세 재판은 비공식 재판입니다. 바울은 재판 과정에서 변론을 무척이나 잘했습니다. 법률내리인 더둘로보다 더 전문가답습니다. 바울은 자신을 변호하면서도 듣는 이들을 고려합니다. 특별히, '부활하신 그리스도'를 '소망'으로 제시합니다. 이에 대해서는 『사도행전과 우리』에서 자세히 썼으니 참고하시면 되겠습니다.

셋. "고린도에서 처음에 '알맹이를 뺀 복음'을 전했다는 말이 무슨 뜻일까요?"

구약성경에서 예언된 메시아로 예수님이 오셨다는 내용이 빠진 가르침을 안식일마다 고린도 회당에서 전한 것으로 보입니다. 구약성경을 강론하고, 구약성경에 기초하여 올바른 메시아 관을 설파하더라도, 정착 예수님 얘기를 빼면 알맹이가 빠진 거라는 얘기입니다.

Weekly Reading

52

로마서 4장 - 고린도전서 8장

"로마"

롬 4-6장	롬 7-9장	롬 10-12장	롬 13-15장	롬 16장-고전 2장	고전 3-5장	고전 6-8장

check

이번 통독은 로마서의 대부분과 고린도전서의 절반입니다. 본래 기록된 순서는 고린도전서가 먼저입니다. 고린도전서는 55년 봄쯤 기록되었고, 로마서는 56년 말에서 57년 초에 기록되었습니다. 1년 반에서 2년 정도의 차이를 두고 두 서신이 기록된 것이지요. 이번에는 로마에 집중해 보겠습니다.

로마

I.
모든 길은 로마로 통한다고 했다.
로마의 힘이 느껴지는 표현이다.

'팍스 로마나'
힘에 의한 평화유지의 대명사이다.

몸은 예루살렘을 향하지만
마음은 로마로 향하는 바울을 만난다.

II.
바울의 마음은 왜 로마로 향했는가?

아직 가보지 않은 교회로.
거기에 다툼이 있기 때문이다.
중요한 교회이기 때문이다.

네로 박해가 임박했기 때문이다[박해 7년 반 전].
갈등상태로는 영적 전쟁에서 승리할 수 없기 때문이다.

III.
로마 교회에 무엇이 기대되는가?
평강이 기대된다.

이방인 신자들과 유대인 신자들의
상호 용납이 기대된다.

함께 순교할 텐데
싸우지는 말아야지.

IV.
싸우지만 않으면 될까?
성장과 열매도 있어야지.

유대인 신자들이여
모세율법을 놓고 자유를 얻으라.

이방인 신자들이여
자유를 놓고 믿음 율법을 얻으라.

V.
오늘도 로마 교회 여기저기 있다.
중요한 교회인데 다툼으로 정신을 못차리는 교회들이다.

적은 바깥에 있는데
친구와 싸우려 한다.

칠 년 있으면 네로 박해 시작이니
준비가 필요하다.

이 당시 로마라 하면 지금의 북경, 서울, 동경을 합한 것만큼 중요하고 강력한 도시였습니다. 사람도 많고 힘도 집중되어있고 상권 역시 강력했던 곳이었습니다. 그곳의 교회는, 당시 가장 강력했던 세상 권세자들을 향해 예수께서 왕이 되신다고 외쳐야 했고, 모세율법을 고수하면서도 예수님을 주님으로 영접하지 않는 유대교인들에 대해서는 율법의 마침이 그리스도이심을 선포해야 했습니다. 교회 내부에 있는 유대인 기독인들과 이방인 기독인들 모두, 나름 세상에서 한가락 하던 사람들이라, 뭔가 할 말이 많고 생각도 많은 교회였습니다.

강력한 사람들이 모여 있기에 그만큼 중요한 역할을 할 수 있었던 로마 교회, 그런데 그 안에 있었던 다양한 내부 갈등으로 인해 단결된 힘을 발휘하지 못했던 로마 교회를 향해 바울은 '복음에 집중하라.' 이렇게 권면합니다. 가보지 않았던 지역에 있는 교회였기에 더 자세한 설명이 필요하여, 길게 권면했습니다. 중요한 두 그룹 모두를 마음에 두었기에 두 그룹 모두가 알아듣도록 썼습니다. 아무래도 유대인들이 하나님을 먼저 알았기에 그들에게 먼저 권면하였습니다. 이방인들이 세상에서는 더 중요한 역할을 감당했기에 거의 같은 분량으로 이방인들에게도 '복음에 집중하는 삶' 이 어떤 것인지 자세하게 풀어 설명했습니다.

로마서 1장 1-17절은 두 그룹 모두에게 해당되는 서론과 같은 부분입니다. 바울은 우선 자신을 소개합니다. 그간에 얼마나 큰 성과가 있었는지, 자신이 어디 학교 졸업했는지, 집안은 얼마나 빵빵했는지 소개하지 않았습니다. 바울이 자신을 소개할 때 사용한 동사는 하나입니다. 1절의 '택정함' 입니다. 이 단어는 '구별되었다' 는 의미를 갖습니다. 자신이 떼어진 사람임을 강조합니다. 결국 로마와 같이 세상적으로 강력한 곳에서 신자로 살려면 구별되어야 가능합니다. 눈길도 구별되고 마음도 구별되어, 가는 곳도 정해져 있고 사는 곳도 정해져 있어야 합니다. 그래서 '종으로 부름 받은 자의 구별됨' 을 자신의 특징으로 내세웁니다. "저는 구별되었습니다."

구별을 의미하는, '택정함' 으로 번역된 단어는 '-로부터' 라는 전치사와 '산' 이라는 단어로 이루어진 합성어입니다. '산' 이라는 단어가 어떻게 구별을 의미할까요? 산은 주로 경계가 됩니다. 노령산맥이 전라남도와 전라북도를 나누고 소백산맥이 경상도와 충청도를 나눕니다. 산맥은 예나 지금이나 경계표지가 됩니다. 산을 넘기 어렵기 때문입니다. 지금이야 터널을 뚫어 지나다니기 편하게 만들기도 하지만, 옛날에는 무슨 령, 무슨 재, 대관령, 박달재 그런 곳에는 산적이 있었습니다. '산'을 의미하는 단어에 '로부터'를 의미하는 전치사가 붙었으니 합치면 '산에서부터'가 됩니다. '산에서 내려온 사람' 그럼, 누구죠? 옛날에는 그런 사람을 '공비'라 했죠. 우리나라에는 산이 많아 어려울 때는 산에 도적들이 모여 살았습니다. 그들을 '산적'이라 했어요. 북쪽에서 내려온 간첩인 공비는 공산당 유격대를 부르는 말입니다. 게릴라들도 산을 거처로 둘 때가 많습니다. 공산당 게릴라를 '빨치산'이라 불렀죠. 이스라엘에도 도적떼들은 갈릴리 호수 곁 산악지역에서 활동하는 경우가 많았습니다.

1장 1절입니다. "예수 그리스도의 종 바울은 사도로 부르심을 받아 하나님의 복음을 위하여 택정함을 입었으니" 아멘. 좀 와 닿게 표현하면, '저는 부름 받은 종으로 복음을 위해 산에서 내려왔습니다.' 하는 것이 되겠습니다. 로마는 당시 가장 문명화된 도시였습니다. 모든 좋은 것은 그곳으로 다 모였습니다. 그런데 바울은 자신이 '산에서 내려왔다.' 하고 '촌놈이다.' 이렇게 소개합니다. 어쩌면 그가 중시하는 복음, 그가 전하는 복음도 바울처럼 문명인이 보기에는 촌스러운, 산에서 내려온 듯한 것으로 보였을지 모릅니다.

바울은 복음의 핵심에 예수 그리스도를 둡니다. 율법의 마침이자 구원의 시작이신 그리스도를 둡니다. 바울은 예수님을 '임명된 자'로 표현하면서, '능력, 거룩함의 영, 부활'을 강조합니다. 4절입니다. "성결의 영으로는 죽은 자들 가운데서 부활하사 능력으로 하나님의 아들로 선포되셨으니 곧 우리 주 예수 그리스도시니라" 아멘. 여기서 '선포되셨으니'에 해당되는 단어는 바울과 관련하여 사용된 '택정함'에서 '로부터'가 빠진 표현입니다. 다시 말해, 산과 관련된 단어입니다. 예수님 그분은 산이 되셨습니다. 바울은 산에서 내려왔습니다. 그럼, 예수님과 바울의 관계가 잘 정립되죠. 산이신 예수님이 바울을 불러 파송하셨습니다. 그래서 바울은 '산에서 온 사나이'입니다.

그럼, 예수님은 어떻게 산이 되셨습니까? '능력'으로 산이 되셨습니다. '성결의 영'으로 산이 되셨습니다. '부활'로 산이 되셨습니다. 세상 힘이 집중된 제국의 수도에 있는 교회를 향해 바울 사도는 '능력'을 말합니다. 뒤집는 능력입니다. 죄를 멸하는 능력입니다. 하나 되게 하는 능력입니다. 살리는 능력입니다. 당시 쾌락과 타락의 정점을 찍었던 도시 로마에 자리했던 교회를 향해 '성결의 영'을 말합니다. 죽음이 끝이라는 사상에 물든 지식인들이 가득했던 곳에서, 자부심 강한 로마 시민들이 득실대던 곳에서, '그리스도의 부활'을 믿은 기독인들에게 '부활'을 얘기합니다. 예수님은 능력으로 산이 되었고, 성결의 영으로 산이 되셨고, 부활로 '산'이심이 입증되었습니다.

예수님이 '능력과 성결의 영과 부활로' 산이 되셨다는 말은, 산에서 내려온 일꾼들도 능력, 성령, 부활로 사역한다는 말입니다. 5절입니다. "그로 말미암아 우리가 은혜와 사도의 직분을 받아 그의 이름을 위하여 모든 이방인 중에서 믿어 순종하게 하나니" 아멘. 여기서 '믿어 순종하게 한다.' 이렇게 번역하여 믿어 순종하는 이들이 신자들인 것처럼 보입니다. 그러나 믿음에 순종하는 자를 '직분 받은 일꾼들'로 보는 것이 좋겠습니다. 복음의 핵심인 그리스도를 통하여 일꾼된 자들 역시 그리스도처럼 '능력과 성령과 부활'로 사역하는 비결이 '믿음의 법에 순종하는 것'임을 표현하고 있습니다.

로마의 신자들이 '믿음의 법에 순종하여 능력과 성령과 부활'로 살게 될 것은 로마서 몸 글을 통해 장차 제시될 것입니다. 15장 18-19절입니다. "그리스도께서 이방인들을 순종하게 하기 위하여 나를 통하여 역사하신 것 외에는 내가 감히 말하지 아니하노라 그 일은 말과 행위로 표적과 기사의 능력으로 성령의 능력으로 이루어졌으며 그리하여 내가 예루살렘으로부터 두루 행하여 일루리곤까지 그리스도의 복음을 편만하게 전하였노라" 아멘. 바울은 '성령의 능력'으로 사역했고 그 결과 이방인들은 믿음에 순종하게 되었습니다. 몸 글에서 유대인들과 이방인들이 믿음의 법에 순종하는 것을 얘기할 것이기 때문에, 서론에서는 일꾼 된 자신들이 그리스도를 본받아 살았다고, 그 모습을 한마디로 표현하여 '믿음에 순종한 것'이라고 말하는 것입니다.

로마에 있는 성도들에게는 믿음이 무엇인지, 믿음에 순종하는 것이 무엇인지 아직 설명하지 않았습니다. 그들이 누구인가에 대해서만 말합니다. 그들은 '예수 그리스도께서 부르신 자, 하나님에게서 사랑받는 자, 거룩함으로 부름을 받은 자, 은혜와 평강의 축복을 받을 자'입니다. 바로 1장 6-7절입니다. "너희도 그들 중에서 예수 그리스도의 것으로 부르심을 받은 자니라 로마에서 하나님의 사랑하심을 받고 성도로 부르심을 받은 모든 자에게 하나님 우리 아버지와 주 예수 그리스도로부터 은혜와 평강이 있기를 원하노라" 아멘.

우리도 예수 그리스도께서 부르신 자입니다. 하나님으로부터 사랑받는 자입니다. 거룩함으로 부름을 받은 자입니다. 은혜와 평강의 축복을 받을 자입니다. 우리는 그리스도께서 사역하신 것처럼, 능력과 성령과 부활로 일할 자입니다. 능력과 성령과 부활의 사역은 믿음의 법에 순종함으로써만 가능합니다. 믿음의 제정자가 되시는 그리스도께서 성육신하셔서 십자가를 통해 이뤄놓으신 생명의 길을 믿음으로 가는 것으로만 이뤄집니다. 우리 사역의 목표는 성도 모두가 주님의 길, 십자가의 길, 생명과 구원의 길을 믿음으로 걸어가는 것에 있습니다. 문은 좁고 길은 협착하여 찾는 이가 적습니다. 그러나 그 결국이 생명인 길입니다. 로마와 같은 도시에 살아 논쟁이 길고 다툼이 쉽게 일어날 수 있기에, 우리는 로마서가 많이 필요합니다. 시골에 있었으면 능력으로 인해 고민을 덜 했을 텐데, 농부들이 많았다면 거룩함에 대한 고민도 적었을 텐데, 공부 많이 한 사람이 적었다면 '사후 삶' 에 대한 논의가 활발하지 않았을 텐데, 로마 교회에는 공부한 사람, 상업하는 사람이 많이 있는 도시였습니다. 우리 역시 어딜 가나 공부하는 사람 득실대는 대한민국에 자리했기에, 로마 교회의 특성을 벗어나기 어렵습니다.

로마 교회 교인들로 인해 바울에게는 감사가 있습니다. 이유는 로마 교회 성도들의 믿음 때문입니다. 산에서 복음을 위해 내려온 사람답게 감사의 이유가 믿음에 있습니다. 8절입니다. "먼저 내가 예수 그리스도로 말미암아 너희 모든 사람에 관하여 내 하나님께 감사함은 너희 믿음이 온 세상에 전파됨이로다" 아멘.

믿는 것과 믿음에 순종하는 것에는 어떤 차이가 있을까요? 믿음에 순종한다는 말은 삶의 모든 측면에 믿음을 적용한다는 의미가 있습니다. 대한민국 국민입니다. 그러나 모든 면에서 대한민국 국민으로 살아간다는 말은 특별한 의미가 있습니다. 병역의무를 피하지 않을 것입니다. 세금을 제대로 낼 것입니다. 전쟁이 나면 국방의 의무를 다할 것입니다. 국적이 대한민국이지만, 병역의무를 거부하고 탈세한다면 모든 면에서 대한민국 국민으로 살아간다고 말하기 어려울 것입니다. 믿음에 순종한다는 말은 모든 면에서 믿음의 법이 가리키는 방향으로 움직인다는 것을 말합니다. 가정생활도 직장생활도, 물건을 구매할 때도, 사람들을 만날 때도, 성부 성자 성령에 대한 믿음에 기초하여 반응할 것입니다.

바울은 로마 교회 성도들이 예수께서 그리스도이심을 믿는다는 것을 알고 있습니다.

그러나 삶의 영역 곳곳에서 믿음이 자기 가치를 발휘하기를 바라며 로마서를 씁니다. 그들 삶의 영역 곳곳에서 믿음이 자기 가치를 발휘하도록 한다면 놀라운 일이 일어날 것입니다. 파급효과는 작은 도시 100개에서 일어나는 것보다 클 것입니다.

그러기에 바울은 끊임없이 기억하면서 그들에게 도달하고자 하였습니다. 보고 싶기 때문입니다. 신령한 은사를 나눠주어 그들을 견고하게 세우고 싶어 합니다. 그런데 애석하게도 그때까지 여러 번 시도했으나 갈 수 없었습니다. 1장 10-13절입니다. "어떻게 하든지 이제 하나님의 뜻 안에서 너희에게로 나아갈 좋은 길 얻기를 구하노라 내가 너희 보기를 간절히 원하는 것은 어떤 신령한 은사를 너희에게 나누어 주어 너희를 견고하게 하려 함이니 이는 곧 내가 너희 가운데서 너희와 나의 믿음으로 말미암아 피차 안위함을 얻으려 함이라 형제들아 내가 여러 번 너희에게 가고자 한 것을 너희가 모르기를 원하지 아니하노니 이는 너희 중에서도 다른 이방인 중에서와 같이 열매를 맺게 하려 함이로되 지금까지 길이 막혔도다" 아멘.

바울 사도는 열매를 원합니다. 복음의 열매를 로마에서도 맺기를 원합니다. 100% 목숨까지 주님을 위해 사는 이들이 세워지기를 원합니다. 잘 익은 기독인들입니다. 엑기스[진액]같은 신자들이 세워지기를 원합니다. 복음을 위해 전투할 수 있는 신자들입니다. 많은 사람을 그리스도께로 인도할 수 있는 신자들입니다. 생명과 성령의 법으로 죄와 사망의 법에서 해방된 자들입니다. 하나님의 사랑에서 절대로 끊어질 수 없음을 경험으로 확신한 자들입니다.

복음이 어떤 것이길래, 믿는 자라 해도 믿음에 순종하는 단계까지 도달하는 것이 중요할까요? 복음은 하나님의 능력입니다. 믿는 모든 자로 구원에 도달케 합니다. 하나님께서 주시는 의가 믿음의 도인 복음에 계시(啓示)되었습니다. 결국 믿음이었습니다. 의인이 믿음으로 살게 될 거라는 말씀처럼요. 15-17절입니다. "그러므로 나는 할 수 있는 대로 로마에 있는 너희에게도 복음 전하기를 원하노라 내가 복음을 부끄러워하지 아니하노니 이 복음은 모든 믿는 자에게 구원을 주시는 하나님의 능력이 됨이라 먼저는 유대인에게요 그리고 헬라인에게로다 복음에는 하나님의 의가 나타나서 믿음으로 믿음에 이르게 하나니 기록된 바 오직 의인은 믿음으로 말미암아 살리라 함과 같으니라" 아멘.

복음을 기쁜 소식이라 합니다. 왜 기쁜 소식일까요? 하나님의 능력이기 때문입니다. 어떤 힘과 권세도 이기는, 특별히 죄와 사망의 권세를 이기는 하나님의 능력입니다. 복음을 믿으면 구원에 도달합니다. 율법을 따라가면 그리스도를 만납니다. 그리스도를 통해 형성된 복음을 믿으면 반드시 구원에 도달합니다. 복음에는 하나님의 의가 계시되어 있습니다. 믿음을 보시고 의롭다 말씀하시는 하나님의 의입니다. 그러니 결국은 믿음이었습니다. 행위가 아니었습니다. 자랑할 것이 없었습니다. 그리스도 외에 자랑할 것이 없습니다. 그러므로 하박국 선지자를 통해 미리 말씀을 주셨습니다. 의인은 믿음으로 산다고요. 의인의 생명은 믿음으로 주어진다고요. 의인은 믿어야 살 수 있다고요. 생명이 믿음에 있다고요.

예수님이 그리스도이심을 믿으십시오. 율법이 마침이신 그리스도를 믿으십시오. 그 분이 십자가에서 우리를 구원하시기 위해 돌아가신 것을 믿으십시오. 십자가 대속 안에 담긴 하나님의 사랑을 묵상하십시오. 절대로 변할 수 없는 사랑, 영원한 의를 주시기 위한 희생을 기억하십시오. 그 사랑이 오늘도 우리를 강권하십니다. '한눈팔지 마라.' 말씀하십니다. '능력이 어디 있느냐? 복음에 있다. 성결이 어디 있느냐? 복음에 있다. 부활이 어디 있느냐? 복음에 있다.' 말씀하십니다. 부디 복음을 믿어, 믿음의 도인 복음에 순종하여 능력과 성결과 부활의 신자가 모두 되시기를 바랍니다.

서론은 마친 바울 사도는 이제 1장 18절부터 8장 39절에서 유대인 신자들에게 먼저 권합니다. 모두가 죄인입니다(1:18-32). 물론, 유대인도 죄인입니다(2장). 복음의 본질에 죄 인식이 있습니다. 유대인이든, 헬라인이든, 율법을 가진 자든, 율법을 본성적으로 가지고 있지 않은 자든, 모두 죄 아래에 있습니다. 3장 10-12절입니다. "의인은 없나니 하나도 없으며 깨닫는 자도 없고 하나님을 찾는 자도 없고 다 치우쳐 함께 무익하게 되고 선을 행하는 자는 없나니 하나도 없도다" 아멘. 시편 14편 1-3절과 53편 1-3절이 인용됩니다. 성경 가운데 모든 사람이 죄인이라는 것을 깨닫게 하는 첫 번째 말씀으로 시편 53편을 인용한 것입니다. 다윗과 같은 깨달음이 바울에게 있었던 듯합니다. 바울은 다소에서 태어나 헬라 철학을 공부하고 예루살렘으로 와서 가말리엘의 제자가 되어 히브리 철학을 공부했습니다. 세계 양대 철학을 공부한 석학이 되었습니다. 그런데도 예수님 십자가 죽음의 의미를 모르고 신자들 잡아들이고 죽이는 데 혈안이 되었으니, 자신도 '나발' 즉, '미련한 자'라 생각했을 것입니다.

모든 사람이 죄인임을 깨닫도록 인용하는 다음 말씀은 시편 5편 9절입니다. 3장 13절의 앞부분입니다. "그들의 목구멍은 열린 무덤이요 그 혀로는 속임을 일삼으며" 부분입니다. 5편 역시 다윗의 시입니다. 다윗은 자기 원수들에 관해 묘사합니다. "그들의 입에 신실함이 없고 그들의 심중이 심히 악하며 그들의 목구멍은 열린 무덤 같고 그들의 혀로는 아첨하나이다" 아멘. 시편 5편 9절에 이어 인용되는 말씀은 시편 140편 3절입니다. 3장 13절의 뒷부분인 "그 입술에는 독사의 독이 있고"입니다. 140편도 다윗의 시입니다. 다윗은 악인에 대해 기술하기를 "그들이 마음속으로 악을 꾀하고 싸우기 위하여 매일 모이오며 뱀 같이 그 혀를 날카롭게 하니 그 입술 아래에는 독사의 독이 있나이다" 말합니다.

바울이 인용하는 두 번째 부분은 하나님께 피하는 자들, 주님의 이름에 감사하는 정직한 자들을 해하려는 악인과 원수들에 대한 묘사에 해당합니다. 하나님의 사람들은 자신들을 괴롭히는 이들을 '생명을 소중하게 여기지 않고 정직하지 않는 자들'로 묘사합니다. 이처럼 다윗의 원수와 악인에 대한 묘사를 인류 보편적인 측면으로 그려내는 이유는, 다윗과 같은 하나님의 사람이라 하더라도 악인 같던 시절, 원수 같던 시절이 있었기 때문입니다. 우리아를 죽이기 위해 계략을 꾸미는 다윗은 '악인과 원수' 같습니다.

악인과 원수를 묘사하는 다음 인용인 3장 14절 "그 입에는 저주와 악독이 가득하고" 하는 표현은 시편 10편 7절과 관계됩니다. 시편 10편은 제목이 없기에 누구의 시인지 모르지만, 다윗의 시 사이에 있기에 다윗의 시일 가능성이 큽니다. 10편 4절 이하에서 시인은 악인이 마음에 품은 말을 소개합니다. "악인은 그의 교만한 얼굴로 말하기를 여호와께서 이를 감찰하지 아니하신다 하며 그의 모든 사상에 하나님이 없다 하나이다 그의 길은 언제든지 견고하고 주의 심판은 높아서 그에게 미치지 못하오니 [하나님이 생각하시는 판단기준이 그에게는 너무 높아 그에게 의미가 없다] … 그의 입에는 저주와 거짓과 포악이 충만하며 그의 혀 밑에는 잔해와 죄악이 있나이다 그가 마을 구석진 곳에 앉으며 그 은밀한 곳에서 무죄한 자를 죽이며 그의 눈은 가련한 자를 엿보나이다 사자가 자기의 굴에 엎드림 같이 그가 은밀한 곳에 엎드려 가련한 자를 잡으려고 기다리며 자기 그물을 끌어당겨 가련한 자를 잡나이다"(10:4-5상반, 7-9) 아멘. 지나가는 행인들을 덮치는 산적처럼, 지나가는 사슴을 덮치는 표범처럼 무죄한 자를 덮쳐 해하는 이들에 대한 묘사의 한가운데 있는 표현이 바로 '저주와 악독' 입니다. 독이 가득한 입에서 저주와 독설이 나옵니다. 욕설과 저주가 나옵니다. 아무리 속상해도 축복하는 게 좋습니다. 교우들끼리 서로 축복합시다. 하나님을 찾고 구하는 자로도, 의로운 자로도 살아야겠지만, 목구멍, 혀, 입술, 입에 축복이 가득한 것이 좋습니다.

다음 표현인 3장 15-17절 "그 발은 피 흘리는데 빠른지라 파멸과 고생이 그 길에 있어 평강의 길을 알지 못하였고" 하는 부분은 이사야 59장 7-8절과 연관됩니다. 이사야서 59장은 백성의 죄악에 대한 묘사 부분입니다. 왜 하나님의 구원이 이스라엘 백성에게 미치지 못할까요? 그것은 여호와의 손이 짧아서도, 그분의 귀가 둔해서도 아닙니다. 오직 그들의 죄악 때문입니다. 무슨 죄 때문일까요? 이스라엘 백성의 죄에 대한 묘사에도 입술과 혀에 대한 부분이 나옵니다. 그러나 이 부분은 이미 언급했기에 발에 대한 부분이 발췌되었습니다. 그들 죄악에 대한 부분을 읽어봅니다. "이는 너희 손이 피에, 너희 손가락이 죄악에 더러워졌으며 너희 입술은 거짓을 말하며 너희 혀는 악독을 냄이라 … 그 손에는 포악한 행동이 있으며 그 발은 행악하기에 빠르고 무죄한 피를 흘리기에 신속하며 그 생각은 악한 생각이라 황폐와 파멸이 그 길에 있으며 그들은 평강의 길을 알지 못하며 그들이 행하는 곳에는 정의가 없으며 굽은 길을 스스로 만드나니 무릇 이 길을 밟는 자는 평강을 알지 못하느니라"(59:3, 6하반-8) 아멘. 이 죄악은 하나님 백성이라는 이스라엘의 죄악입니다.

죄에 대한 마지막 인용인 3장 18절 "그들의 눈 앞에 하나님을 두려워함이 없느니라"는 시편 36편 1절에 있습니다. 이 시편도 다윗의 시입니다. 특별히 이 노래에는 '여호와의 종 다윗의 노래' 라는 제목이 붙어있습니다. 인용 부분은 악인의 고백에 해당합니다. 엄밀하게 말하면, 악인의 고백이라기보다 악인으로 죄를 짓게 하는 죄의 세력이 하는 고백입니다. "악인의 죄가 그의 마음속으로 이르기를 그의 눈에는 하나님을 두려워하는 빛이 없다 하니 그가 스스로 자랑하기를 자기의 죄악은 드러나지 아니하고 미워함을 받지도 아니하리라 함이로다 그의 입에서 나오는 말은 죄악과 속임이라 그는 지혜와 선행을 그쳤도다 그는 그의 침상에서 죄악을 꾀하며 스스로 악한 길에 서고 악을 거절하지 아니하는도다"(36:1-4) 아멘. 이어지는 말씀은 여호와 하나님과 그분의 의에 대한 말씀입니다. "여호와여 주의 인자하심이 하늘에 있고 주의 진실하심이 공중에 사무쳤으며 주의 의는 하나님의 산들과 같고 주의 심판은 큰 바다와 같으니이다 여호와여 주는 사람과 짐승을 구하여 주시나이다 하나님이여 주의 인자하심이 어찌 그리 보배로우신지요 사람들이 주의 날개 그늘 아래에 피하나이다"(36:5-7) 아멘. 악인과 하나님이, 악인의 죄와 하나님의 의가 비교됩니다.

바울은 시편, 특별히 다윗의 시편을 통해 다윗 자신뿐 아니라, 다윗의 원수와 악인의 죄를 소개하고, 이사야서 말씀을 통해 하나님 백성의 죄를 언급한 다음, 여호와의 종 다윗의 시를 통해 하나님 백성으로 죄를 짓게 하는 죄 자체의 악함을 소개합니다. 결국 죄란 우리의 미련함과 악한 환경과 죄 자체로 인해 증폭됩니다. 어느 것 하나도 간과되어서는 안 됩니다. 나 자신의 미련도 벗어야 하고, 죄로 물든 환경으로부터도 자유로워야 하며, 죄의 세력 자체로부터도 해방되어야 합니다. 이는 윤리나 도덕으로 이뤄지지 않으며 오직 주 예수 그리스도의 보혈을 믿는 믿음으로 씻기고 성령 불로 태워지는 역사로만 가능합니다.

오늘 되었다고 내일 되는 것도 아닙니다. 물론 죄로부터 멀리 떠나있으면 죄의 영향권 아래 놓이기가 더 어렵지만, 누구도 방심할 수 없습니다. 그러므로 매일 말씀으로 정결하게 되는 역사가 필요합니다. 깨닫고 하나님을 찾읍시다. 치우치지 말고 유익한 자가 되며 '하나님 가까이 있으면서 선한 일에 열심을 내는 백성' (딛 2:14)이 됩시다. 생명을 사랑하고 정직하며 축복하는 자가 됩시다. 복음 전하는데 빠르며 하나님을 경외합시다. 이 모든 것은 우리를 돌이키시는 하나님의 은혜로 가능합니다. 복음으로 가능합니다. 53편 6절과 같은 역사입니다. "시온에서 이스라엘을 구원하여 줄 자 누구인가 하나님이 자기 백성의 포로된 것을 돌이키실 때에 야곱이 즐거워하며 이스라엘이 기뻐하리로다" 아멘. 이는 다윗의 결론입니다. 자기 백성들을 돌이키실 하나님을 찬양합니다. '포로 됨' 은 하나님께 불순종한 하나님 백성에게 임할 최종 심판입니다. 다윗은 불순종의 결과로 임할 '포로' 상태를 예견합니다. 더불어 구원자를 예견합니다. 그분은 시온에서 나오십니다. 그 구원자는 하나님이십니다. 다윗 자신은 이스라엘의 구원자가 아닙니다. 하나님 자신이 구원자이십니다. 하나님의 구원을 기뻐할 '야곱과 이스라엘 가운데의 한 사람' 이 되어 자신도 서 있습니다.

율법을 통해, 말씀을 통해 우리는 모두가 죄 아래 있을 수밖에 없음을 깨닫습니다. 동시에 하나님의 은혜로 돌이켜질 수 있음도 깨닫습니다. 우리를 돌이키시는 그리스도를 갈망하게 됩니다. 이제 그분이 오셨고 그분이 성령도 보내셨습니다. 구하면 주십니다. 성령의 능력으로 죄와 관계없는 자들이 되기를 바랍니다.

믿는다고는 하지만, 예수님을 의지하지 않고 율법을 의지하면 어떻게 되는지 로마서 7장 7-25절은 알려줍니다. 이 본문의 '나' 가 누구인가에 대해, 20세기 중후반과 21세기 로마서 주석 대부분은 로마서를 쓰고 있던 '바울' 의 상태가 아니라고 말합니다. 그런데 우리나라 강단에서는 아직도 로마서 7장의 '나' 가 로마서를 쓰고 있던 바울의 상태라고 소개됩니다.

여러분은 예수 믿으면 사람이 바뀔 수 있다고 생각하십니까? 바뀌셨습니까? 7장 14절입니다. "우리가 율법은 신령한 줄 알거니와 나는 육신에 속하여 죄 아래에 팔렸도다" 아멘. 육신에 속하여 죄 아래 팔린 사람이 바울일 수 있습니까? 바울이라면, 바울 사도는 고린도전서 3장 3절처럼 말할 수 없습니다. "너희는 아직도 육신에 속한 자로다 너희 가운데 시기와 분쟁이 있으니 어찌 육신에 속하여 사람을 따라 행함이 아니리요" 아멘. '육신에 속한' 으로 표현된 이 단어('싸르키노스')는 바울 서신에 세 번만 쓰였습니다. 로마서 7장 14절, 고린도전서 3장 1, 3절입니다. 로마서보다 먼저 쓰인 고린도전서 3장 1절에서 바울은 육신에 속한 자가 어떤 자인지 설명하였습니다. "형제들아 내가 신령한 자들을 대함과 같이 너희에게 말할 수 없어서 육신에 속한 자 곧 그리스도 안에서 어린아이들을 대함과 같이 하노라" 아멘. 예수님을 믿는다고는 하는데 아직 '애들' 인 자들을 표현하는 단어입니다. 자신이 애면서 고린도 교회 성도들이 애들 같다면서 뭐라고 할 수는 없겠죠.

로마서 7장 15절도 봅니다. "내가 행하는 것을 내가 알지 못하노니 곧 내가 원하는 것은 행하지 아니하고 도리어 미워하는 것을 행함이라" 아멘. 바울 사도는 로마 교회 성도들에게 죄에 대해서는 죽은 자요 하나님께 대해서는 산 자로 여기라 권했습니다(6:11). 우리가 죄 아래 있지 않고 은혜 아래 있다고 선포했습니다(6:14). 이제는 의의 병기가 되라 했습니다(6:13). 누구에게 순종하든지 그 순종함을 받는 자의 종이라면서 죄의 종으로 사망에 이르고 순종의 종으로 의에 이른다 말했습니다(6:16). 죄로부터 해방되어 의에게 종이 되었다 선포했습니다(6:18). 그런데 이어지는 7장에서 자기는 죄가 원하는 것을 한다고 고백한다는 게 말이 됩니까?

그럼, 이 '나'는 누구입니까? 7장 6절에 힌트가 있습니다. "이제는 우리가 얽매였던 것에 대하여 죽었으므로 율법에서 벗어났으니 이러므로 우리가 영의 새로운 것으로 섬길 것이요 율법 조문의 묵은 것으로 아니할지니라" 아멘. 두 종류의 삶이 있습니다. '영의 새로움으로 섬기는 삶'과 '율법 조문의 낡은 것으로 섬기는 삶'입니다. '다 버려' 이야기가 있지요. 거지가 깡통, 담요, 숟가락을 다 버려야 왕궁에 들어간다는 얘기입니다. 예수 그리스도를 믿는 우리에게 율법은 '깡통, 담요, 숟가락' 같은 것입니다. 어쩌면 그보다 못한 것일 수 있습니다. 그런데 왕궁에서도 여전히 깡통, 담요, 숟가락을 고수한다면 왕궁 생활을 누릴 수 없을 것입니다.

7장 7-25절 본문은 예수를 믿는다고 하면서도 여전히 율법 조문의 낡은 것으로 신앙생활을 할 때 발생하는 상황을 표현합니다. 8장 1-17절은 영의 새로움으로 섬기는 모습을 표현합니다. 다시 말해 7장 7-25절의 상황을 바울이 경험으로 알 수는 있었겠지만, 로마서를 쓰던 당시 상황은 아니라는 말씀입니다. 그는 이미 어린아이가 아닙니다. 고린도전서 13장 12절에서 그가 뭐라 합니까? "내가 어렸을 때에는 말하는 것이 어린아이와 같고 깨닫는 것이 어린 아이와 같고 생각하는 것이 어린 아이와 같다가 장성한 사람이 되어서는 어린 아이의 일을 버렸노라" 하였습니다.

뭐 이런 것과 비교됩니다. 주일을 지킨다고 주일 자정이 지난 다음에 공부하는 학생과 같죠. 그 시간에는 자야죠. 자정이 될 때까지 기다렸다가 그때부터 공부하는 건 뭔가 율법 조문에 붙들린 것입니다. 안식이란 내가 더는 '나의 일'을 하지 않는 것입니다. 오직 주님의 도구가 되어 '주님의 일'을 하고 사는 것이 안식입니다. 구약의 안식일, 안식년, 면제년, 희년 이 모든 것들은 나의 일이 아니라 주님 일을 하도록 훈련하시는 하나님의 장치였습니다. 그리고 당시 유대인들의 날짜 변화는 해가 뜨고 지는 것과 관련되었습니다. 자정에 날짜가 바뀌는 것은 로마 시간대의 영향입니다. 로마시간은 지금 우리가 적용하는 시간대처럼 자정부터 시작합니다. 그러나 유대 시간은 오후 여섯 시부터 시작합니다. 그러니 자정에 날이 바뀐다고 생각하고 자정부터 공부하는 것은 옛 율법을 따르는 것도 아닙니다.

바울은 6장부터 7장 13절까지 세 가지 질문을 다룹니다. 첫째 질문은 "은혜를 더하게 하려고 죄에 거하겠느냐"(6:1) 하는 것이었습니다. '죄로 인해 죽을 수밖에 없는 사람이 하나님의 은혜로 구원받았습니다. 그렇다면 큰 죄를 지은 사람의 구원은 더 큰 은혜로 이뤄지겠네요. 그렇다면 더 큰 은혜를 받으려면 죄를 더 많이 지어야 하겠네요.' 뭐 이런 식의 얘기였습니다. 이런 질문이 나오는 이유는 은혜에 대한 잘못된 이해 즉, 은혜라는 게 큰 게 있고 작은 게 있다는 이해 때문에 발생합니다. 그러나, 은혜는 자라지 않습니다. 우리는 자라고 믿음도 자라지만 우리 구원을 위한 하나님의 은혜는 그리스도 십자가 위에서 충분히 준비되어, 오고 오는 세대 누구에게라도 적용됩니다.

두 번째 질문은 6장 15절의 "우리가 법 아래에 있지 아니하고 은혜 아래에 있으니 죄를 지으리요" 하는 것이었습니다. 이 질문은 이런 것입니다. '우리는 은혜 아래에 있다. 그러니 죄 아레 있다고 해도 우리는 괜찮다.' 미치 '우리는 갈아입을 옷이 얼마든지 있다. 그러니 얼마든지 젖어도 괜찮다.' 하는 것 같습니다. 여기에 대한 정답도 '아니다' 입니다. '다 버려' 얘기를 빌리자면, '왕궁에서 잘 권리가 있지만 매일 다리 밑에서 자면서' 이렇게 말하는 것과 같습니다. '나는 왕궁에서 잠을 잘 권리가 있는 사람이지만 다리 밑에서 자는 거야. 나는 진수성찬을 먹을 수 있지만 빌어먹는 거야. 더러운 깡통에 음식을 담아 씻지도 않은 숟가락으로 먹는 거야. 사실 나는 왕자야. 산해진미 먹을 수 있어. 그런데 꿀꿀이죽 먹는 거야. 내 방에는 비싼 침대와 이불이 있어. 그런데 나는 이 더러운 담요를 덮고 자는 거야. 사실 나는 왕자야.'

여러분 자녀들이 그리 살면 좋겠어요? 방에 책상 이불 마련해 줬더니 마당 한 귀퉁이에 웅크리고 앉아 '저 집은 내가 살 집이 아니야. 방에 있는 책상도 내 책상이 아니야. 이불도 내 이불이 아니야. 나는 모기 뜯기며 담벼락을 책상 삼아 달빛을 조명 삼아 공부하며 살아갈 신세야.' 하면 웃기지 않으시겠어요. 은혜 아래 있으면서 죄 아래 사는 삶은 그런 삶이라는 거죠. 그리스도께서 십자가 위에서 하신 수고를 헛되게 만드는 삶이라는 거죠.

그런데 이 부분을 해석하면서 '죄 아래 있다.' 하는 것을 '고질적이고 습관적인 죄'를 가리킨다고 해석하는 경우가 있는데, 이는 헬라어 문법을 잘 몰라서 내려진 결론입니다. 먼저 묻습니다. 얼마나 오래도록 동일한 죄를 지으면 고질적이고 습관적인 죄입니까? 일 년입니까? 그러면 육 개월 동안 마당에 엎어져 사는 것은 죄 아래 있는 게 아니고 은혜 아래 있는 거겠네요. 이론적으로는 죄가 하나도 없는 상태가 은혜 아래에 있는 상태입니다. 사람들이 자기가 그러지 못하니까 자기 수준을 성경 수준으로 끌어올리려고 만들어낸 것이 '습관적이고 고질적인 죄만 짓지 않으면 된다.' 하는 이론입니다. 하루에 게임을 한 시간씩 하면 죄가 아니고, 밥도 먹지 않고 잠도 자지 않고 육 개월 이상 게임 하면, 죄 아래 있는 것입니까? 아닙니다. 물론 그 전에 굶어 죽겠지만요. 성경은 "세월을 아끼라 때가 악하니라"(엡 5:16) 했습니다. 죄를 짓는 그 시간 일분일초가 아까운 것입니다. 죄를 짓는 데 사용한 백 원이, 천 원이 아까운 것입니다.

세 번째 질문은 7장 7절에 있는 '율법이 죄냐' 하는 것입니다. "그런즉 우리가 무슨 말을 하리요 율법이 죄냐 그럴 수 없느니라 율법으로 말미암지 않고는 내가 죄를 알지 못하였으니 곧 율법이 탐내지 말라 하지 아니하였더라면 내가 탐심을 알지 못하였으리라" 아멘. 대답은 12절에 있습니다. "이로 보건대 율법은 거룩하고 계명도 거룩하고 의로우며 선하도다" 아멘. '탐내지 말라'는 계명은 십계명 가운데 열 번째 계명입니다. 출애굽기 20장 17절입니다. "네 이웃의 집을 탐내지 말라 네 이웃의 아내나 그의 남종이나 그의 여종이나 그의 소나 그의 나귀나 무릇 네 이웃의 소유를 탐내지 말라" 아멘. 갓난아이들은 자기 것, 남의 것 개념이 없습니다. 다른 사람 안경도 손으로 움켰다가 땅에 버립니다. 탐낸 것도 아닙니다. 그 사람에게 하면 안 되는 것을 하는 줄도 모릅니다. 그러다 어느 날 혼납니다. 그래서 압니다. 그러면 안 된다는 것을요. 십계명이 아니더라도 인간 사회의 모든 윤리 도덕이 비슷합니다. '하면 안 된다.' 하고 규정되면 그때부터 하면 안 되는 것이 됩니다.

애들을 집에 혼자 두는 것을 예로 들어봅니다. 서양에서도 처음부터 12세 아래 아이가 혼자 집에 있으면 안 되지 않았습니다. 언젠가부터 문제가 생기니까 그렇게 된 것입니다. 독일에 사시는 어떤 분 말씀이, 독일은 16세라 했습니다. 16세가 되어야 집에 혼자 있을 수 있습니다. 우리나라는 전에 뒷자리 안전띠 미착용을 문제 삼지 않았습니다. 외국은 오래전부터 뒷자리에 앉은 사람이 안전띠를 하지 않은 것을 처벌했습니다. 요즘 우리 사회에서 문제가 되는 성추행 문제, 아동학대 문제가 서양에서는 이미 오래전에 문제가 되었습니다. 우리 사회도 이제 산업화가 진행되고 돈이 사랑을 받으며 인간성이 말살되면서, 전에는 문제 되지 않던 것들이 문제가 되고 있습니다.

바울 사도는 은혜가 어떤 것인지, 은혜 아래 있는 우리에게 기대되는 상태가 어떤 것인지, 사실 율법에게 잘못이 있는 게 아니라 죄를 견디지 못한 우리에게 문제가 있었던 것임을 설명하고서, '율법 조문의 낡은 것에 거하려는 신자' 의 문제를 일인칭 단수 '나' 를 사용하여 표현합니다. 로마서 7장 7-25절을 읽을 때, 그런 사람들이 '이거 나네.' 할 수 있도록 말입니다. 다시 말해, 로마서 7장의 나에 대한 설명을 듣고 '이거 내 얘기네.' 하는 사람은 '그리스도 안에서 어린아이들' 입니다. 이런 어린애들의 목회가 성공하면, 교회가 세상으로부터 조롱받습니다.

이어지는 8장 1-2절입니다. "그러므로 이제 그리스도 예수 안에 있는 자에게는 결코 정죄함이 없나니 이는 그리스도 예수 안에 있는 생명의 성령의 법이 죄와 사망의 법에서 너를 해방하였음이라" 아멘. 누구를 해방했다고요? '나' 인가요? 아닙니다. '너' 입니다. 여기서 바울은 7장의 '나' 가 로마서 기록 당시의 자신이 아님을 분명하게 밝혔습니다. 마치 나단 선지자가 다윗에게 와서 '그 부자가 바로 당신입니다.' 하는 식으로 말한 것입니다. "여호와께서 나단을 다윗에게 보내시니 그가 다윗에게 가서 그에게 이르되 한 성읍에 두 사람이 있는데 한 사람은 부하고 한 사람은 가난하니 … 다윗이 그 사람으로 말미암아 노하여 나단에게 이르되 여호와의 살아 계심을 두고 맹세하노니 이 일을 행한 그 사람은 마땅히 죽을 자라 그가 불쌍히 여기지 아니하고 이런 일을 행하였으니 그 양 새끼를 네 배나 갚아 주어야 하리라 한지라 나단이 다윗에게 이르되 당신이 그 사람이라"(삼하 12:1, 5-7) 아멘.

바울은 자신이 원하는 것을 하지 못하는 일꾼이 아니었습니다. 로마서 직전 기록인 고린도후서를 보십시오. "항상 우리를 그리스도 안에서 이기게 하시고 우리로 말미암아 각처에서 그리스도를 아는 냄새를 나타내시는 하나님께 감사하노라"(2:14) 아멘.

바울 사도는 유대인들에 대한 권면을 8장에서 마무리하고, 9장부터 이방인 기독인들을 위한 권면을 시작합니다. 우선 유대인들이 가진 신령한 것들을 소개하여 유대인들을 존중할 수 있도록 밑바탕을 깝니다. 이어 이방인 기독인들이 제기할 만한 문제들을 하나씩 처리합니다.

가장 먼저 제기될 문제는 '하나님의 말씀이 폐하여졌는가?' 하는 것이었습니다. 9장 6절입니다. "그러나 하나님의 말씀이 폐하여진 것 같지 않도다 이스라엘에게서 난 그들이 다 이스라엘이 아니요" 아멘. 이런 질문이 대두되는 이유는 유대인들 가운데 믿지 않는 이들이 많을 뿐 아니라 그들이 복음의 대적자로 행동하기 때문입니다. 이 질문에 대해 하나님의 말씀이 폐하여지지 않았다고 정리합니다. 근거는 이삭과 야곱입니다. 이삭은 아브라함 자손 가운데 약속을 통해 얻은 아들입니다. 그런데 "오직 이삭으로부터 난 자라야 네 씨라 불리리라"(9:7) 하셨기 때문에, 아브라함의 모든 자손이 아브라함의 씨가 아니듯, 유대인이라고 해서 자동으로 아브라함의 씨가 되는 것은 아닙니다. 이삭의 쌍둥이 아들 가운데 하나인 야곱에 대한 하나님의 사랑이 리브가 태중에 있을 때 이미 표현된 것을 통해서도(창 25:23), 하나님의 백성 되는 기준이 혈통이 아니라는 것을 알 수 있습니다.

두 번째 제기된 문제는 '하나님이 불의하시냐?' 하는 것입니다. 9장 14절에 있습니다. "그런즉 우리가 무슨 말을 하리요 하나님께 불의가 있느냐 그럴 수 없느니라" 아멘. 이에 대해 하나님은 불의하신 것이 아니라 긍휼히 여길 자는 긍휼히 여기시고 불쌍히 여길 자는 불쌍히 여기시며 강퍅한 대로 내버려 둘 자는 내버려 두시는 분이라고 설명합니다. 긍휼히 여기시거나 불쌍히 여기시는 것에 대해서는 질문이 없겠으나, 강퍅한 대로 내버려 두신 예인 바로에 대해서는 이어지는 질문이 있습니다.

세 번째 질문으로 9장 19절에 있습니다. "하나님이 어찌하여 허물하시느냐 누가 그 뜻을 대적하느냐"입니다. 이에 대한 기본적인 응답으로 '하나님은 조물주이시고, 인생은 피조물이다.' 하는 것이 제시됩니다. 피조물이 조물주에게 대들 수 없다는 말씀이죠. 역할이 다르고, 수준이 다릅니다. 이 대답은 신에 대한 경외, 하나님에 대한 경외가 있으면 통하는 대답입니다. 그러나 이 대답이 통하지 않을 사람들이 있어서인지, 다른 대답을 곁들입니다. 사실, 하나님은 멸하기로 준비된 진노의 그릇이라 할지라도 오래 참으시는 분이라는 것입니다. 바로를 바로 멸하지 않고 열 번이나 재앙을 주셔서 회개할 기회를 충분히 주신 것이죠. 홍해가 갈라지는 것을 자기 눈으로 목도(目睹)하게 하신 것이죠. 그럼에도 불구하고 하나님을 계속 대적했으니 바로도 할 말이 없을 것입니다. 하나님의 오래 참으심을 생각할 때 하나님께 책임을 물을 수가 없습니다.

더구나 자기 뜻을 따라 행하시는 하나님으로 인해 유대인 가운데에서도 구원받는 자가, 이방인 가운데에서도 구원받는 자가 나왔습니다. 세 번째 대답입니다. 하나님께서 조물주시라는 것이 첫째 대답이고, 하나님이 오래 참으시는 분이라는 것이 둘째 대답이고, 그 하나님의 뜻을 따라 말씀을 듣는 그들이 다시 말해, 로마 교회의 이방인 기독인들이 구원받게 되었다는 것이 셋째 대답입니다. 이를 위해 호세아서 2장 23절과 1장 10절이 인용됩니다(9:25-26). 결국 조물주의 뜻으로 인해 이방인인 여러분이 하나님의 백성이 된 것이라고 말합니다. 조물주의 뜻을 인해 그들이 구원받았는데, 그들이 하나님을 향해 '어찌하여 허물하십니까?' 질문할 수는 없는 것입니다. 9장 23-26절입니다. "또한 영광 받기로 예비하신 바 긍휼의 그릇에 대하여 그 영광의 풍성함을 알게 하고자 하셨을지라도 무슨 말을 하리요 이 그릇은 우리니 곧 유대인 중에서뿐 아니라 이방인 중에서도 부르신 자니라 호세아의 글에도 이르기를 내가 내 백성 아닌 자를 내 백성이라, 사랑하지 아니한 자를 사랑한 자라 부르리라 너희는 내 백성이 아니라 한 그곳에서 그들이 살아 계신 하나님의 아들이라 일컬음을 받으리라 함과 같으니라" 아멘.

9장 27-29절은 세 가지 질문에 대한 최종 결론입니다. 하나님의 말씀이 실패했는가? 하나님이 불의하신가? 하나님이 강퍅한 자에 대해 어찌 허물하실 수 있는가? 세 가지 질문에 대해 대답한 뒤에 내리는 최종 결론입니다. 결국 이사야서 예언대로 되었다는 말씀입니다. 남은 자만 구원을 받았다는, 사실 그 남은 자라는 게 결국은 하나님께서 남겨 두신 자라는 깨달음입니다. 결국은 구원이라는 게 하나님의 은혜가 아니었다면 불가능했다는 결론입니다. 27-29절입니다. "또 이사야가 이스라엘에 관하여 외치되 이스라엘 자손들의 수가 비록 바다의 모래 같을지라도 남은 자만 구원을 받으리니 주께서 땅 위에서 그 말씀을 이루고 속히 시행하시리라 하셨느니라 또한 이사야가 미리 말한 바 만일 만군의 주께서 우리에게 씨를 남겨 두지 아니하셨더라면 우리가 소돔과 같이 되고 고모라와 같았으리로다 함과 같으니라" 아멘. 결국 은혜입니다.

9장 1-29절까지의 논의를 통해 모든 것이 은혜라고 말했습니다. 결국 하나님께서 남겨 두신 남은 자들이 하나님께서 베풀어주신 긍휼에 기초하여 구원에 이른 것이었습니다. 그런데 바울은 그 은혜를 믿음과 연결 짓습니다. 그리고 그 은혜 반대편에 '행위'를 놓습니다. 9장 32절입니다. "어찌 그러하냐 이는 그들이 믿음을 의지하지 않고 행위를 의지함이라 부딪칠 돌에 부딪쳤느니라" 아멘.

믿음을 의지하지 않고 행위를 의지했기에, 결국 걸려 넘어졌습니다. 물 위를 걷다가 강한 바람을 보고 무서워하자 물에 빠집니다(마 14:30). 그냥 믿으면 되는데, 믿어지지 않는 게 문제입니다. 하나님이 원하시는 것을 그냥 하면 되는데, 순종하는 자를 책임지시는 하나님이 믿어지지 않으니 문제입니다. 하나님에 대한 신뢰가 커지면, 그분이 주는 어떤 것도 먹을 수 있다고 생각하게 됩니다. 그런데 그러한 신뢰가 생기기 전에는 하나님이 주시는 것을 먹어봐야 합니다. 혹시 독이 들어있는지 먹어봐야 합니다. 여러분은 엄마가 해주시는 음식에 혹시 독이 들어있는지 은수저로 체크하고 먹습니까? 아니죠. 그렇다면 하나님께서 주시는 것은 점검하십니까, 안 하십니까? 하시나요? 그렇다면, 하나님을 어머니보다도 신뢰하지 못하고 있는 것입니다. 평생 처음 가보는 식당에 가서 밥 먹을 때 독이 있는지 점검하시나요? 안 하시죠? 저도 안 합니다. 그런데, 하나님께서 인도하시는 길을 주저하며 가도 될까 망설인다면, 하나님을 평생 처음 가본 식당 주방장보다도 덜 신뢰하는 것입니다. 식당 주인이 정부의 지도를 받고 있고 혹시 독을 넣어 누군가 죽는다면 망할 것이기에 독을 넣지 않을 것으로 생각한다면, 더구나 내게서 돈을 받았으니 독을 넣지 않을 거라 여긴다면, 동시에 하나님께서는 내가 충분히 돈을 드리지 않았기에 나를 어려운 길로 인도하실 것으로 생각한다면, 하나님을 돈으로 살 수 있다고 생각하는 것이고, 하나님이 돈에 의해 움직인다고 생각하는 것입니다.

모든 것이 은혜였습니다. 그런데 그 은혜로 구원받은 사람들의 공통점을 보니 믿음이었습니다. 그 은혜의 법으로 구원받지 못한 사람들을 보니 행위가 있었습니다. 자기가 있었습니다. '내'가 있었습니다. 내가 아니라 하나님, 내 의가 아니라 하나님에 대한 신뢰, 내가 한 일이 아니라 하나님의 은혜를 붙들었다면 구원받을 수 있었는데, 그러지 못하여 구원에 이르지 못했습니다.

은혜를 믿음과 연결 지은 바울 사도는 '율법으로 말미암는 의'와 '믿음으로 말미암는 의'를 비교하여 설명합니다. '율법으로 말미암는 의'의 핵심은 '행위'입니다. '믿음으로 말미암는 의'의 핵심은 '마음'입니다. '말씀이 새겨진 마음'입니다. 마음에 말씀이 새겨져 있습니다. 그것으로 충분합니다. 행동은 자연스레 바뀝니다. 행동이 바뀌었다고 마음이 바뀐 것은 아닐 수 있습니다. 마지못해서 할 수 있으니까요. 하기 싫지만 할 수 있으니까요. 그런데 마음이 바뀌면 행동은 바뀝니다. 그냥 바뀝니다. 좋아하는 음식에 젓가락 가는 것과 똑같습니다. 아무 생각 안 해도 숟가락이 갑니다.

10장 5절은 '율법으로 말미암는 의'에 대한 설명입니다. 레위기 18장 5절이 인용되었습니다. "모세가 기록하되 율법으로 말미암는 의를 행하는 사람은 그 의로 살리라 하였거니와" 아멘. '행하는 사람'은 삽니다. 행해야 합니다. 그러나 믿음으로 말미암는 의는 다릅니다. 이어지는 10장 6-8절에, 신명기 30장 12-14절이 9장 4절과 함께 인용됩니다. 신앙에 세 단계가 있습니다. '출애굽과 광야 단계, 포로로 끌려가기 이전 단계, 포로 귀환 이후 단계'입니다. 이 모든 단계에서 하나님께서 원하시는 것은 '마음에 말씀 새기며 사는 것'입니다. 그러니 '마음에 말씀 새기며 사는 것'이 중요합니다. '마음의 할례'가 중요합니다.

유대인들을 향해서 "율법 외에 하나님의 한 의가 나타났으니 율법과 선지자들에게 증거를 받은 것이라 곧 예수 그리스도를 믿음으로 말미암아 모든 믿는 자에게 미치는 하나님의 의니 차별이 없느니라"(3:21-22) 했던 바울이, 이제 이방인들을 향해서 말합니다. 10장 9-10절입니다. "네가 만일 네 입으로 예수를 주로 시인하며 또 하나님께서 그를 죽은 자 가운데서 살리신 것을 네 마음에 믿으면 구원을 받으리라 사람이 마음으로 믿어 의에 이르고 입으로 시인하여 구원에 이르느니라" 아멘. 율법에 대한 언급이 없습니다. 입과 마음을 언급합니다. 입으로 시인하고 마음으로 믿으면 족하다고 말합니다. 마음으로 믿어져야 의에 도달합니다. 입으로 고백해야 구원에 도달합니다. 믿음으로 구원받는 진리를 말할 때 율법을 언급할 필요가 없습니다. 이방인들은 율법을 지키며 살지 않았기 때문입니다.

10장 11-12절도 봅니다. "성경에 이르되 누구든지 그를 믿는 자는 부끄러움을 당하지 아니하리라 하니 유대인이나 헬라인이나 차별이 없음이라 한 분이신 주께서 모든 사람의 주가 되사 그를 부르는 모든 사람에게 부요하시도다" 아멘. 이사야서 28장 16절이 인용됩니다. 9장 33절에서 인용된 부분의 두 번째 부분입니다. 9장 33절입니다. "기록된 바 보라 내가 걸림돌과 거치는 바위를 시온에 두노니 그를 믿는 자는 부끄러움을 당하지 아니하리라 함과 같으니라" 아멘.

이어 요엘서 2장 32절이 인용됩니다. 10장 13절입니다. "누구든지 주의 이름을 부르는 자는 구원을 받으리라" 아멘. 오순절 강림 때 베드로 사도가 인용했던 말씀입니다. 예수님이 주님과 그리스도가 되신다고 논증할 때 인용했던 말씀입니다. 율법을 통하지 않고 예수님을 통해 직접적으로 하나님을 믿게 된 이방인들에게 이 말씀은 바로 이해되는 말씀입니다. 그들은 복음을 먼저 들었습니다. 율법은 믿은 다음에 알게 되었습니다. 유대인들은 율법을 먼저 알았습니다. 그다음에 복음을 들었습니다. 첫째는 엄한 아빠를 먼저 만났습니다. 다음에 너그러운 아버지를 만났습니다. 막내는 너그러운 아빠를 먼저 만났습니다. 그러나 그 아빠가 엄한 아버지라는 것을 알게 될 것입니다. 엄한 집안에서 자란 사람은 군대 생활이 편합니다. 그러나 민주적인 가정환경에서 자란 사람은 군 생활이 힘듭니다. 질서와 여유 둘 다 필요합니다. 질서만 있고 여유가 없으면 경직됩니다. 여유만 있고 질서가 없으면 되는 일이 없습니다. 무질서하여 혼란스럽습니다. 밥도 안 하고 설거지도 안 하면 좋을 것 같지만 영양실조 걸리고 집 안이 온갖 병균으로 득실댈 것입니다. 군대처럼 정시에 밥 먹고 모든 것이 칼같이 각 잡혀 있으면 좋을 것 같지만 삭막합니다. 질서를 유지하는 힘이 없어지면 방종합니다. 말년 병장들이 스팀 라면 끓여 먹다가 위에 구멍 납니다.

율법의 엄한 것을 경험하지 못하고, 하나님의 엄위하심을 알지 못하고, 그저 은혜와 긍휼만 아는 이방인을 향해 바울이 뭐라 말합니까? 너희를 위해 수고한 사람들이 있었기에 너희가 믿게 되었다고 말합니다. 10장 14-15절입니다. "그런즉 그들이 믿지 아니하는 이를 어찌 부르리요 듣지도 못한 이를 어찌 믿으리요 전파하는 자가 없이 어찌 들으리요 보내심을 받지 아니하였으면 어찌 전파하리요 기록된 바 아름답도다 좋은 소식을 전하는 자들의 발이여 함과 같으니라" 아멘. "아름답도다 좋은 소식을 전하는 자들의 발이여"는 이사야서 52장 7절과 나훔서 1장 15절에서 발견되는 말씀입니다. 여호와의 종의 발과 니느웨의 멸망을 알리는 발이 아름답습니다.

먼저, 이사야서 52장 7절입니다. "좋은 소식을 전하며 평화를 공포하며 복된 좋은 소식을 가져오며 구원을 공포하며 시온을 향하여 이르기를 네 하나님이 통치하신다 하는 자의 산을 넘는 발이 어찌 그리 아름다운가" 아멘. 아름다운 발을 가진 그분이 여호와의 종입니다. '회개하라 천국이 가까웠느니라' 하신 분입니다(마 4:17). "연한 순 같고 마른 땅에서 나온 뿌리 같아서 고운 모양도 없고 풍채도 없은즉 우리가 보기에 흠모할 만한 아름다운 것이 없"는(사 53:2) 분입니다.

나훔서에서 말하는 아름다운 발은 앗수르의 수도 니느웨의 멸망을 알리는 발입니다. 요나 선지자의 예언을 듣고 회개하여 강성해진 앗수르가 백 여 년이 지나면서 돌이킬 수 없는 형편에 도달합니다. 이제 그들에 대한 심판이 나훔 선지자에 의해 선고됩니다. "볼지어다 아름다운 소식을 알리고 화평을 전하는 자의 발이 산 위에 있도다 유다야 네 절기를 지키고 네 서원을 갚을지어다 악인이 진멸되었으니 그가 다시는 네 가운데로 통행하지 아니하리로다 하시니라"(나 1:15) 아멘. 아름다운 소식을 전하는 자는 하나님 백성의 구원과 더불어 하나님 백성의 대적자들에 대한 심판도 선포합니다. 예수님은 천국이 가까이 왔다고도 말씀하셨지만 "사탄이 하늘로부터 번개 같이 떨어지는 것을 내가 보았노라"(눅 10:18) 이렇게도 말씀하셨습니다.

10장 14-15절에서 강조된 표현이 있습니다. '어찌' 입니다. '어찌' 가 네 번 나옵니다. '어떻게' 라는 말씀입니다. 원문에서는 모든 문장의 맨 앞에 나옵니다. '어떻게' 이런 일이 가능한가? 어떻게 이방인들뿐 아니라 유대인들까지 믿음으로 구원받는 일이 가능한가? 수고한 자의 발이 있었기 때문입니다. 제자들의 발을 씻기신 예수님, 서로 발을 씻겨주는 제자들, 서로의 발을 씻어주는 것을 당연하다고 여기는 공동체가 있었기 때문입니다. 율법이 수여될 때도 수고가 있었습니다. 모세가 40일 금식을 두 번이나 했습니다. 믿음의 법이 수여되니 그 이상의 수고가 있습니다. 성육신의 수고가, 십자가의 수고가 있습니다.

그리스도의 수고로 믿음의 법이 수여되고 이방인 기독인들이 일어났습니다. 그들이 듣고 마음으로 믿고 입으로 시인하여 구원을 받았습니다. 이제 그들은 부끄러움을 당하지 않을 것입니다. 그들에게는 믿음으로 말미암는 의가 있습니다. 그런데 율법으로 말미암는 의의 길을 따라간 이스라엘은 걸림돌과 거치는 바위에 걸렸습니다. 아름다운 소식을 전하는 발이 이스라엘 족속에게 먼저 도달했는데 모든 이스라엘 족속이 복음에 순종한 것은 아니었습니다. 나훔 선지자 당대에도 그랬고 이사야 선지자 당대에도 그랬습니다. 그래서 이사야가 말했습니다. 다 믿지는 않았다고요. 10장 16절입니다. "그러나 그들이 다 복음을 순종하지 아니하였도다 이사야가 이르되 주여 우리가 전한 것을 누가 믿었나이까 하였으니" 아멘. 첫 번째 문장은 부분 부정입니다. '그들 모두가 복음을 순종한 것은 아니었다.' 이렇게 번역해야 맞습니다. '아무도 믿지 않았다'가 아니고 '모두가 믿은 것은 아니었다.' 입니다. "주여 우리가 전한 것을 누가 믿었나이까"는 여호와의 종의 노래 네 번째에 있는 표현으로 이사야 53장 1절에 있습니다. '누가 믿었나이까?' 하는 표현으로 '믿는 이가 적었다.' 하는 것을 표현합니다.

그런데 16절과 17절의 연결이 어렵습니다. 우리가 전한 것을 믿은 자가 적었다고 말하고서, 믿음은 들음에서 난다고 말합니다. '전한 것'과 '들음'이라는 단어가 같은 단어입니다. 표현을 바꾸면 이해됩니다. '우리가 들은 것을 누가 믿었습니까?' 하는 표현은 '믿는 일은 들어야 생긴다.' 하는 전제에서 비롯됩니다. 들은 자들이 모두 믿지는 않았지만, 그래도 믿게 된 자들은 들었기에 믿을 수 있었다는 말씀입니다. 모두가 믿지는 않지만, 그래도 믿게 된 자들은 들었다는 말씀이죠. 14절과 잘 연결됩니다. "그런즉 그들이 믿지 아니하는 이를 어찌 부르리요 듣지도 못한 이를 어찌 믿으리요 전파하는 자가 없이 어찌 들으리요" 아멘. 전파해야 듣고, 들어야 믿고, 믿어야 부른다는 말씀입니다. 마찬가지로, 이사야 당시에 하나님으로부터 들은 것을 얘기할 때, 전할 때, 사람들이 믿을 것으로 생각했는데 대부분 믿지 않았습니다.

예수님 당대에도 그랬습니다. 이사야 53장이 인용된 요한복음 12장 36절 이하를 보면, "이렇게 많은 표적을 그들 앞에서 행하셨으나 그를 믿지 아니하니 이는 선지자 이사야의 말씀을 이루려 하심이라 이르되 주여 우리에게서 들은 바를[요한복음 번역자는 '전한 바'라 표현하지 않고 '들은 바'라 하였습니다.] 누가 믿었으며 주의 팔이 누구에게 나타났나이까 하였더라 … 그들은 사람의 영광을 하나님의 영광보다 더 사랑하였더라" 했습니다.

아무리 많은 표적을 보여주셔도 믿지 않았습니다. 결국은 마음의 문제였습니다. 마음이 열리지 않았습니다. 심지어 믿게 된 자들마저도 하나님의 영광보다 사람의 영광을 더 사랑하다 보니 자신들의 마음을 표출하지 않았습니다. 출교당할까 봐 두려웠기 때문입니다. 믿지만 드러내지 못했던 이들 가운데 회개한 두 사람이 있었습니다. 아리마대 사람 요셉과 니고데모였습니다. "아리마대 사람 요셉은 예수의 제자이나 유대인이 두려워 그것을 숨기더니 이 일 후에[즉, 예수님께서 돌아가신 후에] 빌라도에게 예수의 시체를 가져가기를 구하매 빌라도가 허락하는 지라 이에 가서 예수의 시체를 가져가니라 일찍이 예수께 밤에 찾아왔던 니고데모도 몰약과 침향 섞은 것을 백 리트라쯤 가지고 온지라"(요 19:38-39) 했습니다.

이런 상황, 다시 말해, 주님에 대해, 주님의 영광을 얘기해도 마음이 열리지 않으면 믿지 않는다는 사실을 고려할 때, '결국 들어야 믿는데, 뭘 들어야 하는가? 그리스도의 말씀을 들어야 믿는다.' 하는 결론에 도달합니다. 그리스도의 말씀을 듣는 자가 다 믿는 것은 아니더라도, 결국 그리스도의 말씀을 들어야 믿는 일이 가능하다는 말씀이죠. 결국 믿음에 도달하는 유일한 기회는 듣는 것입니다. 그런 기회가 유대인 모두에게 주어졌습니까? 주어졌습니다. 예수님이 충분히 전하셨습니다. 바울은 이 점을 시편 19편 4절 인용으로 대신합니다. "그 소리가 온 땅에 퍼졌고 그 말씀이 땅 끝까지 이르렀도다."

그럼, 유대인들은 '자신들은 듣고서도 믿지 않지만 이방인들은 듣고 믿게 될 것'을 몰랐을까요? 그것도 아닙니다. 신명기 32장 21절을 보니, 모세 때 이미 이 점이 예상되었고 말씀 되었습니다. 10장 19절입니다. "그러나 내가 말하노니 이스라엘이 알지 못하였느냐 먼저 모세가 이르되 내가 백성 아닌 자로써 너희를 시기하게 하며 미련한 백성으로써 너희를 노엽게 하리라 하였고" 아멘. '백성 아닌 자'는 이방인을 가리킵니다. '미련한 백성'이란 '이해하지 못하는 백성'을 가리킵니다. 히브리어를 이해하지 못하는 한국인은 믿는데, 정작 히브리어를 이해하는 유대인들은 거의 믿지 않습니다.

신명기 말씀보다 더 분명하게 이사야 선지자를 통해 하나님께서 말씀하셨고 이사야 선지자는 하나님의 말씀을 담대하게 전달했습니다. 10장 20-21절입니다. "이사야는 매우 담대하여 내가 나를 찾지 아니한 자들에게 찾은 바 되고 내게 묻지 아니한 자들에게 나타났노라 말하였고 이스라엘에 대하여 이르되 순종하지 아니하고 거슬러 말하는 백성에게 내가 종일 내 손을 벌렸노라 하였느니라" 아멘. 이스라엘 민족에게 하나님은 끊임없이 손짓하셨습니다. 그러나 그들은 순종하지 않고 거슬러 말합니다. 설득되지 않는 자식입니다. 반대로 말하는 자식입니다. 아무리 말해도 듣지 않습니다. 믿지 않습니다. 결국 하나님의 사랑이 하나님을 찾지 아니한 이들에게 향합니다. 요청하지 않은 이방인에게 향합니다. 하나님의 구원 기회가 이스라엘의 불순종으로 이방인에게까지 확대됩니다. 본래는 율법 준수를 통한 구원이 이스라엘을 통해 모든 민족에게 전파되기를 원하셨으나 그리되지 못했습니다. 이제는 믿음을 통한 구원이 이스라엘을 통해 모든 민족에게 전파되기를 원하셨으나 이마저도 그리되지 못한 부분이 생겼습니다. 베드로나 바울 등을 통해 복음이 전파되지만, 복음을 대적하는 유대인들이 함께 존재하기 때문입니다. 그런데 믿는 이방인들을 통해 오히려 유대인들이 전도를 받습니다. 히브리어를 모르는 이방인들을 통해 유대인들이 전도를 받습니다. 디모데의 아버지는 헬라 사람입니다. 그러나 디모데가 교회 지도자로 세움을 받습니다. 디도는 이방인입니다. 그런데도 교회 지도자가 됩니다. 루터, 칼빈 등 수많은 기독교 지도자는 유대인이 아닙니다. 한국교회 지도자 가운데 유대인이 있습니까?

우리의 구원은 하나님의 은혜였습니다. 그 은혜는 믿음에 기초했습니다. 믿음에 기초한 의는 마음에서 비롯되었습니다. 믿음으로 말미암는 의는 들어야 생겼습니다. 말씀이 마음에 새겨질 때 믿음으로 말미암는 의가 있습니다. 믿음으로 말미암는 의를 위해 그리스도는 수고하셨고 하나님은 인내하셨습니다. 하나님은 그리스도의 말씀을 지금도 우리 마음에 새기길 원하십니다. 그런데 먼저 되었다 하는 이들은 지금 이 시대에도 여전히 마음을 내놓지 않습니다. 이사야 선지자가 외치듯, '우리의 들은 것을 누가 믿습니까?' 하는 외침이 있습니다. 사람들은 바쁩니다. 그래서 말씀을 차분히 들으려 하지 않습니다. 주식 정보, 살림 정보, 쇼핑 정보, 보험 정도, 부동산 정보 등 수많은 정보를 얻고 이해하기 위해서는 많은 시간을 할애하지만, 정작 하나님께서 우리에게 들려주고자 하시는 말씀에 대해서는 '들리면 듣고 이해되지 않으면 말고' 하는 식의 태도가 있습니다. 졸업을 위해, 취업을 위해 토플, 토익, 텝스 점수를 올리기 위해서는 학원뿐 아니라 책값과 시험 치르는 데까지 돈을 쓰지만, 하나님의 말씀을 (원어로) 이해하기 위해서는 거의 마음도 돈도 쓰지 않습니다. 볼거리와 먹거리를 찾아다니는 시간은 아깝지 않지만, 말씀 배우러 다니는 시간은 아깝습니다. 세상 보화가 하늘 보화보다 좋기 때문입니다.

믿음으로 말미암는 의는 아무에게나 주어지지 않습니다. 믿는 자에게 주어집니다. 믿음은 들음에서 나고 들음은 그리스도의 말씀에서 비롯됩니다. 말씀을 사랑하십시오. 금방 노안 옵니다. 치매 옵니다. 우리 몸은 쉽게 병들고 우리 마음은 쉽게 오염됩니다. 그러니 세월을 아껴야 맞습니다. 하나님의 말씀 깨닫는 것이 하루아침에 되지 않습니다. 수십 년 시간 투자해야 간신히 됩니다. 해야 할 살림, 먹고 살기 위해 매진할 생업이 있다면, 남는 시간을 잘 활용해야 합니다. 재미없어도 이해가 잘되지 않아도 괜찮습니다. 자꾸 들으면 이해됩니다.

기도합니다. 복음이 믿어지게 은혜를 주십시오. 눈에 있는 들보를 빼내시고 귀에 있는 덮개를 벗기시고 마음에 있는 벽을 깨뜨리셔서 복음이 믿어지게 도우소서. 믿음으로 말미암는 의로움을 가진 자가 많아지도록, 율법으로 말미암는 의를 의지하는 자들이 '생명의 성령의 법'을 따르도록, 성령의 새로운 것으로 섬길 수 있도록, 어린아이의 일을 떠나 장성한 분량에 도달하도록 도우소서.

마지막으로, 로마서의 결론(15:14-16:27)의 첫 부분인 14-24절에 대해 다루고 마치려 합니다. 사도 바울은 예수 그리스도라는 터 위에만 세우겠다고 고린도 교회 성도들에게 말했습니다. 고린도전서 3장 10-11절입니다. "내게 주신 하나님의 은혜를 따라 내가 지혜로운 건축자와 같이 터를 닦아 두매 다른 이가 그 위에 세우나 그러나 각각 어떻게 그 위에 세울까를 조심할지니라 이 닦아 둔 것 외에 능히 다른 터('쎄메리온 알론')를 닦아 둘 자가 없으니 이 터는 곧 예수 그리스도라" 아멘. 고린도의 터는 '길목'이라는 터입니다. 마게도냐와 펠로폰네소스를 연결하는 길목, 아시아와 유럽을 연결하는 길목입니다. 바울 사도는 '길목'에 익숙한 그들에게 하늘과 세상을 연결해주는, 하나님과 사람을 연결하시는 '길'이신 예수 그리스도를 '터'로 소개합니다. 길목에서 살기에 더 높고 견고한 성곽을 지어 안전을 확보했던 고린도와 달리, 성육신하시고 십자가를 지시고 자기 살과 피를 양식과 음료로 주신 예수 그리스도만이, 바울 자신이 뭔가를 지을 때의 '터'가 되신다고 소개합니다.

그리고 그 고린도에서 로마서를 쓰면서 자신은 다른 터 위에 집을 짓지 않는다고 말합니다. 15장 20절입니다. "또 내가 그리스도의 이름을 부르는 곳에는 복음을 전하지 않기를 힘썼노니 이는 남의 터 위에 건축하지 아니하려 함이라" 아멘. 이 번역은 재고가 필요해 보입니다. 우선, '남의 터' 입니다. '알로트리온 쎄메리온' 은 '다른 사람의 터' 의 의미보다는 '다른 터' 입니다. 고린도전서 3장 11절의 '다른 터' 인 '쎄메리온 알론' 보다 더 강한 표현입니다. 그래서 로마서 15장 20절의 '남의 터' 는 '예수 그리스도가 아닌 터' 로 이해하는 것이 좋겠습니다. 실제 원문을 직역하면, '내가 그리스도의 이름을 부르지 않는 곳에서 복음을 전하는 것에는 가치를 부여하지 않았습니다. 다른 터 위에 집을 세우지 않으려 함입니다.' 이렇게 됩니다.

흔히들 이 말씀을 기초로 바울이 개척에 힘썼음을 얘기합니다. 바울의 전도사역이 그런 특성을 갖기도 했습니다. 그러나 이렇게 본다면, 여러 측면에서 바울은 자신의 원칙과 다른 말을 했고 행동을 한 것이 됩니다. 우선, 로마서의 초두(初頭)를 보면, "내가 너희를 보기를 간절히 원하는 것은 어떤 신령한 은사를 너희에게 나누어주어 너희를 견고하게 하려 함이니"(1:11), "그러므로 나는 할 수 있는 대로 로마에 있는 너희에게도 복음 전하기를 원하노라"(1:15) 이렇게 말합니다. 로마서의 수신자들은 예수님의 이름을 부르는 자들입니다. 그런데 바울은 로마에 있는 성도들에게 복음을 전하려고 힘썼고 지금도 원한다고 말합니다. 그러니 로마서 15장 20절의 현재 번역은 로마서 전체 맥락과 일치하지 않습니다. 바울 사도의 실제 사역도 보면, 복음을 전했던 교회에 다시 가고, 편지를 쓰고, 사람을 보냈습니다. 예수 그리스도의 이름을 부르는 이들이 있는 곳에 마음을 두었습니다. 동족을 사랑하여 회당에 들어가지만, 믿는 자가 없다면, 자신을 밀어내면, 다른 곳으로 갔습니다.

로마서 15장 20절은 이어지는 21절과 문맥이 맞아 보입니다. 그러나 21절은 '그러나' 를 뜻하는 '알라' 로 시작합니다. 문맥의 흐름은 이렇습니다.

20절: 예수 그리스도라는 다른 터 외의 다른 터에 집을 짓지 않습니다. 그러므로 예수님의 이름을 부르는 이들에게만 복음을 전합니다. 개나 돼지에게 진주를 던지지 않는 것과 같습니다.

21절: 그러나 주의 소식을 받지 못한 자들이 보고, 듣지 못한 자들이 깨달을 것이라고 기록되어 있습니다.

22-24절: 그러므로 서바나에 가서도 복음을 전하려고 합니다.

25절 이하: 복음 전하는 것이 저의 주된 임무이지만 성도 섬기는 일도 병행합니다.

이런 문맥을 고려할 때, 로마서 15장 20절을 통해 바울 사도가 말하고자 하는 것은 '우리의 터는 예수 그리스도' 라는 것입니다. 예수 그리스도 외의 터는 '다른 터' 입니다.

예수 그리스도라는 터 위에 복음으로 세워진 교회는 무너지지 않습니다. 예수 그리스도라는 터와 복음을 가로막는 두 가지가 14절에 소개됩니다. '선함' 과 '모든 지식' 입니다. "내 형제들아 너희가 스스로 선함이 가득하고 모든 지식이 차서 능히 서로 권하는 자임을 나도 확신하노라" 아멘. '스스로 선함' 이라는 표현이 좀 강하기는 합니다. "여러분 자신도 선하고 지식이 많지요. 그래서 서로 권할 만합니다. 그러나 복음에 기초한 교회건축이 이뤄져야 합니다." 이런 의미입니다. 15절도 봅니다. "그러나 내가 너희로 다시 생각나게 하려고 하나님께서 내게 주신 은혜로 말미암아 더욱 담대히 대략 너희에게 썼노니" 아멘. '담대히 대략' 쓴 내용은 '유대인과 이방인이 서로를 받아들이는 것' 입니다. 유대인은 자신이 가지고 있는 것을 너무 내세우지 말고 이방인을 받으라는 것이고, 이방인 역시 유대인이 가지고 있는 것을 무시하지 말고 존중하라는 것입니다. 15장 7절에도 나옵니다. "그러므로 그리스도께서 우리를 받아 하나님께 영광을 돌리심과 같이 너희도 서로 받으라" 아멘. 자존심 때문에, 생각과 생활수준과 문화의 차이 때문에 서로 받지 못합니다. 그러나 예수 그리스도의 복음은 우리로 사상도, 빈부격차도, 생활방식도 넘어서도록 돕습니다.

이어지는 16절에서 사도 바울은 자신의 역할을 '복음의 제사장 직분' 이라고 규정합니다. "이 은혜는 곧 나로 이방인을 위하여 그리스도 예수의 일꾼이 되어 하나님의 복음의 제사장 직분을 하게 하사 이방인을 제물로 드리는 것이 성령 안에서 거룩하게 되어 받으실 만하게 하려 하심이라" 아멘. 여기서 '이방인을 제물로 드리는 것' 이라는 표현이 나오는데, '이방인들의 제물' 을 목적어의 속격으로 번역한 것입니다. 그러나 주어의 속격으로 보아 '이방인들이 드리는 제물' 로 보는 것이 좋겠습니다.

바울 사도는 복음의 제사장입니다. 복음의 제사장은 이방인들이 드리는 제물을 하나님께 드릴 수 있습니다. 당시 예루살렘 성전에서 제물을 드리려면 유대인이거나 유대교로 개종한 사람이어야 했습니다. 그러니 이방인들이 제물을 드릴 수는 없었지요. 그런데 복음으로 이방인들도 제물을 드릴 수 있게 되었습니다. 그리고 바울은 이방인들도 제물을 드릴 수 있도록 하는 '생명의 성령'의 법(法)인 복음 제사장입니다. 이방인들도 복음에 순종하게 되면, 모든 사람을 구원하시는 하나님의 능력인 복음으로 인해 이방인들이 드리는 제물도 하나님께서 받으시는 제물이 됩니다.

이방인들이 믿을 수 있도록 하나님께서는 바울을 통해 말씀하시고 일하셨습니다. 표적과 기사, 성령의 능력을 주셨습니다. 바울은 자신이 아니라, 스스로 한 일이 아니라, 하나님께서 자신을 사용하여 행하시고 말씀하신 것만 자랑하겠다고 고백합니다. 15장 17-19절입니다. "그러므로 내가 그리스도 예수 안에서 하나님의 일에 대하여 자랑하는 것이 있거니와 그리스도께서 이방인들을 순종하게 하기 위하여 나를 통하여 역사하신 것 외에는 내가 감히 말하지 아니하노라 그 일은 말과 행위로 표적과 기사의 능력으로 성령의 능력으로 이루어졌으며 그리하여 내가 예루살렘으로부터 두루 행하여 일루리곤까지 그리스도의 복음을 편만하게 전하였노라" 아멘.

우리도 하나님께서 행하신 일을 자랑합니다. 우리의 터이신 예수 그리스도는 약해지셨으나 유능하십니다. 우리를 구원하시는 일에 능하십니다. 우리가 변하여 새사람이 되도록 하시는 일에 능하십니다. 그래서 사도로 부름을 받은 바울은 예수 그리스도라는 터 외의 어떤 터도 '터'로 인정하지 않겠다고 말합니다. 학력, 혈통, 지식, 그 어떤 것도 배설물로 분류합니다. 빌립보서 3장 3-4, 7-12절을 보십시오. 로마에서 이태를 보내며 마지막으로 쓴 서신인 빌립보서에서 바울의 마음을 읽습니다. 다 잃어도 그리스도 예수를 얻으려는 마음입니다. 로마에 있지만 멜리데의 삶을 추구하는 마음입니다. 부활의 권능, 그것은 죽지 않으면 받을 수 없는 것입니다. 독사에게 물리고 유라굴로[동북동풍]를 만나 짐과 화물과 밀을 모두 바다에 버림으로써 비로소 부활의 능력을 받습니다. 이 능력을 주신 하나님을 찬송합니다. 우리의 터, 우리의 유일한 터는 오직 예수 그리스도뿐입니다. 나그네 인생길에서 부활의 권능을 체험하고 받는 인생보다 축복된 인생이 없다는 것을 깨닫습니다.

로마서 설명으로 원고가 길어져서 고린도전서 부분은 다음 과에서 다루도록 하겠습니다.

질의와 응답

하나. “로마서의 흐름과 구조를 잘 볼 수 있었습니다. 구약 인용에 대해 좀 더 설명해 주시면 좋겠습니다.”

서론의 마지막 절인 1장 17절의 하박국 2장 4절의 인용은 하박국에서 설명했습니다. ‘믿음’이 중요합니다. 결국 그 ‘믿음’이 유대인과 이방인, 이방인과 유대인 모두에게 울타리이고 기준입니다. 3장 11-18절에 나열된 인용의 흐름을 설명했습니다. 4장에 인용된 아브라함과 다윗 부분은 대체로 이해가 쉽습니다. 7장의 ‘나’ 부분도 설명했습니다. 중요한 인용은 십계명 가운데 열 번째 계명이었습니다. 9-10장에 인용된 논리의 흐름도 설명했습니다. ‘그리스도 사건’이라고 불리는 ‘예수님의 십자가 죽음, 부활, 승천’이 구약성경 이해에 변화를 줍니다. 일종의 프리즘 같은 거죠. 예수님이 ‘빛’이고 구약성경의 다양한 이야기는 ‘굴절되고 분산된 다양한 빛의 집합체’라고 볼 수 있습니다. 구약성경의 이야기가 시간 면에서 먼저 일어났지만, 예수님이 원형이십니다. 원형이신 예수님을 믿는 사람들의 모임인 교회는 구약성경에서 발견되는 ‘굴절되고 분산된 다양한 빛의 집합체’ 안에서 ‘빛’이신 예수님을 발견합니다. ‘빛’이신 예수님을 통해 이루고자 하셨던, 이루어질 것이라고 말씀하신 하나님의 경륜을 발견합니다.

둘. “사도행전은 ‘경계선을 넘어’로 정리가 되었습니다. 로마서는 어떤가요? 사도행전 15장에 소개된 예루살렘 공회의의 결정이 적용된 것이 로마서라고 할 수 있을까요?”

로마서는 ‘믿음’만이 교회의 유일한 ‘울타리’ 즉, 경계표지(警戒標識)임을 강조합니다. 이 점에서 공회의의 결정이 확장되었다고 볼 수 있습니다. 그럼에도, 차이가 있습니다. ‘예루살렘 공회의’의 주도권은 유대인들이 쥐고 있었습니다. 그런데 로마 교회는 시간이 지나면서, 이방인 기독인들이 주도권을 쥐게 되었습니다. 본래는 유대인들이 주도권을 쥐고 있었겠지만, 글라우디오 황제의 칙령으로 유대인들이 로마를 떠나게 되면서 주도권이 이방인 기독인들에게로 넘어갔습니다. 로마서는 글라우디오가 죽고 유대인들이 다시 로마에 돌아옴으로써 발생한 갈등, 어떤 면에서 헤게모니 싸움 가운데 있는 교회에 보내진 서신이라고 볼 수 있습니다. 로마서 16장 3절을 보면, 글라우디아 칙령으로 로마를 떠났던 브리스가와 아굴라가 로마에 돌아와 있는 것을 확인할 수 있습니다.

셋. "로마서 2장 14절의 '율법 없는 이방인이 본성으로 율법의 일을 행할 때에는'을 설명해 주십시오."

그 부분에 대해서는 롸이트(N. T. Wright)가 쓴 논문이 있고, 번역이 2011년 가을에 발행된 『*Canon&Culture*』 제5권 2호에 "로마서 2장의 율법"이라는 제목으로 실려 있습니다. 제가 번역했는데요. 당시 '새 관점' 논의의 일환으로 번역하고 싣게 된 글입니다. 롸이트가 환영받지 못하던 분위기로 인해 제가 번역하게 되었습니다. 롸이트 교수님에게 글을 부탁했는데, 시간이 충분하지 않으시다며 본인 논문을 하나 번역하면 어떻겠냐고 하셔서, 이 논문을 제안했더니 허락해주셔서 번역했습니다.

이 논문의 요지는 하나입니다. '본성으로'라는 표현이 '율법의 일을 행한다'를 수식하지 않고, '율법 없는'을 수식한다는 것입니다. 이 주장대로라면, 로마서 2장 14절의 첫 부분은 '본성적으로 율법 없는 이방인이 율법의 일을 행할 때에는'이 되겠습니다. 저는 롸이트 교수님의 주장이 적절하다고 생각합니다. '본성적으로 율법이 없다.' 하는 말은 이방인들이 율법과 관계없이 태어나고 산다는 말이지요. 그럼, 본성적으로 율법이 없는 이방인들이 어떻게 율법의 일을 행하게 될까요? 예수님을 믿어 '믿음의 법'을 따라 살다 보니 '율법의 요구'를 이루게 됩니다. 로마서 2장은 '유대인에게 주는 권면' 부분입니다. 유대인들에게 '본성적으로 율법이 없는 이방인들도 예수님을 믿어서 율법의 일을 하니, 율법을 너무 자랑하지 말라'는 취지에서 주어진 말씀입니다.

넷. "로마서 2장 14-15절의 앞뒤에 괄호를 한 이유가 무엇일까요? 양심과 율법과의 관계를 설명하고 있는 걸까요?"

앞서 설명했듯, '본성적으로'의 위치로 인해 이해가 충분히 안 되기에 괄호를 친 것으로 보입니다. 그리고 '양심'이라고 번역된 헬라어는 '쉰에이데시스'인데, '보이는 바를 함께 고려함'을 뜻합니다. 바울 변론에서 중요하게 등장하기에, 『사도행전과 우리』 327쪽 이하에 자세하게 설명했습니다. 어떤 분이 질문을 했지요. '선한 양심' 이라는 표현이 가능하냐고요. '양심(良心)' 이 이미 '좋은 마음' 이기 때문이지요. '양심' 으로 번역된 단어를 '보이는 바를 함께 고려함' 으로 보면, '선한 양심' 이라는 표현이 가능합니다. '보이는 것을 종합적으로 잘 고려하는 것' 이 되니까요. 보통은 보이는 것만 보고 들리는 것만 듣지요. 보고 싶은 것만 보고, 듣고 싶은 것만 듣습니다. 객관적이기가 어렵습니다. 치우치지 않고 편파적이지 않게 모든 현상을 균형 있게 보면, 하나님을 인정하지 않을 수 없고 그분을 경외하지 않을 수 없고 예수님을 믿지 않을 수 없다고 생각합니다.

Weekly Reading

53

고린도전서 9장 – 고린도후서 13장

"고린도"

고전 9-11장	고전 12-14장	고전15장-고후 1장	고후 2-4장	고후 5-7장	고후 8-10장	고후 11-13장

check

이번 통독은 고린도후서까지입니다. 지난 과에서 로마서까지만 다뤘으니, 고린도전서와 고린도후서를 같이 살펴보겠습니다. 고린도는 당시 동서무역으로 인해 매우 번성했습니다. 주전 44년과 29년에 이 도시를 지났던 스트라보는 그의 책에 고린도를 '부유하다' 는 말로 정의했습니다. 아시아로 향해 있는 겐그리아라는 항구와 이탈리아 쪽으로 있는 레카움이라는 항구 사이에 고린도가 있었기 때문에 고린도는 동서무역의 중심도시가 될 수밖에 없었습니다. 결국 주전 27년부터 이 도시는 아가야 지방의 총독이 머무는 곳이 됩니다. 가장 많은 재화가 움직이는 곳이니 그만큼 세금을 많이 거둘 수 있었습니다.

이곳에 도착했던 바울의 상황 그리고 이어지는 복음 전도의 상황은 사도행전 18장에 소개됩니다. 바울은 처음에 구약성경의 그리스도에 대해서만 전하고 '바로 그 그리스도' 가 '예수님' 이라는 말은 하지 못하고 있었습니다. 복음을 '세 안식일' 밖에 전하지 못하고 떠날 수밖에 없었던 데살로니가에서의 상황 때문이었습니다. 그런데 "실라와 디모데가 마게도냐로부터 내려오매 바울이 하나님의 말씀에 붙잡혀 유대인들에게" 그간 전한 그리스도가 바로 예수님이라고 전했습니다(행 18:5). 바울은 회당에서 쫓겨납니다. 그러나 회당 옆에 있던 디도 유스도라 하는 사람의 집으로 들어갑니다. 회당장 그리스보는 온 집안과 더불어 주님을 믿습니다. 많은 고린도 사람도 듣고 믿어 세례를 받습니다. 주님의 책망과 약속도 있었습니다. "두려워하지 말며 침묵하지 말고 말하라 내가 너와 함께 있으매 어떤 사람도 너를 대적하여 해롭게 할 자가 없을 것이니 이는 이 성 중에 내 백성이 많음이라"(행 18:9-10) 아멘.

바울의 고린도 첫 사역은 49년 봄에서 52년 봄 사이에 이뤄진 것으로 보입니다. 그리고 고린도전서는 바울이 3차 전도 여행으로 에베소에 있던 55년 봄에 쓰인 것으로 보입니다. 2년의 사역, 그리고 3년의 공백, 그때 고린도 교회에는 다양한 변화와 함께 성장도 했지만, 문제도 있었습니다. 바울 사도는 이와 같은 성장 가운데 있던, 그리고 여러 문제에 직면해 있던 고린도 교회를 위해 편지를 씁니다.

고린도

I.
고기도 먹어본 사람이 먹는다고,
돈맛 아는 고린도 사람들,
꽤 이익을 밝힌다.

이익 추구하다 보니
쪼개지기도 하고
법정 소송도 불사한다.

구원 은혜 맛보고
하늘 은사 넘친다지만
돈맛 씻어내지 못하면 꽝이다.

II.
돈맛을 어떻게 씻어낼까?
모든 것이 하나님께 속한 것을 깨달으면,
초월지심으로 벗어날까?

돈의 결국이 우상임을 안다면,
돈과 사람이 물과 기름 관계라는 것을 알면

거룩지심으로 벗어날까?
일꾼의 마음을 알고
돈을 토해내다 보면
순수지심으로 벗어날까?

III.
한 번 가고
두 번 가고
또 간다고 하면 바뀔까?

말씀에 붙들리고
디도를 보내고
서신을 보내면 바뀔까?

깨달은 것을 체화시켜야
근원적인 돌이킴이 있어야
바뀐다.

IV.
돈 지혜 추구하니
가난 미련 배척하고
성찬도 배 터지게 먹으려 한다.

자랑 군림 사랑하니
예언보다 방언 좋아하고
죄짓는 것을 가벼이 여긴다.

먹든지 마시든지 하나님 영광 위하고
사나 죽으나 주님 나라 위하여야 하는데,
언제나 돈을 만나(manna) 보듯 할까?

V.
돈이 만나로 보이기까지는
사례비 받을 수 없다는 바울!

일하며 사역한다.
돈이 만나로 보이니
차등 차별 의미 없어
구제 연보 동참한다.

고린도 교회 같은 한국교회
언제나 이익 버리고 십자가 택할까?
그래야 사랑 부활 제 것 되고 주님의 것 될 텐데…

성도들의 모임인 교회는 깨끗한 집, 거룩한 집입니다. 여기에는 돈을 사랑하는 마음이 틈타면 안 됩니다. 생명을 경시하는 마음도 들어오면 안 됩니다. 자기 욕심을 추구하는 마음도 들어오면 안 됩니다. 아나니아와 삽비라가 죽은 이유가 있습니다. 거룩한 교회에 '자기 자랑' 의 누룩을 가져왔기 때문입니다. '거짓' 의 누룩을 들였기 때문입니다. 마치 마음속에서 일어나는 다양한 생각을 하나님께서 모르시는 것처럼 행동했기 때문입니다. 그들은 그들이 땅 판 값 일부를 숨겨도 사람들이 모를 것이라 여겼습니다. 그들의 더러운 욕심이 교회에 들어오면 교회에는 외식하는 사람들, 척하고 체하는 사람들로 가득 채워집니다. 심각한 오염입니다.

바울 사도는 교회를 오염시키는 사람들에 대한 하나님의 강력한 심판을 얘기한 다음에, 세상 지혜가 하나님 곁에 서면 어울리지 않는다고 말합니다. 양복에 하얀 고무신을 신으면 어울리는데, 양복에 운동화를 신으면 어울려 보이지 않습니다. 처음에 양복이 들어왔을 때, 하얀 고무신에 양복을 입었기 때문입니다. 어떤 권사님이 저를 위해 하얀 고무신과 검정 털신을 준비해 주셨습니다. 그래서 여름에는 고무신을, 겨울에는 털신을 신었는데, 양복과 입어도 전혀 어색하지 않았습니다. 어울리는 것은 기능과도 연관되지만 익숙함과도 관련이 있습니다. 교회는 '깨끗하고 거룩한 곳' 이라는 이미지가 있습니다. 교회당은 거짓말, 욕심과 어울리지 않았습니다.

그런데 언제부터인가 교회당이 재물과 어울리기 시작했습니다. 교회당이 욕심과 어울리기 시작했습니다. 더러워진 것입니다. 교회는 하나님과 어울리고, 세상 지혜와 어울리지 않아야 맞습니다. 그런데 언제부터인가 교회가 세상보다 약삭빨라졌습니다. 교회가 투자를 시작했습니다. 교회는 투자회사가 아닙니다. 헌금을 얼마나 잘 증식시키느냐는 재정팀의 역할이 아닙니다. 그런데, 재정팀이 헌금을 투자하여 자산을 늘리면 왠지 잘한 것 같다는 인상을 주기에 충분한 시기를 우리는 살고 있습니다. 재정이 넉넉하면 축복받은 교회로 보입니다. 이제 교회는 세상 지혜와 어울리기 시작했습니다.

하나님과 어울려야 교회입니다. 주님의 십자가와 어울려야 교회입니다. 교회의 논리는 세상 논리와 달라야 합니다. 교회의 행사는 세상에서 볼 수 있는 행사와 달라야 합니다. 그러나 교회도 세상의 화려함을 추구하고, 교회 안으로 세상의 가치관과 논리를 가져옵니다. 세상에 있으면서 익숙해진 것을 교회에 도입하려 합니다. 교회를 세상과 같이 만들려 합니다. 회사에서 고객을 상담하던 교회 자매가 저를 보면 '사장님' 이라 부르곤 했습니다. 일주일 내내 고객을 '사장님' 이라 부르다 보니, '사장님' 이 입에 붙은 것입니다.

여러분은 교회의 거룩함을 세상으로 가지고 나가는 성도입니까, 아니면, 세상의 더러움을 교회로 옮기는 성도입니까? 세상의 빛과 소금입니까, 교회의 개혁 대상입니까? 입만 열면 '개혁의 주체가 되고 개혁의 대상이 되지 말자.' 하며 입버릇처럼 말씀하던 분이 개혁의 대상이 되는 모습을 보면서, 역겹다고 생각했습니다. 오죽하면, "주께서 지혜 있는 자들의 생각을 헛것으로 아신다." 하셨겠습니까? 정말 많이 봤습니다. 텅 빈 자랑들, 아무 의미 없는 논의와 약속들, 쓸데없는 눈빛들을 말입니다. 그래서 텅 비고 무의미한 생각과 몸짓을 하지 않으려 마음을 많이 씁니다. 진정성을 가져보려고 정직하고 진실한지 내면을 살핍니다. 하나님께 숨길 수 없어서도 그렇지만, 하나님께서 허락하신 삶의 기회가 소중하기 때문입니다.

세상 지혜와 가치관을 뒤집는 기준이 있습니다. 고린도전서 3장 21-23절입니다. "그런즉 누구든지 사람을 자랑하지 말라 만물이 다 너희 것임이라 바울이나 아볼로나 게바나 세계나 생명이나 사망이나 지금 것이나 장래 것이나 다 너희의 것이요 너희는 그리스도의 것이요 그리스도는 하나님의 것이니라" 아멘. 21절의 '만물' 이란 '모든 것' 입니다. '바울, 아볼로, 게바' 도 '모든 것' 에 포함됩니다. '세계, 생명, 사망' 도 '모든 것' 에 들어갑니다. '지금 것' 과 '장래 것' 도 '모든 것' 에 포함됩니다. 그래서 이런 것 모두 다 '너희의 것' 이라고 선언했습니다. 그러니 그 '모든 것' 가운데 하나를 자랑하는 것은 맞지 않습니다. 그럼 누구를 자랑할까요? 우리의 주님이신 그리스도와 그리스도를 보내신 하나님만을 자랑합니다. 너희를 위해 존재하는 것들을 자랑하지 말고, 너희 존재의 근거와 이유이신 그리스도와 하나님을 자랑하라고 말씀하십니다.

자, 그럼, 일꾼들의 자리는 어디에 있을까요? 4장 1절에 나옵니다. "사람이 마땅히 우리를 그리스도의 일꾼이요 하나님의 비밀을 맡은 자로 여길지어다" 아멘. '그리스도의 일꾼' 과 '하나님의 비밀을 맡은 자' 입니다. 여기 '일꾼' 이라는 단어는 '노를 젓다' 에서 나왔습니다. 『벤허』를 보시면, 벤허가 노예로 팔려 전투하는 배에서 노를 젓는 일을 합니다. 전투가 시작되면, 노를 젓는 노예들이 도망가지 못하도록 발에 쇠고랑을 채웁니다. 자신이 살기 위해서라도 힘을 다해 노를 저어야 합니다. 바울 사도는 자신을 '전투하는 배에서 노를 젓는 사람' 으로 여기라 말합니다. 또한, 하나님의 비밀을 다루는 사람으로 여기라 말합니다.

신분으로 하면 '노 젓는 노예' 이지만, 하나님 복음의 비밀과 관계해서는 '맡은 자' 다시 말해, '책임자' 입니다. 노예는 단순한 일을 하지만, '책임자' 는 복잡한 일도 합니다. 노예는 말을 잘 들어야 합니다. 책임자는 뭔가를 자기 뜻대로 할 수 있을 것 같지요. 그러나 노예이면서 책임자인 '그리스도의 일꾼' 은 책임자로서도 충성스러워야 합니다. 책임과 힘이 있어도 자기 뜻대로 하면 안 된다는 말씀입니다. 대개 2절을 읽고는 '말 잘 들어라.' 하는 식으로 설명합니다. 아닙니다. 책임을 맡은 자라도 그리스도의 일꾼이니, 충성해야 한다는 말씀입니다.

여기 4장 1절의 '우리' 안에는 바울과 소스데네가 있습니다. 고린도의 회당장이었던 소스데네는 어떤 면에서 바울 대신 유대인들에게 맞았습니다(행 18:17). 그는 회당장이었지만, 자신을 주체하지 못하던 유대인들에게 맞았습니다. 이후 신자가 되었으며 바울의 동역자가 되었습니다. 바울은 유대인들 안에서 잘 나가던 사람이었습니다. 회당장 소스데네보다 어떤 면에서 더 잘 나가는 사람이었습니다. 그러나 그는 이제 충성스럽게 살아갑니다. 주님 예수님 명(命)대로 살아갑니다. 세상 안에서의 경쟁은 이제 의미가 없습니다.

세상 가치관과 행사뿐 아니라 이 땅 위의 삶이 통째로 그리스도를 위해 드려졌습니다. 4장 3절입니다. "너희에게나 다른 사람에게나 판단 받는 것이 내게는 매우 작은 일이라 나도 나를 판단하지 아니하노니" 아멘. '판단하다' 라는 단어는 '분리하다' 를 기본적으로 의미하는 단어의 번역입니다. 누군가를 판단하려면 따로 떼어놓습니다. 실험을 위해서도 따로 떼어놓습니다. 그런데 바울은 성도들이 자신을 따로 떼어 놓고 평가하는 것을 '매우 작은 일' 이라고 불렀습니다.

일단 자신이 아무것도 아니기에, 자신을 따로 떼어놓고 점수를 매기는 일도 아무것도 아닙니다. 피겨스케이팅 선수가 작품을 선보이면 심사위원들이 점수판을 듭니다. 9, 10, 9, 10과 같이 점수판을 듭니다. 1등을 바라는 선수에게는 그 점수가 중요합니다. 그러나 작품을 연기하는 자체가 중요한 선수라면 그 점수는 그리 중요하지 않습니다. 심사위원들의 점수가 없어도 연기는 할 것이니까요. 그 점수에 의해 연기가 평가되기는 하지만, 그 점수가 연기에 영향을 끼칠 수 있는 것은 아니니까요. 설교했습니다. 그러면 설교 자체가 의미가 있는 것이지, 그 설교에 대한 평가가 의미 있는 것은 아닙니다. 가정주부로서 한 일이 중요하지, 몇 점짜리 주부인가는 중요하지 않습니다.

"다른 사람에게나"(4:3)에 대한 각주를 보면, '사람의 날에게나' 라고 되어 있습니다. '사람의 날' 이 아니라 '하나님의 날' 이 중요하다는 말입니다. 5절에 보면, 주님이 오시는 날을 말합니다. "그러므로 때가 이르기 전 곧 주께서 오시기까지 아무것도 판단하지 말라 그가 어둠에 감추인 것들을 드러내고 마음의 뜻을 나타내시리니 그 때에 각 사람에게 하나님으로부터 칭찬이 있으리라" 아멘. 하나님의 심판 날이 중요합니다. 하루하루 사람의 평가, 한 달, 일 년 등 인간에게 주어진 시간 속에서 사람들에 의해 행해지는 평가는 중요하지 않습니다. 그날에 주님의 평가가 있을 것입니다.

그럼, 하나님 심판 날의 판단이 중요한 바울은 그날그날의 삶을 어떻게 삽니까? 4절입니다. "내가 자책할 아무것도 깨닫지 못하나 이로 말미암아 의롭다 함을 얻지 못하노라 다만 나를 심판하실 이는 주시니라" 아멘. 그는 자책할 게 없다고 말합니다. 그러나 그렇다고 해서 의롭다 함을 얻지 못한다고 말합니다. 하늘을 우러러 한 점 부끄러움이 없다고 해서 의로운 것이 아닙니다. 하나님 편에서의 평가가 중요합니다. 특히 '알려지지 않은 부분', '마음의 뜻' 이 중요합니다. 5절을 다시 봅니다. "그러므로 때가 이르기 전 곧 주께서 오시기까지 아무것도 판단하지 말라 그가 어둠에 감추인 것들을 드러내고 마음의 뜻을 나타내시리니 그 때에 각 사람에게 하나님으로부터 칭찬이 있으리라" 아멘.

주님이 오시면 '어둠에 감추인 것들'을 드러내십니다. '마음의 뜻'을 나타내십니다. 지금의 평가가 중요하지 않은 이유가 여기에 있습니다. 지금 이뤄지는 평가들 대부분이 '감춰진 것들'과 '마음속 숨은 의도'에 대한 고려는 배제된 상태로 이뤄집니다. 아이들 덕분에 『코난』이라는 일본 추리 만화를 재미있게 봤습니다. 어렸을 때는 홈즈나 루팡의 책을 즐겨 읽었지요. 추리소설이 재미있는 이유는 숨겨져 잘 보이지 않는 증거나 의도를 찾아내 진실을 밝혀내는 데에 있습니다. 그 과정을 통해 권선징악, "착한 일을 권장하고 악한 일을 징계"하는 일이 이뤄지기에 통쾌합니다. 그런데 범인(犯人) 입장으로 보면, 통쾌하지 않습니다. 기분 좋은 일도 아닙니다. 남의 문제이니 다들 즐겁게 보는 것입니다. 내가 범인이라면, 내 문제라면 어떨까요?

그래서 스스로 거리낌이 없는 것은 기본이고, 주님 보시기에도 적절해야 그날을 견디는 것입니다. 이것은 위협이 아닙니다. 우리가 서로 선행을 격려하고 서로를 용서하고 서로를 위해 기도하며 살아가는 이유가 여기에 있습니다. 내가 보는 것은 한계가 있습니다. 한쪽만 볼 수 있습니다. 그러니 실수도, 잘못도 있을 수 있습니다. 여럿이 같이 보면 좀 더 정확하게 볼 수 있습니다. 서로를 위해 기도하면 혼자서는 안 되는 것들도 되는 일이 있습니다. 아볼로는 물을 주고 바울은 심었다고 했습니다. 함께 마음을 합하여 수고하면 작품이 됩니다. 혼자서 목회를 다 할 수는 없습니다. 함께 목회하니 가능합니다. 혼자서 자녀 양육을 다 할 수는 없습니다. 부부가 같이하니 어찌어찌해내는 것입니다.

바울은 고린도 교회를 개척했습니다. 아볼로의 전임자입니다. 지금 교회에서는 아볼로의 인기가 높아지고 있습니다. 그런데 바울은 아볼로와 자신을 하나로 묶어 말합니다. 4장 7절도 두 사람을 염두에 둔 표현입니다. 바울과 아볼로 둘 다 성도들 가운데 일부를 왕따시키지 않았다고 말합니다. "누가 너를 남달리 구별하였느냐" 하는 말에서 '누가'는 '바울과 아볼로 둘 가운데에서 누군가'를 의미합니다. 지금 성도들은 전임자와 후임자 사이에서 하나를 선택하려 합니다. 이에 대해 바울 사도는 '전임자와 후임자 누구도 성도들 가운데 일부를 편애하지 않았다.' 말합니다.

또한 성도들이 가진 바 신령한 모든 것들은 모두 받은 것입니다. 받았다면 받지 않은 것처럼 자랑할 이유가 없습니다. 그런데 성도들은 이미 목표에 도달한 것처럼 생각하고 행동합니다. 이미 만족스러워하고 부요하고 독자적으로 통치합니다. 아직 육에 속한 자인데 영에 속한 자인 것처럼 자신을 봅니다. 아직 초등학생인데, 자신이 대학생인 것처럼 생각합니다. 바울과 아볼로도 고린도 교회 성도들이 스스로 모든 것을 조절할 수 있는 수준이면 좋겠다는 마음입니다.

바울은 자신과 아볼로를 '우리' 라고 표현합니다. 4장 9절입니다. "내가 생각하건대 하나님이 사도인 우리를 죽이기로 작정된 자 같이 끄트머리에 두셨으매 우리는 세계 곧 천사와 사람에게 구경거리가 되었노라" 아멘. 여기 '사도' 라는 표현은 '열두 사도' 를 의미하지 않고 '보냄을 받은 자' 라는 보통의 의미를 담고 있습니다. 바울 사도는 수리아에 있는 안디옥 교회의 파송을 받아 고린도에 도착했습니다. 아볼로도 에베소에 있는 교회의 추천을 받아 고린도에 왔습니다. 두 사람 모두 '보냄을 받은 자' 입니다. 보냄을 받았다는 말은 자신의 의지보다는 보낸 자의 의지가 더 크다는 것을 드러냅니다. 바울 사도는 본래 고린도로 넘어갈 계획이 없었습니다. 드로아에서 마게도냐인의 환상을 보고 주님의 뜻이라 여기고 마게도냐로 넘어갔고, 빌립보, 데살로니가, 베뢰아, 아덴을 거쳐 고린도로 온 것입니다. 예상하지 못한 주님의 인도이지만 순종했습니다. 고린도 사역이 길어진 이유도 환상 가운데 주님이 '잠잠하지 말고 말하라.' 그렇게 말씀하셨기 때문이었습니다(행 18:9).

물론 아볼로는 고린도에 가고 싶어 했습니다(행 18:27). 그러나 그가 고린도에 가고 싶은 마음이 생긴 것은 하나님의 말씀을 더 정확하게 깨달았기 때문입니다. 지적(知的)이고 요한의 세례만 알았던 아볼로가 영적인 세계에 대해 배웠습니다. 그러자 고린도 교회의 영적인 모습에 대해 듣고 '아, 그런 교회가 있는가? 한 번 가서 보고 싶다.' 하는 마음이 든 것입니다. 아볼로가 고린도 교회에 가고 싶은 마음이 든 부분에 주님의 감동과 인도가 있었습니다.

주님의 인도로 고린도에 가서 사역한 바울과 아볼로는 어떤 상태에 있습니까? 경기장에서 죽기로 되어 있는 이들처럼 구경거리가 되어 있습니다. 구경거리 상태이면 아직 수준 미달입니까? 스스로 만족해하고 부유하고 왕(王)이 되어 있는 사람의 눈에,

바울과 아볼로는 수준 미달일 수 있습니다. 그러나 실은 바울과 아볼로는 그리스도로 인해 이 세상에서 미련하게 행했기에, '죽이기로 작정된 자 같이 끄트머리' 에 있고, 세상과 천사와 사람들에게 구경거리가 되었습니다. 한편, 고린도 성도들은 그리스도 안에 있으면서 세상에서 슬기롭게 행했습니다. 그러다 보니 바울과 아볼로는 약하고, 그들은 강합니다. 그들은 존중받지만, 바울과 아볼로는 무가치해 보입니다.

바울과 아볼로의 상태가 4장 10절부터 13절에 구체적으로 소개됩니다. "우리는 그리스도 때문에 어리석으나 너희는 그리스도 안에서 지혜롭고 우리는 약하나 너희는 강하고 너희는 존귀하나 우리는 비천하여 바로 이 시각까지 우리가 주리고 목마르며 헐벗고 매맞으며 정처가 없고 또 수고하여 친히 손으로 일을 하며 모욕을 당한즉 축복하고 박해를 받은즉 참고 비방을 받은즉 권면하니 우리가 지금까지 세상의 더러운 것과 만물의 찌꺼기 같이 되었도다" 아멘. 지금까지도 그들은 주리고 목마르며, 헐벗고 얻어터지며, 직접 노동하면서 쉼 없이 수고합니다. 욕먹으면 축복하고, 쫓아다니며 괴롭혀도 미소로 버티며, 말로 힘들게 해도 위로하고 권합니다. 그들은 세상을 깨끗하게 만들기 위해 제거되어야 할 것 같은 존재가 되었습니다. 지금까지 인간쓰레기처럼 지냈습니다.

좀 표현이 과한가요? '세상의 더러운 것' 을 풀어 말하면, '세상을 깨끗하게 만들기 위해 제거되어야 할 존재' 입니다. '만물의 찌꺼기' 는 고상한 표현이고, '인간쓰레기' 는 와닿는 표현입니다. 지금 교회 사역자들은 기로에 서 있습니다. 주님의 부르심이 있으니 사역을 하기는 해야겠는데, 세상에서 슬기롭게 행하지 않으면 10절부터 13절까지의 삶을 살아야 하니까요. 슬기롭게 살자니 타협하는 것이고 미련하게 살자니 힘든 것입니다. 사역자들만 그럴까요? 아닙니다. 성도들도 마찬가지입니다. 세상이 말하는 지혜를 따르자니 성경대로 살기가 어렵고, 세상이 말하는 미련, 바꿔 말해, 성경이 말하는 지혜이신 '십자가에 못 박히신 예수 그리스도' 를 따르자니 힘든 것입니다.

기독교는 다른 경계표지를 갖지 않습니다. 세상은 돈을 중요한 경계표지로 사용합니다. 어느 청년이 어느 레스토랑에 그림을 전시했는데, 본인도 들어가지 못한다고 했지요. 음식값이 너무 비싸서요. 낮에는 육만 원, 저녁에는 그 배 가격을 주어야 음식을 먹을 수 있기에 작가도 못 들어가는 전시회가 이뤄집니다. 작가라고 얘기하면 되지 않느냐? 물었더니, 레스토랑 사람들은 자신이 작가인 줄 모른다고 대답했습니다. 누구나 들어갈 수 있습니다. 그러나 한 끼 식사에 노동자 하루 품삯을 쓸 수 있는 사람만 들어갈 수 있습니다. 돈이 경계표지인 것입니다.

바울 사도는 '새로운 덩어리와 같은 교회'를 더럽히는 누룩을 '악하고 악의에 찬 누룩'이라고 부릅니다. 5장 8절입니다. "이러므로 우리가 명절을 지키되 묵은 누룩으로도 말고 악하고 악의에 찬 누룩으로도 말고 누룩이 없이 오직 순전함과 진실함의 떡으로 하자" 아멘. '악하고 해로운 누룩'입니다. 그런데 그 누룩을 제거하려면 두 가지가 필요하다고 말합니다. '순전함과 진실함'입니다. 순전함은 섞이지 않은 것을 말하는데, 이 단어는 '태양'이라는 단어와 '판단, 구별하다'라는 단어를 어근으로 갖습니다. 곰팡이는 햇볕에 약합니다. 그래서인지 '태양'을 어근으로 갖는 단어가 사용되었습니다. 뜨겁고 환한 태양이 비치는 곳에는 모든 것이 밝히 드러날 뿐 아니라 곰팡이가 살 수 없습니다. 마찬가지로, 그리스도 복음의 순전함과 진실함으로 우리의 모든 내면과 삶이 비추어질 때 누룩, 곧 곰팡이가 제거됩니다. 그래서 정직이 얼마나 중요한지 모릅니다.

코로나로 인종차별이 부각 되면서 오래전 무하마드 알리가 한 인터뷰가 관심을 받았습니다. 알리는 어린 시절 어머니에게 했던 질문으로 시작하면서, 모든 좋은 것은 하얀색 화이트로, 좋지 않은 것은 검은색 블랙으로 표현한다며 속상함을 토로합니다. 예수님도 화이트이고 천사도 화이트이고, 그럼 천국에 블랙 천사가 있느냐? 블랙 천사는 주방에서 음식 준비하느냐? 대통령 집 이름도 화이트 하우스이다. 아프리카 밀림의 왕도 백인 타잔이다. 타잔은 동물들과 대화할 수 있는데, 그곳에서 수백 년을 산 블랙 인간들은 동물들과 대화 못 한다. 왜 안 좋은 데는 블랙을 쓰느냐? 안 좋은 메일은 블랙메일이다. 뭐 이런 얘기들입니다. 블랙도 우수하다는 걸 입증하기 위해 그가 얼마나 피나는 노력을 했을지 짐작이 갑니다.

그리스도인들은 우리의 '경계표지'가 십자가에 못 박힌 예수 그리스도임을 분명히 해야 합니다. 그 경계표지 앞에 모든 것을 정직하게 세워야 합니다. 그것이 순전함과 진실함입니다. 우리의 경계표지는 돈이 아닙니다. 헌금 해야 교회 올 수 있는 게 아닙니다. 우리의 경계표지는 혈통도 아닙니다. 오직 예수님을 주님과 그리스도로 믿느냐 하는 것이 우리의 경계표지입니다.

"너희 중에 심지어 음행이 있다 함을 들으니"(5:1), 이 말은 '음행'이라고 하는 것이 교회라고 하는 새 덩어리에 들어올 수 없다는 것을 의미합니다. '심지어'로 번역된 단어는 '전체적으로'라는 단어의 번역입니다. '심지어'는 "더욱 심하다 못하여 나중에는"을 뜻합니다. 이건 번역자의 생각이 들어간 번역입니다. 예로 든 음행의 심각성이 고려된 번역입니다. 본래 의미는 '너희 가운데 음행이 전체적으로 있다.' 하는 의미입니다. 그러다 보니 결과적으로 어떤 일까지 발생했느냐? 아버지의 아내를 취하는 일까지 발생한 것입니다.

'너희 안에 음행이 있으니, 경계선 안에 들어오지 말아야 할 것이 들어오고, 남아 있지 말아야 할 것이 남아 있더니 결국 어떻게 되었는가? 세상에서도 일어나지 않는 일이 발생했다. 더구나 너희 안에 남아 있지 말아야 할 것이 너희 안에 남아 있으니 문제처리도 안 된다.' 이것이 5장 1-2절의 의미입니다. 문제를 처리했어야 했습니다. 어떻게 처리했어야 합니까? '경계선 바깥으로 내보내야 했습니다.'

바울 사도는 신앙생활뿐 아니라 일상생활도, 영뿐 아니라 몸까시도 하나님께서 기대하시는 수준에 도달해야 정상이라고 말합니다. 첫째 예는 '법정 송사'입니다(6:1-11). '법정 활동'을 성경에서 금하지 않습니다. 출애굽 당시를 보면, 모세가 재판장이 되어 하나님의 율례와 법도를 알게 했습니다. 재판이 비효율적으로 이뤄지는 것을 본, 모세의 장인 이드로는 모세에게 '천부장, 백부장, 오십부장, 십부장을 세워 작은 일을 재판하게 하라'(출 18:21-22)고 권했습니다. 사람들이 세워지면, 모세는 '큰 재판'만 판단하면 되는 거죠. 제사장들의 주요 업무 가운데 하나가 재판이었습니다. 왕도 마찬가지입니다. '솔로몬의 재판'은 유명합니다. 이처럼 재판이라는 활동이 문제가 되지는 않습니다.

그럼, 무엇이 문제일까요? 교회 내부 문제를 외부로 유출하는 담대함이 문제입니다. 6장의 첫 단어가 '담대하다'입니다. '구태여'로 번역되어 있습니다. '교회'와 '세상'이 있습니다. 둘 사이에는 예수 그리스도라는 경계선이 있습니다. '교회' 내 성도들의 활동에는 예배, 기도와 같은 신앙 활동도 있지만, 매매, 노동과 같은 일상 활동도 있습니다. 그런데 매매나 노동과 같은 일상 활동을 하다가 판단이 필요한 경우가 생깁니다. 예를 들어, 교인들 사이에 차량 매매가 이뤄질 수 있습니다. 저도 미국에서 중고차를 세 번 매입했는데, 두 번은 교인의 소개로 샀습니다. 그 가운데 한 대는 나중에 알고 보니 사고(事故) 난 차량을 개조해서 판 것이 분명했습니다. 마지막으로 산 차량은 유학 마치고 귀국하는 학교 선배로부터 샀는데, 영국 갈 때 팔고 갈 정도로 좋은 차였습니다. 제게 좋은 차를 싸게 팔고 가신 분은 지금 양평에 있는 아신대학교에서 구약 교수로 계십니다. 고마운 마음이 지금도 남아 있습니다.

바울 사도는 성도 간에 이뤄질 수 있는 '일상생활의 문제'를 '지극히 작은 문제'로 규정합니다. 6장 2절입니다. "성도가 세상을 판단할 것을 너희가 알지 못하느냐 세상도 너희에게 판단을 받겠거든 지극히 작은 일 판단하기를 감당하지 못하겠느냐" 아멘. 교회 내에서 발생하는 생활의 문제를 '지극히 작은' 문제라고 부릅니다. 바울 사도는 일상의 생활 문제라고 해도 교인 간의 문제를 불신자에게 가져가는 것은 창피한 일이라고 말합니다. 불신자에게 신자의 생활 문제 판단을 의뢰하는 것은 수치스러운 일이라는 것입니다. 신자는 하나님을 믿고 섬기며 주 예수 그리스도라고 하는 경계선 안에 있기에, 더 나은 '분별의 지혜'를 가지고 있기 때문입니다.

교인 간 일상의 문제를 세상 법정으로 가져가기보다는 '차라리 좀 손해를 보는 게 낫고, 좀 뺏기는 게 낫다.' 이런 입장입니다. 7절입니다. "너희가 피차 고발함으로 너희 가운데 이미 뚜렷한 허물이 있나니 차라리 불의를 당하는 것이 낫지 아니하며 차라리 속는 것이 낫지 아니하냐" 아멘. 성도 사이에 일상의 일로 인해 '판단'을 해야 하는, '재판'이 이뤄지는 상태를 "뚜렷한 허물"이라고 부릅니다. "뚜렷한 허물"을 보다 정확하게 번역하면 '전체적으로 열등한 상태'입니다. '뚜렷한'은 '전체적으로'이고, '허물'은 '실패, 성숙하지 못한 모습'과 같은 '뭔가 열등한 상태'를 가리킵니다.

'뚜렷한 허물'은 좀 강한 표현입니다. 5장 1절에서 '심지어 음행이 있다.' 하는 말이 '음행이 전체적으로 고린도 교회 내에 있기에 매우 심각한 형태의 음행도 걸러내지 못한다.' 하는 내용으로 이어지듯, 6장 7절의 "너희가 피차 고발함으로 너희 가운데 이미 뚜렷한 허물이 있나니" 하는 말은 '재판 송사가 너희 안에 있는 것은 뚜렷한 허물이 너희 안에 있다는 것을 의미한다.' 하는 말이라기보다는, '너희가 서로를 향해 재판 송사를 한다는 것 자체가 너희가 아직 성숙하지 못했다는 것을 드러낸다.' 이런 말입니다. 예수님을 믿는다고 해도 아직 생각이나 감정, 윤리적인 부분에서의 변화가 충분히 이뤄지지 않았기 때문에, 단순한 지적을 넘어 '공적인 재판 절차' 를 통해 어긋난 부분을 바로잡으려 할 수 있습니다. 그런데, 성도를 향한 이러한 태도에 대해 '뭔가 열등한 상태가 있는 태도' 라고 바울 사도는 지적하고 있는 것입니다.

그러나 분명히 이 표현에는 '교인을 대상으로 부적절한 손해를 끼치는 불신자 문제' 는 포함되지 않는 것이 분명합니다. 경계선 안에 있는 사람이 대상이기 때문입니다. 사람이 너무 많아 서로 잘 모르는 교회에서 전문적인 사기꾼들이 자신을 '믿음 좋은 신자' 로 가장(假裝)하여 신뢰를 얻은 다음에 사기를 치는 경우가 있습니다. 대개는 기도를 많이 하는 등 신령한 활동을 통해 신뢰를 얻습니다. 신앙생활의 외면이 아니라 '예수 그리스도' 라고 하는 경계선 안에 들어와야 신자입니다. 신령한 활동뿐 아니라 일반 생활까지도, 영적인 영역뿐 아니라 몸과 연관된 부분까지도 성숙해야 한다는 기준입니다.

교인 사이에 '손해를 끼치고 받는 일' 이 일어나면, 손해를 끼치는 쪽과 받는 쪽이 존재합니다. 바울 사도는 손해를 입은 쪽에 대해서는 자라리 손해를 보고 좀 뺏기는 쪽을 택하라고 말한 다음, 손해를 끼치는 쪽에 대해서는 경고 메시지를 줍니다. 6장 8-10절입니다. "너희는 불의를 행하고 속이는구나 그는 너희 형제로다 불의한 자가 하나님의 나라를 유업으로 받지 못할 줄을 알지 못하느냐 미혹을 받지 말라 음행하는 자나 우상 숭배하는 자나 간음하는 자나 탐색하는 자나 남색하는 자나 도적이나 탐욕을 부리는 자나 술 취하는 자나 모욕하는 자나 속여 빼앗은 자들은 하나님의 나라를 유업으로 받지 못하리라" 아멘.

손해를 입고 재판을 통해 해결하려는 이들은 아직 성숙하지 못한, 열등한 상태에 있습니다. 그러나 손해를 입히는 이들은 하나님의 나라를 유업으로 받지 못할 수도 있다고 말합니다. 영적으로 수준이 높다고 주장하는 이들이 일상생활과 관련된 부분에서 타인에게 손해를 끼치고 남의 것, 그것도 믿는 형제의 것을 빼앗았습니다. 이런 이들이 기억해야 할 원칙이 있습니다. 불의한 자는 하나님 나라를 유업으로 받지 못한다는 원칙입니다. 미혹을 받지 말라 경고합니다. '방황하지 마라, 왔다 갔다 하지 마라' 권합니다. '은사를 받았거나 뭔가 경계선 안에 들어왔다고 안심하지 마라.' 경고합니다. 무슨 말입니까? '영적인 생활 다시 말해, 예배드리고 헌금하고 기도하고 성경 읽고 하는 생활이 거룩하다고 해도, 일상생활 다시 말해, 노동, 매매와 같은 경제생활, 대화와 같은 인간관계까지 거룩하지 않고서는 하나님의 나라를 유업으로 받지 못한다.' 하는 경고입니다. 교회는 우리 주 예수 그리스도의 거룩한 몸이기 때문입니다.

고린도전서 7장에서 바울 사도는 결혼, 민족, 사회적 관계의 '수용'과 '개선', '하나님의 말씀에 기초한 정직한 개선'에 대해 다룹니다. 개선을 위해 낮춰야 하는 지수가 '구걸'과 '쟁취' 지수입니다. 가정 내 질서의 기초인 부부관계가 개선되기 위해서도 구걸과 쟁취 지수는 낮아져야 합니다. 구걸하지 않고, 쟁취하지 않는다고 사랑이 되지는 않지만, 구걸 지수와 쟁취 지수가 떨어지면 사랑이 증진될 가능성이 커집니다. 바울 당시 사회질서의 기초인 주인과 종의 관계 역시 개선되려면 구걸 지수와 쟁취 지수가 떨어져야 했습니다. 종들은 주인에게 구걸하지 않고 주인의 자리를 넘보지도 않아야 했습니다. 주인들은 종들을 함부로 대하지 않고 종이 될까 봐 두려워하지도 말아야 했습니다.

주 예수 그리스도라는 경계선 안으로 들어와, 영과 육이 함께 신앙과 일상생활에서 하나님의 영광을 위해 살아가는 신자들은 가정과 민족과 사회의 기본관계에서 구걸 지수와 쟁취 지수를 낮추면서, 구걸과 쟁취로부터 자유로워야, 참된 수용과 개선이 가능해집니다. 많은 경우 구걸과 쟁취를 가르치거나 강요합니다. 그러나 구걸과 쟁취는 인간성을 파괴합니다. 구걸과 쟁취로부터 자유로워지시고, 우리 일상의 모든 영역을 하나님 경외로 수용하고 하나님의 말씀에 근거하여 개선하는 은혜가 우리 모두에게 있기를 바랍니다.

고린도전서 8장에는 '우상 제물을 먹는 문제'가 다뤄집니다. 중요한 개념이 두 개 나오는데 '지식'과 '사랑'입니다. 1절입니다. "우상의 제물에 대하여는 우리가 다 지식이 있는 줄을 아나 지식은 교만하게 하며 사랑은 덕을 세우나니" 아멘. 우리에게 지식이 있습니다. 그러나 지식이 아니라 '사랑' 이 우상 제물 문제를 해결하는 열쇠라고 말합니다. 지식은 교만하게 하고 사랑은 덕을 세우기 때문입니다. 여기서 '교만하게 하다' 는 '생성해 내다' 라는 단어에서 나왔습니다. 지식은 뭔가를 계속 뿜어냅니다. 맞아요. 뭔가를 잘 안다고 생각하는 사람은 말을 계속합니다.

사랑은 덕을 세운다고 했는데, '덕을 세운다' 하는 단어는 '집을 세운다' 가 기본 의미입니다. 지붕이 있는 집을 특별히 가리킵니다. 지붕이 있어야 비도 피하고 바람도 피할 수 있습니다. 지붕이 있는 집이 좋은 집입니다. 사랑은 집을 세웁니다. 지식은 뭔가를 계속 산출해 내지만, 사랑은 사람이 살 수 있는 집을 만듭니다.

지식이 문제가 되지는 않습니다. 그러나 지식이 부족하고 믿음이 약한 자들이 있습니다. 어떻게 할까요? 지식이 있으나 사랑으로 지식이 없는 것처럼 행하면 됩니다. 지식은 부분적으로 옳습니다. 지식이 아니라 '사랑' 이 기독교 윤리 강령의 기반입니다. 안다고 하면 아직 모르는 것입니다. 사랑하면 실은 알고 있는 것입니다.

우상 신전에서 우상 제물을 먹는 자의 논리는 '우상은 아무것도 아니다. 그러니 우상 제물도 아무것도 아니다.' 하는 것입니다. 그러나 바울은 '그러나 네가 우상 제물 먹는 것을 보고 시험 드는 형제가 있다. 아직 믿음이 약해서 우상 제물을 먹는 것은 우상을 섬기는 것이라고 여기는 신자가 있다. 그러니 지식이 아니라 사랑을 택하라.' 권합니다.

영적인 일도 비슷합니다. 영적인 일도 알아야 합니다. 12장 1절입니다. "형제들아 신령한 것에 대하여 나는 너희가 알지 못하기를 원하지 아니하노니" 아멘. 몸에 관심이 많은 사람은 영에 관한 일을 잘 모르기도 하지만, 잘 몰라도 된다는 생각도 합니다. 영에 관심이 많은 사람도 몸에 관한 일을 잘 모르기도 하지만, 잘 몰라도 된다고 생각합니다. 영이나 몸, 둘 가운데 하나에 집중하는 경향이 있습니다. 기도를 많이 하는 사람은 지식에 소홀할 수 있고, 지식을 중시하는 사람은 기도에 소홀할 수 있습니다. 그러나, 영과 몸이 함께 신앙과 일상에 참여합니다. 그래서 은사가 다르고, 성향이 다를 수 있지만, 영적인 부분에 대한 지식이 모두에게 필요합니다.

고린도 교회 성도들은 믿기 전에 어떻게 살았을까요? 소리도 내지 못하는 우상들을 향했습니다. 끄는 대로 이끌려 다녔습니다. 12장 2절입니다. "너희도 알거니와 너희가 이방인으로 있을 때에 말 못하는 우상에게로 끄는 그대로 끌려 갔느니라" 아멘. 왜 그랬을까요? 영적인 지식이 없었기 때문입니다. 다른 사람들이 그리하니까, 그냥 따라갔습니다. 늘 그랬으니까, 그리했습니다. 모두가 우상을 숭배하니까, 같이 숭배했습니다. 나만 우상에게 경배를 안 하면 튀니까, 주목받으니까, 압박이 두려워 그리했습니다. 별로 어려운 일이 아니니까, 우상을 신으로 섬겼습니다.

그러나 조금만 생각해도 우상들은 신이 아닙니다. 말도 하지 못하는 게 무슨 신이겠습니까? 말만 하지 못하는 게 아닙니다. 듣지도 못하고, 먹지도 못하고, 판단하지도 축복을 주거나 심판을 내리지도 못합니다. 그런데, 다들 우상을 신으로 섬기니까, 덩달아 섬기며 산 것입니다. 어렸을 때부터 그렇게 배우고 살았기에, 사람을 두려워하듯, 우상을 두려워하며 살았습니다. 그래서 기준이 필요합니다. 영적인 세계에 대한 기준입니다.

그 기준이 12장 3절에 있습니다. "그러므로 내가 너희에게 알리노니 하나님의 영으로 말하는 자는 누구든지 예수를 저주할 자라 하지 아니하고 또 성령으로 아니하고는 누구든지 예수를 주시라 할 수 없느니라" 아멘. 예수님에 대한 고백이 기준입니다. 예수님을 주님이라고 고백하는지, 자기 죄로 저주받아 십자가에서 죽은 것으로 보는지가 중요합니다. 성령 안에 있는 사람, 성령의 영향 아래 있는 사람은 예수님을 주님으로 고백하고 인정하고 따릅니다. 영적인 분별을 할 때는 특히나 이 지식이 중요합니다. 평상시에 우리 자신에게 자주 물어볼 필요가 있습니다. 나의 주인은 누구냐? 예수님이냐, 나 자신이냐, 다른 사람이냐, 아니면 어떤 물건이나 사상이냐? 물어볼 필요가 있습니다.

바울 사도는 은사가 여러 가지이지만 영은 같다고, 섬김도 여러 가지이지만 주님은 같다고, 역사도 여러 가지이지만 하나님은 같다고, 모두에게 모든 것을 행하시는 하나님은 같다고 4-7절에서 설명합니다. "은사는 여러 가지나 성령은 같고 직분은 여러 가지나 주는 같으며 또 사역은 여러 가지나 모든 것을 모든 사람 가운데서 이루시는 하나님은 같으니 각 사람에게 성령을 나타내심은 유익하게 하려 하심이라" 아멘. 특별히 성령 받은 것, 성령의 내주(內住)가 사람마다 각각 다르게 드러나지만, 합력하여 선을 이루도록 은사를 나눠주신 분은 한 분 성령이라고 설명합니다.

이 사실이 왜 중요할까요? 사람들이 부러워하는 은사가 있기 때문입니다. 자랑하는 은사가 있기 때문입니다. 어떤 사람은 자기는 목사 안 하고 꼭 장로로 교회를 섬기고 싶다고 말합니다. 어떤 사람은 모태 신앙이었기를 바랍니다. 어떤 신자는 자신이 모태 신앙인 것이 부담스럽습니다. 사실 어떤 직분을 받느냐, 어떤 상황에서 어떤 모양으로 섬기느냐 하는 것은 하나님께서 각자에게 나눠주신 것이니 감사로 받고, 충성하면 됩니다. 그런데 은사가 두드러지게 많았던 고린도 교회 성도들은 특별한 은사에 대한 선호가 있었습니다. 방언이 예언보다 좋아 보였습니다. 좋은 성품보다 해박한 지식을 추구했습니다.

그런 성도들에게 바울 사도는 세 가지로 나누어 설명합니다. 첫째는 '말씀'과 관계된 것입니다. 지혜의 말씀과 지식의 말씀이 있습니다. 12장 8절입니다. "어떤 사람에게는 성령으로 말미암아 지혜의 말씀을, 어떤 사람에게는 같은 성령을 따라 지식의 말씀을" 아멘. 어떤 사람에게는 똑똑한 사람이 더 우수해 보일 수 있습니다. 어떤 사람에게는 지혜자가 더 우수해 보일 수 있습니다. 그러나 지혜의 말씀을 받은 자가 있고, 지식의 말씀을 받은 자가 있습니다. 지식의 말씀을 받은 자는 아무래도 헬라어, 히브리어, 라틴어와 같은 외국어를 잘할 것 같습니다. 그러나 원어 몰라도 하나님의 뜻을 이해하기 쉽게 잘 표현하는 분들이 계십니다. 지혜의 말씀을 받은 분들입니다.

둘째는 '믿음이 발현된 모습'과 관계된 것입니다. 9절부터 10절 중간까지입니다. "다른 사람에게는 같은 성령으로 믿음을, 어떤 사람에게는 한 성령으로 병 고치는 은사를, 어떤 사람에게는 능력 행함을, 어떤 사람에게는 예언함을, 어떤 사람에게는 영들 분별함을" 아멘. '다른 사람에게는'이라는 표현이 9절 앞부분에 있지요. 예수님을 주님과 그리스도로 믿습니다. 그런데, 그 믿음이 발현되는 부분이 다릅니다. 똑같은 비를 맞고 햇볕을 받고 토양으로부터 양분을 받아도 다른 열매를 맺는 것과 같습니다. 딸기도 뱀딸기가 있고 산딸기가 있습니다. 예수님을 믿지만, 어떤 이는 치유 은사, 어떤 이는 능력 행함, 어떤 이는 예언, 어떤 이는 영 분별로 믿음이 발현됩니다. 대개는 아팠던 사람에게 치유 은사가, 본래 이런저런 능력이 있던 이에게 능력 행함이, 통찰력이 있는 이에게 예언이, 정확하고 예리한 이에게 영 분별이 믿음의 발현으로 주어질 수 있습니다. 본래 본인과 연관된 은사로 발현되는 경우가 많습니다.

셋째는 고린도 교회에서 문제가 된 '방언'과 '통변(通辯) 즉, 방언의 해석'입니다. 10하반절입니다. "다른 사람에게는 각종 방언 말함을, 어떤 사람에게는 방언들 통역함을 주시나니" 아멘. 이 부분은 바울 사도가 14장에서 자세하게 설명합니다. 이해되는 방언과 이해되지 않는 방언에 대해 말합니다. 통역이 있는, 그래서 이해되는 방언은 교회를 세우는 역할을 하고, 이해되지 않은 방언은 그 사람 본인을 세우는 역할을 합니다. 둘 다 유익합니다. 다만, 열매가 다를 뿐입니다. 이해되지 않는 방언을 주시는 분도 성령이시고, 이해되도록 해석을 주시는 분도 성령이십니다. 이해되지 않으면 신비해 보일 수 있지만, 이성에 근거한 의지적 결단을 발휘하는 데는 한계가 있습니다. 이해되는 해석은 이해도 되고 결단할 부분도 분명하지만, 왠지 인간적이라고 여겨질 수 있습니다. 논리적이어서 신비한 측면은 좀 떨어지기 때문입니다. 그러나 뭔가 구체적인 개선을 원한다면 예언이 훨씬 좋습니다.

바울 사도는 분명 성령이 충만한 사도였습니다. 주님을 만났고 주님을 위해 헌신했습니다. 많이 배웠으나 그가 배운 모든 것을 예수 그리스도를 알기 위해 배설물로 여긴다고 했습니다(빌 3:7-9). 하나님의 아들 예수 그리스도의 사도로 살아가니 한 치의 오차도 없어야 할 것 같은데, 사람들이 보기에 바울이 자꾸 틀립니다. 예측이 틀린다는 거죠. 계획을 세웠으면 실행해야 하는데, 계획이 변경됩니다. 그것도 한두 번도 아니고 세 번이나 바뀐 것입니다. 그러다 보니 바울에 대한 신뢰마저 흔들리게 되었습니다. 기상청 예보가 어긋나면 기상청 예보를 덜 믿게 되는 것처럼, 사도의 방문 일정이 자꾸 바뀌니 '바울을 신뢰해도 되나?' 하는 의심이 생깁니다.

본래 계획은 에베소에서 마게도냐를 지나 고린도와 아가야 지방으로 가는 것이었습니다. 고린도전서 16장 5-6절에 나옵니다. "내가 마게도냐를 지날 터이니 마게도냐를 지난 후에 너희에게 가서 혹 너희와 함께 머물며 겨울을 지낼 듯도 하니 이는 너희가 나를 내가 갈 곳으로 보내어 주게 하려 함이라" 아멘. 고린도전서를 마무리하면서 앞으로의 계획을 말해주었습니다. 2차 전도여행 때 마게도냐를 거쳐 아가야 지방과 고린도로 간 것처럼 방문하겠다는 계획이었습니다. 그래서 성도들은 아가야 지방의 북쪽에 있는 마게도냐 지방으로부터 바울이 온다는 소식만 기다리고 있었겠지요.

그런데 바울 사도가 마게도냐를 거치기는커녕 에베소에서 바로 고린도로 온 것입니다. 고린도후서 1장 23절에 그 증거가 있습니다. "내가 내 목숨을 걸고 하나님을 불러 증언하시게 하노니 내가 다시 고린도에 가지 아니한 것은 너희를 아끼려 함이라" 아멘. 여기서 "내가 다시 고린도에 가지 아니한 것은"은 '내가 더 이상 고린도에 가지 않은 것'으로 표현하면 더 정확하겠습니다. '더 이상'이라는 표현은, 고린도에 처음 방문하여 2년 정도 사역한 다음에 방문한 적이 있다는 것을 내포합니다. 고린도후서 2장 1절이 이 부분을 더 분명히 해줍니다. "내가 다시는 너희에게 근심 중에 나아가지 아니하기로 스스로 결심하였노니" 아멘. 이 구절의 '다시는'은 '다시는'이 맞습니다. '다시는 근심 중에 나아가지 않기로 결심했다.' 하는 말에는 '근심 중에 방문한 적이 있는데 다시는 그러지 않겠다.' 하는 내용이 포함되어 있습니다. 보통 '근심 방문'이라고 불립니다.

바울이 왜 근심 중에 고린도 교회를 방문했을까요? 고린도전서에 다양한 문제와 함께 해결책을 제안했는데 이행되지 않는 부분이 있어서, 어떤 면에서는 좀 심각해서, 바울이 직접 고린도를 방문하여 문제해결을 위해 노력한 것으로 보입니다. 그래서 이 방문은 '근심 중에 한 방문'입니다. 근심 가운데 방문한 바울은 다시는 이러지 말아야겠다고 결심했습니다. 뭔가 생각한 만큼의 결실이 없었나 봅니다.

그래서 '근심 방문'보다는 '근심 편지'를 선택했습니다. 고린도후서 2장 4절에 나옵니다. "내가 마음에 큰 눌림과 걱정이 있어 많은 눈물로 너희에게 썼노니 이는 너희로 근심하게 하려 한 것이 아니요 오직 내가 너희를 향하여 넘치는 사랑이 있음을 너희로 알게 하려 함이라" 아멘. 이 편지를 디도에 의해 전달된 편지로 보기도 합니다. 하리스는 '썼노니'가 갈라디아서 6장 11절과 빌레몬서 19절에 쓰인 '서한체의 부정과거(an epistolary aorist)'로써 고린도후서 자체를 가리키는 표현이라고 볼 수도 있지만, 세 가지 이유 즉, 첫째, 2장 1절의 '결심하였노니'가 부정과거이고 2절의 '근심하다'가 현재이고, 둘째, 2장 3, 4, 9절과 7장 12절의 '썼노니'가 무엇을 가리키는지 알기 어렵지만, 7장 7-11, 15절이 편지의 효과를 의미하기에, '편지 쓰다'는 모든 표현은 '과거를 의미하는 부정과거들(preterit aorists)'이며, 셋째, 7장 8절에서 '이 편지'가 아니라 '저 편지' 가 쓰였기 때문에, 고린도후서 2장 4절의 '썼노니' 가 '서한체의 부정과거' 가 아니라고 주장합니다.[1)]

간단한 문제는 아니지만, 그리고 오래도록 고민했지만 이제는 결론을 내려야 하기에, 고린도후서 2장 3, 4, 9절 및 7장 12절의 '쓴다' 는 고린도후서 자체를 가리키는 것으로 의견을 개진합니다. 우선 7장 8절의 '저 편지' 는 고린도전서를 가리킨다고 보면 됩니다. 7장 8절("그러므로 내가 편지로 너희를 근심하게 한 것을 후회하였으나 지금은 후회하지 아니함은 그 편지가 너희로 잠시만 근심하게 한 줄을 앎이라")은 조건문입니다. 직역하면, '사실 내가 여러분을 편지로 근심하게 한다고 해도[양보절], 후회하지 않습니다. 후회한다고 해도[양보절], 내가 보니 저 편지[고린도전서]가 잠깐이기는 하지만 여러분을 근심하게 했지요.' 입니다. 두 번째 조건문의 귀결절은 9절 앞에 있습니다. '내가 기뻐합니다.' 입니다. 고린도전서를 보냈을 때, 잠깐이기는 하지만 고린도 교회 성도들이 근심했습니다. 그러기에 지금 고린도후서를 쓰면서 '혹 성도들이 고린도후서로 인해 근심하면 어떡하나?' 하는 걱정이 있지만, 후회하지는 않겠다는 말입니다. 전에도 그런 적이 있기 때문이지요. 그리고 이번에는 도리어 기뻐할 거랍니다. 이유는 디도가 전달한 교회의 반응 때문이지요. 이렇게 보면, 하리스의 세 번째 이유는 해결됩니다.

그럼, 두 번째 이유에 대해 생각해보겠습니다. 고린도후서 7장 7-11, 15절은 '편지의 효과' 라기보다는 '디도 방문의 효과' 가 더 정확한 표현이겠습니다. 7장 8절을 '근심 편지' 를 전제하고 해석하다 보니, 7장 7-11, 15절이 '편지의 효과' 로 보이는 것입니다. 7장 8절의 '저 편지' 를 고린도전서로 보고, 디도가 편지를 가지고 간 것이 아니고 바울의 말을 구두(口頭)로 전달했다고 생각하고 읽어도 자연스럽게 읽힙니다. 6절에서 "디도가 옴으로 우리를 위로하셨"다고 말합니다. 7절은 '디도의 보고' 에 대해 말합니다. 8-9절에서 바울은 '근심하게 한 것에 대한 후회' 보다는 '근심하게 한 것의 효과' 를 생각하고, 지금 고린도후서를 기쁜 마음으로 쓴다고 말합니다. 10-11절에도 "하나님의 뜻대로 하는 근심" 의 유익이 기술됩니다. 12절은 고린도후서 기록의 목적

---

1) Murray J. Harris, *The Second Epistle to the Corinthians*, NIGTC (Grand Rapids: Eerdmans, 2005), 218.

입니다.

이제 하리스의 첫째 이유를 생각해보겠습니다. 1절의 '결심하다' 와 3절의 '쓰다' 의 시제가 둘 다 '부정과거' 인 것은 3절의 '쓰다' 를 '서간체의 부정과거' 로 보는 견해를 지지할 수 있습니다. 지금 바울은 고린도로 가지 않고 고린도후서를 보냅니다. '근심 중에 나아가지 않기로 결심한 것' 과 '고린도후서를 써서 보내는 것' 은 고린도후서 기록 상황입니다. 그런데 두 동사가 모두 부정과거이니 3절의 '쓰다' 가 '서간체의 부정과거' 일 가능성이 큽니다. 2절은 조건문입니다. 번역도 조건문으로 번역되었습니다. "내가 너희를 근심하게 한다면 내가 근심하게 한 자밖에 나를 기쁘게 할 자가 누구냐" 아멘. 조건문의 조건절에 '직설법 현재' 가 쓰이면, '단순 현재 조건' 을 표현합니다. 이 조건은 시간과 관계가 없습니다.

바울은 '근심 방문' 을 피하고 싶은 마음을 고린도후서 2장 1절에서 표현합니다. 2절이 이유입니다. 그래서 고린도후서를 씁니다. 그것이 3-4, 9절의 내용입니다. "내가 이같이 쓴 것은 내가 갈 때에 마땅히 나를 기쁘게 할 자로부터 도리어 근심을 얻을까 염려함이요 또 너희 모두에 대한 나의 기쁨이 너희 모두의 기쁨인 줄 확신함이로라 내가 마음에 큰 눌림과 걱정이 있어 많은 눈물로 너희에게 썼노니 이는 너희로 근심하게 하려 한 것이 아니요 오직 내가 너희를 향하여 넘치는 사랑이 있음을 너희로 알게 하려 함이라 … 너희가 범사에 순종하는지 그 증거를 알고자 하여 내가 이것을 너희에게 썼노라" 아멘. 7장 12절도 봅니다. "그런즉 내가 너희에게 쓴 것은 그 불의를 행한 자를 위한 것도 아니요 그 불의를 당한 자를 위한 것도 아니요 오직 우리를 위한 너희의 간절함이 하나님 앞에서 너희에게 나타나게 하려 함이로라" 아멘.

디도의 방문은 효과가 있었습니다. 고린도 교회 내에 회개가 일어났기 때문입니다. 디도의 방문에 대한 반응이 7장 7, 11, 15절에 있습니다. "그가 온 것뿐 아니요 오직 그가 너희에게서 받은 그 위로로 위로하고 너희의 사모함과 애통함과 나를 위하여 열심 있는 것을 우리에게 보고함으로 나를 더욱 기쁘게 하였느니라 … 보라 하나님의 뜻대로 하게 된 이 근심이 너희로 얼마나 간절하게 하며 얼마나 변증하게 하며 얼마나 분하게 하며 얼마나 두렵게 하며 얼마나 사모하게 하며 얼마나 열심 있게 하며 얼마나 벌하게 하였는가 너희가 그 일에 대하여 일체 너희 자신의 깨끗함을 나타내었느니라

… 그가 너희 모든 사람들이 두려움과 떪으로 자기를 영접하여 순종한 것을 생각하고 너희를 향하여 그의 심정이 더욱 깊었으니" 아멘.

바울 사도는 다른 교회에 비해 고린도 교회에서 길게 사역했습니다. 주님께서 '내 백성이 많다.' 하셨기에(행 18:10) 더욱 헌신했습니다. 서원도 하여 머리도 자르지 않고 사역했습니다. 강한 성령의 역사가 있었습니다. 그런데 다양한 문제가 발생했습니다. 그들이 교만해진 것입니다. 성경에 대한 정확한 이해, 하나님에 대한 충분한 지식 없이 본인들이 아는 바와 경험에 기초하여 넘겨짚어 행한 것들이 문제가 되었습니다. 이에 바울 사도는 고린도전서를 통해 해결책을 제시했습니다. 그러나 이행되지 않는 부분이 있었습니다. 그래서 고린도전서에서 말했던 계획과 달리 직접 고린도를 방문하여 문제해결을 위해 노력했습니다. 그러나 그 과정에서 후회가 있었습니다.

'근심 방문' 으로 인한 후회가 있었기에, 문제가 여전히 해결되지 않자 디도를 보냈습니다. 다행히 디도의 방문은 효과가 있었습니다. 그러나 디도의 방문을 못마땅해한 이들이 있었습니다. '디도 방문' 은 또 하나의 계획 수정이었기 때문입니다. 그럼, '디도 방문' 전 바울의 계획은 무엇이었을까요? 그 계획이 고린도후서 1장 15-16절에 나옵니다. "내가 이 확신을 가지고 너희로 두 번[둘째] 은혜를 얻게 하기 위하여 먼저 너희에게 이르렀다가 너희를 지나 마게도냐로 갔다가 다시 마게도냐에서 너희에게 가서 너희의 도움으로 유대로 가기를 계획하였으니" 아멘. 이 계획은 1차 계획과 유사합니다. 1차 계획은 에베소에서 마게도냐로 갔다가 고린도로 해서 유대로 가는 것이었습니다. 그러니 에베소에서 바로 고린도로 가는 부분만 다릅니다. 에베소에서 고린도로 갔다가 마게도냐에 다녀와서 유대로 가는 계획입니다. 아마도 이 계획은 바울이 수정 방문을 했을 때 제시했던 계획으로 보입니다.

그런데 이 계획이 이행되지 않고 디도가 왔으니, 고린도 교회 내에 '이게 뭡니까?' 하는 이들이 생긴 것이죠. 회개하는 이들이 대부분이었으나 회개하지 않는 이들도 있었습니다. 그래서 13장 2절에서 "내가 이미 말하였거니와 지금 떠나 있으나 두 번째 대면하였을 때와 같이 전에 죄 지은 자들과 그 남은 모든 사람에게 미리 말하노니 내가 다시 가면 용서하지 아니하리라" 말한 것입니다. '용서' 보다는 '아끼지' 가 더 좋겠습니다. 1장 23절의 '아끼지' 와 같은 단어이기 때문입니다. 한 번 고린도전서로 권하고, 직접 방문해서 말하고, 디도 통해 권했는데도, 다른 핑계를 대면서 다른 궁리를 하기 때문입니다.

결국, 바울의 실제 방문은 처음 계획과 같이 마게도냐에서 고린도로 가는 방향으로 진행됩니다. 그러나 다양한 변화가 생깁니다. 마게도냐에서 고린도로 바로 가지 않고 일루리곤을 들립니다. 고린도에서 유대로 바로 가려했으나 바울을 죽이려 하는 유대인들 때문에 빌립보로 갔다가 드로아로 갔다가 밀레도로 해서 유대로 가는 일정으로 진행됩니다. 고린도후서 이전에만 계획 변경이 있는 게 아니었습니다. 이후에도 일정변화가 많이 발생했습니다. 기상청 날씨보다도 예측이 더 많이 어긋나 보입니다. 모든 것이 불확실해 보입니다. 특히 여행 일정이 불확실합니다.

그런데도 바울이 확신하는 것이 있습니다. 1장 15절입니다. "내가 이 확신을 가지고 너희로 두 번[둘째] 은혜를 얻게 하기 위하여 먼저 너희에게 이르렀다가" 아멘. 바울이 확실하다고 확신하는 것이 무엇이었을까요? 1장 13-14절에 나옵니다. "오직 너희가 읽고 아는 것 외에 우리가 다른 것을 쓰지 아니하노니 너희가 완전히 알기를 내가 바라는 것은 너희가 우리를 부분적으로 알았으나 우리 주 예수의 날에는 너희가 우리의 자랑이 되고 우리가 너희의 자랑이 되는 그것이라" 아멘. 바울이 말하는 확신이란 게 무엇입니까? 바로, 고린도 교회 성도들과 바울팀과의 관계입니다. 1장 19절에 '우리' 가 나옵니다. "바울, 실루아노 즉 실라, 디모데" 입니다.

바울은 다른 것을 쓰지 않습니다. 그들이 읽는 것과 아는 것을 씁니다. 읽는 것은 '성경' 을, 아는 것은 '그들이 믿는 복음' 이겠습니다. 성경과 복음 외에 다른 것을 쓰지 않습니다. 그러나 마지막까지 그들이 알기를 원하는 것이 있습니다. 그들과 바울 전도팀과의 관계입니다. 마지막 날, 예수님 다시 오실 날에 서로 자랑하는 사이라는 것입니다. '우리는 대적 관계도 아니고, 경쟁 관계도 아닙니다. 우리는 같이 가는 관계입니다. 위로가 위로가 되는 관계, 같은 법칙이 적용되는 관계, 잘될수록 서로에게 좋은 관계, 같이 가는, 이어진 관계입니다.'

모든 것이 불확실해 보입니다. 계획이 바뀝니다. 그러나 확신하는 것이 있습니다. 고린도 교회와 바울 전도팀과의 관계입니다. 예수님 다시 오실 날까지도 변하지 않을 관계입니다. 바울은 처음부터 둘 사이의 관계가 특별했음을 말했습니다. 1장 5절을 봅니다. "그리스도의 고난이 우리에게 넘친 것 같이 우리가 받는 위로도 그리스도로 말미암아 넘치는도다" 아멘. 그리스도와 바울 전도팀과의 관계를 말합니다. 고난도 그리스도로 인해 넘치지만, 마찬가지로 위로도 그리스도를 통해 넘칩니다. 그리스도를 위해 사는 이들이 바울 전도팀입니다. 바울은 1장 1절에서 '그리스도 예수의 사도'로 소개됩니다. 그리스도 예수로부터 보냄을 받은 사람입니다. 다시 말해, 예수님과 바울 전도팀은 보내고 보냄을 받는 사이입니다. 그러다 보니 고난도 받습니다. 그러나 위로도 그리스도로 인해 받습니다. 5절은 그리스도와 바울 전도팀과의 특별한 관계를 설명합니다.

그럼, 1장 6절은 무엇을 설명할까요? 바울 전도팀과 고린도 교회 성도들과의 특별한 관계를 말합니다. "우리가 환란 당하는 것도 너희가 위로와 구원을 받게 하려는 것이요 우리가 위로를 받는 것도 너희가 위로를 받게 하려는 것이니 이 위로가 너희 속에 역사하여 우리가 받는 것 같은 고난을 너희도 견디게 하느니라" 아멘. 그래서 7절에서 이렇게 말합니다. "너희를 위한 우리의 소망이 견고함은 너희가 고난에 참여하는 자가 된 것 같이 위로에도 그러할 줄을 앎이라" 아멘. 우리의 소망과 기대가 확고합니다. 고린도 교회 성도들이 고난을 받으니 위로도 받을 것을 알기 때문입니다. 바울은 고린도 교회 성도들이 고난 가운데 있는 것을 알고 있습니다. 그리고 그들이 주님의 위로도 받을 것을 알고 있습니다. 이들은 서로 아는 사이입니다.

아는 사이이기에, 바울은 아시아에서 직전에 받은 환난을 소개합니다. 사도행전 19장에 소개된 에베소에서의 환난입니다. 네로의 어머니가 네로보다 황제 서열이 높은 아시아의 총독(Marcus Junius Silanus, 주후 14-54년, 아구스도 황제의 고손자)을 암살했습니다. 네로가 황제가 된 주후 54년입니다. 이 암살로 인해 정치적인 긴장감이 흐릅니다. 여기에 바울 복음이 우상 장사들에게 큰 경제적 타격을 줍니다. 정치 및 경제적인 어려움의 화살이 교회를 향합니다. 감당할 만한 수준을 넘어섰습니다. 결국, 바울 전도팀이 감당할 수 있는 한계를 넘어섭니다. '사는 것'까지도 넘어섭니다. 죽을 지경이었다고 말합니다.

'우리는 사형수였다.' 이렇게 말합니다. 고린도후서 1장 9절입니다. "우리는 우리 자신이 사형 선고를 받은 줄 알았으니 이는 우리로 자기를 의지하지 말고 오직 죽은 자를 다시 살리시는 하나님만 의지하게 하심이라" 아멘. 이어 기도를 부탁합니다. 11절입니다. "너희도 우리를 위하여 간구함으로 도우라 이는 우리가 많은 사람의 기도로 얻은 은사로 말미암아 많은 사람이 우리를 위하여 감사하게 하려 함이라" 아멘. '여러분도 기도해주면 좋겠습니다. 그러면 우리에게 임할 은사에 대해 더 많은 사람이 감사하게 되는 것입니다. 이유는 기도하는 이마다 감사할 것이기 때문입니다. 여러분이 우리와 특별한 관계이니 더욱 기도를 요청합니다. 여러분의 기도는 응답 될 것이고 응답에 대한 감사가 여러분에게 있을 것입니다.' 바울과 고린도 교회 성도들은 기도제목을 나누는 사이입니다. 기도의 열매를 함께 누리는 사이입니다.

이어지는 1장 12-24절에서 바울은 이렇게 말하고 있는 것입니다. '하나님의 관용과 순전함으로, 육신적인 세상 지혜가 아니라 하나님의 은혜로 세상에서 반대되는 삶을 살았습니다. 특별히 여러분을 향해서는 더더욱 그랬습니다. 여러분이 우리의 동역자이기 때문입니다. 우리와 여러분 사이의 관계를 여러분이 아직은 부분적으로 알지만 완전히 알게 되기를 바랍니다. 나는 우리와 여러분 사이의 관계에 대한 확신이 있습니다. 그래서 둘째 은혜가 여러분에게 임하도록 여러분에게 가려고 했습니다. 여러분에게 가서 여러분을 통해 마게도냐로 갔다가 다시 마게도냐에서 여러분에게로 와서 여러분을 힘입어 유대로 가려고 했습니다. 고린도와 아가야 교회의 후원으로 마게도냐와 유대 사역을 하려고 했습니다. 이것이 여러분이 얻을 수 있는 둘째 유익이기 때문입니다. 예수님을 믿어서 얻은 유익이 첫째 유익이라면, 남을 섬기면서 얻은 유익이 둘째 유익입니다.'

1장 15절의 "두 번 은혜"는 '둘째 은혜'인데, 그 '둘째 은혜'라는 것이 무엇인지 아셨지요? 그건 남을 섬기면서 얻는 유익입니다. 고린도후서에서 연보가 중요하게 다뤄지는 이유가 거기에 있습니다. 바울은 고린도와 아가야 교회를 이제 동역자로 생각합니다. 이들도 수리아의 안디옥 교회가 도움을 받는 교회에서 도움을 주는 교회로 성장했듯이, 도움을 주는 교회로 성장하기를 원했던 것입니다. 그래서 고린도전서 16장 6절에서 "너희가 나를 내가 갈 곳으로 보내어 주게 하려 함이라" 말했고, 수정 방문 때에도 이러한 계획을 알려준 것이지요.

바울이 고린도 교회에 대해 동역자 의식을 가지고 이제는 돕는 위치에 설 것을 말할 때, 별생각 없이 임의로 분명한 이유도 없이 하지 않았습니다. '예' 가 '예' 가 된 것도, '아니다' 가 '아니다' 가 된 것도 육신을 따라 이뤄지지 않았습니다. '예' 도 '아니다' 도 자신으로부터 비롯되지 않았습니다. 하나님으로부터 비롯되었습니다. 고린도후서 1장 17절에서 '예' 는 계획 세운 것을, '아니오' 는 계획을 바꾼 것을 의미합니다. "이렇게 계획할 때에 어찌 경솔히 하였으리요 혹 계획하기를 육체를 따라 계획하여 예 예 하면서(이 말은 '계획을 세우면서' 라는 말입니다.) 아니라 아니라 하는 일이 내게 있겠느냐(이 말은 '계획을 바꾸겠느냐' 하는 말입니다. 다시 말해 계획을 세울 때도 계획을 바꿀 때도 육신을 따라 하지 않았다. 나로 말미암지 않았다. 이 말입니다.)" 아멘.

1장 18절부터 20절까지의 '예' 와 '아니오' 는 '맞다' 와 '아니다' 입니다. 18-20절입니다. "하나님은 미쁘시니라 우리가 너희에게 한 말은 예 하고 아니라 함이 없노라 우리 곧 나와 실루아노와 디모데로 말미암아 너희 가운데 전파된 하나님의 아들 예수 그리스도는 예 하고 아니라 함이 되지 아니하셨으니 그에게는 예만 되었느니라 하나님의 약속은 얼마든지 그리스도 안에서 예가 되니 그런즉 그로 말미암아 우리가 아멘 하여 하나님께 영광을 돌리게 되느니라" 아멘. 달리 설명해봅니다. "여러분에게 전달한 말씀은 '맞아' 한 다음에 '아닌가 봐' 하지 않습니다. 예수님은 '맞아' 하시고서 '아닌가 봐' 되지 않으십니다. 그분 안에서 '맞아' 한 것은 끝까지 '맞아' 입니다. 하나님의 약속은 빠짐없이 '맞아, 옳습니다' 입니다. 그러니 예수님 통해 '아멘!' 하면 우리 통해 하나님께 영광이 됩니다."

모든 것이 불확실한 것 같은 상황이지만 바울은 확신하는 것이 있습니다. 바로 아가야 성도들과 전도팀과의 관계입니다. 이제는 그들도 초신자가 아닙니다. 일꾼입니다. 동역자입니다. 이제는 젖을 먹을 단계가 아닙니다. 단단한 음식을 먹을 때입니다. 이제는 육신에 거할 때가 아닙니다. 성령의 사람이 될 때입니다. 우리도 둘째 은혜를 받아야 할 때가 되지 않았습니까? 된 거죠? 맞습니다. 고린도 교회는 이제 5-6년 됐습니다. 49년에서 52년 사이에 사역이 이뤄졌고, 고린도후서가 55년 가을쯤 보내졌으니까요. 그러니 우리는 당연히 남을 돕고 세울 시기에 도달했습니다. 오랜 세월 그리하셨죠? 잘하셨습니다. 계속 그리고 더욱 둘째 은혜를 사모하시길 바랍니다.

고린도후서는 동역자가 된 고린도 교회 성도들에게 '일꾼' 에 대해 말합니다. 특별히 2장 14절부터 7장 4절에서 상술합니다. 그리고 이 내용이 고린도후서 8-9장에서 제시되는 '연보' 의 이유가 됩니다. 고린도후서 11-13장의 주제인 바울의 '약함' 에 대해서는 『그루터기들의 고난과 치유』 16-20쪽을 보세요.

질의와 응답

하나. "바울 사도는 왜 디도를 고린도 교회에 보냈을까요?"

디도는 수리아 안디옥 출신 같습니다. 갈라디아서 2장 1절에 나옵니다. "십사 년 후에 내가 바나바와 함께 디도를 데리고 다시 예루살렘에 올라갔나니" 아멘. 아마도 46년 전후이겠습니다. 바울 사도의 사역 초기부터 바울과 함께했던 디도는 3차 여행 이후부터 바울을 도왔나 봅니다. 고린도후서에 등장하고(2:13; 7:6), 디모데후서에 등장합니다(4:10). 고린도 교회에 따로 보낼 만큼 신실한 일꾼이어서 보냈겠지요. 디도가 이방인이어서 고린도 교회 성도들을 잘 이해했을 것 같습니다. 고린도후서 7장을 볼 때, 디도 방문은 실제로 성공적이었습니다.

둘. "데살로니가 교회는 3주간 머물렀는데도 문제가 없었는데, 고린도 교회는 오래 머물렀는데 오히려 문제가 많습니다. 어떻게 봐야 할까요? 고린도후서 8장의 헌금 요청은 둘째 은혜로 봐야 하나요?"

우선, 고린도후서 8장의 연보는 둘째 은혜와 깊은 관계가 있습니다. 데살로니가 교회는 3주간 머물렀기에, 데살로니가전서가 기록될 당시에 아직 어린 교회여서 문제도 초보 수준이었고 책망보다는 칭찬이 많았습니다. 고린도 교회는 은혜가 다양하고 많아 다룰 것이 더 많았던 것으로 보입니다. 성장했기 때문에 문제도 더 복잡합니다. 아이들이 성장할수록 염두에 둘 문제의 가짓수가 많아지는 것과 비슷합니다.

셋. “도입 시에서 ‘자랑 군림 사랑하니 예언보다 방언 좋아하고 죄짓는 것을 가벼이 여긴다.’ 이렇게 기술하셨는데, 내용이 어떻게 연결되나요?”

예언은 자성(自省)과 변화(變化)를 요구합니다. 방언은 겉으로 드러나기가 쉽습니다. ‘자성과 변화’로 점철된 삶에는 죄가 끼어들기가 어렵습니다. 지식 자랑과 타인 위에서의 군림은 ‘자성과 변화’의 결과가 아닙니다. 그래서 자랑하려는 마음과 군림하려는 태도를 버리고 자성하고 변화되는 것이 중요하겠습니다.

넷. “고린도전서 12장 3절에서 ‘성령으로 아니하고는 누구든지 예수를 주시라 할 수 없느니라’ 이렇게 말씀하는데, 이 구절에서 ‘주’의 의미가 무엇일까요?”

고린도전서 12장 3절에 나오는 ‘저주할 자’에 대해서는 『헤렘 제자도』 116-118쪽에 상술했습니다. 헤렘과 관계되는 표현입니다. ‘주’를 헤렘과 관련하여 생각하면, 고린도전서 1장 18-31절에서 강조하는 ‘십자가에 못 박히신 그리스도’와 연결될 것으로 보입니다. “하나님으로부터 나와서 우리에게 지혜와 의로움과 거룩함과 구원함이 되”신(1:30) 주님으로서의 예수님입니다.

갈라디아서 1장 – 데살로니가전서 1장

Weekly Reading

54

"묶인 전도자가 되어"

갈 1-3장	갈 4-6장	엡 1-3장	엡 4-6장	빌 1-3장	빌 4장 - 골 2장	골 3장 - 살전 1장

check

이번 통독은 바울 서신 가운데 가장 먼저 쓰인 갈라디아서에서 시작하여 옥중서신이라 불리는 '에베소서, 빌립보서, 골로새서'를 지나, 데살로니가전서 1장까지입니다. 데살로니가전서가 가장 먼저 쓰인 바울서신이라고 생각하는 이들도 있지만, 바울의 1차 전도지가 '남갈라디아 지역'이라는 것을 생각하면, 사도행전 15장의 예루살렘 공회의 내용이 갈라디아서에 소개되지 않는 것을 고려하면, 2차 전도여행지로 언급되는 '갈라디아'에서 복음 전파가 충분히 이뤄지지 않은 것을 염두에 두면, 가장 먼저 쓰인 바울서신은 갈라디아서라고 봐야 맞습니다. 바울 사도가 1차 진도여행지에 세워진 여러 교회들을 묶어 "갈라디아 여러 교회들"(갈 1:1)이라고 표현했다고 보면 되겠습니다.

바울 서신을 길이순으로 배열하다 보니, 로마서 고린도전후서 갈라디아서 에베소서 빌립보서 골로새서 데살로니가전후서 디모데전후서 디도서 빌레몬서 순으로 되어 있습니다. 기록된 순서로 보면, 갈라디아서 데살로니가전후서 고린도전후서 로마서 골로새서 빌레몬서 에베소서 빌립보서 디모데전서 디도서 디모데후서 순입니다. 1차 전도여행 후에 갈라디아서가, 2차 전도여행 중에 데살로니가전후서가, 3차 전도여행 중 에베소에서 고린도전서가, 2차 여행지를 돌아보는 길에 마게도냐 아마도 빌립보에서 고린도후서가, 아가야 아마도 고린도에서 로마서가, 로마에서 1차 재판을 위한 구금상태일 때 옥중서신이라고 불리는 골로새서 빌레몬서 에베소서 빌립보서가, 1차 재판 후 아마도 마게도냐에서(딤전 1:3) 디모데전서가, 니고볼리에서(딛 3:12) 디도서가, 2차 재판 때 로마에서 디모데후서가 기록되었다고 생각합니다.

묶인 전도자가 되어

I.
자유를 갈망하는 사람들 속에서
함께 자유를 갈망하나
묶여 지낸다.

성령에 매여 묶여있고
사슬에 매여 묶여있고
사명에 매여 묶여있다.

II.
갈라디아 사람들 성령으로 시작했으니
성령으로 지내다
성령으로 마쳐야 정상이나

육체를 자랑하는 사람들
그들을 육신의 자랑으로
묶으려 한다.

III.
아시아의 중심, 에베소에서 사는 사람들
놀라운 은혜 맛보았으니
은혜의 중심에 섰다.

이제는 가장자리에 서서
연합을 추구할 때 되었다.
그냥은 안 되고 싸워야 가능하다.

IV.
자부심 강한 빌립보의 성도들과 일꾼들
뜻밖의 은혜로
섬기는 자 되었다.

이제는 섬김의 기쁨 누리며
마음을 묶어야 하는데
그리스도의 마음을 품어야 가능하다.

V.
골로새의 성도들
데살로니가의 성도들
주님 예수님께 묶인 자들이 되었다.

세상 질서 따르려면 묶인 것 끊어야 하고
은혜의 복음 따르려면 묶인 것 사랑해야 한다.
어떻게 할 것인가?

VI.
○○ 교회 성도들
하늘 은혜 땅 은혜
풍성히 받았다.

이제는 세상이 가치 있게 안 보는
주님께서 가치 있다고 평가하시는
묶인 자로 살아야 한다.

갈라디아서에서 바울이 '사람과 하나님 사이'를 말할 때, 일반적인 모든 사람과 하나님을 의미하지 않습니다. 뭔가 대표성을 띤 사람들과 하나님을 가리킵니다. 1장 1절입니다. "사람들에게서 난 것도 아니요 사람으로 말미암은 것도 아니요 오직 예수 그리스도와 그를 죽은 자 가운데서 살리신 하나님 아버지로 말미암아 사도 된 바울은" 아멘. 바울 사도는 예수님과 하나님의 반대편에 사람들과 사람을 두었습니다. 자신을 보낸 주체가 사람이 아니라고 말하고, 자신의 사도 됨의 통로도 사람이 아니라고 말합니다.

'어떤 사람들' 이 나옵니다. 1장 7절입니다. "다른 복음은 없나니 다만 어떤 사람들이 너희를 교란하여 그리스도의 복음을 변하게 하려 함이라" 아멘. 갈라디아 지방의 성도들을 교란하여 그리스도의 복음을 변하게 하려 하는 이들입니다. 이들은 분명 가르치는 이들이고 영향력이 있는 사람들입니다. 뭔가 다른 것을 가르쳐서 교회를 변질시키는 이들입니다. 이러한 사람들을 바울 사도는 자신을 사도 되게 하신 예수님과 하나님 반대편에 둡니다.

'사람인가, 하나님인가?' 하는 질문을 합니다. 1장 10절입니다. "이제 내가 사람들에게 좋게 하랴 하나님께 좋게 하랴 사람들에게 기쁨을 구하랴 내가 지금까지 사람들의 기쁨을 구하였다면 그리스도의 종이 아니니라" 아멘. 여기 '사람들' 은, 7-9절에 따르면, '다른 복음을 전하는 사람들' 입니다. 뭔가 본질을 벗어난 가르침을 복음이라며 전하는 사람들에게 좋게 하려면, 그들의 말이 맞다고 해주어야 합니다. '할례를 받아야 구원받습니다!' 이렇게 말하면, '뭐, 그럴 수도 있지요.' 대답하는 거죠. 그러나 두리뭉실한 대답, 좋은 게 좋다는 식의 대답이 문제를 키웁니다.

바울이 예수님을 만났습니다. 복음을 받고 깨달았습니다. 교회 사역을 통해 확인했습니다. 바나바와 함께 복음을 전했습니다. 그런데 예수님을 믿는 것 외에 뭔가가 더 필요하다는 가르침을 주는 이들이 있습니다. 그들의 수가 더 많아 보입니다. 그들 가운데에는 바울보다 먼저 일꾼 된 이들도 있어 보입니다. 아무리 맞는 말이라고 해도 선배를 도전하거나 다수를 건드리면, 집단 보복의 대상이 되거나 불이익을 당할 수 있습니다. 이런 상황에서 바울의 입장은 그러한 보복이나 불이익이 있다고 하더라도 진리를 거스를 수는 없다는 것입니다.

이유는 자신이 그리스도의 종이기 때문입니다. 1장 10절을 다시 봅니다. "이제 내가 사람들에게 좋게 하랴 하나님께 좋게 하랴 사람들에게 기쁨을 구하랴 내가 지금까지 사람들의 기쁨을 구하였다면 그리스도의 종이 아니니라" 아멘. 사람들을 만족스럽게 해주기 위해 말하거나 행동하지 않았다고 말합니다. 사람들을 설득하려 했지, 하나님을 설득하려 하지 않았다고 말합니다. "이제 내가 사람들에게 좋게 하랴 하나님께 좋게 하랴" 하는 문장은 '이제 내가 사람들을 설득할까? 아니면 하나님을?' 의 번역입니다. 사람들을 왜 설득합니까? 그들이 틀리거나 하여 의견 수정이 필요하다고 여기기 때문이지요. 왜 하나님을 설득합니까? 하나님께서 잘 모르시거나 틀리거나 잘못 결정하셨기에 의견 수정이 필요하다고 여기기 때문입니다. 그러니 하나님을 설득한다는 것이 말이 됩니까?

그런데 많은 이들이 하나님을 설득하려 합니다. '하나님, 이건 아니잖아요.' 이런 식으로 말합니다. '하나님, 악인들을 이렇게 내버려 두셔도 됩니까?' 질문합니다. 그럼, '너도 악인이었다. 내가 악을 행하는 족족 심판했다면 너도 믿어 구원에 이를 기회를 얻지 못했을 것이다.' 말씀하실 수 있습니다. '하나님, 왜 시험에 계속 떨어지나요?', '하나님, 왜 코로나가 안 끝나지요?' 질문은 가능합니다. 그러나 하나님의 뜻을 거슬러 하나님을 설득하려는 태도는 적절해 보이지 않습니다.

바울은 하나님과 같은 뜻을 품기로 작정했습니다. 하나님께 열심을 품고 열심히 살았는데 도리어 하나님의 뜻을 거스르게 된 것을 깨닫고, 하나님의 뜻만 중시하기로 작정한 것입니다. 어느 정도인가요? 사람으로부터 말미암은 것은 아예 취급을 안 하기로 한 것입니다. 1장 11-12절입니다. "형제들아 내가 너희에게 알게 하노니 내가 전한 복음은 사람의 뜻을 따라 된 것이 아니니라 이는 내가 사람에게서 받은 것도 아니요 배운 것도 아니요 오직 예수 그리스도의 계시로 말미암은 것이라" 아멘.

바울이 본래 그런 사람은 아니었습니다. 사람을 중시했고 사람들의 전통도 중요하게 여겼습니다. 어느 정도였습니까? 14절입니다. "내가 내 동족 중 여러 연갑자보다 유대교를 지나치게 믿어 내 조상의 전통에 대하여 더욱 열심이 있었으나" 아멘. 누구보다 전통을 중시했습니다. 사람들의 말을 잘 따랐습니다. 그런데 그 결과 교회를 심히 박해하고 멸하게 된 것입니다. 사람들의 말은 잘 들어 인정은 받았으나 하나님의 뜻을 대적하게 된 것이죠.

그런데 예수님을 만나고 깨달았습니다. 사람들의 말을 너무 잘 듣는 것이 얼마나 해로운지를요. 그래서 마음을 바꿨습니다. 15-17절입니다. "그러나 내 어머니의 태로부터 나를 택정하시고 그의 은혜로 나를 부르신 이가 그의 아들을 이방에 전하기 위하여 그를 내 속에 나타내시기를 기뻐하셨을 때에 내가 곧 혈육과 의논하지 아니하고 또 나보다 먼저 사도 된 자들을 만나려고 예루살렘으로 가지 아니하고 아라비아로 갔다가 다시 다메섹으로 돌아갔노라" 아멘. 무슨 일이 있으면 늘 의논하던 선생님도 계시고 선배들도 있고 친구들, 친척들이 있었습니다. 그러나 그 누구와도 의논하지 않았습니다. 하나님의 뜻이 분명했기 때문입니다. 더구나 교회를 심히 박해하고 멸하기에 이른 데에는 사람들의 영향이 있었습니다. 더 이상 사람들로부터 영향을 받고 싶지 않았습니다. 심지어 먼저 사도 된 자들을 만나려고 하지도 않았습니다.

이렇게 살면 외톨이가 됩니다. 분명한 하나님의 뜻을 따라 누구와도 의논하지 않고 그 길을 가기 때문에, 인정해주는 사람이 매우 적을 수 있습니다. 그러나 바울은 그 길을 택했습니다. 사람과 하나님 사이에서, 하나님을 선택했습니다. 하나님을 설득하지 않기로 했습니다. 사람들과 의논하여 더 좋은 안을 만들어서 하나님께 나아가는 어리석음을 범하지 않기로 했습니다. 그분의 뜻이라면 그것을 기준 삼기로 했습니다. 그분의 복음에 어떤 것도 첨가하지 않기로 했습니다. 예수님 그분이 복음이기에 그분에게 다른 옷을 입으시라고 강요하지 않기로 했습니다. 100% 그분의 뜻만을 기뻐하기로 했습니다. 하나님이 만족하시면 세상 아무도 만족해하지 않아도 나는 만족하기로 했습니다. 이것이 바울의 결단이고 결심입니다.

그럼, 예수님은 어떤 분입니까? 1장 4절입니다. "그리스도께서 하나님 곧 우리 아버지의 뜻을 따라 이 악한 세대에서 우리를 건지시려고 우리 죄를 대속하기 위하여 자기 몸을 주셨으니" 아멘. 그리스도께서는 자기 몸을 주셨습니다. 이유는 우리를 건지시고 우리 죄를 대속하기 위함이셨죠. 누구의 뜻을 따라 그리하셨습니까? 우리 아버지 하나님의 뜻을 따라 그렇게 하셨습니다. 사람과 하나님 사이에서 하나님의 뜻만을 중시하신 분입니다. 그래서 베드로마저도 사람의 일을 생각할 때, 사탄이라고 부르셨습니다(마 16:23).

예수님은 사람들의 요청을 들어주시기도 하고 부족하면 기다려주시기도 했습니다. 그러나 하나님의 뜻을 이루는 부분에서는 타협이 없으셨습니다. 제자들이 모두 도망가고 사람들이 조롱해도 하나님의 뜻이 이뤄지는 방향으로 모든 것을 결정하셨지요. 예수님을 배운다는 것은 이런 예수님을 배운다는 것을 의미합니다. 우리가 하나님의 뜻만을 중시하여 사람들을 고려하지 않기 시작할 때 배우는 내용입니다. 사람들이 어리석다고, 매정하다고, 꽉 막혔다고, 가만두지 않겠다고 외치는 것을 뒤로하고 하나님의 뜻만을 붙들 때만 배울 수 있는 내용입니다. 때로는 욕을 듣고, 때로는 핍박받으면서 이해되는 가르침입니다.

바울 사도는 사람과 하나님 사이에서 하나님을 선택했습니다. 하나님을 설득하기보다 사람을 설득하는 자였습니다. 그럼, 그는 사람들 사이에서 어떻게 살았을까요? 하나님을 경외하기에 하나님의 논리를 사람들에게 전달하고, 하나님의 뜻을 존중하고 선택했는데, 그는 과연 형제를, 하나님의 자녀들을 사랑했습니까? 사람들에 대한 바울의 태도를 몇 구절에서 확인할 수 있습니다.

첫째는 1장 18절에 있습니다. "그 후 삼 년 만에 내가 게바를 방문하려고 예루살렘에 올라가서 그와 함께 십오 일을 머무는 동안" 아멘. 바울 사도는 회심한 지 3년이 지났을 때(아마도 36년경), 예루살렘에 와서 베드로와 함께 15일을 머물렀습니다. 사도행전 9장 26-30절과 연결되는 시기겠죠. "내가 게바를 방문하려고"에서 '방문하려고'에 해당하는 헬라어는 신약성경에 딱 한 번 나오는 단어입니다. '질의하다'는 의미를 갖습니다 사람과 하나님 사이에서 하나님을 택했던 바울이지만, 자신의 생각이 적절한지 확인하는 절차를 밟았습니다. 그래서 예루살렘으로 갔습니다. 베드로에게 15일 동안 자세히 물었습니다. 그의 생각을 확인했습니다.

이것이 하나님 사랑에서 비롯된 사람 사랑입니다. 의견을 존중하고 듣는 것입니다. 반달을 머물면서 의견을 청취했습니다. 형제를 사랑한다는 것은 이런 것입니다. 그의 의견을 존중하고 듣는 것입니다. 물론, 그의 생각이 어긋나 있으면 그것을 말하는 것도 형제 사랑입니다. 2장 11절 이하를 보면, 그런 상황이 발생했고 바울 사도는 베드로의 편견에 대해 지적했습니다. 그러나 그보다 먼저 바울은 시간을 내어 대화했습니다. 임직자 교육을 위해 줌으로 만나면서 임직을 준비하는 분들과 친해졌습니다. 긴 시간 대화하면서 서로를 더 잘 이해하게 되었습니다. 사람 사랑은 대화에서 시작합니다. 그 사람의 생각을 듣고 마음을 이해하는 데서 시작됩니다.

사람들에 대한 바울의 태도를 읽을 수 있는 둘째 구절은 1장 22-24절에 있습니다. "그리스도 안에 있는 유대의 교회들이 나를 얼굴로는 알지 못하고 다만 우리를 박해하던 자가 전에 멸하려던 그 믿음을 지금 전한다 함을 듣고 나로 말미암아 하나님께 영광을 돌리니라” 아멘. 바울은 사람들에게 선한 영향력을 끼쳤습니다. 기쁨을 주었습니다. 비록 그가 전에는 믿는 자들을 힘들게 했을지라도, 바뀌었습니다. 바울은 유대의 교회들에 있는 형제들을 ‘얼굴로는 알지 못한다.’ 말합니다. 만난 적이 없습니다. 바울은 만나지 않은 형제들이 자신으로 인해 하나님께 영광을 돌리게 합니다. 그들이 바울의 얘기를 들으니 기쁩니다. 소망이 새로워지고 용기가 생깁니다.

바울의 사람들에 대한 태도를 2장 1-3절에서도 읽을 수 있습니다. “십사 년 후에[14년쯤 어간에] 내가 바나바와 함께 디도를 데리고 다시 예루살렘에 올라갔나니 계시를 따라 올라가 내가 이방 가운데서 전파하는 복음을 그들에게 제시하되 유력한 자들에게 사사로이 한 것은 내가 달음질하는 것이나 달음질한 것이 헛되지 않게 하려 함이라 그러나 나와 함께 있는 헬라인 디도까지도 억지로 할례를 받게 하지 아니하였으니” 아멘. 사람과 하나님 사이에서 하나님 편에 서서, 그분에 의해 설득되며 사는 바울은 예루살렘에 가지 않았습니다. 고향에 갔고 수리아 안디옥에서 사역했습니다. 그러다가 아가보의 예언으로 인해 천하에 기근이 일어날 것을 알고, 유대 교회를 도우려고 바나바와 함께 내려왔습니다. 사도행전 11장 끝과 12장 끝에 있는 내용입니다. 아마도 46년쯤이겠습니다.

이때 바울은 이방인들에게 전하는 복음을 유력한 자들에게 스스로, 자발적으로 소개했습니다. ‘사사로이’ 보다는 ‘스스로’ 나 ‘자발적으로’ 가 더 적절하겠습니다. ‘유력한 자들’ 은 ‘기대하다, 생각하다, 의견을 형성하다, 명성이 있다.’ 를 뜻하는 단어의 번역입니다. 바울 사도는 수리아 안디옥 교회에서 전한 복음을 예루살렘에 있는 유력한 자들에게 소개했습니다. 그들을 의지하거나 뭔가 도움을 받고자 그리한 것은 아니었습니다. 2장 6절입니다. “유력하다는 이들 중에 (본래 어떤 이들이든지 내게 상관이 없으며 하나님은 사람을 외모로 취하지 아니하시나니) 저 유력한 이들은 내게 의무를 더하여 준 것이 없고” 아멘.

설명이 좀 필요합니다. “본래 어떤 이들이든지 내게 상관이 없으며”에서 ‘상관이 없다.’ 하는 표현은 ‘갖다준 것이 없다.’ 하는 말입니다. 그리고 “저 유력한 이들은 내게 의무를 더하여 준 것이 없고”에서 ‘의무를’ 은 작은 글씨로 되어 있습니다. 본래 원문에는 없지만 이해를 돕기 위해 첨가한 표현입니다. ‘의무를’ 을 빼고 읽는 것이 더 좋아 보입니다. '저 유력한 이들은 내게 더하여 준 것이 없고' 입니다. 본래 『개역성경』에는 '의무를' 이 없었지요. 『개역성경』이 개정되면서 들어온 표현입니다. 바울은 '자신이 하나님의 일꾼 되는데 유력한 이들이 기여한 것이 없다.' 이렇게 말하고 있는 것입니다.

'하나님의 일꾼이 되는데 유력한 이들로부터 도움받은 것이 없다.' 하는 것은 일반적으로 자랑이 아닙니다. 우리나라도 교회에 담임 자리가 나면, 대체로 대형교회에서 부목사로 목회한 경력이 있는 분들이 담임목사님으로 청빙되어 갑니다. 그래서 많이들, 큰 교회에서 경력을 쌓으려고 하지요. 바울 사도는 유력한 이들을 의지하지 않았습니다. 그렇다고 그들과 절교하고 지내지도 않았습니다. 하나님 나라를 위해 필요하다면 그들에게 가서 설명했습니다. 뭘 달라고 얘기한 것이 아니었습니다. 하나님의 뜻이 어디에 있는지 본인이 알고 있는 것을 얘기하여, 자신이 "달음질하는 것이나 달음질한 것이 헛되지 않게 하려" 했습니다. 힘 있는 자들을 의지하지 않았을 뿐입니다. 그들의 위치와 존재를 존중했습니다.

무엇보다도, 헬라인 디도에게 할례를 강요하지 않았습니다. 2장 3절입니다. "그러나 나와 함께 있는 헬라인 디도까지도 억지로 할례를 받게 하지 아니하였으니" 아멘. 바울이 유대인들로부터 비난을 받았습니다. '믿음 외에 다른 어떤 것도 신자의 경계표지가 될 수 없다.' 이렇게 주장하니, 유대인들이 비난합니다. '그럼, 율법, 할례, 성전이 구원을 위한 어떤 유익도 되지 못한다는 말이냐?' 바울의 대답은 '그렇다.' 입니다. '율법, 할례, 성전' 모두 좋은 것이나, 예수 그리스도와 비교하니, 모두 다 그림자요, 지나가는 것이라는 말입니다. 맞습니까? 맞습니다. 유대인이 아닌 우리는 정말 그렇다는 대답을 어렵지 않게 할 수 있습니다.

그러나 그다음이 어렵습니다. '디도가 할례받지 않게 하는 것' 입니다. 디도라는 청년을 존중하는 것입니다. 그가 유대인이 아니라는 것을 인정하는 것입니다. 디도는 바울에 비하면 힘이 없는 사람입니다. 디도서를 보면, 바울은 디도를 "같은 믿음을 따라 나의 참 아들 된 디도"라고 불렀습니다(1:4). 아들이라 부를 수 있으니 한참 어린 사람입니다. 디도가 예루살렘에 왔습니다. 유대인들이 대부분인 곳에 디도가 왔습니다. 사람들이 디도를, 특히 바울을 압박할 수 있습니다. 할례를 강요할 수 있습니다. 바울이 밀릴 수 있습니다. 그러나 바울은 밀리지 않았습니다. 사람 사랑이란 이런 것입니다. '내가 이익을 얻기 위해, 혹은 불이익을 받지 않기 위해, 힘없는 사람에게 불필요한 것을 강요하지 않는 것입니다.'

'한 번 해죠. 어렵지 않잖아. 그게 본질은 아니잖아? 그러니까, 한 번만 눈 감아 줘. 사람이 왜 그리 꽉 막혀 그러나? 융통성이 있어야지.' '교수님, 교수님만 허락하면 된대요. 그냥 눈 딱 감고 사인하시면 됩니다.' 이런 말을 따라 살다 보면, 바람에 요동하는 갈대처럼 이리저리 끌려다니게 됩니다. 특별히 '그냥 한 번 하는 그것' 으로 인해 피눈물 나는 사람이 있을 수 있습니다. 안 되는 것은 안 되는 것입니다. 그게 사람 사랑입니다. 하나님을 사랑하는 사람은 힘없는 디도라도 함부로 대하지 않습니다. 힘없는 디도를 함부로 대하지 마십시오. 누가 디도입니까? 대개는 소수가 디도이고, 어린 사람이 디도입니다.

마지막으로 2장 9-10절입니다. "또 기둥 같이 여기는 야고보와 게바와 요한도 내게 주신 은혜를 알므로 나와 바나바에게 친교의 악수를 하였으니 우리는 이방인에게로, 그들은 할례자에게로 가게 하려 함이라 다만 우리에게 가난한 자들을 기억하도록 부탁하였으니 이것은 나도 본래부터 힘써 행하여 왔노라" 아멘. 전혀 다른 이들과 친교의 악수를 하는 것, 이것이 '사람 사랑' 입니다. 바울은 전통 유대인으로 엘리트 교육을 받은 사람입니다. 가말리엘이라는 당대 최고 선생의 문하에서 배웠습니다. 당시 교육은 도제(徒弟)식 교육입니다. 아무나 학생으로 받지 않습니다. 학생이 많지도 않습니다. 그러니 '가말리엘의 제자' 라는 한 마디로 바울의 위치가 설명됩니다.

그는 분명 교회 안의 유력한 자들과는 상관이 없었지만, 유대교 안의 유력한 자들과는 깊은 관계가 있었습니다. 그러던 그가 자신과 노는 물이 달랐던 교회 지도자들과 친교의 악수를 했습니다. 야고보는 예수님의 동생입니다. 목수의 아들입니다. 게바와 요한은 갈릴리의 어부였습니다. 유대교 내의 질서로 보면, 바울과 다른 그룹 사람입니다. 야고보, 게바, 요한 가운데 누구도 바울이 친교의 악수를 하기에는 적절해 보이지 않습니다. 그러나 교제의 악수를 했습니다. 그리고 바울은 그들과 공통된 부분이 있음을 소개합니다. 바로 '가난한 자들을 기억하는 것' 입니다. 나와 다른 그룹과 교제하고 그들의 가치관을 인정하고 공유하는 것은 쉽지 않습니다. 그것이 사람 사랑입니다. 나와 다른 사람을 인정하는 것입니다. 나와 다른 사람의 가치관을 공유하는 것입니다. 부부 사랑이 그런 것이죠. 전혀 다른 사람을 만났습니다. 사랑 그 하나로 모든 것을 공유합니다. 그의 가족이 내 가족이 됩니다. 그가 소중하게 생각하는 것을 나도 소중하게 생각합니다. 교회가 그런 곳입니다. 모든 면에서 다른 이들이 만나 친교의 악수를 하고 가치관을 공유하는 곳입니다. 배경이 다르다고 배척하지 않습니다. 가치관이 다르다고 무시하지 않습니다. 배경이 다르지만 친교의 악수를 하고, 가치관이 다르지만 존중합니다.

성령으로 시작한 갈라디아 사람들이 성령으로 지내다 성령으로 마치려면(3:3과 비교), 성령의 열매를 맺어야 합니다. 하갈의 자손인 이스마엘과 같이 육신의 자녀로 살면 육신의 열매를 맺습니다(4장). 그러므로 사라의 자손인 이삭과 같이 약속의 자손으로서 성령의 열매를 맺으며 살아야 맞습니다(5장). 그러려면 정과 욕심을 십자가에 못 박고 "사랑으로써 역사하는 믿음"(5:6)으로 살아야 합니다.

믿음과 사랑 둘 가운데 어떤 것이 더 중요할까요? 물론 둘 다 중요합니다. 둘 다 필요합니다. 그래도 둘 가운데 하나를 선택해야 한다면 무엇을 선택하시겠습니까? 저는 믿음을 선택하겠습니다. 갈라디아서 5장 6절입니다. "그리스도 예수 안에서는 할례나 무할례나 효력이 없으되 사랑으로써 역사하는 믿음뿐이니라" 아멘. '사랑으로써 역사하는 믿음'이 무엇일까요? '사랑을 통해 일하는 믿음'입니다. 믿음이 일을 합니다. 그런데 믿음은 사랑을 통해 일합니다. 믿음이 자동차라면 사랑은 기름과 같습니다. 자동차만 있으면 달릴 수 없습니다. 그렇다고 기름만 있으면 달릴 수 있나요? 없습니다. 둘 다 있어야 합니다. 그런데 기름 없는 차 안에서는 쉬기라도 할 텐데, 휘발유만으로는 뭔가를 하기가 어렵습니다.

기름값이 올라갑니다. 경유 가격이 휘발유 가격의 절반 정도였는데, 어떤 주유소를 가보니 경유가 휘발유보다 더 비쌉니다. 기름값이 오르니, 자동차를 팔려는 사람들이 생깁니다. 물가가 오르니 자동차를 유지하기가 어렵다는 거죠. 교회에 사랑이 없다며 사람들이 믿음을 버립니다. 교회를 떠납니다. 믿음이 일을 안 하니 사랑이 없고 사랑이 없으니 믿음이 소용없다며 버립니다. 믿음이 일을 안 하니 사랑이 더 귀해집니다. 사랑이 귀해지니 사랑으로써 역사하는 믿음을 더 찾습니다.

복음을 믿었는데 이제 율법을 지키는 방향으로 나아가려는 갈라디아 지방의 성도들에게 바울 사도는 '사랑으로써 역사하는 믿음' 을 강조했습니다. 믿음을 강조한 것입니다. 믿음이 없다면 구원이 없기 때문입니다. 그런데 우리가 잘 아는 고린도전서 13장에서 바울 사도는 "그런즉 믿음, 소망, 사랑 이 세 가지는 항상 있을 것인데 그 중의 제일은 사랑이라"(13:13) 이렇게 말합니다. '그 중의 제일은 사랑이라' 는 '사랑이 더 크다' 는 말입니다. 요한 사도는 "사랑하지 아니하는 자는 하나님을 알지 못하나니 이는 하나님은 사랑이심이라"(요일 4:8) 말합니다. '하나님은 사랑이시라' 했습니다. '하나님은 믿음이시라' 말하지 않았습니다. 물론 하나님은 신실하십니다. 그러나 '하나님은 믿음이시다.' 그렇게 말하지는 않습니다.

그럼, 왜 바울 사도는 고린도 교회를 향해, '하니 지금 믿음과 사랑과 소망이 머뭅니다. 그런데 이것들 가운데 큰 것은 사랑입니다.' 그렇게 말했을까요? 고린도 교회가 신령한 은사를 추구하면서 사랑을 버렸기 때문입니다. 뭔가 자신을 괜찮게 보이게 해주는 은사를 자랑합니다. 은사를 사용할 때 사랑으로 하지 않습니다. 그것이 문제였습니다. 그러므로 이어지는 고린도전서 14장 1절에서 "사랑을 추구하며 신령한 것들을 사모하되 특별히 예언을 하려고 하라" 그렇게 권합니다. 은사만 추구하고 사랑을 추구하지 않기 때문입니다. 방언을 자랑하면서 방언의 유익은 저버리기 때문입니다.

사도 요한의 경우도 비슷합니다. 믿음이라는 표현이 너무나 흔해졌습니다. 모두가 다 믿음이 있다고 말합니다. 그러니 정말 믿음이 있는지를 확인하기 위해서는 사랑이 있는지를 봐야 했습니다. 믿음이 사랑으로 일하기 때문에, 사랑을 보고 믿음이 있는 것을 알 수 있기 때문입니다. 휘발유를 사는 것을 보고는 '휘발유 차량을 소유하고 있구나.' 그렇게 판단하는 것과 같습니다. 모두가 성령을 얘기하는데, 상반되는 주장을 하니, 성령의 열매가 있는지 보려 합니다. 마귀가 거짓의 아비이니, 거짓됨을 보고는 그 기원(基源)이 마귀임을 압니다. "너희는 너희 아비 마귀에게서 났으니 너희 아비의 욕심대로 너희도 행하고자 하느니라 그는 처음부터 살인한 자요 진리가 그 속에 없으므로 진리에 서지 못하고 거짓을 말할 때마다 제 것으로 말하나니 이는 그가 거짓말쟁이요 거짓의 아비가 되었음이라"(요 8:44) 아멘.

사랑이 없다며 교회 무용론을 주장하니, 일단 믿음을 유지하는 쪽을 선택하겠다는 말입니다. 믿음이 있어야 사랑도 나오기 때문입니다. 저는 지금 하나님을 신뢰하기에 하게 되는 사랑을 말하고 있습니다. 자기 자신을 위해 베푸는 선행이나 사랑의 행동을 말하고 있지 않습니다. 결국은 자기를 위한 사랑은 사랑이 아닙니다. 요한 사도가 사랑을 말해 줍니다. "사랑은 여기 있으니 우리가 하나님을 사랑한 것이 아니요 하나님이 우리를 사랑하사 우리 죄를 속하기 위하여 화목제물로 그 아들을 보내셨음이라"(요일 4:10) 아멘.

사랑으로 포장하지만, 욕심이 동반된 사랑은 사랑이 아닙니다. 다윗의 아들 암몬이 압살롬의 누이 다말을 사랑합니다. 그래서 강제로 범합니다. 그러나 범하고서는 버립니다. 다말이 말합니다. "옳지 아니하다 나를 쫓아보내는 이 큰 악은 아까 내게 행한 그 악보다 더하다"(삼하 13:16). 그러나 암논이 듣지 않고 종을 불러 말합니다. "이 계집을 내게서 이제 내보내고 곧 문빗장을 지르라"(13:17). 욕심이 동반된 사랑은 사랑이 아닙니다. 사랑은 섬김이고 헌신입니다. 거저 줍니다. 대가를 바라지 않습니다. 대가를 바라지 않는 사랑은 믿음에서 나옵니다.

박해 시기를 지나는 히브리서 기자는 '믿음'을 말합니다. 물론 사랑도 말합니다. 히브리서 6장 10절을 보면, "하나님은 불의하지 아니하사 너희 행위와 그의 이름을 위하여 나타낸 사랑으로 이미 성도를 섬긴 것과 이제도 섬기고 있는 것을 잊어버리지 아니하시느니라" 말합니다. 우리가 잘 아는 10장 23-25절에서는 "또 약속하신 이는 미쁘시니 우리가 믿는 도리의 소망을 움직이지 말며 굳게 잡고 서로 돌아보아 사랑과 선행을 격려하며 모이기를 폐하는 어떤 사람들의 습관과 같이 하지 말고 오직 권하여 그 날이 가까움을 볼수록 더욱 그리하자" 말합니다. 사랑을 말합니다. 사랑의 섬김을 칭찬하고 더욱 사랑하라고 권합니다.

그럼에도, 히브리서의 강조점은 '사랑'보다는 '믿음'에 있습니다. 믿음 측면에서 파선 위기에 있기 때문입니다. 그래서 10장 39절을 보면, "우리는 뒤로 물러가 멸망할 자가 아니요 오직 영혼을 구원함에 이르는 믿음을 가진 자니라" 말합니다. 그러면서 '믿음 장'이라 불리는 11장이 이어집니다.

에베소서는 에베소의 크기만큼이나 스케일이[규모가] 큽니다. 하나님의 우주적인 역사와 구원 및 구원 적용을 알려주십니다. 하나님의 구원에는 유대인과 이방인 사이에 있던 막힌 담이 헐리는 것이 포함되어 있습니다.

우리 모두 잘 아는 대로 우리는 은혜로 구원받았습니다. 2장 8절입니다. "너희는 그 은혜에 의하여 믿음으로 말미암아 구원을 받았으니 이것은 너희에게서 난 것이 아니요 하나님의 선물이라" 아멘. 은혜가 우리 구원의 방법이 되게 하려고 하나님께서는 풍성한 긍휼로 우리를 사랑하셨고, 예수님께서는 우리의 화평이 되셨습니다. 2장 14절입니다. "그는 우리의 화평이신지라 둘로 하나를 만드사 원수 된 것 곧 중간에 막힌 담을 자기 육체로 허시고" 아멘. 우리의 화평이신 예수님이 하신 일 가운데 가장 중요한 일로 바울은 '막힌 담을 허셔서 둘을 하나 되게 하신 것' 을 듭니다. 여기서 '담' 은 '일정한 공간을 둘러막기 위해 쌓아 올린' 울타리가 아닙니다. 휴전선과 같이 '가운데 있는 담이나 벽' 을 뜻합니다. 하여 "둘 사이의 관계를 순조롭지 못하게 가로막는 장애물"인 '장벽' 으로 표현될 수 있습니다.

예수님은 '둘 사이를 가로막는 장벽' 을 허셨습니다. 장벽은 동일 민족이면서 유일한 분단국가인 우리에게는 여전히 가슴 아픈 주제입니다. 휴전선이 남북을 가로막습니다. 동성애라는 이름으로 남성과 여성 사이에는 새로운 장벽이 생겼습니다. 서울대 내에는 학부와 대학원이라는 새로운 형태의 장벽이 생겼습니다. 대학원생이 학부생의 10%이던 시절에는 대학원생들은 학부생들의 선배요, 조교요, 부러움의 대상이었습니다. 그러나 대학원 신입생이 학부 신입생 수를 능가하는 지금, 둘 사이에는 장벽이 있는 듯합니다.

수 년 전 어느 교수님으로부터 충격적인 말씀을 들었습니다. 학부 신입생은 3,400명이고 대학원 신입생은 5,900명이랍니다. 학부 신입생 대부분은 졸업에 성공하지만, 대학원 신입생 가운데 3분의 1가량은 졸업을 못 한다고 합니다. 석사 신입생 3,200명 가운데 500명이 졸업을 못 하고, 박사 신입생 2,700명 가운데에서는 1,500명이 다시 말해 절반 이상이 졸업을 못 한다고 합니다. 석박사 통합과정생들을 포함한 대학원생들이 연구실에 있느라 주일예배를 드리지 못하기도 합니다. 서울대 내에 새로운 형태의 장벽 즉, 학부와 대학원 사이의 장벽, 졸업하는 학생과 졸업하지 못하는 학생 사이의 장벽이 새롭게 형성되었다는 소식을 들으며 이 장벽을 어떻게 하면 헐 수 있을까 고민하게 됩니다.

예수님께서는 유대인과 이방인이라는 장벽을 허셨습니다. 2장 15-16절입니다. "법조문으로 된 계명의 율법을 폐하셨으니 이는 이 둘로 자기 안에서 한 새 사람을 지어 화평하게 하시고 또 십자가로 이 둘을 한 몸으로 하나님과 화목하게 하려 하심이라 원수 된 것을 십자가로 소멸하시고" 아멘. 유대인과 이방인 사이의 장벽은 여전히 존재합니다. 유대인들이 사는 곳과 팔레스타인 사람들이 사는 곳 사이에 장벽이 있습니다. 둘은 지금도 하나가 되지 못하고 있습니다. 자동차 번호판 색깔도 다릅니다. 유대인 자동차 번호판은 노란색이고 팔레스타인 번호판은 흰색과 초록색입니다. 번호판만 봐도 둘은 구분됩니다. 도로에 놓인 돌들, 하얗게 칠해진 도로 바닥에서 팔레스타인 사람들의 울분과 미움을 읽을 수 있습니다. 유대인들은 그동안 자신들이 약자였었다고 말합니다. 다시는 나라를 빼앗기지 않겠다고, 다시는 수용소에서 죽어 나가지 않겠다고, 다짐하고 또 다짐합니다. 팔레스타인 사람들은 유대인들을 침략자로 규정합니다. 팔레스타인 사람들에게 유대인들은 삶의 터전을 빼앗은 사람들입니다. 둘 사이에는 깊은 미움의 강이 흐릅니다.

우리 사회 곳곳에서 점점 심화되는 갈등과 높아지는 장벽이 어떻게 하면 해체될 수 있을까요? 화평이 필요합니다. 평강이 필요합니다. 미움을 녹일 수 있는 사랑이 필요합니다. 원수 삼지 않는 마음이 절실합니다. 내게 잘못 했다고 하며 원수 갚으려 한다면, 평강도 없고 사랑도 없고 미움만이 가득할 것입니다. 주님은 피 흘리시기까지 자기 몸을 헌신하심으로, 십자가를 지셔서 원수 되는 것을 해결하셨습니다. 예수 그리스도의 십자가만이 갈등을 해소하고 장벽을 무너뜨릴 수 있습니다.

예수님은 장벽을 헐고 무엇을 지으셨나요? 장막을 지으셨습니다. 2장 21-22절입니다. "그의 안에서 건물마다 서로 연결하여 주 안에서 성전이 되어 가고 너희도 성령 안에서 하나님이 거하실 처소가 되기 위하여 그리스도 예수 안에서 함께 지어져 가느니라" 아멘. 장벽과 장막의 차이가 무엇입니까? 장벽에는 공간이 없지만, 장막에는 함께 지낼 공간, 살아갈 공간이 있습니다. 예수님은 장막을 지으심으로 장벽을 허셨습니다. 지성소와 성소를 가로막던 휘장도 찢으셨습니다. 예수님은 집을 짓는 분입니다. 장벽을 헐고 장막을 짓는 분입니다. 우리 민족의 다양한 장벽들은 장막으로 지어지는 분들로 인해 헐릴 것입니다.

그럼, 누가 예수 그리스도께서 짓는 장막으로 지어집니까? 2장 19-20절입니다. "그러므로 이제부터 너희는 외인도 아니요 나그네도 아니요 오직 성도들과 동일한 시민이요 하나님의 권속이라 너희는 사도들과 선지자들의 터 위에 세우심을 입은 자라 그리스도 예수께서 친히 모퉁잇돌이 되셨느니라" 아멘. 예수님이 모퉁잇돌이신 집의 구성요소가 되는 사람들은 '시민'과 '권속'이라 불립니다. 시민은 권리와 의무를 이행하는 사람을, 권속은 집에 사는 사람을 가리킵니다. 하나님 집의 가족으로 살면서 천국 복음 안에서 의무를 이행하고 권리를 누리는 이들입니다. 예수님의 건축공법에 따라 공간을 만드는 사람들입니다. 내 옆에 자리를 만드는 사람들, 누가 다가와서 '자리 있어요?' 하면 '앉으세요.' 하는 사람들, 마음을 내주고 시간을 내주는 사람들이 하나님 나라 시민과 권속입니다.

에베소서는 집을 짓는 사람들, 장벽이 아니라 장막을 짓는 이들이 어떻게 살아야 할지 우리에게 잘 가르쳐 줍니다. 그들의 모토는 "피차 복종"입니다. 5장 21절입니다. "그리스도를 경외함으로 피차 복종하라" 아멘.

빌립보 교회는 대단한 교회였습니다. 빌립보가 대단한 도시였기 때문이죠. 시저 지지자들이 시저 반대편을 무찌르고 은퇴한 군인들로 살게 한 도시이기 때문입니다. 그래서인지 빌립보에는 유대인들의 회당도 없었습니다. 이들의 자존심은 재판도 없이 바울과 실라를 매로 친 데서 발견됩니다(행 16:22-23, 37). 무서울 게 없으니 일단 패고 보는 것입니다. 약함을 용납하지 못하는 도시입니다. 죄수가 도망갔다는 생각이 들자 자결하려 했던 간수의 모습에서도(행 16:27) 빌립보 시민들의 자존심이 느껴집니다. 이곳 목회는 주로 누가가 했고 디모데가 도운 것으로 보입니다. 하나님께서는 자존심 강하고 강함을 미덕으로 아는 빌립보 교회에 누가라고 하는 담임목사를 세웠습니다. 의사라고 알려진 사람입니다. 저는 엠마오로 가는 두 제자 가운데 이름이 알려지지 않은 다른 사람이 누가일 수 있다고 생각합니다. 치밀한 사람, 논리적인 사람입니다. 판단이 빠르고 일 처리를 잘하는 사람입니다.

누가에 의해 이끌린 빌립보 교회가 복음을 위해 헌신한 것은 이상한 일이 아닐 것입니다. 그런데 바울은 이처럼 자존심 강하고 약함을 용납하지 않는 교회 성도들이 알기를 바라는 내용을 말합니다. 1장 12절입니다. "형제들아 내가 당한 일이 도리어 복음 전파에 진전이 된 줄을 너희가 알기를 원하노라" 아멘. '알기 원한다.' 하는 말은 '지금 모르고 있다.' 하는 말과 같습니다. 앞에 있는 9절을 보면, "너희 사랑을 지식과 모든 총명으로 점점 더 풍성하게 하사"라는 기도 내용이 있습니다. 지식으로 인해 사랑이 업(up)되기를, 지식으로 인해 사랑이 증진되기를 기도합니다. 이어 그 지식이 어떤 지식인지 말합니다. '내가 당한 일이 도리어 복음 전파에 진전이 되었다.' 하는 지식입니다. '당한 일' 은 '대항하는, 대적하는 것들/요소들/항목들' 을 의미합니다. 바울을 대항하여 일어나는 일들이 복음 전파의 진도가 나가는 데 유익했다는 지식입니다.

바울이 당한 일의 중심에 '묶임, 갇힘' 이 있습니다. 쇠사슬에 매여 셋집에서 감금된 생활을 합니다. 재판이 진행 중입니다. 이미 네 번의 재판이 예루살렘과 가이사랴에서 진행되었습니다. 바울은 현재 오 년 가까운 세월을 구류 상태로 지내고 있습니다. 이 정도면 사람들이 심각하게 여길 만합니다. '바울 그 사람 하나님의 사람 맞아? 오 년이나 구류 상태로 지내다니, 뭔가 문제가 있는 것 같아.' 이런 말들로 수군거릴 수 있습니다. 바울은 이 모든 매임의 뒤에 그리스도께서 계신다고 알립니다. 1장 13절입니다. "이러므로 나의 매임이 그리스도 안에서 모든 시위대 안과 그 밖의 모든 사람에게 나타났으니" 아멘. '그리스도 안에서' 가 수식하는 말은 '나타났으니' 입니다. 그리스도께서 주권을 가지고 계십니다. 바울이 망한 것 같고, 형통하지 못한 것 같은데, 그 모든 상황을 주도하고 계시는 분이 계십니다. 그리스도이십니다.

증거도 있습니다. 바울의 매임으로 '많은 형제들' 이 확신하게 된 것입니다. 상황이 어찌 되었든, 오 년이나 구류 상태인 바울을 보고 확신을 갖고 두려움 없이 담대히 복음을 얘기하는 다수의 형제들이 생겼습니다. 물론 좋은 뜻으로 그리스도를 전파하는 사람들만 있는 것은 아닙니다. 시기와 다툼, 투기와 분쟁으로 그리스도를 전파하는 사람들도 있습니다. 1장 15절입니다. "어떤 이들은 투기와 분쟁으로, 어떤 이들은 착한 뜻으로 그리스도를 전파하나니" 아멘. '시기와 다툼으로 그리스도를 전파하는 사람들' 은 바울을 송사하는 유대인들로 보는 것이 좋겠습니다. 더둘로와 같은 변호사를 고용하여 바울과 바울이 전하는 복음을 공격하는 유대 종교, 정치 지도자들입니다. 대제사장 가문들입니다. 대제사장 아나니아(47-58년)와 이스마엘(58-60년)입니다. 아나니아는 산헤드린공회 비공식 재판 당시에 대제사장이었고, 이스마엘은 벨릭스와 베스도 공식 재판 당시에 대제사장이었습니다. 빌립보서 기록 당시 대제사장은 안나스의 아들 아나누스 2세(61-62년)입니다. 안나스의 사위 가야바는 예수님 재판에 관여했는데, 안나스의 아들 가운데 하나가 바울의 황제 재판에 관여합니다. 이들은 어떻게 해서든 예수가 틀렸다고, 바울이 틀렸다고 말하고 싶어 합니다. 그 과정에서 바울의 말을 인용합니다.

빌립보서 1장 16절의 '이들' 은 15절에 있는 '착한 뜻으로 그리스도를 전파하는' 이들입니다. "이들은 내가 복음을 변증하기 위하여 세우심을 받은 줄 알고 사랑으로 하나" 아멘. 이들은 바울이 복음의 변증을 위해 세움 받은 것을 압니다. 그러기에 복음 변증을 위해서는 갇힐 수도 있다는 것을 압니다. 바울의 사명을 아는 사람들입니다. 복음 전도를 위해 바울이 고난을 많이 받아야 함을 아는 이들입니다. 복음 전도의 길에 형통만이 있는 것이 아니라, 순교도 있다는 것을 아는 이들입니다.

반면, 투기와 분쟁으로 복음에 대해 말하는 이들이 있습니다. 1장 17절의 '전파' 는 단어가 약간 다릅니다. '선포' 에 가깝습니다. '그들' 은 투기와 분쟁으로 바울이 전하는 복음을 말하는 유대인들입니다. "그들은 나의 매임에 괴로움을 더하게 할 줄로 생각하여 순수하지 못하게 다툼으로 그리스도를 전파하느니라" 아멘. '순수하지 못하게' 는 '모르지 않은 채로, 알고서도' 를 뜻합니다. 문맥이 이해가 안 되어 본래 의미와 달리 번역했습니다. 유대인들도 압니다. 대제사장들도 압니다. 예수님이 부활하신 것을 압니다. 그러나 자신들의 기득권을 지키려면 예수는 부활하지 않은 것으로 되어야 합니다. 성경 내용 가운데 일부만이 인정되어야 합니다. 자신들에게 유익이 되지 않는 내용은 성경에 있으면 안 되는 것처럼 사는 사람들입니다. 형통만이 성공이라고 보는 이들입니다. 잘 먹고 잘살아야 복 받았다는 기준을 가진 사람들입니다. '다툼으로' 는 '이기적인 야망을 가지고' 를 뜻합니다. 갇힌 바울의 괴로움에 뭔가를 더할 것으로 간주하고 바울을 송사합니다. 바울이 틀렸다고 주장하고, 질서를 어지럽힌 그는 사형에 해당한다고 말합니다.

이러한 현상을 보면서, 바울은 '두 가지 방식' 즉, 부정적인 의도를 가진 방식과 진정성이 있는 방식 모두에 의해 그리스도께서 선포되심을 봅니다. 그는 그리스도께서 알려지는 것을 기뻐합니다. 또한, 앞으로도 이것이 본인에게 기쁨이 될 것을 압니다. 그러기에 자신의 고난을 통해 그리스도께서 알려지고 주목받고 스타가 되시는 것에 대한 아쉬움이 없습니다. 1장 18절입니다. "그러면 무엇이냐 겉치레로 하나 참으로 하나 무슨 방도로 하든지 전파되는 것은 그리스도니 이로써 나는 기뻐하고 또한 기뻐하리라" 아멘. '기뻐하고 또한 기뻐하리라' 에서 처음 기쁨은 현재 기쁨이고 둘째 기쁨은 장차 기뻐하게 될 기쁨입니다.

장차 기뻐하게 될 기쁨의 이유가 19절 이하에 설명됩니다. 19절만 봅니다. "이것이 너희의 간구와 예수 그리스도의 성령의 도우심으로 나를 구원에 이르게 할 줄 아는 고로" 아멘. 바울이 아는 것, 지식이 있습니다. 무엇입니까? 그리스도께서 알려지는 것이 바울의 구원을 이루는 것입니다. 예수 그리스도께서는 십자가가 축복의 길임을 보여주셨습니다. 역사를 주관하시고 인도하시는 그리스도의 주님 되심을 인정하는 자에게, 하나님께서는 모든 것이 합력하여 선이 되게 하십니다(롬 8:28). 그러므로, 바울이 당한 일은 그리스도께서 역사의 주인이심을 드러내고, 바울에게도 유익이고, 빌립보 성도들에게도 유익입니다. 이 점은 우리에게도 적용됩니다.

그러므로 우리가 가질 모습과 품을 마음은 예수님의 모습과 마음입니다. 쥐꼬리 만한 특권이라도 있으면 큰소리치고 쉽게 남을 업신여기는 것이 다반사인 인간 세상에서, 예수님의 마음을 품고 그분의 이름, 그분의 존재 방식, 그분의 말씀을 기준 삼아 살아가라고 말합니다. 그러면 하나님께서 영광을 받으신다고 합니다. 이유는 예수님의 그 마음과 그 모습이 사실은 성부의 마음과 모습이기 때문입니다. 2장 5절입니다. "너희 안에 이 마음을 품으라 곧 그리스도 예수의 마음이니" 아멘. '마음' 으로 한정했지만 실은 '이것을 품으라' 했습니다. 1절로 4절의 태도와 삶을 모두 지칭합니다. '마음뿐 아니라 삶을 품으라.' 말씀하신 것입니다. 2장 1-4절입니다. "그러므로 그리스도 안에 무슨 권면이나 사랑의 무슨 위로나 성령의 무슨 교제나 긍휼이나 자비가 있거든 마음을 같이하여 같은 사랑을 가지고 뜻을 합하여 한마음을 품어 아무 일에든지 다툼이나 허영으로 하지 말고 오직 겸손한 마음으로 각각 자기보다 남을 낫게 여기고 각각 자기 일을 돌아볼뿐더러 또한 각각 다른 사람들의 일을 돌보아 나의 기쁨을 충만하게 하라" 아멘.

마음을 같이 할 뿐 아니라, 다투지 말고 허영도 부리지 말고 자기보다 다른 사람이 더 훌륭하다고 여기고, 특히, 본인이 해야 할 일도 잘 살펴야 하지만 다른 사람들에게 속한 일에도 관심을 기울이라 하십니다. 여기서 '관심을 기울이라, 돌보라' 하는 단어는 '파수꾼'에서 비롯되었습니다. 파수꾼이 잘 보고 있다가 적절한 행동을 취하듯, '자기 일'과 '자신과 다른 부류의 사람들의 일'에도 적절한 행동을 취하라 말합니다. 이는 간섭하거나 지적[질]하라는 말이 아닙니다. 부유한 사람은 가난한 사람의 마음을 잘 모릅니다. 배부른 사람은 배고픈 사람의 마음을 잘 모릅니다. 배부르지만 배고픈 사람의 형편을 잘 살피라는 말입니다. 부유하지만 가난한 사람의 마음을, 가난하지만 부유한 사람의 마음을 잘 살펴 적절하게 돕고 사랑하라는 말입니다.

"이 '마음'을 품으라"에서 품으라는 '횡경막'이라는 단어에서 유래하였습니다. 가슴에 무엇이 있어야 하는가? 나와 상황이 다르고 처지가 다르고 신분과 위치가 다른 사람에 대해 귀하게 여기며 어떻게 도와야 할지 생각하는 마음이 있어야 합니다. 교수는 학생들의 처지를 잘 모르고, 학생들도 교수들의 어려움을 잘 모릅니다. 그러나 깊은 관심을 가지고 보면 학생들도, 교수들도 사랑의 돌봄이 많이 필요합니다. 재벌들의 자녀들이 자살하는 걸 보면 재벌들에게도 어려움이 많나 봅니다. 대통령을 지낸 사람이 자살하는 걸 보면, 대통령을 지냈다 하여 인생의 문제가 해결되는 것은 아닌 것 같습니다.

예수님은 작은 차이를 크게 생각하셨습니다. 어렸을 때는 한두 살 차이만 나더라도 '형, 동생' 하지만, 어느 정도 시간이 지나면 '같이 늙어 가는 처지에' 하면서 맞먹으려 합니다. 신학생들도 학교 다닐 때는 교수님을 하늘처럼 생각하다가(이것도 이제는 맞는 말이 아닙니다.), 안수 받으면 '자기도 목사'라고 생각하고 맞먹으려 합니다. 그러다가 부목사나 담임목사라도 되면, 노회에서 교수는 무임목사이고 자신은 정회원이므로, 교수를 더 이상 존중하지 않는 경우가 많습니다. 투표권이 없기 때문입니다.

그러나 예수님은 하나님과 맞먹으려 하시지 않았습니다. 예수님은 하나님의 '본체' 혹은 형상 안에 계시지만 종의 '형체' 혹은 형상을 취하셨습니다. 이 과정에서 그분이

하신 작업은 '비우기' 였습니다. '차이가 크지 않기에 조금만 채우면 하나님처럼 되겠다.' 여기고 선악과를 먹은 아담과 하와처럼, 그리고 예수님을 피조물 취급했던 사탄처럼, 차이가 크게 나지 않으면 순서를 바꾸려 하는 경우가 많습니다. 그러나 예수님은 하나님 품 안의 독생자이셨지만, 누구와도 견줄 수 없을 만큼 높고 하나님과 가까운 분이셨지만 '사람' 과 같이 되셨습니다. 맞먹을 수 있을 것 같은 자리에서 절대로 맞먹을 수 없는 자리로 스스로 내려오신 것입니다.

그리고 '사람의 모양' 으로 나타나셨습니다. 의미는 '사람이 가진 것을 자신도 가지셨다.' 하는 것입니다. 왕자가 거지가 된 것처럼, 헤롯이 업신여길 만큼 약한 아기로 오셨습니다. 좋은 처소를 요구하지 않으시고 구유 즉 가축의 밥통에 누우셨습니다. 이를 위해 예수님은 비우실 뿐 아니라, 자신을 낮추셨습니다. 어느 정도로 낮추셨는가? 죽는 데까지 순종하실 정도로 자신을 낮추셨습니다. 그것도 일반적인 죽음이 아니라 십자가의 죽음이라는 매우 심각한 형태의 죽음을 죽으실 정도로 자신을 낮추셨습니다. '이 마음, 이러한 태도, 이러한 삶을 우리의 것으로 취하라.' 말씀하시는 것입니다.

그런데 하나님께 대하여, 피조물에 대하여 이러한 마음과 태도, 삶을 취하신 예수님에 대한 하나님의 결정이 무엇입니까? 예수님의 비우심과 낮추심에 대한 하나님의 반응은 '높이시는 것' 과 '모든 이름을 넘어서는 이름을 은혜로 주시는 것' 이었습니다. 2장 9절입니다. "이러므로 하나님이 그를 지극히 높여 모든 이름 위에 뛰어난 이름을 주사" 아멘. 한없이 낮아질 줄 알았는데, 누구보다도 더 높아졌습니다. 사실 높아지기 위해 예수님은 낮아지실 필요가 없었습니다. 하나님과 본체셨으니까요. 영광이, 존재 방식이 하나님과 같았으니까요. '하나님' 이라 불릴 수 있는 독특한 분이셨으니까요. 굳이 성육신하시고 십자가에서 죽기까지 순종하시고 승귀하실 필요가 없었습니다. 어찌 보면 보좌 우편이라는 자리가 아버지 품 안보다 더 높아 보이지 않습니다. 이미 하나님이라는, 성자라는 이름이 있으셨기에, '그리스도' 나, '모세와 같은 선지자' 나, '의인' 과 같은 이름이 필요하지 않으셨습니다. 충분히 높은 분이었다는 말입니다. 자신이 높아지기 위해서 낮아지실 필요는 없는 분이라는 얘기입니다. 그러기에 그분의 낮아지심과 죽으심은 순전히 우리를 위한 것이었습니다. 그래서 로마서 4장 25절은 이렇게 증거 합니다. "예수는 우리가 범죄한 것 때문에 내줌이 되고 또한 우리를 의롭다 하시기 위하여 살아나셨느니라" 아멘.

제가 담임 목회하러 갔을 때 교회 청년들이 저에 대해 불만을 표출했습니다. 제가 전임 목사님 쫓아내고 담임목사가 되었다고 생각하는 청년들이 있었습니다. 그렇게 생각하고 교회 떠난 집사님들도 계시고요. 그런데 임 전도사님이 고별설교하고 갈 때 '제가 굳이 담임목사를 하지 않아도 충분히 괜찮은 위치에 있다.' 하는 식으로 얘기를 해서 태도가 조금 바뀌었다고 들었습니다. 어찌 그 말이 맞기만 하겠습니까? 담임목사라는 게 목회자들이 되고 싶어 하는 자리이고, 교회가 중요하면 중요할수록 그 교회의 담임목사라는 자리는 선호되는 자리이겠지요. 중요한 건 제 마음이겠습니다. 제가 빌립보서 2장 1-4절의 마음과 태도 및 삶을 취하느냐, 그러지 않느냐가 중요한 것이지요. 또 하나의 이력 추가라는 생각으로 담임목사가 되었다면 주님을 따른 것이 아니겠고요, 임 전도사님[지금은 목사님] 얘기처럼, 그리고 빌립보서 2장 앞부분이 말하는 것처럼, '나와 형편이 다른 처지에 있는 교회를 위한 관심과 배려'가 담임목사가 된 동기라면 주님을 조금은 본받은 것이 될 수 있습니다. 동시에 죽기까지 그 마음과 태도와 삶이 변하지 않아야 주님의 제자로 산 것입니다. 그러니 주님의 마음과 태도와 삶을 따라간다는 것은 참 어려운 일입니다.

그러나 주님을 따라간다면 약속된 것이 있습니다. 약속된 것은 '결국 예수님의 이름에 모두가 무릎을 구부릴 것이다.' 하는 내용과 연관됩니다. 2장 10절입니다. "하늘에 있는 자들과 땅에 있는 자들과 땅 아래에 있는 자들로 모든 무릎을 예수의 이름에 꿇게 하시고" 아멘. 하늘 위에 있는 것들이든, 지상에 있는 것들이든, 땅 밑에 있는 것들이든 빠짐없이 예수님의 이름에 무릎을 꿇을 것입니다. 여기서 중요한 것이 예수님의 승귀가 아니라고 이미 말씀드렸습니다. 예수님은 이미 높은 분이셨습니다. 그럼, 예수님의 이름에 모두가 무릎을 구부리는 것의 의의는 어디에 있습니다. 그리스도의 비우심과 낮아짐에 대한 하나님의 반응이 있다는 것입니다. 하나님의 조정, 하나님의 심판이 있다는 말입니다. 이러한 조정을 위해 예수님이 오신 것은 아닙니다. 그러나 그러한 조정이 있다는 약속입니다. 순종하는 자에 대해 하나님께서 조정하신다는 말씀입니다. 계속해서 수치를 당하게 하시지 않는다는 말씀입니다.

또한 모든 혀가 예수님이 '주님'이라고, 예수님이 '그리스도'라고 고백할 것입니다.

그리고 이것이 하나님 아버지께 영광이 될 것입니다. 2장 11절입니다. "모든 입으로 예수 그리스도를 주라 시인하여 하나님 아버지께 영광을 돌리게 하셨느니라" 아멘. 예수님을 인정만 해도 하나님께 영광이 됩니다. 예수님을 인정함으로써 동시에 하나님이 어떤 분이라는 것을 드러내기 때문입니다. 군림하는 신이 아닌, 사랑의 하나님입니다. 창조주의 특권을 누리시기보다 피조물을 위해 창조주의 능력을 사용하시는 하나님입니다. 교회의 머리는 예수님이십니다. 우리는 모두 예수님의 이름에 무릎을 꿇음으로써, 예수님을 통해 계시된 하나님이 참 하나님이라는 것을 인정합니다. 우리의 모든 선함은 오직 그리스도로 인하여 형성되었습니다. 그래서 우리가 늘 하나님을 향해, 예수 그리스도를 향해 가지는 태도는 '면류관을 벗어 던져드리기' (계 4:10)입니다. 어떤 칭찬도 우리에게 적절하지 않다고 고백합니다. 혹 잘하는 일이 있으면 '나의 나 된 것은 하나님의 은혜' (고전 15:10)라고 고백합니다. 우리는 땅 위에 있는 것들 가운데 하나입니다. 그러므로 예수님의 이름에 무릎을 구부릴 자들입니다.

바울은 자신을 낮추는 것과 신앙고백을 고수하는 것은 같은 것이라고 가르쳐줍니다. 신앙을 고수하는 것이 남을 업신여기는 것이 아니라고, 자신을 낮추는 것이 신앙을 잃는 것이 아니라고 말합니다. 예수님이 십자가에서 죽기까지 순종하셨지만, 그분의 존귀를 잃지 않으셨습니다. 미친기지로 우리가 낮아진다 해도, 스스로 자신을 낮춘다 해도, 예수님의 이름에 무릎을 꿇은 것이고, 하나님의 말씀에 순종한 것이라면, 우리의 종착역이 수치가 아니라고 증거 합니다. 비굴하지 않지만 겸손하고, 교만하지 않지만 담대한 우리이기를 바랍니다.

이제 골로새서를 통해 우리 자신을 돌아보겠습니다.[1] 누가가 골로새에서 의사로 있었나 봅니다. "사랑을 받는 의사 누가"(4:14)라고 소개됩니다. 아마도 2차 전도여행 때, 바울 일행은 누가를 골로새에서 만난 듯합니다. 옥중서신 가운데 유일하게 누가의 이름이 나옵니다.

---

1) 골로새서와 관련된 내용은 「생명의 삶」 2010년 9월호 원고를 위해 필자가 집필한 원고에서 발췌하고 수정한 것입니다.

차분한 도시 골로새에 보내진 골로새서 1장 1-8절은 '복음의 효능'에 대해 말합니다. 바울은 하나님 중심적인 사람입니다. 하나님의 뜻을 따라 움직이려 합니다. 그가 그리스도 예수의 사도가 된 것도 하나님의 뜻을 통해서였습니다. 하나님의 뜻, 그것은 우리가 하늘에서와 같이 땅에서도 이뤄지기를 바라고 매일 기도하는 것입니다. 그 뜻이 바울의 움직임에서 묻어납니다. 잔인하던 그가 사랑의 사도가 되었습니다. 저돌적이던 그가 다른 사람을 배려합니다. 디모데를 형제라 부릅니다. 아직 만나보지 못했지만, 골로새의 성도들도 형제라 부릅니다. 그들이 거룩하고 신실하기 때문입니다. 이제 그들 모두도 '그리스도 안에서' 바울의 형제가 되었습니다. 같은 하나님을 아버지로 모신 가족이 된 것입니다. 이것이 하나님의 뜻이 삶에서 배어나는 사람의 고백입니다. 감옥에 갇혀 있으나 그의 입에는 축복이 있습니다. 은혜와 평강을 기원합니다. 이 세상의 것을 가졌기에 오는 만족과 기쁨이 아닙니다. '우리' 아버지 하나님으로부터 오는 만족과 평안입니다.

하나님 중심적으로 사는 사람들에겐 하늘 향한 감사가 있습니다. 그리스도이신 예수님을 의지한다는 말을 들으면 하늘을 보며 "감사!" 합니다. 사랑의 표현이 거룩한 자들에게 미칠 때 하늘 보며 "감사!" 합니다. 특별히 그 사랑의 동인(動因)이 하늘에 쌓여있는 소망일 때, 그 감사는 절정에 이릅니다. 이 땅에서 뭔가 이득을 얻을 것 같아 베푼 사랑이 아닙니다. 사람들에게 잘 보이려 행한 게 아닙니다. 복음을 듣고 깨달은 바가 있기에, 복음 속에 약속된 하나님의 기업을 의식하며, 땅의 것으로 친구를 사귀었습니다. 대가를 바라지 않는 나눔과 사귐을 보며 하늘 향해 감사합니다. 복음이 있는 곳에 이러한 사랑과 감사가 있습니다. 하나님의 은혜를 깨달은 골로새 성도들의 열매 맺는 삶을 보며 바울과 디모데가 하늘 보며 "감사!" 합니다. 에바브라의 수고에 높은 점수를 부여합니다. 함께 종 된 사랑하는 에바브라, 그리스도를 섬기는 그를 통해, 복음이 이 세상에서 열매 맺고 자라기 때문입니다. 복음의 보편적 효능이 내 주위에서도 나타나고 있습니까? 나는 오늘 어떤 것을 보고 들으며 하늘 향한 감사를 할 수 있습니까?

바울 사도는 골로새서 1장 9-20절에서 '절박한 기도'를 드립니다. 성경 속 간구는 여유 있는 중에 구하는 고상한 기도가 아니라, 절박한 심정으로 드려지는 기도입니다. 평강 가운데 있지만, 절박한 기도를 드립니다. 바울과 디모데는 골로새의 성도들이 하나님의 뜻을 알되, 모든 지혜와 신령한 깨달음 가운데에서 알기를 기도합니다. 인간적 산식(算式)으로 이뤄진 계산이 아니라 위로부터 임한 하늘의 지혜를 통해, 육신적이고 정욕적이고 마귀적인 아이디어가 아니라 성령의 감동으로 생겨난 깨달음으로 하나님 뜻 분별하기를 구합니다. 하나님 뜻이 잘못 분별 되면 이어지는 삶이 키 없는 배처럼 이리저리 몰려다니며 방황하게 될 것이기 때문입니다. 뜻이 제대로 분별 되면 주님을 기쁘시게 하는, 선한 열매로 가득한, 신지식(神知識)을 획득하는 일상생활이 됩니다. 하나님 주시는 힘으로 잠잠히 오래 참아 결국, 장차 받을 하늘의 기업을 기대하며 기뻐하고 감사합니다. 하나님의 구속으로 죄 사함을 받아 소속된 나라가 바뀌었기 때문입니다. 어둠의 권세가 아니라 사랑의 힘을 통해 아들의 나라로 인도받기 때문입니다.

기도의 근거는 예수 그리스도입니다. 예수 십자가의 보혈 때문에 기도할 수 있습니다. 하나님의 아들 예수님은 하나님의 형상입니다. 눈에 보이는 하나님이십니다. 예수님으로 인해 하나님이 그려집니다. 성경을 통해 예수님이 어떤 분인지 알게 되면서, 하나님이 손으로 만져집니다. 마음에 와닿는, 삶이 밴 기도를 하게 됩니다. 피조물인 우리는 예수님과 떼려야 뗄 수 없는 존재입니다. 천지 만물이 그 안에서 창조되있습니다. 그를 통해 창조되었고, 그에게로 창조되었습니다. 그는 모든 만물보다 선재하신 분이고, 만물은 그 안에서만 자기 자리를 찾을 수 있습니다. 그는 우리가 속해 있는 교회의 머리이십니다. 그는 시작이고, 죽은 자들 가운데서 가장 먼저 나신 분입니다. 장차 죽고 부활할 우리의 모델이 되십니다. 하나님의 모든 충만이 예수님 안에 있어, 만물은 예수님을 통해 하나님과 화평케 됩니다. 천지 만물이 예수 십자가의 피로 평화를 누립니다. 우리도 예수님 때문에 존재하게 되었고, 화평 중에 하나님께 나아가게 되었습니다.

우리가 하나님 앞에 나아가 기도할 수 있는 근거가 무엇입니까? 예수 그리스도입니다. 예수 그리스도를 힘입어 하나님 앞에 나아가는 자는 어떤 상태로 기도하게 됩니까? 평강 중에 기도합니다. 우리는 하나님과 원수였는데 성도가 되었습니다(1:21-23). 예수 그리스도 때문에 달라졌습니다. 예수님과 골로새 성도들은 서로 소원(疏遠)했었습니다. 그들의 악한 행실로 인해 그들과 예수님과의 관계는 원수 관계로 표현될 수 있었습니다. 그들의 말은 예수님의 말과, 그들의 마음은 예수님의 마음과, 그들의 행동은 예수님의 행동과 달랐습니다. 그들은 예수님의 권세 있는 말씀을 업신여겼고, 예수님의 사랑 가득한 마음을 멸시했으며, 예수님의 구별된 행동을 미련하다 했습니다. 그런데 십자가에 달려 돌아가신 예수님 때문에 골로새 성도들도 거룩하고 흠 없고 책망할 것이 없는 자로 하나님 앞에 설 수 있게 되었습니다. 십자가 구속을 믿는 믿음 위에 굳게 서서 복음에 표현된 하늘 소망 중에 거할 때, 그렇게 될 것입니다. 그렇게 되는 것이 바울 사역의 목표입니다. 십자가 신앙 위에 서 있는 사람의 말과 마음과 행동은 예수님을 닮아가게 되어 있습니다. 마음 씀씀이, 표정마저도 거룩하고 흠이 없으며, 일거수일투족이라도 성경이 제시하는 원칙대로 살아내게 됩니다.

내 말과 마음과 행실을 통해 볼 때, 나는 예수님과 얼마나 가까워졌습니까? 나는 점점 예수님과 더 가까워지고 있습니까, 아니면 점점 멀어지고 있습니까?

그리스도의 십자가로 승리자가 되시기를 바랍니다(2:11-15). 우리는 그리스도 안에서 육적 몸을 벗는 할례를 받았습니다. 몸에 거하나 정욕을 떠난, 땅에 붙어 있지만 하늘을 거닐며 하늘 원칙으로 사는 '참 할례당'이 되었습니다. 세례 때 그리스도와 함께 죽었습니다. 죄 짓기 좋아하던 옛사람이 죽었습니다. 그리고 그리스도를 일으키신 하나님의 역사를 믿는 믿음으로 그리스도와 함께 일으켜졌습니다. 죽어도 주와 함께, 살아도 주와 함께 존재하는 자가 되었습니다. 부활 신앙으로 죄와 무할례를 벗어나 그리스도와 함께 생명을 얻게 되었습니다. 그간 지은 죄도 용서받았습니다. 우리를 정죄하던 조문(條文)들도 십자가에 못 박힘으로 힘을 잃게 되었습니다. 우리를 짓누르던 정사들과 권세들도 무장해제 되어 그리스도의 십자가 앞에 굴복하게 되었습니다. 이제는 우리에게서 자유를 앗아갈 죄악 세력이 하나도 없습니다. 그리스도의 십자가로 인한 승리자가 되었기 때문입니다. 이 승리를 빼앗으려 도전하고 방해하는 어떠한 시도도 십자가 앞에선 무너집니다.

죄악과의 싸움에서 어떻게 승리할 수 있습니까? 그리스도의 구속으로 승리자가 된 자의 삶과 죄악 가운데 거하는 자의 삶은 어떻게 다릅니까? 마땅한 순종과 사랑이 있는 가정에는 말씀 풍년이 옵니다(3:18-21). 아내가 남편에게 하는 순종은 주 안에서 마땅한 순종입니다. 창조 질서를 존중하는 아내는 힘들지만 순종합니다. 남편의 아내 사랑은 주 안에서 마땅한 사랑입니다. 남편은 아내에게 쓴맛을 보여서는 안 됩니다. 순종과 사랑 둘 다 쉽지 않으나, 보통 아내에게는 순종이, 남편에게는 사랑이 어렵습니다. 아내에겐 순종보다 사랑이 기본적으로 더 많은 편이고, 군에 다녀온 남편들은 사랑보다는 복종이 몸에 더 배어 있습니다. 그러나 사랑이 부족한 남편을 순종하는 아내와, 순종에 익숙하지 않은 아내를 감싸주는 남편으로 인해 가정에 말씀 풍년이 옵니다. 부모와 자녀 사이는 어떨까요? 자녀가 부모에게 하는 순종은 주님을 기쁘시게 합니다. 부모 공경이 생명의 근원되신 하나님 공경과 성격 면에서 유사하기 때문입니다. 부모의 사랑으로 자녀들은 용기를 얻습니다. 반면 부모가 자녀들의 가치를 인정해주지 않으면 자녀들은 크게 상심합니다.

가정의 말씀 풍년, 찬양 풍년을 위해 내가 감당할 역할은 무엇입니까? 최근 일주일 동안 나는 마땅한 순종과 사랑에의 헌신에 어느 정도 성공했습니까?

신자는 사람 가운데서 일하더라도 주님이 앞에 계신 듯 일합니다(3:22-25). 그리스도로 옷 입고 그리스도의 말씀으로 충만한 자는 그 일터에서 수고하는 모습도 남다릅니다. 종들은 범사에 육신의 주인들에게 복종해야 합니다. 사람을 기쁘게 하는 자들처럼 외견적 섬김으로 말고, 주님을 두려워하는 순전 담백한 마음으로 섬겨야 합니다. 보이려 말고 할 바에 집중해야 진실하게 섬길 수 있습니다. 사람을 의식하지 말고, 하나님을 염두에 두어야 합니다. 생명 다해 일해야 합니다. 장수(長壽)와 부귀를 목표 삼지 말고 하나님 뜻 실현을 목표 삼아 힘써 수고해야 합니다. 하나님의 뜻은 생명 다해 수고하는 자를 통해 이뤄집니다. 이렇게 일하는 자는 주님으로부터 유업을 상으로 받을 것입니다. 그러니 범사에 눈에 보이는 사람에게 하듯 말고 보이지 않는 주께 하듯 하십시오. 우리는 주되신 그리스도의 종입니다. 불의 행하는 자, 행한 대로 되받습니다. 하나님께는 편애 없습니다. 천국에서 파송된 자로 일하십시오.

하나님, 사람, 일 중 가장 커 보이는 것은 무엇입니까? 나는 일할 때 누구의 칭찬을 가장 받고 싶어 합니까? 하나님이 가장 커 보이고 하나님의 칭찬을 사모하실 수 있기를 바랍니다.

'절제와 소통'(4:1-9)을 위해서는 기도, 말씀, 전도의 문이 열리는 것(4:1-6)과 소개(紹介) 사역(4:7-9)이 중요합니다. 기도의 문(門)이 열리면 말씀 문이 열리고, 말씀 문이 열리면 전도 문이 열립니다. 주관하는 자들도 의와 공평을 지켜야 합니다. 자신들을 주관하시는 분이 하늘에 계시기 때문입니다. 기도에 강한 자가 되십시오. 기도 가운데 감사로 깨어 있으십시오. 사역자들을 위해서도 기도하십시오. 비밀 되신 그리스도를 전할 수 있는 말씀의 문이 열려야 전도할 수 있습니다. 말씀 문만 열리면, 마땅히 말해야 할 것을 밝히 전할 수 있습니다. 바울이 갇힌 이유도 여기에 있습니다. 기도의 문을 열기 위해 감옥 문 안에 앉아 있습니다. 전도의 문을 억지로 열려 하면 안 됩니다. 기도와 말씀의 문을 먼저 연 다음, 전도의 문을 열어야 합니다. 전도의 문이 열렸다고 무작정 아무나 만나 시간을 보내면 안 됩니다. 교회 밖 사람들을 지혜롭게 대함으로 시간을 절약하되, 지혜롭게 말하십시오. 소금으로 간 맞추듯 말하면, 마땅히 할 말을 찾아낼 수 있을 것입니다. 전도사역에도 순서가 있습니다. 기도의 문을 열기 위해 얼마나 힘쓰고 있습니까? 어떤 원칙에 따라 교제와 일에 사용될 시간을 정하나요?

'소통과 교제'를 위해서 꼭 필요한 것 중 하나가 소개 사역입니다. 예수님이 그리스도시요, 하나님의 아들이시지만, 세례 요한이 예수님을 소개하였습니다. 안드레는 자기의 형제 시몬 베드로에게 예수님을 소개했고, 빌립은 나다나엘을 찾아 예수님을 소개했습니다(요 1:40-45). 직접 사역한 교회가 아니지만 바울은 자신의 상황과 사역을 소개할 사람을 보냅니다. 바울에 관해 알게 할 자 두기고는 어떤 사람입니까? 사랑받는 형제요, 신실한 일꾼이요, 주 안에서 함께 일하는 종입니다. 보냄을 받은 그가 도착하면, 바울 일행에 관한 것들을 알게 하고 성도들의 마음을 위로할 것입니다. 신실하여 사랑받는 형제가 한 명 더 있습니다. 오네시모입니다. 그는 골로새 출신입니다. 빌레몬서를 통해 볼 때, 오네시모는 바울을 만난 후 변하여 새사람이 되었습니다. 두기고와 오네시모가 바울 팀을 자세히 소개하고 나면, 골로새 교회 성도들이 오네시모를 너그러운 마음으로 수용할 수 있을 것 같습니다. 나를 가장 잘 소개할 수 있는 친구가 누구입니까? 나는 내가 아는 사람들의 상황과 사역을 소개할 준비가 얼마나 되어 있나요?

바울 사도는 팀 소개와 해피엔드(happy end)로 골로새서를 마무리합니다(4:10-18).

먼저 팀을 소개합니다(4:10-14). 함께 일하는 이들을 소개하는 바울에겐 기쁨이 있습니다. 동료들이 한 사람씩 골로새 교회 성도들에게 문안하는 것을 전합니다. "옥살이 친구 아리스다고가 문안합니다. 바나바의 생질 마가도 문안합니다. 마가에 대해 부정적 소문이 있었으나, 명을 받은 대로 환영해 주십시오. 유스도 예수도 문안합니다. 이 세 사람만이 유대인 동역자입니다. 이들은 내게 큰 위로를 줍니다. 여러분에게서 온 에바브라도 문안합니다. 그는 예수 그리스도의 종으로서 여러분을 위해 기도하는 일에 항상 힘쓰며, 여러분이 완전해지고 하나님의 모든 뜻 가운데 철저히 서길 기도하고 있습니다. 그는 진정 여러분과 이웃 지방 교회를 위해 수고를 많이 하는 일꾼입니다. 사랑받는 의사, 누가와 데마도 여러분에게 문안합니다." 옥살이하느라 고달플 텐데도, 바울에게는 동료들에게 나눠줄 마음의 여유가 있습니다. 그들의 처지를 돌아보고 그들의 사랑을 소개해줄 힘이 있습니다. 현대인들은 그에게서 배울 게 참 많습니다. 동료를 위해 한숨, 두 숨, 여러 숨 묵묵히 지켜 볼 마음의 여유가 있습니까? 그들의 말을 기억하고 전달할 힘은 어디서 나옵니까?

마지막으로 바울은 골로새 성도들 입장에서 편지를 마무리합니다(4:15-18). "라오디게아에 있는 형제들에게도 우리 소식을 전해주십시오. 눔바와 그 집 교회에도 전해주세요. 라오디게아 교회의 편지를 바꿔 읽어보십시오. 아킵보에겐 주님으로부터 받은 사명을 완수하려면 주의 깊게 살펴야 한다고 말해주십시오. 마지막으로 나의 문안을 받아주십시오. 동시에 나의 매임도 기억해주십시오. 은혜가 여러분과 함께 있기를 바랍니다." 편지로나마 할 말을 마쳤으니 바울은 기쁩니다. 아직 전달되지 않았으나 마음을 모두 표현했으니 미소 지을 수 있습니다. 그들의 입장에 서볼 수 있고, 축복으로 마침표를 찍을 수 있습니다. 인편으로 보내는 옥중 죄수의 편지지만 살아계신 전능자 하나님께서 무사히 전달케 하실 걸 믿고 안심할 수 있습니다. 이 믿음이 조바심 많은 현대인에게 절실합니다. 빛의 속도로 이메일과 문자를 보내면서도 안달하는 우리에게 하나님을 신뢰한다는 게 뭔지 보여주는 평안이 바울에게 있습니다. 내 대화는 주로 어떻게 끝나나요? 내 마음을 충분히 표현하고 상대방의 반응을 기다리는 데 방해되는 요소에는 어떤 것들이 있나요?

데살로니가전서는 다음 과에서 설명하겠습니다.

질의와 응답

하나. "엠마오로 가는 두 제자 가운데 이름이 알려지지 않은 사람이 누가일 수 있다고 하셨는데, 좀 더 설명해주실 수 있을까요?"

엠마오로 가는 두 제자 가운데 한 사람이 누가일 거라는 추측을 해봅니다. 우선 엠마오로 가는 두 사람 가운데 한 사람의 이름이 글로바라는 것이 명시됨에도(눅 24:18), 나머지 한 사람에 대해서는 다른 언급이 없습이다. 또한 요한복음 1장 35-42절을 보면, 세례 요한의 두 제자를 소개할 때 한 사람이 '시몬 베드로의 형제 안드레'(요 1:40)라는 것만 밝히고 나머지 인물에 대해서는 밝히지 않는데, 이 사람이 사도 요한일 수 있다는 추측을 21장 2절("시몬 베드로와 디두모라 하는 도마와 갈릴리 가나 사람 나다나엘과 세베대의 아들들과 또 다른 제자 둘이 함께 있더니")을 통해서 해볼 때, 누가가 '자신이 엠마오로 가는 두 사람 가운데 한 사람이었음'을 암시할 가능성에 대해 타진해봅니다. 특별히 '엠마오로 가는 두 사람에 대한 기사'가 누가복음에만 등장하기에 더욱 그렇습니다.

둘. "빌립보서 1장 15절의 '투기와 분쟁으로 그리스도를 전파하는 이들'을 바울에게 적대적인 유대인들로 보셨습니다. 좀 더 설명해주실 수 있을까요?"

빌립보서는 네로 박해 2년 전에 기록되었습니다. '복음 전파'가 그리 선호될 시기가 아닙니다. '시기하고 다투는 마음으로' 할 만한 일이 아니었다는 말입니다. 더구나 '투기나 분쟁'은 육신의 열매에 속합니다(갈 6:20-21). 복음 전도자들이 가질 태도나 마음가짐은 아니지요.

셋. "십자가 사건을 주후 33년으로 보는 근거로 무엇이 있나요?"

예수님이 십자가에 달려 계실 때, "때가 제육시쯤 되어 해가 빛을 잃고 온 땅에 어둠이 임하여 제구시까지 계속"했다고 소개됩니다(눅 23:44). 해가 빛을 잃고 온 땅에 어둠이 임했었습니다. 이 상황은 사도행전 2장 19절에 인용된 요엘 2장 31절("여호와의 크고 두려운 날이 이르기 전에 해가 어두워지고 달이 핏빛 같이 변하려니와")에서 '태양이 어두움으로 변할 것이다.' 그렇게 표현될 현상입니다. 그럼, "달도 피로 {변할 것이다}"는 무엇을 가리킬까요? 이에 대해 험프레이스와 와딩톤은 33년 4월 3일에 있었을 것으로 보이는 부분 월식(partial lunar eclipse)과 연결 짓습니다.[2] 이들의 연구에 대해 쉐퍼는 새로운 알고리즘(a new algorithm)을 적용하더라도 결과는 바뀌지 않는다고 하였습니다.[3] 험프레이스와 와딩톤의 연구가 예수님의 십자가 사건의 날짜를 확정 짓는 데 매우 중요한 정보를 주는데, 그들의 연구를 돕는 매우 결정적인 내용을 요엘서 예언과 사도행전 2장에 있는 베드로 설교가 제공합니다.

넷. "갈라디아서에 나오는 '다른 복음을 전하는 사람'은 어떤 복음을 전했을까요?"

갈라디아서 4장에 나오는 '사라 하갈 알레고리'를 고려할 때, 하갈의 자손과 같은, 육신에 속한 이들로 보입니다. "그러나 그 때에 육체를 따라 난 자가 성령을 따라 난 자를 박해한 것 같이 이제도 그러하도다 그러나 성경이 무엇을 말하느냐 여종과 그 아들을 내쫓으라 여종의 아들이 자유 있는 여자의 아들과 더불어 유업을 얻지 못하리라 하였느니라"(갈 4:29-30) 아멘.

나섯. "갈라디아서 1장 12절을 보면, 바울 복음이 '오직 예수 그리스도의 계시로 말미암은 것'이라고 하는데, 언제 받은 계시입니까?"

바울의 다메섹 회심은 사도행전 9, 22, 26장에 소개됩니다. 회심 이후에도 바울은 기도하는 중에 환상을 보기도 했고(행 9:11-12), 예루살렘 성전에서 기도할 때 예수님과 대화하기도 했습니다(행 22:17-21). 고린도에서도(행 18:9-10), 산헤드린공회 직후에도(행 23:11) 예수님은 바울 사도에게 직접 말씀하셨습니다. 바울과 예수님 사이의 대화가 성경에 모두 기록되지는 않았을 것이기에 정확하게 알기는 어렵지만, 기록된 내용에 근거하여 기도하는 중에 계시하셨다고 유추할 수 있겠습니다.

---

2) C. J. Humphreys and W. G. Waddington, "Dating the Crucifixion," *Nature* 306 (1983): 743-746; "The Date of the Crucifixion," *JASA* 37.1 (1985): 2-10. 달이 떠오르는 약 45초 정도의 시간 동안에 가려진 부분이 붉은색으로 보였을 것으로 추정한다.

3) B. E. Schaefer, "Dating the Crucifixion," *BAAS* 21 (1989): 1217.

여섯. “사도행전 21장에 보면, 바울 사도가 예루살렘에 갔을 때 결례에 대한 요청을 수락했습니다. 갈라디아서에서 제시한 내용과 다르게 행동한 것 아닌가요?”

사도행전의 바울은 ‘점점 더 하나님을 경외하고 점점 더 이웃을 향해 겸손한 모델’ 가운데 한 명입니다. 사도행전 15장에서 마가 요한의 문제로 바나바와 갈라선 것과 비교할 때, 사도행전 21장의 모습은 ‘더 겸손해진 모습’의 예로 보입니다. 원칙이 바뀐 것이 아니라, 성숙해진 것으로 이해합니다.

Weekly Reading

55

데살로니가전서 2장 – 빌레몬서

"일대 일"

살전 2-4장	살전 5장-살후2장	살후3장-딤전2장	딤전 3-5장	딤전 6장-딤후2장	딤후 3장-딛1장	딛 2장 - 몬

check

이번 통독은 바울 서신 가운데 가장 어린 교회라고 할 수 있는 데살로니가 교회에 보내진 서신 둘과 바울이 개인에게 보낸 서신 네 개입니다. 디모데와 디도는 담임목사라고 할 수 있고, 빌레몬은 평신도 지도자라고 할 수 있습니다.

일대일

I.
만남은 관계가 되고
관계로 만남은 이어진다.

일대일,
만남이고 관계이다.

바울이 만난다.
교회와 사람을 만난다.

만난 사람들이 교회가 되고
교회로 사람들을 만난다.

II.

디도는 1차 전도 여행 전부터 알고 지낸, 아들 같은 일꾼이고(갈 2:1)
디모데는 2차 전도 여행 때 만났다(행 16:1-3).

데살로니가 교회 성도들은 2차 전도 여행 때 만났고(행 17:1-9),
빌레몬은 3차 전도 여행 때 아마도 에베소에서 만났을 수 있다.

디도는 유대인이 아니라 헬라인이고,
디모데의 아버지는 헬라인, 어머니는 유대인이다.

데살로니가 교인 구성은 야손을 포함한 헬라인이 주류였겠고,
골로새의 빌레몬도 헬라인이었겠지?

III.

유대인이었던 바울,
헬라인 제자, 헬라인 교회 만난다.

자신과 다른 사람들을 위해
편지를 쓴다.

오늘도 만난다.
오늘도 관계를 이어간다.

관계가 있어서 만나고
만남으로 관계를 이어간다.

IV.

생각하지 못한 만남
약속된 만남

일대다의 만남
일대일의 만남

만나 대화하고
만나려고 대화하고

글 쓰고 만나고
만나고 글 쓴다.

데살로니가 교회는 어린 교회입니다. 세 안식일밖에 함께 하지 못한 교회입니다. 바울은 자신을 '유모'(살전 2:7)라고 부릅니다. 그렇다면 데살로니가 교회는 '갓난아이' 입니다. 바울은 2차 전도 여행 때, 데살로니가에서 세 안식일만 강론하며 "그리스도가 해를 받고 죽은 자 가운데서 다시 살아나야 할 것을 증언"하였습니다(행 17:2-3). 이후 '자발적 모임 제한법'으로 추정되는 죄를 어겼다는 고소로 인해 데살로니가에 머물 수 없었습니다. 베뢰아를 지나 아덴에 온 바울은 몇 주밖에 안 된 아기를 버리고 온 산모의 심정으로 디모데를 보내게 됩니다. 이때의 마음과 디모데가 돌아와 기쁜 소식을 전했을 때의 마음이 데살로니가전서 3장 1-10절에 자세히 기록되어 있습니다. 그간 그는 죽을 지경이었으나 이제는 염려를 놓고 살게 되었다고 고백합니다.

이런 데살로니가 교회 성도들이 바울은 고맙습니다. 2장 13절입니다. "이러므로 우리가 하나님께 끊임없이 감사함은 너희가 우리에게 들은 바 하나님의 말씀을 받을 때에 사람의 말로 받지 아니하고 하나님의 말씀으로 받음이니 진실로 그러하도다 이 말씀이 또한 너희 믿는 자 가운데에서 역사하느니라" 아멘. 데살로니가 교회 성도들이 바울의 말을 하나님의 말씀으로 받습니다. 바울은 자기 말이 자신에게서 비롯된 사람의 말이 아니고 하나님의 말씀이라는 것을 잘 압니다. 그래서 "진실로 그러하도다." 이렇게 덧붙입니다. 박수 소리가 납니다. 성도들과 바울이 한 소리를 냅니다. 맞장구를 칩니다. 하나님께서도 맞장구를 치십니다.

하나님의 말씀으로 믿고 선포한 말씀을 성도들도 하나님의 말씀으로 받습니다. 그러니 그 말씀이 믿는 성도들 가운데에서 일하십니다. 삼중 박수입니다. 맞장구도 힘든데, 이중 맞장구입니다. 바울과 성도들이 맞장구, 하나님의 말씀과 신자들이 맞장구입니다. 이런 맞장구가 있을 때 복음이 진리임이 확인되고 믿음이 실상 위에서 자랍니다.

'데살로니가 시'는 주전 315년 알렉산더 대왕의 매부인 카산더 장군에 의해 세워졌습니다. 카산더 장군은 아내이자, 알렉산더 대왕의 여자 형제의 이름인 '데살로니가'

로 도시를 명명했습니다. 이미 그 지역에 도시가 있었지만, 신도시처럼 도시를 확장하고 확장된 곳에 이름을 붙였고 그 이름이 그 도시 전체의 이름이 된 것입니다. 데살로니가는 마게도냐 지방의 수도였기 때문에 사람들이 많이 있었습니다. 항구도시이면서 동시에 육지교통의 요충지도 되었습니다. 로마와 아시아를 이어주는 그리스의 관통 도로가 데살로니가를 지나갔습니다. 우리나라로 하면 부산 같은 곳입니다. 육로 면에서도, 해로 면에서도 중요합니다.

바울이 데살로니가에 처음 갔을 때, 바울은 스스로 일을 하여 필요를 채웠고 후원은 빌립보 교회로부터 받았습니다. 2장 9절입니다. "형제들아 우리의 수고와 애쓴 것을 너희가 기억하리니 너희 아무에게도 폐를 끼치지 아니하려고 밤낮으로 일하면서 너희에게 하나님의 복음을 전하였노라" 아멘. 데살로니가후서에도 유사한 표현이 있습니다. "어떻게 우리를 본받아야 할지를 너희가 스스로 아나니 우리가 너희 가운데서 무질서하게 행하지 아니하며 누구에게서든지 음식을 값없이 먹지 않고 오직 수고하고 애써 주야로 일함은 너희 아무에게도 폐를 끼치지 아니하려 함이니 우리에게 권리가 없는 것이 아니요 오직 스스로 너희에게 본을 보여 우리를 본받게 하려 함이니라"(살후 3:8-10) 아멘. 한편 빌립보서를 보면, "데살로니가에 있을 때에도 너희가 한 번뿐 아니라 두 번이나 나의 쓸 것을 보내었도다"(빌 4:16) 이렇게 말합니다.

대도시 그것도, 무역을 통해 부가가치가 주로 생성되는 도시에 살다 보면, 농업과 같은 1차 산업에 종사하여 땀 흘리는 것이 익숙한 이들과 달리, 한탕주의에 물들 수 있습니다. 한탕주의에 물들지 않도록 바울 사도는 데살로니가에서 노동했습니다. 무역항으로 데살로니가보다 더 큰 도시가 된 에베소에서도 바울은 노동했습니다. 두란노서원의 '두란노'는 사람 이름이었을 가능성이 높습니다. '두란노'가 건물주였기에 '두란노서원'이라고 불렀습니다. 바울은 두란노서원을 빌려 성경 공부 장소로 사용했습니다. 사람들이 잘 사용하지 않는 시간에 두란노서원을 빌려 성경을 강론했습니다. 노동시간에는 노동하고 쉬는 시간에는 성경을 강론한 것입니다.

우리나라도 무역을 통해 생성되는 부가가치가 높아졌습니다. 그러다 보니 '한탕주의'가 사람들 마음속에 많이 들어왔습니다. 땀 흘려 일하고 수고를 기뻐하는 삶에 대한 가치 부여가 줄어들었습니다. 일하지 않으면 고부가가치 산업에 마음이 빼앗길 수 있습니다. 고부가가치 산업에 종사하시지 말라는 말씀은 아닙니다. 고부가가치에 마음을 빼앗기지 말라는 말씀입니다. 사회가 한탕주의로 치달을수록 신자들은 성실하게 일하는 노동의 가치를 몸으로 느껴야 한다는 말입니다.

바울 사도는 데살로니가 교회 성도들 교육을 몸으로 했습니다. 삶으로 했습니다. 한탕주의를 멀리하라고 가르치기 전에 자신이 일했습니다. 바울은 노동을 통해서만 본을 보인 것이 아니었습니다. 그는 복음으로 인해 당하는 고난을 기쁘게 감수했습니다. 데살로니가전서 2장 2절입니다. "너희가 아는 바와 같이 우리가 먼저 빌립보에서 고난과 능욕을 당하였으나 우리 하나님을 힘입어 많은 싸움 중에 하나님의 복음을 너희에게 전하였노라" 아멘. 하나님의 말씀을 하나님의 말씀으로 받은 데살로니가 성도들도 복음으로 인해 당하는 고난을 수용했습니다. 2장 14절입니다. "형제들아 너희가 그리스도 예수 안에서 유대에 있는 하나님의 교회들을 본 받은 자 되었으니 그들이 유대인들에게 고난을 받음과 같이 너희도 너희 동족에게서 동일한 고난을 받았느니라" 아멘.

하나님의 말씀을 하나님의 말씀으로 인정하는 데에만 맞장구가 있는 것이 아니라, 하나님의 말씀으로 인해 발생하는 고난을 감수하는 데에도 맞장구가 있었습니다. 이 모습을 가장 잘 보여주는 사람이 있습니다. 데살로니가의 아리스다고입니다. 아리스다고는 바울이 예루살렘으로 갈 때 동행한 여덟 명의 길동무 가운데 하나였습니다. "아시아까지 함께 가는 자는 베뢰아 사람 부로의 아들 소바더와 데살로니가 사람 아리스다고와 세군도와 더베 사람 가이오와 및 디모데와 아시아 사람 두기고와 드로비모라" (행 20:4). 여기에 '누가'가 추가되어, 예루살렘으로 가는 바울의 길동무는 여덟 명입니다. 데살로니가 사람으로 '아리스다고와 세군도'가 언급됩니다. 지역 비율로 보면 가장 많이 가는 것입니다.

아리스다고는 바울이 에베소에서 어려움을 겪을 때도, 바울의 가이사랴 2년 감금 생활이 끝나고 로마로 갈 때까지도 함께 있었습니다. 사도행전 19장 29절과 27장 2절입니다. "온 시내가 요란하여 바울과 같이 다니는 마게도냐 사람 가이오와 아리스다고를 붙들어 일제히 연극장으로 달려 들어가는지라", "아시아 해변 각처로 가려 하는 아드라뭇데노 배에 우리가 올라 항해할새 마게도냐의 데살로니가 사람 아리스다고도 함께 하니라" 아멘. 아리스다고는 옥중서신 가운데 하나인 골로새서에도 언급됩니다.

"나와 함께 갇힌 아리스다고와 바나바의 생질 마가와 (이 마가에 대하여 너희가 명을 받았으매 그가 이르거든 영접하라) 유스도라 하는 예수도 너희에게 문안하느니라 그들은 할례파이나 이들만은 하나님의 나라를 위하여 함께 역사하는 자들이니 이런 사람들이 나의 위로가 되었느니라"(골 4:10-11) 아멘.

이로 볼 때 데살로니가 사람 아리스다고는 유대인이었습니다. 유대인인 그는 바울과 함께 에베소에서 사역했고 바울이 예루살렘으로 갈 때 동행했으며 감금 생활 이후 로마에 갈 때도 함께했습니다. 그는 갇혀 있을 필요가 없었으나, 갇혀 있는 바울을 위해 갇힌 자처럼 살았습니다. 골로새서와 함께 쓰인 빌레몬서에도 그의 이름은 등장합니다. "또한 나의 동역자 마가, 아리스다고, 데마, 누가가 문안하느니라"(몬 24) 아멘.

바울은 데살로니가 교회 성도들이 맞장구친 부분에 대해 칭찬합니다. 하나님의 말씀을 하나님의 말씀으로 받은 것을 칭찬합니다. 믿음으로 인해 받는 고통과 수고를 피하지 않고 감수한 것을 칭찬합니다. 그러면서 노동의 수고도 같이하자고 권면합니다. 맞장구쳐지는 몇 가지 부분을 칭찬하면서 아직 맞장구쳐지지 않는 부분에 대해 함께 맞장구칠 것을 권합니다. 모든 부분에서 맞장구가 쳐질 때, "온 영과 혼과 몸이 우리 주 예수 그리스도께서 강림하실 때에 흠 없게 보전"(살전 5:23)될 것이기 때문입니다.

빵점 맞아 탈락하는 게 아니고, 합격점에 도달하지 못하면 탈락합니다. 마찬가지입니다. 여러 면에서 예수님을 따라가야 제자입니다. 여러 면에서 마음이 이어져야 친구입니다. 손가락이 하나씩 부딪힌다고 박수가 아닙니다. 여러 손가락이 함께 부딪혀야 박수입니다. 다양한 세상 가치 가운데 하나를 성경의 가치로 대체했다고 말씀의 사람이 되는 것이 아닙니다. 모든 면에서 세상 가치가 성경의 가치로 대체되어야 말씀의 사람인 것입니다. 모든 면에서 하나님의 말씀 따라 산다는 것은 쉽지 않습니다. 그러나 반드시 이뤄져야 할 목표입니다.

데살로니가전서 2장 10-12절입니다. "우리가 너희 믿는 자들을 향하여 어떻게 거룩하고 옳고 흠 없이 행하였는지에 대하여 너희가 증인이요 하나님도 그러하시도다 너희도 아는 바와 같이 우리가 너희 각 사람에게 아버지가 자기 자녀에게 하듯 권면하고 위로하고 경계하노니 이는 너희를 부르사 자기 나라와 영광에 이르게 하시는 하나님께 합당히 행하게 하려 함이라" 아멘. 우리가 모든 면에서 '거룩하고 옳고 흠 없이' 될 때까지 하나님의 장단을 배우고 가락을 익히고 몸과 마음을 움직여야 잘하는 것입니다. 바울 사도는 데살로니가교회 성도들이 '하나님의 말씀을 하나님의 말씀으로 받은 것' 과 '믿음으로 인해 발생하는 고난을 겪는 것' 에서 더 나아가, 모든 면에서 거룩하기를, 옳고 흠 없기를 바라며 권면하고 있습니다. 진실로 사랑하기 때문에 그렇습니다. 그들이 어떤 순간에라도 하나님을 신뢰하고 마귀를 멀리하기를 바라기 때문입니다.

한편, 머리 복잡하게 생각하지 않는 데살로니가 사람들은 즉흥적인 면이 있었습니다. 죽음 이후에 대해 중시하지 않았던 아덴 지역의 철학자들과는 달리, 죽음 이후에 관심이 있었습니다. 뭔가 빨리 이뤄지면 좋겠다는 바람이 있었습니다. 그러다 보니, 예수님의 재림 얘기를 듣자, 필요 이상 중시하게 되었습니다. 죽는 것을 필요 이상 슬퍼합니다. 마치 소망이 없는 이들처럼, 다시 살아나지 않을 것처럼 슬퍼합니다. 이와 관련하여 등장하는 단어가 '잠' 입니다. 바울 사도는 죽음을 '잠' 으로 표현합니다. 대개는 먼저 잘 수 있는 것을 좋아합니다. 그런데 먼저 죽는 것은 별로 좋아하지 않습니다. 그런데 먼저 죽은 이들이 살아남아 있는 이들보다 좋은 게 있습니다. 먼저 주님을 만난다는 것입니다. 데살로니가전서 4장 15절입니다. "우리가 주의 말씀으로 너희에게 이것을 말하노니 주께서 강림하실 때까지 우리 살아 남아 있는 자도 자는 자보다 결코 앞서지 못하리라" 아멘.

더구나 예수님 강림 때에는 세 가지가 있어야 합니다. "호령과 천사장의 소리와 하나님의 나팔 소리"입니다. 4장 16절입니다. "주께서 호령과 천사장의 소리와 하나님의 나팔 소리로 친히 하늘로부터 강림하시리니 그리스도 안에서 죽은 자들이 먼저 일어나고" 아멘. 호령은 '명령' 입니다. 강림 명령이 있어야 합니다. 천사장의 소리와 하나님의 나팔 소리가 있습니다. "하나님의 나팔 소리 천지 진동할 때에 예수 영광 중에 구름 타시고" 찬송처럼(찬송가 180장), 예수님은 조용하게 오시지 않습니다.

그런데 주님이 언제 오실지 모릅니다. 밤에 도둑이 오는 것처럼 오십니다. '평안' 과 '안전' 을 말할 때 갑자기 오십니다. 해산하는 여인에게 해산 고통이 임하는 것처럼 오십니다. 5장 1-3절입니다. "형제들아 때와 시기에 관하여는 너희에게 쓸 것이 없음은 주의 날이 밤에 도둑 같이 이를 줄을 너희 자신이 자세히 알기 때문이라 그들이 평안하다, 안전하다 할 그 때에 임신한 여자에게 해산의 고통이 이름과 같이 멸망이 갑자기 그들에게 이르리니 결코 피하지 못하리라" 아멘. '평안과 안전' 을 말하는 이들에게는 재앙처럼, 멸망처럼 오십니다. 그러니 도망가지 못합니다.

주님을 도적처럼 맞이하지 않으려면 깨어있어야 합니다. 어둠 가운데 지내지 않고 빛 가운데 행하고 있어야 합니다. 빛 가운데 행하는 이들은 빛의 아들들입니다. 이들은 깨어있습니다. 일어나 있습니다. 파수꾼처럼 있습니다. 또한, 정신을 차리고 있습니다. 5장 6절의 '정신을 차릴지라' 는 '절제하다' 를 의미하는 단어를 번역했습니다. '절제하며 서 있는 자세' 를 '깨어 있다' 고 표현합니다. 그리고 4장 13-14절의 '자는 자' 와 5장 6-7절의 '자는 자' 는 단어가 다릅니다. 4장 13-14절의 '자다' 는 '가만히 있다, 잠잠히 있다' 를 의미합니다. 5장 6-7절의 '자다' 는 '게으르게 뒹굴며 자다' 를 의미합니다. 정신 차리는 것은 '절제하며 서 있는 자세' 를 가리키고, 자는 것은 '멍하게 누워있는 것' 을 가리킵니다.

낮에 속한 자들은 깨어있습니다. 믿음과 사랑의 호심경을 착용하고 있습니다. 호심경이란 가슴을 보호하는 갑옷입니다. 갑옷은 안전을 위해 입습니다. 대개는 금속으로 된 갑옷을 입습니다. 그런데 신자들은 믿음과 사랑으로 만들어진 갑옷을 입습니다. 하나님을 향한 신뢰와 성도들을 향한 사랑으로 지어진 옷을 입습니다. 그들 머리에는 소망의 투구가 있습니다. 그들 가슴은 신뢰와 사랑으로 보호되고, 그들 머리는 소망으로 보호됩니다. 그들은 절망하지 않습니다. 불신하지 않습니다. 미워하지 않습니다.

믿음과 사랑의 호심경을 입고 소망의 투구를 쓰고 있어야 구원에 이릅니다. 믿음, 사랑, 소망을 가진 이들은 하나님의 진노에 도달하지 않습니다. 예수님을 믿는 이들은 자든지, 깨어있든지 예수님과 함께 있습니다. 깨어 예수님과 함께하는 이들은 '피차 권면하고 서로 덕을 세웁니다' (살전 5:11). '덕을 세우다' 는 '하나가 다른 하나를 세우는 것' 을 번역한 것입니다. 서로 위로하고 하나가 다른 하나를 세워주며 주님의 재림을 기다립니다.

주님이 오시면 우리가 모인다고 바울 사도는 데살로니가전서 4장 13-17절에서 자세히 설명했습니다. 그런데 성도들이 예수님 강림 전에 죽자 데살로니가 성도들에게 슬픔이 찾아왔습니다. 이유는 그들에게 '내세'에 대한 사상이 별로 없었기 때문입니다. 당시 중요한 헬라 사상에는 죽음 이후의 삶에 대한 고려가 거의 없었습니다. 그런 사회에서 살다 보니, 예수님을 믿게 되었지만, '부활'이나 '부활 이후의 삶'이라는 주제에는 익숙해지기 어려웠습니다.

유대인들은 '부활'이나 '초자연적 존재'에 대해 익숙했습니다. 구약성경에 그러한 요소가 담겨있었기 때문입니다. 그러나 신(神)을 인간의 수준으로 이해하던 이들에게는 '부활'이나 '초자연적 현상', '죽었다가 다시 살아나 영원토록 산다.' 하는 개념이 익숙하지 않았습니다. 그래서 바울은 부활하신 예수님께서 재림하실 것과 그때 죽었던 성도들까지 함께 모일 것에 대해 말한 것입니다.

그런데 이러한 가르침을 소화하지 못한 이들이 '주의 날이 임했다.'(살후 2:2) 하는 거짓 가르침을 만들어냈습니다. 초림과 재림을 구분하지 못한 것도 있고, 현재 모습에 하나님 나라의 모든 요소를 담아내려는 시도도 있습니다. 사상적으로 구분될 게 있고 섞일 게 있는데, 초림과 재림을 섞은 것입니다. 예수님께서 초림 통해 이루신 것을 확대하여 이미 재림하신 것으로 가르친 것입니다. 초림과 재림의 주인공 모두 예수님이기는 하지만, 초림은 구속이 주된 이유이고, 재림은 심판과 우주적인 회복이 주된 이유입니다. 초림 때는 천군의 찬송을 목동들만 들었지만, 재림 시에는 천사장의 소리와 나팔 소리를 모두가 들을 것입니다. 비슷하지만 다릅니다. 재림 전까지는 믿지 않는 자가 구원받을 가능성이 남아 있지만, 재림하시면 그 가능성은 없습니다. 그래서 '새롭게 구원받을 자가 남아 있는 한 주님이 오시지 않을 것이다.' 하는 생각도 해볼 수 있습니다. 뒤집으면, 아직 회개하고 주님을 믿게 될 이들이 남아 있기에 주님께서 다시 오시지 않는다고 생각할 수 있습니다.

바울 사도는 "주의 날이 이르렀다고 해서 쉽게 마음이 흔들리거나 두려워하거나 하지 말아야 한다"(살후 2:2)고 말합니다. 어쩌면 초림도, 재림도 우리에게 속한 영역이 아닙니다. 믿음으로 사는 삶이 우리의 영역입니다. 우리가 해를 뜨게 할 수는 없습니다. 해가 뜰 때 일어나 일할 수는 있습니다. 새가 노래하도록 할 수는 없습니다. 그러나 새가 노래할 때 같이 찬양할 수는 있습니다.

주님의 날은 우리의 영역이 아닙니다. 그러니 기본적인 지식을 가지고 있으면 됩니다. '주님이 오셔서 하나님의 계획을 따라 구속을 이루셨고 지금은 보좌 우편에서 우리를 위해 중보(仲保)하시며 대제사장의 역할을 감당하신다. 그러다 때가 되면 다시 오셔서 우주적인 회복과 심판을 이루실 것이다.' 어느 것 하나 잘 와닿지 않을 수 있습니다. 그러나 아주 와닿지 않는 것도 아닙니다. 성경을 읽고 믿고 믿음으로 살다 보면, 하나님의 살아계심뿐 아니라, 예수님이 개인 역사뿐 아니라 인류 역사에 개입하고 계심을, 구원을 적용하고 계심을, 정말 다시 오실 것임을 조금씩 구체적으로 알고 믿게 됩니다.

바울 사도는 데살로니가 성도들이 재림으로 인해 요동하거나 흔들리거나 놀라지 않기를 바라며 한 가지 사실을 알려줍니다. 그것이 바로 '멸망의 아들'에 대한 부분입니다. 데살로니가후서 2장 3-9절에 있습니다. '멸망의 아들'(2:3)이라는 표현이 독특합니다. 표현 그대로라면 아버지가 '멸망'입니다. 멸망이 낳았습니다. 파괴가 낳았습니다. 그는 하나님의 자리를 차지합니다. 대적하는 자입니다. 그는 아직 드러나지 않았습니다. 그러나 때가 되면 드러날 것입니다.

여기서 질문이 있습니다. 2장 6절의 '막는 것'과 7절의 '막는 자'가 누구를 가리키느냐 하는 것입니다. 대개는 멸망의 아들이 나타나는 것을 막는 자이기에, '하나님 아닌가?' 하고 생각할 수 있습니다. 그러나 하나님을 '막는 것'이라 표현하지는 않습니다. 그리고 이 단어는 '막다'보다는 '붙들다'가 기본뜻입니다. 아직 멸망의 아들이 등장하기에는 이전 단계가 남아 있습니다. 그러니 멸망의 아들이 나타남을 붙드는, 어떤 면에서 '막는 것' 혹은 '막는 존재'는 멸망의 아들과 한통속인, 다시 말해, 사탄에게 속하여 악의 일을 '멸망의 아들' 전에 하는 '것이나 존재'로 보는 해석이 적절해 보입니다. 역사의 모든 것이 하나님의 주권 아래에 있지만, 악한 세력들도 그 나름의 질서를 가지고 움직이고 있기 때문입니다.

'멸망의 아들'에 대해 자세하게 설명한 바울은 '멸망하는 자들'을 함께 설명합니다. 2장 10-12절입니다. "불의의 모든 속임으로 멸망하는 자들에게 있으리니 이는 그들이 진리의 사랑을 받지 아니하여 구원함을 받지 못함이라 이러므로 하나님이 미혹의 역사를 그들에게 보내사 거짓 것을 믿게 하심은 진리를 믿지 않고 불의를 좋아하는 모든 자들로 하여금 심판을 받게 하려 하심이라" 아멘. 이들은 진리의 사랑을 받지 않습니다. 진리를 믿지 않고 불의를 좋아합니다. 의롭지 않은 것을 좋게 생각합니다. 이들에 대해 하나님께서 미혹의 역사를 보내사 거짓 것을 믿게 하셨다고 말합니다. 멸망의 책임이 기본적으로 그들에게 있습니다. 믿지 않는 그들, 거짓을 좋게 여기는 그들에게는 그들에게 적절한 역사를 하나님께서 하십니다.

이어 성도들을 부릅니다. 그런데 이들을 '구원의 아들'이라 부르지 않습니다. '주께서 사랑하시는 형제들'(살후 2:13)이라 부릅니다. 그들의 행동을 먼저 언급하지 않습니다. 하나님의 택하심을 언급합니다. 성령이 거룩하게 하심을 언급합니다. 이어 진리를 믿었다고 말합니다. 복음으로 그들을 부르셨다고 말하고, 그 목적이 우리 주 예수 그리스도의 영광을 소유하고 입도록 하기 위함이라고 말합니다. 멸망하는 자들을 설명할 때는 그들의 적절하지 않은 인식과 행동에 초점을 맞추었다면, 구원 얻은 이들을 표현할 때는 하나님의 사랑과 선택, 성령을 부어주심과 부르심을 강조합니다. 2장 13-14절입니다. "주께서 사랑하시는 형제들아 우리가 항상 너희에 관하여 마땅히 하나님께 감사할 것은 하나님이 처음부터 너희를 택하사 성령의 거룩하게 하심과 진리를 믿음으로 구원을 받게 하심이니 이를 위하여 우리의 복음으로 너희를 부르사 우리 주 예수 그리스도의 영광을 얻게 하려 하심이니라" 아멘.

그다음에 강조되는 것이 행동입니다. 2장 15절입니다. "그러므로 형제들아 굳건하게 서서 말로나 우리의 편지로 가르침을 받은 전통을 지키라" 아멘. 전달받은 바를 세우고 견실하게 하라고 권합니다. 사실 전달받은 전통도 잘 보면 하나님의 사랑과 선택, 성령의 부어주심과 부르심으로 구원받았다는 내용입니다. 그러다 보니 기도로 정리됩니다. 16-17절입니다. "우리 주 예수 그리스도와 우리를 사랑하시고 영원한 위로와 좋은 소망을 은혜로 주신 하나님 우리 아버지께서 너희 마음을 위로하시고 모든 선한 일과 말에 굳건하게 하시기를 원하노라" 아멘. 예수님과 하나님이 주어입니다. 특별히 하나님을 "우리를 사랑하시고 영원한 위로와 좋은 소망을 은혜로 주신" 분으로 소개합니다. 그분이 주셨습니다. 그리고 예수님과 하나님께서 '그들 마음을 위로하시고 모든 선한 일과 말에 굳건하게 하시기를' 기도합니다.

데살로니가 교회 성도들의 무게중심이 현실에, 현세에 집중됩니다. 그러다 보니 장차 있을 주님의 재림마저 지금이라는 시간대로 끌어옵니다. 여기에 대한 바울의 해결책은 미래라는 시간대에 대한 지식을 늘려주고 목표를 분명하게 해주면서, 그들 안에 이뤄졌던 '특별한 하나님의 은혜'를 기억나게 하는 것이었습니다. 무게중심이 지나치게 현실로 기울면, 내세와 균형을 맞춰줍니다. 무게중심이 초자연적인 것으로 기울면, 현실을 돌아보게 합니다. 믿음으로 하늘 보좌에 올라가더라도 몸은 땅 위에 붙어있기 때문입니다.

눈에 보이는 것에 집중하는 사람에게는 보이지 않는 것에 관한 관심이 필요하고, 눈에 보이지 않는 것에 집중하다 못해 헛된 망상에 잠기는 이에게는 현실 인식이 필요합니다. 그래서 갑작스러운 변화보다 적절한 배합을 생각합니다. 교회마다 장점이 많고 성도마다 받은 은사가 귀합니다. 다만, 치우친 부분이 있는가 생각하며 적절한 배합을 생각합니다. '배합'이란 "이것저것을 일정한 비율로 한데 섞어 합침"을 의미합니다. 김치 담글 때, 배추와 양념을 어느 비율로 버무릴지 중요합니다. 간을 맞추려고 소금 배합률을 정하는 것도 중요합니다.

적절하게 배합되어야 성장이 있고 온전해지는 방향으로 진전됩니다. 사역자들에게도 고민이 많습니다. 가정과 교회 사역 비율 조정이 어렵습니다. 개인 관리와 공동체 돌봄의 비율 조정이 어렵습니다. '성경적'인 것과 '세상적'인 것의 비율 조정도 어렵습니다. 말이 좀 안 되기는 합니다. 성경적으로 살아야지, '왜 성경적인 것과 세상적인 것의 비율을 조정해야 하는가?' 질문하실 수 있습니다. 이유는 이렇습니다. 모든 면에서 성경적이어야 하지요. 그런데, 세상적인 생각이 많은 이에게 성경적인 부분을 너무 많이 강조하면 감당을 못합니다. 그러니 때로는 성경적인 것과 세상적인 부분의 조합이 필요할 때가 있습니다. 물론 세상적인 것을 줄여가고 성경적인 부분을 늘여가는 방향이 필요하지요. 하나님께서도 우리에게 하나님의 성품을 처음부터 온전히 가지라 하시지 않고 조금씩 가르쳐주시고 따라오도록 하십니다. 우리에게 맞춰주시는 거죠.

이제 디모데전후서를 살펴봅니다.[1] 바울과 디모데, 두 사람은 남남이었습니다. 그런

1) 디모데전서 1장 1-11절 부분은 박형대, "디모데전서 설교: 에베소의 디모데(디모데전서 1:1-11)," 『때를 얻든지 못 얻든지: 신약학자들의 설교』, 한국복음주의신약학회 편 (서울: 새물결플러스, 2021), 240-252쪽에서 수정 발췌했습니다.

데 디모데는 바울에게 있어서 "믿음 안에서 참 아들"이 되었습니다(딤전 1:2). 두 사람의 만남이 사도행전 16장에 소개됩니다. 2차 전도여행 때였습니다. 바울이 루스드라에 도착하니 디모데라는 제자가 있는데 형제들에게 칭찬받습니다. 마가라 하는 요한을 데리고 가는 문제로 바나바와 다투고 갈라선 바울의 눈에 디모데가 들어왔습니다. 데리고 떠납니다. 49년쯤입니다. 바울은 중년, 디모데는 청년입니다.

디모데는 바울과 같이 드로아로 갔고 마게도냐로 건너갔습니다. 빌립보에서 같이 있었고, 바울과 실라가 데살로니가로 떠날 때 빌립보에 남아 있었습니다(행 17:4). 바울이 베뢰아로 간 다음에는 베뢰아로 왔습니다(17:14). 바울이 아덴으로 간 다음에, 디모데는 아덴으로 왔다가(17:15), 바울의 보냄을 받아 데살로니가로 갔다가(살전 3:2), 고린도에 있는 바울에게로 돌아옵니다(살전 3:6; 행 18:5). 이후 디모데는 데살로니가전후서의 발신자로 등장합니다(살전 1:1; 살후 1:1). 3차 여행 중이던 바울이 에베소에 있을 때, 디모데는 바울의 보냄을 받아 고린도도 갔다 오고(고전 4:17; 16:10), 마게도냐로 먼저 가서 바울을 기다립니다(행 19:22). 바울이 마게도냐에서 고린도후서를 쓸 때, 디모데는 발신자로 등장합니다(고후 1:1). 아가야 지방에서 로마서를 쓸 때도 디모데는 함께 있습니다(롬 16:21). 연보 사역을 위해 예루살렘으로 떠날 때도 디모데는 바울의 일행으로 있습니다(행 20:4). 어느덧 디모데는 교회의 대표가 되어있습니다. 57년 봄입니다. 바울을 만난 지 8년 정도 지났지요.

바울이 가이사랴에서 2년간 구금 상태일 때, 디모데는 그의 명을 받아 또 움직였을 것입니다. 그런데, 그러던 그가 옥중서신에 등장합니다. 골로새서와 빌립보서의 발신자로 등장합니다(골 1:1; 빌 1:1). 바울이 풀려나기 직전에 디모데는 마게도냐의 빌립보로 보냄을 받았겠습니다(빌 2:19). 62년경으로 바울을 만난 지 13년이 지나던 때입니다. 이후 디모데는 바울을 만났고 그와 함께 에베소로 온 듯합니다. 63-64년 경이었겠지요. 바울은 마게도냐로 가면서 디모데에게 에베소 사역을 맡깁니다. 디모데전서 1장 3절의 상황을 바울의 3차 전도여행의 어느 시점으로 잡기도 하지만, 바울의 1차 투옥 이후의 어느 시점으로 잡는 것이 좋겠습니다. 디모데가 에베소에 남고 바울이 마게도냐로 가는 정황을 사도행전 내에서 발견하기 어렵기 때문입니다. 또한 밀레도 설교(행 20:18-35)의 내용을 고려할 때, 디모데전서의 문제가 55년 당시 에베소 교회의 문제라고 보기 어렵기 때문입니다.

중년인 바울은 이제 노년이 되어 "나이가 많은 나 바울"(몬 1:9)이라고 할 만큼이 되었습니다. 청년 디모데도 어느덧 중년의 초입에 접어드는 나이였을 것으로 추정됩니다. 바울은 60대 초반, 디모데는 40대 초반 정도였겠지요. 14-15년의 교제와 동역 기간에 디모데는 바울의 손발과 입이 되었습니다. 오라고 하면 오고, 가라고 하면 가고, 다녀오라고 하면 다녀오고, 남아 있으라 하면 남아 있습니다. 이러기 어렵습니다. 바울이 어려워짐에 따라 바울을 멀리할 수도 있었습니다. 마가처럼 너무 힘들어 포기할 수도 있었을 것입니다. 그러나 디모데는 한결같이 바울과 마음을 같이했습니다.

친자식도 이러기 어렵지요. 제자도 이렇게 충성스럽기 어렵습니다. 예수님의 제자들도 이러지 못했습니다. 55년경에 쓰인 고린도전서에서 바울은 디모데를 "내가 주 안에서 내 사랑하고 신실한 아들"(4:17)이라고 소개했고, 이로부터 2년쯤 뒤에 쓰인 로마서에서는 "나의 동역자"(16:21)라고 소개합니다. 바울의 마지막 서신이 디모데후서인 것도 특별합니다. 여기서 바울은 그의 신실함의 근거를 디모데의 외조모와 어머니에게서 찾습니다. "이는 네 속에 거짓이 없는 믿음이 있음을 생각함이라 이 믿음은 먼저 네 외조모 로이스와 네 어머니 유니게 속에 있더니 네 속에도 있는 줄을 확신하노라"(딤후 1:5) 아멘. 죽음을 앞에 둔 바울이 보고 싶은 사람, 임종을 눈앞에 둔 바울이 찾은 사람이 디모데입니다. "내가 밤낮 간구하는 가운데 쉬지 않고 너를 생각하여 … 네 눈물을 생각하여 너 보기를 원함은 내 기쁨이 가득하게 하려 함이니"(1:3-4) 이렇게 말합니다.

디모데는 바울을 아는 사람이었습니다. "나의 교훈과 행실과 의향과 믿음과 오래 참음과 사랑과 인내와 박해를 받음과 고난과 또한 안디옥과 이고니온과 루스드라에서 당한 일과 어떠한 박해를 받은 것을 네가 과연 보고 알았거니와 주께서 이 모든 것 가운데서 나를 건지셨느니라"(딤후 3:10-11) 아멘. 디모데는 바울이 1차 여행 중일 때 봤습니다. 바울의 고난과 주님의 구원을 봤습니다. 이때가 46-47년이었으니, 알고 지낸 지는 19년 정도, 동역은 16년 정도 한 관계가 바울과 디모데의 관계입니다. 바울이 순교하지 않았다면 더 지속되었을 관계입니다.

이런 관계를 맺어보신 적이 있으십니까? 믿음 안에서 참 아들이라고, 참 딸이라고, 참 아버지라고, 참 어머니라고 부를 수 있는 관계 말입니다. 그런 관계가 그리운 시기입니다. 모든 관계가 계약과 이익으로 규정되고, 이해관계가 없어지면 만남도 희미해지는 시기입니다. 신뢰에 근거한 동역, 사랑에 기초한 나눔이 있는 관계가 그립습니다. 목회자로서 성도들과의 관계도 그런 관계였으면 좋겠습니다. 친구 같은 관계, 이 땅을 떠날 때까지 지속될 수 있는 관계, 천국까지 이어지는 관계 말입니다.

바울과 디모데의 관계 유지 비결이 어느 한쪽에 있지는 않았을 것입니다. 디모데도 충실했지만, 바울도 진실했겠습니다. 물론, 바울도 부족한 부분이 있었겠고, 디모데도 부족한 부분이 있었을 텐데, 그런 부분이 어떻게 극복되었는지 궁금하기도 합니다. 비결은 하나님 및 예수님과의 관계에 있습니다. 디모데전서 1장 1-2절입니다. "우리 구주 하나님과 우리의 소망이신 그리스도 예수의 명령을 따라 그리스도 예수의 사도 된 바울은 믿음 안에서 참 아들 된 디모데에게 편지하노니 하나님 아버지와 그리스도 예수 우리 주께로부터 은혜와 긍휼과 평강이 네게 있을지어다" 아멘.

바울은 그리스도이신 예수님의 사도입니다. 하나님의 구원자 예수님으로부터 보냄을 받았습니다. 바울은 자신이나 다른 사람들의 뜻을 따라서가 아니라, 하나님과 예수님의 명령에 따라 사도가 되었습니다. 사도는 되고 싶다고 되는 것이 아닙니다. 하나님과 예수님의 택함이 있어야 합니다. 바울을 사도 되게 하신 하나님은 바울과 디모데의 구주이십니다. 하나님으로 두 사람은 연결되어있습니다. 바울을 구원하신 하나님, 지금도 바울의 구원자가 되시는 하나님, 앞으로도 바울의 구주이신 하나님이 바울을 사도 되게 하셨습니다. 바울로 사도 되게 하신 분이 또 계십니다. 하나님께서 세우신 구원자 예수님입니다. 그리스도가 되시는 예수님은 바울과 디모데의 소망이십니다. 예수님으로 두 사람이 연결됩니다. 하나님을 순종하신 예수님이 받으신 바를 보면서 바울과 디모데도 소망을 알게 됩니다. 그들 소망의 징표이자 소망이신 예수님 때문에 그들도 소망이 있습니다.

두 사람이 어떻게 변함없는 우정과 사랑을 나눌 수 있었는지 알 것 같습니다. 하나님과 예수님 때문입니다. 서로에 대한 존경과 사랑이 있었겠지만, 궁극적으로는 예수님과 하나님 때문에 두 사람의 관계가 아담 하와 관계나, 아담 하와 부부와 가인과의 관계와 달랐습니다. 디모데는 바울의 자녀입니다. 믿음으로 낳은 자녀입니다. 디모데를 낳으려 바울은 해산의 수고를 했습니다. 믿음으로 낳았습니다. 믿음의 수고를 했습니다. 신실한 관계가 그냥 이뤄지지 않습니다. 해산과 양육의 수고를 해야 육신의 부모가 됩니다. 영적인 부모도 마찬가지입니다. 해산의 수고를 해야 부모가 됩니다. 새신자 양육, 세례 교육, 원입 교육, 일대일 양육, 제자 훈련, 결혼 교육 등등, 모든 형태의 훈련은 영적인 부모가 되는 과정입니다. 이런 훈련의 양육자가 되었을 때 수고를 각오해야 합니다.

믿음의 수고로 낳은 아들 디모데에게 바울이 바라는 것이 있습니다. 은혜와 긍휼과 평강입니다. 사람들이 아니라, 아버지 하나님과 주님으로부터 오는 은혜와 긍휼과 평강입니다. 세상으로부터 오는 재물과 지위와 명예가 아닙니다. 하나님과 예수님을 기준 삼는 사람들은 바라는 것도 다릅니다. 같은 믿음과 같은 소망을 가졌기에 그들은 같이 갑니다. 서로 협력하는 관계이기에 감출 것이 없습니다. 1장 3-4절입니다. "내가 마게도냐에 갈 때에 너를 권하여 에베소에 머물라 한 것은 어떤 사람들을 명하여 다른 교훈을 가르치지 말며 신화와 끝없는 족보에 몰두하지 말게 하려 함이라 이런 것은 믿음 안에 있는 하나님의 경륜을 이룸보다 도리어 변론을 내는 것이라" 아멘.

바울은 디모데와 함께 에베소에 갔습니다. 아마도 마게도냐 지방에서 에베소로 갔을 것 같습니다. 드로아를 거쳐서 갔을 수 있습니다. 3차 전도여행을 마치고 예루살렘으로의 연보 여행을 갈 때 들렀던 곳입니다. 유두고가 죽고 살아났던 곳입니다. 바울의 마음에 변화가 일어났던 곳입니다. 예루살렘에 천천히 가려 했는데, 하나님께서 평신도인 유두고의 생명도 주관하시는 것을 깨닫고, 오순절 전에 예루살렘에 도착하려고 결심했던 곳입니다(행 20:16). 디모데에게 에베소는 낯익은 곳입니다. 바울의 3차 여행 당시에 에베소에 머물렀습니다. 그곳에서 마게도냐로 가기도 했었습니다. 바울이 밀레도에서 장로님들을 불러 '고별 설교'를 할 때, 그 자리에 있었습니다. 디모데에게 에베소의 지도자들은 익숙합니다.

에베소 교회가 새롭게 직면한 문제를 디모데가 해결할 수 있다고 바울은 생각합니다. 그래서 맡기고 새 일을 찾아 떠납니다. 이미 가진 것, 깨달은 것에 머무르지 않습니다. 가진 것과 깨달은 것은 나눠주고, 다시 나눠줄 바를 얻고자 떠납니다. 에베소의 문제는 변질된 사람들, 모르는 바에 집착하는 사람들, 하나님보다 인간 중심인 사람들로 인해 생겼습니다. 바울은 변치 않는 진리가 이곳저곳에 적용되기를 바랍니다. 그러나 변질된 이들은 한곳에 모여 자기 생각을 키웁니다. 바울은 모르는 바가 아니라, 아는 바를 좇아 행동합니다. 하지만 인간 중심인 사람들은 모르는 바를 추론으로 규명해 가는 것을 즐깁니다. 바울은 자기 뜻보다, 동료의 뜻보다, 하나님의 뜻을 중시합니다. "성령에 매여"(행 20:22), 주님의 뜻에 매여 사는 바울은 하나님의 경륜(계획)이 이뤄지기만을 소원합니다. 하지만, 모르는 바에 집착하는 이들은 '누가 더 많이 아느냐?' 하는 것에 집중합니다.

하지만 교훈의 목적이 무엇일까요? 1장 5절입니다. "이 교훈의 목적은 청결한 마음과 선한 양심과 거짓이 없는 믿음에서 나오는 사랑이거늘" 아멘. 교훈의 목적, 즉 '복음에 근거하여 주어진 가르침' 의 목적은 사랑입니다. 이 사랑의 출처는 청결한 마음과 선한 양심과 거짓이 없는 믿음입니다. 쉽게 변하는 마음이나, 정직하지 않은 생각이나, 욕심으로 꽉 찬 믿음에서는 사랑이 나오지 않습니다.

그럼에도, 사랑이 아니라, 말에 빠진 사람들이 있습니다. 능력이 아니라, 생각에 도취되어 있습니다. 자신이 무슨 말을 하는지도, 자신이 말하는 바가 무엇을 의미하는지도 모르면서, 하나님의 말씀인 율법을 가르치려 합니다. 1장 6-7절입니다. "사람들이 이에서 벗어나 헛된 말에 빠져 율법의 선생이 되려 하나 자기가 말하는 것이나 자기가 확증하는 것도 깨닫지 못하는도다" 아멘. 사람들의 지식이 높아지고 지식을 사랑보다 중시하면서 말만 더 많아지게 되었습니다. 말로는 해결이 안 됩니다. 요한 사도도 "자녀들아 우리가 말과 혀로만 사랑하지 말고 행함과 진실함으로 하자"(요일 3:18) 권했습니다. 예수님도 우리를 구원하시기 위해 십자가에서 죽으셨습니다. 피 흘림이 없으면 죄 사함이 없습니다(히 9:22).

그런데도, 말로만 따지는 이들이 있습니다. 말로 사람을 추켜세우는 이들이 있습니다. 곰으로 재주 부리게 하고 이익을 챙기는 이들입니다. 디모데의 고향에도 이런 이들이 있었습니다. "할례를 받은 그들이라도 스스로 율법은 지키지 아니하고 너희에게 할례를 받게 하려 하는 것은 그들이 너희의 육체로 자랑하려 함이라"(갈 6:13) 아멘. 자랑거리를 만들고 이익의 재료로 삼습니다. 진실하지 않은 사람들입니다. 어려움이 닥

치면 자기 몫 챙겨 도망갈 이들입니다.

이런 사람들은 율법을 자신보다 못한 말씀으로 여깁니다. 하지만, 누구라도 율법을 율법에서 의도하는 대로 사용하고 적용하면 율법은 좋은 것입니다. 단지 율법의 기본적인 기능이 의인을 위한 것이라기보다, 불법한 자, 복종하지 아니하는 자, 경건하지 아니한 자, 죄인, 거룩하지 아니한 자, 망령된 자, 아버지를 치는 자, 어머니를 치는 자, 살인하는 자, 음행하는 자, 남색하는 자, 사람을 탈취하는 자, 거짓말하는 자, 거짓 맹세하는 자, 바른 교훈을 거스르는 자를 위해 주어진 것이기에, 부정적인 표현이 많은 것뿐입니다. 1장 8-11절입니다. "그러나 율법은 사람이 그것을 적법하게만 쓰면 선한 것임을 우리는 아노라 알 것은 이것이니 율법은 옳은 사람을 위하여 세운 것이 아니요 오직 불법한 자와 복종하지 아니하는 자와 경건하지 아니한 자와 죄인과 거룩하지 아니한 자와 망령된 자와 아버지를 죽이는 자와 어머니를 죽이는 자와 살인하는 자며 음행하는 자와 남색하는 자와 인신 매매를 하는 자와 거짓말하는 자와 거짓 맹세하는 자와 기타 바른 교훈을 거스르는 자를 위함이니 이 교훈은 내게 맡기신 바 복되신 하나님의 영광의 복음을 따름이니라" 아멘.

에베소의 디모데는 훈련된 제자입니다. 그간 남갈라디아 지방, 마게도냐와 아가야, 아시아, 그리고 로마에서 주님의 교회를 섬기며 훈련받았습니다. 다양한 철학 사조를 겪었습니다. 다양한 풍조를 경험했습니다. 어떤 형편, 어떤 상황을 만나도 오직 예수 그리스도 그분이 기준이며 해답인 것을 확인하며 살았습니다. 에베소는 당시 세계 3대 혹은 4대 도시였습니다. 인구가 20만에서 25만에 달하는 큰 도시였습니다. 중산층이 많았습니다. 로마 권력층과 연결된 이들도 있었습니다. 아시아 지역의 총독은 이곳 에베소에 머물렀습니다. 무역으로 인해 큰돈이 흐르는 곳이었습니다. 사람이 흐르고 돈이 흐르는 곳인 에베소에는 다양한 사람들의 다양한 생각이 있었습니다. 아데미 여신 전각을 만들어 파는 데메드리오 일당도 있었습니다.

디모데는 에베소에서 말언(末言, "아주 변변찮고 하찮은 말")에 빠진 이들의 어긋남을 밝히고 교회를 새롭게 해야 하는 사명을 받았습니다. 어떻게 감당할까요? 밀레도 설교에서 제시된 바울의 해결책이 있습니다. "지금 내가 여러분을 주와 및 그 은혜의 말씀에 부탁하노니 그 말씀이 여러분을 능히 든든히 세우사 거룩하게 하심을 입은 모든 자

가운데 기업이 있게 하시리라"(행 20:32) 아멘. '사나운 이리' 가 들어오고 '자기를 따르게 하려고 어그러진 말을 하는 사람들' 이 일어나도, 바울의 해결책은 '주님' 과 '그분의 말씀' 이었습니다. 디모데에게 제시하는 바울의 해결책도 다르지 않습니다.

팬데믹으로 격변하는 시기를 지나더라도, 해결책은 별반 다르지 않습니다. '주님' 과 '그분의 말씀' 이 우리의 해결책입니다. 어떤 상황이 와도, 어떤 핍박이 와도, 우리 주님과 그분의 말씀으로 우리는 승리합니다. 마귀를 이깁니다. 세상 풍조를 이깁니다. 다양한 사조와 가치관을 이깁니다. 돈을 하나님 삼는 생각을 이깁니다. 공정하지 않은 정책을 이깁니다. 정직하지 않은 사람들에게 예수님을 소개합니다. 돈이 아니라 하나님만이 '참 신' 임을 소개합니다.

그러려면 우리의 관계가 바울과 디모데 사이의 관계와 같아야겠습니다. 하나님과 예수님을 중심으로 똘똘 뭉친 관계입니다. 신실한 관계입니다. 십 년, 이십 년이 되어도 변함없는 관계입니다. 양육자와 동반자(피양육자)의 관계가 이러한 관계이기를, 목회자와 성도의 관계가 이런 관계이기를, 목회자 간 관계와 성도 간 관계가 이런 관계이기를 기도합니다. 율법을 무시하지 않고 은혜를 소중하게 여기는 관계이기를 기도합니다. 마음이 깨끗하고 판단이 정직하며 믿음에 거짓이 없기를 기도합니다.

지금 일어나는 젊은 세대는 정직을 추구합니다. 약해 보이고 좌절도 잘하지만, 나름 정직하려고 노력하는 세대입니다. 이들은 뒤로 호박씨 까는 것을 가장 싫어합니다. 자유를 원합니다. 얽매이는 것, 얽어매는 것을 싫어합니다. 이들에게 예수님의 복음이 들어가려면 교회가 진실해야 하며 관계가 건강해야 합니다. 이들이 의롭지는 않습니다. 그러나 이들은 포장을 싫어하는 편입니다. 우리는 디모데와 같이 훈련된 제자가 되어, 신실한 믿음의 참 아들이 되어, 잘못된 사상을 몰아내고 "복되신 하나님의 영광의 복음"(딤전 1:11)을 세워나가기 위해 최선을 다해야겠습니다.

바울은 모든 면에서 디모데의 기준입니다. 디모데후서 3장 10-11절을 다시 봅니다. "나의 교훈과 행실과 의향과 믿음과 오래 참음과 사랑과 인내와 박해를 받음과 고난과 또한 안디옥과 이고니온과 루스드라에서 당한 일과 어떠한 박해를 받은 것을 네가 과연 보고 알았거니와 주께서 이 모든 것 가운데서 나를 건지셨느니라" 아멘. 11절의

'보고 알았거니와'는 '가까이에서 따른다'는 의미를 갖는 단어의 번역입니다. 바울이 1차 전도여행 때 유대인들의 반대에 부딪히고 돌에 맞아 성 밖에 버려질 때 디모데는 보았습니다. 어린 마음에 충격으로 다가왔습니다. 그런데 바울이 벌떡 일어나 다시 성 안으로 들어오고 전도여행을 지속할 때 그것은 과연 경악할 만한 장면이었습니다. 그때의 충격과 경악을 바울은 기준 삼습니다. '디모데야, 네가 그때 가까이에서 모두 다 목격하지 않았느냐? 여리고 맑은 네 마음에 모두 다 새겨지지 않았었느냐? 나는 그때 놀라는 네 표정, 안타까워하는 그 표정, 네 눈물을 보았다. 그런데 그 길이 네가 걸어가야 할 길이란다. 그 길은 특별한 사람들의 길이 아니고, 하나님 복음의 진리대로 살려 하는 이들이 다 함께 같이 가는 길이란다.'

이어지는 3장 12절입니다. "무릇 그리스도 예수 안에서 경건하게 살고자 하는 자는 박해를 받으리라" 아멘. 예수께서 그리스도이심을 믿으며 하나님을 예배하며 사는 자의 길은 동일합니다. 그 길에는 고난이 있고 그 길은 십자가의 길이며 그 길은 겉으로 보기에는 불행한 길이지만, 행복의 길입니다. 바울이 모든 면에서 디모데의 기준입니다. 특별히 디모데가 본 바울의 삶이 기준입니다. 디모데는 기준을 봤습니다. 어떻게 사는지 봤습니다. 여러분도 여러분이 섬기는 사랑하는 자녀들과 후배들에게 기준이 되시기 바랍니다. '나는 그러지 못했어. 그래서 실패했어. 너는 그러지마.' 하는 선배나 부모 말고, '나는 하나님 뜻을 따라 살았어. 힘들었어. 많이 울었어. 그래도 그 길 따라가는 것을 포기하지 않았어. 그래서 하나님께서 나와 함께 하신다는 것을 주위 사람들이 알게 되었어. 하나님께서는 내가 살아온 길을 기뻐하실 거야. 너도 그렇게 살아봐.' 하는 선배나 부모가 되시기를 바랍니다.

경건의 길을 버리고 경건하지 않은 길을 가면 살 것 같지만 금방 안개요, 진흙탕이요, 한 번 빠지면 나오기 어려운 늪을 만납니다. 우리와 다른 기준을 가진 사람들이 힘있게 전진하기 때문에 그렇습니다. 3장 13절입니다. "악한 사람들과 속이는 자들은 더욱 악하여져서 속이기도 하고 속기도 하나니" 아멘. 다른 사람들에게 해를 끼치는 것을 아무렇지 않게 생각하는 사람들, 오히려 자신의 이익을 위해 점점 더 다른 사람들을 착취하는 사람들, 주술이나 점, 굿판을 벌이거나 악신들의 힘을 이용해서라도 자기 재산을 늘리고 지위를 높이려는 사람들이 자신들의 길을 힘 있게 갑니다. 더욱 악해져서 더 많이 속입니다. 사실 진리에 기초하지 않았고 하나님에게서 비롯되지 않았기에 속이면 속일수록 자신이 더 많이 속습니다. 자기 함정에 자신이 빠집니다. 자기 꾀에 자신이 넘어갑니다. 왜 자신이 망하는지도 모르고, 악한 일이 부족해서 그러나 보다 싶어 더 교활하게 작전을 짭니다. 그런 이들로 인해 경건하게 살고자 하는 사람은 누구라도 억울한 일, 박해, 핍박을 받습니다. 이때 기준이 바울입니다(고후 6:4-10 참조).

바울과 더불어 기준이 하나 더 있습니다. 디모데 자신입니다. 3장 14절입니다. "그러나 너는 배우고 확신한 일에 거하라 너는 네가 누구에게서 배운 것을 알며" 아멘. 디모데가 '배우고 확신하게 된 바가 기준' 입니다. 디모데 자신이 기준입니다. 우리 자신이 기준입니다. 내 생각, 내 말이 기준입니다. 내 수준, 내 능력이 기준입니다. 월급 삼십팔만 원 받을 때는 삼만팔천 원이 십일조이지만, 월급 삼백팔십만 원 받으면 삼십팔만 원이 십일조입니다. 십일조라는 게 그렇습니다. 건강하면 더 많이 봉사하는 겁니다. 더 많이 알면 더 많이 봉사해야 맞습니다. 은사 받은 대로 더 섬깁니다. 은사도, 소득도, 직분도 다 숙제입니다. 아버지이기에 애들 챙기는 거고, 교수이기에 학생들 챙기는 거고, 담임목사이기에 성도들 챙기는 겁니다. 그러니 너무 많이 벌려고도, 너무 많이 받으려고도 말고 이미 받은 달란트 관리 잘하십시오.

스승인 바울이 기준이고, 자기 자신인 디모데가 기준이고, 그리고 성경이 기준입니다. 3장 15-17절입니다. "또 어려서부터 성경을 알았나니 성경은 능히 너로 하여금 그리스도 예수 안에 있는 믿음으로 말미암아 구원에 이르는 지혜가 있게 하느니라 모든 성경은 하나님의 감동으로 된 것으로 교훈과 책망과 바르게 함과 의로 교육하기에 유익하니 이는 하나님의 사람으로 온전하게 하며 모든 선한 일을 행할 능력을 갖추게 하려 함이라" 아멘. 15절의 '어려서부터' 는 본래 '태아' 라는 단어를 번역한 것입니다. 매우 어렸을 때를 표현합니다. 디모데는 거짓이 없는 믿음이 있었던 어머니 유니게의 손에서 자랐습니다. 어머니 뱃속에 있을 때에도 '성경' 즉, '거룩한 글자, 신적 기록, 초월적 문서' 를 들었을 것입니다. 싸우는 소리, 아등바등하는 소리가 아니라 성경 읽는 소리, 성경에 대한 가르침을, 무슨 말인지는 모르지만 그 톤(tone)을 들었을 것입니다. 태아 디모데는 회당에서 강론을 듣던 어머니와 함께 강론을 들었을 것입니다.

바울 사도는 디모데가 태아일 때부터 들어오던 성경이 가장 중요한 기준이라고 제시합니다. 바울이라는 기준도 한계가 있고, 디모데라는 기준도 온전하지 않지만, 성경은 디모데를 지혜롭게 하여 그리스도가 예수님이라는 믿음을 통해 도달하는 구원에 이르게 한다고 가르쳐줍니다. 결국 성경이라는 기준으로 인해 우리는 구원을 받습니다. 16절의 '감동'은 '숨을 불어 넣으심'을 의미합니다. 하나님의 숨결이 성경에 있습니다. 그래서 성경을 읽다 보면, 믿음으로 받아들이다 보면, 하나님의 숨결이 내 속으로 들어옵니다. 압력밥솥 김 돌아갈 때 가까이 다가가면 맛난 밥 냄새 나듯, 성경을 읽고 마음에 새기다 보면 하나님 내음이 납니다.

성경의 유용성은 특별히 지향점에 있습니다. 가르침, 책망, 다시 바로잡음, (의 안에서 이뤄지는) 훈련입니다. 가르침은 '기준'입니다. 책망은 '나와 기준 사이의 거리'입니다. 바로잡음은 '성경과 나 사이의 거리를 좁히는 신령한 활동'입니다. 훈련은 '이 활동의 반복'입니다. 성경이라는 기준에 나 자신을 맞추는 훈련은 죽음입니다. 내가 죽어야 가능한 훈련입니다. 그런데 그 훈련을 계속 받다 보면 나라는 기준이 성경이라는 기준과 많이 비슷해집니다. 그래서 성경대로 살게 됩니다. 결국 '성경'이라는 기준에 '나'라는 기준이 조정되면, 모든 선한 일을 할 수 있을 만큼 준비되어 충분한 성장에 이릅니다. 즉, 성경은 우리가 모든 선한 일을 할 수 있을 만큼 준비되게 하여 충분한 성장에 이르게 합니다. 그러므로 성경이 기준입니다. 성장통이 있지만 즐겁습니다.

성경이 기준인 사역자가 마지막까지 힘써야 할 일이 무엇일까요? '복음 전파'입니다. 복음 전파, 그것이 교회의 생명이기에 바울 사도는 매우 강하게 명합니다. 디모데후서 4장 1-2절입니다. "하나님 앞과 살아 있는 자와 죽은 자를 심판하실 그리스도 예수 앞에서 그가 나타나실 것과 그의 나라를 두고 엄히 명하노니 너는 말씀을 전파하라 때를 얻든지 못 얻든지 항상 힘쓰라 범사에 오래 참음과 가르침으로 경책하며 경계하며 권하라" 아멘. 장차 모든 사람이 맞게 될 심판을 생각하니 복음 전파가 우선입니다.

인생의 중요한 순간을 지나갈 때마다 우리는 복음을 생각합니다. 복음 전파를 생각하고 사람들의 구원을 얘기합니다. 영혼 구원이 그리도 중요하기 때문에 그렇습니다. 공부도 중요하고 일과 생활도 중요하지만, 주님 다시 오시는 날, 산 자와 죽은 자를 심판하러 오시는 날, 내 가족이, 내 이웃이, 또한 나 자신이 하나님의 심판을 견디지 못하지는 않을까 생각합니다. 십자가에서 대표적 대속 죽음을 죽으신 예수 그리스도만을 신뢰하고 그분의 말씀대로 살아가는지 점검합니다. 공부는 좀 못해도, 돈을 좀 못 벌어도, 영혼이 깨끗한지 들여다봅니다. 몸만 깨끗하고 마음은 더러운지, 몸은 더럽더라도 마음은 깨끗한지, 둘 다 깨끗한지, 아니면 둘 다 더러운지 따져봅니다.

그래서 복음 전파에는 꾸지람도, 가치 정립도, 격려도 있습니다. 4장 2절의 '경책'은 꾸지람입니다. '경계' 라는 단어에는 '가치' 라는 개념이 핵심입니다. '권하라' 는 기본적으로 '격려하라' 를 의미합니다. 복음에 부합되지 않는 삶을 산다면 꾸지람을 받아야 맞습니다. 세상 가치관에 물들어있다면 가치관 재정립이 필요합니다. 복음에 부합된 삶을 살면서 고난을 받고 있다면, "무릇 그리스도 예수 안에서 경건하게 살고자 하는 자는 박해를 받으리라" 하신 3장 12절의 표현대로 복음에 부합된 삶으로 인해 어려움을 겪고 있다면, 위로가 필요한 것입니다. 여러분은 꾸지람이 필요합니까, 가치재정립이 필요합니까, 아니면 위로와 격려가 필요합니까?

위로와 격려가 4장 8절에 있습니다. "이제 후로는 나를 위하여 의의 면류관이 예비되었으므로 그 날에 내게 주실 것이며 내게만 아니라 주의 나타나심을 사모하는 모든 자에게도니라" 아멘. 예수님이 밝히 드러나기를 사모하는 자들에게는 의의 면류관이 부여됩니다. 예수님은 의로우신 재판장이시기에 의의 면류관을 주십니다. 의를 주십니다. 돈벼락이 아니라 거룩함과 의와 사랑을 주십니다. 짧게 있다가 없어질 것, 자기만족으로 끝날 것, 자신을 이롭게 할 것 같지만 결국 자신을 교만하고 망하게 할 것이 아니라, 영원한 것, 모든 사람이 부러워하는 것, 결국 모든 사람이 갖고 싶어 하는 바로 그것을 주십니다.

그것은 4장 3-4절에서 말하는 특성을 가진 사람들에게는 주어지지 않습니다. "때가 이르리니 사람이 바른 교훈을 받지 아니하며 귀가 가려워서 자기의 사욕을 따를 스승을 많이 두고 또 그 귀를 진리에서 돌이켜 허탄한 이야기를 따르리라" 아멘. 가르침에는 바른 가르침, 건강한 가르침이 있습니다. 음식에도 불량식품이 있고 몸을 이롭게 하는 건강식품이 있습니다. 가르침에도 불량식품이 있습니다. 귀만 긁어주는 가르침이 불량 가르침입니다. 가르침을 은행에 돈 모으듯 모으는 학생이 불량 학생입니다. 3절 끝에 '많이 두고' 라는 단어는 '옥수수를 쌓다' 는 말에서 나왔습니다. 옥수수를 수확해서 쌓아놓듯 말씀을 쌓아놓지만, 머릿속에 쌓고 노트에 필기하고 말로는 기가 막히게 잘 표현하지만, 그 말씀을 마음에 새기지 않고 생활에 새기지 않으면 불량 학생입니다.

불량 가르침은 귀만 긁어줍니다. 유아교육이 전공인 유안진 교수님 얘기입니다. 첫 애 낳고 애 머리에 부스럼 생겨 힘들었는데, 친정어머니 오셔서 수세미로 애 머리 박박 밀어 해결되었다 하시더군요. 애가 예뻐서 솜으로 소독하듯 머리를 감겼는데, 애는 혈액순환이 잘 되어 머리에도 때가 많이 낀다는 사실을 모르신 거죠. 유아교육으로는 교수인데, 애 머리 감기는 데는 빵점 엄마였습니다. 머리에 때가 덕지덕지 붙어있는데 가제 솜으로 닦아낸들 문제가 해결되겠습니까? 때 미는 수건으로 박박 밀어야죠.

바울은 복음을 전파하는 자신의 삶을 부어지는 제사인 전제로(4:6), 싸움과 달음질로(4:7)로 표현합니다. 모든 것을 쏟아내는 사역입니다. 책망으로 인해 싸움도 일어나는 사역입니다. 달려가기에 헐떡거리며 숨차는 사역입니다. 그러기에 디모데에게 신중할 것을 권합니다. 4장 5절입니다. "그러나 너는 모든 일에 신중하여 고난을 받으며 전도자의 일을 하며 네 직무를 다하라" 아멘. 신중히 고난을 피하라 하지 않았습니다. 신중하여 고난을 받으라 했습니다. 우리도 신중하여, 주님의 나타나심을 고려하기에, 해로운 것을 음식 삼을 수 있기를 바랍니다. 그러면 의의 면류관 받습니다. 돈으로도 살 수 없고, 고시 합격으로도, 박사학위로도 살 수 없는 생명을 받습니다.

바울 사도는 디모데뿐 아니라, 디도에게도 권면합니다. 그가 그레데에서 사역하기에 '제대로 하라' 는 권면을 줍니다.[2] 바울이 대충, 별 근거 없이 종과 사도 된 것은 아닙니다. 믿음으로, 지식을 따라, 소망을 가지고 된 것입니다. '믿음' 은 택함을 받은 자들의 것이었고, '지식' 은 경건으로 확인되는 진리에 대한 것이었으며, '소망' 은 영원한 생명을 향한 것이었습니다. 다메섹으로 가는 길에서 예수님을 만나 자기 생각이 잘못되었음을 깨달은 때부터 10년이나 지난 후에, 바울은 안디옥 교회의 사역자가 되었습니다. 그간 다양한 준비과정이 있었습니다. 다메섹 전도, 아라비아에서의 3년, 예루살

2) 디도서와 관련된 내용은 「생명의 삶」 2010년 9월호 원고를 위해 필자가 집필한 내용을 수정한 것입니다.

렘 제자들과의 사귐, 고향인 길리기아 다소에서의 생활 등, 예수님을 만나지 않았더라면 생각할 수 없었던 일들이 있었죠. 하나님께서도 영생에 대해 대충 계획하고 약속하신 것이 아닙니다. 영원 전부터 약속하셨지만, 자기 때에 '말씀'을 전도의 방법으로 분명하게 드러내셨습니다. 인간은 자기식대로 계산하나 하나님은 약속하신 대로 뜻을 이루셨고, 바울에게 전도를 맡기셨습니다. 한편, 디도는 믿음을 따라 바울의 참 아들이 되었습니다.

준비된 사람이 일꾼으로 뽑힐 때 교회는 건강하게 성장합니다. 그레데에서 디도는 할 일이 있었습니다. 남은 일을 바로잡고 장로를 세우는 일이었습니다. '바로 잡는다'(딛 1:5)라는 말은 '어떤 것을 근거로, 처음부터 끝까지 똑바르게 하다'를 뜻합니다. 전임자 바울처럼 디도도 제대로 해야 합니다. 디도는 고린도 교회 사역도 잘 감당했었습니다(고후 7:6). 이제 그레데에서 좀 더 장기적인, 좀 더 포괄적인 사역을 맡게 되었습니다. 이 사역을 대강하면 안 됩니다. 사람도 대충 뽑으면 안 됩니다. 기본이 된 사람을 뽑아야 합니다. 건실한 사회인, 좋은 남편, 유능한 아버지이기에 교회를 잘 돌볼 수 있는 준비된 사람, 사회 및 가정생활에 증거가 있는 사람이 뽑혀야 합니다. 왜냐하면, 감독하는 자는 하지 말아야 할 것도, 해야 할 것도 많기 때문입니다. 특별히 거스르는 자까지 건선한 가르침을 주기 위해서는 철저히 훈련되고 경험도 있어야 합니다.

'할례파'(1:10)는 삶은 바르지 못하면서 표적만을 자랑하는 자들을 가리킵니다. 표적을 가졌다고 큰소리치는 자들은 거스르기도, 허탄하기도, 자기를 속이기도 쉽습니다. 정직하지 않기에 거스르고, 고난을 모르기에 허탄하고, 돈을 사랑하기에 자기를 속입니다. 이런 자들은 교회를 세우는 것이 아니라 도리어 허물 것이 분명합니다. 그러니 일꾼 세울 때는 표적이 아니라 삶을 봐야 합니다. 디도가 사역하고 있는 그레데 사람들이 기본적으로 가지고 있는 성향이 무엇입니까? 거짓말 잘하고 놀고먹기 좋아하는 것입니다. 이는 그레데 인들도 인정하는 것입니다(1:12). 그러니 일꾼을 뽑기 전에 표적이 아니라 삶을 잘 따져봐야 합니다. 더러운 이득을 얻기 위해서라면 거짓말도 쉽게 할 수 있는 사람은 교회 일꾼으로 적절하지 않습니다. 놀고먹기 좋아하는 성향이 있는 사람들이 주된 구성원인 교회의 사역자가 되었으니, 디도 역시 사역을 대강할 수 없습니다. 제대로 해야 합니다. 듣는 자들이 믿음 위에 굳게 서도록 최선을 다해야 합니다.

잘못 가느니 안 가는 것이 낫습니다. 잘못된 지식으로 머리를 채우느니 무식한 게 낫습니다. 설익은 유대인들이 조각난 복음을 전합니다. 그러기에 디도는 성도들이 믿음에 굳게 설 뿐 아니라, 잘못된 것들에 마음 빼기지 않도록 힘쓰기도 해야 합니다. 한 사람 한 사람 모든 성도가 정결하도록, 불신이나 더러움에 물들지 않도록 철저히 사역해야 합니다. 마음과 양심이 더러워지면 무얼 해도 더러운 짓만 할 것입니다. 말로는 하나님을 안다고 해도 행위로는 전혀 하나님을 모르는 자같이 행동할 것입니다. 가증한 일인 우상숭배를 하고 절제 없이 규모 없이 불성실하게 일하며 선한 일과는 상관없는 삶을 살게 될 것입니다. 언행이 불일치한 사람들은 입 다물고 꾸지람 들어 마땅한 사람들입니다. 회개하여 말과 행위가 모두 복음에 부합할 때, 복음을 말할 수 있습니다. 마음과 양심, 지식과 언행이 헛된 우상과 세상의 더러움으로부터 자유로울 때야 비로소 진리를 논할 자격이 있는 것입니다.

사역자는 성도들을 건강케 하는 건전한 가르침을 말해야 합니다. 이러한 가르침은 연세든 어른들에게도 꼭 필요합니다. 디도서 2장 1-5절입니다. "오직 너는 바른 교훈에 합당한 것을 말하며 신중하며 믿음과 사랑과 인내함에 온전하게 하고 늙은 여자로는 이와 같이 행실이 거룩하며 모함하지 말며 많은 술의 종이 되지 아니하며 선한 것을 가르치는 자들이 되고 그들로 젊은 여자들을 교훈하되 그 남편과 자녀를 사랑하며 신중하며 순전하며 집안 일을 하며 선하며 자기 남편에게 복종하게 하라 이는 하나님의 말씀이 비방을 받지 않게 하려 함이라" 아멘. 주님 앞에 가는 그 순간까지 성숙을 향한 고삐를 단단히 붙들어야 하기 때문입니다. 노년의 남자 성도는 특별히 믿음과 사랑과 인내 면에서 건강해야 합니다. 집안과 사회와 교회에서의 위치를 빙자하여 인간적인 자기 뜻을 앞세우는 것을 피하십시오. 나이 들수록 참아야 합니다. 말을 아끼고 조신(操身)하게 굽시다. 노년의 여자 성도도 좋은 교훈을 젊은 여인들에게 베풀 수 있을 만큼 여러 측면에서 준비되어야 합니다. 가르침의 목적은 하나님 말씀을 융성하게 하는 것입니다. 세상 가르침이 종식되고 하나님의 말씀이 이 땅에 가득 찰 수 있도록 바른 가르침을 줄 수 있어야 합니다. 노년의 여자 성도는 젊은 여성들이 자신과 가정을 잘 지켜나가도록 가르치십시오. 그러기 위해 먼저 거룩한 행실로 단장하고 며느리를 긍휼한 마음으로 바라보며 세상 재미에 맛 들이지 말아야 합니다.

젊은 남자들을 위한 가르침이 2장 6-8절에 이어집니다. "너는 이와 같이 젊은 남자들을 신중하도록 권면하되 범사에 네 자신이 선한 일의 본을 보이며 교훈에 부패하지 아니함과 단정함과 책망할 것이 없는 바른 말을 하게 하라 이는 대적하는 자로 하여금 부끄러워 우리를 악하다 할 것이 없게 하려 함이라" 아멘. 젊은이는 시간이 많다고 여기고 썩어질 것에 마음 뺏겨 시간과 힘을 낭비할 수 있습니다. 그러나 젊은이들도 나이를 먹습니다. 힘이 예전 같지 않아 운동하면 피곤하고 노는 것이 귀찮고 큰 글자 성경이 더 좋아질 때가 곧 다가옵니다. 그러니 믿는 젊은이들은 합리적이고 건강한 지식에 근거하여 범사를 살피며 맑은 정신으로 행해야 합니다. 요행으로 무언가를 얻을 수 있다는 생각을 버립시다. 시간을 아껴 쪼개 쓰되 생산적인 일, 성장하는 일, 열매 맺는 일에 전심합시다. 배우기를 힘쓰되, 혼미케 하는 세상 사상을 정화할 말씀의 능력을 덧입읍시다. 이때 대적하는 자들이 부끄러워할 것입니다. 나이는 어리나 생각이 건강하고 행동이 바른 교회 젊은이들을 보면서 교회를 향한 질타를 멈추고 악평을 그칠 것입니다. 장차 교회 지도자로 서게 될 젊은이들의 변화와 성숙을 위해, 사역자들은 젊은 세대의 본(本)이 될 필요가 있습니다. 구태의연한 사고와 모습을 떠나 신선하고 정직한 역할모델이 됩시다.

종에게도 특권이 있습니다(2:9-10). 종들도 세상을 아름답게 할 재료를 가지고 있습니다. 그들의 순종과 정직한 재물관리로 하나님의 말씀이 흥왕해집니다. 아름다운 복음의 진리, 하나님의 가르침이 아름답게 단장됩니다. 떼먹지 맙시다. 하나님께 속한 것을 떼먹어서도 안 되지만, 사람들의 소유도 떼먹으면 안 됩니다. 성경은 옛 지계석(地界石)을 움직이지 말라 권합니다(잠 23:10). 남의 부동산을 넘보지 말라는 말씀입니다. 사회적 약자의 소유는 더더욱 욕심내면 안 됩니다. 사실 종들은 사회적 약자입니다. 그럼, 주인의 소유를 활빈당 홍길동처럼 탈취해도 될까요? 성경은 부자(富者) 약탈을 옳다 말하지 않습니다. 오히려 부자의 재산관리 책임을 맡았다면, 최선을 다해 진실하게 관리해야 한다고 방향 제시를 하고 있습니다. 재물뿐 아니라 관리자에게 맡겨진 모든 영역을 착하게 관리할 것을 명합니다. 그러려면 신실함으로 똘똘 뭉쳐야 합니다. 요셉이 보디발의 집을 관리한 것처럼, 모세가 하나님 집의 사환으로 충성했듯이(히 3:5) 충성합시다.

결국 하나님의 은혜가 우리를 훈련합니다(딛 2:11-15). '은혜'는 '훈련'과 양립하기 어려운 개념이 아닙니다. '사랑'과 '매'가 만나 '사랑의 매'가 됩니다. 잔인한 훈련도, 고달픈 훈련도, 배고픈 훈련도 아닙니다. 은혜 훈련입니다. 은혜로 훈련될 때, 경건치 않음과 세상 정욕을 거부하고 온전한 정신으로 의롭고 경건하게 살게 됩니다. 조금만 배가 부르면 교만해지는 수박 겉핥기식 훈련이 아닙니다. 떫은 감이 뜨거운 햇볕에 변화되어 씨마저 단 단감이 되듯, 뼛속 살 속까지 은혜에 절어 은혜로울 수밖에 없게 되는 은혜 훈련입니다. 그 은혜가 우리 성도들을 양육합니다. 은혜의 양육을 통해 우리는 이 세상에서 제대로 살게 됩니다. 각박한 마음으로 어쩔 수 없어 선을 행하지 않고, 선함이 좋고 선을 행함이 만족을 주기에 선하게 삽니다. 은혜는 또한 우리로 우리의 크신 하나님 구주 예수 그리스도를 기다리게 합니다. 그분의 구속과 우리를 깨끗하게 하심으로 우리는 마침내 "선한 일을 열심히 하는 자기[하나님의] 백성"(2:14)이 됩니다.

은혜로 양육 받으면서, 이전의 상태로 돌아가지 않으려면 기억해야 할 것이 있습니다(3:1-3). 첫째는 '해야 할 바'입니다. 온유하고 겸손하신 예수님의 모범대로, 권세 잡은 자와 동료, 손아랫사람 모두에게 부드러움을 견지해야 합니다. 은혜가 폐부 깊숙이 자리 잡고 있다면, 다른 사람들에게 무례하지 않을 것입니다. 다툼보다는 이해를, 훼방보다는 인정(認定)을, 자랑보다는 겸비로 타인을 대하게 될 것입니다. 은혜받아 가졌고 깨끗해졌다고 해서, 아직 은혜 양육을 받지 못해 부족한 게 많아 보이는 사람들을 무시하면 위험합니다. 남보다 나를 낫게 여기는 마음 자체가 은혜와 어울리지 않기 때문입니다. 둘째로 기억할 것은 '은혜 양육을 받기 전의 내 상태'입니다. 생각 없어 거역하고, 속아 헛된 것에 종살이하지 않았던가요? 미움과 악독, 투기와 우상숭배로 점철된 생활이지 않았던가요? 해야 할 바를 기억하고 바르게 수행할 때, 선한 요소는 조금도 없었던 이전 상태에서 점점 더 멀리, 아주 멀리 떠나게 됩니다.

이어지는 3장 8절의 '미쁜 말'은 3장 4-7절을 가리킵니다. 구원은 우리의 행한 바 의로운 행실에 근거하지 않았습니다. 하나님의 자비와 사람 사랑하심이 나타나, 중생의 씻음과 성령이 새롭게 하심으로 하나님이 우리를 구원하셨습니다. 이것이야말로 믿을 만하고 믿어야 할 미쁜 말입니다. 빛이 없으면 어두컴컴한 것처럼, 하나님의 자비와 사랑이 없으면 각박하고 거친 약육강식의 세계만 남습니다. 용서는 인과응보에 밀려 흔적 없이 사라집니다. 그러나 죄인을 사랑하신 하나님의 자비가 있기에, 사회적 약자가 어깨 펼 길이 열립니다. 강포로부터 자유로운, 더불어 사는 공동체가 형성됩니다. 하나님의 자비와 사랑으로 우리가 바뀌기 때문입니다. 좁은 공간, 물속에서 지내던 태아가 출산 과정을 통해 이 땅에 거하는 사람이 되듯, 거짓과 죄에 물든 세대에서 살던 사람이 십자가 구속을 통해 진리와 사랑, 자유와 기쁨 가득한 하나님 나라 백성으로 다시 태어납니다. 우리 구주 예수 그리스도를 통해 부어진, 거룩한 하나님의 영으로 새로워져 하나님의 후사가 됩니다.

교역자는 성도들을 굳게 해야 합니다(3:8-11). 미쁜 말을 확실히 전해야 선한 일에 신경 쓰게 됩니다. 옳은 바를 강조하여 성도들이 바르고 선한 길로 가도록 돕는 것은 좋을 뿐 아니라 크게 유익한 일입니다. 이와 반대로 무익하고 헛된 일이 있습니다. "어리석은 변론과 족보 이야기와 분쟁과 율법에 대한 다툼"(3:9)에 빠지는 것입니다. 알지 못하고 알 수도 없는 바에 착념(着念)하는 것은 미련의 소치(所致)입니다. 족보도 그렇습니다. 과학기술이 발달한 오늘날도 친자소송이 여기저기에서 일어납니다. 시나간 족보를 따지는 것같이 어리석은 일은 없습니다. 지금 진리대로 사는 데 마음 써야 합니다. 싸우는 데 시간 보내는 것도 참 어리석은 짓입니다. 함께 생산하고 만들며 행복을 위해 살기에도 시간이 부족한데 왜 싸웁니까? 왜 서로 허뭅니까? 시시콜콜한 법리 논쟁도 피하는 것이 좋습니다. 열매 맺을 게 별로 없기 때문입니다. 하물며 이단에 속한 사람이겠습니까? 한두 번 훈계한 후에 멀리하십시오. 사역자는 성도들을 굳게 하는데 마음 써야 합니다.

이어지는 3장 12-15절에서 '사역 청사진'을 발견합니다. 새로 일을 맡을 때가 있고, 맡았던 일을 정리하고 떠날 때가 있습니다. 디도의 그레데 사역도 조만간 마무리될 것입니다. 후임자 아데마나 두기고가 그레데에 오면, 디도는 니고볼리로 가서 다음 사역을 맡을 것입니다. 현재 사역을 제대로 하려면 긴 시간이 필요하겠지만, 그렇다고 언제까지나 일을 마냥 붙들고 있을 수만은 없습니다. 그러니 현재 사역에 더욱 집중해야겠지요. 한편, 바울은 편지를 가지고 간 세나와 아볼로의 여비가 떨어지기 전에 그들을 돌려보내라고 권합니다. 너무 늦게 보내게 되면 그들이 필요 이상 교회에 짐이 될 것입니다.

이처럼 바울은 자신과 디도를 위해 일하는 사람들이라 할지라도 열매 맺기 위한 선한 일을 힘써 행하여 절박한 필요에 대처할 수 있도록 지침을 주고 있습니다. 일꾼들은 사역 속에서 근검절약과 효율적인 시간 및 재정 운용을 배워야 합니다. 하나님 나라 사역이 급박하게 돌아가는 중대 사안이기 때문입니다. 그럼에도, 일꾼 피차간 문안과 축복이 있습니다. "나와 함께 있는 자가 다 네게 문안하니 믿음 안에서 우리를 사랑하는 자들에게 너도 문안하라 은혜가 너희 무리에게 있을지어다"(3:15) 아멘. 헌신한 바울이지만, 문안의 여유가 있습니다.

빌레몬서를 통해서도 바울의 헌신과 여유를 읽습니다. 빌레몬은 예수님을 잘 믿는 사람이었습니다. 그런데 빌레몬의 종인 오네시모가 빌레몬으로부터 도망쳤습니다. 잡히기만 하면, 오네시모는 매를 많이 맞을 것입니다. 죽을 수도 있습니다. 오네시모는 할 일을 하지 않았습니다. 주인을 배신하고 멀리 떠났습니다. 로마까지 갔습니다. 골로새에서 로마까지는 직선거리만 1,450킬로미터입니다. 골로새와 로마 사이에는 바다, 산, 강이 있습니다.

바울은 로마에서 황제 재판을 기다리고 있었습니다. "온 이태를 자기 셋집에 머물면서 자기에게 오는 사람을 다 영접하고 하나님의 나라를 전파하며 주 예수 그리스도에 관한 모든 것을 담대하게 거침없이 가르치"고 있었습니다(행 28:30-31). 그러다가 오네시모를 낳았습니다(몬 10). 오네시모는 바울 사도의 믿음의 아들이 되었습니다. 본래 '오네시모'는 '유용한'이라는 뜻을 갖습니다. 오네시모는 이름값을 못 하고, '쓸모없는' 종이 되었지만, 믿음을 갖고서는 '꼭 필요한, 유익한' 종이 되었습니다. "그가 전에는 네게 무익하였으나 이제는 나와 네게 유익하므로"(몬 11) 아멘.

오네시모는 이제 바울의 '심복'과 같은 일꾼이 되었습니다(몬 12). 빌레몬에게도 '사랑 받는 형제'가 되었습니다(몬 16). 무엇을 해야 할까요? 오네시모는 골로새로 돌아가야 합니다. 이제 오네시모는 예수님을 믿는 새 삶으로의 조정이 필요합니다. 새 삶으로 조정하려면 용기와 행동이 필요합니다. 바울은 오네시모를 돕습니다. 오네시모를 위해 '간구' 합니다(몬 10). 오네시모가 빌레몬에게 "불의를 하였거나" "빚진 것이 있으면" 자신 "앞으로 계산하라"고 말합니다(몬 18). 이제 오네시모는 도망가지 않습니다. 빌레몬과 오네시모 사이에 우정이 시작됩니다. 바울의 도움과 지지(支持)가 무르익습니다. 꽃은 벌을 먹이고 벌은 꽃이 열매 맺게 돕습니다.

질의와 응답

하나. "성경에서 족보 이야기를 금하는(딤전 1:4; 딛 3:9) 이유가 무엇일까요?"

성경에서 언급하지 않는 족보의 공백을 채우거나 확장하여 혈통을 통해 뭔가를 얻으려는 시도를 금하시는 것처럼 보입니다. 하나님의 자녀들이 '혈통' 을 통해 얻어지는 것이 아니기 때문입니다(요 1:13).

둘. "빌레몬서의 가치가 어디에 있을까요?"

평신도 지도자인 개인에게 보내진 서신으로는 유일합니다. 바울 사도가 디모데나 디도와 같은 목회자를 대할 때보다 더 부드럽게 접근합니다. 그리고 '신분제도' 라는 사회문제와도 연관됩니다. 바울 사도는 고린도전서 7장 17절에서 '신분 유지' 를 말했습니다. "오직 주께서 각 사람에게 나눠 주신 대로 하나님이 각 사람을 부르신 그대로 행하라 내가 모든 교회에서 이와 같이 명하노라" 아멘. '신분 해방' 이 원칙이 아니었습니다. 그런데 바울 사도는 빌레몬에게 오네시모의 노예 해방을 권하고 있습니다. 그러므로, 왜 예외적인 제안을 하는지를 구체적으로 밝힐 필요가 있었겠습니다. 오늘날 원칙을 벗어날 때 어떤 이유에서 어떤 절차를 거쳐야 하는지에 대해 빌레몬서는 예시가 됩니다.

셋. "디도서 2장 3-6절을 보면, 늙은 여자로 젊은 여자를 가르치게 하라고 말씀합니다. 요즘은 이 말씀을 어떻게 적용할 수 있을까요?"

본래 '나이'가 지도자의 중요한 요소였습니다. 요즘은 '나이'보다는 '정치력, 경제력, 지력' 등이 중시됩니다. 성장을 멈추지 않았다면, 나이가 많을수록 지도력이 크겠지요. 역사와 신지식(新知識)을 갖춘 지도자가 되도록 노력하는 것이 중요해 보입니다.

넷. "바울의 텐트 메이킹(tent making) 사역이 평신도 선교의 근거가 될 수 있을까요?"

바울이 사례비를 받지 않을 때는 이유가 있는 듯합니다. 바울을 평신도라고 보기도 어렵고요. 그래서 바울의 예를 평신도 선교 보편 원칙의 기반으로 사용하는 것은 무리가 있어 보입니다. 한편, 노동에 대한, 노동의 가치에 대한 가치 정립이 중요해 보입니다. 아무래도 자본이 중시되는 사회에서, 노동 값보다 자본 값이 더 비싼 시대에 살다 보니, 노동이 경시되는 경향이 있습니다.

다섯. "바울은 고린도나 에베소 같은 대도시에서는 일을 했고, 멜리데에서는 필요한 것을 공급받았습니다. 어떻게 이해해야 할까요?"

우선 바울이 멜리데섬에서 일을 하기는 어려웠습니다. 재판을 기다리는 구금자(拘禁者)였으니까요. 돈이 많을수록 돈을 중시하니, 일을 더 하게 되는 듯합니다. 복음이 돈에 좌우되지 않는다는 것을 보이기 위해서요. 어쩌면 돈이 많이 흐르지 않던 멜레데섬 사람들이 돈으로부터 더 자유로워 보입니다.

여섯. "바울처럼 지금도 편지로 관계를 발전시킬 수 있을까요?"

요즘은 비대면 디지털 소통 수단이 많이 발전했습니다. 새로운 소통 수단을 통해 관계를 발전시키면 되겠지요. 다만, 편지와 같이 손으로 직접 쓰는 글이 목회 현장에서 여전히 잘 쓰일 수 있다고 생각합니다. 목회할 때 생일 카드를 쓰고 교육 때 액자에 글을 담아 드렸는데 도움이 되었던 것으로 기억합니다.

일곱. "바울 사도의 제1차 전도여행 기간을 46-47년경으로 잡으셨는데, 바울의 회심 시기와 당시 나이에 대해서는 어떻게 생각하시나요?"

제54과에서 예수님 십자가 사건을 주후 33년으로 보는 근거에 대해서는 말씀을 드렸습니다. 그리고 갈라디아서를 설명할 때, 1장 18절의 '삼 년' 과 2장 1절의 '십사 년' 과 관련하여 1장 18절은 36년, 2장 1절은 46년쯤으로 제시했습니다. 전치사의 차이를 고려할 때, 1장 18절은 '삼 년 후' 이고 2장 1절은 '14년쯤 어간에' 이기 때문입니다. 이렇게 보면, 바울 회심은 33년이 됩니다. 당시 바울의 나이를 추정하기 위해서는 빌레몬서 9절의 "나이가 많은 나 바울은" 이라는 표현이 중요하겠습니다. 필로에 따르면, '나이가 많다' 는 말은 56세는 되어야 쓸 수 있었습니다. 빌레몬서 기록 시기를 60년으로 보면, 회심 후 27년이 되었을 때입니다. 그렇다면, 회심 때 바울의 나이는 29세 정도라고 할 수 있습니다.

Weekly Reading

56

히브리서 1장 – 베드로전서 3장

"양육"

히 1-3장	히 4-6장	히 7-9장	히 10-12장	히 13장-약 2장	약 3-5장	벧전 1-3장

check

이번 통독은 히브리서와 야고보서 전체, 그리고 베드로전서 1-3장입니다. 지난 과 제목은 디모데, 디도, 빌레몬이라는 개인 수신자를 고려하여 '일대일' 로 잡았는데, 이번과 제목은 히브리서, 야고보서, 베드로전서의 주제를 함께 묶을 수 있는 '양육' 으로 잡았습니다. 마지막과 제목은 '성경통독' 입니다. 그렇게 되면, 그간이 성경통독이 '일대일 양육 성경통독' 이라는 제목으로 마무리되겠습니다.

양육

I.
낳았으면 길러야지.
기르려고 낳았지.

자라서 뭐 될지는 모르지만
그래도 키워놓으면 제 몫 하겠지.

배 아파 낳고
엄마가 되냅니다.

II.

무자식 상팔자!
생육하고 번성하라!

어느 쪽이 진리인지
알고 있기에

오늘도 아빠 자리
지키며 산다.

III.

목회는 먹회라고
먹으면 되는 시절이 있었다.

이제 목회는 먹먹회다.
가슴이 먹먹하다.

그래도 목회자들
주님 바라보며 오늘도 먹먹회한다.

IV.

주님 만나 얻는 유익은 첫째 은혜요.
주님 따라 섬기며 받는 유익은 둘째 은혜이다.

시내산 은혜는 첫째 은혜요.
시온산 은혜는 둘째 은혜다.

오늘도 첫째 둘째 은혜 통로 되고자
먹먹회한다.

V.

히브리서 기자는 고난받는 교인들에게
고난을 받으라 하고,

야고보서 기자는 설익은 성도들에게
인내로 익으라 권한다.

베드로 사도는 나그네들에게
세상을 사랑하지 않는 삶을 알려준다.

VI.
고난으로 양육되니
고난을 받으라 하고

잘 익은 열매 됨이 양육의 목적이니
인내하라 권하며

세상을 사랑하면 나그네로 양육될 수 없기에
순전하고 신령한 젖을 사모하라 명한다.

VII.
태어남은 남의 힘으로 되었으나
양육에는 내 힘 더 들어간다.

태어나기는 내 뜻 아니나
양육 받기에는 내 뜻 들어간다.

태어나는 것은 잠시지만
양육은 영원하다.

어려움의 시기에는 근본을 생각합니다. 예수님은 겟세마네 동산에서 '아버지의 뜻'을 생각했습니다. "내 아버지여 만일 할 만하시거든 이 잔을 내게서 지나가게 하옵소서 그러나 나의 원대로 마시옵고 아버지의 원대로 하옵소서"(마 26:39) 아멘. 베드로 사도는 어려움의 시기에 변화산 사건을 생각했습니다. "우리 주 예수 그리스도의 능력과 강림하심을 너희에게 알게 한 것이 교묘히 만든 이야기를 따른 것이 아니요 우리는 그의 크신 위엄을 친히 본 자라 지극히 큰 영광 중에서 이러한 소리가 그에게 나기를 이는 내 사랑하는 아들이요 내 기뻐하는 자라 하실 때에 그가 하나님 아버지께 존귀와 영광을 받으셨느니라 이 소리는 우리가 그와 함께 거룩한 산에 있을 때에 하늘로부터 난 것을 들은 것이라"(벧후 1:16-18) 아멘. 바울 사도는 로마교회가 어려울 때 '복음'을 생각나게 했고, 고린도교회에는 '십자가의 도'를 기억나게 했으며, 갈라디아 교회에게는 "너희가 성령을 받은 것이 율법의 행위로냐 혹은 듣고 믿음으로냐"(갈 3:2)라며 그들의 근본을 물었습니다. 에베소 교회를 향해서는 "창세 전에 그리스도 안에서 우리를 택하사 우리로 사랑 안에서 그 앞에 거룩하고 흠이 없게 하시려고 그 기쁘신 뜻대로 예정하사 예수 그리스도로 말미암아 자기의 아들들이 되게"(1:4-5) 하신 하나님과, "허물과 죄로 죽었던"(2:1) 그들의 정체성으로 첫 단추를 끼웠습니다.

환난의 시기를 지내던 당대 신자들에게 히브리서 기자도 '그들'의 근본을, '우리'의 근본을 생각나게 합니다. 히브리서 기자에 대해 2세기 중엽부터 3세기 초엽까지 활동했던 알렉산드리아의 클레멘트는 바울을 생각했고, 터툴리안은 바나바를, 루터는 아볼로를, 칼뱅은 누가를 생각했습니다. 히브리서 기자가 누구이든, 그는 네로 박해 시기를 살던 신자들에게 그들의 근본으로 '하나님의 아들'을 소개합니다. 예수님의 십자가 죽음과 부활, 그리고 승천이 있고 삼십여 년이 지난 시점에, 하나님의 교회가 곳곳에 세워지고 말씀이 흥왕하였지만, 말씀을 대적하는 자들의 활동도 만만치 않았습니다.

히브리서 10장 32-34절에는 그간 성도들이 당한 고난을 이렇게 소개합니다. "전날에 너희가 빛을 받은 후에 고난의 큰 싸움을 견디어 낸 것을 생각하라 혹은 비방과 환난으로써 사람에게 구경거리가 되고 혹은 이런 형편에 있는 자들과 사귀는 자가 되었으니 너희가 갇힌 자를 동정하고 너희 소유를 빼앗기는 것도 기쁘게 당한 것은 더 낫고 영구한 소유가 있는 줄 앎이라" 아멘. 마침내 네로에 의한 기독교 박해로 인해 많은 사람의 순교가 예상되는 시기에 직면하게 되었습니다. 이에 대해 히브리서 기자는 12장 3-4절에서 "너희가 피곤하여 낙심하지 않기 위하여 죄인들이 이같이 자기에게 거역한 일을 참으신 이를 생각하라 너희가 죄와 싸우되 아직 피흘리기까지는 대항하지 아니하고" 이렇게 언급합니다. 환난의 시기에, 특별히 기독교인은 죽고 유대교인은 살 수 있던 시기에, 히브리인이라 할 수 있던 사람들에게 하나님께서는 말씀을 통해 그들의 뿌리를 먼저 확인시켜 주십니다. 아브라함의 뒤를 따라 순례자의 삶을 사는 성도들에게 그들의 뿌리가 예수 그리스도 하나님의 아들이심을 분명히 합니다.

만유의 상속자인 아들, 그로 말미암아 모든 세계가 지어진 그 아들, 하나님 영광의 광채인 아들, 하나님 본체의 형상인 아들, 능력의 말씀으로 만물을 붙드시는 아들, 죄를 정결하게 하는 일을 하신 아들, 높은 곳에 계신 지극히 크신 이의 우편에 앉아계신 아들, 천사들보다 더욱 아름다운 이름을 기업으로 얻으신 아들, "너는 내 아들이라 오늘 내가 너를 낳았다"라는 증거를 받으신 아들, "나는 그에게 아버지가 되고 그는 내게 아들이 되리라"라는 다윗 언약의 성취이신 아들, 하나님의 모든 천사의 경배를 받으시는 그 아들, 의를 사랑하고 불법을 미워하심으로 동류들보다 뛰어나게 되신 그 아들, 연대가 다함이 없으실 그 아들, 자기 원수를 하나님께서 자신의 발등상이 되게 하시기까지 하나님 보좌 우편에 앉아계실 그 아들을 먼저 소개합니다.

우리가 뿌리를 내린 토양이 우리를 살릴 토양인지, 죽일 토양인지 확인시켜 주십니다. 몸은 죽여도 영혼은 어쩌지 못하는 사람에게 우리의 근본이 있는지, 아니면 만유의 상속자로서 영혼까지 처단하실 수 있는 예수 그리스도에게 우리의 근본이 있는지 질문합니다. 우리의 뿌리는 그분에게 있습니다. 우리의 시민권은 로마 황제가 발급한 것이 아닙니다. 우리의 시민권은 하나님의 아들이 발급해 주셨습니다. 선지자들이 발급해 준 것도 아닙니다. 천사들이 발급해 준 것도 아닙니다. "하나님의 영광의 광채시요 그 본체의 형상"이시요, "그의 능력의 말씀으로 만물을 붙드시며 죄를 정결케 하는 일을 하시고 높은 곳에 계신 지극히 크신 이의 우편에 앉으"신 그분이 발급해 준 것입니다.

로마 황제에게서 기인한 처절한 박해가 예상되고 진행되는 시기에, 교회는 우리의 근본을 물었습니다. 로마로부터 특권을 부여받았던 빌립보 교회 성도들에게 사도 바울은 "그러나 우리의 시민권은 하늘에 있는지라 거기로부터 구원하는 자 곧 주 예수 그리스도를 기다리노니 그는 만물을 자기에게 복종하게 하실 수 있는 자의 역사로 우리의 낮은 몸을 자기 영광의 몸의 형체와 같이 변하게 하시리라"(3:20-21)라며, 하늘에서 발급된 시민권과 발급권자 되신 예수 그리스도를 선포합니다. 다른 말이 필요 없습니다. 누가 우리로 여기 있게 하셨습니까? 하나님의 아들 예수 그리스도입니다. 그렇다면, 우리의 근본은 누구입니까? 하나님의 아들 예수 그리스도입니다. 우리는 누구에게 뿌리를 내리고 있습니까? 하나님의 아들 예수 그리스도입니다. 그렇다면, 우리의 무게중심은 어디에 있어야 합니까? 하나님의 아들 예수 그리스도에게 있어야 합니다.

그렇다면 노래합시다. 히브리서 기자는 노래합니다. "내 마음이 확정되고 확정되었사오니 믿음의 눈 들어 주를 바라봅니다 ♬ 내 마음이 확정되고 확정되었사오니 믿음의 눈 들어 주를 바라봅니다♩" 하나님의 아들 예수 그리스도께 그 마음을 고정하고 그분을 노래합니다. 이어지는 노래들을 통해 우리가 불러야 할 노래를 들려줍니다.

첫 번째 노래는 "너는 내 아들이라 오늘날 내가 너를 낳았도다♩"입니다. 열방과 주권자들이 하나님과 그리스도를 대적하지만, 그리스도로 그리스도가 되지 못하게 하려고 온갖 권모술수를 부리지만, 하나님의 선포 앞에서 그들의 악과 거짓이 무너져 내릴 것을 믿음으로 고백하며 노래합니다.

두 번째는 선지자 나단이 다윗에게 불러준 노래입니다. "나는 그에게 아버지가 되고 그는 내게 아들이 되리라" 하는 이 노래는 다윗 평생의 노래가 되었습니다. 다윗은 '자기 자손이지만 자신의 주님도 되시는' 그분을 노래했습니다. 하나님께서 그분을 썩지 않게 하실 것을 미리 보고 그분의 부활을 증거 하였습니다. 그분을 바라보며 소망을 가졌습니다.

세 번째 노래는 모세의 노래입니다. 신명기 32장 43절, 시편 96편 7절 등과 연결되는 표현인 "하나님의 모든 천사들은 그에게 경배할지어다"라는 노래를 통해, 맏아들들이 모세가 가르쳐준 노래를 불러야 한다고 알려줍니다. 1장 6절의 "맏아들을 이끌어 세상에 다시 들어오게 하실 때"에 대해 의견이 분분하지만, 인용된 모세의 노래를 통해, 이 '맏아들'이 모압 평지에서 모세를 통해 하나님의 말씀과 노래를 듣던 이스라엘 백성이었음을 알게 됩니다.[1] 이들은 지금 "세상에 다시 들어오게" 됩니다. 무슨 의미입니까? 문명인들의 거주지인 애굽을 떠나 광야에서 생활하던 이스라엘 백성들을 다른 문명인들의 거주지인 가나안으로 들어가게 하실 때에, 하나님께서는 모세의 노래를 통해 누구를 경배해야 할지 가르쳐주셨다는 말씀입니다.

모세의 노래를 부르기 전에 히브리서 기자는 "맏아들을 이끌어 세상에 다시 들어오게 하실 때에"라는 표현을 통해 누가 장자인지, 장자가 부를 노래가 무엇인지 확정하고 있습니다. "한 그릇 음식을 위하여 장자의 명분을 판 에서"(12:16)는 실패했지만, "하늘에 기록된 장자들의 모임"(12:23)은 "하나님의 모든 천사들은 그에게 경배할지어다"라는 노래를 부를 것입니다. 이 천사들이 다음 절에서는 '천사들'과 '사역자들'로

---

1) 이에 대해서는 박형대, "'맏아들을 이끌어 세상에 다시 들어오게 하실 때에'(히브리서 1:6)에 대한 논의,"「신약연구」5.1 (2006): 137-162쪽을 참고하세요.

붙립니다. 하나님의 사역자들은 6절의 노래를 부릅니다. '하나님 저는 예배자입니다. 저는 예수님에게 경배합니다.' 이런 노래입니다.

욥기 35장 9-10절을 보면 엘리후가 노래합니다. "사람은 학대가 많으므로 부르짖으며 군주들의 힘에 눌려 소리치나 나를 지으신 하나님은 어디 계시냐고 하며 밤에 노래를 주시는 자가 어디 계시냐고 말하는 자가 없구나" 아멘. 엘리후가 '밤중에 노래하게 하시는 하나님'을 소개할 자를 찾는데, 히브리서 기자는 밤중에 신자가 부를 노래를 가르쳐줍니다. '나는 예배자'라는 노래입니다.

히브리서는 "시편을 설교하고 있다."라고 말할 수 있을 정도로 시편이 종합적으로 사용됩니다.[2] 히브리서에서 소개된 예수님은 '보좌 우편에 앉아계신 하나님의 아들 대제사장'이고, 히브리서의 주된 교훈은 '핍박으로 인해 믿는 도리를 버리는 어리석음을 범하지 말라'는 것입니다. 이 교훈의 이유가 예수님에게 있으므로, 히브리서 기자는 예수님이 어떤 분인가를 자세히 소개하는데, 주된 근거 구절이 시편입니다. 먼저, 시편 2편 7절과 110편 1, 4절이 중요하게 사용됩니다. 시편 2편 7절은 히브리서 1장 5절("하나님께서 어느 때에 천사 중 누구에게 너는 '내 아들이라 오늘 내가 너를 낳았다' 하셨으며")에서 천사보다 우월하신 아들이신 예수님을 소개할 때 가장 먼저 인용되는 구약성경의 말씀입니다. 히브리서 1장 13절에서 인용되고 1장 3절, 8장 1절, 10장 12절, 12장 2절에서 암시된 시편 110편 1절은 하나님 아들의 현재 위치를 보여주는 중요한 말씀입니다. 이 구절들을 함께 읽어보면 시편 110편 1절이 얼마나 중요하게 사용되는지 알 수 있습니다.

> 이는 하나님의 영광의 광채시요 그 본체의 형상이시라 그의 능력의 말씀으로 만물을 붙드시며 죄를 정결하게 하는 일을 하시고 높은 곳에 계신 지극히 크신 이의 우편에 앉으셨느니라(1:3).

> 어느 때에 천사 중 누구에게 '내가 네 원수로 네 발등상이 되게 하기까지 너는 내 우편

---

2) 이 부분은 박형대, "신약의 시편 설교,"「헤르메네이아 투데이」 52 (2011): 110-116쪽의 내용을 수정한 것입니다.

에 앉아 있으라' 하셨느냐(1:13).

지금 우리가 하는 말의 요점은 이러한 대제사장이 우리에게 있다는 것이라 그는 하늘에서 지극히 크신 이의 보좌 우편에 앉으셨으니 성소와 참 장막에서 섬기는 이시라(8:1-2상반)

오직 그리스도는 죄를 위하여 한 영원한 제사를 드리시고 하나님 우편에 앉으사 그 후에 자기 원수들을 자기 발등상이 되게 하실 때까지 기다리시나니(10:12-13)

믿음의 주요 또 온전하게 하시는 이인 예수를 바라보자 그는 그 앞에 있는 기쁨을 위하여 십자가를 참으사 부끄러움을 개의치 아니하시더니 하나님 보좌 우편에 앉으셨느니라(12:2)

하나님의 아들이신 예수 그리스도께서 하늘 보좌 우편에 앉아계신다는 사실이 고난을 받는 신자들에게는 '도움의 근원' 이자, 자신들 '영광의 보장' 입니다. 이 점을 강조하기 위해 히브리서 기자는 마치 시편 110편 1절을 설교하듯 해석하고 적용합니다. 1장 3절에서는 그리스도의 사역을 정리하면서 그분의 위치를 표현하기 위해, 다음으로 1장 13절에서는 아들이 천사들보다 우월한 이유를 제시하기 위해, 8장 1절에서는 대제사장 되신 예수님의 직임과 관련하여, 10장 12절에서는 그분이 드린 제사와 연관하여 시편 110편 1절이 사용됩니다.

이뿐이 아닙니다. '멜기세덱의 반차를 좇는 대제사장' 되신 예수님을 소개하기 위해 시편 110편 4절이 히브리서 5장 6절과 7장 17, 21절에 인용되고, 5장 10절, 6장 20절, 7장 3, 11, 15절에 암시됩니다. 인용된 세 구절만 봅니다.

또한 이와 같이 다른 데서 말씀하시되 '네가 영원히 멜기세덱의 반차를 따르는 제사장이라' 하셨으니(5:6)

그는 육신에 속한 한 계명의 법을 따르지 아니하고 오직 불멸의 생명의 능력을 따라 되었으니 증언하기를 네가 영원히 멜기세덱의 반차를 따르는 제사장이라 하였도다(7:16-17)

그들은 맹세 없이 제사장이 되었으되 오직 예수는 자기에게 말씀하신 이로 말미암아 맹세로 되신 것이라 주께서 맹세하시고 뉘우치지 아니하시리니 네가 영원히 제사장이라 하였도다(7:21)

5장 6절의 경우, 시편 2편 7절이 두 번째로 인용된 5장 5절("또한 이와 같이 그리스도께서 대제사장 되심도 스스로 영광을 취하심이 아니요 오직 말씀하신 이가 그에게 이르시되 '너는 내 아들이니 내가 오늘 너를 낳았다' 하셨고")과 함께, 아들 직과 대제사장직이 예수님 한 분 안에서 결합되어 있다는 것이 강조됩니다.

아들 직 및 대제사장직과 함께, 예수님의 인자(人子) 되심과 제물(祭物) 되심도 시편을 통해 이해됩니다. 먼저 예수님의 인자 되심과 관련하여, 시편 8편 4-6절이 히브리서 2장 6-8상반절에서 인용된 뒤, 2장 8하반-10절에서 해석됩니다. 해석을 봅니다. "만물이 그에게 복종하게 하셨은즉 복종하지 않은 것이 하나도 없어야 하겠으나 지금 우리가 만물이 아직 그에게 복종하고 있는 것을 보지 못하고 오직 우리가 천사들보다 잠시 동안 못하게 하심을 입은 자 곧 죽음의 고난 받으심으로 말미암아 영광과 존귀로 관을 쓰신 예수를 보니 이를 행하심은 하나님의 은혜로 말미암아 모든 사람을 위하여 죽음을 맛보려 하심이라 그러므로 만물이 그를 위하고 또한 그로 말미암은 이가 많은 아들들을 이끌어 영광에 들어가게 하시는 일에 그들의 구원의 창시자를 고난을 통하여 온전하게 하심이 합당하도다" 아멘. 시편 8편 4-6절의 '사람'과 '인자'가 예수 그리스도의 정체와 현재 위치 및 구속사의 흐름을 밝히는 데 중요한 구절로 사용됩니다. 예수님은 "천사들보다 잠시 동안 못하게 하심을 입은 자"이고 "죽음의 고난 받으"신 분입니다. 그분은 현재 "영광과 존귀로 관을 쓰"셨습니다. 그분이 죽으심은 "모든 사람을 위"한 것이었고, 그분은 고난을 통해 온전한 "구원의 창시자"가 되셨습니다.

예수님의 제물 되심도 시편 40편 6-8절(40:7-9, MT; 39:7-9, LXX)의[3] 인용 및 해석과 적용을 통해 소개됩니다. 히브리서 10장 5-10절도 보면, 먼저 시편이 인용된 다음(10:5-7), 시편 내용이 예수님께 적용되고 구속사적 의미가 제시됩니다. "위에 말씀하시기를 주께서는 제사와 예물과 번제와 속죄제는 원하지도 아니하고 기뻐하지도 아니하신다 하셨고 (이는 다 율법을 따라 드리는 것이라) 그 후에 말씀하시기를 보시옵소서 내가 하나님의 뜻을 행하러 왔나이다 하셨으니 그 첫째 것을 폐하심은 둘째 것을

---

3) MT는 Masoretic Text의 약자로 '마소라 사본'을 뜻하고, LXX는 로마자 70으로 헬라어 구약성경으로 알려진 '칠십인역'을 가리킵니다.

세우려 하심이라 이 뜻을 따라 예수 그리스도의 몸을 단번에 드리심으로 말미암아 우리가 거룩함을 얻었노라"(10:8-10) 아멘.

정리하면, 예수께서 '보좌 우편에 계신 하나님의 아들 대제사장' 이심이 시편 2편 7절, 8편 4-6절, 40편 6-8절, 110편 1, 4절의 해석과 예수 그리스도에의 적용을 통해 히브리서 전반에 소개되고 있음을 알 수 있습니다. 이뿐 아니라, 이미 히브리서 2장 12절과 10장 5-7절을 통해서도 알 수 있듯이, 시편은 예수님께서 직접 하신 말씀으로 소개됩니다. 예수님 사역의 근간이 되는 예수님의 결심이 시편에 있고, 그 말씀이 곧 예수님의 말씀입니다.

한편, 배교를 막기 위해 중요하게 제시되는 시편 95편 7-11절이 히브리서 3-4장에서 여러 번 인용되고 해석되며 적용됩니다. 우선 95편 7-11절은 3장 7-11절에, 95편 7-8절은 3장 15절과 4장 7절에, 95편 11절은 4장 3, 5절에 인용됩니다. 광야에서 불순종하여 약속의 땅에 들어가지 못했던 이들에 대한 시편 말씀이 '예수 그리스도 복음을 믿지 못하여 안식에 들어가지 못하는 이들' 에게 직접적으로 적용됩니다. 시편의 '오늘' 이 지금 히브리서 기자가 사는 시대로서의 '오늘' 로 해석되고 적용되며 권면으로 이어지기까지 합니다. "형제들아 너희는 삼가 혹 너희 중에 누가 믿지 아니하는 악한 마음을 품고 살아 계신 하나님에게서 떨어질까 조심할 것이요 오직 오늘이라 일컫는 동안에 매일 피차 권면하여 너희 중에 누구든지 죄의 유혹으로 완고하게 되지 않도록 하라 우리가 시작할 때에 확신한 것을 끝까지 견고히 잡고 있으면 그리스도와 함께 참여한 자가 되리라"(3:12-14) 아멘.

또한 시편이 예수님의 말씀으로 인용된 것처럼(예. 히 2:12; 10:5-7), 믿는 자의 말로도 사용됩니다. 히브리서 13장 6절입니다. "그러므로 우리가 담대히 말하되 '주는 나를 돕는 이시니 내가 무서워하지 아니하겠노라 사람이 내게 어찌하리요' 하노라" 아멘. 여기에 인용된 말씀은 시편 118편 6절입니다. 배교하지 않는 자, 핍박으로 인해 유대교로 돌아가지 않을 자는 시편을 말합니다. 어떤 면에서 시편을 노래합니다.

히브리서 설교자는 자신의 설교를 노래(시 2:7)로 시작합니다. "너는 내 아들이라 ♬ 오늘날 내가 너를 낳았도다 ♩"(1:5). 그리고 앞에서 언급하지 않았지만, 그리스도의 우월하심을 강조하기 위해 히브리서 1장에서 인용되는 시편은 110편 1절만이 아닙니다. 97편 7절(히 1:6), 104편 4절(히 1:7), 45편 6-7절(히 1:8-9), 102편 25-27절(히 1:10-12)이 노래됩니다. 1장 5절로 13절까지가 노래이니, 히브리서 1장 대부분이 노래라고 할 수 있습니다. 바꿔 말하면, 여섯 곡의 노래가 있는 콘서트로 설교가 시작됩니다. 이때는 시편에 대한 해설과 적용이 장황하지 않습니다.

이어 2장에서도 노래가 이어집니다. '누구인가'의 노래로 "사람이 무엇이관대 주께서 저를 생각하시며 ♫"가 연주되고(2:6-8), 여기부터 노래의 해설(2:8-10)이 제공됩니다. 해설 후 이 노래 속 주인공이 출연하여 노래합니다(2:12). 고난 회복을 확신하며 부르는 노래입니다. 3-4장에서 설교자는 역사를 노래합니다. '그때'와 '오늘', '노래'와 '해석'을 넘나들면서, '그들'과 '우리'를 생각합니다. 그들은 망했었는데, 우리도 망해야 하는가를 질문합니다. 위기감이 감돕니다. 그러나 5장 5-6절에서 "너는 내 아들이라 ♫"와 "너는 멜기세덱 제사장이라 ♫"가 결합되면서, 위기가 극복됩니다. 이후 "내 옆에 앉아 있으라 ♫"가 후렴구처럼 8장 1절에서 등장하더니, 새 언약이 언급된 다음에(8-9장), 2장 12절에 등장하여 노래하던 주인공이 다시 등장합니다. "내 몸 드리리이다♩"(10:5-7). 이 노래의 해설에 이어, 이후 두 번이나 더 "내 옆에 앉아 있으라 ♫"(10:12-13; 12:2)가 후렴구로 등장하더니, 마지막은 '우리'의 노래로 장식됩니다. "주께서 우리의 돕는 자이시니 … 사람이 우리를 어찌하리요 ♫♩"(13:6) 아멘.

시편을 주된 설교 본문으로 삼은 설교자는 첫 삼분의 일에 노래를 집중시켜 청중들을 집중시키더니, 중간에 삽입된 후렴과 마지막 핵심 주제인 '제물 되신 그리스도' 부분(10:5-7)에서 한 번 더 노래로 주의를 환기한 후, 청중들의 결심과 반응을 노래로 끌어냅니다. "주님이 우리를 도우시니 핍박하는 사람들이 어쩌겠느냐?"

정리하면, 히브리서 기자는 설교자로서 시편을 설교하며 노래합니다. 노래를 통해 명제를 도출하고 상황을 묘사하며 결론을 끌어냅니다. 성경 속 노래로 과거를 재현(再現)하고 청중들을 재해석하며 소망의 소리를 생성합니다. 마침내, 배교의 위기에 놓여 있던 성도들이 일어나 "천만 천사"(12:22)와 "장자들"(12:23)과 함께 노래하며 박해를 이겨낼 것이 기대됩니다.

죄와 욕심으로 쉼 없는 인생을 사는 우리를 쉬게 하시려고 예수님은 연약을 취하셨습니다. 무명을 선택하셨습니다. 그런데 우리가 강해지려 하고 유명해지려 한다면 아직도 젖을 먹는 자입니다. 어린아이입니다. 의의 말씀을 경험하지 못한 자입니다. 사명 감당을 위해 연약해지지 못한 사역자입니다. 내 영광 말고 주님의 영광을 위해 아파보지 못한 자입니다. 쉼을 위해 수술대에 올라가지 못한 자입니다. 다른 사람의 쉼을 위해 우렁각시가 된 적이 없는 자입니다. "단단한 음식은 장성한 자의 것이니 그들은 지각을 사용함으로 연단을 받아 선악을 분별하는 자들"(5:14)입니다. 보아도 보지 못하고 들어도 듣지 못하고 마음에는 기름이 낀 자들이 아닙니다. 보면 알고 들으면 이해하고, 우는 자와도, 웃는 자와도 한마음이 되는 자입니다. 고통 중에 토하는 소리에 귀 기울이는 자이고, 좋은 것과 악한 것을 구별하여 좋은 것을 취하는 자입니다.

야고보서의 기자로 알려진 야고보는 예수님의 손아래 동생으로 마리아가 두 번째로 낳은 아들로 보입니다. 마가복음 6장 3절을 보면, 나사렛 사람들이 말합니다. "이 사람이 마리아의 아들 목수가 아니냐 야고보와 요셉과 유다와 시몬의 형제가 아니냐 그 누이들이 우리와 함께 여기 있지 아니하냐 하고 예수를 배척한지라" 이렇게요. 여기 보면, 야고보를 가장 먼저 언급합니다. 예수님이 공생애를 시작하셨을 때 야고보는 다른 친척들과 함께 예수님을 잡으러 다닌 것으로 보입니다. 하지만 예수님의 아우들이 성령을 기다리던 120명 중에 있는 것을 볼 때(행 1:14, "여자들과 예수의 어머니 마리아와 예수의 아우들과 더불어 마음을 같이하여 오로지 기도에 힘쓰더라"), 야고보는 오순절 성령강림 때 성령을 받고 증인의 삶을 시작했다고 볼 수 있습니다. 특별히 사도행전과 갈라디아서를 보면 야고보는 예루살렘 교회의 지도자로 세워졌습니다. 이처럼 예수님의 동생이었다가 교회 지도자가 된 야고보를 통해 주신 말씀이 야고보서입니다.

야고보서 1장에는 '시험을 이기는 지혜'가 담겨 있습니다. 예수님을 주와 그리스도로 믿게 되었다고 하여 삶이 곧바로 믿음에 부합된 상태로 변화되어 있지는 않습니다. 믿음이 생활 속에서 올바르게 드러날 때, 믿음은 의도된 효과를 발휘합니다. 이러한 효과가 있는 믿음만이 참된 믿음입니다. 하지만 믿음이 의도된 효과를 발휘하기 위해서는 인내를 수반하는 힘든 과정을 통과해야 합니다.

그래서 말을 들어보면 그 사람의 믿음을 짐작할 수 있습니다. 말을 생성한 믿음의 성격을 알 수 있습니다. 말을 통해 믿음 이면에 있는 마음을 예상할 수 있습니다. 2장에는 여러 가지 말이 소개됩니다. 3절에 보면, "여기 좋은 자리에 앉으소서"와 "너는 거기 서 있든지 내 발등상 아래에 앉으라" 하는 두 말이 소개됩니다. 야고보 장로님이 예상하기에, 야고보서를 처음 읽은 성도들이 세상과 이렇게 소통할 것 같습니다. 돈이 많은 것처럼 보이는 사람이 교회에 들어오면 "여기 좋은 자리에 앉으소서" 이렇게 말하고, 매우 가난해 보이는 사람이 교회 안으로 들어오면 "너는 거기 서 있든지 내 발등상 아래에 앉으라" 이렇게 말할 거라는 예상입니다.

물론 반대도 문제입니다. 교회 안에 부자는 들어오지 못하게 막고 가난한 사람만 들어오게 하는 것도 문제겠지요. 그러나 부자만 환영하는 것도 문제입니다. 이유가 무엇입니까? 하나님과 다른 방식으로 세상과 소통하는 것이기 때문입니다. 2장 5절입니다. "내 사랑하는 형제들아 들을지어다 하나님이 세상에서 가난한 자를 택하사 믿음에 부요하게 하시고 또 자기를 사랑하는 자들에게 약속하신 나라를 상속으로 받게 하지 아니하셨느냐" 아멘. 하나님께서 세상에서 가난한 자를 택하셨고 하나님 나라 안으로 들어오게 하셨습니다. 가난한 자, 병든 자, 억울한 자, 원통한 자라도 원하기만 하면 받으셨습니다.

빚이 늘고 씀씀이가 커지면 커질수록 2장 3절의 말이 교회의 말이 됩니다. 더구나 권력자와 부자가 교회를 박해할 때 교회는 권력자와 부자의 힘을 얻고 싶을 수 있습니다. 2장 6절입니다. "너희는 도리어 가난한 자를 업신여겼도다 부자는 너희를 억압하며 법정으로 끌고 가지 아니하느냐" 아멘. 야고보서가 쓰이던 당시에 부자들은 성도들을 억압했습니다. 법정으로 끌고 갔습니다. 자신을 괴롭히던 이들이 교회 성도가 되면 괴로움을 면할 수도 있겠지요. 그래서인지 3절의 부자 환영(歡迎)에는 권력자에 대한 비굴함도 읽을 수 있습니다.

2장 7절도 봅니다. "그들은 너희에게 대하여 일컫는 바 그 아름다운 이름을 비방하지 아니하느냐" 아멘. 성도들과 관계된 이름으로는 '하나님, 예수님, 성령님' 등을 생각할 수 있습니다. 당시 부자들은 이런 이름들을 우습게 생각했었나 봅니다. 그런데도 교회는 부자들을 환영하는 가치관을 가졌습니다. 회당에 금가락지를 끼고 아름다운 옷을 입은 사람이 들어오면, 좋은 자리를 내주었습니다. '회당' 이라는 표현에서 야고보서 1장 1절의 '열두 지파' 와 '유대인' 을 연결할 여지가 생깁니다. 그러나 유대인이 모두 믿게 된 것은 아니니, 이 '회당' 은 '교회' 정도로 생각해도 되겠습니다. 2장 1절을 보니, 야고보서의 수신자들은 "예수 그리스도에 대한 믿음"을 가진 이들이기 때문입니다.

교회가 세상 가운데에 자리를 잡기 시작하면서 생기는 변화가 있습니다. 세상에서 중요하게 여기는 것이 교회 안에서도 중요하게 여겨질 가능성이 커지는 현상입니다. 천막 교회일 때는 누구나 올 수 있었는데, 좋은 건물이 서니 건물에 걸맞은 사람만 받고 싶어집니다. 예수님을 믿는 것 외에 다른 조건들이 붙습니다. 그것이 학연일 수도 있고, 지연일 수도 있고, 피부색일 수도 있습니다. 피부색도 조건이 되나요? 흑인 교회, 백인 교회가 있습니다. 경제 및 정치적인 지위가 조건이 될 수 있지요. 그러나 그것은 틀렸다고 야고보 장로님은 분명하게 말합니다. 세상과 그렇게 소통하면 안 된다는 거죠. 세상이 그렇게 말해도 교회는 그리 말하면 안 된다는 것입니다. 교회가 그리 말한다면 그러한 말을 내뱉는 믿음의 성격이 의심스러운 것입니다.

그럼, 교회가 할 말을 들어 봅니다. 2장 8절입니다. "너희가 만일 성경에 기록된 대로 네 이웃 사랑하기를 네 몸과 같이 하라 하신 최고의 법을 지키면 잘하는 것이거니와" 아멘. 이웃 사랑의 법입니다. 이웃을 내 몸처럼 사랑하는 법입니다. 바보같이 보이는 사랑입니다. 나도 배가 고프고 너도 배가 고픈데, 먹거리를 너에게 주는 사랑입니다. 11절에도 교회의 말이 있습니다. "간음하지 말라 하신 이가 또한 살인하지 말라 하였은즉 네가 비록 간음하지 아니하여도 살인하면 율법을 범한 자가 되느니라" 아멘.

2015년 2월 26일 헌법재판소는 '간통죄가 위헌' 이라는 판결을 내렸습니다. 성경과 현행법이 달라지는 지점입니다. '경제적인 측면을 기준 삼아 차별하는 것' 을 문제 삼은 야고보 장로님이 '간음' 이 하나님의 율법 측면에서는 기준이 된다고 말합니다. 특별히 12절에서는 '자유의 율법' 을 언급함으로써, "영광의 주 곧 우리 주 예수 그리스도에 대한 믿음"을 가진 신자에게는 더 높은 기준이 적용됨을 말합니다. 산상수훈에서 예수님이 말씀하신 부분 즉, "또 간음하지 말라 하였다는 것을 너희가 들었으나 나는 너희에게 이르노니 음욕을 품고 여자를 보는 자마다 마음에 이미 간음하였느니라"(마 5:27-28)가 신자의 기준임을 말합니다.

2장 12절입니다. "너희는 자유의 율법대로 심판 받을 자처럼 말도 하고 행하기도 하라" 아멘. 여기까지 오면, 모세 율법 당시로 돌아가고 싶은 유혹을 받을 수도 있습니다. 예수님을 믿는 믿음에서 율법을 지키는 믿음으로 돌아가고 싶을 수 있습니다. 예수님 당시 제자들도 그랬습니다. 이혼과 관련하여 바리새인들과 대화하실 때, 예수님이 말씀하셨습니다. "모세가 너희 마음의 완악함 때문에 아내 버림을 허락하였거니와 본래는 그렇지 아니하니라 내가 너희에게 말하노니 누구든지 음행한 이유 외에 아내를 버리고 다른 데 장가 드는 자는 간음함이니라"(마 19:8-9) 아멘. 이때 제자들이 말합니다. "만일 사람이 아내에게 이같이 할진대 장가 들지 않는 것이 좋겠나이다"(마 19:10) 아멘. 예수님의 기준이 너무 높은 것 같을 때 제자들이 이런 고민을 합니다. 이혼하기 어려울 바에야 결혼을 안 하는 게 좋겠다는 고민입니다.

세상은 간통죄가 범죄가 아니라고 하는데, 예수님은 마음으로 음욕을 품기만 해도 범죄라고 규정하신 것입니다. 이때 그 수준에 도달하는 것을 기도 제목으로 삼으면 좋을 텐데, 그렇게 높은 수준의 기준을 가진 교회가 부담스러워질 수 있습니다. 더 나아가, 기준을 바꾸고 싶을 수도 있지요. 교회의 기준을 세상 기준으로 대체하고 싶은 유혹입니다. '세상 법이 간통죄를 범죄로 규정하지 않으니, 교회에서도 그렇게 합시다.' 이렇게 주장하는 것이지요. 그래도 되나요? 안 된다고 본문은 말합니다.

야고보 장로님은 세상 기준이 상위 기준이 되는 것의 위험성을 경고합니다. 성경이 세상 법보다 상위법이라고 가르칩니다. 2장 15-16절입니다. "만일 형제나 자매가 헐벗고 일용할 양식이 없는데 너희 중에 누구든지 그에게 이르되 평안히 가라, 덥게 하라, 배부르게 하라 하며 그 몸에 쓸 것을 주지 아니하면 무슨 유익이 있으리요" 아멘. 헐벗었고 먹거리도 없습니다. 그런 사람에게 말합니다. "평안히 가십시오. 몸이 데워지십시오. 배가 빵빵해지십시오." 평안이 없고, 땔감도 없고, 먹거리도 없습니다. 그런데 어떻게 배가 불러오고 몸은 따뜻해지고 마음이 평안해지겠습니까? 그럴 수 없습니다.

그러니 이 말은 약 올리는 말로 들립니다. 의미 없는 말입니다. 가난한 자를 업신여기는 말입니다. 뒤집으면, 부자를 선호하는 말입니다. '먹어! 못 먹는 건 네 무능이야. 입어! 옷을 못 사는 건 네 무능이야. 평안해! 마음을 조절하지 못하는 것도 너의 무능이야.' 헐벗고 굶주린 사람을 왜 도와주지 않지요? 그 사람을 도와줘 봤자 되돌려 받을 가능성이 희박하기 때문이죠. 예수님은 되돌려줄 수 없는 사람을 초대하라고 하셨는데(눅 14:12-14), 16절의 말을 하는 사람은 되돌려 받을 사람, 그것도 내가 준 것보다 더 많이 되돌려줄 사람이 아니면 돕지 않을 것 같습니다. 이러한 생각 뒤에 어떤 믿음이 있는지, 이 말은 어떤 믿음이라는 피부에서 배출되는지 생각하랍니다.

2장 18-23절의 말을 하는 '어떤 사람'은 '일하는 믿음'에 관해 말합니다. '죽은 피부' 아니고 '일하는 피부'입니다. 땀을 배출하지 못하는 피부 아니고 자기 기능을 충분히 할 수 있는 피부 같은 믿음입니다. 믿음이 일하면 사랑하는 독자 이삭도 바칠 수 있습니다. 약속의 자손인 이삭을 하나님께서 살리실 것을 믿으니, 바칠 수 있습니다. '더운데 땀을 흘리는 것을 보니 내 피부는 정상적으로 일하고 있습니다. 더운데 땀을 흘리지 않아 체온 조절이 안 되는 걸 보니 내 피부는 정상이 아닙니다.' 이처럼 피부의 건강 상태를 피부 기능을 기준으로 판단할 수 있습니다. 마찬가지로 실천이 배출되지 않는 믿음은 정상이 아닙니다. 죽었다고 말할 수 있습니다. 반대로, 실천이 배출된다면 믿음이라는 피부를 굳이 검사해보지 않아도 건강하다고, 정상이라고, 살아있다고 말할 수 있습니다.

이 어떤 사람은 2장 18절 같이 말합니다. "어떤 사람은 말하기를 너는 믿음이 있고 나는 행함이 있으니 행함이 없는 네 믿음을 내게 보이라 나는 행함으로 내 믿음을 네게 보이리라 하리라" 아멘. '너는 믿음이라는 피부가 있다고 주장한다. 그런데 땀이 안 나고 체온 조절이 안 되네. 상처도 쉽게 나고… 믿음이라는 피부가 있는 것 맞아? 나는 땀도 나고 체온 조절도 잘 된단다. 웬만해서는 상처도 잘 나지 않아. 그럼, 내게는 믿음이라는 피부가 있는 것 같은데….' 이렇게 말하는 것과 같습니다. 이어지는 19절은 이런 내용입니다. '하나님이 한 분이신 줄을 믿는다고? 그 정도는 귀신들도 가지고 있는 것 같은데… 걔들도 그 정도는 믿어. 그런데 그 믿음이 예수님이 영광의 주님이라는 것을 믿는 믿음일까? 귀신들은 늘 예수님께 와서 자기들을 떠나라고 요구했지. 그게 예수님이 영광스러운, 그리고 거룩하신 하나님의 아들이심을 믿는 믿음이라고 할 수 있을까?'

2장 20절에서 이 어떤 사람은 '전혀 작동하지 않는 믿음 피부를 가진 사람'을 '허탄한 사람'이라고 부릅니다. '케노스'라는 단어가 '허탄'으로 번역되었습니다. '비어

있다.' 는 말입니다. 텅 비어있다. 다시 말해, 없다는 말이지요. 무엇이 없을까요? 논리가 없습니다. 생각이 없습니다. 20절에서 "행함이 없는 믿음이 헛것인 줄을 알고자 하느냐"에서 '헛것' 은 '게으름' 을 기본적으로 의미합니다. 겉만 번지르르하고 실효성이 없는 것을 표현합니다. 모형 자동차 같은 것입니다. 겉은 자동차인데 내부 부품이 없는 차입니다. 그걸 타고 어딘가로 갈 수는 없습니다.

이 '어떤 사람' 은 유대인인가 봅니다. 그리고 유대인에게 말하나 봅니다. 아브라함을 '우리 조상' 이라고 부릅니다. 아브라함이 아들 이삭을 제단에 바칠 때를 언급합니다. 이어 2장 22절을 결론으로 제시합니다. "네가 보거니와 믿음이 그의 행함과 함께 일하고 행함으로 믿음이 온전하게 되었느니라" 아멘. 이어 23절에서는 창세기 15장 6절과 이사야 41장 8절을 인용합니다. "이에 성경에 이른 바 아브라함이 하나님을 믿으니 이것을 의로 여기셨다는 말씀이 이루어졌고 그는 하나님의 벗이라 칭함을 받았나니" 아멘.

이제 성경 기자가 결론을 내립니다. 2장 24-26절입니다. "이로 보건대 사람이 행함으로 의롭다 하심을 받고 믿음으로만은 아니니라 또 이와 같이 기생 라합이 사자들을 접대하여 다른 길로 나가게 할 때에 행함으로 의롭다 하심을 받은 것이 아니냐 영혼 없는 몸이 죽은 것 같이 행함이 없는 믿음은 죽은 것이니라" 아멘. 이스라엘 자손이 아니었던 이방 여인 라합을 예로 듭니다. 결론은 '일하지 않는 피부는 죽은 피부이다. 일하지 않는 믿음은 죽은 믿음이다.' 입니다. 우리의 믿음은 일하고 있습니다. 일을 하고 있다면 어떤 일을 하고 있습니까? 우리의 말을 통해서 볼 때 어떤 믿음을 우리는 가지고 있습니까? 우리의 말과 행동이 일치할 때 우리의 믿음은 바르게 일하고 있다고 말할 수 있습니다.

야고보 장로님은 3장에서 선생의 도구인 혀의 문제를 다루면서, 2장에서 다룬 '믿음과 행함의 문제' 와 연결합니다. 하나의 혀로 하나님을 찬송하면서 동시에 하나님의 형상대로 창조된 사람을 저주한다면, '신앙고백' 과 '삶' 이 다르다고 말할 수 있습니다. 3장 9절입니다. "이것으로 우리가 주 아버지를 찬송하고 또 이것으로 하나님의 형상대로 지음을 받은 사람을 저주하나니" 아멘. 여기서 '이것' 은 '혀' 입니다. 이어지는 10-

12절도 봅니다. "한 입에서 찬송과 저주가 나오는도다 내 형제들아 이것이 마땅하지 아니하니라 샘이 한 구멍으로 어찌 단 물과 쓴 물을 내겠느냐 내 형제들아 어찌 무화과나무가 감람열매를, 포도나무가 무화과를 맺겠느냐 이와 같이 짠 물이 단 물을 내지 못하느니라" 아멘.

혀가 중요하지만 길들일 사람이 없다고 합니다. 그러니 길들이려 시도할 필요가 없습니다. 그럼, 어떡하지요? 내버려 둘까요? 아닙니다. 3장 3-4절입니다. "우리가 말들의 입에 재갈 물리는 것은 우리에게 순종하게 하려고 그 온 몸을 제어하는 것이라 또 배를 보라 그렇게 크고 광풍에 밀려 가는 것들을 지극히 작은 키로써 사공의 뜻대로 운행하나니" 아멘. 혀가 중요하지만 길들지 않으니, 주인을 바꿔 보라는 말씀입니다. 말과 배(舟)를 예로 듭니다. 생물(生物)인 말도, 무생물인 배도 제어가 됩니다. 말의 입에 재갈을 물립니다. 그러면 고삐를 어떻게 다루느냐에 따라 말이 움직이거나 멈춥니다.

재갈이란 "말을 부리기 위하여 아가리에 가로 물리는 가느다란 막대. 보통 쇠로 만들었는데 굴레가 달려 있어 여기에 고삐를 맨다." 이렇게 정의됩니다. 말을 부리기 위해 아가리에 가로 물리는 가느다란 막대입니다. 재갈이 있기에 생전 처음 본 사람이 고삐를 쥐고 당기는데도, 그것도 가볍게 당기는데도, 전진하기도, 범추기도, 방향을 바꾸기도 합니다. 한 번도 거부하지 않습니다. 3장 3절입니다. "우리가 말들의 입에 재갈 물리는 것은 우리에게 순종하게 하려고 그 온 몸을 제어하는 것이라" 아멘.

이 말씀을 말을 타고 실제로 체험하면서 깨달았습니다. 내 혀를 누가 잡고 있느냐에 따라 달라진다는 것을요. '주님이 내 혀를 잡고 있으면 달라지겠구나, 제어되겠구나.' 생각했습니다. 혀의 주권을 주님께 드려야겠다는 결심이 섰습니다. 이 일을 예수님의 동생 야고보는 오순절 성령강림이 있었을 때 경험했습니다. "홀연히 하늘로부터 급하고 강한 바람 같은 소리가 있어 그들이 앉은 온 집에 가득하며 마치 불의 혀처럼 갈라지는 것들이 그들에게 보여 각 사람 위에 하나씩 임하여 있더니 그들이 다 성령의 충만함을 받고 성령이 말하게 하심을 따라 다른 언어들로 말하기를 시작하"(행 2:2-4)는 경험입니다. '성령이 말하게 하심을 따라 말하는 경험' 입니다. 그럼, 성령이 말하게 하심을 따라 말하는 이들의 말을 들은 사람들은 그 말을 어떻게 이해했을까요? 이어지는 사도행전 2장 11절을 보면, 듣는 이들이 말했습니다. "우리가 다 우리의 각 언어로 하나님의 큰 일을 말함을 듣는도다" 아멘. '하나님의 큰일 말함' 입니다. 우리가 성령의 말하게 하심을 따라 말한다면 '하나님의 큰일' 을 말하게 되겠지요. 인간의 일, 내가 한 일, 아니고 하나님께서 하신 크고 놀라운 일입니다.

그럼, 성령이 말하게 하심을 따라 한 말만 있겠습니까? 아니지요. 귀신이 말하게 함을 따라 하는 말도 있습니다. 우리가 잘 아는 거라사 지방의 귀신 들린 자가 예수님께 달려와 절하며 큰 소리로 부르짖었습니다. 마가복음 5장 7절입니다. "큰 소리로 부르짖어 이르되 지극히 높으신 하나님의 아들 예수여 나와 당신이 무슨 상관이 있나이까 원하건대 하나님 앞에 맹세하고 나를 괴롭히지 마옵소서 하니" 아멘. 번역자가 고상하게 번역해서 그렇지, '너랑 나랑 무슨 상관이냐. 나를 괴롭히지 마라.' 이런 내용이지요. 분명 사람의 말이지만, 귀신이 말하게 함을 따라 한 말입니다. 귀신까지는 아니더라도 죄악된 본성에서 나오는 말들은 5-6절의 특성을 갖습니다. 3장 5-6절입니다. "이와 같이 혀도 작은 지체로되 큰 것을 자랑하도다 보라 얼마나 작은 불이 얼마나 많은 나무를 태우는가 혀는 곧 불이요 불의의 세계라 혀는 우리 지체 중에서 온 몸을 더럽히고 삶의 수레바퀴를 불사르나니 그 사르는 것이 지옥 불에서 나느니라" 아멘. 여기 '삶의 수레바퀴' 라는 표현이 있습니다. 혀가 삶의 수레바퀴를 태운다네요.

야고보 장로님은 이어 '내부 갈등을 해결하는 지혜' (4장)를 소개합니다. 두 마음이 사라지고 한마음이 되어 자신을 돌아보고 주님을 따를 때, 우리 네 교회는 경쟁과 갈등이 사라지고, 화평과 연합이 넘칠 것입니다. 더불어 지내기에 좋은 교회가 될 것입니다. 한국 교회의 역사를 분열의 역사라 부릅니다. 분열이 어떻게 하면 사라질 수 있는지 야고보서는 잘 가르쳐 줍니다. 먼저 내 속에 있는 내부 갈등이 해결되어야 합니다. 그래야 사람들 가운데 존재하는 갈등도 해결될 수 있습니다. 내 안의 갈등이 해결되면 외부인과의 갈등이 자동으로 해결된다는 말은 아닙니다. 내 안의 갈등 해결이 먼저 이뤄져야 한다는 말입니다.

잘 익은 기독인이 되는 과정에 다양한 일이 있을 수 있습니다. 부유함에 걸려 넘어질 수도, 빈핍함에 넘어질 수도 있습니다. 서로에게 속상해서 원망이 일어날 수도 있습니다. 자신이 괜찮은 사람이라는 것을 보여주고 싶어질 때도 있습니다. 고난 당할 때도, 즐거워할 때도, 병들 때도 있습니다. 이럴 때, 잘 익은 기독인의 길을 가는 이들이 어떤 마음으로 어떻게 지내야 하는지, 5장에서 설명합니다.

첫째로, 부유함에 걸려 넘어지려 할 때입니다. "죄인들, 두 마음을 품은 자들과 마찬가지로, 부한 자들에게 권면할 말도 있습니다. 여러분은 울어야 합니다. 통곡하면서 울어야 합니다. 여러분이 당할 고통이 오고 있습니다. 이유는 여러분의 부(富)가 저장된 채로 썩고 있기 때문입니다. 쌓여있는 여러분의 옷이 썩고 있기 때문입니다. 여러분의 돈에 녹이 슬었습니다. 여러분에게 고통이 임할 때, 이 녹슨 돈들이 여러분에게 증거가 될 것입니다. 이 돈들이 여러분의 몸을 먹어 치울 것입니다. 돈이란 쓰라고 만들었지, 안전보장 수단으로 축적하라고 제작되지 않았습니다. 사용되지 않고 축적된 돈은 태우는 불과 같습니다. 영혼을 상하게 하고 몸도 망가뜨립니다. 지금은 마지막 때입니다. 그런데 여러분은 재물을 축적했습니다. 여러분이 재물을 축적하는 시간에 여러분의 이웃에게는 어떤 일이 일어났습니까?"

"여러분의 밭에서 추수하며 일한 품꾼들에게 품삯으로 지불되어야 했던 돈들이 소리치고 있습니다. 가야 할 곳으로 가지 못하고 여러분에게 남아 있기에 소리 지르고 있습니다. 노동력 착취의 결과로 축적된 돈들이 아우성치고 있습니다. 이뿐입니까? 그 돈을 받지 못해 헐벗고 굶주린 품꾼들의 탄식 소리가 만군의 주되신 하나님의 귀에까지 비쳤습니다. 여러분은 이 땅에서 즐거움을 위해 살고 있습니다. 자기 몸의 만족을 위해 삽니다. 여러분의 마음을 배부르게 하고 있습니다. 이웃은 죽어 가는데, 축적된 재물로 마음을 만족시키며, 축적된 재물을 즐기며, 부당한 이득으로 축적된 재물을 자기만을 위해 사용하고 있습니다. 여러분 자신은 필요 이상 쾌락에 만취(滿醉)시키면서, 다른 사람은 까닭 없이 괴롭힙니다. 의로운 자를 정죄하고 죽입니다. 이 또한 자기를 위해 재물을 축적하는 과정에서 발생합니다. 의로운 자가 여러분에게 대들지 않기에 더욱 담대히 그들을 죽입니다."

여기에 나오는 부자들이 교회 내 사람들인지, 교회 밖 사람들인지 논란이 있습니다. 하지만 이 글이 서신 형식을 취하고 있음을 볼 때 이 부자들이 수신자인 것은 분명합니다. 이 부자들을 '그들'이라 부르지 않고, '너희'라고 부르고 있습니다. 이 부자들은 노동력 착취로 축적된 부로 사치하고 연락합니다. 어떻게 이런 일이 있을 수 있나요? 하나님과 재물이라는 두 가지 목표를 추구하며, 그리스도인과 부자라는 두 가지 정체성을 가지고, 고난 없이 하나님의 나라에 들어가려 할 때, 이런 일은 누구에게라도 일어날 수 있습니다. 그러므로 부유한 사람은 재물이 내게 어느 정도의 비중을 차지하고 있는지, 어떻게 부유해졌으며, 부를 어떻게 운용하고 있는지 따져보고 고민할 필요가 있습니다. 고민의 결과 문제가 발견된다면, 주어진 권면대로 울고 통곡해야 합니다.

둘째로, 가난함에 걸려 넘어지려 할 때입니다. "예수님을 주님과 그리스도로 믿는 형제들이여! 부자들이 횡포(橫暴)를 부리며 이웃을 부당하게 괴롭히더라도 인내하십시오. 주님이 다시 오실 때까지 참으십시오. 농부들도 추수기에 수확할 귀한 열매를 기대하며 이른 비와 늦은 비가 올 때까지 참고 기다리지 않나요? 땅의 소산을 위해 농부들이 그렇게 인내하며 기다린다면, 하늘의 소산을 기다리는 우리는 위로부터 간간이 내리시는 은혜를 힘입어 더욱 인내하며 기다려야 하지 않을까요? 농부들처럼 여러분도 인내하십시오. 마음을 굳건하게 하십시오. 주눅 들지 말고, 강퍅하게도 말고, 마음을 강하게 하십시오. 주님의 재림이 가깝습니다."

성경은 부유한 사람이나, 가난한 사람이나 동일하게 경고하고 있습니다. 부유한 사람도, 가난한 사람도, 각각 넘어질 이유가 있습니다. 가난한 사람은 가난함에 걸려 넘어질 수 있습니다. 가난해서 생기는 어려움 때문에 하나님을 원망하며, 이웃을 미워하며, 성도의 정체성을 버리고 '폭도'가 될 수 있습니다. 하지만 이것도 상황에 끌려 자기 정체성을 버리는 어리석은 행동입니다. 농부가 이른 비와 늦은 비를 기다리듯, 기다려야 합니다. 요즘같이 기다림이 없는 시대도 없을 것 같습니다. 이메일, 휴대폰 등으로 즉시 의사소통이 가능합니다. 어디에서 무얼 하는지 바로 알 수 있습니다. 약속 시간에 나타나지 않으면 바로 전화하거나 문자 보내면 됩니다. 왜 늦는지 궁금해하거나 불안해하며 기다릴 필요가 없습니다. 편리합니다. 그런데 이 편리함을 위해 모든 사람은 휴대폰에 주의를 기울이고 살아가야 합니다. 대면뿐 아니라 비대면으로 연결된 사람들의 움직임까지에도 마음을 줘야 합니다. 깊이 생각할 시간이 없고, 조용히 잠잠히 있기 어렵습니다.

아무리 세상이 빨라져도, 아이는 열 달 되어야 건강하게 태어납니다. 열 달 전에 태어나면 '조산(早産)'이라 하고, 여러 달 일찍 태어나면 인큐베이터에 얼마간 둡니다. 태아가 열 달이나 아기집에 있기에 산모는 힘들죠. 하지만 열 달을 기다리며 많은 것을 깨달으며, 아이에 대한 사랑을 키워갑니다. 한 번도 만나보지 못한 아이이지만 해산의 수고를 아끼지 않으며, 탯줄 잘리고 누워있는 아기를 안고서 기뻐합니다. 과일도, 사람도, 사랑도 기다림을 통해 익어갑니다. 빨리 정답을 알고, 속히 할 바를 결정하며, 단기간에 성장하고 발전하려 한다면 뭔가 오해하고 있는 것입니다. 성장과 발전에는 시간이 필요합니다. 사랑이 필요합니다.

손에 쥐어진 것이 없을 때, 기다리십시오. 집이 없어 불편하고 창피해 집을 사고 싶어 안달이 날 때, 기다리십시오. 아이가 공부를 못해 화날 때, 기다리십시오. 사실 아이의 성적 때문에 화를 내는 내가 문제이지요. 가난하다고 안달이 나서 견디기 어려워하는 내 마음이 먼저 고쳐질 필요가 있습니다. 예를 들어봅니다. 어떤 어리석은 농부가 단감나무 묘목을 하나 샀습니다. 파는 이가 3-5년 정도 지나면 감이 달릴 거라 합니다. 단감나무 묘목을 심고 반년이 지났습니다. 옆집 과수원 단감나무에는 주먹 크기 단감이 주렁주렁 맺혔습니다. 어리석은 농부는 화가 났습니다. 자기가 봄에 사다가 심은 묘목에는 감이 달리지 않았기 때문입니다. 갑자기 속았다는 생각이 들었고, 단감나무 묘목이 미워졌습니다. 그래서 추운 겨울이 왔지만, 묘목을 내버려 두었습니다. 이듬해 봄 어리석은 농부는 겨우내 추위에 떨다 죽은 단감나무 묘목을 뽑아 버렸습니다.

어떤 지혜로운 농부도 단감나무 묘목을 하나 샀습니다. 파는 이가 3-5년 정도 지나면 감이 달릴 거라 합니다. 단감나무 묘목을 심고 반년이 지났습니다. 옆집 과수원 단감나무에는 주먹 크기 단감이 주렁주렁 맺혔습니다. 지혜로운 농부는 단감나무 묘목에게 갔습니다. 그리고 말했습니다. "너도 감을 맺고 싶지? 하지만 아직 기다려야 해. 지금 네게 저렇게 큰 단감이 열린다면 너는 제대로 서 있기도 힘들 거야. 우리 좀 더 커질 때까지 기다리자." 추운 겨울이 오자, 지혜로운 농부는 단감나무가 겨우내 추위를 견디며 잘 자라도록 나무 주위에 쌀겨를 듬뿍 깔아주고, 볏짚으로 묘목을 잘 싸주었습니다. 이듬해 봄 지혜로운 농부는 단감나무 묘목 볏짚 사이로 연두색 새싹이 난 것을 보고 좋아했습니다.

잘 익은 기독인이 되는 길에 여러 사람을 만납니다. 다양한 상황에 직면하게 됩니다. 만나는 모든 사람과 상황은 기회입니다. 잘 익은 기독인이 되는 과정에서 필요한 햇빛이요 물이요 양분입니다. 흘러가는 물은 지금의 자리와 위치에 연연(戀戀)하지 않습니다. 성장하는 기독인도 지금의 상황에 마음 뺏기지 않습니다. 고난이 와도, 병들어도, 형통해도, 가난해도, 부유해도 주님 예수 그리스도만을 따라갑니다.

이제 베드로전서로 넘어갑니다. 베드로 사도는 우리가 거듭난 것이 "살아 있고 항상 있는 하나님의 말씀으로 되었"(벧전 1:23)다고 말합니다. 또한 "성경의 모든 예언은 사사로이 풀 것이 아니니 예언은 언제든지 사람의 뜻으로 낸 것이 아니요 오직 성령의 감동하심을 받은 사람들이 하나님께 받아 말한 것임이라"(벧후 1:20-21) 그렇게 말합니다. 결국 하나님의 말씀인 성경이 남습니다.

베드로전서 헬라어 성경의 첫 단어는 '베드로' 입니다. 종합적으로 번역하다 보니, '예수 그리스도의 사도 베드로' 가 되었습니다. 베드로는 예수님이 주신 이름을 편지 머리에 두었습니다. 예수님을 세 번이나 부인했다며 숨어 지내지 않았습니다. 이름 바꾸지 않았습니다. 좋든 싫든 자기는 베드로입니다. 어부였고 갈릴리 출신입니다. 베드로라는 이름에는 여러 요소가 담겨 있습니다. '듣는 자' 시몬[시므온]이 '반석' 베드로가 되었습니다. 중요한 것은 자기 이름을 드러내는 것이고, 그 이름을 가진 자신이 현재 누구로, 어떻게 살아가고 있느냐 하는 것입니다.

베드로는 자신의 이름을 적은 다음에 이 편지를 받을 사람의 이름을 적습니다. 한마디로 '택함을 받은 나그네' 입니다. 역시 종합적으로 번역하다 보니, 택하심을 받았다는 내용은 1장 2절 뒷부분으로 밀려났네요. 그러나 헬라어로 보면 분명합니다. 택함을 받은 나그네들입니다. 택함을 받았다는 말은 하나님에 의해 택함을 받았다는 말입니다. 거룩하게 살아갈 그분의 백성으로, 거룩한 직무를 수행할 거룩한 제사장으로, 그분 주시는 능력으로 살아갈 거룩한 나라로 택함을 받았습니다. 하나님의 택함을 받은 것은 좋은 일입니다. 부러운 일입니다. 그런데 바로 따라오는 표현이 있습니다. '나그네' 입니다. 헬라어 어근을 고려하면, '다수를 비껴간 사람' 입니다. 비주류이고 약자이고 소외계층입니다.

하나님의 택함을 입었는데, 이 땅에서는 갈 데가 없으니 불쌍합니까? 그런데, 갈 데가 없어 보이는 흩어진 나그네에게 약속된 축복이 있습니다. 1장 2절입니다. "곧 하나님 아버지의 미리 아심을 따라 성령이 거룩하게 하심으로 순종함과 예수 그리스도의 피 뿌림을 얻기 위하여 택하심을 받은 자들에게 편지하노니 은혜와 평강이 너희에게 더욱 많을지어다" 아멘. '피 뿌림' 입니다. 구약성경을 보면, 제물의 피를 여기저기에 뿌립니다. 레위기 8장의 두 절만 봅니다. "아론의 아들들을 데려다가 모세가 그 오른쪽 귓부리와 그들의 손의 오른쪽 엄지 손가락과 그들의 발의 오른쪽 엄지 발가락에 그 피를 바르고 또 모세가 그 피를 제단 사방에 뿌리고"(8:24), "모세가 관유와 제단 위의 피를 가져다가 아론과 그의 옷과 그의 아들들과 그의 아들들의 옷에 뿌려서 아론과 그의 옷과 그의 아들들과 그의 아들들의 옷을 거룩하게 하고"(8:30) 아멘.

피를 제단 사방에도 뿌리지만, 특별히 제사장인 아론과 아들들에게 뿌리고 그들의 옷에 뿌립니다. 직무수행자들을 위한 특별한 조치입니다. 아론이 입은 청색 겉옷이 붉게 물듭니다. 에봇과 보석이 피로 얼룩집니다. 아론의 아들들의 흰색 반포 속옷이 붉게 물듭니다. 그들의 얼굴에도 피가 뿌려집니다. 이것이 제물의 피 뿌림입니다. 그런데 베드로는 택함 받은 나그네, 흩어진 나그네에게 이러한 피 뿌림이 있다고, 있어야 한다고 말합니다. 이러한 피 뿌림이 없으면 이들은 이 땅에서 하나님께 택함 받은 나그네의 삶을 살 수가 없습니다. 착하게 대하고 억울하게 당합니다. 그러나 하나님을 생각하기에 참습니다. 이것이 아름답다는 것을 알기에, 선하지만 무시당하는 삶을 삽니다. 세상 기준으로 볼 때는 불가능합니다. 피 뿌림이 있어야 가능합니다.

예수 그리스도의 피 뿌림이 얼굴에도 옷에도 삶에도 늘 있기를 축복합니다. 다른 걸 뿌리면 안 됩니다. 허영을 뿌려도 안 되고 조롱이나 우울을 뿌려도 안 됩니다. 허영을 뿌리면 내면이 썩고, 조롱을 뿌리면 교만이 싹트며, 우울을 뿌리면 절망이 자랍니다. 예수 그리스도의 보혈을 뿌려야 삽니다. 거룩해집니다. 소망이 생기고 기업이 약속됩니다. 소망과 기업은 하늘 시민의 요건입니다. 3절에 '산 소망' 이 있고, 4절에 '유업' 이 있습니다. 죽은 소망이 아니고 살아있는 소망입니다. 흩어진 나그네의 마음을 살리는 소망입니다. 가진 것이 없다고, 쌓아놓은 것이 없다고, 사회에서 주류가 되지 못했다고 속상해하는 마음도 삭이지 못하는 그런 기대나 희망이 아니라, 어떤 형편에 놓여도 죽지 않는 소망입니다. 돈이 없어져도 없어지지 않는, 관계가 없어져도 없어지지 않는, 지위나 명예, 힘이 없어져도 없어지지 않는 소망입니다. 그래서 '산 소망' 입니다. 그리스도의 부활이 보증하는 소망입니다. 그리스도의 피 뿌림으로, 피 냄새로 이 소망은 살아납니다.

이 소망을 가진 자마다 약속된 하늘 유업이 있습니다. 하늘에 간직된 유업입니다. 이 땅에서는 받을 수 없는 유업입니다. 그래서 많은 사람이 포기하고 떠나기도 합니다. 그러나 피 뿌림을 받는 이들은 산 소망을 가지고 이 유업을 받습니다. 썩지 않고 더럽지 않고 쇠하지 않는 유업입니다. 아무리 많은 재산을 물려받아도 탕자처럼 쉬 탕진할 수 있습니다. 그런데 이 유업은 쇠하지 않습니다. 탕진이 안 되는 유산입니다. 어떤 건 유통기한이 있습니다. 그런데 이 유산은 유통기한도 없습니다. 썩지 않습니다. 어떤 유산에는 더러운 게 묻어 있습니다. 빼앗았기에 자격 없는 유산도 있습니다. 그런데 하늘에 간직된 우리의 기업은 더럽지 않습니다. 하나님께서 예수 그리스도의 사역과 우리의 믿음에 기초하여 준비하신, 맑고 순수하고 깨끗하고 영원한 유산입니다.

베드로 사도는 믿음의 결국인 영혼의 구원을 받은 성도들에게, 소망을 더욱 온전히 하라고 권합니다. 1장 13절입니다. "그러므로 너희 마음의 허리를 동이고 근신하여 예수 그리스도께서 나타나실 때에 너희에게 가져다 주실 은혜를 온전히 바랄지어다" 아멘. 즐거운 마음에도 허리띠를 하라고 권합니다. 방만하지 않도록, 방종하지 않도록, 현실 감각이 무뎌지지 않도록 마음의 허리를 동이고 근신할 필요가 있습니다. 정신을 차려 온전히 소망를 품는 데 이르도록 하라는 권면입니다. 뭐 좀 이뤄졌다고 헤헤거리지 말고, 뭘 좀 갖게 되었다고 안심하지 말고, 근신하라는 것입니다.

더불어 행실도 바르고 거룩하게 하라고 권합니다(1:14-16). 거룩을 유지하고 증진할 실행 방안을 두 개 주십니다. 첫째는 '뒤집어지는 것' 입니다. 1장 17절입니다. "외모로 보시지 않고 각 사람의 행위대로 심판하시는 이를 너희가 아버지라 부른즉 너희가 나그네로 있을 때를 두려움으로 지내라" 아멘. 이들에게 즐거움이 있습니다. 그런데, 두려움을 가지라 말합니다. 소망을 가진 이들에게 행실에 주의하라고 경고합니다. 이 구절의 마지막 단어인 '지내라' 는 '뒤집어지라' 로 표현해도 되는 단어입니다. '뒤집어지다' 는 "뒤집은 상태가 되다" 라는 의미를 갖습니다. 분명히 소망, 믿음, 사랑, 망신애(望信愛)가 있는데, 대학 졸업생이 초등학교 입학하듯, 두려운 마음으로 행실을 살피라는 말씀입니다.

'정체성 유지를 위해 뒤집어지라.' 하는 권면과 함께, 권면이 하나 더 추가됩니다. 1장 22절입니다. "너희가 진리를 순종함으로 너희 영혼을 깨끗하게 하여 거짓이 없이 형제를 사랑하기에 이르렀으니 마음으로 뜨겁게 서로 사랑하라" 아멘. 느슨하지 않은 팽팽한 사랑입니다. '뜨겁게' 라는 단어는 '팽팽하게' 로도 표현할 수 있습니다. 느슨한 사랑이 아니라, 팽팽한 사랑을 하라고 합니다. 결국 망신애를 더욱 견고하게 하라는 권면입니다. 이유도 비슷합니다. 소망을 더 온전하게 가질 근거로 영원하신 그리스도의 보혈이 제시된 것처럼, 사랑을 더 힘쓸 근거로 영원토록 계시는 하나님의 말씀이 제시됩니다. 그 말씀으로 다시 태어났기 때문입니다. 다시 태어나 새사람이 되었으니 새로운 삶의 방식을 따라 사는 것이 맞습니다. 인간적인 영광과 세상 영화는 풀꽃과 같이 시들 것이니, 사랑하라고, 그리스도의 사랑으로 사랑하라고 말합니다.

동시에 버릴 것도 있습니다. 2장 1절입니다. "그러므로 모든 악독과 모든 기만과 외식과 시기와 모든 비방하는 말을 버리고" 아멘. 악독은 해를 끼치는 것입니다. 기만은 속이는 것이고, 시기(猜忌)는 좋지 않은 마음으로 부러워하는 것이고, 비방은 해를 끼치는 말입니다. 분명 고난 가운데 있는데, 해결책의 첫 단계가 거룩한 마음과 말, 거룩한 행실입니다. 이유는 우리의 싸움은 혈과 육에 대한 것이 아니기 때문입니다. 정부가 교회에 대해 차별 정책을 벌인다 해도 우리의 적은 정부가 아니기 때문입니다. 음란을 조장하고 음란 처벌을 약하게 만드는 악한 세력이 우리의 대적이기 때문입니다. 음란이 판을 칠수록 우리는 음란사업이 망하도록 거룩하게 살아야 옳습니다. 강포가 판을 칠수록 우리는 폭력에서 멀어져야 합니다. 그것이 해결책입니다. 경쟁으로 인간성이 말살될수록 우리는 자비와 관용으로 생활해야 바르게 사는 것입니다.

그러면서 말씀을 향한 사모함을 늘리는 것이 필요합니다. 2장 2-3절입니다. "갓난 아이들 같이 순전하고 신령한 젖을 사모하라 이는 그로 말미암아 너희로 구원에 이르도록 자라게 하려 함이라 너희가 주의 인자하심을 맛보았으면 그리하라" 아멘. 엄마 젖을 먹는다고 갓난아이가 사람이 되는 것은 아닙니다. 이 묵상은 루터의 묵상입니다.

사람이 되기 위해 갓난아이가 젖을 먹는 것이 아니라, 그가 사람이기에 강건해지기 위해 엄마 젖을 먹듯이, 우리 신자들도 신자이기에 강건하기 위해 하나님의 말씀을 먹어야 한다는 것입니다.

말씀을 먹어야 구원에 이르도록 자란다고 말씀합니다. '구원' 이란 '온전함' 의 다른 표현입니다. 구원이란 모든 것이 제대로 작용함을 표현합니다. 병에서 놓이고 장애를 벗어났을 때 '구원받았다.' 표현하는 이유가 거기에 있습니다. 모든 것이 정상적으로 작동할 만큼 말씀을 먹어 자라야 합니다. 편식하면 안 됩니다. 말씀 안에는 개인 경건에 대한 말씀뿐 아니라, 공동체에 대한 말씀, 민족 내(內) 문제뿐 아니라, 온 세계에 대한 말씀까지 있습니다. 이 모든 것이 이해될 때 하나님의 말씀을 골고루 먹은 것입니다.

말씀을 먹어야 영적으로 무장되고 성숙하여 온전케 되는 이유가 무엇입니까? 그리스도가 말씀이시고, 우리가 그리스도처럼 되어야 온전해진 것이기 때문입니다. 그래서 2장 4절부터는 우리와 그리스도가 연결됩니다. 그리스도께서 산 돌인 것처럼, 우리도 산 돌처럼 되어야 한다고 말씀하십니다. '택하심을 받은 것' 과 '돌' 은 '택함 받은 나그네' 와 연결되는 표현입니다. 돌을 귀하다고 하지 않기 때문입니다. 그러나 믿는 자에게 그리스도는 보배입니다.

2장 6절의 배경은 이사야서 28장 16절입니다. 온 땅을 통치하시는 하나님께서 시온에 구원자를 두십니다. 그분은 임마누엘이십니다. 그분을 믿는 자는 부끄러움을 당하지 않을 것입니다. 그분은 보배로운 분입니다. 그러나 사람들은 그분을 부담스러워할 것입니다. 그분이 여호와의 종이기 때문입니다. 그분의 생각과 삶의 방식이 죄 가운데 살아가는 인생들과 다르기 때문입니다. 그분을 따라 산다는 것은 땅에 속한 방식을 따르지 않는다는 것을 의미합니다. 베드로전서는 하늘에 속한 원칙을 우리에게 가르쳐주고 있습니다. 손해로 인해 분노하지 않는 원칙입니다.

2장 7절의 "건축자들이 버린 그 돌이 모퉁이의 머릿돌이 되고"는 시편 118편 22절이 배경입니다. 시편 118편에는 생명이 다하기까지 하나님 하시는 일을 선포하겠다는 시편 기자의 결단이 있습니다. "내가 죽지 않고 살아서 여호와께서 하시는 일을 선포하리로다"(118:17) 아멘. 시편 118편의 주제는 히브리서의 중심 주제이기도 합니다.

118편 6절 즉 "여호와는 내 편이시라 내가 두려워하지 아니하리니 사람이 내게 어찌할까"는 히브리서 13장 6절에 인용되는 노래입니다. 성경 기록자가 수신자와 함께 부르기를 원하는 노래입니다. "주는 나를 돕는 이시니 내가 무서워하지 아니하겠노라 사람이 내게 어찌하리요" 아멘. '여호와는 내 편' 이라는 표현보다는 '주는 나를 돕는 이' 라는 표현이 더 정확합니다.

이처럼 시편 118편에는 하나님의 도우심을 의지하여 생명을 다하기까지 하나님을, 하나님의 역사를 전하겠다는 결단이 소개됩니다. 그리고 이 시편에 '건축자가 버린 돌이 집 모퉁이의 머릿돌이 되었다.' 하는 표현이 나옵니다(118:22). 다시 말해, '건축자가 버렸는데 모퉁이의 머릿돌이 된 이' 는 '하나님의 도우심을 의지하여 생명 다하기까지 하나님의 일을 선포한 이' 입니다. 예수님입니다. 예수님 이전의 선지자들이고 예수님의 제자들입니다.

2장 8절의 "부딪치는 돌과 걸려 넘어지게 하는 바위가 되었다." 하는 말씀은 이사야서 8장 14절이 배경입니다. 임마누엘이 백성에게 걸림돌이 됩니다. 하나님께서 함께 하시면 그분의 법에 따라 모든 것이 진행됩니다. 그런데, 백성들 스스로가 바라는 것이 하나님의 뜻과 다르기에, 백성들이 임마누엘을 싫어합니다. 결국, 백성들에게 임마누엘은 부딪히는 돌과 걸려 넘어지게 하는 바위가 됩니다.

2장 9절의 "그의 기이한 빛에 들어가게 하신 이의 아름다운 덕을 선포하게 하려 하심이라"의 배경은 이사야서 43장 14-21절입니다. 이 구절에는 '새로운 일을 행하시는 하나님' 이 소개된다고 이사야 성경통독 부분에서 설명했습니다(제36과). 이어지는 베드로전서 2장 10절의 배경에는 호세아 1장 6, 9절과 2장 25절이 있습니다. 음란한 고멜처럼 지낸 때가 충분합니다. 지금까지 지은 죄로도 충분합니다. 마귀는 아직 충분하지 않다고 유혹합니다. 그러나 성경은 지금까지 지은 죄만으로도 충분히 많이 지었다고 말합니다.

예수님을 만나지 못했지만 믿고 사랑하는(벧전 1:8) 흩어진 나그네들은 이제 이전과는 전혀 다른 삶을 살 것입니다. 베드로 사도는 어떻게 사는 것이 잘사는 것인지 얘기합니다. 이방인, 어떤 면에서 불신자 가운데에서 어떻게 살아야 잘사는 것인지(2:11-

12), 사회생활을 어떻게 하는 것이 잘사는 것인지(2:13-17), 가정생활을 어떻게 하는 것이 잘사는 것인지(2:18-25) 얘기합니다. 기본 전제가 있는데, 얘기의 대상은 이 땅의 거류민과 나그네입니다. 이 땅에서 거류민과 나그네이기에, '집과 다수를 떠난 자' 이기에 어떻게 사는 것이 잘사는 것인지가 정해집니다.

이들은 그리스도의 '본' 을 따라 살 것입니다(2:21). 부부관계도 달라질 것입니다. 아내들은 "선을 행하고 아무 두려운 일에도 놀라지" 않을 것입니다(3:6). 남편들은 지식을 따라 아내와 동거하며 "그를 더 연약한 그릇이요 또 생명의 은혜를 함께 이어받을 자로 알아 귀히" 여길 것입니다(3:7). "생명을 사랑하고 좋은 날 보기를 원하는 자"로 살 것입니다(3:10). "의를 위하여 고난을 받"고(3:14), "선을 행함으로 고난 받는 것"(3:17)이 그들 삶의 특징이 될 것입니다.

질의와 응답

하나. "'고난의 때에는 예수님을 생각하자.' 그렇게 생각해 왔는데, '고난의 때에 근본을 생각하자.' 하시니 새롭습니다. 어떻게 '근본' 이라는 단어를 선택하셨을까요?"

1장 3절에 있는 "그 본체의 형상"에서 '본체' 라는 단어에서 '근본' 이라는 개념을 가져왔습니다. 예수님은 하나님의 '본체' 즉 그분 '근본' 이신 하나님의 형상이십니다. 하나님의 근본을 드러내시는 분이 예수님입니다. '본체' 라는 단어가 신약성경에 다섯 번 쓰였는데, 히브리서에 세 번 나옵니다. 1장 3절, 3장 14절, 11장 1절입니다. 3장 14절에서는 '확신한 것' 으로 번역되었습니다. "우리가 시작할 때에 확신한 것을 끝까지 견고히 잡고 있으면 그리스도와 함께 참여한 자가 되리라" 아멘. 우리 신앙의 시작, 근본(根本)이 우리 신앙의 마지막, 기업(基業)과 연결됩니다. 11장 1절에는 '실상' 으로 번역되었습니다. "믿음은 바라는 것들의 실상이요 보이지 않는 것들의 증거니" 아멘. 히브리서에는 '본체, 확신한 것, 실상' 이 강조됩니다. 우리의 근본이 예수님이고, 우리는 예수님을 드러냅니다. 죽임당하신 예수님을 생각하며, 나의 죽음을 노래합니다. 하나님 보좌 우편과 같은 하늘 기업을 우리도 상속받습니다. 하나님께 충성하신 예수님처럼, 하나님께 충성하는 것이 믿음이고 쉼입니다.

둘. "제목이 '히브리' 인데, '히브리' 라는 단어의 어원과 정체성은 무엇입니까?"

히브리어 '아바르' 에서 '히브리' 가 나왔습니다. '아바르' 는 '건너다' 를 의미합니다. '히브리인' 은 '건너온 자, 떠돌이' 를 의미합니다. 토착민이 아닙니다. 나그네입니다. 어떤 면에서 '무시해도 될 사람' 입니다. 창세기 14장 13절을 보면, 아브람이 '히브리 사람' 이라고 불립니다. '건너온 자' 입니다. 보디발의 아내가 요셉을 '히브리' 종이라고 부릅니다. "당신이 우리에게 데려온 히브리 종이 나를 희롱하려고 내게로 들어왔으므로" (창 39:17) 하면서 경멸하는 어조로 사용한 단어가 '히브리 종' 입니다.

셋. "1장 6절의 '맏아들' 은 누구를 가리킵니까?"

제가 논문에서 쓴 것처럼, '모압 평지에 서서 신명기의 말씀을 들었던 이스라엘 백성들' 을 가리킵니다. 이들은 이제 가나안 땅으로 들어갈 것입니다. 가나안은 약속의 땅입니다. 히브리서 기자는 '고난 가운데 있는 성도들' 과 '모압 평지에 서 있던 이스라엘 족속' 을 연결 짓습니다. 광야를 지나온 이들입니다. 가나안 입성을 앞둔 이들입니다. 이들은 12장 23절의 "하늘에 기록된 장자들"과 연결됩니다. 1장 6절의 '맏아들' 과 12장 23절의 '장자' 는 같은 단어의 번역입니다.

넷. "사도행전 15장과 21장을 통해 예수님의 야고보에 대해 부정적인 점을 생각했습니다. 그래도 될까요? 야고보는 언제쯤 쓰였을까요? 야고보가 사도입니까?"

야고보가 사도가 아니라는 것, 예루살렘 공회의 의장이 아니라는 것 등에 관해서는 『사도행전과 우리』 363-369쪽에서 설명했습니다. 사도행전 15장과 21장의 야고보에 대해서는 야고보의 입장에서 그를 변호할 여지가 있습니다. 그는 전통을, 전통을 중시하던 바리새인의 사상을, 교회 성도들의 생각을 존중했습니다. 이방인들의 율법 준수에 대해 논의할 때, 하나님께서 이루신 일을 고려하여 많이 양보했습니다. 그래서 제안한 것이 '네 가지 금지 규례' 였습니다. 바울이 이방인 교회의 연보를 가지고 예루살렘을 방문했을 때, '결례를 예루살렘 성전에서 시행할 것' 을 요청했는데, 이는 성도들의 생각을 고려한 요청이었습니다. 야고보는 오순절 성령이 강림할 때 그곳에 있었을 것입니다(행 1:14). 이후 베드로의 부탁으로 예루살렘 교회의 지도자가 된 것으로 보입니다(행 12:17). 요세푸스에 따르면(『유대고대사』 20.200-203), 야고보 장로님은 돌에 맞아 순교했습니다. 62년 경입니다. 야고보서는 바울 사도가 로마에 1차로 투옥되어 있던 기간(60-62년) 어간에 쓰인 것으로 보입니다.

다섯. "하나님의 은혜로 거듭나고, 그 은혜에 기초해서 캠퍼스 선교와 세계 선교에 헌신했습니다. 양육과 사명의 관계를 어떻게 설정해야 할까요? 양육과 상급의 관계는 어떤 것입니까? 하나님 보좌 우편에 앉은 것이 상급이 될 수 있을까요? 요즘 사람은 태어남을 한탄합니다. 태어나서 고난받는 것을 매우 싫어합니다. 우리가 거듭나고 바로 하나님 나라에 가서, 양육을 받으면 안 될까요?"

'헌신' 은 '드림', '양육' 은 '자람', '사명' 은 '본분(本分)' 이겠습니다. 양육되면서 본분에 헌신합니다. 양육이 잘되어야 사명을 잘 감당하겠죠. '상급' 보다는 '기업' 이 더 적절한 표현 같습니다. 잘 자라 익은 성도들이 '하늘 기업' 을 받습니다. 임마누엘을 축복으로 받았는데, 뭘 더 바랄 것이 있을까요? 상급 같은 면류관 주시면 벗어서 드리겠지요. 하나님 보좌 우편에 앉으신 그리스도의 '기업' 이 우리가 함께 누릴 '기업' 이라고 여기면 되겠습니다. 그리고 땅 위의 신자는 하늘 보좌와 연결되어 있습니다. 위험하지 않은 하늘에서 살기 전에 위험한 땅에서 믿음으로 살면서 양육 받는 즐거움이 있지 않을까요? 끝나지 않은 경기를 치르는 선수처럼요.

Weekly Reading

57

베드로전서 4장 – 유다서

"성경통독"

벧전 4장–벧후1장	벧후2장 - 요일1장	요일 2–4장	요일 5장	요한이서	요한삼서	유다서

check

이번 통독은 베드로전서 4장부터 유다서까지입니다. 모두 열세 장입니다. 스물한 장씩 읽었는데, 여덟 장이 부족합니다. 그래도 마지막이라 열세 장만 보도록 하겠습니다.

베드로전서와 요한서신은 '권면'의 측면이 강하다면, 베드로후서와 유다서는 '경고'의 측면이 강합니다. '권면'과 '경고'는 동전의 양면과 같습니다. 잘 먹고 소화도 잘 시켜야 하지요. 벌기도 잘해야 하지만 쓰기도 잘해야 하지요. 성경통독 설교를 마무리하며 '성경통독'으로 제목을 잡았습니다.

성경통독

I.
성경을 읽다 보니
경건해지고
통독을 하다 보니
독실해진다.

II.
성실하게 읽으니

경거망동이 줄고
통으로 읽으니
독해력이 는다.

III.
성격이 다르고
경험이 달라도
통이 커지고
독이 빠진다.

IV.
성령의 감동이 있으니
경험이 충분치 않아도
통독의 시간과 더불어
독실한 믿음도 자란다.

택함을 받은 흩어진 나그네들은 하나님이 말씀하시는 것 같이 말하고 하나님께서 공급하시는 것 같이 봉사할 것입니다(벧전 4:11). 장로들은 자원함으로, 기꺼이, 주장하는 자세가 아니라 양 무리의 '본'이 될 것입니다(5:2-3). 젊은 자들은 순종하고 겸손으로 허리를 동일 것입니다(5:5). 이런 나그네들을 하나님께서는 "친히 온전하게 하시며 굳건하게 하시며 강하게 하시며 터를 견고하게 하"실 것입니다(5:10).

이제 베드로의 순교가 가깝습니다. 죽을 때가 되었다는 말입니다. 60세는 넘었을 것 같은 베드로가 이 땅에서의 생명 시간이 얼마 남지 않았을 때, 보배로운 믿음을 받은 이들에게 편지합니다. 베드로후서 1장 13-14절입니다. "내가 이 장막에 있을 동안에 너희를 일깨워 생각나게 함이 옳은 줄로 여기노니 이는 우리 주 예수 그리스도께서 내게 지시하신 것 같이 나도 나의 장막을 벗어날 것이 임박한 줄을 앎이라" 아멘.

'장막'은 '육신'을 가리킵니다. 그래서 '장막을 벗는다.' 하는 표현은 '죽음'을 의미합니다. '몸'을 왜 '장막'이라고 부를까요? '잠시 머무르는 집'이기 때문입니다. 영혼의 집입니다. 잠시 머무를 집입니다. 영원이라는 시간을 생각하니 백 년 동안 머문다고 해도 잠시입니다. 일 년을 머무는 집이라고 해도 잘 가꾸고 청소합니다. 그러니 수십 년을 넘어 칠십 년, 팔십 년을 머무를 집이니 몸을 소중하게 생각해야 맞지요. 그래도 우리의 몸이 우리 영혼의 영원한 집은 아닙니다. 그래서 소중하지만, 귀하게 사용하는 과정에서 약해지기도 하고 다치기도 하고, 어떤 이들은 순교하기도 합니다.

베드로는 순교했다고 알려져 있습니다. 네로 황제 박해 때입니다. 예수님이 베드로의 죽음에 대해 미리 알려주셨나 봅니다. 1장 14절을 보면, "우리 주 예수 그리스도께서 내게 지시하신 것 같이 나도 나의 장막을 벗어날 것이 임박한 줄을 앎이라" 말하기 때문입니다. 죽음이 임박해 있을 때, 그러나 아직 영혼이 장막 집에 남아 있어서 성도들에게 얘기할 수 있을 때, 베드로 사도가 꼭 하고 싶은 말이 있었습니다. 그들이 잊지 않고 항상 생각해야 할 내용입니다. 1장 12절입니다. "그러므로 너희가 이것을 알고 이미 있는 진리에 서 있으나 내가 항상 너희에게 생각나게 하려 하노라" 아멘.

베드로 사도는 이방인이 율법을 지켜야 하는지, 할례를 받아야 하는지가 논의될 때, 자신의 의견을 이렇게 피력했습니다. "마음을 아시는 하나님이 우리에게와 같이 그들에게도 성령을 주어 증언하시고 믿음으로 그들의 마음을 깨끗이 하사 그들이나 우리나 차별하지 아니하셨느니라"(행 15:8-9), "우리는 그들이 우리와 동일하게 주 예수의 은혜로 구원 받는 줄을 믿노라"(15:11) 이렇게 말입니다. 이러한 깨달음은 고넬료의 집에 가서 얻은 것입니다. 그때 베드로가 한 말입니다. "내가 참으로 하나님은 사람의 외모를 보지 아니하시고 각 나라 중 하나님을 경외하며 의를 행하는 사람은 다 받으시는 줄 깨달았도다"(행 10:34-35) 아멘.

이러한 깨달음을 갖게 된 베드로이기에 성도들에 대해 "동일하게 보배로운 믿음을 우리와 함께 받은 자들"(벧후 1:1)이라고 말합니다. "우리와 동일한 가치의 믿음을 몫으로 얻은 이들"이라고도 표현할 수 있습니다. '똑같은 믿음'을 받았습니다. 수고하여 갖게 된 것이 아닙니다. 선물로 받았습니다. 모든 성도는 똑같은 출발점 위에 서 있습니다. '똑같은 믿음'에서 시작합니다. 대단한 믿음, 그런 것은 없습니다. 그리고 '몇 대째 믿는 집안이다.' 그런 자랑도 할 것이 없습니다. 하나님의 자녀가 되는 것이 '혈통이나 육정이나 사람의 뜻으로' 말미암지 않기 때문입니다.

그럼, 어디에서 차이가 날까요? '계속 믿음으로 사느냐, 아니면 믿는다고 하면서도 믿음이 아니라 다른 기준을 따라 사느냐?' 하는 데서 차이가 납니다. 그래서 1장 2절과 같이 축복합니다. "하나님과 우리 주 예수를 앎으로 은혜와 평강이 너희에게 더욱 많을지어다" 아멘. '은혜와 평강이 하나님과 우리 주님 예수님을 아는 지식 안에서 우세해지기를' 바라고 있습니다. '더욱 많다' 로 번역된 단어가 수동태가 되면, '우세해지다, 메인이 되다' 와 같은 의미를 갖습니다. 믿음으로 출발했다면, '은혜와 평강' 이 생각과 의지와 삶에서 우세해야 한다는 말입니다. '공로, 자기 노력, 경쟁심' 이 아니라, '은혜와 평강' 이 우세해야 합니다.

그럼, 은혜와 평강이 우세한 삶은 어떤 삶일까요? 우선, 믿음에 덕을, 덕에 지식을, 지식에 절제를, 절제에 인내를, 인내에 경건을, 경건에 형제 우애를, 형제 우애에 사랑을 보태는 삶입니다(벧후 1:3-15). 이런 삶이 하나님을 닮아가는 삶입니다.

항상 생각하는 것, 늘 마음에 두고 있는 것이 어떤 것입니까? 나, 가족, 직장, 친구, 교회, 통장, 수입, 관계, 먹고 싶은 것, 입고 싶은 것, 갖고 싶은 것, 가슴 아팠던 기억들, 좋았던 추억들, 고민거리 등등, 많은 것들이 있을 수 있습니다. 그런데 베드로 사도는 항상 생각할 것, 늘 마음에 둘 것을 1장 5-7절에 소개합니다. "그러므로 너희가 더욱 힘써 너희 믿음에 덕을, 덕에 지식을, 지식에 절제를, 절제에 인내를, 인내에 경건을, 경건에 형제 우애를, 형제 우애에 사랑을 더하라" 아멘. 항목이 너무 많습니다. 믿음에서 시작해서 사랑으로 끝나는 목록인데, 중간에, 덕, 지식, 절제, 인내, 경건, 형제 우애가 있습니다. 모두 여덟 개입니다.

이것들이 있으면 달라진다고 합니다. 1장 8절을 보니, "이런 것이 너희에게 있어 흡족한즉 너희로 우리 주 예수 그리스도를 알기에 게으르지 않고 열매 없는 자가 되지 않게 하려니와" 했습니다. 믿음, 덕, 지식, 절제, 인내, 경건, 형제 우애와 사랑이 있으면, 게으르지도 않고 열매가 없지도 않으면서 예수님을 아는 데까지 이른다는 말입니다. '예수님을 알아야 믿는 것 아닌가?' 싶은데, 믿음, 덕, 지식, 절제, 인내, 경건, 형제 우애와 사랑이 있어야 예수님을 알게 된다는 말입니다. 예수님이 나를 위해, 우리를 위해 십자가에서 대속의 죽음을 죽으셨다는 것을 믿어 세례도 받고 봉사도 하는데, 예수님 그분을 진짜로 아는 것은 믿음에서 출발해서 사랑에까지 더해지는 과정을 지나야 알게 된다는 말이지요.

이 여덟 가지를 잘 생각해보면, 정말 그렇겠다며 동의가 됩니다. 우선 여덟 가지를 하나씩 보기 전에 5-7절의 마지막에 있는 '더하라'는 단어가 특별합니다. '더하라'는 '보태라'는 의미겠지요. 그러니 믿음에 덕을 보태고, 덕에 지식을 보태고, 지식에 절제를 보태고, 절제에 인내를 보태고, 인내에 경건을 보태고, 경건에 형제 우애를 보태고, 형제 우애에 사랑을 보태라는 말이겠습니다. '더하라'로 번역된 이 단어는 신약성경에 다섯 번만 나오는 독특한 단어인데, 베드로후서 1장 7절에 한 번, 11절에 한 번 나옵니다. 7절의 '더하라'가 11절에는 무어라 번역되었는지 봅니다. "이같이 하면 우리 주 곧 구주 예수 그리스도의 영원한 나라에 들어감을 넉넉히 너희에게 주시리라" 아멘. 어떤 것이 '더하라'와 같은 단어일까요? '주시리라'입니다. 성경에 각주가 달려 있네요. "헬, 공급하시리라"입니다. 무슨 말입니까? 헬라어로는 '공급하시리라'라는 의미랍니다. '더하다'와 '공급하다'는 의미가 통하는 부분이 있지요? '더하다'는 "더 보태어 늘리거나 많게 하다."입니다. '공급하다'는 "요구나 필요에 따라 물품 따위를 제공하다."로 정의됩니다. 더하는 것은 많게 하는 것이고, 공급하는 것은 제공하는 것입니다. 뭔가 보태는 것을, 우리가 예수 그리스도의 영원한 나라에 들어가는 것과 연결 짓습니다. 우리는 보탤수록 예수님의 나라에 들어갑니다.

예수님의 나라에 들어왔고 그 나라의 일꾼으로 살다가 이제 영혼 분리의 죽음을 통해 그 나라에 영원히 들어갈 베드로 사도가, 그 나라에 확실하게 들어갈 길을 알려주고 있습니다. 평생을 살아 보니 이것만큼 중요한 것이 없습니다. 그도 물고기 잡는 어부로 살면서 결혼도 하여 가정을 이루고 살았습니다. 어린 시절이 있었고 어른이 되었고 삶을 꾸려가면서 무엇이 중요한지 잘 알게 되었습니다. 늘 생각하는 것, 늘 마음에 두는 것이 있었습니다. 때로는 그것이 사람이었고, 때로는 그것이 기억이었고, 때로는 그것이 물건이기도 했습니다. 언젠가부터 예수님을 마음에 두었습니다. 그분의 가르침이, 어쩌면 닭 울음소리가 마음에 있었습니다.

그러던 그가 제자의 삶을 모두 살고 나자, 늘 마음에 두어야 할 것, 항상 생각하고 살아야 할 것이 무엇인지 확실하게 알게 되었습니다. 이미 알고 그렇게 살았지만, 이제 장막 집을 벗어날 때가 되자 이것만큼은 성도들에게 알려 줘야 한다는 것을 깨닫고 편지를 씁니다. 하루라도 먼저 알아야 생각이 바뀔 것이기 때문입니다. 생각 속에 있는 걱정과 근심 대신에, 믿음과 덕과 지식을 넣고, 월급과 직장 대신에 절제와 인내와 경건을 넣고, 갖고 싶고 하고 싶은 것 대신에 형제 우애와 사랑을 넣을 것이기 때문입니다. 갖고 싶은 것을 갖고 하고 싶은 것을 한다고 구주 예수 그리스도의 영원한 나라에 들어감을 얻는 것이 아니기 때문입니다. 직장 문제가 해결되고 월급이 많아진다고 해서 그 나라에 넉넉히 들어가는 것이 아니기 때문입니다.

배워 보니까, 가져 보니까, 부러움의 대상이 되어 보니까, 더더욱 잘 알겠습니다. 5에서 7절을 소개하는 베드로의 마음을요. 나이가 드니까 베드로의 마음을 좀 더 이해합니다. 왜 보태야 하는지를요. 왜 공급하는 것이 달라야 하는지를요. 사실, '더하라'와 '주시리라'로 번역된 이 단어의 기본 뜻은 '춤'입니다. '춤' 좋아하시나요? 요즘은 교회에서도 '율동'을 넘어 '춤'의 단계까지 나아가는 것 같습니다. 이 단어는 '춤을 인도하듯 가꾸라' 정도의 의미를 갖습니다. 교회 율동의 핵심은 시선이었던 것 같습니다. 시선을 손에 두면 되었습니다. 요즘 춤의 핵심은 몸인 것 같습니다. 몸의 균형과 조화를 추구하는 듯합니다. 몸으로 그림을 그려냅니다. 몸 자체가 그림입니다. 그런데, 베드로 사도는 천국에 넉넉히 들어가게 하는 우리의 '성품'을 '춤'으로 표현합니다.

제가 '성품'이라는 단어를 썼는데요, 5에서 7절의 여덟 가지를 4절에서 '성품'이라는 단어로 표현하기 때문입니다. 1장 4절입니다. "이로써 그 보배롭고 지극히 큰 약속을 우리에게 주사 이 약속으로 말미암아 너희가 정욕 때문에 세상에서 썩어질 것을 피하여 신성한 성품에 참여하는 자가 되게 하려 하셨느니라" 아멘. '신성한 성품'입니다. 전에는 '신의 성품'이라고 표현했었지요. '하나님의 본성(本性)' 뭐 그런 것입니다. 하나님의 MBTI 같은 것이죠. 우리는 내향이냐 외향이냐, 직관적이냐 과학적이냐, 뭐 이런 걸 따지는데, 베드로 사도는 믿음이 있느냐, 탁월하냐, 아느냐, 조절이 되느냐, 참느냐, 관심이 적절하냐, 이웃을 사랑하느냐, 하나님을 닮았느냐를 묻습니다.

믿음이란 신실함과 통합니다. 그래서 '믿음'이라는 단어가 성령의 아홉 가지 열매에서는 '충성'으로 번역이 되었습니다. 믿음이란 신실함에서 나옵니다. 믿는 대상인 예수님에 대한 변함없는 신뢰가 믿음입니다. 이 신뢰를 예수님께서 하나님을 향해 가지십니다. 그리고 그 신실함은 성부로부터 비롯되었습니다. 그러므로 신실함은 신의 성품에 들어갑니다. 이 성품에 '덕'을 더합니다. 제가 '덕'을 '탁월한가'로 표현했습니다. 이 단어가 '덕'보다는 '탁월함'에 더 가깝기 때문입니다. 굳이 '덕'으로 이 단어를 표현하자면, '도덕적 탁월함'이 될 수 있습니다. 믿음에, 신실함에 어떻게 탁월함을 보탤 수 있을까요? 찬양을 부릅니다. 찬양에 어떻게 탁월함을 보탤 수 있나요? 아무래도 소리가 목이 아니라 배에서 나와야겠지요? 음이 맞고 박자도 맞아야겠지만, 가사에 마음이 실려야겠지요?

믿음에 탁월함이 더해진다면 어떻게 될까요? 이 생각을 항상 하라는 말씀입니다. 춤을 인도하듯 믿음을 가꾸면서, 믿음에 어떻게 탁월함을 더할지 생각하라는 말씀입니다. 예수님을 향한 신뢰가 탁월하게 되도록 하라는 말씀입니다. 어떻게 하면 예수님에 대한 신뢰를 더 탁월하게 할 수 있을까요? 그 생각을 하면 게으르지 않고 열매를 맺으며 멀리 볼 수 있고 후회하지 않습니다. 찬양에 더 많이 마음을 실을 수 있다면, 예배에 더 집중할 수 있다면, 하나님 말씀에 더 많이 시간을 쓸 수 있다면, 믿음에 탁월함이 보태지지 않을까요?

탁월함에 지식을 보태려면 어떻게 할까요? 탁월해도 지식이 부족할 수 있습니다. 축구선수가 축구를 탁월하게 잘 할 수 있습니다. 그렇다고 축구의 역사, 축구공 제조법과 같은 것까지 잘 알기는 어렵습니다. 그러니 축구선수가 축구의 역사와 축구공 제조법까지 잘 안다면 자신이 하는 축구의 본질을 이해하고 더 의미 있게 축구를 할 수 있지 않을까요? 비록 자신이 탁월한 축구선수이지만, 축구공이 없다면, 경기장이 없다면, 관중이 없다면, 중계방송하는 방송사가 없다면, 자신의 실력과 기교가 아무 의미 없을 수 있다는 것을 안다면, 관중에게, 방송인에게, 축구공을 만드는 이에게 고마워하지 않을까요?

믿음에 탁월해도 충분한 지식이 더해진다면, 자신의 믿음에 대한 자랑보다, 자신이 믿도록 도와준 많은 분에 대한 감사가 솟아날 것입니다. 나보다 먼저 교회에 다녀주신 부모님이 고마워질 것입니다. 같이 믿어주는 옆자리의 교인이 고마워질 것입니다. 어쩌면 내 믿음을 연단하는 것 같은, 나를 괴롭히는 사람에게도 고마운 마음이 들 것입니다. 내 믿음의 실력이 드러나게 도와주는 고마운 분들이지요. 나를 무시하는 사람을 통해, 내가 자신을 얼마나 중시하는지 깨닫습니다. 예수님이 무시되는 것과 내가 무시되는 것, 둘 사이에 내가 정말 중요하게 생각하는 것이 무엇인지 깨닫습니다.

지식이 늘수록 힘이 생깁니다. 그런데 그 힘이 통제될 수 없다면 교만이 찾아옵니다. 그러므로 지식에는 절제가 보태져야 합니다. 춤을 인도하듯 지식에게 절제를 데려옵니다. '절제'라는 단어는 '힘'이라는 단어와 '안에'라는 단어의 조합입니다. 내가 조절이 가능한 힘 안에 있을 때, 절제되었다고 표현하지요. 칼로 연필을 깎아 보셨나요? 절제된 힘이 필요합니다. 손톱을 깎아 보셨나요? 절제된 힘이 필요합니다. 사과를 깎아 보셨나요? 예쁘게 잘 깎으려면 절제된 힘이 필요합니다. 우리 인생의 모든 영역에서 우리는 힘이 필요합니다. 그런데 힘이 조절될 때 사고가 나지 않습니다. 운전할 때 힘의 조절이 필요합니다. 핸들을 부드럽게 돌려야 하고, 액셀을 잘 밟아야 합니다. 브레이크 역시 급하게 밟으면 안 됩니다. 모든 것이 잘 조절된 상태로 운전할 때 자동차는 부드럽게 나갑니다.

마찬가지입니다. 우리의 믿음, 탁월한 믿음, 지식이 가미된 믿음에는 힘이 있는데, 그 힘이 잘 조절되어야 하나님을 닮아가고 예수님의 나라에 잘 들어갑니다. '과격'이란 "정도가 지나치게 격렬함."을 의미합니다. 과격하더라도 힘 조절이 가능하면 사고가 나지 않습니다. "실제로 브레이크가 작동한 순간부터 멈출 때까지 차가 이동한 거리"를 '제동거리'라고 부릅니다. 제동거리가 짧다면 고속으로 달려도 안전할 수 있습니다. 그러나 제동거리가 길다면, 고속으로 달릴 때 차간 거리를 충분히 둬야 합니다. 내 감정을 잘 조절할 수 있다면 감정을 고조시켜도 안전합니다. 그러나 고조된 감정을 잘 낮출 수 없다면, 감정을 고조시킬 때 조심해야 합니다.

믿음도 마찬가지입니다. 믿음이 탁월해지고 지식까지 더해진다고 해도, 힘 조절이 가능한 수준까지 믿음을 발휘해야 합니다. 과도한 믿음 발휘로 시험에 빠집니다. 그래서 절제에 인내가 보태질 필요가 있습니다. 인내라는 것은 '머무름'과 통합니다. 믿음, 탁월함, 지식도 확장성을 갖습니다. 그런데 절제와 인내는 확장을 지양합니다. 동적이지 않고 정적입니다. 그러나 한 번 더 생각해보면 지극히 동적입니다. 믿음, 탁월함, 지식이 자동차의 엑셀과 같다면, 절제와 인내는 자동차의 브레이크와 같습니다. 엑셀과 브레이크가 잘 조화될 때 운전이 원활하게 진행되듯, 우리 성품 역시 확장과 머무름이 잘 어우러질 때 삶이 원활하게 진행됩니다. 확장과 머무름이 잘 조절되지 않을 때, 우울증이나 조울증이 생깁니다. 감정을 갖지 않거나 표현하지 말라는 말이 아닙니다. 일어나는 감정에 대한 평가와 조절이 있어야 한다는 말입니다.

화가 날 때, 왜 화가 나는지, 그 화가 믿음의 측면에서 적절한지 생각해봐야지요. 무작정 화를 내는 것도, 화를 억누르는 것도 적절하지 않습니다. 화가 나야 하는 상황인데 나지 않는 것도 문제이고, 화를 낸 다음 화가 조절이 안 되는 것도 문제입니다. 예수님을 믿고 따름에는 잘 따름, 알고 따름도 있지만, 절제하고 인내하며 따름도 있는 것입니다. '절제하고 인내하며 따름' 의 반대편에 '원망하고 불평하며 따름' 이 있습니다.

왠지 이 정도만 하고 나머지 세 가지는 안 하는 게 좋지 않을까요? 믿음에 탁월함을 더하는 것도, 탁월함에 지식을 더하는 것도, 지식에 절제와 인내를 더하기도 어려운데, 여기에 경건과 형제 우애와 사랑까지 더하는 것은 불가능해 보이기 때문입니다. 그럼에도, 두 가지 정도를 생각해 볼 수 있을 것 같습니다. 첫째는 그만큼 형제 우애와 사랑이 어렵다는 것이고, 둘째는 이 여덟 가지가 보태진다면 구주 예수 그리스도의 영원한 나라에 들어가지 않을 수 없다는 것입니다.

왜 사랑이 어려운지 알 것 같습니다. 믿음에 탁월함과 지식과 절제와 인내와 경건과 형제 우애가 곁들여져야 사랑할 수 있었습니다. 그러므로 사랑하려고 하기 전에 우선 이전 단계를 채워야 했습니다. 믿음이 부족하면 후히 주시고 꾸짖지 않으시는 하나님께 믿음을 달라고 기도해야 했습니다. 원망과 불평이 생기면 지식을 채워야 했습니다. 뭘 잘 몰라서 오해하고 원망하고 불평할 때가 많기 때문입니다. 왜 나는 경건하지 않을까? 생각이 들 때, 절제와 인내를 구해야 했습니다. 형제에 대한 사랑의 마음이 생기지 않을 때, 하나님에 대한 나의 태도를 점검해야 했습니다. '경건' 이란 하나님 향한 태도의 적절함을 표현하기 때문입니다. 경배 대상에 대한 태도입니다. '사랑' 그것은 아직은 꺼내면 안 되는 표현이었습니다. 그것을 말하려면 믿음, 덕, 지식, 절제, 인내, 경건, 형제 우애가 선행되어야 했습니다.

내 수준을 생각하니, 우리의 수준을 생각하니, 장막 집 벗을 시간에 도달한 베드로 사도가 왜 이렇게 절박하고 간절하게 이 말을 하는지 알 것 같습니다. 마지막 순간에는 그것만 남기 때문입니다. 우리의 성품 말입니다. 우리 영혼의 모습입니다. 불도 모양이 있고 물도 모양이 있습니다. 우리 영혼도 모양이 있습니다. 그 모양이 어떤 모양인가가 중요합니다. 우리의 직업, 수입, 사회적 위치 그런 것은 사실 그렇게 중요하지 않습니다. 베드로 사도가 유언과 같은 말을 할 때, 보험이나 통장 잔액이 미래를 보장해준다고 말하지 않습니다. 우리 영혼의 모양이 우리의 미래를 보장한다고 말씀합니다.

우리 영혼의 모양이 하나님을 닮아있다면 우리의 미래는 안전합니다. 우리의 현재도 보장됩니다. 우리 영혼의 모양이 믿음, 덕, 지식, 절제, 인내, 경건, 형제 우애, 사랑을 갖추고 있다면, 우리는 안전합니다. 그러므로 늘 생각해야 할 것, 항상 마음에 둘 것이 이것입니다. 나는 믿는가? 나의 믿음은 탁월한가? 나는 믿음에 관한 지식이 있는가? 나는 내가 가진 힘을 조절할 수 있는가? 나는 힘이 있지만 하나님의 권위 아래에서 힘을 사용하지 않으면서 기다릴 수 있는가? 나의 하나님을 향한 태도는 어떠한가? 좋은가, 아니면 무례한가? 나는 형제를 사랑하는 마음이 있는가? 나는 하나님을 닮았는가? 춤을 추듯, 믿음에 덕을, 덕에 지식을, 지식에 절제를, 절제에 인내를, 인내에 경건을, 경건에 형제 우애를, 형제 우애에 사랑을 보태고 있는가?

이 생각을 하며 살 때 우리의 현재와 미래는 보장됩니다. 1장 8절에 따르면 게으를 수 없습니다. "이런 것이 너희에게 있어 흡족한즉 너희로 우리 주 예수 그리스도를 알기에 게으르지 않고 열매 없는 자가 되지 않게 하려니와" 아멘. 부지런해집니다. 열매가 없을 수 없습니다. 열매가 있습니다. 9절도 봅니다. "이런 것이 없는 자는 맹인이라 멀리 보지 못하고 그의 옛 죄가 깨끗하게 된 것을 잊었느니라" 아멘. 멀리 볼 수 있습니다. 죄 사함이 적용된 삶을 삽니다. 10절도 봅니다. "그러므로 형제들아 더욱 힘써 너희 부르심과 택하심을 굳게 하라 너희가 이것을 행한즉 언제든지 실족하지 아니하리라" 아멘. 넘어지지 않습니다. 부르심과 택하심을 굳게 하는 삶을 삽니다. 11절도 봅니다. "이같이 하면 우리 주 곧 구주 예수 그리스도의 영원한 나라에 들어감을 넉넉히 너희에게 주시리라" 아멘. 하나님께서도 춤을 인도하시듯 우리를 천국에 들어가게 하십니다. 마지막으로 15절입니다. "내가 힘써 너희로 하여금 내가 떠난 후에라도 어느 때나 이런 것을 생각나게 하려 하노라" 아멘. 베드로 사도는 자신의 순교 이후에라도 성도들이 여덟 가지를 늘 생각하며 지내기를 원합니다. 자신의 순교를 생각하라고 하지 않습니다. 자신의 순교 이후에도 여덟 가지를 생각하라고 합니다.

이제 여덟 가지가 외워지셨을까요? 외워봅니다. 믿음, 덕, 지식, 절제, 인내, 경건,

형제 우애, 사랑! 좋습니다. 이제 5-7절을 외울 수 있을 것 같습니다. "그러므로 너희가 더욱 힘써 너희 믿음에 덕을, 덕에 지식을, 지식에 절제를, 절제에 인내를, 인내에 경건을, 경건에 형제 우애를, 형제 우애에 사랑을 더하라" 아멘. '더한다' 는 말이 어떤 의미라고 했지요? '춤을 인도하듯 가꾸라' 라고 말씀드렸습니다. 우리 영혼의 모양을 춤을 추듯, 춤을 인도하듯 잘 가꾸기를 바랍니다. 영혼의 모양을 가꾸는데 서로에게 도움이 되기를 바랍니다.

이처럼 하나님을 닮아가도록 돕는 두 가지 요소가 있는데, 경험과 성경입니다(1:16-21). 그리고 둘 가운데 더 중요한 것은 성경입니다. 베드로는 한 가지 경험을 말합니다. 16-18절입니다. "우리 주 예수 그리스도의 능력과 강림하심을 너희에게 알게 한 것이 교묘히 만든 이야기를 따른 것이 아니요 우리는 그의 크신 위엄을 친히 본 자라 지극히 큰 영광 중에서 이러한 소리가 그에게 나기를 이는 내 사랑하는 아들이요 내 기뻐하는 자라 하실 때에 그가 하나님 아버지께 존귀와 영광을 받으셨느니라 이 소리는 우리가 그와 함께 거룩한 산에 있을 때에 하늘로부터 난 것을 들은 것이라" 아멘. '변화산 사건' 이라고 불리는 내용을 베드로가 언급합니다. 헤르몬 산으로 추정되는 이 산은 약속의 땅에서 가장 높은 산입니다. 가장 높은 곳이 2,814미터입니다. 예수님이 시험받으실 때 천하만국을 보신 곳도 이 산이었을 것으로 추정됩니다.

'시룐, 스닐' 이라고 불리던(신 3:8-10) 헤르몬 산에 새로운 이름이 붙었습니다. 헤르몬 즉, 구별된 산이라는 이름입니다. 그래서 이 산을 베드로는 '거룩한 산' 이라고 불렀습니다. 그 산에서 하나님께서는 예수님이 누구인지 말씀해주셨습니다. 누가복음 9장 보면, "구름 속에서 소리가 나서 이르되 이는 나의 아들 곧 택함을 받은 자니 너희는 그의 말을 들으라 하고 소리가 그치매 오직 예수만 보이더라 제자들이 잠잠하여 그 본 것을 무엇이든지 그 때에는 아무에게도 이르지 아니하니라"(9:35-36) 했습니다. 차마 말을 할 수 없는 경험이었습니다. 그 말을 베드로가 지금 합니다.

말하는 이유는 사람들이 예수님의 능력과 강림하심에 대해 의심하기 때문입니다. 왜일까요? 이 사람들은 예수님을 본 적이 없기 때문입니다(1:8-9). 예수님을 만나보지 못했습니다. 사도 바울과 같은 경험도 없습니다. 동영상도 없습니다. 그러니 '혹시 예수님에 대한 얘기가 만들어낸 얘기가 아닐까?' 의심하는 사람이 있습니다. 그래서 말합니다. "우리 주 예수 그리스도의 능력과 강림하심을 여러분에게 알게 한 것이 교묘히 만든 이야기를 따른 것이 아닙니다." '거짓말 아니에요. 진짜에요. 들었어요. 봤어요. 손으로 만져 봤어요. 제가 그때 "주여 우리가 여기 있는 것이 좋사오니 우리가 초막 셋을 짓되 하나는 주를 위하여, 하나는 모세를 위하여, 하나는 엘리야를 위하여 하사이다"(눅 9:33) 이런 말도 했어요. 예수님은 진짜에요. 그분의 능력도, 그분이 다시 오신다는 말씀도 참이에요. 그분이 바뀌시는 모습을 정말로 봤다니까요. 하늘에서 나는 소리도 들었다니까요.'

뭔가 특별한 경험을 한다면, 얘기하고 싶어지겠죠. 얘기한다면 믿어주기를 바랄 것입니다. 사도행전 12장을 보면, 베드로가 옥에 갇혔다가 천사의 도움으로 옥에서 나온 기사가 적혀 있습니다. 이때 베드로는 마가의 집으로 갔습니다. 대문을 두드립니다. 이때 사람들은 베드로를 위해 간절히 기도하고 있었습니다. 대문을 두드리는 소리를 듣고 로데라고 부르는 여자아이가 "나왔다가 베드로의 음성인 줄 알고 기뻐하여 문을 미처 열지 못하고 달려 들어가" 말합니다. "베드로가 대문 밖에 서 있습니다." 이때 사람들의 반응이 무엇이었습니까? "네가 미쳤다"였습니다. 여자아이가 힘써 "참말입니다." 말하지만 돌아오는 반응은 "그러면 그의 천사이다."였습니다. 베드로를 본 것도 아니고 소리만 듣고도 그 여자아이는 기도를 응답하신 하나님께 감사하고 뛰어 들어갔지만, 돌아오는 반응은 '미쳤다, 베드로가 아니라 그의 천사다.' 하는 것이었습니다.

로데가 아니라 베드로가 오늘은 말합니다. '그때 정말 들었어요.' 여러분 나이일 때 '너는 신학대학원을 가야지.' 하시는 주님의 음성을 기도 중에 들었습니다. 28년 전입니다. 누구와 같이 들은 것이 아니고 혼자 들었습니다. 혼자 들었으니 믿어주지 않는 분들로부터의 반대를 견뎌야 했습니다. 혼자 들은 음성에 순종하기가 쉽지 않았습니다. 그래도 믿어주고 함께해 준 이들이 있어서 여기까지 왔습니다. 그때 그 음성을 듣고 순종했기에 목사가 되었고 여기까지 왔습니다. 그래서 로데의 마음을 조금이나마 이해합니다. 힘써 말해도 믿어주지 않는 사람들이 있습니다. 어리고 여자이기에 더욱 믿어주지 않습니다. 그러나 베드로가 맞았고 사람들은 로데의 말이 맞았다는 것을 확인할 수 있었습니다.

저는 지난 29년 동안 그때의 음성이 진짜였을 수 있다는 증거를 주님께서 주셨다고 생각하며 감사하고 있습니다. 신학교 갈 때 건강이 매우 좋지 않아서 종종 쓰러지기도 했는데 신대원을 졸업하게 된 것, 영어학원 한 번 다니지 못했는데 토플 점수 나와서 유학 가게 된 것, 영어를 잘하지 못해서 첫 학기 성적경고 받았는데 나중에 학점을 만회해서 졸업하게 된 것, 박사과정을 매우 빨리 마친 것, 박사 끝나자마자 바로 전임교수가 된 것, 총신 교수 아무나 되지 못하는데 일명 사람들이 말하는 '빽' 하나 없는데도 교수가 된 것, 아는 것도 없고 능력이 없는 것도 분명한데 늘 형통한 것 등입니다. 사실 첫째 낳고 불임으로 12년 동안 아이를 낳지 못했는데, 지금은 자녀가 다섯이 되었으니 아이들이 살아있는 증거입니다.

주님의 음성, 한 번의 음성을 신뢰하고 그 신뢰가 매우 다양한 열매로 맺히기까지 인내하고 순종하며 따라가기가 쉽지 않지만, 주님 그분이 선하시기에, 그분의 증거가 있기에, 그분의 사랑이 있기에, 이제는 조금이나마 그분을 사랑하게 되었기에 이제는 희미해진 그 음성을 신뢰하고 가는 것입니다. 베드로는 그때의 그 음성을 간직하고 주님의 능력과 강림하심을 신뢰하고 순교의 자리까지 왔습니다. 그리고 말합니다. "지금까지의 얘기는 '교묘히 만든 이야기'가 아닙니다. 그게 교묘히 만든 얘기였다면, 나 같은 갈릴리의 어부가 어떻게 로마까지 가서 복음을 전하겠으며, 그 많은 기적의 통로가 되었겠습니까? 내 삶이 증거이고, 여러분이 증인입니다."

그런데 자기 경험을 말한 베드로는 경험보다 더 확실한 것이 있다고 말합니다. 1장 19절입니다. "또 우리에게는 더 확실한 예언이 있으니 어두운 데를 비추는 등불과 같으니 날이 새어 샛별이 너희 마음에 떠오르기까지 너희가 이것을 주의하는 것이 옳으니라" 아멘. 경험보다 확실한 것이 있습니다. 예언입니다. 이 '예언'은 '성경'을 가리킵니다. 19-20절에서 이 '예언'에 대해 이렇게 말하기 때문입니다. "먼저 알 것은 성경의 모든 예언은 사사로이 풀 것이 아니니 예언은 언제든지 사람의 뜻으로 낸 것이 아니요 오직 성령의 감동하심을 받은 사람들이 하나님께 받아 말한 것임이라" 아멘.

성경이 경험보다 더 확실하다고 말합니다. 베드로의 경험이 중요하지 않았다면, 혼자만의 경험이었다면, 그렇게 말할 수도 있겠다 싶습니다. 그러나 변화산 사건은 베드로 혼자 경험한 것이 아니었습니다. 베드로와 야고보와 요한이 함께 경험했습니다. 모세와 엘리야도 경험했습니다. 그 자리에 있었으니까요. 이미 죽은 두 사람까지 하나님께서 불러내셨습니다. 예수님까지 모두 여섯 명이 그 자리에 있었습니다. 예수님께서 기도하실 때 용모가 변화되고 옷이 희어져 광채가 났습니다. 하늘에서 소리가 났습니다. 성부께서 직접 말씀하셨습니다. 그런데도 베드로가 말합니다. 그 경험보다 하나님의 말씀인 성경이 더 확실하다고요.

경험과 성경 둘 가운데 어떤 것이 더 확실하다고요? 성경입니다. 내가 아무리 특별한 경험을 했다고 해도, 성경보다는 덜 확실합니다. 성경은 무엇과 같습니까? 19절을 보니 "어두운 데를 비추는 등불"과 같습니다. 성경은 등불입니다. 어두운 곳을 비춥니다. '어둡다' 로 번역된 단어는 본래 '마른' 이라는 의미를 갖습니다. 직역하면 '마른 곳을 비추는 등불' 입니다. 표현이 좀 이상하지요? '마른 곳을 비추는 등불' 입니다. 보통 등불을 비추는 이유는 어두워서 안 보이니까 등불을 비추지요. 그런데 '마른 곳' 을 비춘다고 하니까, 그 단어의 어근의 뜻으로 번역했습니다. 가능하지만, '마른 곳' 이라는 본래 의미가 우리에게 알려주는 것이 있습니다. 우리가 말라 있다는 것입니다. 말라 있다는 말은 생명이 없다는 말입니다. 죽어 있다는 말이지요.

'아, 목사님. 말라 있는데 등불을 비추면 더 마를 텐데요.' 그렇지요. 그런데 성경의 기능은 마른 곳을 비추는 데서 끝나지 않습니다. 19절을 다시 볼까요? "또 우리에게는 더 확실한 예언이 있어 어두운 데를 비추는 등불과 같으니 날이 새어 샛별이 너희 마음에 떠오르기까지 너희가 이것을 주의하는 것이 옳으니라" 아멘. 등불이 비추더니 날이 샙니다. 여기서 '날이 새다' 는 말은 '태양 빛이 그치지 않고 비추는 것' 을 의미합니다. 등불은 작습니다. 그러나 태양 빛은 강렬합니다. 흔들림이 없고 열과 빛을 냅니다. 추운 겨울에도 햇볕이 있으면 따뜻합니다. 더운 여름에도 해가 구름 뒤에 있으면 시원합니다.

그런데 날만 새는 것이 아닙니다. 등불이 태양 빛이 되어 지속적으로 비추기만 하는 것이 아닙니다. "샛별이 너희 마음에 떠오르기까지" 합니다. 여기서 '샛별' 은 본래 '근원으로서의 빛' 을 의미합니다. 모든 빛의 근원입니다. '빛을 가져오는 것' 이지요. 빛을 가져오는 것이기에, 날 새기 전에 가장 빛나는 금성 즉, 샛별을 가리킬 때도 쓰는 단어입니다. 그러나 본래는 태양 빛을 포함한 모든 빛을 가져오는 분을 의미합니다. 예수님이죠. 성경은 말라 있는 우리에게 등불로 다가옵니다. 그 등불 아래에 있다 보면, 성경이 태양 빛처럼 강렬하고 변함없이 비추는 것을 경험합니다. 성경은 우리의 마음과 생각, 인격과 삶을 비춥니다. 어그러진 것을 비추고 바로잡을 힘을 주며, 낙심과 절망을 바꿔 소망과 기쁨이 되게 합니다. 노력으로 안 되는 변화가 성경을 신뢰함으로써 일어납니다.

그런데 이 모든 과정의 끝에 예수님이 계십니다. 우리 마음에 예수님이 떠오릅니다. 모든 빛의 근원이신 그분이 떠오릅니다. 떠오른다는 말은 본래 보이지 않았고 없었는데 보이게 되었다는 것을 의미합니다. 우리 마음에 예수님이 없었습니다. 그분의 모습, 그분의 사상, 그분의 가치관이 없었습니다. 그런데 성경을 보다 보면, 성경이 등불이 되고 태양 빛이 됩니다. 태양 빛이 계속 우리를 비추면, 우리 마음에 떠오르는 분이 있습니다. 예수님입니다. 왜 경험보다 성경인가? 성경은 마른 땅과 같은, 고통스러워하고 소망 없어 하고 생명이 없는 우리에게 등불이 되고 태양 빛이 되고 예수님이 떠오르게 하기 때문입니다.

예수님이 말씀이시니, 어쩌면 당연한 과정이고 결과이겠습니다. 그러나 이 사실을 알고, 경험보다는 성경을 추구하는 것이 중요하기에, 베드로 사도가 경험과 함께 성경에 대해 말하고 있습니다. 자신이 경험한 것 가운데 가장 놀라운 경험이었던 '그 경험' 보다 성경은 더욱 확실하게 우리 마음에 예수님이 떠오르게 한다는 말입니다. 그래서 우리는 성경을 공부합니다. 우리의 경험을 나누기도 하지만, 그 경험보다 성경이 더 확실하기에 성경을 공부합니다.

그런데 성경을 공부할 때 조심할 것이 있습니다. 1장 20절을 보니, 사사로이 풀면 안 됩니다. 제멋대로 풀면 안 됩니다. 수학 문제를 풀려면, 일단 개념을 이해해야 합니다. 그리고 응용문제를 많이 풀어 봐야 합니다. 그래야 기본 개념을 잘 적용할 수 있습니다. 성경을 해석할 때도 비슷한 과정이 필요합니다. 기본 개념을 이해해야 합니다. 그리고 매우 다양한 적용을 통해 기본 개념을 확인해야 합니다. 왜냐하면 성경은 사람의 뜻으로 기록된 것이 아니기 때문입니다. "성령의 감동하심을 받은 사람들이 하나님께 받아 말한 것"이기 때문입니다.

교회에 오고 신앙생활을 하면서 우리는 다양한 경험을 하고 다양한 경험에 대해 듣습니다. 그러면서 '나는 왜 저런 경험을 하지 못하나?' 질문할 수 있습니다. 그런데 성경을 보면, 사람마다 경험이 다릅니다. 하나님을 만나는 경험도 다르지만, 삶 자체가 다릅니다. 먹는 음식도, 입는 옷도 다릅니다. 그런데 그 모든 경험은 한 가지를 가리킵니다. 성경이 진리임을 가리킵니다. 그리고 성경은 우리의 마음에 예수님이 떠오르게 합니다. 그분을 신뢰하고 탁월하게 되며 알게 되고 조절하게 되고 머무르게 되며 하나님을 향해 경건한 태도를 가지고 형제와 우애하며 사랑이 되게 합니다. 하나님을 닮아가게 됩니다.

베드로 사도는 하나님을 닮아가는 것이 어떤 것인지 알려준 다음에, 그것을 늘 마음에 둬야 한다는 것을 말한 다음에, 하나님을 닮게 도와주는 두 가지 근거를 제시합니다. 경험과 성경입니다. 그런데 경험보다 더 중요한 것이 성경이었습니다. 너무나 흔해 버린, 때로 쓰레기통에서 발견되는 성경책, 이제는 잘 가지고 다니지도 않는 성경책, 그러나 그 안에 담긴 내용을 가까이하다 보면, 성경은 등불이 되고 태양 빛이 되고 예수님이 됩니다.

그리고 성경에 근거하여 하나님을 닮아가는 사람은 수고합니다(2:1-3). 특별히 살리는 수고를 합니다(2:4-16). 살리는 수고의 대명사가 출산과 양육입니다. 육신으로든, 영적으로든 출산과 양육은 살리는 수고로 이뤄집니다. 살리는 수고를 하는 사람들은 성경을 조롱하지 않고 신뢰합니다(3:1-13). 그러기에 은혜와 평강이 우세한 삶을 살아갑니다.

우리의 삶이 이런 삶이기를 바랍니다. 믿음에 덕과 지식과 절제와 인내와 경건과 형제 우애와 사랑이 보태지는 삶, 하나님을 닮아가는 삶, 하나님의 은혜도 경험하지만 성경을 깨달아가는 삶, 수고하되 살리는 수고를 하는 삶, 성경을 조롱하지 않고 신뢰하는 삶입니다. 그러한 삶에 은혜와 평강이 넘치고, 은혜와 평강이 넘치는 곳에 그러한 삶이 있습니다.

그러한 삶을 살아가는 이들에게 베드로 사도가 몇 가지 권면을 합니다. 첫째가 3장 14절에 있습니다. "그러므로 사랑하는 자들아 너희가 이것을 바라보나니 주 앞에서 점도 없고 흠도 없이 평강 가운데서 나타나기를 힘쓰라" 아멘. '그러므로 사랑받는 이들이여, 이것들을[/새 하늘과 새 땅을] 고대하니, 열심을 내십시오. 흠도 없고 그분께 책망받을 것도 없이 평강 가운데에서 발견되도록요.' 새 하늘과 새 땅을 고대한다면, 흠도 없고 책망받을 것도 없이 평강 가운데서 발견되도록 열심을 내라고 하십니다. '흠이 없다, 책망받을 것이 없다.' 하는 말은 100점을 말합니다. 틀리는 것이 없어야 합니다.

이어지는 3장 15-16절입니다. "또 우리 주의 오래 참으심이 구원이 될 줄로 여기라 우리가 사랑하는 형제 바울도 그 받은 지혜대로 너희에게 이같이 썼고 또 그 모든 편지에도 이런 일에 관하여 말하였으되 그 중에 알기 어려운 것이 더러 있으니 무식한 자들과 굳세지 못한 자들이 다른 성경과 같이 그것도 억지로 풀다가 스스로 멸망에 이르느니라" 아멘. '또한 우리 주님의 인내를 구원으로 여기십시오. 우리의 사랑받는 형제 바울도 그에게 주어진 지혜를 따라 여러분에게 쓴 것처럼요. 모든 서신들에서 그런 것처럼, 이것들에[/하나님을 닮는 것, 경험과 성경, 수고, 살리는 수고, 조롱과 신뢰, 심판과 새 창조 등] 관해서 그것들[/서신들] 가운데에서 얘기하면서 {쓴 것처럼요.} 그것들[/서신들]에는 좀 어려운 것들이 있습니다. 그것들을 배우지 못한 이들과 견고하지 못한 이들이 왜곡시킵니다[/비틉니다]. 나머지 성경들도 그늘 자신의 멸망을 향해 {왜곡시키듯이요/비틀듯요.}'

'배우지 못함'과 '견고하지 못함'이 '왜곡'과 연결됩니다. 여러분이 무엇을 배우든, 충분히 알지 못하면 틀릴 수 있습니다. 컴퓨터나 핸드폰을 대부분 가지고 있고 사용하고 있을 것입니다. 입력이 잘못되면 의도된 결과가 나오지 않습니다. 신앙생활도 마찬가지입니다. 제대로 배우지 못하면 오해하고 왜곡을 낳습니다. 원망과 불평이 생기는 이유도 대체로 뭘 잘 모르기 때문에 발생합니다. 또한 '견고하지 못함'이 왜곡을 불러일으킵니다. 훈련을 통해 견고해져야 스스로 혼동하지 않습니다.

무언가를 잘하기 위해 공부도 하고 학원도 다니고 시간을 들이고 힘을 쓰지요? 마찬가지로 하나님의 말씀인 성경을 알기 위해서도 시간과 힘을 써야 합니다. 성경이 쉽지 않습니다. 그래서 성경을 제대로 설명하기 위해 노력합니다. 저 역시 성경의 의미를 알기 위해 많은 시간을 사용하고 힘을 쏟습니다. 사실, 거의 모든 시간을 성경을 알기 위해 사용합니다. 그래도 어려운 것이 성경입니다.

부디 성경을 잘 배우십시오. 성경을 잘 배우기 위한 첫걸음은 읽는 것이고, 바른 태도는 정직입니다. 자신을 속이지 말고, 속지 않기 위해서도 노력해야 합니다. 속지 않으려면 두려움이 없어야 합니다. 물론 두려움이라는 것이 성경을 알아 가면서, 은혜 안에 거하면서 없어지는 것이니, 어떤 면에서 성경을 바르게 읽는 것이 처음에는 불가능합니다. 그러나 동일한 믿음, 똑같이 보배로운 믿음을 받았으면, 출발이 가능합니다. 그러니 성경을 배우기 위해 힘을 기울일 필요가 있습니다.

또한 견고해지기 위해서도 노력이 필요합니다. 신앙생활에도 '안정' 이라는 것이 있습니다. 습관으로 굳어져서 수월하게 가는 길이 있습니다. 신앙에도 '중독' 이 있는가? 질문해 봅니다. 신앙생활이 견고해져 가기는 하지만, 신앙에 '중독' 되지는 않는 것 같습니다. 믿음에서 벗어나면 떠날 수 있는 것이 신앙이기 때문입니다. 신앙에는 중독이 되기보다는 '머무름' 과 '성장' 이 있습니다. 분명 견고함과 안정도 있습니다. 그러나 '중독' 은 아닙니다. 늘 조심하고 힘을 써야 신앙 안에 머무르게 되기 때문입니다. 그래서 믿음은 선물이지만, 구원은 그냥 주어지지 않습니다.

베드로 사도의 마지막 권면입니다. 3장 17-18절입니다. "그러므로 사랑하는 자들아 너희가 이것을 미리 알았은즉 무법한 자들의 미혹에 이끌려 너희가 굳센 데서 떨어질까 삼가라 오직 우리 주 곧 구주 예수 그리스도의 은혜와 그를 아는 지식에서 자라가라 영광이 이제와 영원한 날까지 그에게 있을지어다" 아멘. '그러므로 사랑을 받는 여러분, 미리 알게 되었으니 잘 간직하십시오. 그러면, 원칙 없는 이들의 방황에 끌려가, 고정된 자기 틀로부터 떨어지게 되지는 않겠지요. 한편 우리의 주님이시고 구주이신 예수 그리스도의 은혜와 지식 가운데에서 자라가십시오. 그분께 영광이 지금뿐 아니라 영원한 날까지 {있습니다.} 아멘.'

원칙 없는 이들은 방황합니다. 방황하는 이유는 성경의 틀을 따르지 않기 때문입니다. 성경과 살리는 수고를 통해 하나님을 닮아가는 삶을 살아가야 '고정된 틀' 안에 머물 수 있습니다. 관계에 대한 확신도 그냥 생기지 않습니다. 즐거움의 시간과 어려움의 시간을 사랑으로 함께 보내야 관계에 대한 확신이 생깁니다. 즐거움의 시간도, 슬픔의 시간도, 고통의 시간도 함께 보내봐야 그 사람이 어떤 사람인지 알 수 있습니다.

신앙도 견고해지려면, 공급의 누림뿐 아니라 복음으로 인한 고통도 견뎌야 견고해집니다. 그러므로 예수님의 은혜와 그분을 아는 지식에서 자라가십시오. 여기서 핵심은 '자라가라' 입니다. '성장' 을 표현합니다. '성장판' 이 있습니다. "긴뼈에서 뼈끝과 뼈몸통 사이에 있는 얇은 연골층" 으로, "뼈 길이의 성장이 일어나는 부분" 입니다. 성장판이 다치면 성장이 멈춘다고 하지요. 그래서 아이들이 넘어지거나 어딘가로부터 떨어졌을 때 성장판이 다쳤는지 살핍니다.

예수님을 믿는 신자에게도 성장판이 있습니다. 베드로 사도는 두 가지 성장판을 제시합니다. "우리 주 곧 구주 예수 그리스도의 은혜" 와 "그를 아는 지식" 입니다. '은혜' 와 '지식' 입니다. 다른 은혜가 아니고 예수님의 은혜이고, 다른 지식이 아니고 예수님을 아는 지식입니다. 예수님과의 교제를 통해서만 받게 되는 은혜이고 알게 되는 지식입니다.

'은혜, 모든 것이 은혜' 라는데, 그 '은혜' 가 무엇인가요? 대개는 '자격이 없는 이에게 주어지는 호의' 정도로 생각합니다. 그러나 예수님을 통해 주어지는 하나님의 은혜는 우리를 훈련합니다. 디도서 2장 11-13절입니다. "모든 사람에게 구원을 주시는 하나님의 은혜가 나타나 우리를 양육하시되 경건하지 않은 것과 이 세상 정욕을 다 버리고 신중함과 의로움과 경건함으로 이 세상에 살고 복스러운 소망과 우리의 크신 하나님 구주 예수 그리스도의 영광이 나타나심을 기다리게 하셨으니" 아멘. 하늘에서 눈이 내리면 뭔가가 일어나듯, 하나님의 은혜가 주어지면 뭔가가 일어납니다. 양육, 연단, 성장, 변화가 있습니다. 불경건이 떠나고 정욕이 해결됩니다. 신중함과 의로움과 경건함으로 삽니다. 소망하는 것과 하나님의 약속이 이뤄지기를 기다립니다. 은혜가 주어졌을 때 일어나는 일이 그런 것입니다. 그 은혜를 구합니다.

또한 예수님을 아는 지식을 구합니다. 그분을 이해할 수 있는 지식입니다. 도저히 이해되지 않는 사람이 있듯, 예수님의 생각과 삶과 결정이 이해되지 않는다면, 아직 그분에 대한 지식이 없다고 할 수 있습니다. 복음을 믿는다는 것은 복음이 복음 되게 하신 예수님을 이해한다는 것입니다. 예수님이 이해되어야 그분을 아는 것이 시작되겠죠. 우리 삶에서 은혜와 평강이 메인이 되기를, 우리가 예수님의 은혜와 그분을 아는 지식에서 자라가기를 기도합니다.

사도 요한을 통해 주신 말씀이 요한일서입니다. 요한은 베드로와 달리 치밀합니다. 그래서 그를 설득하려면 시간이 더 많이 걸립니다. 요한은 자신이 소개하는 내용, 특별히 '태초부터 있는 생명의 말씀' 에 대해 자신이 여러 측면에서 이미 확인했다고 말합니다. 요한일서 1장 1절입니다. "태초부터 있는 생명의 말씀에 관하여는 우리가 들은 바요 눈으로 본 바요 자세히 보고 우리의 손으로 만진 바라" 아멘. 그는 들었다고, 우리 눈으로 직접 봤다고, 주목하여 자세히 살펴봤다고, 손으로 만져 봤다고 말합니다. '손으로 만져 봤다' 에서 '만져 보다' 라는 단어는 '시각장애인이 뭔가를 인식하기 위해 손으로 만져 보는 것' 을 의미합니다. 눈이 아니라 손으로 인식하려면 시간이 걸립니다.

수업 시간에 시각장애인 자매를 위해 입체 지도를 가지고 갔습니다. 파워포인트로 지도를 보여주는 것이 미안했거든요. 손으로 만지며 새로운 깨달음을 얻었을 것입니다. 손으로 만져 인식하며 시간은 더 걸렸지만, 오래 기억될 것 같습니다. 가시를 보는 것과, 가시에 찔리는 것은 다릅니다. 부드러움을 눈으로 느끼는 것과 손으로 느끼는 것도 다릅니다. 시각장애인은 사람을 인식할 때 얼굴을 손으로 만진다고 합니다. 손으로 만져서 사람을 인식하는 거죠. 참 놀랍다는 생각이 듭니다. 저는 제 얼굴 만져 봐도 저인지 잘 모르겠거든요.

요한은 조심스러운 사람입니다. 그런데 그 사람이 확신에 이르게 되었습니다. 생명의 말씀이 확실히 나타났다는 것을요. 1장 2절입니다. "이 생명이 나타내신 바 된지라 이 영원한 생명을 우리가 보았고 증언하여 너희에게 전하노니 이는 아버지와 함께 계시다가 우리에게 나타내신 바 된 이시니라" 아멘. 보았기에 증거 합니다. 말로 소개합니다. 본래는 우리에게 보이지 않았었는데, 아버지에게만 보이도록 존재하고 있었는데 우리에게 나타났다고 말합니다.

요한복음 20장을 읽으면, 베드로, 요한, 막달라 마리아가 나옵니다. 베드로와 요한은 천사를 보지도 못하고 예수님을 만나지도 못했습니다. 그런데 막달라 마리아는 천사도 보고 예수님도 만납니다. 막달라 마리아는 마음만 급했지 판단이 정확하지 않은 사람입니다. 20장 1-2절을 보면, "돌이 무덤에서 옮겨진 것을 보고" 베드로와 요한에게 달려가 "사람들이 주님을 무덤에서 가져다가 어디 두었는지 우리가 알지 못하겠다" 말했습니다. 사실입니까? 아닙니다. 예수님은 부활하셨습니다. 무덤에서 돌이 옮겨진 것만으로 사람들이 예수님의 시체를 옮겼다고 결론 내릴 수 있습니까? 아닙니다. 다른 가능성도 있습니다. 마리아의 판단은 정확하지 않습니다.

그런데 어떻게 해서 천사도 보고 예수님도 만났을까요? 무덤을 떠나지 않았기 때문입니다. 마리아는 예수님을 보고도 예수님인 줄 몰랐습니다. 그러나 그는 예수님을 사랑했습니다. 그래서 예수님 시체의 행방을 모른 채로 그곳을 떠날 수가 없었습니다. 베드로와 요한은 곧 떠났습니다. 자신들이 볼 수 있는 것, 확인할 수 있는 것을 다 해보고 나자 집으로 돌아갔습니다. 그러나 일곱 귀신에 들렸었다고 알려진, 그리고 '막달라' 라는 지금으로 하면 통조림 공장에서 일하던 마리아는 돌아갈 수 없었습니다. 그래서 예수님 부활의 첫 증인이 됩니다. '내가 주를 보았다.' 그렇게 말한 첫 사람이 되었습니다.

누가 은혜를 받는 줄 압니까? 주님을 사랑하는 사람입니다. 자기 생각이 강하고 계산이 빠른 사람은 은혜가 임할 때 자리에 없습니다. 이상하죠? 하나님 은혜는 인간의 계산과는 달리 임합니다. 은혜가 없을 것 같은데 그때 그곳에 임합니다. 오순절 성령이 강림할 때, 100만이 넘게 모여 있던 예루살렘 성전에 성령이 임한 것이 아닙니다. 120명이 모여 있던 마가 집의 다락에 임했습니다. 약속을 믿고 예수님의 말씀에 순종한 이들에게 임했습니다. 누군가가 120명 대신에 120만 명을 선택했다면 그는 오순절 성령 강림을 경험하지 못했을 것입니다. 그래서 결석하지 않습니다. 언제 은혜가 임할지 모르니까요. 가장 가기 싫을 때, 그때 은혜가 임하기도 합니다.

요한은 막달라 마리아가 왜 주님을 만나게 되었는지 깨달았습니다. 그래서 그도 자리를 지키며 살았을 것입니다. 그래서 말합니다. 요한일서 1장 2절처럼 말합니다. '그런데 그 생명은 확실히 나타났습니다. 그래서 우리는 보았습니다. 그리고 우리는 여전히 증거 합니다. 또한 우리는 여러분에게 그 영원한 생명에 대해서 말로 소개합니다. 그런데 그 생명은 본래 우리에게 보이지 않았었고 아버지에게만 보이도록 존재하고 있었으나 우리에게 나타난 것입니다.'

1장 3-10절을 풀어 써봅니다. 우선 3절입니다. "나는 지금 우리가 보고 들은 것이 바로 그 생명임을 강조하고 있습니다. 그런데 우리가 이 생명을 여러분에게도 전한 것입니다. 왜냐하면 여러분도 우리와 교제가 있었으면 해서였습니다. 달리 표현하면, 이제 여러분에게 전했으니 여러분도 우리와 나눔이 있을 것입니다. 그럼, 우리의 교제라는 것이 무엇인가요? 내가 말하는 교제는 일반적인 사람 사이의 교제를 의미하지 않습니다. 아버지와 함께하는 교제, 그분의 아들이신 예수 그리스도와 함께하는 교제입니다."

4절. "이런 이유로 우리가 이 내용들 즉, 생명, 교제, 하나님, 사랑, 서로 사랑, 하나님 안에 거함, 의를 행함, 실질적인 사랑, 그리스도, 적그리스도, 승리, 세상 등에 관해 쓰는 것입니다. 그리고 이 내용들을 씀으로 말미암아 우리가 기쁨으로 가득해지게 되리라는 결과를 기대합니다."

5절. "그럼, 우리가 그분 즉, 하나님의 아들 예수 그리스도에게서 듣고 여러분에게 전한 그 소식의 내용이 무엇이었나요? 바로 이것 아니었나요? 하나님은 빛이십니다. 그리고 그 안에는 어두움이 전혀 없습니다."

6절. "위의 내용을 더 잘 이해할 수 있도록, 만일 '우리가 하나님과 교제가 있다.' 이렇게 말하면서 어둠 가운데 살아간다고 가정해 봅니다. 만일 이런 식으로 말과 행동이 다른 경우가 생긴다면 우리는 거짓말을 하는 것입니다. 그리고 당연히 그렇게 말하는 우리가 진리를 말하는 것이 아닌 것은 분명합니다. 지금 내가 '우리'라고 말하는 이유는 설령 우리라고 해도 행동과 다른 말을 한다면 이렇게 말할 수 있다는 것입니다."

7절. "그러나 우리가 빛 가운데 생활한다면, 말하자면 빛 가운데 산다는 주장을 전혀 하지 않는다고 해도 우리가, 하나님 그분이 빛 가운데 친히 계시듯, 빛 가운데에서 살아간다면, 우리가 하나님과 서로 교제한다고 말할 수 있습니다. 더불어 그렇게 빛 가운데에서 살아갈 때, 우리가 가장 기본적인 마음의 유익이라 생각하는 그것 즉, 그분의 아들이신 예수님의 피가 우리를 모든 죄에서 깨끗하게 하심이 우리에게 이루어졌다고 주장할 수 있습니다. 말하지 않아도, 생활을 근거로, 하나님과 교제가 있다는 것과 죄 사함의 유익을 누리고 있다는 것을 알 수 있습니다."

8절. "내가 죄 사함에 대해서 말하므로 혹 이렇게 생각할 사람이 있을지 모릅니다.

'우리는 죄를 가지고 있지 않은데….' 그러나 만일 우리라고 해도 만일 '우리는 죄가 없다.' 그렇게 말한다면 우리가 스스로 정신 못 차리고 헤맨다고 볼 수 있습니다. 그리고 그런 우리 안에는 그 진리가 없겠지요."

9절. "사실 죄에 대해서 진실을 말하자면 다음과 같습니다. 우리가 우리 죄들을 자백하게 될 때 하나님 그분이 미쁘시고 의로우시기에, 우리 죄가 사해지고 모든 불의에서 우리가 깨끗해지는 것이지요. 의로우시고 신실하신 하나님 없이, 우리의 죄에 대한 고백 없이, 우리 스스로 죄와는 상관없는 존재임을 주장하는 것은 실로 위험한 주장이라 할 수 있습니다."

10절. "더 나아가 우리라고 할지라도 '우리는 죄를 지은 적도 없다.' 하고 말한다면 이는 실로 하나님을 거짓말쟁이로 삼는 것과 같습니다. 왜냐구요? 하나님은 우리가 죄를 지은 적이 있다고 말씀하시고, 우리 죄를 위해서 예수님을 보내셔서 십자가에서 죽게 하셨기 때문입니다. '죄를 지은 적도 없다.' 하고 말하는 사람이 있다면, 우리라 할지라도 그분의 말씀과 상관없음을 드러내는 것입니다."

하나님을 믿고 살았습니다. 그러다 예수님을 만났습니다. 그런데 예수님에 대해 알면 알수록 예수 그리스도의 아버지에 대해 보다 분명해집니다. 처음에는 날 위해 십자가에 달려 죽으신 예수 그리스도의 은혜에 감격하고 눈물 흘리지만, 언제부터인가 자기 아들을 내놓으신 아버지의 사랑이 얼마나 큰가에 대해 놀랍니다. 그래서인지 베드로 사도는 베드로전서 1장 21절에서 믿는 자를 이렇게 표현합니다. "너희는 그를 죽은 자 가운데서 살리시고 영광을 주신 하나님을 그리스도로 말미암아 믿는 자니" 아멘. 즉 하나님을 믿는데 예수님을 통해 믿는다고 표현합니다. 하나님에 대한 이해가 처음부터 끝까지 예수님을 통해서 이뤄져야 하나님을 제대로 알고 믿는 거라 표현합니다.

성령 충만은 우리를 예수 그리스도로 인도하고 예수님을 따르게 돕습니다. 그러나 예수님을 따라가다 보면 아버지 하나님을 믿고 따르게 된다는 얘기입니다. 예수님이 "아버지의 온전하심과 같이 너희도 온전하라"(마 5:48) 말씀하신 것처럼, 늘 아버지가 기준이었습니다. 다시 말해, 예수님을 따른다는 것은 결국 하나님 아버지를 따른다는 것을 의미하였습니다. 이런 점에서 성부 시대, 성자 시대, 성령 시대로 시대를 구분하는 것은 적절하지 않습니다. 성령이 강조되는 지금 시대에도 여전히 예수님은 보좌 우편에서 우리의 대제사장으로 계시며, 신자란 여전히 '예수님을 통해 하나님을 믿는 자' 입니다. '예수님을 통하지 않고 믿는다고 하는 신(神)' 은 성경에서 소개하는 하나님이 아닙니다. 수도관을 통해 와야 수돗물인 것처럼 말입니다. 예수님을 통해 하나님을 믿어야 참된 믿음입니다.

요한일서 2장 1-11절에서 예수님은 두 가지 호칭으로 표현됩니다. 1절의 '대언자' 와 2절의 '화목제물' 입니다. 대언자(代言者)라는 말은 요한복음에서 '보혜사' 로 번역된 단어입니다. '파라클레토스' 라는 이 단어는 친밀함을 뜻하는 '파라' 와 '부르는 자' 라는 의미의 '클레토스' 가 합성된 단어입니다. '친밀하게 소리 내시는 분' 입니다. 전문적으로 표현하면 '친밀하게 발화하는 분' 입니다. '파라' 는 전치사입니다. 헬라어에는 전치사가 많습니다. 약 60개 정도가 있습니다. 그런데 이 가운데 '파라' 는 친밀함을 표현하는 전치사입니다. 요한복음에서 성령이 파라클레토스, 보혜사로 표현됩니다. 예수님은 멀리 떠나시고 성령께서 임하실 것이기 때문입니다. 그런데 요한일서에서는 '파라클레토스' 가 예수님께 적용됩니다. 우리가 죄인으로 아버지 하나님 성부 앞에 섰을 때, 우리 곁에 친밀한 분으로 계시면서 우리를 위해 변호해주실 분이 예수님이시기에, 이 호칭이 사용됩니다. 대개 아버지가 자녀들에게 화를 내면 어머니가 옆에서 아버지를 누그러뜨리려고 노력하시죠. 이와 비슷한 역할을 예수님이 하신다는 말씀입니다.

또한 요한은 예수님을 2장 2절에서 "우리 죄를 위한 화목제물"이라 부릅니다. 화목제물은 '달래는 수단으로써의 제물' 을 의미합니다. '달래다' 는 표현은 '어르거나 타일러 기분을 가라앉힐 때' 사용합니다. 사실, 빛이시고 어둠이 조금도 없는 분이 하나님이시기에, 죄로 물든 인간이 하나님께 다가간다는 것은 가능하지 않습니다. 그러니 예수님이 하나님 곁에서 '아버지 제가 대신 죽었고 저는 제가 자기 대신 죽어 속죄를 이룬 것을 알고 있습니다. 그러니 용서해주십시오.' 하고 말씀하시는 대언자로 계십니다. 또한 죗값을 치른 증거로 '십자가에서 죽어 화목제물 되신 자신' 을 내보이십니다. 그러면 빛이시고 어둠이 조금도 없으신 하나님 아버지께서 죄인인 우리까지라도 용서하시고 받아주시며 자녀 삼아주시는 것입니다.

조심성이 많은 요한은 오랜 경험과 교육된 바에 기초하여 우리에게 가장 확실한 것을 가르쳐줍니다. 그것은 바로 '성부 및 성자와의 사귐' 입니다. 그런데 사귀는 것을 막는 걸림돌이 있습니다. 바로 '말' 입니다. 1장 6절을 보면, "만일 우리가 하나님과 사귐이 있다 하고"라는 표현이 있습니다. 여기서 '하고' 는 '말하고' 입니다. 1장 8절에서도 "만일 우리가 죄가 없다고 말하면" 하면서 '말하다' 라는 단어를 반복적으로 사용합니다. 요한일서를 읽다 보면 '이렇게 말하는데 삶은 다르다.' 하는 식의 표현이 계속 나옵니다. 유명한 구절인 3장 18절의 "자녀들아 우리가 말과 혀로만 사랑하지 말고 행함과 진실함으로 하자"에서 우리는 '말' 이라고 하는 것이 친밀함을 방해하는 적이 될 수 있다는 것을 더욱 분명히 확인합니다.

요한은 믿는다고 하는 신자들이 신앙을 고백하는 말을 선택하여 발화('소리를 내어 말을 하는 현실적인 언어 행위. 또는 그에 의하여 산출된 일정한 음의 연쇄체.')할 때, 삶이 발화된 말과 일치하지 않는 것에 대해 매우 심각하게 생각했습니다. 2장 4절에서는 "그를 아노라 하고 그의 계명을 지키지 아니하는 자는 거짓말하는 자요 진리가 그 속에 있지 아니하되" 그렇게 평가합니다. 9절에서는 "빛 가운데 있다 하면서 그 형제를 미워하는 자는 지금까지 어둠에 있는 자요" 그렇게 평가합니다. 말과 삶이 다르고, 고백과 삶이 일치하지 않습니다. 말할 때 사용한 단어는 좋은 단어를 선택했으나 행동할 때는 나쁜 것을 신택하니, 고백과 삶이 다릅니다.

고백과 삶이 다르니 사귐이 깨집니다. 주님을 안다면 주님 말씀을 소중하게 간직할 것입니다. 주님 말씀 소중하게 간직하면 그 말씀대로 걸어 다닐 것입니다. 빛이신 하나님, 세상의 빛이신 예수님과 섞이다 보면 사랑하며 살게 될 것입니다. 형제를 미워하지 않을 것입니다. 미움이란 분리입니다. 섞이지 않습니다. 사귐이 없습니다. 빛은 진리 및 사랑과 하나 됩니다. 그러나 어둠은 죄뿐 아니라 미움과 하나 됩니다. 사랑하는 자는 '걸림돌' 이 없습니다. 2장 10절에서는 '형제를 사랑하는 자는 빛 가운데 거하여 자기 속에 거리낌이 없다.' 하였습니다. 여기서 거리낌이란 '장애물' 을 말합니다. 장벽이 없습니다. 사귐이 방해받지 않습니다. 그러나 죄 가운데, 어둠 가운데 있으면, 장애물이 있습니다. 장벽이 높아집니다. 결국 분리는 미움, 어두움, 무지와 친합니다. 어디로

가는지 모릅니다. 11절을 보면 미움은 결국 자신이 어디로 가는지 모르게 만든다고 가르쳐줍니다. 미움이 가득한 상태가 되면, 본래 사랑하던 사람까지라도 해(害)하게 됩니다. 미움은 어둠, 죄, 분리, 무지와 사귐이 있기 때문입니다.

누구와 사귀십니까? 아버지 하나님 및 그분의 아들 예수님과 사귀고 계십니까? 그렇다면 친밀함, 반가움, 기쁨, 사귐, 대언자, 화목제물, 진리, 사랑이 여러분 가까이에 있습니다. 그런데 만일 미움과 사귀십니까? 그러면 어두움, 거짓, 분리, 무지, 거리낌, 장애물이 여러분 가까이 다가옵니다. 이것이 모든 것을 치밀하게 살펴본 요한의 권면입니다. 말과 다르게 산다면, 고백한 말이 장애물입니다. 삶이 죄 가운데 있다면 말도 달라져야 합니다.

사도 요한은 '말뿐인 신자의 문제' 에 대해 기술하면서, 참 신자는 어떠해야 하는지 설명합니다. 문제를 지적하는 것만으로는 충분하지 않습니다. 어떻게 고쳐야 바로 되는지도 알려줘야 합니다. 요한이 형제를 미워하는 자에 대해 말했기에, 수신자들이 자신들에 대해 부정적인 생각을 가질 수 있습니다. 그래서 그들을 '자녀들, 아비들, 청년들' 이라는 호칭을 사용하여 부릅니다.

요한은 아홉 번이나 즉, 2장 1, 12, 14, 18, 28절, 3장 7, 18절, 4장 4절, 5장 21절에서 편지를 받는 이들을 '자녀들' 이라 부릅니다. 그러므로 자녀들, 아비들, 청년들은 세 부류의 사람들을 가리킨다고 보기 어렵습니다. 그래서 '자녀들' 이 전체를 지칭하는 표현이고, '아비들' 과 '청년들' 이 두 개의 그룹을 가리킨다고 보기도 합니다. 가능합니다. 그러나 '아비들과 청년들' 보다는, '노인들과 청년들' 하든지, '아비들과 어미들' 하든지 해야, 더욱 적절한 두 개의 그룹이 됩니다. 그래서 저는 세 가지 호칭 모두 수신자 전체를 가리킨다고 봐야 적절하다고 생각합니다.

요한은 수신자들을 '사랑하는 자들' 이라는 호칭으로도 여섯 번이나 부릅니다. 2장 7절, 3장 2, 21절, 4장 1, 7, 11절입니다. 만나면 반갑게 인사할 이들입니다. 복음으로 낳은 이들입니다. 그러나 이들도 누군가에게는 '아비' 입니다. 복음으로 누군가를 낳고 사랑으로 누군가를 양육할 자입니다. 동시에 영적 전투를 수행하고 있는 청년입니다. 그러므로 전체적으로 '자녀들, 사랑하는 자들' 이라는 호칭을 사용하면서도, 자신들의 정체성을 분명하게 정립해야 한다고 말할 때는 '아비들'과 '청년들'이라는 호칭을 사용한 것입니다. 원문으로는 순서 면에서 더욱 분명합니다. 우리말로는 2장 12절이 "자녀들아 내가 너희에게 쓰는 것은" 이렇게 시작합니다. 그러나 원문은 '내가 쓴다, 여러분 즉 자녀들에게'와 같이 표현됩니다. 여러분과 동격 관계에 있는 것이 '자녀들, 아비들, 청년들' 입니다. 각각의 호칭과 연결된 내용 역시 성도 어느 한 그룹에만 적용될 내용이 아닙니다. 자녀들과 연결된 '죄 사함'과 '성부를 아는 것'은 모든 성도에게 필요합니다. '처음부터 계신 이, 태초부터 계신 이'는 1장 1절에서 소개한 '생명의 말씀' 입니다. 아비들에게 언급한 '생명의 말씀이신 예수 그리스도를 아는 것' 역시 모든 성도에게 필요합니다. 마지막으로 청년들과 관계하여 언급된 '악한 자를 이기는 것'과 '강하여 하나님의 말씀이 안에 머물므로 악한 자를 이기는 것' 역시 모든 성도에게 필요합니다. 그래서 '자녀들, 아비들, 청년들' 모두 성도들 전체를 지칭하는 호칭으로 보는 것이 좋겠습니다.

그럼, 2장 11-29절을 풀어서 설명해봅니다. 이 부분이 이해하기 어려워 보이기 때문입니다. 우선, 11절입니다. "내가 이렇게 말한다고 해서 여러분에 대한 내 생각이 절망적이라고 미리 짐작하지는 않았으면 좋겠습니다. 여러분이 한 번도 밝은 길을 걸어본 적이 없는, 안대를 한 행인이라면, 보자기를 벗어본 적이 없는, 보자기를 둘러쓴 술래라면, 이런 편지를 쓰지 않을 것입니다."

12절. "자녀 여러분 내가 여러분에게 이렇게 쓰는 이유는 여러분의 죄가 그분[예수님]의 이름에 근거하여, 그 이름 때문에 사해졌기 때문입니다. 나는 예수님을 믿은 적도 없는, 예수님의 보혈로 죄 사함을 받은 적이 없는 사람에게 이 글을 쓰는 것이 아닙니다. 예수님의 그 귀한 이름을 믿고 보혈로 씻음을 받은 나의 자녀들에게 이 글을 쓰는 것입니다. 그 자녀들이 이 글을 읽고 정말 중요한 것을 깨달았으면 하는 마음으로 이 글을 씁니다."

13절. "아버지들이여, 믿은 지 오래되어 영적으로 아버지 역할을 하는 분들이여, 내가 여러분을 무시해서 이 글을 쓴다고 생각하면 오해입니다. 나는 여러분이 태초부터 계신 그분 예수님을 안다고 믿기 때문에 이 글을 쓰는 것입니다. 여러분, 여러분이 정말 그분을 안다면 그 안다는 것이 무엇을 의미하는지 정말 심각하게 생각해보고 여러분의 삶을 돌아봐야 합니다. 여러분이 특별히 다른 사람을 인도하는 위치에 있다면 더욱 그러해야 할 것입니다. 젊은이들이여, 일꾼들이여, 교회의 소망들이여, 차세대 지도자들이여, 내가 여러분이 이 글을 읽었으면 하는 것은 여러분이 비실비실하며 그 악한 자 마귀에게 얻어터지고 다녀서가 아닙니다. 여러분은 그 악한 자를 이긴 적이 있습니다. 이김의 경험을 통해 이김의 기쁨도 알기에 이 글을 쓰는 것입니다."

14절. "지금 쓰는 것을 포함해서 내가 하나님이 주신 은혜를 따라 말씀을 기록하는 이유는 자녀 된 여러분이 우리의 아버지가 되시는 하나님을 전혀 모른다고 생각하기에 쓰는 것이 아닙니다. 하나님의 자녀 된 여러분, 여러분은 그 아버지를 사실 알고 있지 않습니까? 아버지 역할을 하는 양육자 여러분, 여러분은 처음부터 계신 그분 예수님을 알지 않습니까? 일꾼으로 영적 전투를 수행하는 청년들이여, 여러분이 약합니까? 강하지 않습니까? 하나님의 말씀이 여러분 안에 거하지 않습니까? 여러분은 악한 자를 이기는 자가 아닙니까? 나는 아버지 하나님도 모르는 자녀들에게, 예수님도 모르는 지도자들에게, 약할 뿐 아니라 말씀과도 상관없이 지내므로 늘 마귀에게 두들겨 맞고 다니는 차세대 지도자들을 위해 글을 써본 적이 없습니다. 가능성이 있는 사람들, 사실 가능한 사람들, 아버지를 알기에 아버지의 뜻대로 살 수 있는 자녀들, 태초부터 존재하셨으면서도 우리를 위해 육신이 되신 예수님을 알기에 자녀들을 위해 자신을 내어주고 사랑할 수 있는 양육자들, 주님으로 인해 강하며 말씀으로 인해 사탄을 대적하여 승리할만한 일꾼들에게 글을 씁니다."

15절. "가능성을 가진 여러분, 세상을 사랑하지 마십시오. 세상 안에 있어 세상에 속한 것들도 사랑하지 마십시오. 만일 세상을 사랑하는 자가 있다면 그 사람 안에는 아버지의 사랑이 없는 것입니다. 아버지를 향한 사랑도 없겠지만, 아버지께서 보여주신 '참된 사랑' 이 그 안에 없다는 말입니다. 아들을 화목제물로 보내셔서 우리를 구원하신 하나님의 사랑이 없다는 말입니다. 하나님의 사랑이 없으니 그 사랑으로 사랑하지 않습니다. 성공 지향적인 세상에 속한 사랑에 마음이 빼앗깁니다."

16절. "아무 이유 없이, 세상을 사랑하는 자에 대해서 이렇게 규정하는 것이 아닙니다. 세상에 있어 세상에 속한 것이란 것이 도대체 어떤 것들입니까? 이러한 것들은 예외 없이 육체의 정욕과 안목의 정욕과 부에 대한 헛된 자랑과 관련이 있습니다. 이렇게 육에 속한 욕심, 눈에 속한 욕심, 재물에 대한 자부심은 아버지로부터 나지 않습니다. '재물에 대한 자부심'은 '방랑자의 거짓된 태도'로 분류할 수 있습니다. 진리를 모른 채 표류하는 인생이 가끔 발견하는 쓰레기더미를 움켜쥐고 자랑하는 것과 같습니다. 육신의 정욕, 안목의 정욕, 이생의 자랑, 이런 것들은 세상으로부터 나는 것입니다. 육신을 위해 사는 지나친 마음이나, 보이기 위한 혹은 보기 위한 지나친 노력이나, 땅에 속한 것으로 의지할 대상을 삼으려는 시도를 하나님 아버지께서 우리에게 주신다고 생각한다면 크게 오해하는 것입니다. 이 모든 것들은 세상에 속한 것으로 세상으로부터 나오는 것입니다."

17절. "그러나 그 세상은 지나갑니다. 그 세상에 속한 욕심도 지나갑니다. 육체와 안목과 재물을 위한 사랑과 노력과 마음이 영원하리라 기대하지 마십시오. 이러한 사랑이나 노력이나 마음은 세상과 함께 사라질 것입니다. 반면 하나님의 뜻을 행하는 사람은 영원토록 존재할 것입니다. 영원토록 하나님이 만드신 세상에 머물 것입니다. 물론 하나님과 같이 머물 것입니다. 여러분은 하나님과 영원히 머물 가능성이 있는, 이미 은혜 가운데 있는 사람들입니다. 그런데 세상을 사랑하면 되겠습니까? 당연히 안 되겠죠."

18절. "자녀 여러분, 지금이 어느 때입니까? 바로 마지막 때입니다. 이 마지막이라는 말은 세상을 고려해서 사용한 표현입니다. 세상이 끝날 때가 되었다는 말씀입니다. 물론 그 세상과 함께 육에 속한 욕심도, 눈에 속한 욕심도, 재물에 대한 자랑도 끝날 것입니다. 소유한 부동산에 대한 자랑도, 보이기 위해 한 선행도, 외모와 건강을 위해 투자하여 얻은 모든 칭찬도 세상과 함께 물거품처럼 사라질 것입니다. 오직 하나님의 뜻을 행한 것만이 하나님 앞에 귀한 것으로 칭찬받을 만한 것으로 남을 것입니다. 하나님과 상관없는 부동산, 선행, 칭찬은 그 자체로 우상이 될 수 있습니다. 하나님이 아닌 부동산만 섬기는 사람은 부동산을 관리하느라 예배에 소홀해질 것입니다. 선행과 칭찬도 마찬가지입니다. 칭찬받기 위해 한 선행은 계산이 끝난 선행입니다. 하나님으로부터 칭찬받을 게 없습니다. 사람들의 칭송 역시 우상이 될 수 있습니다. 찬송과 감사는 하나님께로 향해야 적절합니다. 그런데 지금이 마지막 때라는 증거가 무엇입니까? '마지막 때엔 그리스도를 대적하는 자가 나타나리라.' 하고 여러분도 들은 대로 바로 지금 많은 적그리스도가 일어났다는 점입니다. 그리스도 반대편에 있는 자들입니다. 자신이 그리스도라 하는 온갖 이단들입니다. 성도들을 핍박하는 이들입니다. 이것을 보면 지금이 바로 마지막 때라는 것을 알 수 있습니다. 연도를 보고 때를 분별하려 말고 현상을 보고 때를 분별해 보십시오."

19절. "그런데 그리스도를 대적하는 그들이 우리와 관계가 있어 보이는 점이 있습니다. 바로 우리를 떠난 자들이라는 점입니다. 우리와 관계가 끝난 사람들이 그리스도를 대적하는 것으로 보아 혹 우리와 그들과의 관계에 관심 있어 하는 사람들이 있을지도 모릅니다. 그러나 그들은 우리에게 속한 자도 아니고 우리로부터 나온 자도 아닙니다. 우리는 그들을 낳지 않았고 본질적으로 그들과 우리는 관계가 없습니다. 만일 그들을 우리가 낳았고 그들과 우리가 관계가 있다면 그들이 우리와 함께 지내지 않겠습니까? 그러나 그들은 우리와 함께 지내는 것을 거부했고 우리를 떠났습니다. 그들이 떠난 이 사실이야말로 모든 적그리스도가 우리로부터 나지 않았다는 것뿐만 아니라 우리와 상관도 없음을 확실히 보여줍니다."

20절. "또한 여러분 스스로 거룩하신 그분 예수님으로부터 기름 부음을 받지 않으셨나요? 여러분 자신에게 그 기름 부음이 있기에 여러분 모두 우리와 적그리스도들과의 관계를 알 수 있지 않나요?"

21절. "나는 여러분이 진리를 모르기 때문에 이 글을 쓰고 있는 것이 아닙니다. 기름 부음이 여러분에게 있고 여러분이 진리를 알기 때문에 이 글을 쓰고 있는 것입니다. 만일 여러분에게 기름 부음도 없고 여러분이 진리도 모른다면 나는 이런 식으로 글을 쓰지 않을 것입니다. 진리를 자세히 소개하고 기름 부음이 거룩하신 그분으로부터 있도록 기도하겠지요. 그러나 여러분이 진리를 알고 기름 부음이 여러분에게 있기에, 나는 여러분을 위해 진리에 대한 기본사항들을 정리해 주거나 기름 부음을 위해 간구할 필요가 없습니다. 왜냐하면 여러분은 진리를 알 뿐 아니라 진리를 말하는 자이며 기름 부음이 있을 뿐 아니라 진리로부터 난 자들이기 때문입니다. 거짓말하는 모든 이들은 '진리로부터 나와서 진리에 속한' 자들이 아닙니다. 나는 2장 4절에서, '내가 그분[예수님]을 안다.' 그렇게 말하면서 그분의 계명을 지키지 않는 사람을 거짓말쟁이라고 불렀습니다. 말은 그럴싸하게 자기가 예수님을 잘 안다고 하면서 예수님이 정말 중요하게 생각하시는 일에는 전혀 관심도 없고 관여도 하지 않는 사람 안에는 진리가 없다고 나는 단호하게 선언하였습니다. 이런 거짓말쟁이 안에 진리가 있다면 나는 내 손을 장에 지질 수도 있습니다. 이런 거짓말쟁이 안에는 진리가 결단코 없습니다. 그러기에 나는 여기서 다음과 같이 담대히 선언할 수 있습니다. '모든 거짓말쟁이는 진리로부터 나지도 않았고 진리에 속하지도 않는다.' 그렇게요."

22절. "그럼 도대체 나는 어떤 사람들을 염두에 두고 거짓말쟁이란 표현을 사용하고 있을까요? 나는 단순히 선거공약을 어기는 정치인들이나, 밑지고 판다는 상인들이나, 결혼하기 싫다는 노총각과 노처녀들이나, 빨리 죽고 싶다는 늙은이들을 마음에 두고 거짓말쟁이란 표현을 지금 쓰고 있는 것이 아닙니다. 나는 교회와 관련해서, 믿음과 관련해서, 죄 사함과 관련해서, 그리스도와 관련해서, 삶과 관련해서 이 표현을 쓰고 있습니다. 거짓말쟁이란 표현을 통해, '예수님이 하나님의 기름 부음을 받은 그리스도라는 것을 부인하는 자들'을 여러분이 떠올릴 것을 기대하고 있습니다. 성경에 예언된 말씀과 예수님의 삶을 비교해 보면 인정할 수밖에 없는 '예수님의 그리스도 되심'에 대해 부인하고 나서는 자들, 예수님 말씀의 성취를 진지하게 고려해 보면 예수님이야말로 모세가 말했던 '자기와 같은 선지자'인 것을 알 텐데도 불구하고 이 사실을 부인하는 자들이 바로 거짓말쟁이라는 말씀입니다. 현상을 정직하게 따져보고 생각해보면 당연히 얻을 결과에 대해, 근거 없는 주장을 근거로 진실을 왜곡하려는 자들이 거짓말쟁이입니다. 사실 이러한 거짓말쟁이들이 바로 적그리스도입니다. 바로 이들이 아버지도, 아들도 부인하는 자들입니다. 여러분, 하나님을 인정하는 것과 부인하는 것을 단순히 표현된 자구로 판단하지 마십시오. 어떤 사람이 '나는 하나님을 인정한다.' 그렇게 말한 것 그 자체만을 가지고 그가 하나님을 인정한다고 간주하지 말라는 말입니다. 하나님이 하신 일은 인정하지 않으면서 하나님을 인정한다면, 엉뚱한 하나님을 인정하는 것 아닐까요? 하나님의 아들이신 예수님이 하나님의 아들로서 하나님의 기름 부음 받은 그리스도가 되셔서 섬기신 것을 인정하지 않으면서 '나는 예수님이 하나님의 아들임을 인정한다.' 이렇게 말한다면, 참 아들에 대한 바른 인정을 한 것일까요? 십자가에 못 박히신 그리스도가 바로 하나님의 아들이시오, 자기 아들을 십자가에 못 박힐 그리스도가 되게 하신 분이 하나님 아버지라는 것을 부인하는 모든 자는 하나님 아버지도, 그 아들도 부인하는 자입니다."

23절. "십자가에 못 박히시기 위해 그리스도가 되신 아들을 부인하는 모든 자마다 아버지가 없는 자입니다. 십자가에 못 박히시기 위해 그리스도가 되신 하나님의 아들을 고백하지 않는 자는 아버지도 없는 자입니다."

24절. "여러분은 여러분이 처음부터 들은 것을 여러분 안에 잘 간직하도록 하십시오. 처음부터 들은 것이 여러분을 떠나지 않도록 주의하십시오. 처음부터 들은 바 그 복음의 기본 진리가 여러분 안에 머물러 있지 않다면 여러분은 아들 안에 머무는 자도 아니요, 아버지 안에 머무는 자도 아닙니다."

25절. "나는 여러분에게 그분이[예수님이] 처음부터 말씀하시고 약속하신 것이 무엇인지 환기시키고 싶습니다. 그것은 육에 속한 것이 아니었습니다. 세상에 속한 것이 아니었습니다. 부유하게 되는 것도 아니었습니다. 예수님이 처음부터 우리에게 말씀하시고 약속하신 것은 바로 영원한 생명이었습니다. 여러분이 우리에게서 들은 것도 바로 이 영원한 생명이었습니다."

26절. "나는 이 영원한 생명에 대해 전해 들은 여러분을 미혹하는 자들이 있기에 이 글을 쓰는 것입니다. 이들에게 미혹되는 것은 매우 심각한 결과를 가져올 수 있기에 이 글을 쓰는 것입니다. 여러분이 처음 들은 것이므로 시간이 지나면서 혹 점점 잊어버리고 무시하여 다른 것으로 대체하면서도 전혀 느끼지 못하는 것 같아 이 글을 쓰는 것입니다. 애굽의 열 재앙과 홍해 도하, 시내산 언약, 요단강 도하, 약속의 땅을 받는 것과 같은 놀라운 하나님의 은혜도 시간이 지나면서 이스라엘 백성 안에서 중요하게 되지 않은 것과 같이, 하나님이 중요하게 수여하신 율법과 약속이 약속의 땅에서 하나님의 축복을 누리는 이스라엘 백성 가운데서 점점 그 영향력을 상실했던 것과 같이, 예수 그리스도를 통해 주신 하나님의 은혜와 약속이 예수님을 믿는 여러분 가운데서 점점 영향력이 사라지는 것 같아 이 글을 쓰는 것입니다."

27절. "나는 여러분에게 한 번 더 기름 부음이 있기를 원하는 것이 아닙니다. 여러분이 어떤 사람들입니까? 그분[예수님]으로부터 기름 부음을 받은 자들이 아닙니까? 그 기름 부음이 여전히 여러분 안에 머물러 있는 자들이 아닙니까? 그러니 사실 여러분은 누군가 여러분을 가르칠 필요가 있는 그런 종류의 사람들이 아닙니다. 오히려 여러분이 가지고 있는 그분[예수님]의 기름 부음이 여러분을 가르치십니다. 예수님의 기름 부음은 모든 면에서 여러분을 가르치십니다. 그 기름 부음이 진실하며 거짓을 말하지 않습니다. 그러니 그 기름 부음이 여러분을 가르치시는 대로 그분[예수님] 안에 머무십시오. 그 기름 부음은 여러분이 변질되지 않게 도우실 것입니다. 처음부터 주어진 소중한 것을 끝까지 붙들 수 있도록 도우실 것입니다."

28절. "나는 그 기름 부음에 근거하여 지금 자녀 된 여러분에게 권면합니다. 그분[예수님] 안에 머무십시오. 그래야 그분이 나타나실 때 우리가 담대함을 가질 수 있을 것입니다. 그분과 함께 있어도 부끄럽지 않을 것입니다. 평생 예수 믿는 자라고 믿고 살았으면서도 막상 예수님 앞에 서서는 얼굴도 못 들고 마냥 수치스러움에 몸서리치는 자가 되지 않을 것입니다."

29절. "여러분, 나는 여러분이 많은 것을 알아야 한다고, 많은 것을 알아야 수치를 피할 수 있다고 말하고 있지 않습니다. 아는 것과 관련해서 언급하자면, '그분 예수님이 의로우시다.' 하는 점만 알아도, 여러분은 의를 실제로 행하는 모든 사람이 그분으로부터 난 자들임을 알지 않겠습니까? '그분의 의'와 '의를 행하는 자들의 의로운 행동'이 연결되지 않나요? 뭔가 새로운 것이 더 필요하다 말고 이미 받은 바를 잘 활용해보십시오. 충분합니다. 여러분이 받은 몸으로 충분하고, 이미 공부한 말씀으로 충분하고, 이미 시작한 사역으로 충분합니다. 다만 다른 것을 추구하느라 그분의 기름 부음을 묻어두지 마십시오. 자리에 앉아 기도하고, 예배 자리를 사모하고 모이기에 힘쓰십시오. 그러면 족합니다. 아버지의 사랑을 실천하기 위해 많은 것이 필요하지 않습니다. 이미 있는 것으로 족합니다."

사도 요한은 이렇게 권면합니다. 자녀들은 아비들이고 청년들이라고 말하면서, 그들이 이미 받은 은혜를 소중하게 간직하고 하나님의 사랑을 삶 속에서 실천하는 것을 강조합니다. 세상에 대한 사랑은 지나가는 사랑이라고, 하나님을 향한, 동시에 하나님을 본받은 사랑의 삶만이 남는 거라고 말합니다. 살아 보니, 공부도 지나가고, 운동도 지나가고, 젊음도 지나갑니다. 다만, 하나님의 말씀대로 용서하고 사랑하며 섬기며 살았던 시간만이 의미 있게 남습니다. 그 시간만이 계산되는 시간입니다. 잠을 자더라도 주님의 마음으로 사랑을 품고 잠을 잔 시간은 하늘에 상달된 시간입니다. 하지만 성경을 읽고 있더라도 불만과 불평으로 가득 찬 시간을 보냈다면 하늘에서 인정하는 시간이 아닙니다. 지금 여러분의 시간은 하늘에서 계산되는 시간입니까?

조심성이 많아 모든 것을 꼼꼼하게 살펴본 사도 요한이 가진 고민은 '하나님께 속한 자가 누구인가?' 하는 것이었습니다. 말을 들어보면 분명 기독인 같은데 삶이 아닌 경우를 어떻게 봐야 하는지, 영적인 현상이 있다고 하여 하나님의 영이 역사하셨다고 봐야 하는지 고민이었습니다. 고민 끝에 깨달은 것이 있습니다. '하나님을 사랑하는 자는 형제도 사랑한다.' 하는 것과, '아들을 모신 자는 생명도 가졌고, 아들을 모시지 않은 자는 생명도 가지지 않았다.' 하는 것이었습니다. 물론 아들을 모신 자는 아버지도 모신 것이었습니다. 아버지와 아들은 하나이시니까요.

어떻게 하여 이런 깨달음에 도달했을까요? 아버지와 아들을 모신 자와 그렇지 않은 자를 비교해 보았기 때문입니다. 빛에 속한 자와 어둠에 속한 자를 자세히 들여다보았기 때문입니다. 겉보기에 어떤가 하는 것에 만족하지 않고 삶과 내면을 들여다봤기 때문입니다.

말은 그럴싸한데 삶이 말씀에 부합되지 않는 경우를 보니, 사랑이 없습니다. 거짓됩니다. 예언하지만 예언과 삶이 일치하지 않으니 거짓 선지자입니다. 자세히 보니 세상을 사랑하고 세상에 속했습니다. 몸이 원하는 것에 집중합니다. 눈이 원하는 것을 따라 삽니다. 일상에 대한 자랑이 그치지 않습니다. 떠도는 방랑자 집시의 거짓이 있습니다. 썩어 없어질 이 땅의 것을 추구하고 얻으면 만족스럽기에, 쓸데없는 것을 자랑합니다. 그리스도 반대편에 있습니다. 그러니 하나님에게서 나지 않은 것이 분명합니다.

이러한 자에 대해 2장 19절에서는 "우리에게서 나갔으니 우리에게 속하지 아니하였"다고 말합니다. 몸만 같이 있었지, 마음과 신앙이 달랐습니다. 그럼, 누구에게 속했을까요? 3장 8절에 보니, 그들은 마귀에게 속했습니다. 이들은 성도들을 미혹합니다(2:26). 같이 세상을 사랑하자고 유혹합니다. 또한 죄와 불법을 행합니다(3:4). 어긋난 삶, 비정상적인 삶, 창조주의 창조 목적을 거스르는 삶을 삽니다. 즐거움을 좇아 살지만 늘 후회와 괴로움이 있습니다.

반면, 하나님의 뜻을 행하는 자, 기름 부음이 있는 자, 진리를 아는 자, 예수께서 그리스도이심을 아는 자들은 아버지 및 아들과 사귐이 있습니다. 이들에게는 영원한 생명이 약속되어 있습니다. 이들은 죄와 불법이 아니라 의를 행합니다. 창조 질서에 부합된 결정을 내립니다. 사랑을 행합니다. 하나님께서 사랑이시고 사랑하시는 분이기 때문입니다. 배려하고 돌보고 먹입니다. 살립니다. '함께 가자!' 하고 함께 가기 위해 낮아집니다. 마지막 때를 고려하고, 예수 그리스도의 다시 오심을 기대하며, 그리스도와 닮게 되는 것에 대한 소망이 있습니다. 그래서 이들은 세상의 미움을 받습니다. 그러나 이들은 사망에서 생명으로 옮겨진 자들입니다.

그럼, 성령은 어떤 분입니까? 하나님께서 우리에게 주신 영입니다. 주셔서 사귀게 하신 영입니다. 하나님은 영은 예수 그리스도께서 육체로 오신 것을 인정합니다. 예수님의 성육신은 예수님과 우리의 사귐을 가능하게 만들었습니다. 우리가 하나님과 사귈 수 있도록 길을 열어주었습니다. 그러므로 육체로 오셔서 우리와 사귐을 가지신 예수 그리스도를 인정하는 영이 하나님의 영입니다. 말로만이 아니라 존재로 하나 되신 그리스도입니다. "내가 그리스도와 함께 십자가에 못 박혔나니 그런즉 이제는 내가 사는 것이 아니요 오직 내 안에 그리스도께서 사시는 것이라 이제 내가 육체 가운데 사는 것은 나를 사랑하사 나를 위하여 자기 자신을 버리신 하나님의 아들을 믿는 믿음 안에서 사는 것이라"(갈 2:20) 하는 바울의 고백처럼, 우리 안에 존재하시는 분입니다. 육신이 되신 말씀, 우리 가운데 거하신 말씀, 우리 가운데 장막을 치신 하나님이십니다.

그러기에 영 분별의 기준은 '친밀함' 입니다. '사귐' 입니다. 왜 영 분별의 기준이 필요하나요? 영적 전쟁이 있기 때문입니다. '진리의 영' 과 '미혹의 영' 이 공존하기 때문에 그렇습니다. 그럼, 영적 전쟁에서 승리하는 비결은 무엇입니까? 계명을 따라 서로 사랑하는 것입니다. 왜 그렇습니까? 하나님께서 우리를 사랑하시기에 아들을 화목제물로 보내셔서 죄 문제를 해결하시고 생명을 주셨기 때문에 그렇습니다. 이로 볼 때 '사랑한다.' 하는 것은 '죄 문제 해결을 위해 우리 자신을 내어주는 것' 입니다.

요한복음의 마지막 부분에 나오는 베드로와 예수님 사이의 대화를 통해 사랑한다는 것이 무엇인지 알 수 있습니다. 예수님은 베드로에게 '네가 나를 사랑하느냐?' 물으셨고 베드로가 '어느 정도는 사랑합니다.' 하고 대답하자, '내 양을 먹이고 돌보라.' 하는 지침을 주셨습니다. '먹이고 돌보는 것' 을 '사랑' 이라고 말씀하신 것입니다. 예수님의 주된 사역도 그렇습니다. 이유는 양의 필요가 '먹고 돌봄 받는 것' 에 있기 때문입니다.

'주고 싶은 것을 주는 것이 아니라, 달라고 하는 것을 주는 것', 다시 말해, 필요를 채워주는 것이 사랑일 때가 많습니다. 주고 싶은 것은 내 기준이고, 달라고 하는 것은 받는 사람의 필요이기 때문에 그렇습니다. 이 사실을 깨닫기까지 긴 세월이 걸렸습니다. 머리가 긴 아이의 머리를 말려 보셨습니까? 기술도 필요하지만, 시간도 걸립니다. 손톱을 깎아주고 연필을 깎아주고 다리 아플 때 다리 주물러주고 하는 모든 것이 돌보는 것입니다. 먹거리를 필요에 따라 다양하게 준비해주는 일은 상당히 많은 시간과 정성이 들어가는 일입니다. 그러기에 '먹이고 돌보는 것' 은 시간과 노력과 정성뿐 아니라 지식과 기술이 필요합니다. 마찬가지로, '죄 문제 해결을 위해 우리 자신을 내어주는 것' 역시 시간과 정성뿐 아니라 훈련된 지식과 마음이 필요합니다.

그럼, 우리에게 사랑해야 한다고 말씀하는 사도 요한의 논리를 4장 7-21절의 본문을 중심으로 따라가 보겠습니다. 먼저, 7절입니다. "영들이 하나님께 속했는지 그 영이 고백하는 말의 내용을 따라 판별할 수 있는 것처럼, 우리가 하나님께 속했는지는 사랑하느냐, 사랑 안 하느냐에 따라 분별됩니다. 특별히 형제에 대한 사랑이 기준입니다. 그러니 사랑하는 여러분, 우리 서로 사랑합시다. 우리가 하나님으로부터 났다고 했는데 사랑도 하나님으로부터 났기 때문입니다. 그러기에 사랑을 행하는 자만이 하나님에게서 나서 하나님을 안다고 할 수 있습니다."

8절. "사랑하지 않는 자는 하나님을 전혀 모릅니다. 왜냐하면 하나님은 사랑이시기 때문입니다."

9절. "하나님께 속한 사랑이라 부를 수 있는 하나님의 사랑이 어떻게 우리 가운데 온전하게 밝히 드러났을까요? 바로 그분의 하나밖에 없는 독생자 아들을 하나님께서 세상으로, 아들을 통해 우리가 구원받을 것을 기대하시며 보내셨다는 데에서 밝히 드러났습니다."

10절. "사랑은 이런 것입니다. 사랑받은 우리는 하나님을 사랑하지 않았습니다. 우리에게 하나님을 향한 사랑은 눈곱만큼도 없었지요. 그러나, 하나님 자신이 우리를 온전히 사랑하신 것입니다. 그래서 아들을 보내셨고요. 그것도 우리들의 죄를 대신할 화목제물로 보내신 것입니다. 이것이 바로 하나님께 속한 사랑입니다."

11절. "그러나 사랑하는 여러분, 하나님께서 우리를 이렇게나 사랑하시는데, 우리도 서로 사랑해야 하지 않겠습니까?"

12절. "하나님을 본 사람 있습니까? 없습니다. 그러나 우리가 서로 사랑하면 하나님께서 우리 가운데 계시는 것입니다. 그리고 그분의 사랑이 우리 안에서 충분하게 온전히 목적을 실현한 것입니다."

13절. "이렇게 하나님의 사랑이 우리 속에서 목적하신 바를 이루신 상태에 이르렀을 때야 비로소 우리는 우리가 그분 안에 거하고 그분도 우리 안에 거하신다고 주장할 수 있습니다. 우리가 그분 안에 거하는 것이 먼저입니다. 그분이 우리보다 크시기 때문입니다. 그다음에 그분이 우리 안에 거하십니다. 그분이 겸손하시기 때문입니다. 그분 안에 거하고 또한 그분을 모시기 전에는 동행이니, 성령의 내주니, 영접이니 하는 말은 명함도 꺼내지 마십시오. 더구나 그분이 우리에게 뭔가 주시는 것도 그분의 성령으로부터 주신답니다. 하나님께 속한 영으로부터 우리에게 주신다는 말씀입니다. 그러니 사랑하지 않으면서 하나님의 영으로부터 뭔가 받을 것을 기대하거나 하나님의 영으로부터 뭔가 받았다고 하면서 사랑 안 하는 경우가 있다면 자기모순에 빠진 것입니다."

14절. "여러분은 우리가 '하나님이 아들을 세상의 구주로 보내신 것을 본 자들' 일 뿐 아니라 증거 하는 자들임을 기억하십시오."

15절. "물론 '예수님이 하나님의 아들이시다.' 하는 것을 믿고 고백하는 사람은 누구라도 그 사람 안에 하나님께서 거하시고 그 사람도 하나님 안에 거한다는 것은 사실입니다."

16절. "그러나 한편 우리는 또한 하나님께서 우리를 향해 가지신 그 사랑을 알고 믿은 자들입니다. 예수님만 보고 믿은 것이 아닙니다. 하나님을 통해 드러난 하나님의 사랑도 보고 믿는 자들입니다. 그러니 우리는 하나님이 사랑이시라고 말하지 않을 수 없습니다. 하나님의 이러한 사랑 안에 거하는 자가 바로 하나님 안에 거하는 자라고, 이런 사람 안에 거하시는 분이 하나님이시라고 말하지 않을 수 없습니다."

17절. "여러분은 내가 하나님 안에 거하는 데서 멈추지 않고 하나님의 사랑 안에 거하는 개념까지 언급하는 것을 주목하십시오. 사랑과 상관없는 삶을 살면서 하나님 안에 거한다고 말하는 것은 천부당만부당하기 때문입니다. 우리와 함께 한 그 사랑은 어떤 일을 이루시나요? 하나님의 사랑이 우리와 함께 있을 때 어떤 일이 일어날까요? 그것은 바로 심판 날이라도 우리로 담대함을 가지게 하는 일이 일어납니다. 심판은 무서운 것이지만 하나님의 사랑이 우리 속에서 온전히 일하시게 되면 우리는 어떤 순간이라 할지라도 담대함을 잃지 않을 수 있다는 말입니다. 하나님의 사랑이 온전히 일하기에 바울이 쇠사슬에 묶인 채로 이렇게 말했습니다. 사도행전 26장 29절입니다. "바울이 이르되 말이 적으나 많으나 당신뿐만 아니라 오늘 내 말을 듣는 모든 사람도 다 이렇게 결박된 것 외에는 나와 같이 되기를 하나님께 원하나이다 하니라" 아멘. 바울의 말에서 우리는 하나님의 사랑에 대한 담대함을 엿볼 수 있습니다. 우리는 우리가 세상에서 예수님처럼 사랑하며 살았기에 담대합니다. 세상에서 사랑하며 사신 예수님께서 하나님의 인정을 받으신 것처럼, 예수님처럼 세상에서 사랑하며 산 자들은 심판 때에라도 하나님의 인정을 받을 것이므로 항상 담대할 수 있습니다."

18절. "여러분, 그러니 두려움이라는 것은 사랑과 같이 가기 어렵습니다. 우리를 붙드는 하나님의 사랑은 두려움을 멀리 내어 쫓습니다. 두려움은 형벌을 내포합니다. 두려워하는 자에 관해 설명하자면, 두려워하는 자란 사랑 안에서 온전히 영글지 못한 자입니다. 사랑하는 자는 사랑으로 인해 힘들어지는 것이 부담스럽지 않습니다. 온전한 사랑이 두려움을 내쫓기 때문입니다."

19절. "우리 사랑합시다. 그분이 먼저 우리를 온전히 사랑하셨기 때문입니다."

20절. "만일 어떤 사람이 하나님을 사랑한다고 말하면서 자기 형제를 미워한다면 이 사람은 거짓말쟁이입니다. 왜냐하면 눈으로 뻔히 보는 자기 형제도 사랑 안 하는 자가 눈으로 본 적도 없는 하나님을 사랑할 수 있을 것 같지 않기 때문입니다."

21절. "더군다나 '하나님을 사랑하는 자는 자기 형제도 사랑하라.' 하시는 계명을 우리가 하나님으로부터 받았으니 더더욱 형제를 사랑하는 것이 마땅합니다."

요한은 말과 혀가 아니라 행함과 진실함으로 사랑하는 것이 마땅하다는 것을 3장에서 이미 충분히 설명했기에 4장 7-21절에 와서는 사랑이라는 것이 신자에게 선택사항이 아니라고 말하는 데 주력합니다. '어떻게 사랑할 것인가?' 하는 것은 설명했습니다. '먹이고 돌보는 것' 안에 들어 있습니다.

'사랑'은 인류가 존재하는 한 늘 가장 중요한 주제일 것 같습니다. 그런데 성경은 '하나님께 속한 사랑, 하나님께서 보여주신 사랑, 하나님께서 하나님의 자녀들에게 기대하는 사랑'은 독특하다고 우리에게 가르쳐줍니다. '먹이고 돌보는 사랑, 죄인이 구원받아 영원한 생명을 얻도록 도와주는 사랑'이 진짜 사랑이라고 말합니다. 독생자를 화목제물로 내주신 하나님의 사랑이 우리가 본받을 사랑이라고 말합니다.

요한이서는 '교회 간 관계, 자매 교회'에 대해 말합니다. 개교회주의가 매우 심각하게 진행된 한국교회에 참된 '자매 교회' 사상이 뿌리내리도록 기도합니다. 요한삼서는 사도 요한이 장로 가이오에게 보낸 '기쁨의 편지'입니다.

유다서는 베드로후서와 유사한 경고 편지입니다. 본래는 "일반으로 받은 구원에 관하여"(1:3) 편지하려 했으나, "가만히 들어온 사람 몇"(1:4)으로 인해 "성도에게 단번에 주신 믿음의 도를 위하여 힘써 싸우라는 편지"(1:3)를 쓰게 되었습니다.

여기서 57과에 걸친 성경통독을 마무리하려고 합니다. 부디 앞으로의 성경통독을 통해 그리스도의 '본(本)'을 따라가는 '본(本)'이 되시기를 바랍니다.

질의와 응답

하나. "베드로와 요한이 대상으로 하는 교회의 모습은 어떤 것이었을까요?"

예수님께서 승천하시고 예루살렘 교회가 시작하고 시간이 꽤 지났습니다. 30년 가까이 지나고 나니, 숫자도 늘고 사회에 목소리도 낼 수 있게 되었습니다. 교회가 조직화되고 고착화되기 시작합니다. 신앙생활에 익숙해지고 매너리즘에 빠집니다. 예수님을 직접 만났던 세대가 떠나고 새로운 세대가 일어납니다. '믿음'이 재조명되고 '새 출발'이 필요한 시기가 된 것입니다. 저희도 칠팔십년대 부흥 세대 목회자님들이 대부분 돌아가셨습니다. 구성원 자체가 바뀌었습니다. 말뿐인 교인들이 늘어납니다. 저희 역시 '믿음'이 재조명되고 '믿음의 새 출발'이 필요한 시기에 있다고 말할 수 있습니다.

둘. "교수님은 어떻게 성경 도사가 되셨을까요?"

성경은 성령님의 조명, 선생님, 공동체, 도움이 되는 다양한 서적 등을 통해 깨달아 간다고 생각합니다. 저는 제가 '성경 교사'라고 여깁니다. '교수'보다는 '교사'가 더 적절해 보입니다. 처음에 부름을 받았을 때부터, 원어 성경, 영어 성경, 우리말 성경을 많이 읽었습니다. 다른 외국어 성경도 읽으려고 시도했지요. 그러다 보니, 한계가 있습니다. 다양한 언어로 읽다 보니, 하나의 언어로 읊조리기 어렵습니다. 그냥 우리말 성경을 외우던 때가 더 좋았다는 생각도 합니다. 단순하고 분명하니까요. 성경 교사라는 직무를 수행하기 위해 겪어야 하는 어쩔 수 없는 어려움이라고 생각하고 감내합니다.

셋. "왜 요한계시록부터 읽기 시작하셨습니까? 이번 통독에서 요한계시록부터 읽고 이후에 요한복음을 읽다 보니, 요한 사도가 요한계시록을 기록한 다음에 요한복음 1장을 썼을 수도 있었겠다는 생각이 들었습니다. 그렇게 봐도 될까요?"

우선, 요한계시록부터 읽은 이유는 매우 단순합니다. 목회하던 교회 '일대일 양육팀'에서 그렇게 요청했기 때문입니다. 요청을 받은 대로 요한계시록부터 시작했습니다. 저는 보통 성경을 통독할 때, 전도서부터 읽기 시작합니다. '헛되고 헛되며 헛되고 헛되니'라는 표현이 마음에 들어 그런 것 같습니다. 그래서 제가 뭘 하겠다는 열정이 없나 봅니다. 다음에 한 번 더 기회가 된다면, 전도서부터 성경을 통독하는 것도 좋을 것 같습니다. 순서가 달라지면, 분량과 깨닫는 것도 달라지니까요.

그리고 요한계시록 기록 이후에 요한복음이 기록되었다고 보는 시각은 참신하다고 생각합니다. 불가능하지 않고요. 다만, 요한복음의 기록자를 '사도 요한이 아닌 장로 요한'으로 보는 견해를 가진 학자들이 있기에, 너무 뒤로 미루고 싶지는 않습니다. 최근에 학교 교지(「신학지남」 통권 353 [2022년 겨울호])에 "리차드 보컴의 『예수와 그 목격자들: 목격자들의 증인인 복음서』 재고"라는 서평 논문을 썼습니다. 보컴 선생님이 보수적인 경건한 학자로 알려져 있는데, 요한복음 기록자에 대해 저희가 받기 어려운 주장을 하셨기 때문이지요.

Memo